2006
中国建筑艺术年鉴
ZHONGGUOJIANZHUYISHUNIANJIAN

图书在版编目(CIP)数据

中国建筑艺术年鉴. 2006 / 中国艺术研究院建筑艺术研究所编. ——北京：文化艺术出版社，2007.12
ISBN 978-7-5039-3453-7

Ⅰ. 中… Ⅱ. 中… Ⅲ. 建筑艺术—中国—2006—年鉴
Ⅳ. TU-862
中国版本图书馆CIP数据核字(2007)第181785号

2006 中国建筑艺术年鉴

策　划　马国锋　朱移山　李胜兵
编　者　中国艺术研究院建筑艺术研究所
责任编辑　董瑞丽
封面设计　传　世　刘　玮
版式设计　十八彩　徐　辉
出　版　文化艺术出版社
　　　　合肥工业大学出版社
地　址　北京市朝阳区惠新北里甲一号　100029
网　址　www.whyscbs.com
电子邮箱　whysbooks@263.net
电　话　（010）64813345　64813346（总编室）
　　　　（010）64813384　64813385（发行部）
经　销　新华书店
印　刷　北京佳信达艺术印刷有限公司
版　次　2008年1月第1版
印　次　2008年1月第1次印刷
开　本　1/16
字　数　1200千字
印　张　26.5
印　数　1500册
书　号　ISBN 978-7-5039-3453-7 / J · 908
定　价　320.00元

《中国建筑艺术年鉴》

顾问/编辑委员会

中国艺术研究院建筑艺术研究所介绍

中国艺术研究院是中华人民共和国艺术理论研究领域的最高学府，中国艺术研究院建筑艺术研究所是从事建筑艺术与建筑文化理论研究的专门科研机构。建筑艺术研究所原称建筑艺术研究室，组建于1988年7月，2001年8月机构调整改为现名。建筑艺术研究所近年来侧重于以史论为主的基础理论建设工作，并关注创作现状，尤侧重于从文化与艺术角度，研究中外建筑艺术创作的成就与规律；同时实行开门办所，从学术层面和设计实践两方面积极参与社会上的建筑艺术、建筑规划等工作。现设有建筑学研究室、现当代建筑研究室、建筑设计与艺术设计研究室、景观与公共艺术研究室、舞台艺术与文化设施研究室等研究机构。18年来，建筑艺术研究所已完成20多个建筑规划、设计项目；出版了多部重要的著作。

目前，建筑艺术研究所除正在进行多项个人研究课题外，进行的集体项目有：承担国家科研项目"西部人文资源调查及数据库"中的"人文景观"和"民居"两个子课题；编辑出版《中国建筑艺术年鉴》；开设以建筑文化为中心议题的"城市的记忆"重要学术论坛。

目录

2006

年鉴特载

NIANJIANTEZAI

中国历史文化名城的保护与发展

张祖刚

摘　要　强调变消极保护为积极保护，将保护、利用同发展结合起来，走新型产业化道路，以发展促进保护。为此作者提出“发展”、“公正”、“转移”、“参与”、“改善”、“尺度”、“院落”、“肌理”八点看法，期望我国历史文化名城得到科学的保护与发展。

关键词　历史文化名城　保护　利用　发展

通过改革开放后20多年来的建设实践，一些城市提高了对历史文化名城保护及其历史文化的认识：要变拆除历史街区为保留改善历史街区，变分散点的保护为整体面的保护，变消极保护为积极保护，将保护、利用同发展结合起来，走新型产业化道路，以发展促进保护。这是好的趋势，是历史文化名城建设发展的主流，应大力宣传其理念与做法。为此，在这里我们提出“发展”、“公正”、“转移”、“参与”、“改善”、“尺度”、“院落”、“肌理”八点看法，以期我国历史文化名城得到科学的保护与发展，取得生态平衡，环境友好，节省资源，经济实用，适宜人民，富有文化的综合效果。

1　发展——发展产业经济，以发展促保护

历史文化名城的保护是需要投入资金的。资金从哪里来？一是靠国家和所在省区政府拨款，二是靠自己发展城市的产业经济，自力更生。根据当前我国的经济实力，主要靠上边拨款是不现实的，应树立自力更生的精神，努力发展城市地方经济，以经济发展促进保护，保护、利用同发展相结合。如西安市，从上世纪50年代初期国民经济发展“一五规划”起，是我国重点规划建设的八大城市之一，现已建成为我国新兴工业基地之一，自改革开放以来，西安市又调整了第二产业，扩展了电子、高新技术、航天科技产业等，同时按照自身的特点，拟大力发展文化等第三产业，制定了老城“唐皇城”的文化复兴规划和西安市文化特点的区域规划，包括临潼国际旅游、蓝田美玉文化、长家生态居住、户县农民画、周玉老子文化、高陵现代农业等内容。西安-的观点和做法是正确的，既重视历史文化的保护，又重视城市产业经济的发展，认识到保护与发展二者的互动关系，协调发展第二产业经济和文化、服务等第三产业，符合西安属于初等发达水平的城市特点，以这样的发展促进城市历史文化的保护。又如南京市，它是全国著名的六大古都之一，重要的历史文化名城，名胜古迹众多，现已发展了多种工业，化学工业在全国占有重要地位，还有电子工业、高新技术产业等，通过城市工业经济的发展，带动了城市历史文化的保护。特别是前几年制定出《南京老城保护和更新规划》，突出保护和发展老城文化，将秦淮片区显现出传统文化；以原有空间尺度、优美环境，将明故宫片区显现出明代文化、民国文化；以大单位绿地空间、石城山水情趣，将山西路片区显现出民国文化、学院文化；以南京山川形胜、城市建设有机相融，将盐仓桥片区显现出山水文化、民国文化；以现代化中心城市的时代感，将新街口中心区显现出现代文化，这样将明城墙内的面积为$40km^2$的老城显现出2400多年城建历史文化，既保护与更新了南京老城，又同时发展了南京城特有的历史文化产业，一举两得。

还有一个好实例，就是福建的泉州、厦门、漳州三市，通过改革开放20多年的发展，三市地区经济发展迅速，其经济发展促进了三市的历史文化保护，2001年泉州市老城中心区中山路保护与整治项目获联合国教科文组织亚太地区文化遗产优秀奖，2002年、2003年泉州、厦门分别获“中国人居环境奖”和“国际花园城市”称号。目前，有人提出推进泉厦漳三市联盟的对策建议，加强区域经济的协调发展，共建区域的生态环保产业和基础设施以及文化、旅游产业等。这一建议如被采纳、实施，将会促进三市的城市历史文化的保护。

2　公正——重视社会公正，保留旧城居民

社会公正反映在城市与建筑中，就是要关怀城市广大居民及弱势群体，公正地缩小在城市生活与工作环境里的贫富差距。在城市发展中，旧城区要有老居民，促进城市社会和谐。最近网上有文——《一道正在加深的裂痕：要“把穷人赶出市中心”》，确实有些城市已经这样做了，这是比较难解决的问题。我们认为旧城区要改善或改造，应保留老居民，部分有条件愿意迁出的要疏散出去，政府给予倾斜政策帮助留下、迁出的居民提高生活居住环境水平。如北京二环内的旧城区要有经济适用房居住区，不能将经济适用房都建在四、五环区。目前二环内的房价已涨到每平方米一二万元，弱势群体无法承受；若按市场经济来操作，老居民被迁往郊区，旧城区就变成富人区，北京历史文化名城的生活特点将消失，北京就变了“味”，特别是从社会公正、社会稳定来看，旧城区内富人、穷人都要有。现在世界上修建了许多居住混合区，不强调单独修建富人区，有模糊界限、互补心理平衡和调节自然空间环境之意，但从根本上看，还是要建设大众需要的质好价廉的住房。前面提到的福建泉州旧城区中山路保护与整治项目，就不是“把老居民穷人赶出市中心”，值得宣传推广。相反，现在正在进行的北京前门外大街及其东部地区的整治项目，就是将老居民、老字号一律迁出，按规划建商业建筑和几百幢高档四合院住宅，以后谁出高价谁回来，原住户委托房屋开发公司帮助搬迁，这种不公正的简单赢利的违背社会道德的做法，实应及时纠正。

社会公正，还体现在城市公共设施安排上，不能只从赚钱出发，要方便大众的生活。对于城市大众衣食和日常生活需要的公共设施，要作妥善安排，这才是真正为城市广大居民服务。给我印象深刻的是，美国西雅图市中心靠海边依然保留着为一般市民服务的海鲜市场，建筑为一、二层的原有房屋，但整洁有序；我们在美国东海岸现代化城市波士顿，看到其市中心市政厅后仍保留着为广大市民服务的大众化老商场，对比之下，我们的北京西单、东单等菜市场都被取消，改为商厦高楼，这不是为赚钱又为什么？我们认为这是没有为大众生活服务观念的结果，应予纠正。2005年上海市规划局编制《上海市菜市场和公共厕所规划布局纲要》，提出到2020年全市中心城区将新增200多个菜市场、800多座公共厕所，菜市场以500m为服务半径，公厕以300m为服务半径。这种为大众生活方便的服务思想，值得北京和一些其他城市学习、效仿。

3　转移——转移其他中心，确保历史文化

除大城市外，其他历史文化名城的旧城区面积大都在

10 km^2左右，当这些城市发展到中等规模后，都应该考虑多中心布局，将行政、经济、商贸、科教等等中心转移到新城区，使旧城突出其历史文化中心的特征。在确保旧城成为历史文化中心的前提下，有些中心亦可放在旧城，但大多数历史文化名城应将其他中心迁出，如著名的江南水乡城市绍兴，在老城内修建了玻璃幕墙的行政中心办公楼，拆除了大片水乡民居，破坏了绍兴的历史文化面貌。西安市城市总体规划作了分散、多中心的安排，正在将市行政中心迁至旧城外北部地区，带动新城区的发展。这种转移的做法，还可提高城市自然生态环境质量，最重要的好处是确保了西安旧城的历史文化不再受到破坏。经过改革开放后一段时期的城市大发展，青岛市较早地理解了分散多中心城市规划布局的优点，很快将城市核心从旧城中心迁至东部，全市行政中心机构在东部建起，仅市政协统战机构留在旧城，这一转移带动了东部新城区的发展，与此同时北部新城区、西部新城区，连同旧城形成分散的四个重点城区，沿胶洲湾再发展一些新城区，以环形路相接组成多中心的网络化城市群。这种分散、多中心式的城市发展，使青岛的自然生态环境得到优化，缓解了旧城的矛盾和压力，确保了青岛旧城历史文化街区得到更多的保留。

4 参与——群众参与改建，提高居住水平

为了落实旧城街区保持原有特点的改建，并符合我国当前建设小康社会的经济实力情况，当地群众参与改建是个好办法。有一个实例给了我很大的启示，那就是1987年7月我们出席在英国布莱顿召开的国际建筑师协会大会期间，主持会议的国际建筑师协会主席哈克尼向我们介绍他为伦敦旧城一个住宅区所做的改建工程项目，他采用的是一种新的方法，充分利用原有材料，适当增加一些结构骨架钢木材料，在住宅布局方面作了改善、调整，提高了居住水平，组织住户群众参加施工改建，全改建区建设费不多，地皮费没有，但取得了很好的效果，颇受伦敦老居民和查尔斯王子的称赞。正因为哈克尼先生为城市大众办了好事，他被英国皇家建筑师协会（RIBA）选为主席，后又被选为国际建筑师协会（UIA）主席。这个群众参与改建的方法，我们宣传了10多年；中国建筑学会和有关院校曾多次邀请哈克尼先生来华讲学，在重庆、北京、南京、深圳、广州等地他都介绍过他的这项改建工程实例经验，受到欢迎。目前，各地城市建设都在贯彻政府提出的“资源节约，环境友好”的原则，不妨在我们历史文化名城旧城区改建中，多试试这种做法，多留下一些老居民，多改建多保留一些适合小康社会标准的旧城建筑。群众参与，不仅是参加改建工程的劳动，还对改建规划设计提出符合生活方式和新的需求，这一方面的参与内容，是建筑、规划师进行建筑创作、规划设计的思想源泉，设计创作源于生活，所以老居民的参与是必要的。再者，将当地群众的积极性调动起来，这些老居民中的一部分还可集资，解决部分改建工程的资金问题。群众的利益，群众的事情，群众参与办理，这种自力更生民主化的精神是中国共产党的优良传统，各地城市历史文化名城的建设主管部门要很好地继承这一优良传统，重视群众参与改建，提高居住水平，保存城市历史文化的特点。

5 改善——采用微循环法，改善基础设施

历史文化名城的老城区，环境要比新城区差，旧城基础设施都比较落后、老化，道路、上下水管网、电力、电讯、冬季取暖以及公厕、垃圾站和生活服务商业等设施都不能适应城市居民提高生活质量的需求，如何解决呢？一种做法是大拆大改，全部拆除，盖起新的高楼大厦，基础设施相应全新配套，老居民迁出，个别有钱的花高价回来住高楼，如北京西城区金融街区的做法，这种毁坏历史文化街区的思想与做法极不可取，应受到社会的谴责。2005年北京提出的故宫缓冲区保护规划中，对缓冲区内的旧街区采用“微循环”和“有机更新”的方式是个解决问题的好方法，对区内的胡同、四合院严格保护，原则上不成片拆除，主要街巷原则不再继续加宽，对上述的基础设施积极改善，而不是全部废除，重新建新的。这种“微循环法”，既可确保旧城历史文化长存，又可改善、提高旧城居民的生活环境，符合我们目前的经济水平，值得各地效仿。中国历史文化名城旧城区的发展，着眼点是改善其基础设施、生活居住环境，逐步减少对区内的水体、空气的污染，改善其建筑空间容量，逐渐增加绿地面积，这些内容是重点，是首先要解决的问题，总的原则是逐步改善，而不是进行大的改造。

6 尺度——积极实施减法，保持尺度和谐

历史文化名城的旧城中心区应是核心保护区，一定要控制好尺度，不能修建高大体量的新建筑。如泉州市旧城市中心区中山路等成片维持原有建筑、街道的尺度，在保护与整治建设过程中没有插进层数高、体量大的新建筑，亦未拓宽成大马路，保护了原有空间环境风貌。又如广东省中山市，其旧城规模不大，进行了全面的整修，街道没有展宽，改为步行街，建筑尺度未变，依然是原有的韵律节奏，保存了原有的形象。北京旧城中心区的核心区，即北京故宫周围地区，2005年第29届世界遗产大会通过了这个地区的缓冲区保护规划方案，为保护故宫加上了“保护罩”，为此北京开始行动，对缓冲区内不符合控制要求的建筑进行整治，现已将鼓楼前右侧的地安门百货商场楼减去了两层，保留高10m多的三层，它与高8m左右的沿街建筑同30多米高的鼓楼建筑相比，约低了3至4倍，突出了鼓楼；同时将位于南池子东侧的市房管局办公楼拆掉了顶上3层，保留下的3层建筑同南池子沿街一、二层房屋尚可协调，以保持整体建筑群的尺度和谐。北京的这一举措，是在国际和2008年北京举办奥运会的影响下实施的，但它是中国历史文化名城保护与发展的重要转折点，扭转了过去在历史文化名城旧城中心区插建高大体量新建筑、破坏尺度和谐的错误观念与做法，值得各地反思，并作出实施减法的调整规划。

在这里，我们特别关注几个极有影响力的历史文化名城，首先是西安，其明代旧城中心点钟楼广场，20世纪90年代所作的钟楼、鼓楼呼应的广场西北角地区规划与建设，建筑尺度、体量掌握得非常好，整体和谐，但该广场的西南角、东北角矗立着两个大体量的建筑，尺度过大，破坏了钟楼、鼓楼的形象，为保护好这一核心区建筑群的整体尺度和谐的面貌，对这两幢建筑要进行减法整治。其次是苏州，其旧城中心区观前街，新建高大的商业建筑群尺度过大，亦破坏了苏州水乡精美自然的风貌；1959年规划界的前辈程世抚先生在进行苏州市旧城规划时，对人民路两旁的建筑挨户调查，尽量保持原有尺度加以改善提高环境质量，这种思路与做法值得今日的规划人员效仿。还有著名的江南水乡城市绍兴，其旧城区中心区街道以及旧城内新建的行政办公楼与其他建筑，都应考虑实施减法，以保持旧城整体的尺度和谐。

7 院落——保留院落天井，建筑自然共生

中国城市肌理的最小细胞是合院或天井这一组织结构，它是建筑与自然融和的极好形式，合院可自然通风、采

光、冷暖聚气，天井可夏日遮阳、冬日进光，在院中栽植花木，使人接近自然，它还能起到交通枢纽的作用，综合起来，其优点很多，非常适合人们的生活与活动。这一院落建筑布局是中国历史文化名城的一大特色，无论北方、南方、西部地区，无论住宅、公共建筑，大都采用这种布局形式，从挖掘实物来看，已有3000多年的历史。所以在历史文化名城旧城中要保护好这一特色，在新建区要继承并根据新的需求发展它。提起院落，有人误解这是中国特有的，其实在世界各地都存在着，只是不像中国这样普遍和有一定的规模和格式。国外有近2000年的实物存在，即挖掘出的公元79年8月被埋在意大利庞贝城住宅及其庭院，这种中庭式宅院源于希腊，所以说这种院落式布局起码在2000年前就在欧洲出现。埃及的卡纳克阿蒙太阳神庙实物，说明院落式布局早在3000多年前就在非洲存在。6世纪初在意大利罗马附近创建的修道院，影响到法、英等国，其布局亦为院落式。在公元8世纪中期，阿拉伯帝国形成，是一个横跨亚非欧三洲的大帝国，东到印度，西到西班牙，院落式建筑到处可见，一直延续下来。这些实例在我所著的《世界园林发展概论》一书中都有论述。

中国院落式布局的特点是，强调中轴线，沿中轴线布置许多院落。再大的规模，平行中轴线在两侧轴线上再建一连串合院，中有通道连接。四合院的布局，院的四角并无拐角房间，四角以廊围合，以利通风采光。典型的、最大的实例就是故宫紫禁城。我们应重视院落组织结构这些特点和优点，它是城市的气眼，这个通天接地的自然空间，有着藏风聚气的非凡作用。在此所提的"聚气"包括两方面含义，一是物质的自然、技术方面，即自然通风采光与冷暖的聚气功能，另一是精神的社会、哲学方面，它是反映中国哲学理念、家族、宗族聚集思想的组织形式。这种布局在同自然天地结合与安全等方面，要比城市中巨大建筑优越得多。我们认为，在历史文化名城中，对于院落、天井组织的建筑，可分为三种类型与做法，第一种是在核心保护区内，需要按原样保护的建筑，就必须以原有传统布局的院落、天井样式加以修缮保存；第二种是外围保护区范围内，可适当调整建筑高度，但不能破坏城市原有肌理，这种建筑类型也要做成院落式或天井式，其层数在控制数内增加一些，如北京菊儿胡同的做法；第三种是在旧城范围外的新建区，新建筑创新的自由度较大，但要"新而中"，最好采用创新的院落式。最近几十年有人提倡建造巨型城市建筑，这个建筑就是个小城市，在建筑里生活、工作都解决了，看起来生活方便，但从节约资源、环境友好、身心健康来衡量，其弊端多多，实不应采纳。我们在历史文化名城新区内应少建或不建巨大建筑，重视建筑与自然的结合，发展院落、天井式建筑，多一些自然采光通风，节省资源，创造适宜人们生存的城市与建筑环境，还可同旧城建筑取得有机的联系。

8 肌理——保持城市肌理，新旧有机结合

保护历史文化名城旧城的肌理，包括道路网布局结构、建筑布局结构和尺度体量与立体轮廓结构以及城墙、护城河、城门结构的肌理等，这是整体保护的基本点。目前，我国历史文化名城能够做到这一点的为数极少，如山西平遥、辽宁兴城等。福建泉州市旧城肌理的整体保护也不错，福州正亡羊补牢，旧城内"三坊七巷"是福州历史上名人集中的居住地，是一个由古老的街巷、古河道、桥梁、坊垣、榕树组成的商贸与居住区，是福州地道的历史文化。但前一时期将此区的改建包给了一个地产开发公司，这个公司根本不顾这些宝贵的历史文化，将三坊A、一坊二期工程改得面目全非，毁掉了历史文化和原有旧城肌理，2006年初中止了这个合同，现按全面保护的原则进行调整，保持旧有街区的结构和建筑面貌，使这一地区的肌理得以保存。

下面举几个旧城肌理整体保护较好，且旧城区与新城区结合紧密的城市实例，并说明新旧结合要注意的两点：一是绿带分隔联系，二是主要道路连通。世界历史文化名城西班牙的巴塞罗纳，从其1891年的规划建设图中可以看到，旧城的肌理保持原样，密度很大的老城区街巷结构系统保持不变，建筑按原样修缮保留，新城区的干道沿旧城东侧面和西南侧连通，旧城内的南北向主要道路Rambles路与新城区南北向干道通过加泰罗尼亚广场连接，现Rambles路改为步行街，已是欧洲的一条著名街道，直通海滨前的哥伦布纪念碑广场。这个城市保持旧城肌理、新旧有机结合的做法，很有参考价值。西安、南京是两座保留明代城墙、护城河完整的历史文化名城，实在可贵，尽管在旧城区内盖了些大体量的高层、多层建筑，需要采用减法加以调整，但在保存肌理、尺度、韵律等方面，总的来看，在国内也算是好的。这两座城市，都有环旧城城墙、护城河的宽阔绿化带将新旧城区分隔开来，又是这条优雅自然的绿化带把新旧城区有机结合在一起。西安市旧城中心的两条轴线北大街、南大街和东大街、西大街向北、南、东、西延伸同新区干道连通，同时平行轴线的其他方格网干道延伸与新城区方格网干道连接，形成整体。南京市旧城纵横两条中轴线，北面中央路通过中央门，南面中华路通过中华门，东面中山东路通过中山门，西面汉中路通过石城门，同新城区干道连通，构成一体。西安、南京保持城市肌理、新旧有机结合的经验是值得各地参考学习的。

通过上面结合实例的分析，可以说明发展产业经济、以发展促保护是历史文化名城保护与发展的经济基础；社会公正是历史文化名城保护与发展的保证，促进其社会的生态平衡；转移其他中心，是确保、突出名城历史文化的重要措施；群众参与改建，是体现"相信群众，依靠群众"的优良传统和"人民城市人民建"的战略思想，既符合社会进步，又加快改善、提高历史文化名城大众生活环境质量的步伐；采用微循环法、改善基础设施是符合我国建设小康社会的实际国情，既可节省资源、环境友好，又可落实历史文化长存；积极实施减法、保持尺度和谐是保护历史文化名城基本面貌特征的较好方法；保留院落天井、建筑自然共生是保护和体现历史文化名城基因的基本特点；保持城市肌理、新旧有机结合是保护与体现历史文化名城的整体特征。从经济、社会、文化等方面全面地进行历史文化名城的保护与发展工作，可使拆改较多的发达、初等发达的历史文化名城亡羊补牢，可使保存历史文化较多的欠发达的历史文化名城未雨绸缪，提升中国历史文化名城保护与发展水平，为保存世界城市历史文化遗产作出新贡献。

作者简介

张祖刚，中国建筑学会顾问。

历史在我们周围
——21 世纪中国建筑史研究谈

陈　薇

上个世纪 80 年代和 90 年代，我分别写过关于中国建筑史研究的综述，2004 年东南大学召开"东亚建筑文化国际研讨会"，应邀写就此文主要内容作为主旨发言，后公开发表①，转眼又 3 年将逝，延伸这样的一个话题很有必要。日新月异的社会发展刺激着建筑历史研究的需求和深度，尤其近年专著层出不穷地问世，使 21 世纪中国建筑史研究进入繁盛之状态；从研究手段上讲，中国数字技术的迅猛发展在日益改变着我们的研究视野、观念和手段；而《故宫》专题片的热放、考古挖掘的现场直播、百家讲坛之历史文化深入千家万户……无不昭示着这样一个事实：历史在我们周围，这似乎也是 21 世纪中国建筑史研究的真情实景。

1　事实描述

1.1　图像世界的崛起

我接触的最早一张和中国建筑史研究有关的、同时认为很有学术价值的光盘，是 1999 年由中国建筑技术研究院建筑历史研究所主编的、献给第 20 届世界建筑师大会的《中国古代建筑画》②，它是向大会提交的有关中国古代建筑画的学术交流资料，有相关论文以及选自历代艺术作品的 100 余幅带有建筑物形象的图像说明，并附有人名对照表。它的意义不仅在于中国建筑历史研究所所在的傅熹年先生及他的弟子将他们的学术素养和古画鉴定的知识贡献给中外建筑同行，而且它中英文本的格式使中国传统文化的广泛传播成为可能和现实。

第二张有特别意义的光盘是潘谷西先生主编的教材《中国建筑史》（第四版）中的《中国建筑史参考图》③，它还是中国建筑工业出版社出版的第一张教材光盘，汇集了东南大学中国建筑史研究领域几代教师的考察所得，内容配合教材按城市建设、住宅与聚落、宫殿、坛庙、陵墓、宗教建筑、园林与风景建设分类编排，外加木架建筑基本概念一节和彩画图版一节，是影响广泛的、对其他建筑院校教学开展有突出贡献的作品。

第三张值得一提的是郭黛姮先生主编的《〈营造法式〉新注》④，它随《中国古代建筑史》（第三卷）公开发行，虽然由于出版的原因，普及面可能并不很大，但学术意义十分重要，它集清华大学几代学者研究《营造法式》成果之大成，又运用计算机技术进行新的拓展，对全面阐释并直观理解古建筑做法起到很好的作用。

第四张是我自己主编的光盘《演绎唐宋建筑》（系列一、二）⑤，除对唐代佛光寺大殿和宋代晋祠圣母殿建筑进行建构分析和演示外，更将建筑实例的具体做法和宋《营造法式》的规范做法进行了比较，从而能深入理解法式的意义和法式之外的丰富变化，也算是对法式的另一层面的学习和表达。

有意味的是，除我较年轻而且方法还是受郭黛姮先生的启发之外，其他几位先生均是当今中国建筑史研究领域的前辈，可见在学术意识和方法上他们从不落伍。

图像世界的另一大块，就是图本的科学普及。"图说"、"图解"、"图画"、"图像"中国建筑史，不下 10 本，这种景象与当代中国迅速进入消费社会、媒体社会和信息社会有关，建筑图像在强大的数码技术支配下，在信息迅速膨胀和广泛传播的时代，很容易成为视觉文化兴起的主题。如果论及意义，既有如梁思成先生早期完成、后来成书的《中国建筑艺术图集》⑥，也有不少是主要以照片和插图为主的解说式图本。图文并茂的方式，不仅方便快速阅读，而且应该说对当今火热的建筑设计有辅佐作用，正如 70 余年前梁思成先生就看到的一样，"创造新的既须要对于旧的有认识；他们需要参考资料，犹如航海人需要地图一样"⑦，绘本书、图文书都是"读图时代"的产物，其中的学术含金量差异很大。

不过，与建筑历史相关的光盘出现和图本的普及，使得过去对非常难解的诸如宋《营造法式》等的认识，有了比较直观的表达和比较通畅的传播方式。

1.2　网络学习与交流

中国建筑史的板块上网⑧，或从网络查找搜索资料，在这个时代是件必然的事情。首先，历史研究需要索取资料及相关信息，无疑网络打破了传统收集资料的方法，那种需要亲身亲历，或个人与人和书本进行交流的学习方式，部分在瓦解，人们通过搜索比较快地查找到相关图片和资料；其次，历史研究往往有不同的角度，而网络时代的核心就是互动，因为网际网络所依靠的是分散式或共享的传递系统，而不是层级式系统，这样人们在交流自己的想法时，很容易从他人的话语中，获得灵感或比较轻易地怀疑自己的看法。

从好的方面来说，中国建筑史的学习和研究，在选题上变得便捷：通过网络我们可以查看或了解相关的题目；在学习者方面，建筑史从未像今天这样引起人们的兴趣和有众多参与者，网络明星往往是乐于奉献者，他们提供资源而不求回报⑨，或个性突出、观点鲜明而引人注目；在获得资料方面，网上阅读、引用直截了当。但必须指出的是，建筑史研究绝非资料的堆砌，同时历史研究需要的贯穿思维非一蹴而就。相反，人们在处理丰富的资料和信息时，脑中的活动其实是复杂且多样化的，会轻易在心灵上构建或改变结果，这种互动特性其实带有某种个人的封闭性。社会心理学家认为：事实上在向电脑互动学习时，被动的成分反而居多，当他们在与电脑互动时，并不代表他们正在建立和创造属于自己的东西。

一手资料、感同身受、读原版书、亲临访谈、融会贯通等传统治学方法，仍是我们最值得强调的，但同时网络的庞大和便捷性，正以强烈的冲击力改变着治学的方式方法，已是事实。

1.3　面大量广的书刊出版

意义较大的首推《中国古代建筑史》（多卷集）⑩，各卷主编均为中国建筑史研究领域的领衔人物，他们将多年研究的成果，同时又是最新的学术成就贡献出来，使得深厚的中国建筑史有了一次新的展示。在方法上，他们既继承深入调查、测绘古建筑、严格推理、精密计算等传统方法，又有开阔的视野和创新建树。《中国美术全集·中国建筑艺术全集》中的建筑史部分，则是最典型地见证、承载数字化影响的重要印证，这套书是以图片为主的，在 20 世纪 90 年代上半叶最初开展工作时，还是要求作者黑白照片与幻灯片兼备，所以无论从工作伊始还是后期制作，所花时间和精力相当多，但送至出版时，已是数字排版，瞬间黑白片（用于说明的）成为多余。大部著作还有《中国建筑艺术史》[11]。在数字化时代，速度成为面大量广出版制胜的关键。

虽说上述三套大型出版物是作者十年甚至几十年的研究成果，但能全面出版而成为中国建筑史研究领域的盛事还是21世纪的事。另外一套《中国建筑文化研究文库》[12]，则从一些丰富的专题，使得中国建筑史研究呈现多彩多姿的情形。

清华大学创办的《建筑史论文集》第二次复刊，是很重要的事，这本刊物于改革开放后在建筑史学界起到很好的学术推动作用，1999年第二次复刊，标志着一个新的开始。不仅在稿源上更为广泛，而且在内容上与时俱进，涉及乡土建筑、民居、中国近代建筑史、城市史等，较过去有了很大的发展。2003年改名《建筑史》后，图版质量更高，发行也更规范，仍是至今国内惟一专门发表建筑史研究论文的学术丛书。

另外在刊物上，较集中或较多发表建筑史论文的还有《建筑师》、《古建园林技术》、《华中建筑》等。会议论文的集中出版，也是重要方面，如由杨鸿勋先生主编的《营造》（第一辑）[13]、《历史城市和历史建筑保护国际学术讨论会论文集》[14]和陆元鼎、潘安先生主编的《中国传统民居营造与技术》等[15]及赵辰、伍江先生主编的《中国近代建筑学术思想研究》[16]，它们较之其他刊物和专集的特色是国际化，有近半论文作者属国外和港澳台地区，这就使得研究思想和研究角度有了更好的交流。

1.4 考古成果层出不穷带来的推动

建筑史与考古是一种天然的关系。因为考古学的任务，原是在重建古人的生活方式，其涉及课题应当包括人与人的关系、人群与人群的关系及与周边自然环境的关系等，而建筑则往往是它们的载体之一，由此发展起来的建筑史也就与考古密不可分，尤其是研究早期建筑。

不过长期以来，建筑史研究往往依赖考古成果的发表，像杨鸿勋先生那样长期从事建筑考古并能深入现场的毕竟是凤毛麟角，也因此对于许多仅有少量文献资料而尚未进行考古挖掘的建筑遗址的研究常常裹足不前。但近几年随着国家经济和文化水平的提高及城市化进程加快带来建设量加大形成的被动考古，使考古发掘的数量、规模和速度均增大加快。而且最突出的就是媒体宣传加快了信息的传播，考古成果也日新月异，这就推动了建筑史相关领域的研究和某些问题的重新定论。如早期的建筑分期问题、建筑类属问题、城市起源问题等等，是近些年建筑史中若干问题更替和更新的重点。刘叙杰先生的《中国古代建筑史》（第一卷）——原始社会、夏、商、周、秦、汉建筑研究，在广泛而准确地运用考古挖掘成果方面做得很突出。

在地方建筑文化研究方面，考古界诸文化区域的研究成果多有启发和推动意义。张良皋先生的《巴蜀别观》[17]，是比较典型地将考古和建筑史、地方史密切结合进行研究的代表。《长城》[18]、《我国史前至商代前期筑城技术之发展》[19]等，则是和建筑史最直接关联的考古研究成果，在《长城》中，我们除认识诸多军事工程与军事制度外，还可以了解城关城镇、驿站墓葬、茶马互市等遗迹遗物以及其所承载的社会文化经济制度等。

1.5 建筑遗产保护如火如荼

上个世纪上半叶，从理论层面到实践层面，中国建筑遗产保护均进入探讨阶段。十余年后，随着社会的发展和国力的加强，也随着我国文化遗产在联合国教科文组织下的登录，同时长期以来实践的摸索和反思与总结，从国家文物局的规范制定到保护理论的特色形成、实践经验的日益成熟，都显现在许多著作、论文和研讨会上。如2006年11月在湖南大学召开的“全国首届历史城市和历史建筑保护国际学术讨论会”，发表的论文二分之一强是关于建筑遗产保护的[20]；又如王世仁先生的《文化的叠晕》[21]，探讨的是有关文化古迹保护的10个问题，是面对现实的理性思考；刘先觉先生的《澳门建筑文化遗产》[22]，是目前关于澳门遗产的最系统和最有代表性的专著。

同时，另一个特征就是从以往的建筑或建筑群、历史地段或历史文化名城的保护，扩展为诸如大遗址保护、建筑环境和文物古迹搬迁、民间建筑工艺保护等可见或不可见、有形或无形的保护对象，并逐渐形成相关理论和研究成果[23]。在时段上，近代建筑的保护愈趋加强，有些建筑因为事件的强调和人物的关联原因而被提升为保护对象，这都体现为一种中国建筑遗产保护在观念上的变化和更新。常青先生强调运用建筑人类学的理论在建筑遗产保护中的运用，从而对遗产的场所精神特别关注[24]。

2005年国际古迹遗址理事会第十五届大会于西安召开，并通过备受瞩目的《西安宣言》。宣言之“关于古建筑、古遗址和历史区域及其周边环境的保护”，将“周边环境”的保护首次提到重要的地位[25]：1）承认周边环境对古迹遗址重要性和独特性的贡献；2）提出加强理解、记录、展陈不同条件下的周边环境的重要性；3）强调通过规划手段和实践来保护和管理周边环境；4）注重监控和管理对周边环境产生影响的变化；5）与当地、跨学科领域和国际社会进行合作，增强保护和管理周边环境的意识。这样，就将对建筑遗产保护和周边环境的关联建立起整体的关系，不仅可以延续遗产建筑物或遗址及其周边环境的有意义的存在，以减少对文化遗产的真实性、意义、价值、整体性和多样性所构成的威胁，而且特别体现出以中国为代表的一种东方式的整体文化的观念和智慧。

1.6 中外学术成果的交流加强

一是体现在国际学术会议增多，二是合作科研和教学逐渐频繁，三是网络教学、讨论、交流的全面开展，四是一批海外学者和中国学者在学术成果交流上的互通有无。从而使建筑史的研讨以及在学习方法论上的倾注，呈现热烈的局面。

意大利罗马大学路易吉·戈佐拉（Luigi Gazzola）先生的《凤凰之家——中国建筑文化的城市与住宅》[26]，便是西方学者近年研究中国建筑文化的成果之一，书中进行的罗马住宅与中国四合院的比较很有价值，使我们从另一个角度理解院落作为父系社会的基本住宅单元的通用意义，以及在以其为核心进行建筑组合时的不同社会组织与制度的真实反映。

王贵祥先生的《东西方的建筑空间》[27]，则既对传统中国与中世纪西方建筑的文化进行了阐释，又是一部关于东西方建筑空间历史发展的论著，进而对空间所蕴涵的文化范型和历史抉择的意义有了充分的展现。无独有偶，关于空间的历史研究，也见于程艾蓝（Anne Cheng）先生的《中国传统思想中的空间观念》[28]中，虽然文章分量不抵王贵祥先生的专著，但他们共同特点是从文化的本质意义来阐释空间的观念和表现，别有一番学术见地和价值。

中外学者比较集中地共同对中国建筑史相关内容进行研究的，在2004中法文化交流年表现突出。专著有《法国汉学》（人居环境建设史专号）[29]、《艺术园林：中国艺术的综合》[30]等。

如上这些繁盛的学术气象，使得中国建筑史研究呈林林总总、山花烂漫之势。概括而言，如果说上述1、2、3点是近些年由于数字化、信息化的时代特征在研究方式或成果上的烙印留痕的话，那么7,4、5、6点则应视为是中国经历长期开放发展之后整体经济、文化、国际地位提高的深度原因所致。历史和生活现实不可分,从理论上讲,克罗齐"一切历史都是当代史"的名言再次得到印证。

2 变化概述

透过以上现象而看实质性的内容,比较20世纪90年代上半叶,我曾提到的"从中心移向边缘"、"从中观转向林木互见"、"从旁观走进心态和人"的研究特点[31],中国建筑史研究在新世纪还是有些变化,也有可能在今后进一步发展,概述如下几个方面:

2.1 在研究内容上,边缘建筑类型走向中心,而原来几大传统研究主题则进入深入探讨阶段

近年如传统的陵墓、坛庙等研究相对较少,而像会馆、书院、藏书楼、戏台、仓库、边防建筑等,时有论文发表,并有向中心探讨话题走向的趋势。方法传统,即以调查、测绘、记录、考据文献等为主。

王世仁先生的《北京湖广会馆建筑》(附:会馆与戏场杂考)[32],便是综合运用这些方法进行研究的范文。王世仁先生主编的《宣南鸿雪图志》[33],是建筑类型拓展研究的代表作,其意义如吴良镛先生在该书序中所言:"对于宣南(北京城南宣武区,本文作者加注),从这本《图志》来看,尽管如书名所说,现在记录的只是一些雪泥鸿爪,也足以显示出当地文化底蕴之深厚,从中可以看出,这里的文物又有特殊的价值。"[34]其建筑是"历史文化的积淀,也是现代建筑创作中一项重要的课题"[35]。这些边缘的建筑类型和文化,灵活多样,手法丰富,富有创造性,既是一个崭新的课题,也是一种尚待大力开发的资源。

又如吴庆洲先生的《中国军事建筑艺术》(上、下)[36],是专史的系统研究,却是过去非主流研究对象。吴先生在论著中,分史前、城池、国都、金汤、边防、海防、村寨楼堡、特色八篇,将军事建筑的分布、选址、类型、防御工程和技术、艺术特色等全面地展现出来,弥补了中国古代建筑专史的一大空白。

车文明先生的《中国神庙剧场》[37],从中国古代剧场普遍形式的探究到具体个案的调查和考述,佐以丰富的碑文、图解、照片,在方法上是对边缘建筑类型进行研究的很好范例。

城市、园林、宫殿、民居等大类,仍是深入研究的课题。

郭湖生先生的《中华古都》[38],集中国古代10个都城研究之成果,又录5个城市史专题,全面反映了郭先生在古代城市史方面的学术造诣。董鉴泓先生的《城市规划历史与理论研究》[39],收集了21篇论文。

园林方面的成果较多[40],天津大学的王其亨先生继续承担国家自然科学基金项目"清代皇家园林综合研究",获得一批显著的成果。清华大学在圆明园研究方面,也有深入的专题论文发表。汪菊渊先生的《中国古代园林史》[41]和陈植先生的《中国造园史》[42],是园林研究方面的重要成果。

在宫殿研究方面,杨鸿勋先生的《宫殿考古通论》[43]、路秉杰先生的《天安门》[44]、《故宫志》[45]、《故宫博物院十年论文选》[46]均为代表作。

陆元鼎先生的《中国民居建筑》[47]是大型著作,全面反映了他多年来对民居的学术思考和研究成果。

关于宋代《营造法式》的研究,是经久不衰的研究课题,东南大学潘谷西先生集几十年研究成果和他弟子何建中先生共同完成的《营造法式解读》[48],是继梁思成先生的《营造法式注释》和陈明达先生的《营造法式大木作研究》之后的又一力作,该书的特点是:突破建筑学本体认识的历史观、反映原书体例的真实观、注重探讨营造特点的建筑观和还原历史面貌和特点的科学观[49],从而使我们对《营造法式》有了更新和更全面的认识,该书也成为20世纪以来最新见和最权威的《营造法式》研究专著之一。

2.2 林木互见走向在中观层面的整合

表现在研究对象可能并不大,还是过去的建筑主体本身,但却由技术而艺术或文化来落实认识。如东南大学建筑学院的朱光亚先生、张宏先生和南京大学建筑研究所的赵辰先生,均结合教学研究,强调从中国传统建筑技艺,如从建构的角度,选例如桥梁[50]、鼓楼等,来理解中国建筑文化的精髓,并进而探讨建筑创新问题。

这种在中观层面将匠和意、技术和文化进行综合考察的成果,也突出表现在一些专项建筑研究上。如曹春平先生的《闽南传统建筑》[51],从传统民居入手,论及大木作、砖作、石作、小木作、彩画作、工艺、屋顶做法、施工禁忌及风水等,是地方性传统建筑法式研究的佳作,同时在每部分他尽量溯源其历史传统,从而我们可以了解闽南传统建筑意匠的来由。又如路秉杰和张广林先生的新作《中国伊斯兰建筑》[52],跨越中外、涉及信仰和思想体系,又广及诸地区伊斯兰教建筑、细微到艺术特色,是比较典型的对建筑某一类型而作的林木互见的系统研究。还有张十庆先生的《中国江南禅宗寺院建筑》[53],亦属此类研究成果。

另外,就是在研究对象上,突破以往对某类建筑或某地理区域建筑进行研究的局限,呈整合之态。如在城市的平台上或背景下探讨某类建筑的发生、发展及其与城市的关联[54];又如运河沿线的城市和建筑研究[55]、渤海国的建筑历史研究[56]等,是以文化路线或文化区域展开的。如此能真实而客观地见木见林,也能从整体的关系中探求建筑发展的规律。

2.3 建筑数据和尺度变得重要

这方面的成就首推傅熹年先生。他的《中国古代城市规划建筑群布局及建筑设计方法研究》[57],通过对大量实例进行分析、比较、归纳、反推,研究出中国古代单体建筑、群体建筑、城市规划的基本模数关系。其中,研究的关键问题:一是数据,二是折合成当时的尺寸,三是寻找关系。傅先生该书的具体内容包括研究论述、数据验算和分析图纸,从中展现出古代城市、建筑群、建筑单体设计的最突出特点是用模数(包括分模数、扩大模数和长度模数、面积模数),并且根据实情,发现木构单体建筑中尺制很重要、塔体建筑丈制为主,建筑群中丈制为度量、城市以坊为模数的特征,同时归纳出一系列原则,向着探索古代建筑形成和发展规律迈进了一大步。

王贵祥先生的《明代城池的规模与等级制度的探讨》[58],在从尺度出发研究城市等级方面,成果突出且令人信服。其特别的贡献是将城池的大量边长、周长记载和城池内的里坊面积进行了关联性的研究,由此推导出明代县城、州城、府城、都城的规模和等级制度。其研究方法一是由量化求定性,二是在尺度上将城市的线和面结合起来作真实的探讨,三是基于《考工记》的理论基础又考察实际的具体城池用地尺寸。从明代看似无序的城池规模中寻找到隐含的城池尺度规则,是通过数据求证城市等级制度的最新成果。

从新版的《上栋下宇——历史建筑测绘五校联展》[59]中,我们也可看出,较之过去测绘注重建筑的形象表达,现在越来越重视具体数据的完整记录,这不仅有助于表述建筑在那时是什么,比如说在电脑中虚拟再造,而且有利于为人们探究为什么建立一手数据和资料库。东南大学龚恺先生主持的《徽州古建筑丛书》[60],自1993年出版至今已有5本积累,在方法上最突出的是自第三本《渔梁》始,使用计算机进行分析、研究和建立资料库。如将已测绘到的村落总图和四周环境作成二维工作图,为了对村落各组成形式研究的方便,通过绘图技术中"层"的概念,将新旧建筑、道路、水

系、地形等分别列为不同的“层”，便于局部的细致分析和综合的整体研究。对于建筑本体，也做三维的模型进行室内外空间分析。在这里，测绘已不仅是留住史料的一种方式，而是包含了储存详尽数据、揭示历史建筑真实、启发研究思维的手段。

我们在做清代天安门广场历史空间的分析时[61]，就体会到数据和尺度在研究中的重要性。在对已消失了的建筑或建筑群、城市进行研究而言，日趋成熟的计算机视觉模拟技术，可有效辅助和加强空间形态的描述和定量化，而这均离不开数据，同时在过程中力求探讨历史空间建模时，如何兼顾概况性和精细度至为重要，这又涉及到尺度把握。

2.4 传统研究方法的深化和数字技术的介入带来学术生长

文献的整理、查找和校勘是史学的传统研究方法，诸“哲匠录”乃属此。继紫江朱启钤桂辛辑本、新会梁启雄述任校补、新宁刘敦桢士能校补之后，杨永生先生续编文献标点《哲匠录》[62]，汇集了中国自古代至民国以来的建筑师传略；赖德霖先生主编的《近代哲匠录》[63]，是关于中国近代重要建筑师、建筑事务所的名录；喻学才先生的《中国历代名匠录》[64]，引经据典拓展了建筑匠师的范畴。这些新世纪运用传统研究方法的成果，整体上完善了哲匠录的史学工作。在表达上，《近代哲匠录》和《中国历代名匠录》更直观；《哲匠录》则承继竖版古体风格。

曹汛先生持续在《建筑师》发表的学术论文，在思路上仍然延续他提倡的史源学，在方法上近期突出运用金石学，其研究成果常令人耳目一新。

新加坡国立大学王才强先生的《唐长安的数码重建》[65]，是运用传统研究方法和数字技术手段进行综合研究的成果，包含专书和光盘各一。从专书的六部分内容可以看到这种交叉运用传统和现代方法的思路：一、历史一瞥；二、城市结构；三、数码重建；四、明德门的重建；五、长安的创意；六、数码长安－组合。其中，如果说“历史”的钩沉和“明德门”尺度的推断来源于诸如文献和考古的传统研究方法，那么，“数码重建”和“数码组合”则运用数字技术，给我们展示了“城市结构”和“长安的创意”的历史可能。尤其是通过“长安的创意”一节，我们了解到由《考工记》的营国制度的理论出发，而延伸的对于里坊尺度的思考和推断，再由建模进行的论证和在过程中的反复推敲，进而展现出长安历史面貌和在城市史的重要地位和影响，其传统和现代的交错研究方法，体现了新世纪的特征，也提供出一种对消逝了的建筑和城市进行研究的借鉴。

清华大学建筑历史所承担的“样式雷与清代皇室建筑”研究项目，旨在不仅研究清代官式建筑、复原被毁的重要建筑如圆明园，而且将全面而深入地揭示古代建筑的设计思想、工程技术、管理制度。此项目自2000年起与国家图书馆、清华大学人文学院、计算机系一起进行跨学科的研究，突破以往建筑史研究单纯以技术史和艺术史为主的局限，运用“总体史”的史学研究方法，进行综合研究，并利用计算机海量存储技术对建筑形态、空间结构进行科学细致的分析[66]，也是传统研究方法的拓展和延伸的表现。

清华大学毛锋先生主持的“空间信息技术在大遗址保护中的应用研究”，是国家科技支撑计划之一，2007年开展工作，其最大特点乃运用数字技术，对于建筑历史研究而言，它提供了另一种视角和工作方式，相信在将来会带来丰硕的成果。

3 方法评述

从上述六点现象和四点转变来看，历史研究本身既有其内在逻辑和发展规律，又和社会生活密不可分。历史在我们周围，方法在我们手边，新世纪有别于建筑史研究的传统方法似乎还突出在如下三个方面：

3.1 走向历史现场的社会学方法

早在1939年，从日本学习社会学归国不久的傅衣凌先生在福建发现契约文书后，就在其完成的《福建佃农经济史丛考》中，强调“把活材料和死文字两者结合起来”的研究方法；也是在1939年经过农村调查而成为重要经济史研究奠基人的梁方仲先生，重视民间文献在治史中的作用。其实，这些方法和梁思成、刘敦桢先生等将真实的古建筑调查、考察与诸如《营造法式》等文献比照进行研究的过程，并无大异。只是我们今天尤其强调傅、梁二先生走向历史现场的社会学方法，是对日益繁多的边缘建筑类型研究加强的回应；同样地，也是对由于遗产保护热而带来的快速考古、迅速结论的警示。

在这个方法中，“地点感”和“时序性”是两个关键词。尤其是对民间的建筑和文化遗产，可能和历史重要的人物、事件、典章制度等没有等同地外化，必须在明晰的“地点感”的基础上，按照围绕地点发生的内外事件的先后序列重建历史过程，这样，历史本身的脉络将逐渐形成，历史现场将走向真实，在边缘与中心之间、微观和宏观之间，也能形成互动的关联和认识。而不分时序地、简单地归纳总结建筑或文化发展规律，往往会将水搅浑，也谈不上对建筑史做出真正的学术贡献。

3.2 现代主义的历史学方法

首先，技术和文化的快速发展，使历史研究的两个层次问题“是什么”和“为什么”处于前所未有的胶着状态，从而极易诞生现代主义的历史学。

就本质而言，现代主义的历史学与古典主义的历史学的区别，在于前者以时间为探针直抵历史的内部，强调历史形式本身而淡化意义，在分析和解释的层面上是有效的，如乡土建筑、构筑、园林要素分析等，形式也就负载着该存在物全部在世存有的作用和意义，它既是多元的，又是纯文本的。而古典主义的历史学倾向于寻找一条永恒的变化模式（如轮回或渐进）来看待历史，或者倾向于用某种微言大义来解释历史，所以无论是20世纪80年代的“以论带史”还是90年代的“论由史出”，历史还的确是任人打扮的女孩子，建筑历史是有意义的，而历史建筑本身没有太高地位可言。不过，随着近十年中国经济、文化和科技水平在国际上的地位越来越高，人们对中国历史的渴望和文化的了解愈益迫切，曾经在上世纪90年代我概括的中国建筑史学的特点“更注重历史建筑的发展，而非建筑历史的论述”[67]在今天大大发扬，这一方面可能和中国倦怠了纷繁的思潮而开始寻求实在和细节有关，也和重新审视历史、建构历史多种可能性的理论自觉不无关联。这是积极的一面，但放大一点看，“中国中心观在美国的兴起”[68]，在某种程度上是否也包含了一些功利主义的成分？而功利味太浓（它的潜台词是时间不能代替历史）恰恰是现代主义历史学的先天缺陷。

中国古代历史漫长的延续性，包括如中国古代木构建筑的体系化，或民间建筑文化的根植性，是我们今天看待适用现代主义的历史学方法的根本缘由。但时间递度它所包含的必然性和偶然性也是历史丰富和具有自在性及魅力的重要原因，也因此，古典主义历史学中的“疑古”精神和“释古”情怀应该是永恒的。就傅先生的研究成果《中国古代城市规划建筑群布局及建筑设计方法研究》而言，若以现代主义的历史学观点，这项工作似已完成，而傅先生就谦虚地认为：这只是解决了第一步，而要解决为什么，“就需要从我国古代政治、经济、文化等领域，包括民族的共同心理特征、美学观点乃至建立在上述基础上的典章制度、经济管理体制、工艺技术特点诸方面的形成和发展对建筑的影响进行分析探讨。这是一个高层次上的问题。”[⑳]

3.3 数字化时代的和解之道

数字化时代带来诸如搜索方便、注重礼节(譬如说注释标注，这个时代就较以前更为严格和规范)、视觉接受、强调速度等优点外，我认为对于一个有着历史传统的中国建筑史研究梯队而言，一种潜在的、也许会带来深刻的变化是权威消解。

很显然，世代学习的主体是年轻人，他们获得知识的渠道和方式较过去有很大差异，从而易于质疑权威。可以想象清新且充满活力的年轻人，正扛着历史上前所未有的、功能最强大的工具，冲击着现有的工作环境和思维。在 FreeZone 网站(版页)中，每天都会有新的参与者或退出者，而有些则渐渐成为封闭式社群。封闭式社群的形成，主要是因为经常进行对话的群体间，彼此十分熟稔，进而组成一个家庭党派或领袖。与过去不同的是，数字革命无法由成人掌控。因为新时代了解到新媒体的确比较好，并以更快的速度拥抱它们。所以在依赖中，也有可能于无意间丧失了长期以来培养的优良传统，而又尚没有足够的能力建立起一种新型的学术价值体系。

这样的数字化时代对于中国建筑史研究而言，我理解就像一把双刃剑，会锋利无比地加速或瓦解传统研究方法进行的过程，警醒是必要的。如果我们不想在现代技术和传统治学方式的两把交椅中掉下去的话，继承传统、通力合作、广纳群贤，应该是和解之道，同时，惟此也最有可能发现、拓展出学术生长点。

历史在我们周围。21 世纪中国建筑史研究，无论是学术成果的丰硕和充盈，还是研究内容更贴近生活和现实；也无论是传统研究方法的延伸和发展，还是数字技术的全面渗透，无不是明证。我们不能不欣喜：这是一个多好的治史时代——有敏感的问题涌现和清朗的社会包容；我们也不能不深沉：这是一个多么需要有责任治史的时代——社会和建筑的进步，既要从历史中寻找智慧，也需要从历史中发问和探询。

注释：

①陈薇：《数字化时代的方法成长》，《建筑师》2005 年第 5 期(总 114 期)：92－96；School of Architecture, Southeast University：《History and Future of Architectural Heritage in East Asia》，Southeast University Press, July. 2007：P80－84

②中国建筑技术研究院建筑历史研究所编：《中国古代建筑画》，1999 年 6 月，北京，非卖品。

③潘谷西主编：《中国建筑史参考图》，《中国建筑史》(第四版)，中国建筑工业出版社，2001 年 6 月。

④郭黛姮主编：《〈营造法式〉新注》，《中国古代建筑史》(第三卷)，中国建筑工业出版社，2003 年 9 月。

⑤陈薇主编：《演绎唐宋建筑》(系列一、二)，中国建筑工业出版社，2005 年 9 月。

⑥⑦梁思成主编，刘致平编撰：《中国建筑艺术图集》(上、下)，百花文艺出版社，1999 年 8 月。

⑧如 www. abbs. com. cn 的自由建筑论坛：建筑史；http://arch. seu. edu. cn/arch_his：中国古代建筑史。

⑨如在 abbs 论坛建筑史论坛上，网名“鲁班门外”为《中国建筑史》(第四版)教材做了大量“补遗与校勘”，至今我们不知真人为谁，但给教材的第五版修订起到了一定的作用，为此我们在附记中作了说明。见潘谷西主编《中国建筑史》(第五版)第 508 页，中国建筑工业出版社，2004 年 1 月。

⑩刘叙杰主编：《中国古代建筑史》(第一卷)：原始社会、夏、商、周、秦、汉建筑，中国建筑工业出版社，2003 年 7 月；傅熹年主编：《中国古代建筑史》(第二卷)：两晋、南北朝、隋唐、五代建筑，中国建筑工业出版社，2001 年 12 月；郭黛姮主编：《中国古代建筑史》(第三卷)：宋、辽、金、西夏建筑，中国建筑工业出版社，2003 年 9 月；潘谷西主编：《中国古代建筑史》(第四卷)：元、明建筑，中国建筑工业出版社，2001 年 3 月；孙大章主编：《中国古代建筑史》(第五卷)：清代建筑，中国建筑工业出版社，2002 年 11 月。

⑪萧默主编：《中国建筑艺术史》(上、下)，文物出版社，1999 年 6 月。

⑫高介华主编：《中国建筑文化研究文库》凡 32 本，湖北教育出版社。

⑬杨鸿勋主编：《营造》(第一辑)(第一届中国建筑史学国际研讨会论文选辑)，北京出版社、文津出版社，2001 年。

⑭杨鸿勋主编：《历史城市和历史建筑保护国际学术讨论会论文集》，湖南大学出版社，2006 年 11 月。

⑮陆元鼎、潘安主编：《中国传统民居营造与技术》，华南理工大学出版社，2002 年 11 月；《广东省与闽赣三省客家民居比较》(日文)，中日共同研讨会《中国南部客家民居比较研究》论文集，日本东京艺术大学出版，2001 年 3 月。

⑯赵辰、伍江主编：《中国近代建筑学术思想研究》，中国建筑工业出版社，2003 年 4 月。

⑰张良皋：《巴蜀别观》，中国建筑工业出版社，2006 年。

⑱马建华、张力华：《长城》，敦煌文艺出版社，2004 年 2 月。

⑲佟伟华：《我国史前至商代前期筑城技术之发展》，《古代文明研究》(中国社会科学院考古研究所、中国社会科学院文明研究中心编)，文物出版社，2005 年，第 180－196 页。

⑳杨鸿勋主编，柳肃副主编：《历史城市和历史建筑保护国际学术讨论会论文集》，湖南大学出版社，2006 年 11 月。

㉑王世仁：《文化的叠晕》，天津古籍出版社，2004 年 7 月。

㉒刘先觉、陈泽成：《澳门建筑文化遗产》，东南大学出版社，2005 年 1 月。

㉓关于大遗址保护，中国建筑技术研究院建筑历史研究所和国家文物局文物研究所参与工作较多；建筑环境和文物古迹搬迁，清华大学建筑学院历史研究所有许多相关的专题和成果涌现；民间建筑工艺保护，东南大学建筑学院历史所朱光亚先生有专项基金研究，已结题。

㉔常青：《建筑遗产的生存策略——保护与利用设计实验》，同济大学出版社，2003 年 1 月。

㉕www. icomoschina. org. cn 第十五届国际古遗址大会发表《西安宣言》(10/22/2005)。

㉖路易吉·戈佐拉(意)著，刘临安译：《凤凰之家——中国建筑文化的城市与住宅》，中国建筑工业出版社，2003 年 5 月。

㉗王贵祥：《东西方的建筑空间》，百花文艺出版社，2006 年 4 月。

㉘程艾蓝(Anne Cheng)：《中国传统思想中的空间观念》，《法国汉学》(第九辑)，中华书局，2004 年 12 月，第 3－12 页。

㉙《法国汉学》丛书编辑委员会编：《法国汉学》(第九

辑,人居环境建设史专号),中华书局,2004 年 12 月。

㉚Musee Albert Kahn:《Le Jardin du letter:Synthese des arts en Chine》,LES EDITIONS DE 1MPRIMEUR,2004 年。

㉛㊲陈薇:《天籁疑难辨,历史谁可分——90 年代中国建筑史研究谈》,《建筑师》第 69 期,中国建筑工业出版社,1996 年 4 月,第 79 - 82 页。

㉜王世仁:《北京湖广会馆建筑》(附:会馆与戏场杂考),《王世仁建筑历史理论论文集》,中国建筑工业出版社,2001 年 7 月,第 168 - 192 页。

㉝王世仁主编,北京市宣武区建设管理委员会、北京市古代建筑研究会合编:《宣南鸿雪图志》,中国建筑工业出版社,1997 年 8 月。

㉞㉟吴良镛:《序一:在"有机更新"中保护历史的镶嵌》,王世仁主编,北京市宣武区建设管理委员会、北京市古代建筑研究会合编,《宣南鸿雪图志》,中国建筑工业出版社,1997 年 8 月,第 2 页。

㊱吴庆洲:《中国军事建筑艺术》(上、下),湖北教育出版社,2006 年 7 月。

㊲车文明:《中国神庙剧场》,文化艺术出版社,2005 年 6 月。

㊳郭湖生:《中华古都》,空间出版社,1997 年 2 月。

㊴董鉴泓主编:《城市规划历史与理论研究》,同济大学出版社,1999 年 10 月。

㊵程里尧主编:《中国古典园林》,云南人民出版社,1999 年 4 月;罗哲文:《中国古园林》,中国建筑工业出版社,1999 年 9 月;顾风主编,扬州博物馆、扬州市历史文化名城研究会合编:《扬州园林甲天下》,广陵书社,2003 年 8 月;苏州民族建筑学会、苏州园林发展股份有限公司编著:《苏州古典园林营造录》,中国建筑工业出版社,2003 年 9 月;刘晓惠:《文心画境——中国古典园林景观构成要素分析》,中国建筑工业出版社,2002 年 5 月;潘谷西:《江南理景艺术》,东南大学出版社,2001 年 4 月。

㊶汪菊渊:《中国古代园林史》,中国建筑工业出版社,2006 年 10 月。

㊷陈植:《中国造园史》,中国建筑工业出版社,2006 年 8 月。

㊸杨鸿勋:《宫殿考古通论》,紫禁城出版社,2001 年 8 月。

㊹路秉杰编著:《天安门》,同济大学出版社,1999 年 9 月。

㊺北京市地方志编纂委员会编:《故宫志》,北京出版社,2005 年 10 月。

㊻故宫博物院编:《故宫博物院十年论文选》,紫禁城出版社,2005 年 2 月。

㊼陆元鼎、杨谷生主编:《中国民居建筑》(上卷、中卷、下卷),华南理工大学出版社,2003 年 11 月。

㊽潘谷西、何建中:《营造法式解读》,东南大学出版社,2005 年 11 月。

㊾陈薇:《贴近历史真实的解读——〈营造法式解读〉书评》,《建筑师》2006 年 4 期(总 122 期),第 91 - 94 页。

㊿赵辰:《木拱桥:一种传统木构营造技术的研究》,《第四届海峡两岸传统民居(营造与技术)学术研讨会》论文集,广州,2001 年 12 月;赵辰,浙闽木拱廊桥的人居文化特殊意义,《东南文化》2003 年 7 期。

51曹春平:《闽南传统建筑》,厦门大学出版社,2006 年 3 月。

52路秉杰、张广林:《中国伊斯兰建筑》,上海三联书店,2005 年 4 月。

53张十庆:《中国江南禅宗寺院建筑》,湖北教育出版社,2002 年 12 月。

54参见陈薇指导的研究生论文及发表在《建筑史》、《华中建筑》、《建筑师》等杂志上的梯队论文。

55国家自然科学基金项目:元明清时期运河沿线城市与建筑研究,项目编号:50278014,项目负责人:陈薇,2003 - 2005 年。

56国家自然科学基金项目:渤海国建筑史研究,项目编号:50478070,项目负责人:张十庆,2005 - 2007 年。

57傅熹年:《中国古代城市规划建筑群布局及建筑设计方法研究》(上册、下册),中国建筑工业出版社,2001 年 9 月。

58王贵祥:《明代城池的规模与等级制度的探讨》,《历史城市和历史建筑保护国际学术讨论会论文集》(主编杨鸿勋,副主编柳肃),湖南大学出版社,2006 年 11 月,第 3 - 13 页。

59《历史建筑测绘五校联展》编委会编,《上栋下宇——历史建筑测绘五校联展》,天津大学出版社,2006 年 5 月。

60龚恺主编,东南大学建筑系、歙县文物管理所合编:《徽州古建筑丛书》,《棠樾》,东南大学出版社,1993 年 8 月;《瞻淇》,东南大学出版社,1996 年 8 月;《渔梁》,东南大学出版社,1998 年 8 月;龚恺主编,东南大学建筑系、婺源博物馆合编:《徽州古建筑丛书》,《豸峰》,东南大学出版社,1999 年 9 月;《晓起》,东南大学出版社,2001 年 3 月。

61张愚、诸葛净、陈薇:《城市历史空间的计算机视觉模拟研究与应用——以清天安门广场为例》,《建筑学报》2004 年 2 期,第 74 - 77 页。

62杨永生:《哲匠录》,中国建筑工业出版社,2005 年 1 月。

63赖德霖主编:《近代哲匠录》,中国水利水电出版社、知识产权出版社,2006 年 8 月。

64喻学才:《中国历代名匠录》,湖北教育出版社,2006 年 5 月。

65王才强:《唐长安的数码重建》,中国建筑工业出版社,1996 年 4 月。

66参见郭黛姮先生提供的"关于清华大学建筑历史及文物保护研究所的科研情况"。

68柯文著,林同奇译:《在中国的发现——中国中心观在美国的兴起》,中华书局,1989 年。

69傅熹年:《中国古代城市规划建筑群布局及建筑设计方法研究》(上册),中国建筑工业出版社,2001 年 9 月,第 9 页。

作者简介

陈薇,东南大学建筑学院教授。

优秀建筑艺术作品

YOU XIU JIAN ZHU YI SHU ZUO PIN

优秀建筑艺术作品目录

当下的中国，正以城市的急速膨胀和建筑的大量兴造为世界瞩目，无可比拟的速度和规模是其基本特征，世界上没有其他地方有如此大量的城市和新建筑在同时建造中。伴随这个过程，城市的传统结构和生活方式全面瓦解，碎为残片，新的城市和建筑如潮水涌现，尽管这种状况包含着令人振奋的发展活力和可能性，但其基本状态呈现为中国以外的某种来源的简单复制，这些来源的混杂，替换的频繁与建造的粗略犹如商品消费，各种躁动不定的创新试验掩盖不了城乡文化根源性事物的流失和一种深思熟虑的扎实工作的旷缺，人们已经很难用一种相对清晰的格局和品质来界定中国城市及建筑的文化身份和地域特质，在国际建筑界，以本土营造为根源的中国建筑师的声音

瓦园

主要设计人：王澍
设计单位：业余建筑工作室
建设地点：意大利威尼斯
设计时间：2006年2-6月
竣工时间：2006年9月
建筑面积：600 m^2
占地面积：600 m^2
摄影者：王澍

▼ 全景

▼ 局部

▲ 建造过程

始终是缺乏的。见微知著，威尼斯双年展第十届国际建筑展中国馆瓦园即是在威尼斯城处女花园的一次现场营造，以600m²的规模，6万片取自旧城拆迁的回收旧瓦，体现中国本土建筑师与艺术家面对中国城市现状的另一种思想态度和工作方式。处女花园，一片草木茂盛之地，地下60cm隐存着一座古迹的基础，瓦园是以一种小心的建造方式轻放在那里，用回收江南旧瓦，支撑构起一片巨大瓦面。一半平铺，一半沿对角线起坡。它既是场地，登临其上，又似屋面，它实际上是一种全新意识的园林。瓦园，一处沉思与反省之地。

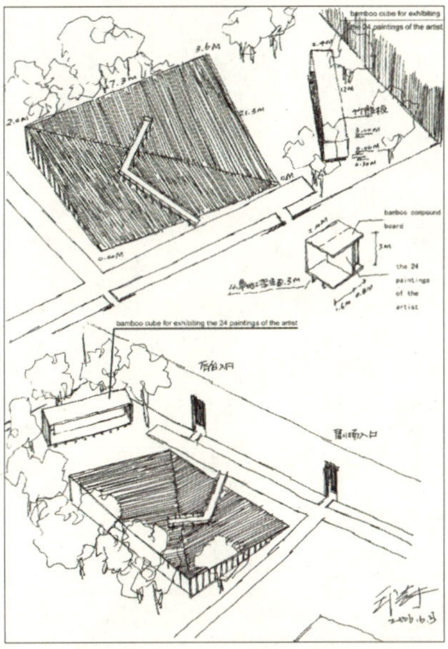
bamboo cube for exhibiting the 24 paintings of the artist
bamboo compound board
the 24 paintings of the artist
bamboo cube for exhibiting the 24 paintings of the artist

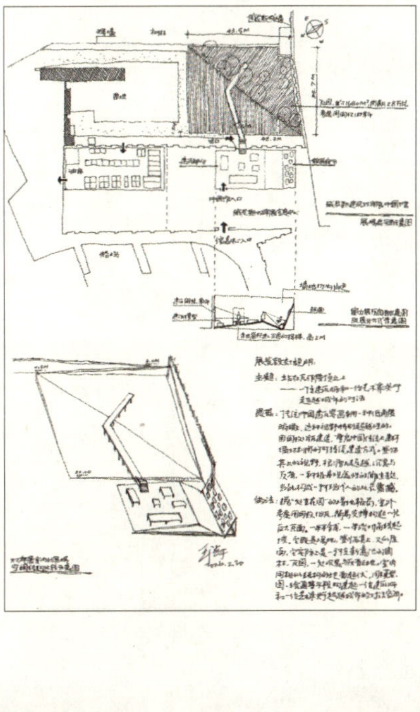

▲ 建造过程

◀ 草稿

金华建筑艺术公园选址定在金东新区义乌江北岸城防大坝与清照路之间，占地面积14.9ha，其中1号地块6.48ha，2号地块8.42ha。基地总长为2200m、平均宽度80m左右的带状条形地块。该公园是由金东新区政府实施的义乌江北岸滨江绿化带建设工程之一。公园内建设16座小型公建，由10个来自不同文化背景、不同年龄段的国际建筑师以及6个中国建筑师与艺术家完成方案设计。

9号建筑地块处于项目总用地2号地块，南部边界为义乌江北岸城防大坝，坝顶比场地标高约高0.7m，北部边界为清照路。南北宽约80m，西边与8号建筑间距约50m，东边与10号建筑间距约100m。建筑周边规划为野生草地、常绿林和落叶林。

瓷屋

主要设计人：王澍
设计单位：业余建筑工作室
建设地点：浙江省金华市金东新区
设计时间：2004年7月
竣工时间：2006年12月
建筑面积：130 m^2
占地面积：130 m^2
摄影者：王澍

◀ 外观

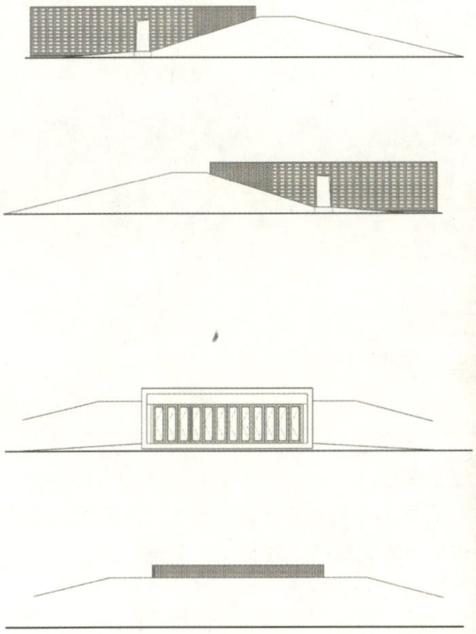

◀ 立面图

▼ 模型

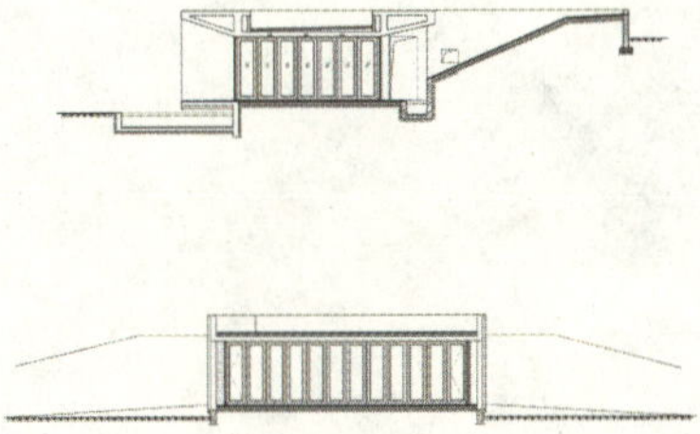

▲ 剖面图

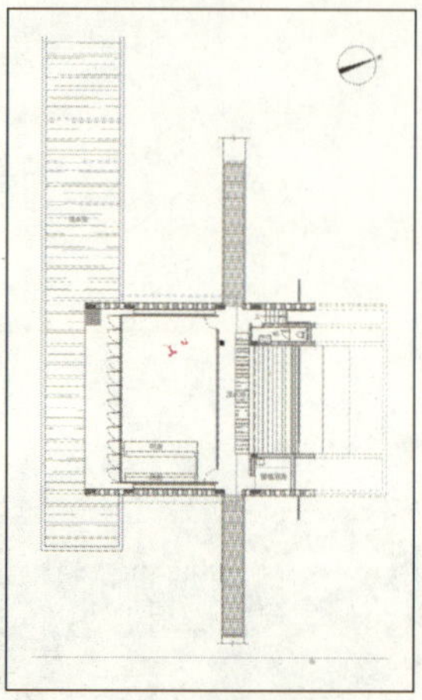

▲ 一层平面图

一座100m²的小房子，咖啡馆，我决定把它做成一件器。这件器盛风和水，决定全凭直觉。设计从何处始，常是偶然的。凭直觉从书架上拿下一本谈砚的小册子，随手翻翻，就停在一方宋抄手砚处。砚完全因功能而做，其他什么也没有。砚面有一折，折上平缓，宜驻墨，折下陡急，宜淌墨。我就想站在砚上看如何，坐在砚池底观又如何。

于是想到我做陶艺的朋友陶艺家周武，想到我的学生正在跟他上陶艺课，他们正在学彩绘和上釉。周武做的一种瓷片，40×80cm，片底一小折曲尺状的瓷片是为防止实验时釉在窑中淌下。他做有上千片，色彩均不同，让我震撼。抄手砚和周武的瓷片，就是这座小房子构想的基础。

房子取抄手砚器型，单层，砚首在南，砚尾在北。在室内喝咖啡，就坐在砚池底，东南风吹过，风沿砚坡爬向西北。金华一带多雨，雨沿砚坡自西北下泻东南。在砚坡顶植几棵大树，坐在室内，视野沿砚坡上移，于一折处失去透视依据，就很深远。东西墙遍开小孔，房子开户牖以为器，孔小称窍，是为风与光线而开，也强调房子的方向性。

西门边有楼梯可上屋顶，坐在屋顶，可观江上景色。

屋内外均贴周武做的瓷片，房子就成彩色的。色彩无规律地随意贴，却呈现中国陶瓷全谱系的色彩。陶瓷质地，细碎色点，就和西边丁乙、东边艾未未的房子构成一种唱和。

布局自规划位置西移少许。房子开有东西二门，规划中的小径正好穿过。房北需堆3米高东西走向土埂一道，房子如锚固在土埂上。土埂也挡住了北侧大路上的喧嚣。房南做浅水池，取房子的倒影。建筑面积中纯室内约90m²，南北檐下约40m²。单层。东处设卫生间，可以公用。西侧设楼梯，可登屋顶。

▼ 室内

坡州是首尔附近的一个出版业新城。三湖出版社的基地是城中一个街区，四边条件各不相同：北面是公共绿地，东面是一条交通干道，南面是一条人车分享的街道，西面则是一条步行商业街。三湖出版社所要建的这栋建筑中有四个功能：办公室、书店、音乐厅及画廊，业主公寓及其他一些公司成员的潜在住所。对这两组条件的分析启发了一个由四个相对独立的建筑组合构成的设计概念：在底层，书店或“商业建筑”与西侧步行商业街平行；位于东侧的音乐厅、画廊或“文化建筑”以较封闭的立面面对交通干道的车流。叠在这两栋建筑上、同时在平面上与之构成90°交角的是临街的“办公建筑”和北侧相对私密又向绿地开敞的“住宅建筑”。上层建筑与下层建筑的直角关系使办公与住宅获得日照，同时也形成一个中心院落，将城市空间延续到建筑中来。四个建筑/部分在剖面及围护材料上的处理是不同的。基本围护体系是一个双层玻璃填充墙：文化、商业、住宅；办公建筑的墙体内分别填充了土、芦苇、棉花、刨花。

韩国坡州三湖出版社

主要设计人：张永和、刘向晖、杜鹃、张晖杨
设计单位：北京非常建筑设计研究所
韩国承孝相建筑事物所（合作）
建设地点：韩国坡州
设计时间：2004年10月–2005年12月
竣工时间：2006年12月
建筑面积：2 895 m^2
占地面积：627 m^2
摄影者：Jung Bo Young

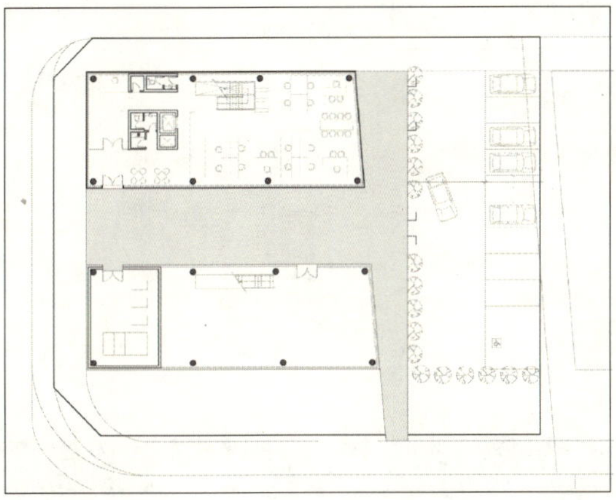

▲ 平面图

▶ 近景

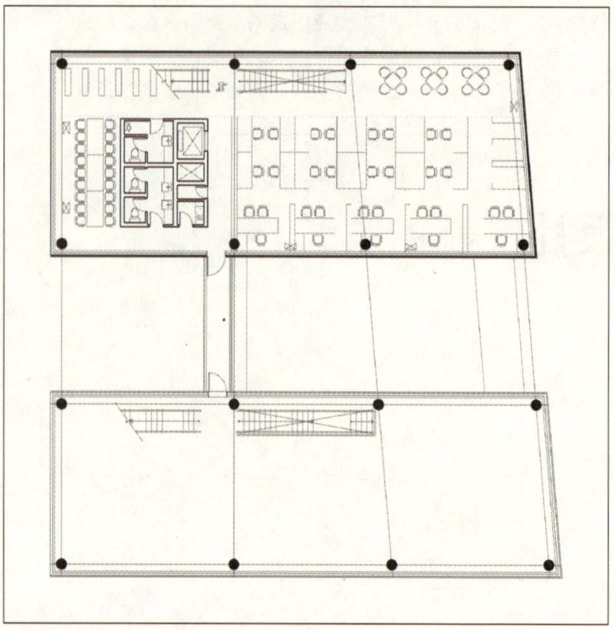

▲ 平面图

▼ 外景

▲ 外墙

▲ 细部

上海唐宫的室内设计是以“水”为关键词进入的，与水有关的材料以及水的曲线形态成为设计的重点。该室内空间可以很清晰地分为特征差异很大的三个部分，于是将其对应为三个有所差异的空间设计，曲线则作为一个统一的元素以不同的方式出现在三个空间中。

上海唐宫海鲜舫室内设计

主要设计人：张永和、陈龙、何哲
设计单位：北京非常建筑设计研究所
建设地点：上海市
设计时间：2005年8月
竣工时间：2006年6月
建筑面积：1 200 m^2
摄影者：舒赫

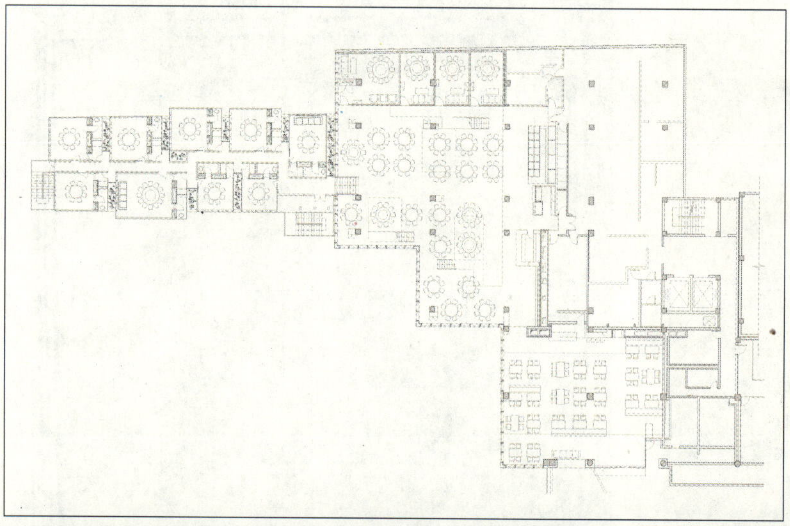

◀ 平面图
▼ 大厅

▲ 楼梯
▶ 起伏

第一部分的空间是在一个夹层底下，高度很低（梁下只有2.4m左右），面积不大。在这个空间中，部分家具、墙面以及地面以曲线的形式出现，并通过五厘板开深槽然后在转弯处弯曲来实现。吊顶曲线是以平面图案的形式出现的，材料是拉丝铝板，开槽形成发光亮线。该空间偏重于"中餐西吃"的西餐氛围，采用四人小桌，光线比较暗。

第二部分的空间较高（梁下有6m左右，面积也比较大。在这个空间中吊顶以曲线的形式出现，曲线局部上下错落形成一些发光的开口（使用白色透光膜）。四个悬挂于空中的包间被置于该曲线吊顶之上，形成了最大的几个发光开口。其曲线吊顶是通过在曲线龙骨上悬挂望砖来实现的。望砖的悬挂间距相同，但由于曲线的角度不同而形成不同的视觉密度，并在较为垂直的曲面形成镂空透光的视觉效果。地毯和包间的玻璃隔断使用了水纹图案（后者为丝网印），也是以平面图案出现的曲线。同时，玻璃隔断又将水纹图案投影在白色透光膜上。这个空间偏重于中式的传统聚会氛围，采用中式的大圆桌，光线相对比较亮。

第三部分的空间在室外屋顶上（属于加建），没有高度限制，面积也不大。九个玻璃盒子（九个包间）由走廊连通，由竹子形成的绿化墙分隔开。每个盒子都有很好的景观质量：不仅有朝向宾馆庭院及室外的景观，而且都有一个面朝向竹子。玻璃包间的内部有一圈连续的窗帘，窗帘的颜色与包间的地毯颜色相近，九个包间有九个不同的颜色倾向。夜晚就成为九个不同颜色的发光盒子。该空间的曲线出现于玻璃屋顶之上，是钢筋和竹片编制而成的遮阳隔栅。此空间偏重于商务特点，配置较全，每个包间都有各自的卫生间和备餐间，景观质量也比较好。

▲ 包房
◀ 走廊
▼ 室内

“井宅”是当地工匠而非建筑师参与的一项实验，其理念是通过与在世工匠的互动，传统建筑可被改变甚至颠覆。该过程不同于当今大多建筑师工作的方式，既不宏大，也不寻常。说其不寻常，因这在中国当代建筑中尚属首次；说其不宏大，因为这需要和当地工人及村长反复地协商。

当地工人不看建筑图纸，也不采用公尺。他们根据现有的木料和口诀工作，例如，“方丈”指成年树桩木料，“浮砖”指表面的砖，等等。这套特定的语汇和涵义使工匠脱离建筑的总貌，即方案。方案的缺失不仅是传统建筑的特质，也是连接新的诠释和建造的契机，这正是井宅建筑实验的意义所在。

建筑师必须采用工匠的概念和语汇，以便

西安井宅

主要设计人：马清运、孙大海、王山
设计单位：马达思班
建设地点：陕西省西安市
建筑面积：192.8 m^2
占地面积：319.68 m^2
图片提供：马达思班

▼ 外观

协作组织。所幸的是马清运在村子里长大，是内行。整个建造过程以草图和注释进行规划，最重要的是，全部用当地方言手把手示范。最后，当地工人不能相信眼前的建筑竟与头脑中的如此不同。该过程的意义是：只有从事物的核心和基础入手才能影响和改变事物，传统只能以传统的方式断开和重新连接。

在该项目中，建筑师重塑了传统庭院住房的居住空间和社会空间，改变了内部空间构成，变更了砌砖方式，调整了开窗方案。红砖和灰砖都被使用，但以建造代替了堆砌。红砖用于内部，灰砖用于外部，并交替衔接。它们的交线垂直于墙体表面并贯穿于墙体，自表层砖略微内凹，以凸显这一独特的建构方式。

此外，该建筑所依据的传统地形高度被充分延伸，首先考虑当地住宅之外更广阔的自然风景，然后制造同样异于当地景观的生活方式。

值得注意的是所有这些改变不仅是为了产生差异，也都为切合身边独特的条件，无论是出于节省资金、材料，或调和该项目的新功能，该实验将继续迎接新的审视和需求。

▲ 细部
▼ 内院

▼ 内院

土地混合开发策略：商务区以企业总部办公为主，为此规划利用方格网将地块进行细分，形成了30多个细分单元，每个单元0.6～1.0ha左右，形成相对独立的办公空间。同时方案重组相关建筑功能的组合匹配，结合不同地块自身的要素以及不同商务活动的配套要求，形成以水街和东西向步行街为主线的多元化建筑类型和空间布局形态。从而避免了商务办公与商业、居住与配套功能相脱节的弊端，形成7(日)×24(小时)精彩活力区。

构筑可持续的保证城市活力的交通发展策略：商务区是一个高度开发的区域，为了创造一个安全、便捷、顺畅的交通环境，规划注重加强了对机动车交通、公共交通、步行交通及静态交通设计。规划强调"公交优先，人车分离"原则，通过轻轨、公交巴士站、地下交通环廊、空中步行观景带、水上游览线等各种交通方式及线路合理设计，保证商务区的高效

宁波南部商务区

主要设计人：马清运、李骅、黄嵘、何孟佳、陈展辉、郝鹏、赵鹏、Achim Linde
建设地点：浙江省宁波市
设计单位：马达思班
宁波鄞州建筑设计院
宁波中鼎建筑设计研究院
建筑面积：175 000 m^2
占地面积：76 000 m^2
图片提供：马达思班

▼ 效果图

运营。

合理利用和开发地下空间策略：为节约土地资源，合理利用地下空间，规划加强对地下空间开发利用，地下一层空间由公共地下交通环廊和公共停车场组成。地下环廊的内部围合部分为公共停车场，外围是通过地下交通环廊与各建筑单体地下停车场相连。地下二层空间除布置停车场外，将供水、供冷、电力、电信等管线布局在市政管廊内，避免了线路跑、冒、滴、漏，有利于各管线。

注重多元、生态、现代、人文的绿化景观组织策略：规划强调绿化、水系、建筑、道路相互交融，注重与城市景观、商业景观融合渗透，形成中心雕塑、广场、景观平台、生态植物岛屿等静态景观与游船、喷泉等动态景观相互配合，使水、城、绿互相映衬、人文景观与自然山水交相辉映的景观体系。

◀ 模型

▼ 总平面图

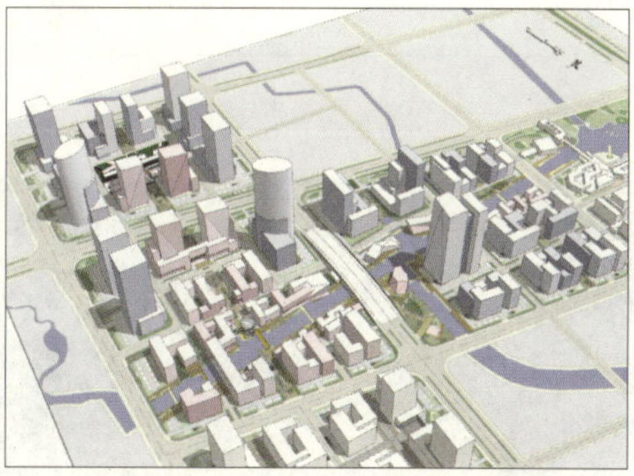

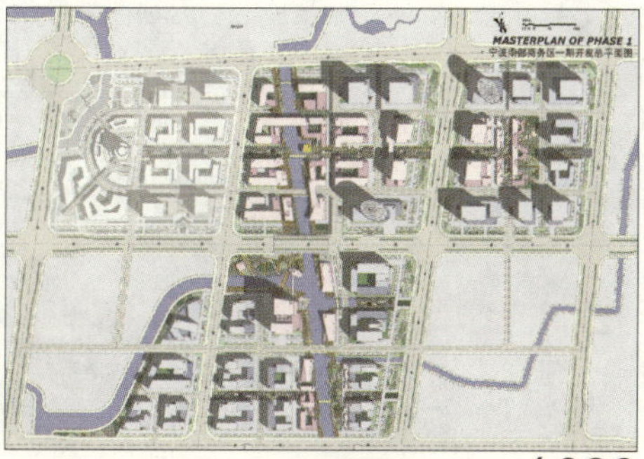

1949年后，在北京的老城区，大量传统的院落住宅被拆除，代之以体量庞大、封闭的机构性建筑，它们像城市躯体中的肿瘤，切断了城市的血脉，破坏了原有的城市公共空间系统。20世纪90年代后，大多数政府机构外迁，建筑被废弃。

华京大厦，一座典型的政府机构性建筑，位于明皇城保护区内，东华门大街南侧，东临南池子大街，西毗南河沿，距东华门仅有数百米之遥，沿街槐树茂密成林，北京传统四合院隐现其后，地理位置非常特殊，是一个极具东方文化特色的街道环境。

它建于20世纪80年代早期，为五层升板结构体系，那段时期升板结构体系颇为流行，在北京相继建造了多处升板结构的商业建筑。建筑的

华京大厦酒店改造

主要设计人：朱锫
设计单位：朱锫建筑设计事务所
建设地点：北京市
设计时间：2004–2005年
竣工时间：2005–2006年
建筑面积：10 000 m²
摄影者：舒赫、方振宁

▼ 西立面　▼ 剖面　▼ 北立面

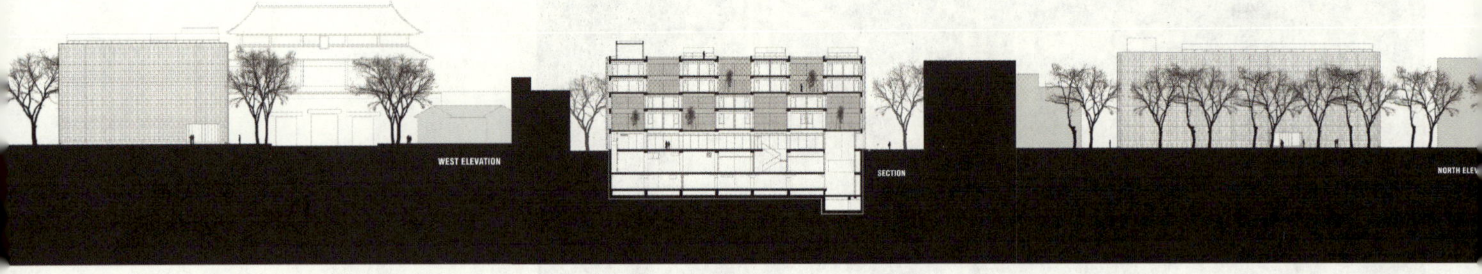

形式也试图寻求中国传统建筑的特点，与北京传统的建筑相距甚远，我们姑且概括为仿"唐风"建筑，整个二层无窗也是因为形式的需要。

如果说，当年拆了大量的四合院来建造这样一幢办公楼是一种错误的话，那么，今天也不应该再重犯历史上的错误，将其拆除重新恢复过去的四合院。我们的策略是采用针灸城市的方法，而不是切除的手段，将其重新融入到城市的公共空间中去。设计是沿着以下两条线索展开的。

空中四合院——垂直院落系统

基于类型学的方法，我们概括出传统北京城市空间格局的本质是院落，庞大的院落系统就似一张巨大的网覆盖了整个城市的任意一个角落，统领着整个城市的格局。为了体现北京城这一主要城市空间的特点，一个院落系统被引入了这个项目的改造过程中，但它不再是传

▼ 概念模型

▲ 室内

▲ 局部

统的水平向院落，而是垂直的空中院落系统。用一个化整为零的院落系统取代一个内部中庭的传统酒店布置方式，让人从空间的感受上体验中国的建筑文化。当人们走出客房，置身于其中的院落里，既可俯视周边重重叠叠四合院屋顶的海洋，又可远眺故宫那规模宏伟的建筑杰作。院落再次成为建筑的主题，把人们再次带到一个充满传统文化精神的现代生活场所空间。

为了实现垂直院落的设想，最大限度地保留了原有的建筑、结构柱、楼板等结构体系外，对整体建筑进行了剔除外墙及楼板切割的改造。15个大小不同的院落沿着水平及垂直方向有机地组织到这幢实体建筑中去，曾经黑暗少光的室内空间变得明亮宜人。靠近南侧的院落沿垂直交错布置，一方面在客房和住宅之间建立了缓冲区，另一方面使客房沿院落布置，丰富了客房空间环境。

灯笼——现代形式与传统文化结合体现

灯笼是最具有现代感的中国传统城市的饰品，它的形式反映了中国传统建筑最本质的内容。如果对比东西方传统建筑的区别，就可清晰地概括出中国传统建筑的特点。西方的传统建筑以实体、厚重为特点，在晚间，建筑须被周围的火把照亮，它是实体；中国的传统建筑以轻、薄、透明为特点，在晚间，建筑就像灯笼，自身成为一个发光体，照亮周边环境。这种在建筑上完全相反的观念，深刻揭示出东西方在文化上的根本区别。半透明材料的格栅将结构重新包裹起来，呈现出简约、当代的特质，又与中国传统的灯笼建立了某种渊源。

新与旧的冲突是北京老城改造永恒的课题。如何理解新，又如何保护旧？重复过去就等同于给苍老的北京城注入安眠药，拆旧建新就意味着割断历史，放弃我们的文化。设计者喜爱冲突，只有新旧冲突并存才能给城市注入活力，只有立足当代才能使城市得以发展。

▲ 外观
▼ 旧貌

▲ 模型
▶ 外墙
▼ 夜景

在阿布扎比(Abu Dhabi)艺术馆方案设计中，力图尽可能利用其地理位置并结合当地的气候特点，营造丰富的公共空间。在新艺术文化街区的城市肌理与双年展园区中心运河之间建立一个动态的、充满活力的纽带。在本设计中，把一个中东城市与阴影之间关系的研究运用在构思中——在夏季，所有沙漠地区的城市在太阳下非常炎热，阴影底下又很清凉，阴影是城市人活动的前提。到了冬天，屋顶又成了当地城市的第二路面，直接对应着冬天的活动。所以，这个房子像一个漂浮空间一样被悬空，制造出最大的阴影可能。在一层半的展览空间里，有明显导向性的坡道把水边漫步的人们一直带到露天的屋顶，具有一些折面变化的平屋顶可以作为人们享受阳光和观看表演的另

阿布扎比艺术馆

主要设计人：朱锫、吴桐
设计单位：朱锫建筑设计事务所
建设地点：阿布扎比·萨迪亚特岛
设计时间：2006年12月（在建中）
建筑面积：3 500 m^2

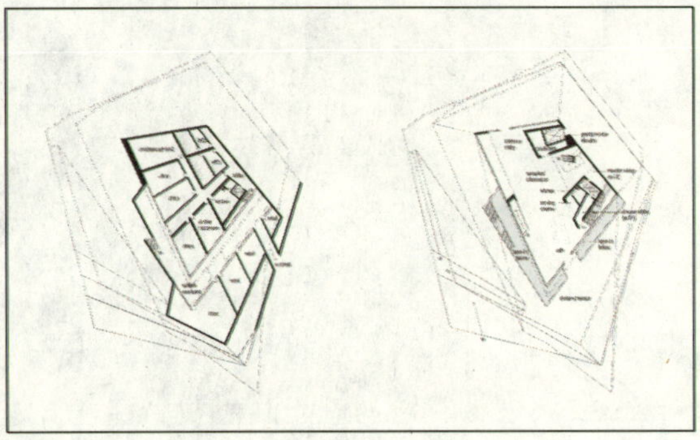

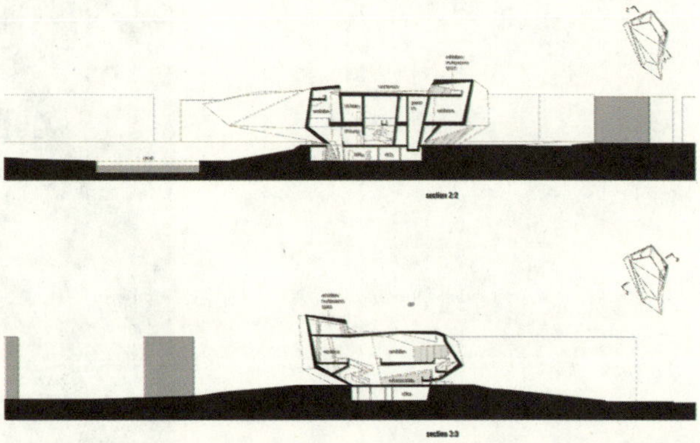

▲ 首层平面
▶ 剖面
▼ 模型

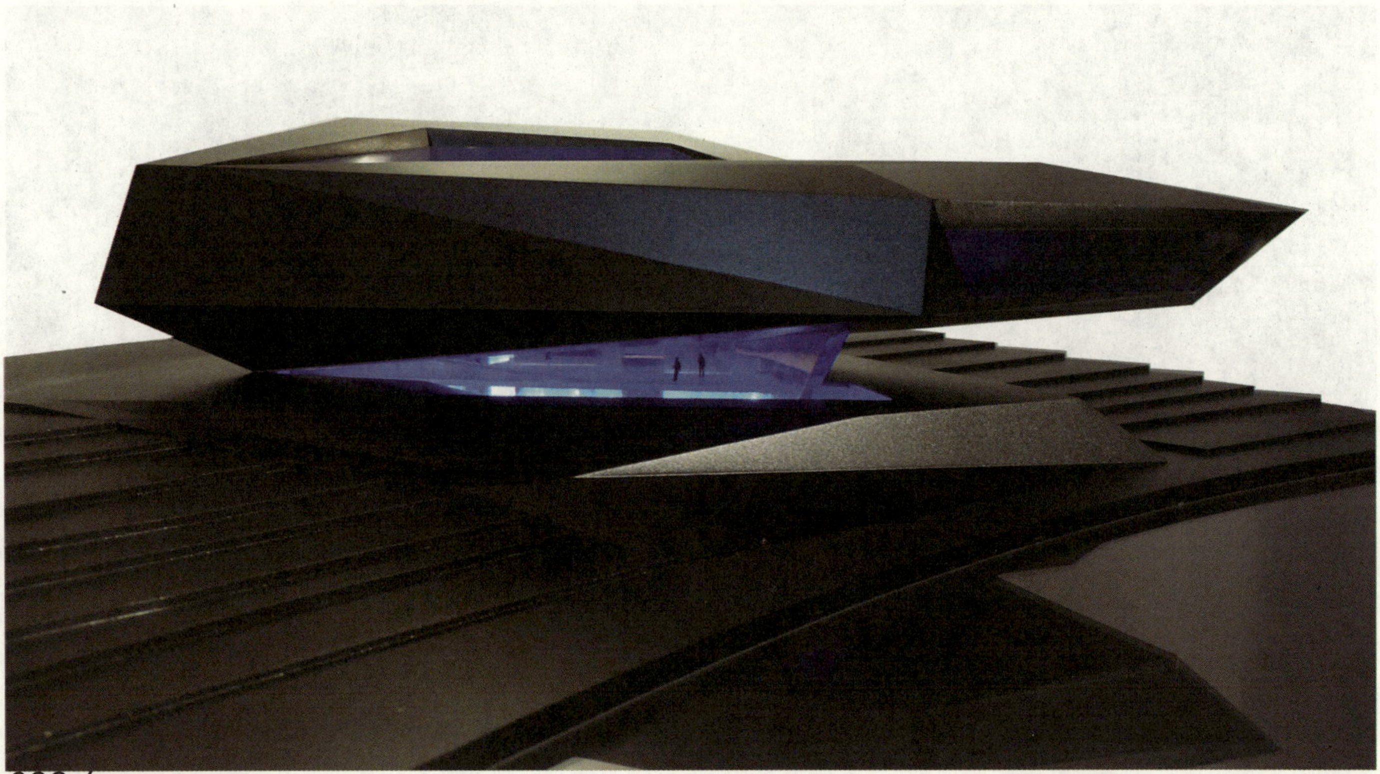

一空间。

在首层从街道到运河的连续公共空间里，参观者和行人可以俯瞰运河享受咖啡，也可以欣赏室外展览或小型表演，或是进入艺术馆内部。这样，建筑底部的空间不再仅仅是艺术馆的门厅空间，而是一个人们相遇交流的复合公共空间。建筑二层以上悬挑的部分为公共空间提供了良好的保护（如遮阳效果等），使其成为即使在恶劣天气条件下也能被公众共享的舒适公共空间，同时也实现了从街道到运河方向视线的连通。

建筑极具动态和雕塑感的外形将其与周边的商业和居住建筑相区别，从而成为该区域极具特色的建筑物。建筑形态也同样反映了其作为城市肌理与运河之间的纽带桥梁作用。在北侧，建筑呼应城市形态与街道尺度，艺术馆的主入口布置于此处，以强调其与双年展园区以及城市的紧密联系。而建筑南侧，建筑体量逐渐变窄，仿佛伸展到运河上方，清晰地表达了其作为城市与水之间充满活了的桥梁作用。建筑南端以一整面开放的玻璃窗结束，形成从双年展园区到运河之间的视觉与景观通廊。

主展厅是一个相当壮观的开敞空间，空间内没有柱子，只有两个斜向生长的核心筒纵向穿

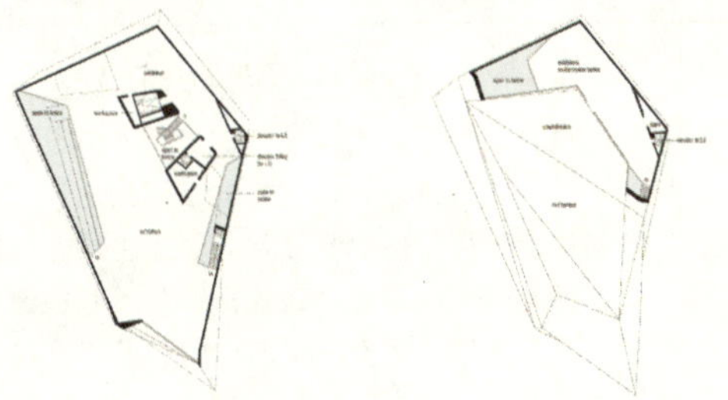

▲ 二层平面
▶ 主入口
▼ 主展厅

▲ 西向鸟瞰

过该空间，在最大限度获得灵活展示空间的同时，通过折叠的墙壁和屋顶形成与众不同的空间形态。一个极具雕塑感的楼梯和一个线条舒展流畅的坡道，将人流从地面层的开放空间引导至此。展厅空间内部尽量减少开窗面积，以控制展厅内的直射光。通过天窗实现室内的采光和通风，在南侧视野良好处设置大面积玻璃窗，参观者在此可一览双年展园区整体景观。一个稍小面积的夹层通向屋顶空间。折叠起伏的屋顶形态形成一个屋顶开放平台，为使用者提供室外演出展览或举办其他活动的公共场所，同时可以在此穿越文化区远眺大海。

与景观结合的建筑底部地下室部分集中布置办公室、工作室/教室、商店以及其他辅助用房。中间庭院为地下室空间提供采光，一个独立的与公共入口分开的员工入口设置于此，该入口从街道和运河方向皆可到达。商店部分的屋顶所形成的平台恰好位于主展厅体量悬挑部分下方阴凉处。建筑形态与景观彼此结合，连接艺术馆两侧的城市空间和沿河景观空间。

▼ 屋顶

清水会馆设计同步于中国山水的文化研究，因此，山水通用标准——对仗，始终修改着一个以院落展开的设计与实践。其结果呈现出一个园林与四合院的居间产物。山水的差异性对仗标准将四合院变形为一可居、可游的园院（业主语），但自然景致的差异不足以及植物的生长不足，使它还难以成全山水的另一项重要标准：可望。这是一种对仗间的差异互望，而非建筑单体间的自恋相望。

清水会馆

主要设计人：董豫赣、许义兴、林春光
设计单位：百子甲壹工作室
建设地点：北京市
设计时间：2003－2005年
竣工时间：2007年
建筑面积：2 000 m²
摄影者：丁斌、董豫赣、黄居正、贾玥、李璐珂

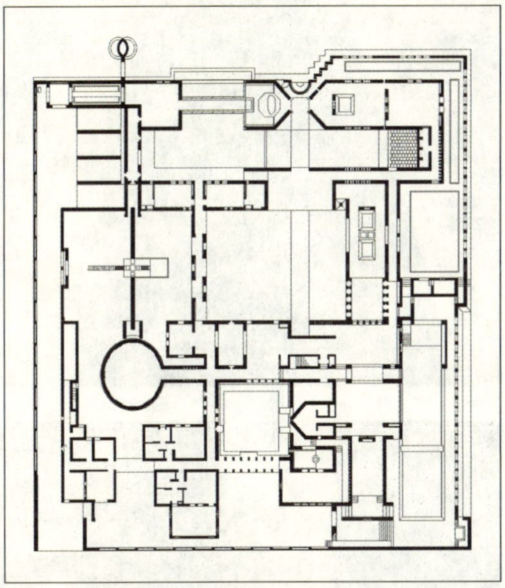

▶ 平面图

▼ 外景

▲ 室内
◀ 俯瞰
▼ 细部

二十一世纪的大都市追求的是城市的"像"（ICON），那是一种虽然沉埋在都市众多建筑物中，却又能鹤立鸡群，通过本身特有的个性和表情吸引人们视线，超越了建筑和艺术概念的，被称之为ARCHSCLPTURE（建筑=雕刻）的东西。

上海证大喜玛拉雅艺术中心的基地位于浦东石楠路以东、芳甸路以西、梅花路以南、樱花路以北，占地面积约为28 893m²。本工程基地不仅位于浦东的中心地区，且地处将来上海市三个会展商贸圈之一的区域内。

上海证大喜玛拉雅艺术中心总建筑面积约为155 000m²，其中地上部分约89 000m²，地下部分约65 000m²，是一个兼具艺术中心、五星级酒店、艺术家创作室、商场为一体的复合设施。

整体功能分区可分为宾馆、艺术家创作室设施、艺术中心、商业设施、公共开放空间五个区域。

为了让这些多功能设施连接，本方案在水平和垂直方向上进行了三维立体的布置，让各

证大喜玛拉雅艺术中心

主要设计人：青木宏、胡倩、高桥邦明、佐藤英彰、饭岛刚宗等
设计单位：矶崎新工作室
建设地点：上海市浦东新区
设计时间：2003年5月（在建中）
建筑面积：154 890 m^2
占地面积：28 893 m^2

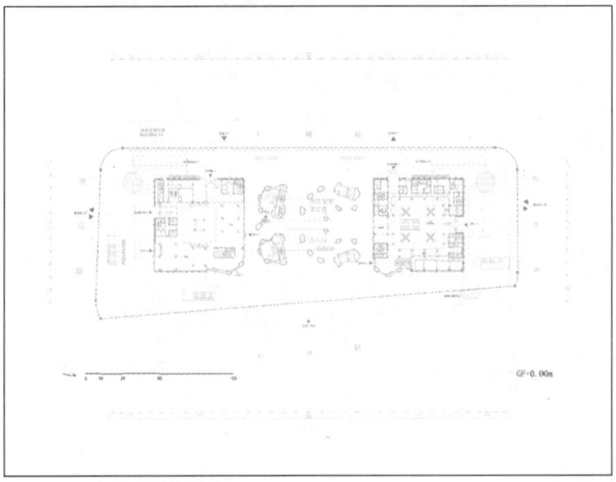

◀ 首层平面图
▼ 效果图

种设施有效地相互连接，以形成特殊的复合型的高层设计。

其中为了最大限度地确保西侧住宅区的日照，方案将五星级酒店配置在地基的北侧，五星级酒店地上建筑面积约50 000m²，限高100m。在南侧配置的艺术家创作室为高度76.5m的塔楼。这两个塔楼的中央连接部分为艺术中心，是本设施的核心，同时地上部分为向市民开放的公共空间。

本设计将设施在垂直标高31.5m处分成上和下两个部分。北侧宾馆客房部分配置在上方，宾馆客房的塔楼为边长约60m的、明快的几何学立方体。

南侧设置的艺术家创作中心约为11 500m²。中央部分设有60m×90m的空中庭园，配合地上的城市文化广场及地下的下沉文化开放广场，形成了立体的空间构成。在31.5m以下的领域，配置了当代艺术馆、商业设施、多功能大厅、宴会厅、会议中心等功能，这些功能可延续邻接的新国际会议中心使用。

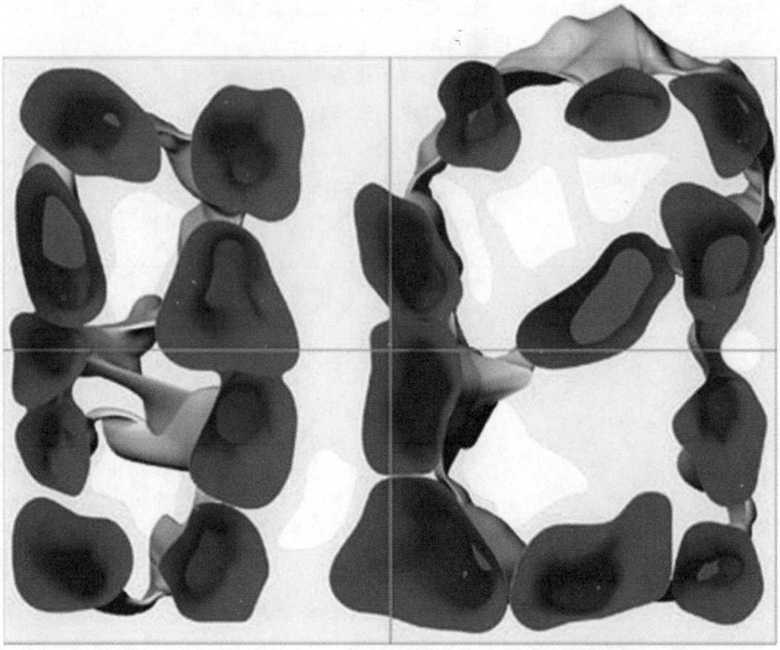

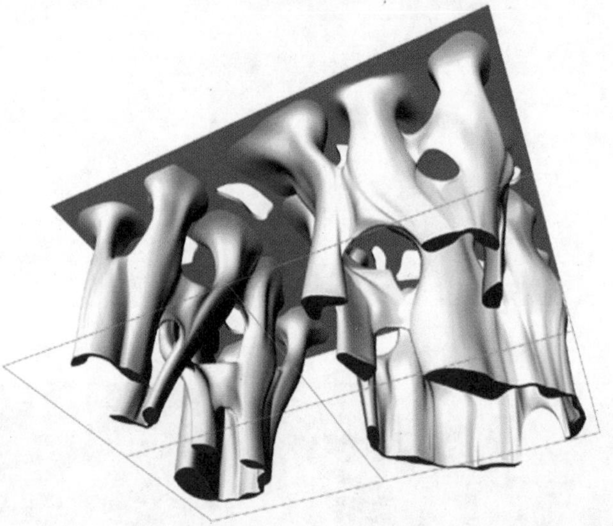

◀ 设计概念
▼ 模型

青藏铁路由青海省西宁市至西藏自治区首府拉萨市，全长1956km，其中西宁至格尔木段长814km，于1984年建成通车；格尔木至拉萨段长1142km。拉萨火车站是青藏铁路的终点。拉萨火车站位于拉萨市南部的柳吾新区，与拉萨市区隔河相望，周围是连绵的山脉，场地宽阔而平坦，站区总用地面积10.85km²。拉萨火车站是青藏铁路的终点站，是未来进入西藏的重要门户，是拉萨市的大型交通枢纽工程。

拉萨站位于拉萨市西南端，拉萨河南岸的柳吾新区，距拉萨市中心约2km，与布达拉宫遥相呼应，著名的哲蚌寺就在它北面正对的山坡上，隔水相望。站区地形平坦、开阔，地势南高北低，依山傍水，总占地面积约50.72 km²，其中包括车站建筑、铁路公司基地、站前广场、进站道路等。

拉萨火车站

主要设计人：崔恺
设计单位：中国建筑设计研究院
建设地点：西藏自治区拉萨市
设计时间：2004年5月—2005年7月
竣工时间：2006年7月
建筑面积：23 697 m²
占地面积：111 646 m²
摄影者：张广源等

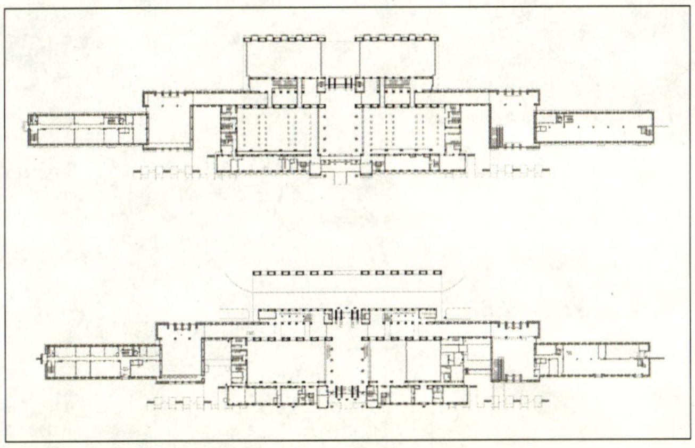

◀ 一、二层平面图

▼ 拉萨火车站总平面图

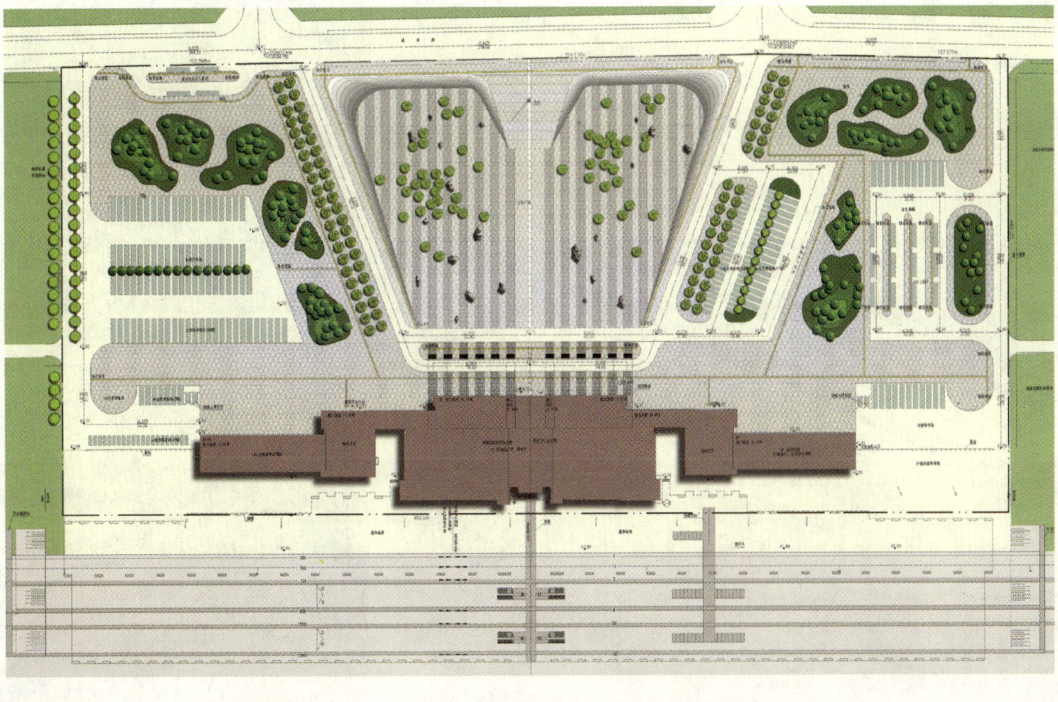

▲ 鸟瞰
◀ 候车厅
▼ 出站厅

拉萨站近期计划办理客车对数为5对，全部为始发终到列车，远期办理客车6对。车场布置采用贯通式站型，设基本站台1座， 中间站台4座，客车到发线8条。

青藏铁路拉萨站站房主要分为三个功能区，Ⅰ区为售票大厅及附属办公用房；Ⅱ区为进站大厅、候车室及各类服务用房；Ⅲ区为出站大厅及行包库房。

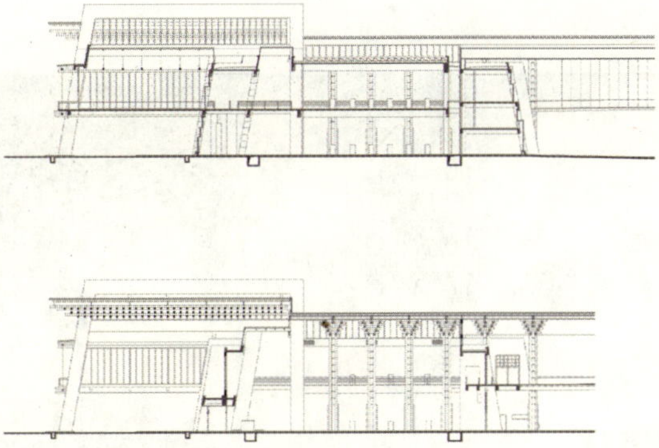

▲ 剖面图
◀ 侧廊
▼ 售票厅

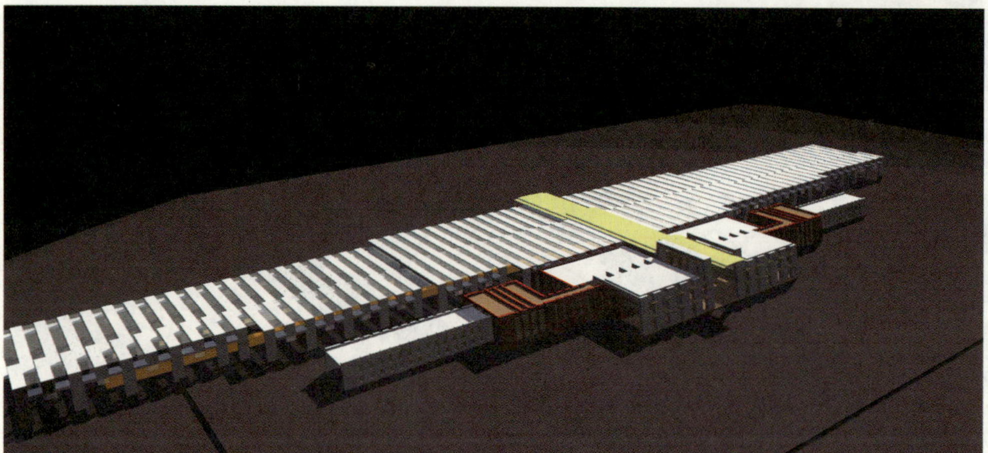

▲ 中央通廊
◀ 站棚概念性方案

设计满足铁路客运组织流线的要求，强调以人流为主的客运流程设计，综合考虑站前广场、站房、站场之间内在的流线关系，保证旅客乘降集散、邮政、行包转运等流线畅通、简捷、明了，且流线设计中各项活动区域及设施布置应互相匹配。功能上强化了拉萨火车站所特有的服务要求，包括旅游服务、医疗服务，以明确的概念针对特殊的要求。

拉萨火车站设计构思是在满足现代化交通枢纽功能的前提下，追求与自然环境、与西藏民族文化的协调。

为了使车站与宽阔宏伟的高原景观风貌相协调，整体建筑采用水平向舒展的形态，简洁有力的造型语汇，宛如从大地中生长出来。

为了使车站与极具特色的藏民族文化相协调，在建筑造型上采用倾斜的墙体，竖向的窄窗，木梁格构，内部的家具和陈设，白色、红色和金色等色彩构成鲜明的西藏民族建筑语汇，但始终保持和强调它的现代性。

拉萨站对西藏传统建筑进行了手法上的抽象和提炼，利用墙体的收分，厚重的砌筑，连续的水平屋面等特有的地方处理方式，延续着当地的城市文脉，在传统的基础上实现现代的演进。

凉山民族文化艺术中心位于凉山州西昌市凉山民族文化公园内“火把广场”的东侧，是一座以演艺中心为主体，融学术交流、展览、休闲、娱乐为一体的多功能文化建筑。整个建筑由大剧场、影院、多功能厅、民俗展厅、商业街所组成，其中大剧场有固定座位1156座，可加座位220座。建筑平面为三分之一圆环形，层数为一至二层，大剧场台仓为局部地下室，建筑高度25m。建筑屋顶和建筑外立面随室外广场观众席坡度走向呈斜坡状，整个建筑融合于自然隆起的山体之中。总建筑面积约为20 000m²。

根植于凉山特殊的地理环境与文化背景，艺术中心的创作是对彝族传统文化进行的一次现代诠释。设计者希望通过上述的思考与分析，从传统与现代、地域与共荣、自然与人文、建筑与戏剧的关系中寻找出重要的设计概念。

西昌凉山民族文化艺术中心

主要设计人：崔愷、张男、何咏梅、Eric、李斌
设计单位：中国建筑设计研究院
建设地点：四川省西昌市
设计时间：2005年10月–2006年6月
竣工时间：2006年12月
建筑面积：25 389 m²
占地面积：138 317 m²
摄影者：张广源等

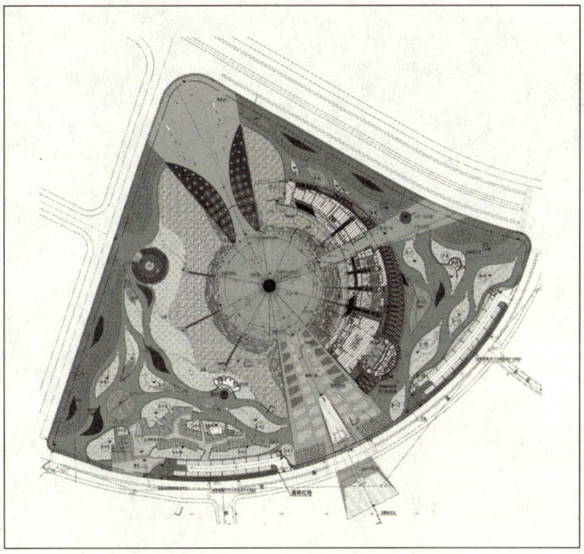

▶ 总平面图
▼ 总体鸟瞰

1.创造回归自然的大地建筑

大地建筑和城市概念相反，强调自然环境是主体，而建筑将成为片断、不完整，甚至消隐，它使存在的结构（人文）隐于无形，而让隐藏的秩序（自然）悄然显露。本设计以邛海泸山风景区和文化公园为契机，力图通过让自然景观与人文环境共生交融，创造出回归自然的大地建筑。在设计上采用让自然景观覆盖建筑，让建筑成为公园火把广场的看台等手法，使建筑和公园成为有机整体。只有以整个文化公园为背景和依托，艺术中心才有可能成为真正的地标。

2.探索天人合一的民族智慧

在本次规划设计中，天文、天象成为贯穿始终的重要主题与线索，力图创造出文化公园与艺术中心的神圣感。艺术中心的月牙形平面围绕圆形火把广场逐渐展开，其形态与日月同辉的天文意境不谋而合，是对传统天文崇拜的现代诠释，更贴合西昌市"月城"、"太阳城"、"中国航天城"的城市主题。

3.演绎绚丽多彩的地域风格

色彩是最具有艺术表现力的要素之一，色彩与民俗的关系历来至远至深。演绎绚丽斑斓的色彩美学，是表现彝族传统民俗文化的重要手段之一。提取彝族服饰、器物中的典型纹样，进行抽象简化、变形重组，使其融装饰、结构、材料、功能为一体，是表现民族特征，进行现代创作的重要手段。

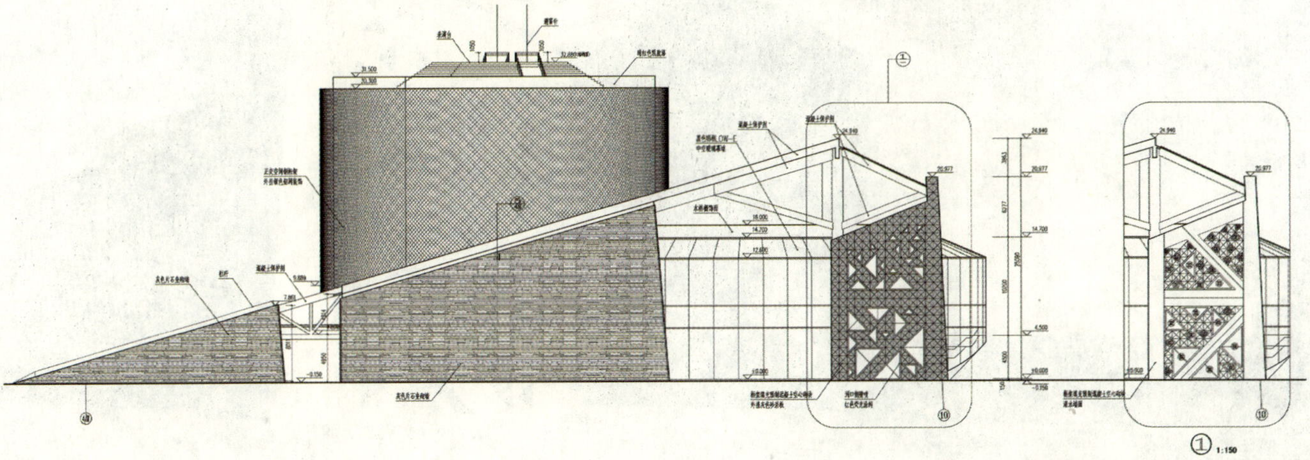

▲ 立面图

▲ 屋面透视
◀ 大剧场夜景

4. 提供开放交流的文化空间

西昌市温暖宜人的气候和热情奔放的民风，决定了艺术中心空间的开放性。线型布局，打破建筑边界，创造艺术中心开放的形态，有助于建筑室内外生活的渗透融合。为了便于中心的经营管理，提高商业价值，将商业娱乐与戏剧展览功能相对独立设置。商业娱乐布局采用开放的内街形式，与半开放的戏剧展览空间联系紧密。

5. 建设经济环保的生态建筑

体现可持续发展思想，保护生态环境，加强节能措施，注重公共效益。由于日照充足、紫外线强烈，设计中应加强建筑的遮阳、隔热和通风；适度使用玻璃幕墙，以降低维护结构的能源损失；由于地下水位高、投资大，尽可能不设地下室；尽量采用当地的材料与技术降低建设成本；空间充分开放，以实现建筑的低成本维护；提供适当的商业空间有利于平衡文化中心和广场等公益设施的运营成本。

▼ 山墙立面

▼ 花墙立面

▲ 大剧场弧形楼梯

▶ 商业街

和谐与现代是建筑设计的构思主题。

1.和谐：人与自然的和谐、建筑与环境的和谐、群体建筑之间的和谐是总体建筑的主导思想。

人与自然的和谐。体育中心环境优美、地形起伏、背山临江，东侧是生态隔离带，通过绿化连接使体育中心融入城市整体环境之中，在总体建筑设计中应尽量保留这些自然景观资源，结合山体、水面，整合成一座体育休闲公园，通过休闲广场、场区绿化、室外健身场地、体育场馆设施等成为市民健身、文化、娱乐、休闲的场所。

建筑与环境的和谐。建筑融入环境之中，二者相辅相成、相互依托。三座浅丘与拟建的主体育场、体育馆和游泳馆对应，掩映在青山绿水之中，同时富于变化的建筑体量也更加丰富了自然的天际线，形成建筑与环境的和谐。

群体建筑的和谐。一场二馆序列化设计是使群体建筑和谐的重要条件。统一规划，统一设计，在单体建筑之间产生一种内在的联系，容易形成一场二馆的序列化，使得单体建筑既有个性，又有群体的共性。

2.现代：即赋予时代精神。

随着科学技术的发展，现在的体育建筑已经在传统体育建筑的结构和形式上有了很大发展。新结构、新技术、新材料、新工艺、新设备的大量使用以及人们头脑中的新思维、新概念都要求体育建筑具有时代精神。

株洲体育中心总体布局强调构图的连贯性和通达性，并且巧妙地利用自然地势来组织场馆及其他建筑的布局方式。体育竞技区环绕三座浅丘布置在场地东侧，并且有机地连接成一个整体。体育场在体育竞技区北侧，靠近滨江北路，南向顺应地势依次排布体育馆和游泳馆，形成了一道弯转的弧形主轴线，从而形成了弧形的建筑序列。此建筑序列的东侧临近华山路，结合地势在建筑的下部形成商业空间；而在此建筑序列的西侧，从南向北形成南北贯通的主题体育广场，人流和车流清晰、通畅，

株洲市体育中心

主要设计人：崔愷、丁国瑞、王祎、商玮玲、陈宇、康红梅、辛钰
设计单位：中国建筑设计研究院
建设地点：湖南省株洲市
设计时间：2003年6月–2004年8月
竣工时间：2006年7月
建筑面积：117 630 m²
占地面积：565 000 m²
摄影者：张广源等

▶ 总平面图

并且结合地势，广场南高北低，使得向北观看湘江风景有很好的视野。体育场馆不仅在弧形轴线上相连贯，而且在顶棚上也连贯为一体，与周围自然的山丘结合，形成“山舞银龙”的鸟瞰效果，整体布局连贯、和谐，富于韵律。

从景观上看，三座浅丘与体育场馆连成一体，形成立体的环境空间。周边的绿化广场等均利用自然的地形和生态环境形成自然的、连续的、起伏的环境景观。以湘江为依托，开发利用并结合浅丘形成独特的风景线。

考虑到华山路的地形有较大起伏，利用体育场东面的休闲广场作为下沉式广场，将体育场东环道下部开发为商场，达到聚拢人气创造商机的目的。产业服务区位于西侧，昆仑山路以东。布置了体育宾馆、服务、文化娱乐设施等，人流、车流量大，商机较多，与竞赛区拉开了距离，干扰少。

几大功能分区明确，形成一个有机整体。

体育场的造型千姿百态，反映了时代的特点。不同时期的体育场造型有共性的一面，也有张扬个性的一面。体育馆、游泳馆属大空间、大体量建筑，体现空间结构与功能的完美结合是体育建筑的特点。在立面处理上两馆互相呼应，以体量、色彩来展示时代感。

体育场从实用经济的角度考虑，采用悬挑的拱架结构，拱形屋面给人以宏伟、典雅的感受，而且与其南侧的体育馆和游泳馆相连，浑然一体，一脉相承。

体育馆和游泳馆造型均采用圆弧型网架结构，线条流畅，赋予了体育建筑勃勃生机，与主体育场相协调。材料上采用了经济而美观的白色和灰色的金属漆墙面，突出高科技时代体育建筑的特征，结合看台结构的起伏，白色和灰色的金属漆相互穿插围合，浑然一体，更加现代。

▲ 西南侧外景

◀ 体育场广场透视

▼ 体育馆外景透视

随着2008年北京奥运会的临近，京城北部、老城中轴线的延长线上，一组具有划时代意义的建筑群正拔地而起——这，就是奥林匹克公园和以鸟巢、水立方为代表的奥运会场馆。这组建筑群体充分体现了中国传统的龙脉精神，也给北京皇城风格的标志之一、举世闻名的中轴线带来了新的生机。

在这气势恢宏、绵延数十里的建筑群带中，在世人瞩目的轴线之巅，以怎样的形式来体现对北京奥运会这一辉煌历史的永久纪念呢？历史和空间给了我们这样的思考，也给了我们必然的选择——在奥林匹克公园的鸟巢和水立方之间，建设一座景观塔来承载这一神圣使命。

在拥有气势磅礴的紫禁城和不计其数的传统建筑的千年都城，用怎样的设计才能以现代

奥林匹克公园景观塔

主要设计人：康凯，喻弢，傅晓铭（指导：崔愷）
设计单位：中国建筑设计研究院
建设地点：北京市朝阳区
设计时间：2006年1–6月（方案）
建筑面积：18 900 m^2
占地面积：81 437 m^2

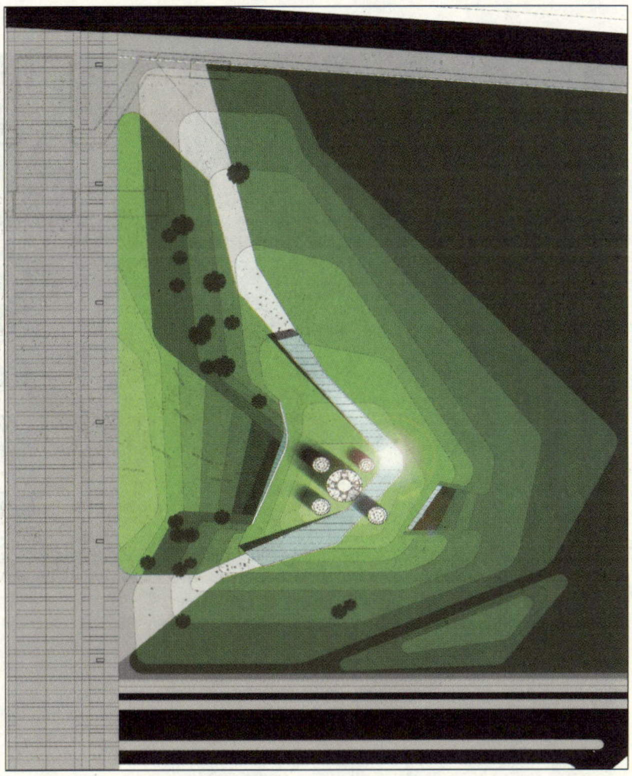

▶ 总平面图

手法诠释民族的精神？惟有从博大精深的本土文化中去寻根。

规划：遵守本土规则，建筑融入自然。

作为京城中轴线的点睛之作，景观塔以它高耸入云的挺拔身姿立于轴线尽端。同时，塔身巧妙自然地让到轴线一侧，与轴线旁边其他建筑保持了自然对称的和谐与平衡。

作为奥林匹克公园整体规划的一部分，奥运景观塔的存在，在空间上扩展了建筑组群的范围，既构建了高低错落的视觉节奏，又满足了人们追求无限高度的心理需求。缓缓起伏的自然绿地覆盖着整个建筑底层，与森林公园绵延相连。在绿地上建造的以自然植物为基本形态的标志塔林，与天然生长的森林交相呼应，是自然崇拜文化的最佳诠释。

单体：打造生命之树，诠释自然主义。

塔座大厅的东西两侧分别敞开了独特的叶片状入口空间，叶片形态横向展开，使得室内空间充盈着通透的空气感，东西侧的景观更加因此而被延伸入室。

扩散出的大厅屋顶为大跨度混凝土结构，纵横交错的梁体宛如巨大的植物枝系向四面延伸，阳光透过玻璃采光带断续从梁间洒下，使人仿佛置身于虚无缥缈的仙境之中。

随着塔身破土而出，向上生长，塔身的维护结构逐渐变得细小而稀疏，越来越多地显露出叶片状的银灰色玻璃幕墙，虚实的对比使整个建筑显得轻巧别致。维护结构的银白色躯干是束状铝管构成的叶脉状肌理，用浑然天成的装饰体现着生命之树的理念，整个塔身像树干一样充满了生机和活力。五个塔在顶部的位置向周围展开，呈树冠形态，像礼花绽放，又似清泉喷薄。五个高低不同的体量在空中似分似合，既形成了独特的建筑造型，也寓意蓬勃向上的奥运精神。游客在去往顶层观景大厅途中，随时可以驻步远眺，享受深处树顶云端的超自然感受。随着结构在顶层慢慢伸展，空间也渐渐开敞，整个北京城的人文自然风貌通过视线汇入这一空间，使之充满神秘而令人兴奋的人文气息。

此时如果正值夕阳洒下余晖，通透的空气中整个北京城横亘在你脚下，巍巍帝都气度，煌煌宇宙乾坤，生命和宇宙的意义尽在这个空间完美融合。

升华：追求象征意义，利用现代高科技照明手段把静止的建筑变成动态的舞者。

下得塔来，沿着千年步道向回漫步，已是华灯初上，路灯缓缓开启，周边的奥运场馆也被梦幻般的灯光环绕。此时的景观塔由塔座开始，缓缓向上亮起淡淡蓝光，越走越亮的光束似一道冲天的喷泉射入天际，与龙脉水系交相呼应。

随着蓝光渐渐隐去，塔身通体又亮起盈盈翠绿，生命之树的枝杆在夜空中晶莹剔透、栩栩如生，传递着“绿色奥运”的神韵。蓦然，塔身灯光熄灭，塔顶观景台的轮廓被科技之光点燃，夜空中，绚丽缤纷的五环腾空而起，神奇夺目的景象令人叹为观止！

▶ 剖面
▼ 灯光变换效果图

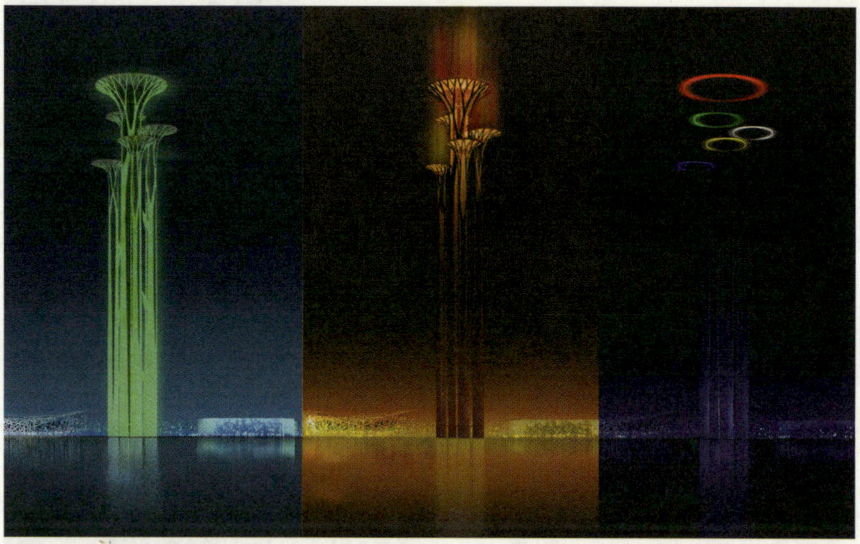

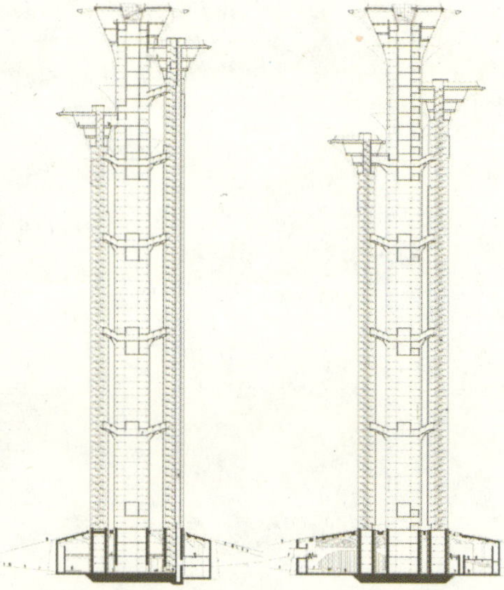

▼ 室内

幼儿园位于北京市的东部百子湾小区，建筑为地上三层，共3 200m²，采用单纯的几何体来组成，中间的庭园是一个露天的活动场所和放映厅，圆形音乐教室上部的室外音乐教室与其下部的室内音乐教室之间产生相同的功能区空间上的对比和反转。

百子湾幼儿园

主要设计人：王昀
设计单位：方体空间
北京市建筑工程设计公司
建设地点：北京市朝阳区
设计时间：2003年6月
竣工时间：2006年12月
建筑面积：3 200m²
图片提供：方体空间

▲ 外景
▶ 局部

这是一个有24个班的中学校，坐落在北京市东郊，学校呈一字型，共157m长，中间有一个长条型中庭，坐落在学校的一层屋顶上，整个学校建筑为三层，其中庭空间的意象唤起人们对于中国西北地区下沉式窑洞空间的联想。

百子湾中学

主要设计人：王昀
设计单位：方体空间
北京市建筑工程设计公司
建设地点：北京市朝阳区
设计时间：2006年7月
竣工时间：2006年9月
建筑面积：11 000 m^2
图片提供：方体空间

▼ 远景

这是坐落在北京西郊的一个别墅区的会所，为区内的52栋别墅提供一个公共活动的场所，建筑面积为1 600m²，共三层，建筑内有咖啡厅、会议室和4间客房，入口有一个三层高的大厅，大厅与室外以整面的玻璃幕墙相隔，室内与室外之间互为对象的对景与互位关系是该建筑设计的主旨。

庐师山庄会所

主要设计人：王昀
设计单位：方体空间
北京市建筑工程设计公司
建设地点：北京市石景山区
设计时间：2003年3月
竣工时间：2005年11月
建筑面积：1 600 m²
图片提供：方体空间

▶ 室内
▼ 夜景

住宅A+B是两个联立式的小住宅，位于北京西山八大处附近的别墅区中，别墅区由57栋小住宅构成。住宅A+B是其中的两栋，由于建筑内部空间表现出“刚”与“柔”的性格，所以这两栋住宅又被称之为“王”与“后”。两栋住宅由两个18m×18m的方盒子拼合联立在一起，均为地上两层，地下一层。在住宅的东侧两栋分别各延伸出两个大小为18m×12m的内院，院子中有一个楼梯可以直通住宅的地下室部分。设计者在内部空间组织上利用了抽象的几何体块，力图将意识中的风景物象化。室内游走的散步路径，步移景异的空间场景，以抽象的状态作用于体验者。眼前一幕幕抽象风景的呈现，唤起体验者自身的经验记忆与联想。

庐师山庄住宅A+B

主要设计人：王昀
设计单位：方体空间
北京市建筑工程设计公司
建设地点：北京市石景山区
设计时间：2003年3月
竣工时间：2005年11月
建筑面积：1 500 m²
图片提供：方体空间

◀ 空中平台
▼ 庭院夜景

▲ 庭院
▶ 局部
▼ 室内

这是一个为万象新天住宅小区所设计的住宅，室内面积为130m²。在设计的过程中设计师以“空间”作为设计的最大主题，力图打破建筑室内注重“装饰”在空间感的现状，努力表现空间的丰富性，通过对空间的组织，让观者获得丰富多变的空间感觉，力争在有限的空间中给人以超出物理空间的感觉。

在室内设计过程中，变动格局是常有的事情，但是与盲目扩大空间或者任意分割功能区

万象新天样板间

主要设计人：王昀
设计单位：方体空间
建设地点：北京市朝阳区
设计时间：2006年7月
竣工时间：2006年9月
建筑面积：130 m²
图片提供：方体空间

▼ 餐厅

▲ 视听区

▼ 书房

▲ 客厅
◀ 卧室
▼ 局部

▼ 局部

分不同的是，本案的格局变动更多地体现了使用与空间感两方面的互动。在设计过程中，方案对于原有的户型平面进行了较大的调整，同时以人的行为对功能区进行了整合，去除了不合理的墙体，整合出具有功能性及趣味性空间，实现了空间的最大利用。尽管整合的空间没有增加功能区也没有增加面积，但是通过可变装置和延伸视觉的元素及细节，将整个空间灵活地融合在一起，从而使功能灵活可变，也使空间变得宽敞。

在设计的过程中，设计师在整个室内加了一个弧形的元素，即将原有方案的入口处与客厅相邻的墙面改造成弧形的墙面，从而使入口处产生良好的视觉进深感。在围绕着交通空间的区域，安置了书架格子，增加了主人趣味的展示区域，为爱好书籍和喜爱收藏的主人提供了一个画廊展示空间，提高了室内整体的品位。

方案是对当今中国几乎所有大型建筑综合体的类型学所造成的城市空间异化的质疑和反思。这种类型学大都采用在大面积基座裙楼上设置塔楼的形式。塔楼既实现了土地和景观资源的价值最大化，又满足了城市的表现欲和象征意义；裙楼则是用大型公共门厅、多功能空间和商业空间把高耸的塔楼紧紧锚固在基地上，满足了人们长久以来在技术条件的限制下形成的欣赏建筑稳固、庄重的视觉经验。然而，这种塔楼加裙楼的类型学往往使建筑从周边的城市中分离出来，裙楼对基地的占据，阻隔了人们在自己的城市空间中自由穿越。

福田科技广场

主要设计人：孟岩
设计单位：都市实践建筑设计咨询有限公司
建设地点：广东省深圳市
设计时间：2006年（方案）
建筑面积：217 000 m2

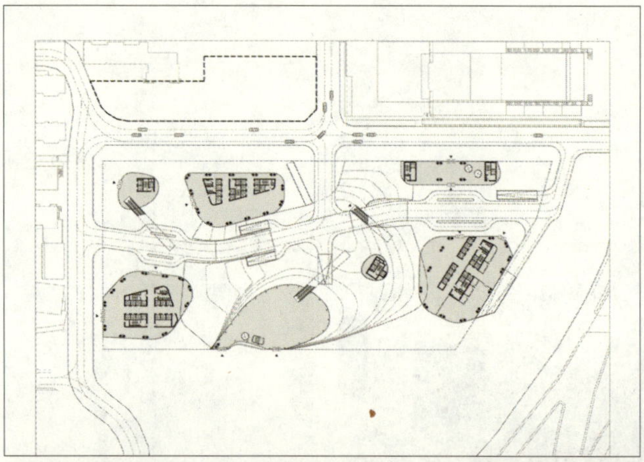

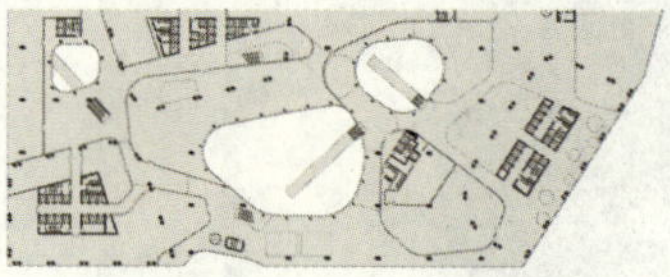

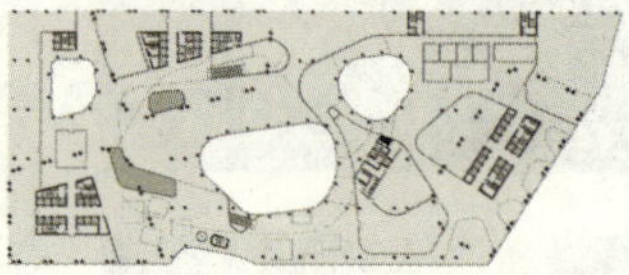

▲ 二、三层平面图
◀ 首层平面图
▼ 室内

▲ 模型
▶ 模型
▼ A–A剖面

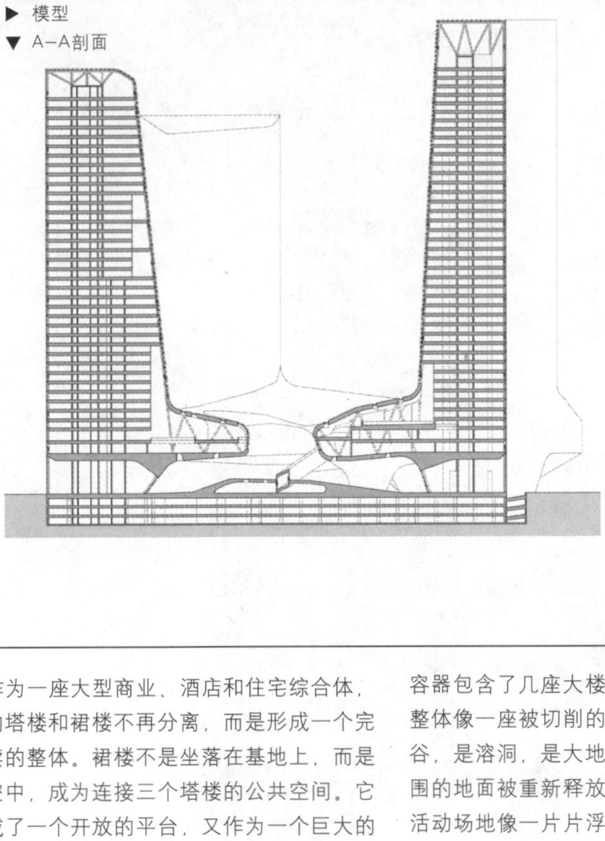

作为一座大型商业、酒店和住宅综合体，这个的塔楼和裙楼不再分离，而是形成一个完整连续的整体。裙楼不是坐落在基地上，而是浮在空中，成为连接三个塔楼的公共空间。它既形成了一个开放的平台，又作为一个巨大的容器包含了几座大楼的所有公共设施。建筑群整体像一座被切削的山体奇观，是奇峰，是峡谷，是溶洞，是大地有力的隆起。大厦底层周围的地面被重新释放出来，草地、树林和各种活动场地像一片片浮岛散落在四周，使得人们在城市中的漫游不再被阻隔。城市的图底关系由二维转入三维，景观潜力被最大化地连续展现。都市人对田园生活的梦想，由此实现。

▼ 夜景效果图

位于深圳市福田区梅林路63号的万科建筑研究中心，东侧展厅四层通高，面积逾1 500m²。这种大厅堂设计是当前的普遍趋势，虽然气派，但也空洞。万科体验中心是用具有使用的“体验性”和展示的“趣味性”的展示空间和设施，对这种空洞加以填充。

万科体验中心项目是万科生活研究设计组的“产品测试基地”，用于测试设计组所研发的创新产品的使用状态。同时，它也将为万科的研发部门与客户提供一个交流和“共同完成设计”的场所。

考虑到作为一家房地产公司的研究成果

万科体验中心

主要设计人：孟 岩
设计单位：都市实践建筑设计咨询有限公司
建设地点：广东省深圳市
设计时间：2006年
竣工时间：2006年
占地面积：2 600 m²

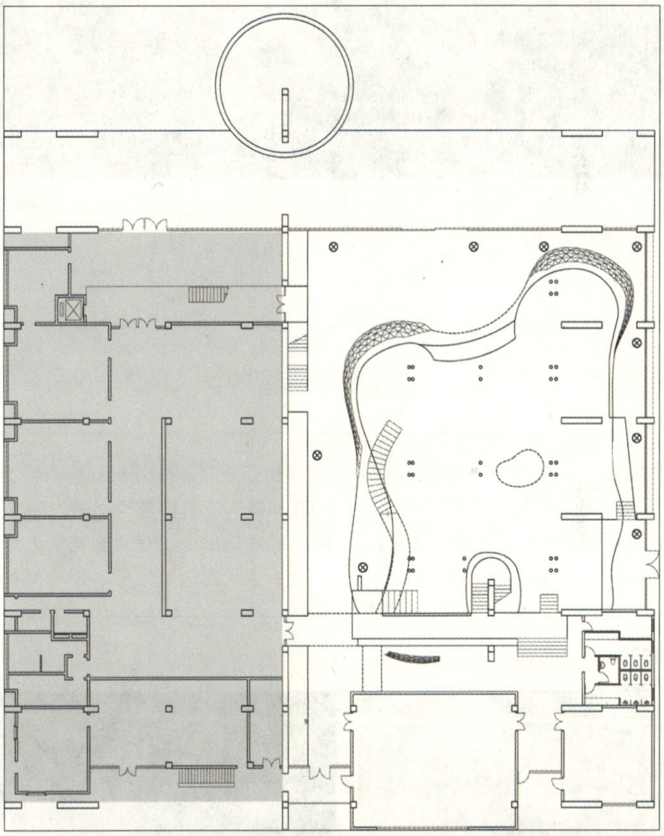

▲ 平面图
▼ 建筑模型

万科体验中心内景图 ▲

局部一、楼梯、局部二 ▼

的展场，万科体验中心展现在人们眼前的形象应该是充满活力的。因此，采用了与冰冷刚直的现状建筑相对照的手法，以柔和的曲线来塑造空间和外皮，从而改变场地的气质。

由于现有展厅外皮的透明性，万科体验中心在演绎有趣的内部空间的同时，也需要对外展示特殊的形象，使之在建筑外能被读到。此概念决定了建筑流动的内部空间和生动有趣的室内展示最终截止于柔性的边界，这一边界的完整性最终通过由金属打孔板拼合起来的三维曲面的表皮来完成。

作为“世界的工厂”，中国的城市面貌也被其产品所塑造。具有悠久手工艺史的无锡，在后工业时代又成为特殊商品的超级市场。这里，以某一类产品为核心的各个市场，构成了这个城市的“城中城”。位于无锡新区的新世界国际纺织服装市场中心商务区的设计，是对这种“城中城”的探讨。

该项目是集大型购物广场、高级酒店、研发办公楼，及会议展览中心为一体的大型建筑集群，提供了新纺城所需要的商务、办公服务及基础设施，同时具有向周边高新技术开发区辐射的能力，代表着新纺城的对外形象。

无锡新世界纺织城中心商务区

主要设计人：刘晓都、孟岩
设计单位：都市实践建筑设计咨询有限公司
建设地点：江苏省无锡市
设计时间：2006–2007年
竣工时间：2007年
建筑面积：283 000 m²
占地面积：84 600 m²

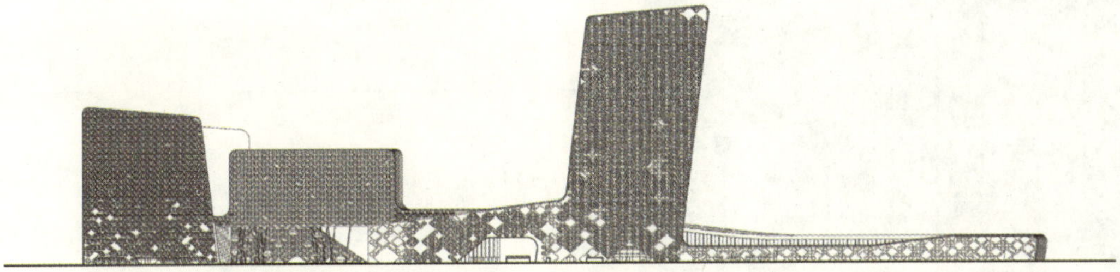

◀ 建筑立面图
▼ 夜景效果图

当城市由若干"城中城"拼图组成，每个"城中城"包含占巨大用地的超级市场和一定数量的高层建筑时，为避免形成城市蔓延的感觉，一种可能的城市图景是让每一块拼图都向各自的中心隆起，作为隆起部分的高层以一定的相似性和集中感控制本区域。水平城市上生长出数个有造型特色的人造峰峦，既呼应江南丘陵地貌，又似乎虚拟般再现了吴越时代高耸入云的"姑苏台"。

这种图景使中心商务区用统一的母题来塑造气势恢宏的建筑群，以五星级酒店为导引，引领整个建筑群有向西奔跑的动势，由此赋予建筑以性格。表面肌理上，从中国古代纺织文化抽取元素，经过变异，与结构、幕墙技术相结合，以菱形网格为外在表现，应用于建筑表皮，切合纺织和时尚的主题。屋顶部分也运用飘带的意象突出这一主题。

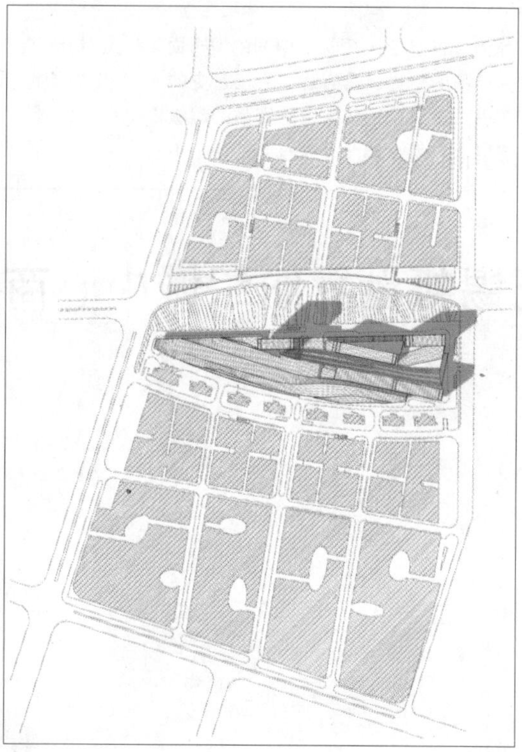

▲ 总平面图
◀ 建筑效果图
▼ 建筑模型

建筑从大范围的意义上是具备空间厚度的北围墙，几方墙面围合成简单的院子。

建筑本身由公共空间和私人空间两部分组成。而在公共空间部分由生活辅助空间、展览空间重叠，形成了新的空间认识。生活辅助空间散布在展览空间当中，在增加展览空间的展示面的同时，让生活辅助空间所包含的内容积极起来。在这里，从空间的意义上来说，生活辅助空间等同于展览空间，重新定义了生活辅助空间的性质。只存在大空间、小空间、高空间、矮空间，而没有主空间，次空间。

艺术家工作室之一

主要设计人：彭乐乐、林春光
设计单位：百子甲壹建筑工作室
建设地点：北京市通州区宋庄
设计时间：2006年5月
竣工时间：2007年5月
建筑面积：700 m^2
占地面积：418 m^2

建筑近景照、局部照 ▼

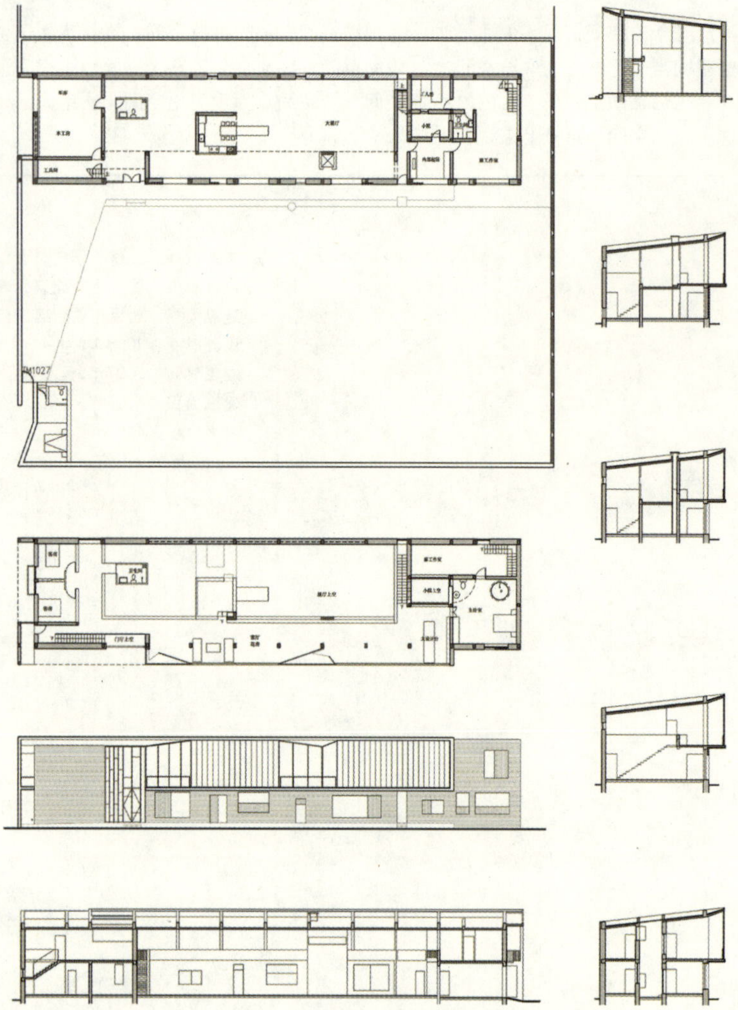

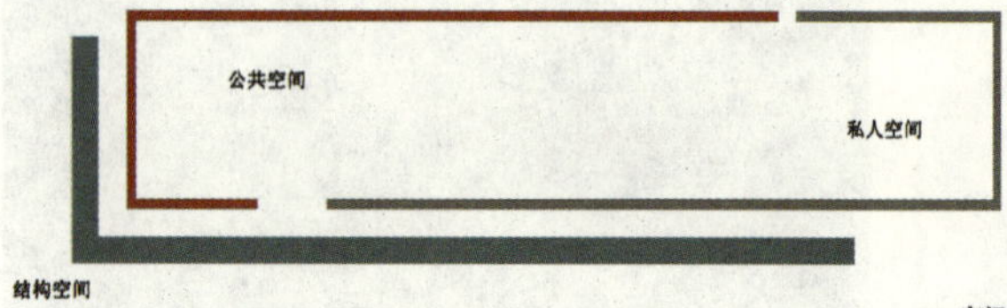

空间分析图

◀ 平立剖、空间分析图

▶ 建筑外景照

私人生活与公共生活的关系从设计上是由内部空间组织和外部的建筑体积，以及建筑材料来加以明确的表达，再用明确的结构构件加以链接。

建筑物的砌块全部按一顺一丁的方式砌筑，部分墙面抽去丁块。不仅室内具备了变化的光影，更重要的是在室内提供了观院景的不同方式以及在室外看作品的特定的取景框。在室外围墙部分，依此砌筑方法虚拟了传统山水画的印象。院子延续了建筑。

原来的西江半岛，地理形式丰富复杂：沟壑、石岗、大湖、密林、洼地、悬崖……无法一眼把握。建筑的几何性在此毫无意义，也无从体现，将仅仅作为体验各种周遭自然的媒介，简单的核心便于经营管理，无数的触须探到半岛的各个角落，随物而赋形，于是人的活动被牵引起来，与环境亲密接触，这才是最真实的。

富春源酒店

主要设计人：王欣、万露
设计单位：百子甲壹建筑工作室
建设地点：广西省南宁市武鸣县
设计时间：2006年（方案）
建筑面积：26 000 m²
占地面积：60 540 m²

▼ 效果照

▲ 首层平面图

▼ 鸟瞰图

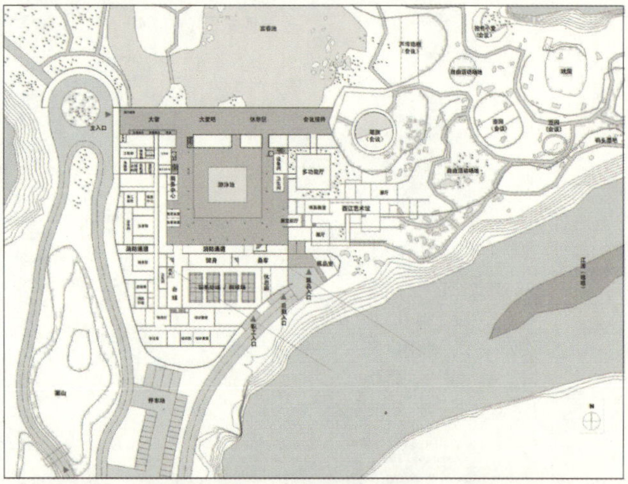

▼ 效果图

江苏软件园吉山基地位于南京吉山南麓，南临邓家水库，有良好的自然山水条件，该项目为10km²总体规划中的首发项目。

在“nPark——新中式商务花园”理念下，强调“独幢”的办公研发建筑以聚落的方式进行组织，使每幢建筑有独立的交通系统和识别性，并且最大化地保持园区的生态性，构建人性化、实用性和非城市化的景观系统。规划与建筑设计都采用“弹性开发策略”，充分考虑建筑的适应性、自由度和合并成更大规模的可能性。

单体建筑设计以剖面分层为设计概念，从下层到上层随私密性增加而透明度减少，下层注重与自然坡地空间形态相结合，大空间开放地与山水环境相融合；中层退缩形成的公共环廊创造连续观景面；上层小空间划分以大小不一的内部庭院为空间组织线索。在外部墙体与地势的围合下，建筑是院子中的建筑，院子是建筑中的院子。

江苏软件园吉山基地首发项目地块规划、建筑设计

主要设计人：张雷、钟冠球、唐晓新、沈开康、马文斌
设计单位：张雷建筑工作室
建设地点：江苏省南京市
设计时间：2006年4月（在建中）
建筑面积：23 200 m²
占地面积：40 400 m²
总规划面积：12 300 m²

▼ 总体鸟瞰

▼ 单体建筑概念

▶ 南侧透视

▼ 西侧透视

▼ "聚落"透视

纪念馆的建立是为了纪念中国革命历史阶段这一负有重要意义的事件，除了遗留的文物及水西村这一特殊的地点，建筑本身也应具有纪念性。

纪念馆应具有广泛的象征意义和丰富的联想，而抽象性是多重隐喻和象征意义的有力保证。

本方案应区别于其他地区的新四军纪念馆，它应该能够植根于溧阳水西这一方水土，充分反映地方特色，反映当时指挥部旧址的特征，反映新四军与当地老百姓的鱼水关系，同时又能表现我们今天这个时代的建筑。

该方案应具有强烈的标志性，使参观者能留下深刻的印象，中外成功的案例启示我们，简单的几何形体往往更容易形成标志性的特征。本设计与国内先前已有的纪念性建筑，特别是与新四军有关的纪念性建筑有明显的区别，充分表现自身的特点，从地方性出发则往往能够

溧阳新四军江南指挥部纪念馆

主要设计人：张雷、沈开康、王海鹰
设计单位：张雷建筑工作室
建设地点：江苏省溧阳市
设计时间：2006年4月（在建中）
建筑面积：3 650 m^2

▼ 总平面图

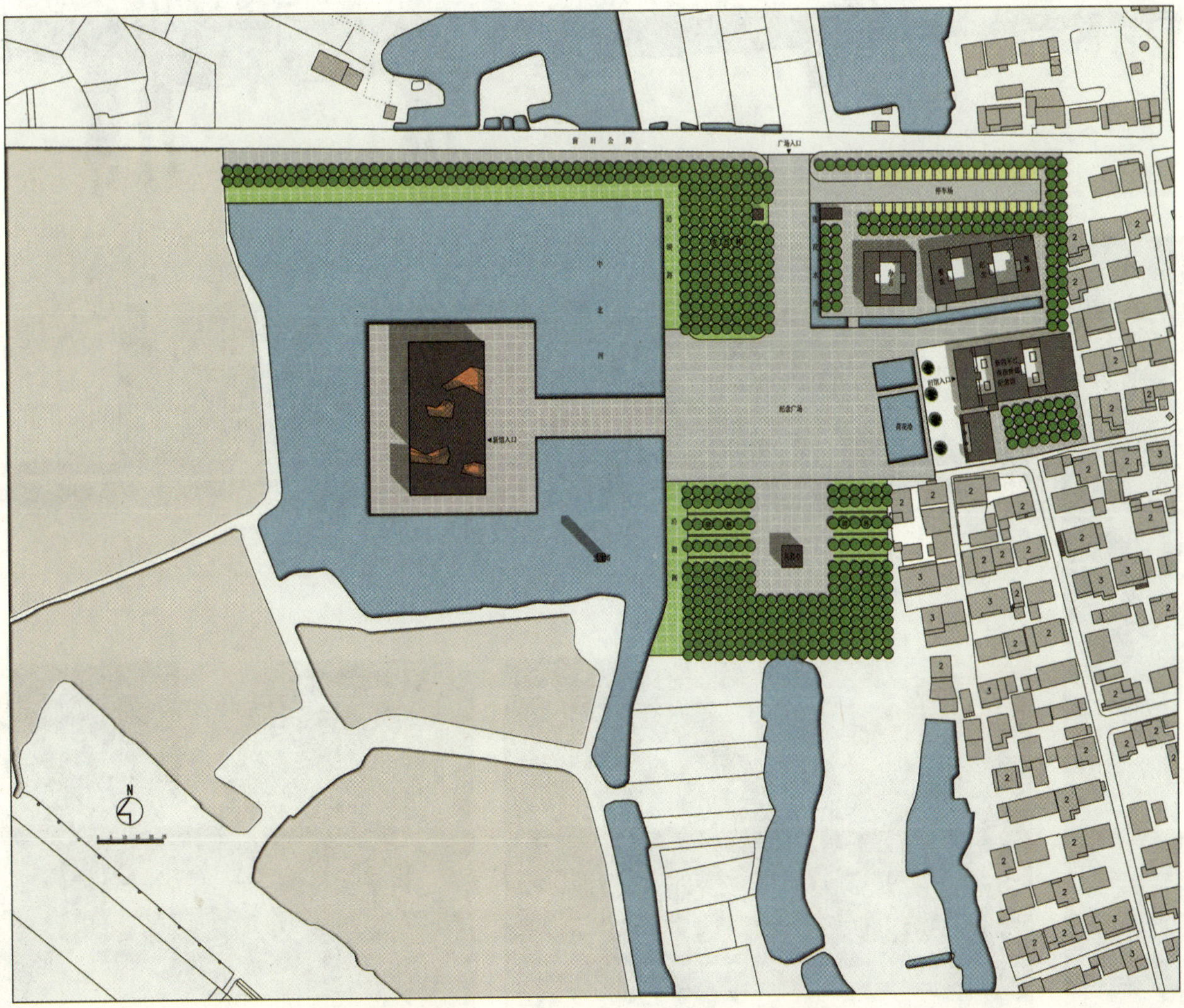

使得纪念馆有独特的形象。

建筑应方便使用，满足日常参观及开展纪念活动的要求，设计尽量采用南北朝向，利用自然采光，降低维护费用。基于以上思考，受新四军的代号N4A启示，在平面和立面三维造型上表达这一含义，整个建筑犹如一座横卧江南水乡、经过岁月雕琢的丰碑，折线的开洞暗喻了当时革命斗争的复杂性，洞口袒露的红色象征着我们今天的幸福生活是革命烈士的鲜血所染红的。而简洁的几何体型、浅色的大面积墙面以及深邃的开洞，也是对水西村祠堂建筑墙面的形式抽象。

▲ 人视效果图一
▶ 人视效果图二
▼ 人视效果图三

金地·梅陇镇项目位于深圳福田中心区正北方10km处的梅陇镇，在城市总体规划中，这里是服务于中心区的配套生活区，是深圳中部发展轴不可缺失的一环，也是未来中心区办公人士居住的首选区域。

项目所在地块高于周边环境6–8m，用地内也有1–3m的台地高差，北侧与西北侧均有天然的防护林与干道相隔。主要城市道路布龙路、梅龙路、民安路，三边环绕基地，交通便捷。

本项目的设计力求利用基地自然条件，创造全新社区生活形态；在建设可持续发展的生态智能化居住社区的同时，提供一个生动的活动空间；在创造互动的邻里关系的同时，兼顾生活的私密性。

深圳金地·梅陇镇

主要设计人：陈凌
设计单位：维思平（WSP）建筑设计咨询有限公司
建设地点：广东省深圳市福田中心区
设计时间：2005年
竣工时间：2006年
建筑面积：425 200 m^2
占地面积：140 000 m^2

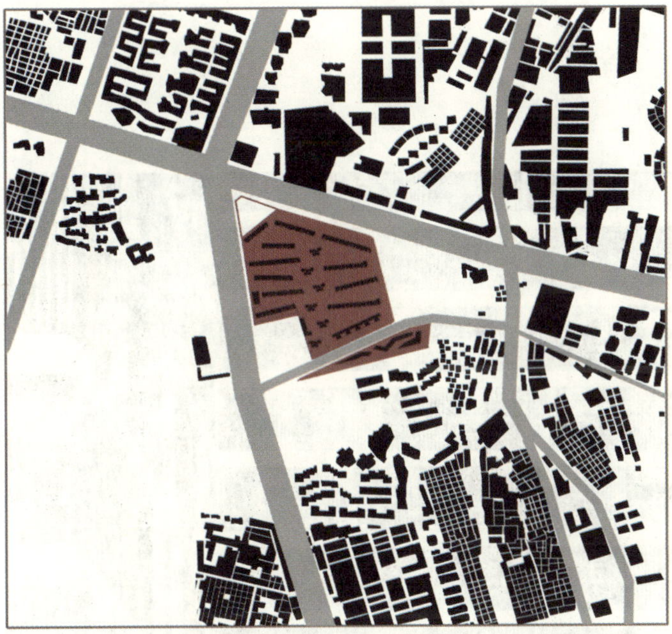

城市肌理 ▲
小区内景 ▼

在总体规划布局上建筑群体以高层板楼为主，犹如北极之光，闪电形布置，使围合空间有收有放，中央绿带布置高层塔楼，点缀其间，犹如北极之星。道路系统沿周边布置并与地下车库发生直接联系，使人车实现完全分流，主入口在西侧梅龙路，结合社区商业，形成昭示性很强的入口广场。

依地势而成的架空平台提供了三种不同体验的空间：

北极之光——平台边缘全面向城市开敞，凹入式的内院广场和贯穿其间的步行街为人们提供了丰富、适宜、连贯的社区商业尺度，便于人们分别从城市道路和社区内部参与到都市生活中；

绿色银河——平台本身是连续完整的中央公园，绿化远离城市的喧嚣，这种来之不易的景观连续性是由全部建筑物底层架空产生的；

北极之星——平台上高密度的居住部分采用了薄进深的板楼，这样的解决方案既为用户提供了最大限度的均好性和私密性，也保证了楼与楼之间景观的连续性和最大化。

▼ 阳台细部
▶ 外观局部

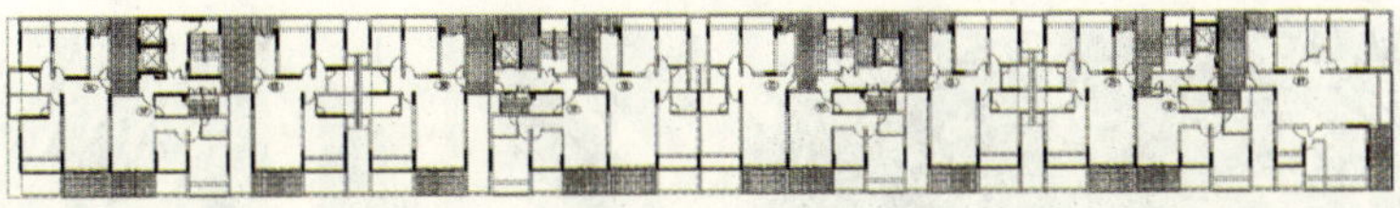

▲ 七号楼平面图

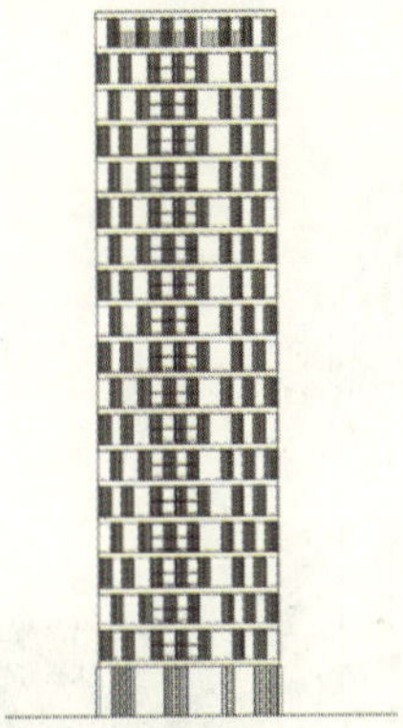

▲ 七号楼西立面图

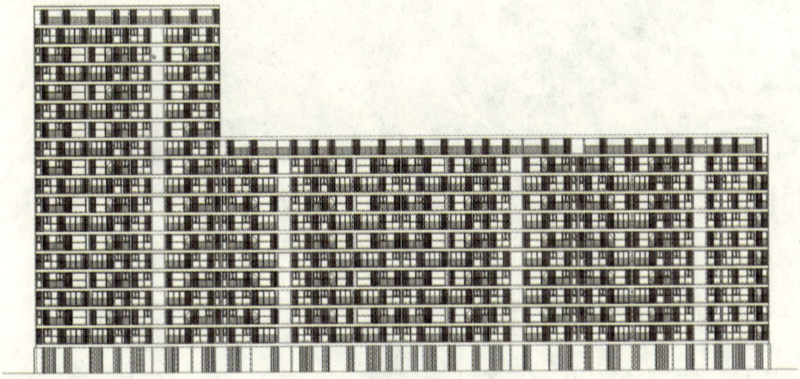

▲ 七号楼南立面图

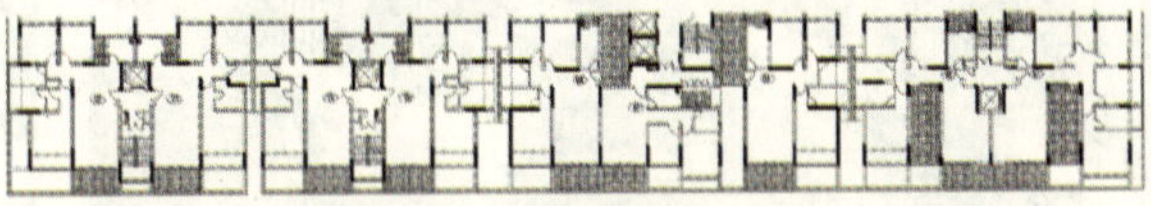

▲ 三号楼平面图

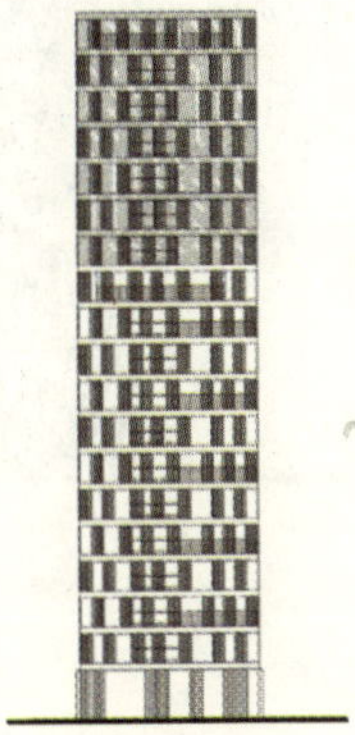

▲ 三号楼西立面图

▲ 三号楼南立面图

完整和谐的整体格局与精心设计的建筑细节充分体现居住建筑在走向理性的同时，又注重对人性的全面关怀。户型设计针对深圳的气候和业主对户型平面的要求，进行了深入的推敲研究，从生态建筑学的原则出发，充分利用自然采光通风，降低能耗，将平面花园引入高层建筑，入户花园、挑空露台和落地凸窗为居住在高层的人们提供了更多的自由空间，使家庭生活与自然有更多的结合。每家每户每个房间都有自然通风采光和穿堂风。

▲ 近景

▲ 架空平台局部

▼ 阳台细部

立面设计上对模数的运用贯穿于始终，所有商业外廊采用竖向的钢百叶，为商业提供外廊的空间界定，商业广告的空间支持以及大型挑檐的结构支撑。住宅立面的百叶为住宅提供了空调系统遮盖、遮阳、避免视线干扰以及安全防护系统，同时，群体建筑的相同语言的运用，以及住宅房间内侧分户墙色彩的运用，为整个小区提供了和谐的、富于人性的、简约的、纯净的立面风格，立面百叶侧面采用赤橙黄绿青蓝紫七种颜色，从不同的角度看建筑有不同的色彩组合，这样缩小了整个项目的视觉尺度，同时呼应了未来使用者的改造。"能使建筑在生长中得到不断完善"是设计者最大的心愿。

基地位于苏州工业新区，设计定位是：在苏州固有城市肌理和传统传承的基础上，在尊重城市发展态度的基础上创造新型的商业场所。

构思来源于对苏州街坊式建筑形态的分析：每个居住单位以细胞相似方式构成，形成不同功能形态，建筑围护结构形成院落、天井和通道等负空间，由这些负空间界定街坊，形成公共集合场所，并由此编织出特定的文化特质。

在分析了基地现状后，在设计手法上运用了化整为零，多重轴线的引入，体块转折的方法。因地块接近于方形，三个向心缩小的方形构成形体的骨架，沿此骨架布置的商业单元形成了流动的街。每一个单元都是沿街的。利用中央T型现状规划路构成的方形中央广场，辅助景观灯阵，界面上建筑体量局部拔高的手法形成整个商业街区的中心。

苏州金墅商业街

主要设计人：张瑛、吴钢、陈凌、Knud Rossen

设计单位：维思平（WSP）建筑设计咨询有限公司

建设地点：江苏省苏州市工业新区

设计时间：2004年

竣工时间：2006年

建筑面积：60 000 m^2

商业街内庭 ▼

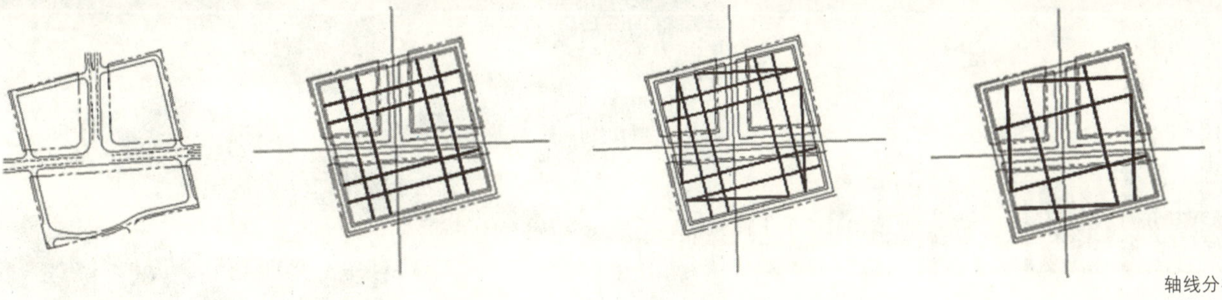

轴线分析 ▲

形体生成 ▼

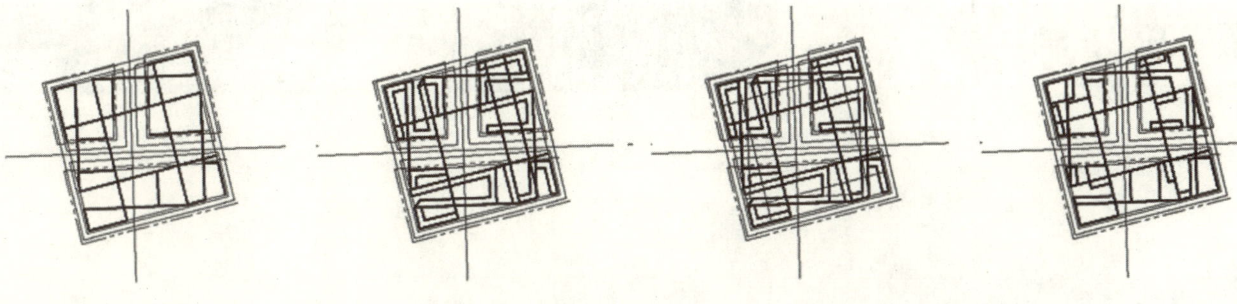

方案对商铺、餐饮酒吧、会所娱乐、幼儿园等四类不同使用功能的研究也是类型学的，最小单元确定为9.00×7.20m，由此规定了基本的构成方式，并留有供多种不同意愿使用而发展的可能性。

有了三个“方”构成的骨架，面积的划分变得有逻辑和有意义。可行性研究确定了小进深，三层以下小面积，尽量多的单元临街的目标，正是通过分析传统街坊的特征和化整为零的手法，使问题迎刃而解。

设计者一直关注街坊的精神能否在新的时空关系中得到重视。最终的空间具有不同的尺寸和规模，但各地块的组成单元具有类型学上的相同原型。建筑体块的韵律在平面上构成第五立面。长条形迴回曲折的体量，以及由院落和街坊构成的公共活动场所相互叠合，在街坊中感受的是水平方向和垂直方向的不同尺度。建筑的外墙延伸面和临街长度被扩展为商业的最大展示面。

外墙系统的双层外皮有着功能上和生态上的清晰逻辑划分。其理性、有分寸的差异使

商业街内庭一、内庭二 ▲

屋顶 ▶

立面图 ▼

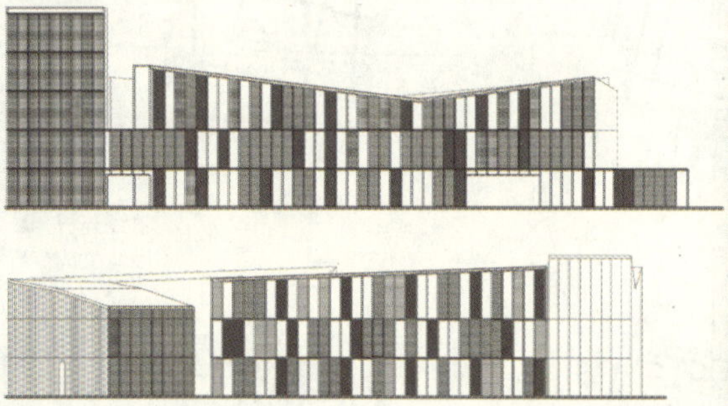

处于大面积住宅环境中的商业体更具有特质性和整体性。外围的外层皮采用有遮光作用的金属网，部分位于空调机位前起遮挡作用，对整个外立面也表达了内敛、闭合的特征。和外围不同，面对内庭院的立面表达的是生动、更加开放的主题。内外立面之间的并置契合了传统文化里内与外、张扬与内敛的辩证关系。

庭院在方案里承担的角色可以说是重要而多变的，它是建筑内活动拓展的容器，也是充满感性的墙面背景，通过今后使用者对院墙的开闭及不同的围合材料和方式的应用，庭院甚至可以变成公共小广场，也可以成为完全封闭的服务性内院，以满足使用者今后可能改变的实际需要。

内庭夜景 ▶

模型 ▼

湖东09号是一个位于苏州工业园区有公寓和别墅的住宅区，这是相对于苏州古城的一个新区。湖东09号会所位于住宅区条状中央绿带里。功能是为居民提供日常所需的健身、小超市、物业管理、咖啡厅、小商店和茶室等。设计依然希望能够通过它来体现传统文化的一些精髓。

"现代版的江南园林"是对这个会所设计的最简单概括，植物、建筑、人、水乃至空气之间的关系是平行的。会所建筑和植物是一样的，树是景，建筑也是景。"亭子"般的建筑里更可以驻足……它们既是形，又是空间。

最开始的想法不是设计一幢单一的建筑，而是像平面图表达的那样，有一些如"亭子"的组合空间"漂浮"在绿地之中，这样就不会因建一个会所而把整个中央绿地给破坏掉。就像中国的亭子，它并不被看成一个建筑而是风景中的一道景观。设计师给这组设计取了个名字叫做"重构山水"，就是把中国传统江南园林中的元素重新打散、组合。这里面有七个不同大小的空间，它们分成两排，中间是一个荷花池，这样就能保证建筑完全融合在绿色当中，并可以引导人流自如地穿过这些建筑到院子里去，而犹如身处室外。

在江南古典园林中有许多非常优美的湖石，虽常被称之为假山，但这些湖石却都蕴涵着

苏州中新置地湖东09号会所

主要设计人：吴钢
设计单位：维思平（WSP）建筑设计咨询有限公司
建设地点：江苏省苏州市工业园区
设计时间：2005年
竣工时间：2006年
建筑面积：2 162 m^2

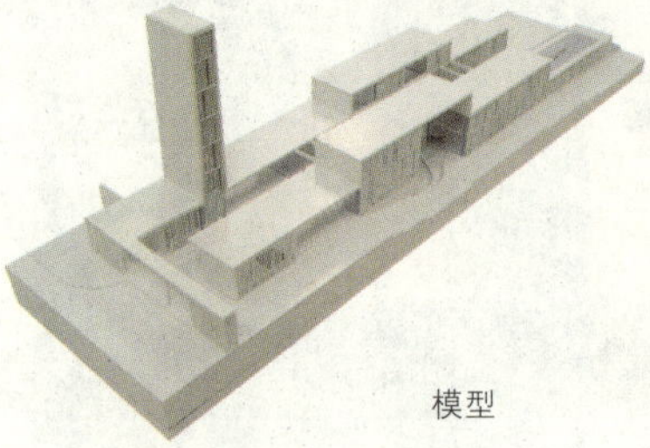
模型

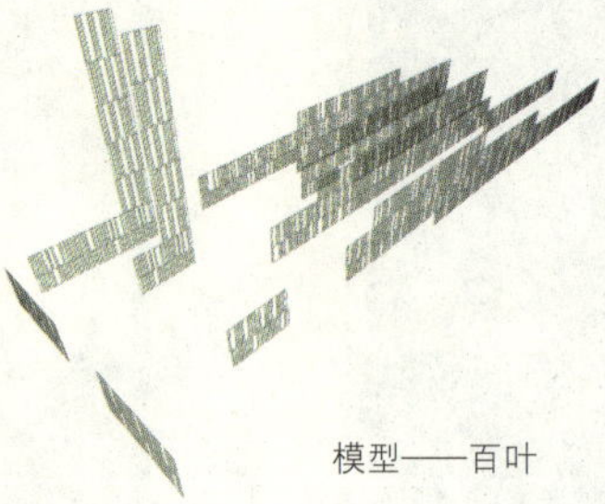
模型——百叶

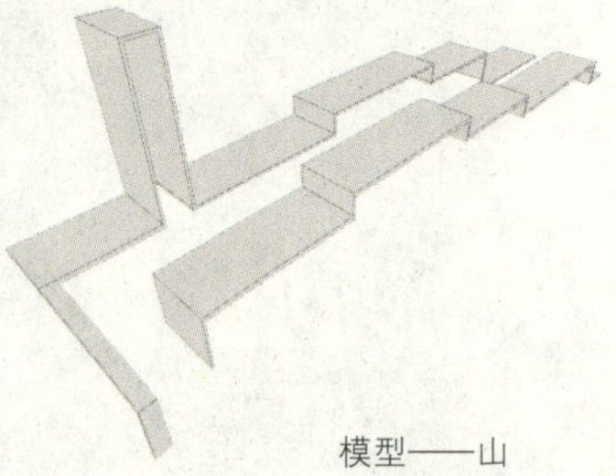
模型——山

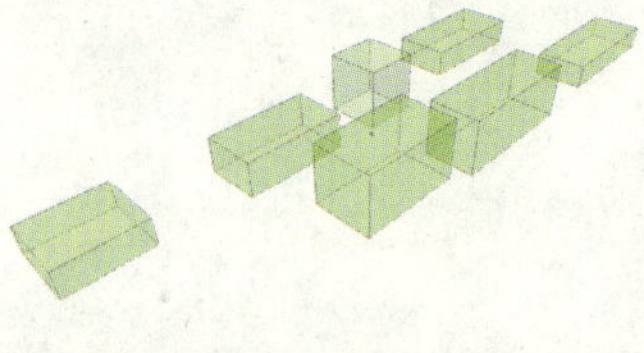
模型——亭子

▼ 建筑外景

建筑内景 ▼

“山”的意象。把屋顶的形态模拟成一个高低起伏的“假山”形象，这就是设计师在另一个层面的想法，这也是为什么这个建筑的形态是高低起伏的。“山水重构”的概念与“山的意象”结合在一起，给人们呈现出一个非常中国化的空间和意境。这些“亭子”中间，建筑师用了一些连桥把它们衔接起来，就像传统的园林当中也会出现的一些桥与回廊。在“亭子”里面能清晰地看到两边的风景。建筑好像消失了一样，因为它不像一般的房子那样有四面墙，两个侧面在视觉上完全是“空”的。你站在中间也感觉到室内外环境的融会贯通，有如太极图案虚实相映……实际上，内部空间和外部空间的区别完全被打碎了。的确，空间是由实体和虚体构成的，虚实之间完全是可以互相转换的。

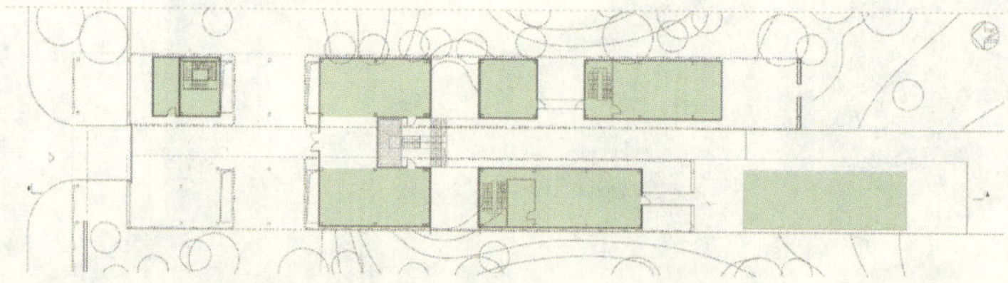

标高平面图

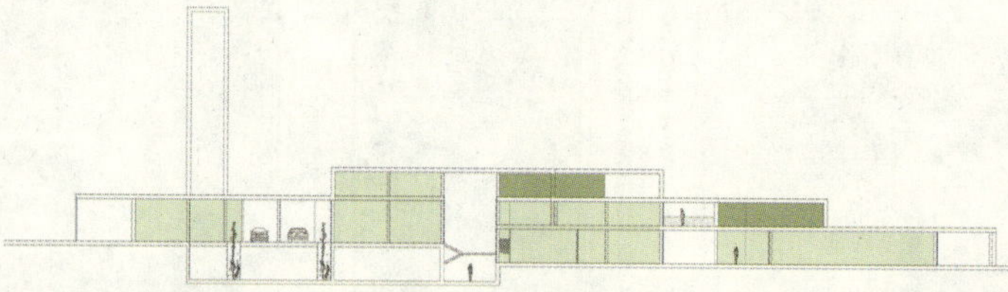

剖面图

◀ 外景

▼ 楼梯

在建筑装饰语言的把握上，设计师把中国建筑中花窗的元素提炼出来，并且融入到形体之中。中国的窗户不像国外的就是一片玻璃，它还是个面具，既可以看出去，又有面纱一样的掩饰作用。在会所中设计了很多对外的面，用百叶做成花窗来隐喻中国内外之间这种灰色的感觉。湖东09号会所有三个颜色，不是形体的颜色，而是空间的颜色。空间的颜色中有一个是实的，是假山；有一个是虚的，是亭子，还有一个是灰色的，就是百叶。

在这个设计上，建筑师希望材料细节的设计是整体上的一个完整的组成部分。在材料的运用上，更多的是思考它如何与整体取得一致。比如内部所采用的地面、吊顶都是用竹子来做的。在工艺的角度上，思考大量地用一些预制的材料，比如百叶。古代木制的花窗都是用预制的。在这里也是用单元式预制的方法来反映，可以看到这所有的构建都是在现场安装。而这些百叶都是用冷轧的钢板做的，这样显得非常平滑，也不会生锈，也能达到非常精确的效果。

相对于空间上的三种颜色，在材料上也是三种颜色，是完全反过来的。山的形态，设计师反而是用虚无的白色来表达；而空的亭子，用深色的金属和玻璃包围住，百叶用更重的材料，空间使用很硬的材料，形用软的材料，所以在空间和形象的材料使用上，也延续了整体的设计。形象是整体的一部分，空间是整体的一部分，细节也是整体的一部分。在中国的哲学中它永远是一对东西，永远不是一个。

在空间使用的过程中，其对功能的定义是可

以非常灵活和可变的。在功能上，它们是均匀的空间，并没有主次关系，也没有固定哪里是大堂……如果人们要去健身房时，他可以直接从公园进入到健身房；或他要喝茶也没必要经过一个大堂。

建筑师希望这个会所具有"禅"的意味，从这个意义上，所谓的建筑、室内、园已经没有任何的界限。它是一个完整的设计，既可以把景观设计看成室内设计，也可以把室内设计看成景观设计……在室外空间用了很多建筑材料，如金属、石材；而在室内空间使用了更多的自然材料，比如竹子……在材料的使用上也把它反转了，是一种全方位的对空间、形态、环境的辩证。这个设计就是表达一种简单的关系，无须界定它是什么风格、什么倾向、或是哪个流派，因为它无法被一种明确的语言去描述。简单地说，就是虚和实的辩证关系，或者说是形体和空间的辩证关系，也是里和外的辩证关系。

▲ 外墙

▲ 室内

▲ 楼梯

"深圳文锦渡汽车站综合楼"位于深圳市中心，文锦渡海关关口，紧邻深圳－香港交界线。它是一个规模庞大、内容丰富的综合体，建筑面积有38 000m²，集汽车客运站、旅馆、办公、宿舍、商业设施等多种功能于一体。

该建筑位于一块极其狭窄的三角形用地上，周围被密集的高层建筑和高架桥包围。

针对周边畸形高密度、片断化、毫无特征可言的城市环境，建筑师的目标是在新项目

深圳文锦渡汽车站综合楼

主要设计人：朱涛、李常明、蒋震球
设计单位：朱涛工作室
深圳华筑工程设计有限公司
建设地点：广东省深圳市
设计时间：2003年1月－2004年2月
竣工时间：2006年6月
建筑面积：38 000 m²
占地面积：11 248 m²
摄影者：朱涛、贾西林

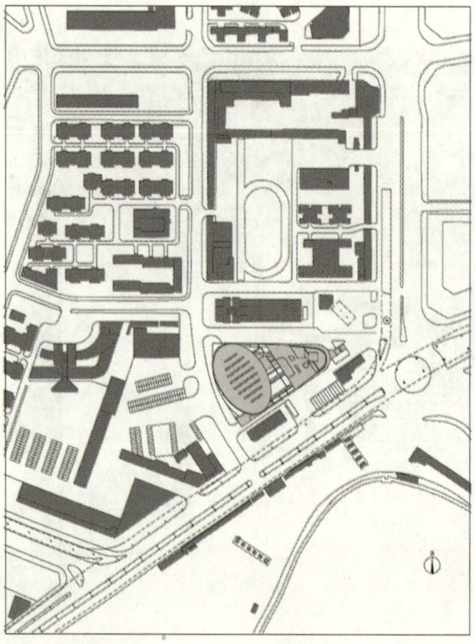

▶ 总平面图
▼ 高层综合楼

▲ 透视线图

多层候车人车入口 ▲

多层候车室一高层综合楼 ▼

▲ 候车室、空中通道通往候车室

◀ 发车场上空

▶ 首层平面图

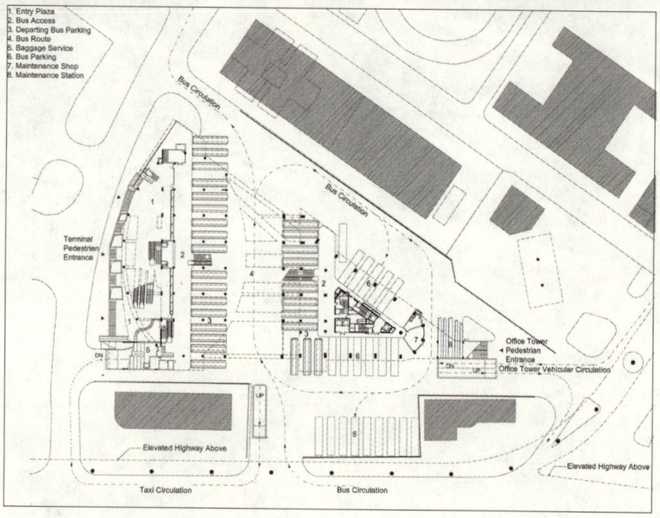

中摆脱高层建筑“塔楼+裙房”的做法，把所有的功能三维地压缩到一个巨大、单一的体量中，制造出一种新的建筑“完型”（Gestalt），以插入到现有的纷乱杂芜的城市空间中，使之与周边环境之间产生巨大的张力。换句话说，建筑师企图在一个高密度、杂芜的城市环境中，建造出“另一种高密度城市”：它自身高度整合，对外制造出“间离”和陌生化的效果，对内则提供一系列激动人心的公共空间，以供上演永不停歇的人、车、物流三维交织的都市文化的戏剧。

另一方面，这个高度“美学化”的方案丝毫没有忽视功能组织。该建筑设计在景观、朝向、日照和与周边城市环境的关系上做了大量细致的分析工作。事实上该方案能在最初竞赛中被选为实施方案，主要原因正是它能在如此狭窄的用地里，将各种复杂的流线（人、车、物流）在三维空间中组织得井然有序，并与城市路网达到顺畅、有机的接驳。

总之，该建筑既是一个美学作品——它拥有纪念碑般的形式和宏伟的内部空间，又是一部精密的机器——一部与都市网络密切相连、在严格的组织关系驱使下高速运转的机器。这两方面并行不悖。

位于北京望京广顺北大街的六佰本商场是一个长为600m、面积为100 000m²的综合商业项目。望京和现代的综合商业环境就像一个超大的码头，巨大的吞吐量是它们的共同点，不同国籍、职业各异的人群，与码头上外形相同、内部货物不详的集装箱体，丰富杂乱却匿名随机的特质、一个展现无穷不确定因素的平台即将展现在世人面前。以一个模数、一种材料形成的物体是以不变应万变的基本策略，随着经营的发展，带来了更多的品牌和更多的业态，每个实体标识为这个单纯的物体表面增加了色彩，并且不停地在变化中，但无论如何

北京望京六佰本商业街外立面及整体商业形象设计

主要设计人：王永刚、曲雷、叶楠、贾志勇、吴骞、迟仲秋、崔珠龙
设计单位：主题工作室 IDEA STUDIO
建设地点：北京市
设计时间：2006年5月（在建中）
建筑面积：100 996 m²
占地面积：35 159 m²

六佰本位置地图 ▲
过街桥、双首层 ▼

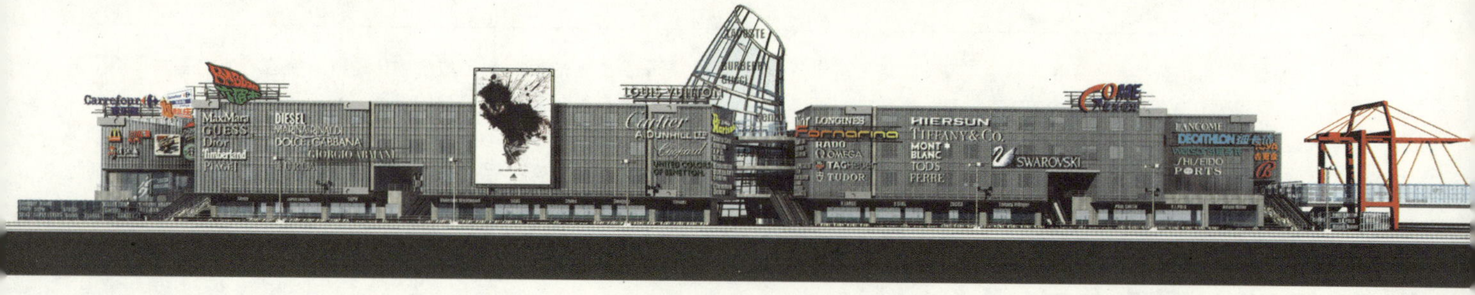

▲ 立面效果图

▼ 南北区过街桥

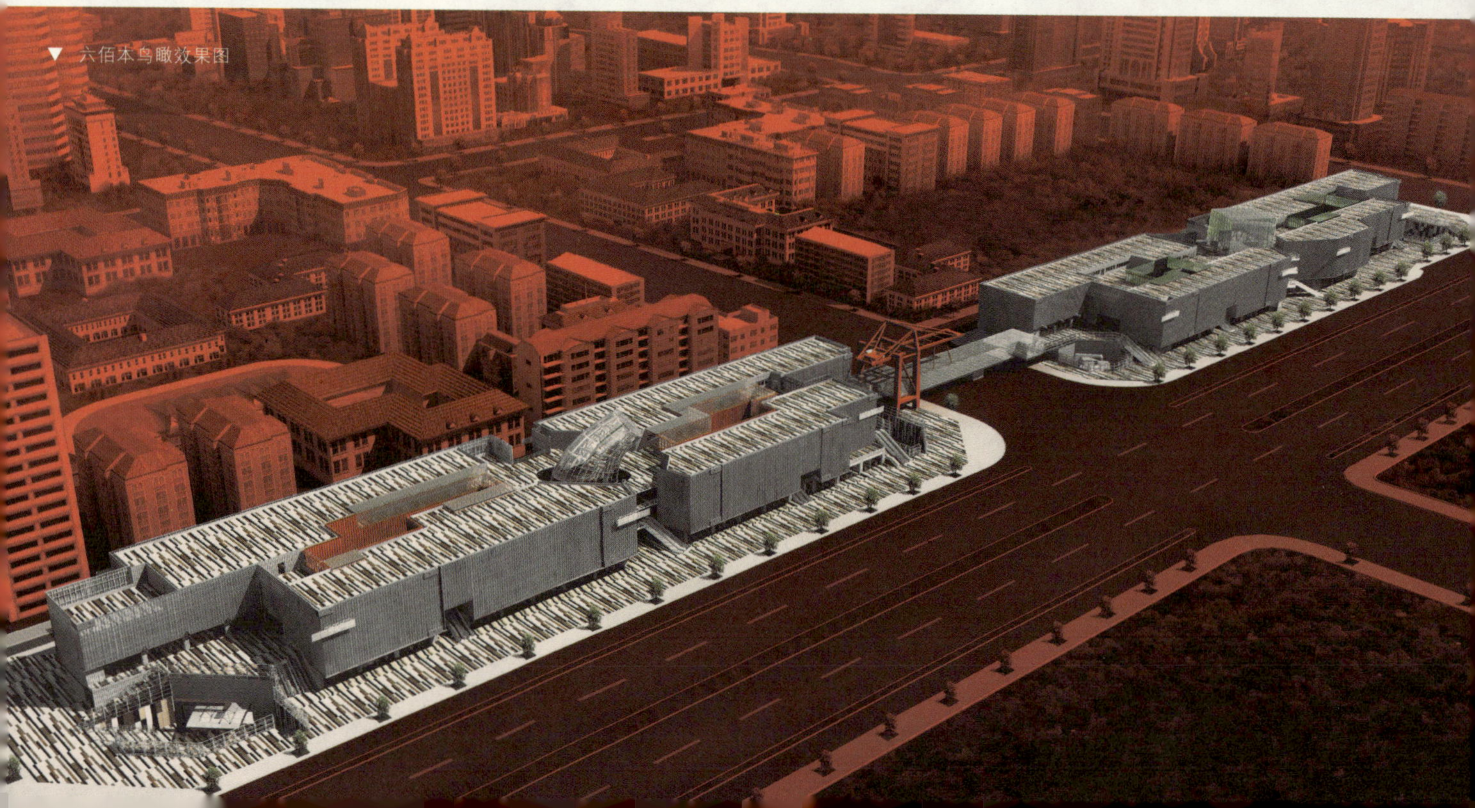

▼ 六佰本鸟瞰效果图

也改变不了这个场所的最终定位。建筑为当代大型商业经营发展预留出了发展的余地。商业建筑的诚实表现是中国当代文化影响下的必经之路，一个本质的建筑，不应再追随商业环境的过去式，过于关注未来也不符合商业运作的基本规律。把握当下，为商品和服务创造商机才是所有文化和艺术的最终目的。

北区局部 ▲

下沉式广场 ▶

此项目设计的总体目标是要保持此处的基本文脉，决不能像大多数建筑地块一样，因为建设而破坏了当地的总体感。设计者是在总体思维的范畴下进行的开发工作，保持现有的生态、保持几个村落的原有肌理；在保护的同时，设计者还对它们的传统进行进一步的挖掘，并在这种挖掘的基础上发展它们。

通过对这个区域的考察，设计者发现，建立一个有积极意义的"联系"对大平地（野鸭湖三期）的开发至关重要。这种联系，是社区内的建筑与原有的环境（现场、地脉、文脉）的联系；是新建筑与旧传统的联系，是建筑与文化精英和品位阶层的心灵联系；是单个建筑与整体社区氛围融洽的、一气呵成的联系；这种联系，也就意味着，它同其他形形色色的俗套社区没有任何联系。

位于北纬25°的"大平地"村是一个以夯土房屋为主组合成的自然村落，野鸭湖三期用地的重心就在这里。四面环山，有一条乡路通入并连接着下一个更小的村落。这是一个相对封闭的环境，保持着淳朴的民风，为数不多的田地点缀在原始的山野环境中。

新的务实建筑，力图重新发掘出在现代建筑里已经灭绝了的、不可多得的精神财富；整合各种返

云南野鸭湖三期规划及建筑设计

主要设计人：王永刚、曲雷、吴骞、宋之煜、刘延霞、史居刚
设计单位：主题工作室 IDEA STUDIO
建设地点：云南省昆明市
设计时间：2006年9月（在建中）
建筑面积：199 000 m^2
占地面积：414 800 m^2

▼ 样板区鸟瞰

▲ 会所效果图

朴归真的意象，吸收它们的灵感和神秘，将原有的合理因素，将传统建筑中的那些细枝末节的光晕，充分利用起来，并融于设计中。

25°和第二居所是决定这里生活方式的两个关键词，它们也形成了未来建筑的一系列有趣味的形式的基点。在这里，各种各样人造的虚假符号将被抹去，同时也不鼓励形式主义、装饰主义、象征主义等各种建筑学的时髦做派。设计者所强调的是能最大化激发人的无限想象的同时又能对自然进行呼应的"空白空间"和至高无上的"现场感"。空白与空虚不同，现场和现状也不一样。关键是人和物的不同。"空白空间"和"现场感"这两个核心词，将充分尊重人的主体性，充分尊重人对于自然的直接需求，充分尊重人的想像力，尊重人的自由追求，尊重当代人的身体手艺。这两个特点，可借助于现代施工工艺，充分利用现有地势的连续完整的建筑组合来系统实现，使建筑在抛弃了虚假的气派后，再次充满了真实的人文气息，从而形成一块新的大平地。

设计者可以想象：这里所有的建筑（构筑物）按同一种关系完成，甚至用同一组构成语言来表达。这些构成语汇在整个社区里随机流动，异常灵活，人们可以根据自己的欲望对它们进行任意组装。同时，手法的单纯与自然因素的细腻丰富能够混合一种极富魅力的多重效果。单纯手法转换的"夯土墙"组合成具有现场氛围的四种别墅建筑类型来发挥自然地势的魅力，同时保持与场地、气候、光线的微妙互动。曲径通幽的围合院落（印）类型，集中在地势平缓的中心区，高密度组合排列；中密度区将分布在坡度较缓的中间地带，半开敞的场院同错落有致的台地类型迂回组合，它们都将是内向的、私密感强、能领悟天地精灵的、有墙的独立王国，进而恢复久违了的文化与自然的亲密性；还有配合框架并强化山地类型的林中独栋，独霸一方；另有森林里悠然自得的"鱼类"，毫无疑问，它们是外向的，向自然世界开放的，它们实现了住宅与大自然的统一。就像森林里的鸟，出没在林中独来独往。物以类聚，但千差万别。将具有现实意义的红色领土进行优化，分配给这里的每位尊贵的业主。使其成为充满领域感的"飞地"。

这里有一个能让所有人都疯狂的机遇——完全有条件创造一个在文化上高度自信、在内容上高度连贯、在形态方面既有独立的个性又相互

融合完整的社区，以此作为补偿来平衡由于盲目开发导致的全国范围内的雷同和文脉地脉的破坏。在这里人们的心灵必定是充实的。这里是自由的王国，没有普通城邦式的轴线，更没有中心。路是随山就势的，最大化减少汽车文化产生的侵略性和破坏性，人性在这里得到最大化的彰显。人们的视觉、触觉、味觉以及行动步伐等这种身体经验，都将在此现场得到关注。无论是本项目开发的参与者，还是建成以后来这儿的人们都能强烈地感受到高度的“自信”和“惬意”，能感受到身体的自然和心灵的自由。

25°和“此时此地”是这里的总体特征，或者说——态度。

▲ 单体效果图一

▼ 单体效果图二

▼ 单体效果图三

▼ 户型近景效果图

"MOHO"是2006年的一个热点名词，对于MOHO的中文意思也被各种各样人探讨争论着。无论"MOHO"还是"SOHO"，都是现在中国大陆流行的一些所谓"概念"。不论MOHO的文字解释如何，对于我们的设计而言意味着多元、复杂、综合，意味着无止境的修改与讨论，这是中国设计的现状，考验的不仅仅是专业水准，更考验意志与决心，无论是对甲方还是乙方。设计者的工作在于针对两个施工封顶的混凝土"裸楼"进行改造。内容包括办公、酒店式公寓、五星级酒店、餐饮、会议、娱乐、健身等一系列功能。

一个15层高基础面积只有900m²的办公楼要改成200间客房的五星级酒店，原有的办公楼只设了两部电梯，应增加多少电梯、货梯？疏散楼梯？面宽3.6m的客房如何达到五星级酒店的感受？办公区公寓与酒店之间如何共容？如何互不打扰？游泳池放在哪里？大堂首层只有5.1m层高。如何形成星级酒店应有的高贵奢侈气氛，如何呼应"晋商国际"的主题？设计开始于问题，对于改造设计尤其如此。

对于晋商国际大酒店的首层空间，在电梯核心筒附近设计者去掉了两块混凝土楼板，一根大梁，这样在进出电梯厅的时候会有不同的心里感受。在酒店入口设计者还增加了一个二层高的钢结构空间，它不仅增大了大堂的面积，同时让终日见不到阳光的北入口能够感受到阳光云影投射到墙面地面的荡漾。首层南侧三层小楼与酒店楼

太原汇都MOHO及晋商国际大酒店

主要设计人：何勍、李志坡、邓中文、范浩、李艳艳
设计单位：H/Q Design Consultants 主题工作室
建设地点：山西省太原市
设计时间：2006年11月（在建中）
建筑面积：78 300 m²
占地面积：4 783 m²

▶ 外立面日景效果
▼ 大堂一

▲ 咖啡厅
► 电梯间
▼ 大堂二

◀ 套房效果图

座之间有一个约10m宽的空隙被连接到了一起，再一次形成了一个二层高的空间，这是咖啡厅的所在。由此，一个可以与“晋商”传统文化精髓相暗合的“三进式”空间序列构成了晋商国际大酒店的核心内涵。

说到外观形象，不能不考虑太原这个重工业城市灰色的天空，不能不考虑黑色煤粒与黄土细沙组合成的空气成分，不能不考虑太原城市建筑大面积的苍白、灰涩与平庸，更不能不考虑汇都地产年轻的董事长超前的审美理念与经营意识。如果不能做到惊世骇俗，至少要做到内敛深沉，隽永恒远。用大面积的黑色玻璃隐框幕墙将两幢建筑裙房各部分联系在一起，无论其内部如何灯红酒绿，无损于整体的现在与优雅。裙房的上部，统一的灰色系和恰当的比例，关系与细节，使原来两幢互不相干的大楼如洗尽凡尘般宁静致远。因此，设计者去掉了原来设计中70年代风格的形式细节与还有些幼稚的橙红色彩，用降8度的低沉嗓音在太原新的城市中心区浅唱轻吟。

公寓电梯厅效果图 ▼

▼ 公寓B2户型效果图

东京画廊是21世纪到来前第一批在798艺术区开放的画廊。

受包豪斯领导的德国建筑运动影响，钢铁、水泥和玻璃在上世纪50年代成为了现代主义的象征。大量的建筑材料为建筑提供了数量和质量的表转，并且创造了建筑典型。建筑开始依赖于工厂而不是地况，因此建筑变成了城市转变的纪念碑。

革新不仅仅意味着技术上的突破，同时还体现了对画廊功能的重新审视。这个项目最大的挑战是利用新技术发掘这些材料的潜在用途，在刚和柔之间创造新的空间。玻璃盒子内的办公室和中层楼垂下的钢结构之间的空间将参观者引领到中层楼上，从这里人们可以以全新的视角欣赏主要空间中的艺术展品。钢制楼梯被改造成了流线型，蜿蜒直上，形成了一个完整的家具。这个非线性的材料改造改变了人们对于材料和空间关心的固有观念。

北京798大山子艺术区 东京画廊室内改造工程

主要设计人：马岩松、早野洋介、沈军、李绢琨、Michael Rusch、Emilio Doporto
设计单位：MAD建筑师事务所
建设地点：北京798大山子艺术区
设计时间：2006年6月
竣工时间：2006年7月
建筑面积：364 m^2
摄影者：舒赫

▲ 室内一

▲ 室内二

▲ 室内三

龙，东方精神的象征，设计者相信这种精神能把我们带向未来。

栖息在海河入海口的天津，中国北京的东大门，背后是悠久的历史，而面对的是东方无限的未来。

一条有时代信息感的未来之龙在这里奔腾向上，由一个数字控制的游动光影展现在建筑上，象征着国家未来的安定强盛，同时象征着中钢集团的企业精神和活力。

中钢国际广场（天津）

主要设计人：马岩松、党群、司马瑞、杉田宗、赵伟、王行芳、李洁苒、路璐、刘小普

设计单位：MAD建筑师事务所

建设地点：天津市塘沽区

设计时间：2006年10月（方案）

建筑面积：320 m²

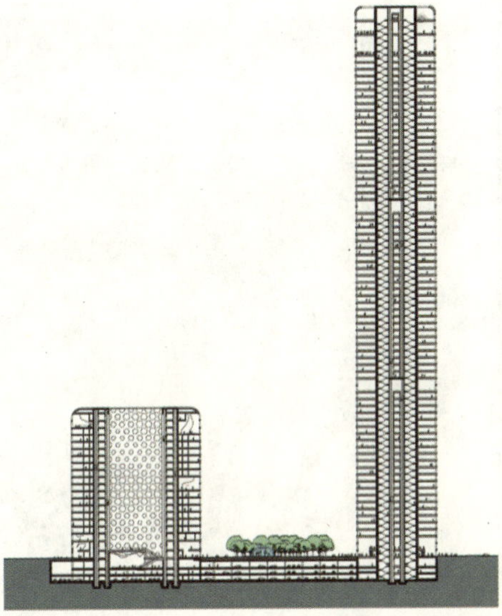

▲ 剖面图

▶ 效果图

▼ 总平面图

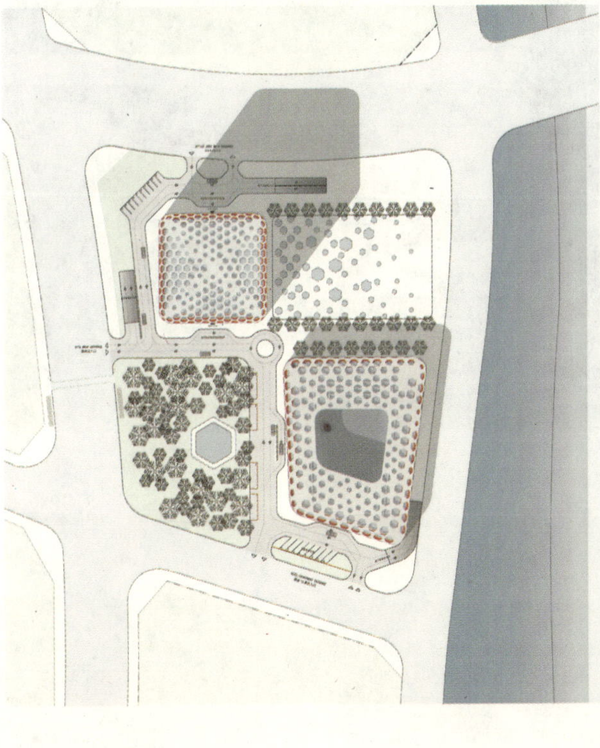

窗口，意味着机会和自由。在这个东方未来的商业金融中心，我们以一种传统东方的方式传达着这样的信息。六棱窗源自中国传统的建筑和园林，它不但成为了一个定义新国际化办公空间独特的视觉因素，也担任了这个超高层建筑的主要结构系统，使整个大厦看起来像是由无数生生不息、不断生长的细胞组成的。

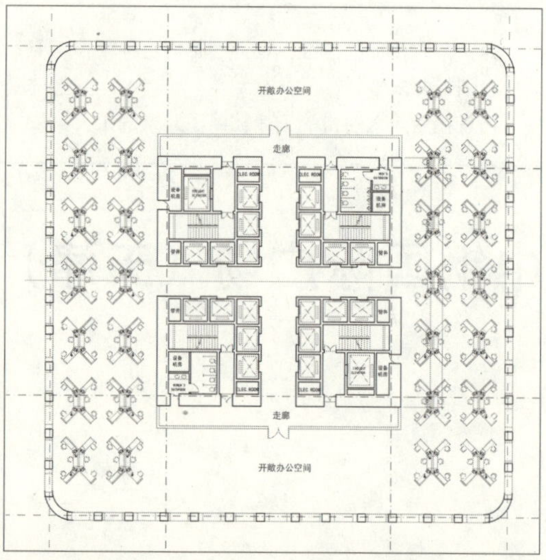

▶ 平面图

▼ 夜景透视图

▲ 室内效果图二

▼ 室内效果图一

项目位于南京江宁区九龙湖校园中心区，南临校园东西主要的交通轴和景观轴，西面毗邻东南大学新图书馆和中心广场，东南方向与新体育馆隔路相望。该公共教学楼建筑群由于其在校园中的重要区位而具有一定的景观地标作用。

本设计是在原校园规划已确定，和校方要求新校园建筑均应采用与原四牌楼校园建筑相呼应的坡顶形式的前提下进行的。设计努力汲取世界优秀大学及东南大学原四牌楼校园（原国立中央大学校园）建筑的传统，突出了校园教学楼应有的端庄大方和良好的比例尺度感，群体布局和空间组织与原先的校园规划总图做到意图上的恰当衔接和拓展。

由于该建筑群规模较大，所以在建筑形体处理上关注局部异质要素的介入，统一中追求适度

九龙湖公共教学楼

主要设计人：王建国、王湘君、李大勇、毛烨、张婧
设计单位：东南大学建筑学院
建设地点：江苏省南京市江宁区
设计时间：2004年
竣工时间：2006年
建筑面积：71 000 m^2
占地面积：5 300 m^2
摄影者：王建国

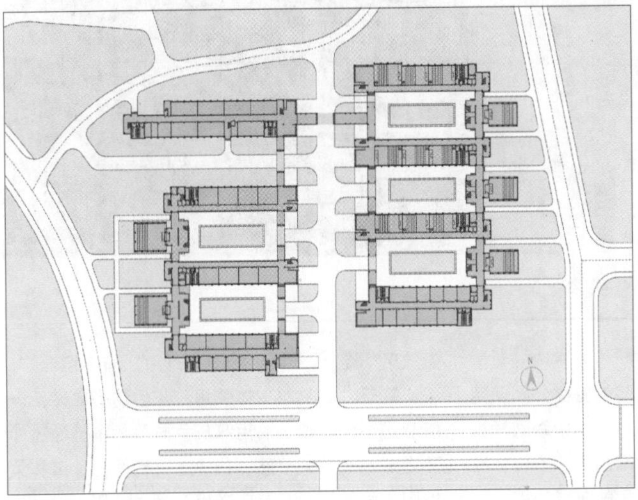

▲ 一层平面总图

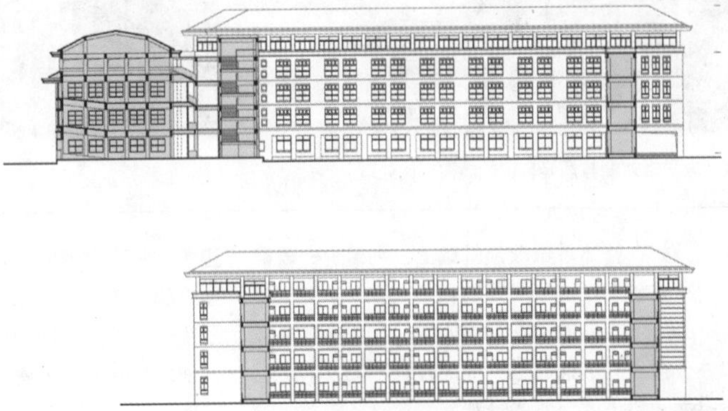

▲ 西区教学楼庭院剖面

▼ 教学楼东南向

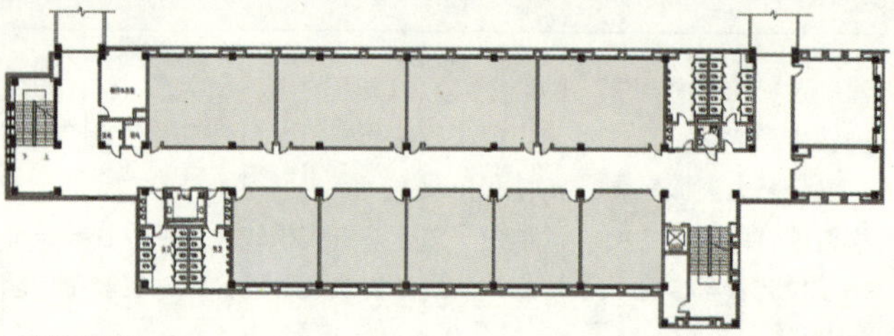

▲ 二层平面图

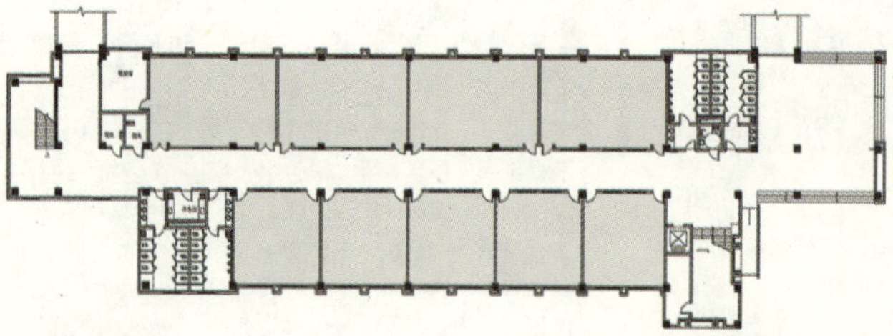

▲ 一层平面图

▲ 教学楼外廊与景墙盲窗的虚实对比处理

▲ 教学楼局部

变化，如在整体单层坡顶基础上，利用阶梯教室空间独立单元增加了局部重檐屋面，以丰富从校园中心广场方面的景观观瞻效果；在八幢教学楼和办公楼之间的连廊上，局部开有不同大小及层与层之间错位的窗洞的景观墙，建立了层次化的建筑要素，调节了建筑群体空间形态的虚实过渡。在组织各阶梯教室交通的剪刀梯侧面设计安排了一片盲窗阵立排布的实墙，与内院中的教学楼外廊形成虚实对比；五个院落的盲窗分别使用了红、黄、蓝、绿和橙色作为标志，帮助同学更方便地认知教学楼建筑群的空间结构和方位。在东西两侧的楼梯间和教师休息室的东西外墙，除局部采用玻璃外还使用了大片600mm×600mm的预制遮阳窗构件单元，改善了维护结构的隔热保温效果，减少了日晒，反映了设计的“能源意识”。

建筑外墙材料主体使用浅灰色仿石面砖，一层基座部分和檐下采用深灰色面砖，希望通过面砖增加建筑的细节感，各种遮阳构件、过道和景墙则用浅色涂料，屋面采用深蓝瓦面。

▼ 教学楼建筑群远眺

建筑平面呈U型布局，餐厅与住宿分别设于U型两翼，两者之间通过庭院隔离，由连廊相接并由连贯的曲线形屋面覆盖成一体，整幢建筑无论是功能上还是形式上，既相互独立又和谐统一，建筑西侧的庭院，渗透到整个住宿区域，使这一优美的园林景观渗入周边公寓房间，同时中庭也是一个共享空间，一个提供交流、赏景及宴会休息的绿色客厅。

餐厅及多功能厅入口设置在东侧，朝向人流

中科院长春光机所配套设施

主要设计人：徐卫国、郭亮
设计单位：XWG建筑工作室
建设地点：吉林省长春市
设计时间：2006年11月（方案）
建筑面积：8 051 m^2
占地面积：5 151 m^2

▼ 鸟瞰图

▲ 立面图一

▼ 立面图二

▲ 透视图一

的主要通道福州街，在U型建筑的西部南侧设置另一出入口，公寓人流由此进出。

建筑形象的设计体现活泼性、技术性与时代性的结合，通过窗、墙、屋顶的虚实与材质对比、立面斜柱及斜窗的光影变化、屋顶的高低迭起及自由曲线，使建筑外形显得新颖大气，曲线形屋顶使建筑物显得轻盈飘逸。

▼ 透视图二

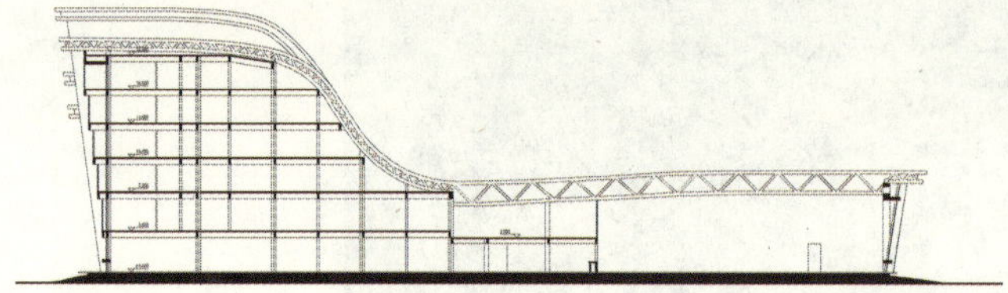

剖面图一

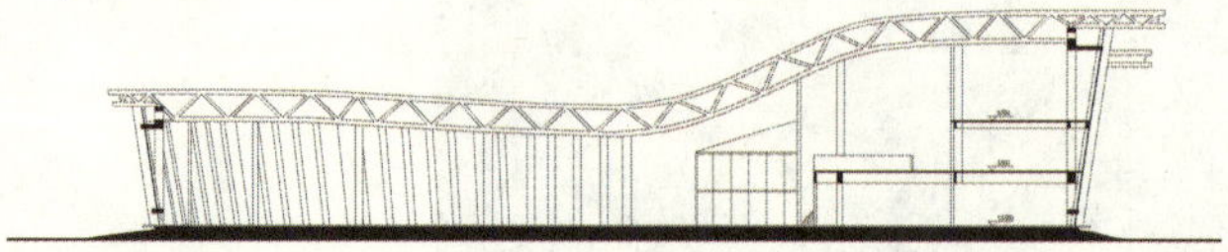

剖面图二

犹如大型商业中心上世纪60年代继基督教堂后成为美国人精神寄托的场所一样，大型商业中心在中国当今现状下，也越来越显示出它的精神功能，即成为人们精神寄托的载体，维系着人们的心理平衡，抚慰着人们躁动的心情，成为社会和谐安定的重要机器。从这一思想出发该建筑的形体以教堂作为原型，并在此基础上发展演变而成。

该建筑具有复合的功能，包括商场、办公、餐饮、休闲、娱乐、SOHO、公寓、游泳池、冰球场、健身俱乐部等。其功能组成就像小型的城市，因而该建筑的设计把它当作一个小城市来对待，内部设计了共享空间，成为竖向发展的空中花园；东楼与西楼之间设有空中玻璃连廊，既可作为东西两幢建筑的交通联系，并可作为景观视点。在设计中注重了各种功能的相对分区，但又可互相借势，保持人流的活动延续；交通组织上水平交通及垂直交通相互结合，满足便捷通畅及消防疏散的要求。

创造地标形象，采用了不规则曲面的造型手法，追求形象的独一无二性。形体的构建符合非

河北邯郸阳光三龙商业广场

主要设计人：徐卫国、郭亮
设计单位：XWG建筑工作室
建设地点：河北省邯郸市
设计时间：2006年10月（方案）
建筑面积：215 628 m²
占地面积：17 853 m²

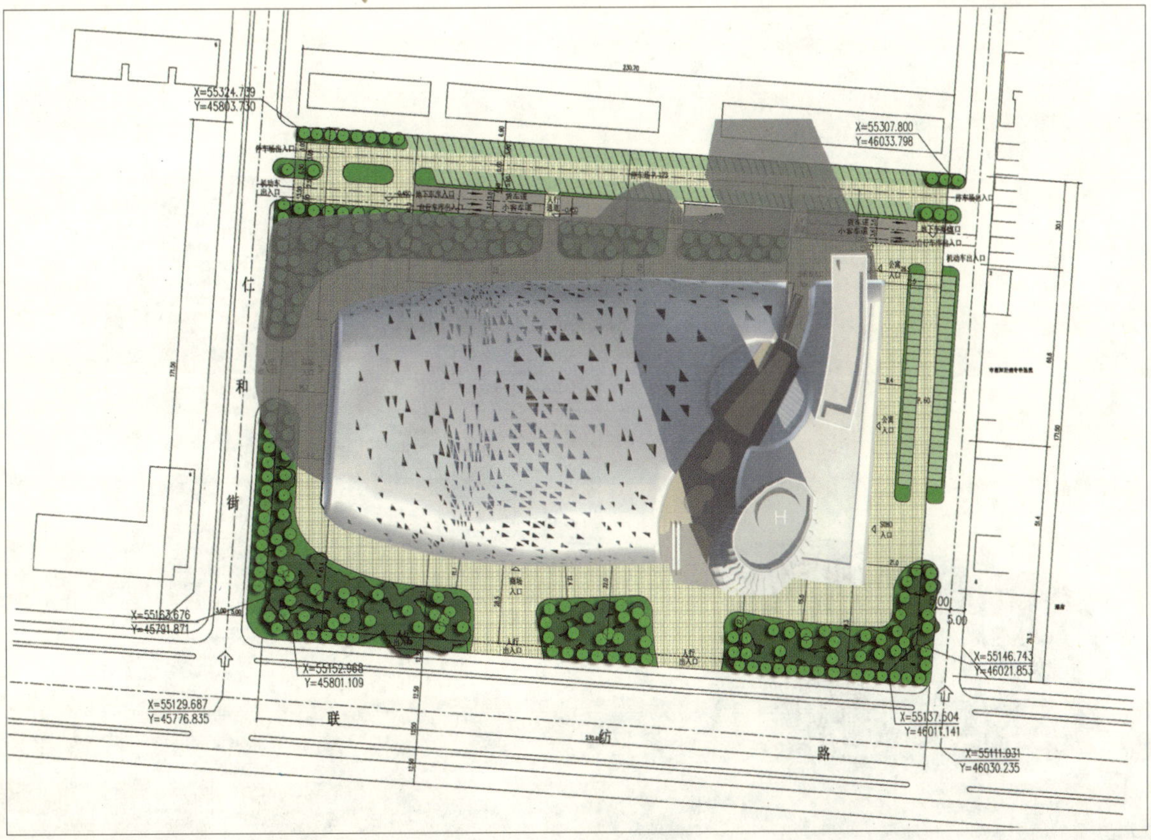

▼ 总平面图

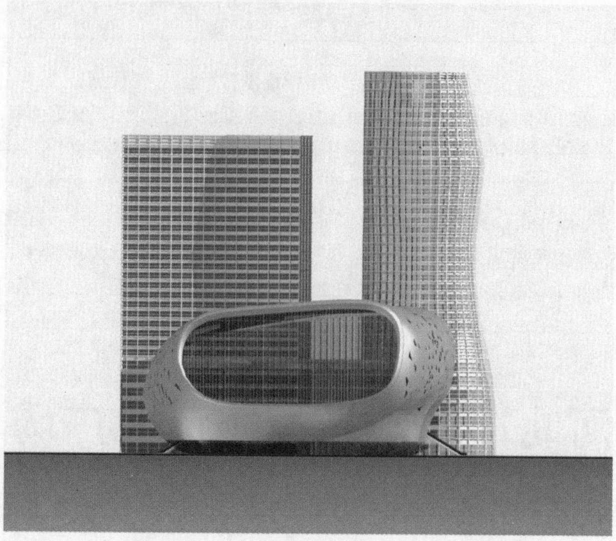

▲ 南立面 ▲ 西立面

线性科学的理论，建立在涌现理论的基础上，施工建造具有可实施性。即通过简单的个体（这里指表面外皮的三角形单元），由少量的规则控制，形成复杂的不规则型体（指建筑曲面形体）。整体建筑造型错落有致，既丰富了城市街道景观，又勾画出独特的都市天际轮廓线，增强了城市的可识别性，给人以强烈的视觉冲击力，当仁不让地成为邯郸市的地标性建筑。

生态的原则。建筑外立面由双层皮构造而成，实际上为建筑增设了生物缓冲层，有利于建筑节能。缓冲层具有弹性和通透感，给城市建筑立面带来层次性。同时采用节能设计，以科技创新为主，建造高科技节能建筑。

▼ 剖面图

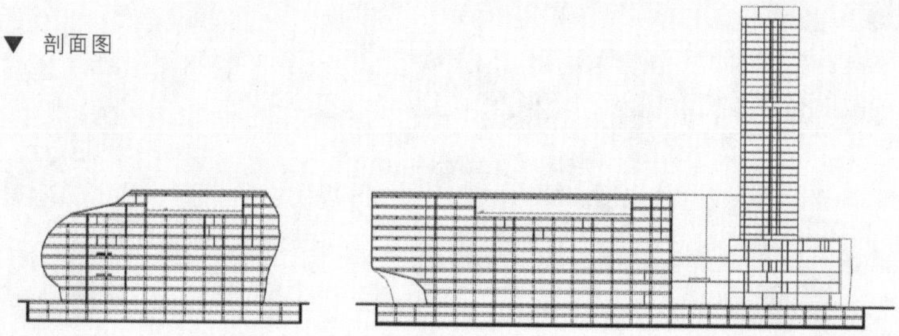

▼ 透视图

当今社会的多元化，信息的大爆炸，使得原有相对简单的社会关系变得异常复杂和难以把握，任何事物都不能独立负担起对当今社会的需求。因此，寄生、渗透、变异成为事物发展的趋势，事物之间的界限也变得越来越模糊不清——建筑也不例外。传统单一性质的建筑已不再适应当今社会的发展，因此，画廊与商业的相互寄生成为本方案的设计切入点。

商业空间与美术馆空间相互寄生互为给养，美术馆画廊可以通过商业空间更多地汇聚人气，增加更广泛的交流机会与文化传播；商业更可以通过美术馆的艺术气息增加自身的文化氛围，从而引起更广泛人群的关注，最终影响商业。

本方案用地面积3 523m²，总建筑面积8 199m²，地上6 657m²，地下1 542m²，建筑高度24m，地上六层，地下一层。

首层及二层为商业空间，地下一层为美术馆画廊，三、四层为艺术收藏及拍卖空间，五、六

富力·信然庭公建G（博物馆设计）

主要设计人：温子先、吴华、梁阔

设计单位：香港温吴建筑设计工程有限公司

建设地点：北京市

设计时间：2006—2007年（方案）

建筑面积：3 523 m²

占地面积：1 542 m²

▼ 日景透视

▼ 夜景透视

东立面

北立面

西立面

层为俱乐部。建筑主入口位于基地西南角，面向人流汇集的路口空间；次入口位于基地的南侧，利用室外坡道，将人流直接引向二层，大大提高了二层空间的利用率。

地下画廊的主入口位于基地的东侧，通过东西两侧的台阶步道分别与地面停车场和餐厅主入口相连，画廊室外为下沉庭院，为画廊提供了能作为室外展场的充裕空间。庭院既相对独立又与地上保持便利的交通联系，同时又保证了画廊必要的自然采光。在五、六层分别设置了两个屋顶花园，拓展了俱乐部的功能空间，使其既有安全封闭的私人空间，又有开放自由的户外空间。

南立面

从2000年开始，一群诗人、作家、美术家在北京的北边燕山脚下寻找、策划组织、设计到动工建设，历时七年，即将落成，它成了世界上惟一的：

1.集中当代最优秀的艺术家共同自主投资建设一个自己的艺术创作、作品展示和生活的艺术部落。

2.集中当代最优秀的建筑设计师（张永和、刘家琨、温子先、苏丹、周伟、孟建民、吴华等）设计出极具原创性的先锋建筑艺术。他们想推动中国建筑的艺术化和个性化。

3.完备的民主自治管理模式：艺术管理委员会、建筑管理委员会、物业管理委员会，均由上苑艺术家组成。

这里是集合艺术家的艺术基地，除了艺术家

上苑艺术村美术馆

主要设计人：温子先、吴华

设计单位：香港温吴建筑设计工程有限公司

建设地点：北京市怀柔区

设计时间：2004-2005年（在建中）

建筑面积：7 600 m^2

占地面积：3 000 m^2

▼ 局部效果图

▶ 总平面图图

▼ 剖面图一、剖面图二

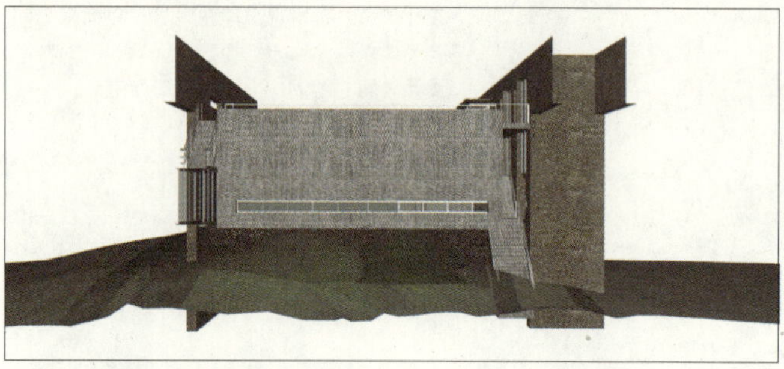

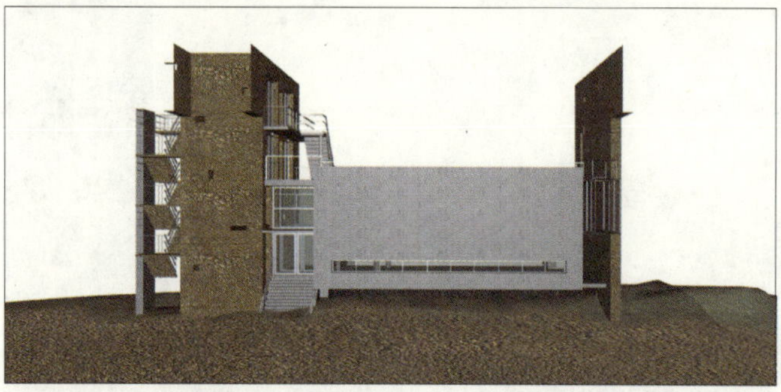

▲ 外景效果图

外景透视图 ▼

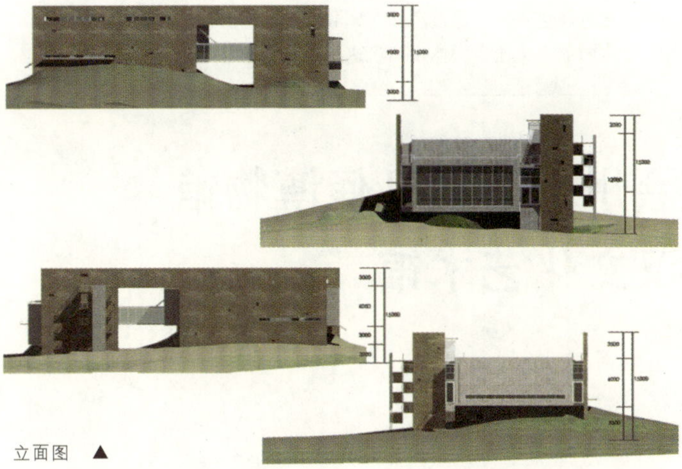

立面图 ▲

的工作室兼住宅的地方外，艺术基地内还有提供给艺术家展览作品的场馆，也对外开放，具有教育及地方文化提升的潜在功能。

艺术村基地在山脚下，整个基地形状约呈正方块，由其南边进入艺术基地内，地势由南开始向北渐渐向上爬升。博物馆位于基地内北侧，进艺术村向北望去，便可得知其位置，博物馆体量为矩形，南北向窄，东西向长，其内部主要功能除提供基地内艺术家作品展览外，亦提供短期居住。

鸟瞰图 ▼

建筑设计从用地所处的汉文化景区特定的历史文化背景与山水交融的自然环境出发，将历史文化要素作为一种建筑设计中的审美原则，采用写意的建筑表达手法，通过空间、体形、材质、色彩等方面的建筑语言，体现建筑追求的文化意境，实现建筑与历史文化背景及山水自然环境的和谐统一。

水下兵马俑博物馆的建筑创意来自用地范围内现有水塘中央曾经发现汉兵马俑的考古记载，设计构想大胆提出了在水塘当年发现汉兵马俑的地方，建设一个位于水下的博物馆，原址展示出土的精美骑兵俑和马俑，给人亲临实地的真实感受。

借鉴大屋顶这一中国传统建筑最具特征的元素，建筑将汉代明器、画像石中经常出现的大屋

徐州水下兵马俑博物馆
汉文化艺术馆

主要设计人：祁斌、袁野、安浩
设计单位：清华大学建筑设计研究院、
徐州市第二建筑设计院
建设地点：江苏省徐州市
设计时间：2005年1月
竣工时间：2006年5月
建筑面积：3 850 m^2
占地面积：450 000 m^2（园区整体）
摄影者：张广源

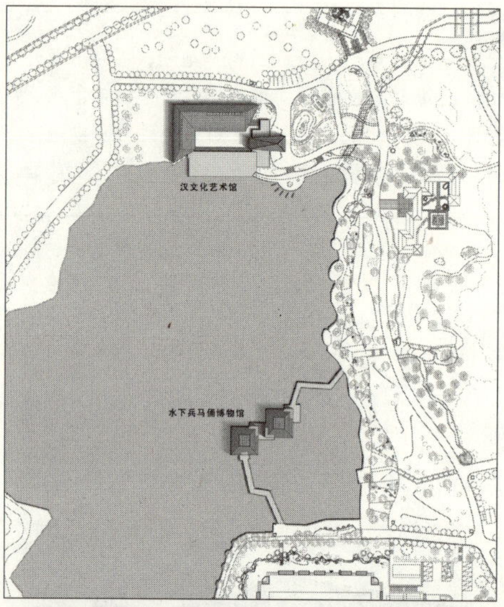

总平面图 ▲
远景 ▼

▲ 水下兵马俑博物馆屋面局部　　▲ 内景　▲ 外景

顶形象进行抽象概括，并加以夸张，形成两个架在水面上的正方形屋顶，以“写意”的姿态呼应汉文化背景，通过简洁的建筑形态、内敛的建筑性格追求“大象无形”的传统建筑意境。

两个悬浮在水面上的大屋面，是通向水下展厅的入口，也是昭示水下博物馆的标志物。顺着栈桥进入屋面，是一个半开敞的空间，中央四根方柱通顶，下方正对着原来的俑坑，屋面一直延伸到贴近水面，水波荡漾，清晰可见，使人清楚地感觉到博物馆存在于水下的事实。顺着平台内侧的台阶而下，是两个相互连通的展厅，展示汉代骑兵俑和马俑的奇景。

博物馆处在半开敞的环境中，大屋顶下一边是水面，一边是展厅，水面映射天光，通过屋顶的内侧反射到建筑内部，均匀地漫射到展厅下方，保证展厅的基本照明要求，也免去了所有机械排烟与空调设备，使建筑处在一个与外界环境互动的自然生态状态，大大节约使用成本，给人更真实的现场感受。

汉文化艺术馆夜景 ▼

汉文化艺术馆通过传统院落空间的组织方法，营造出静谧、含蓄的文化氛围。建筑背山面水，视野开阔，具备"被看"和"看景"的双重景观效果。建筑功能分亲水交流区及内部陈列展示区两个部分，两部分围合中央的开敞内院，内院本身就是一个露天展示汉画像石的展示厅，给整个院落定义出浓郁的汉文化基调。

整个建筑北高南低，体量过渡与依山傍水的外部环境相呼应。两层展厅通过开敞的楼梯联系成整体，给参观者提供便捷的参观流线。面向水塘设置了一个亲水观景平台，建筑的公共交流部分面向平台开敞，形成一个临水交往空间。开敞外向的建筑性格与水下兵马俑博物馆的沉稳内敛形成一定程度的对比，二者相得益彰。

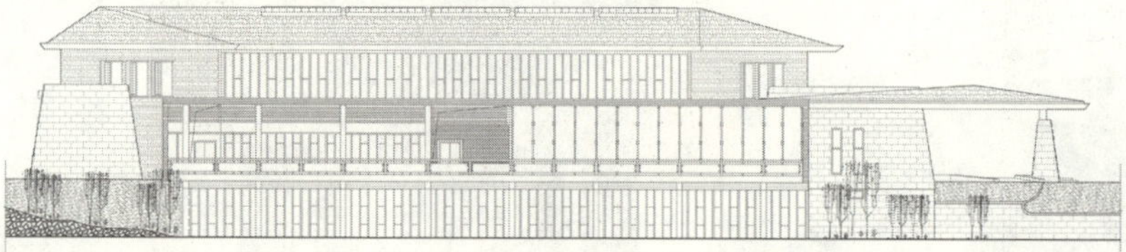

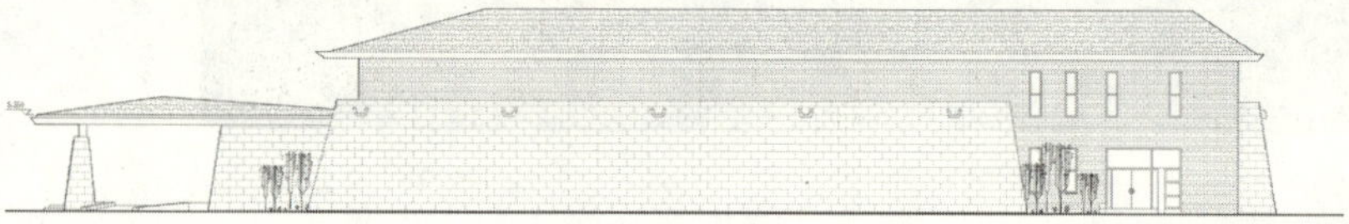

▲ 汉文化艺术馆南北立面

▼ 汉文化艺术馆近景

汉文化艺术馆水院 ▲

汉文化艺术馆一层平面 ▼

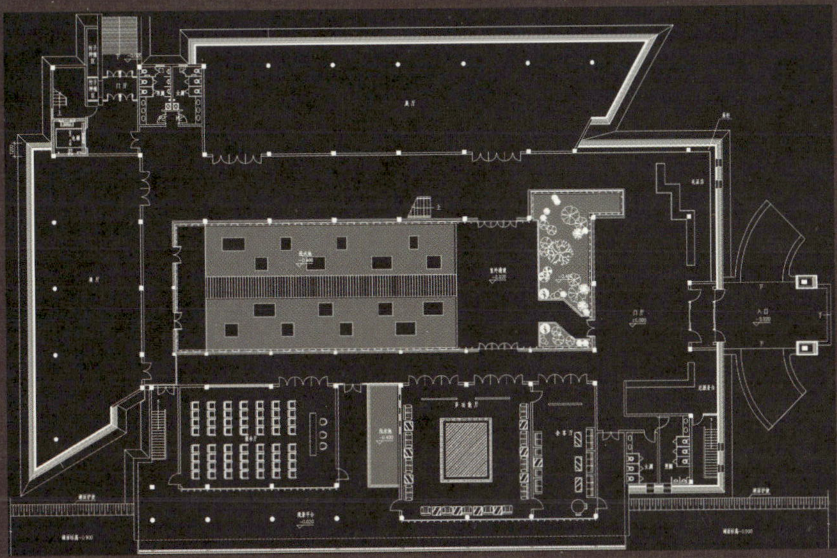

建筑外墙面以当地产的毛石砌成倾斜的一层外墙，形成厚重的基座感觉。二层退进的外墙面采用当地的深灰色毛面青砖，过渡到挑檐、檐口、屋面瓦，采用清一色的黑色，延续着厚重的建筑感觉，写意汉代建筑质朴大气的气质。建筑内部以当地产的原色木材作为基调，亲切质朴，回归自然。

图书馆建设地点居于奉贤区重要建筑区的中心地带，是未来奉贤区中心重要的文化建筑，在图书馆总平面设计中，最大限度地考虑了与周边环境协调的要求。新馆的设计延续了原有城市轴线，它的主轴线正对解放东路北侧现有明珠广场的中型轴线，与它南北呼应；简洁的形体让图书馆与东西两座不同时期不同风格的建筑不产生冲突，让这三座不同时期的建筑整体协调。

上海市奉贤区图书馆新馆

主要设计人：邢同和、肖申君、潘娟
设计单位：上海现代建筑设计（集团）有限公司
邢同和建筑创作研究室
建设地点：上海市奉贤区
设计时间：2004年10月（在建中）
建筑面积：17 146 m²
占地面积：13 668.5 m²

▲ 夜景透视图

▼ 鸟瞰透视图

建筑北侧后退红线三十米，使得图书馆北面的边界与左右建筑平齐，解放东路南北两侧形成两条完整的绿化带；建筑底层局部架空，在底层北侧创造出大面积的水面与基地周边大片的绿化，形成了绿地与水环抱建筑的视觉效果，创造了宁静、优美的都市生态景观。

图书馆总建筑面积17 146m²，其中地上四层地下一层，地上建筑面积14 771m²，地下2 375m²，建筑主体高度24 000m，中庭高度25 500m，东侧辅楼高度17 100m。

建筑主体部分共有四层，中部是一个贯穿四层的中庭，外借、阅览、展示、办公等功能都布置在中庭四周。中庭顶部由玻璃幕墙覆盖，可以给内部提供自然采光，并且创造出明亮、安静的共享空间。底层局部架空，大面积地布置了水体，仿佛图书馆是坐落在一个浩瀚无边的知识海洋之上，读者通过建筑北广场上的坡道通向图书馆室内大厅。

建筑造型庄重威严，整体远看如一本巨大的被翻开的书本，暗喻图书馆的内部犹如知识的海洋；中间的玻璃体对称的构图手法突出了图书馆在奉贤区的重要地位，两边实体空间的处理又具有不对称的形式，这样又给图书馆带来了一定的灵活性和自由性。

本着以人为本的原则，设计中妥善解决了车流、货流、人流的相互交叉、干扰，以及通过底层水面和周边大片的绿地来隔绝大量人流聚集对相邻建筑物造成的干扰。方案中的交通体系有效地组织了各种流线，使人流、车流、货流快速、高效地疏散。尽量减少了车辆对群众休闲娱乐活动的影响。

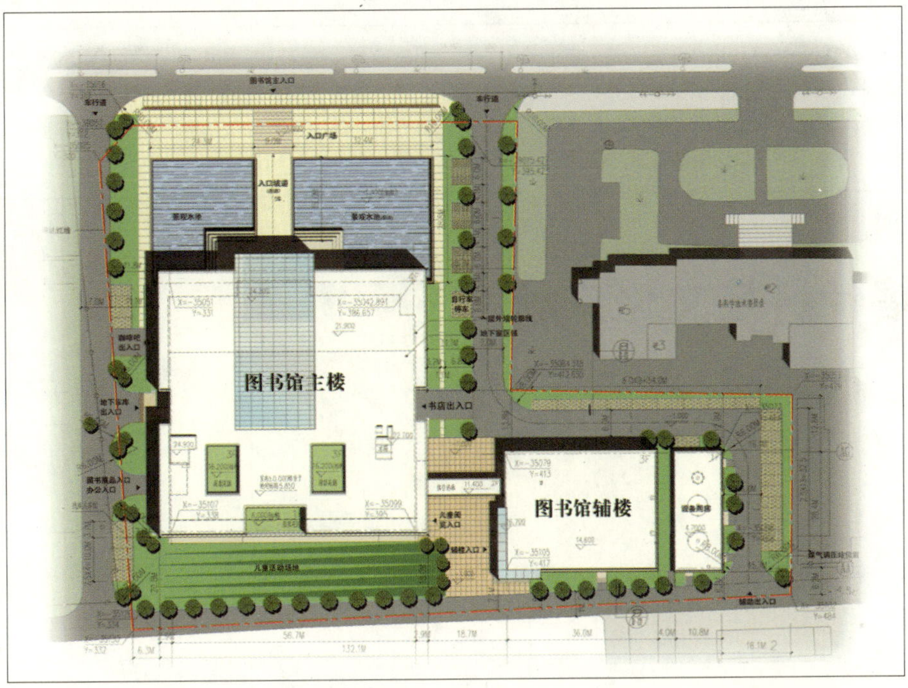

总平面图 ▶

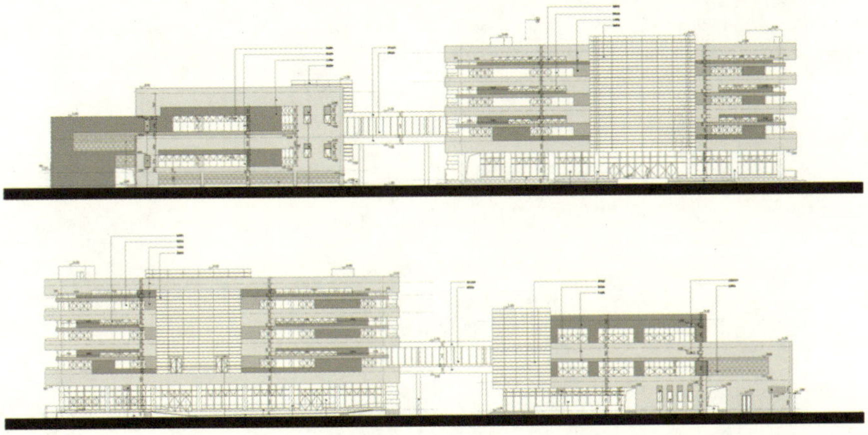

立面图 ▶

入口透视图 ▼

该项目是集喀什市科技园、青少年活动心、老年活动中心、影剧院及游泳馆为一体的综合文化建筑。它是为喀什市乃至喀什地区提供科技探索、文化娱乐活动及会展的交流中心。

方案整体布局从城市内在脉络和城市肌理入手，通过建筑使用功能的扩展，为城市环境提供融合界面。保持现有城市道路系统，设馆前步行街，使人车分流。利用楼前广场及景观道路将体育路和天南路直接贯通，形成集散广场前的中心绿岛，作为公园环境的衍生和扩展，使城市在自然生态中生长。

喀什地区有着悠久的文化历史，建筑文化汇

喀什科技文化广场

主要设计人：刘谞、孙雪梅、林啸
设计单位：新疆玉点建筑设计研究院有限公司
建设地点：新疆喀什市
设计时间：2003年7月（在建中）
建筑面积：59 072 m^2
占地面积：14 567 m^2

▼ 总平面
▶ 人视角透视

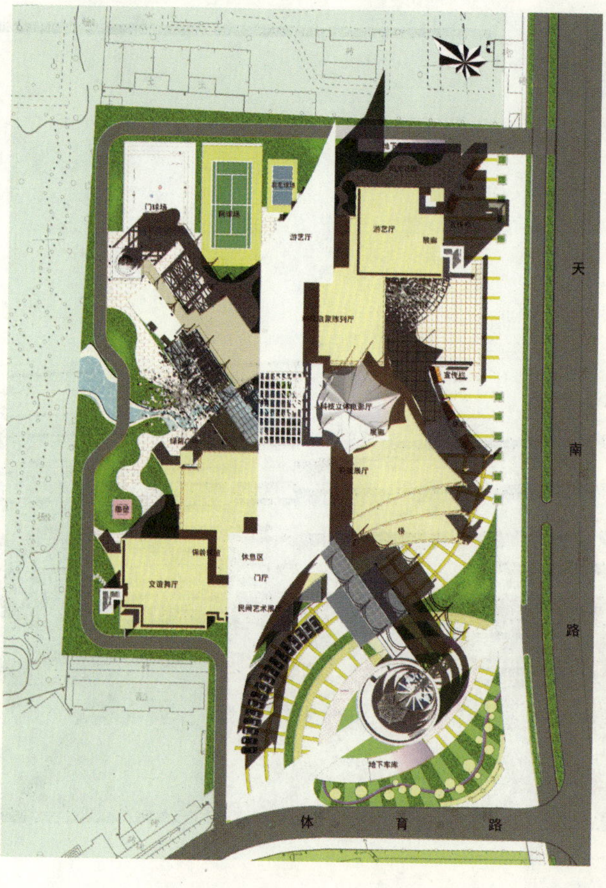

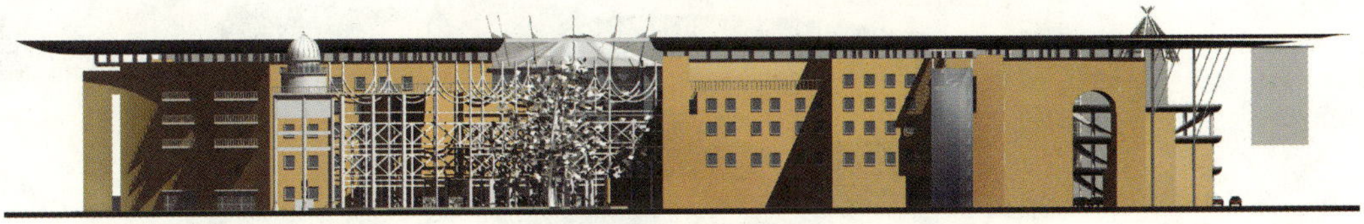

▲ 北立面、西立面
▼ 南立面、东立面

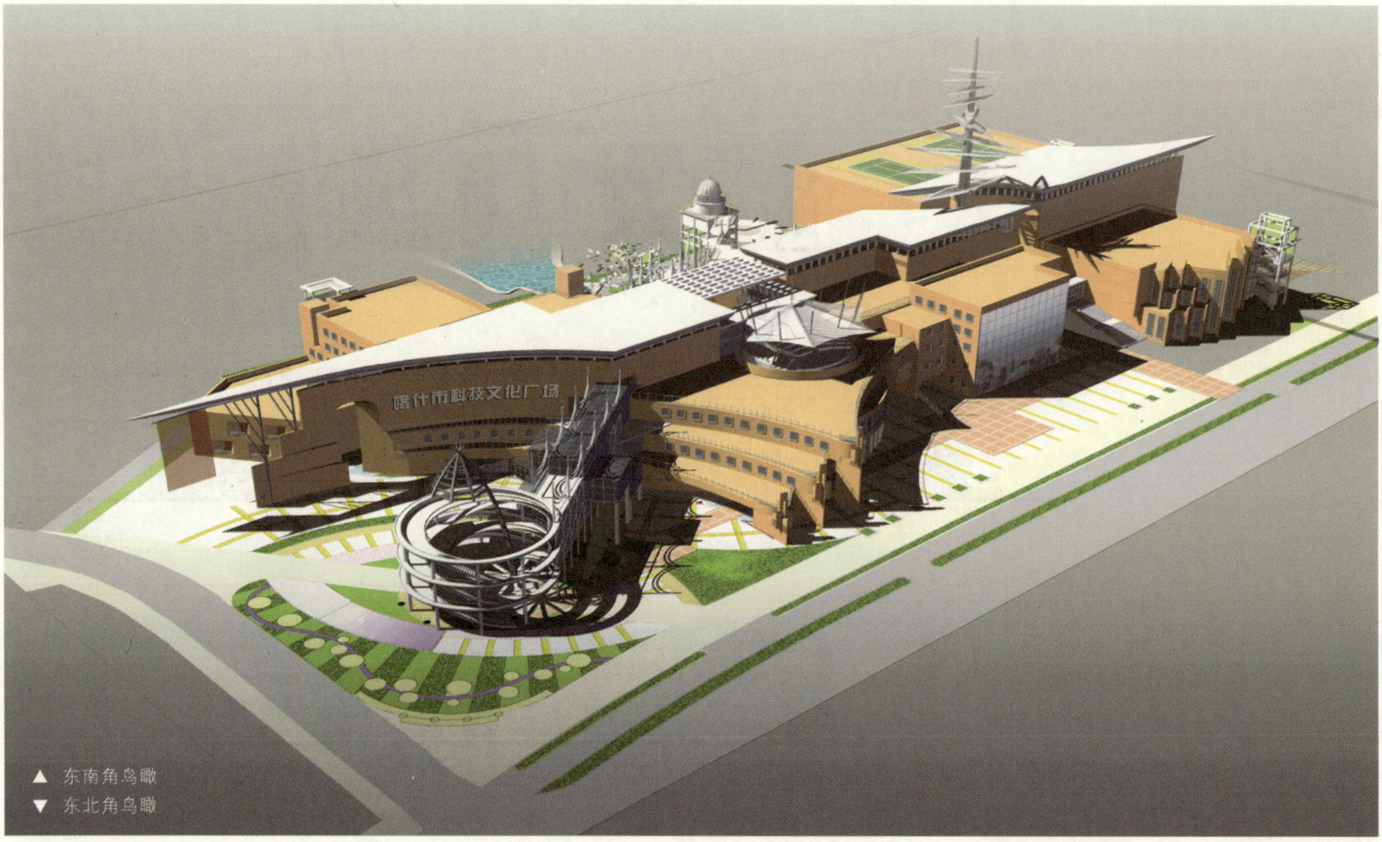

▲ 东南角鸟瞰
▼ 东北角鸟瞰

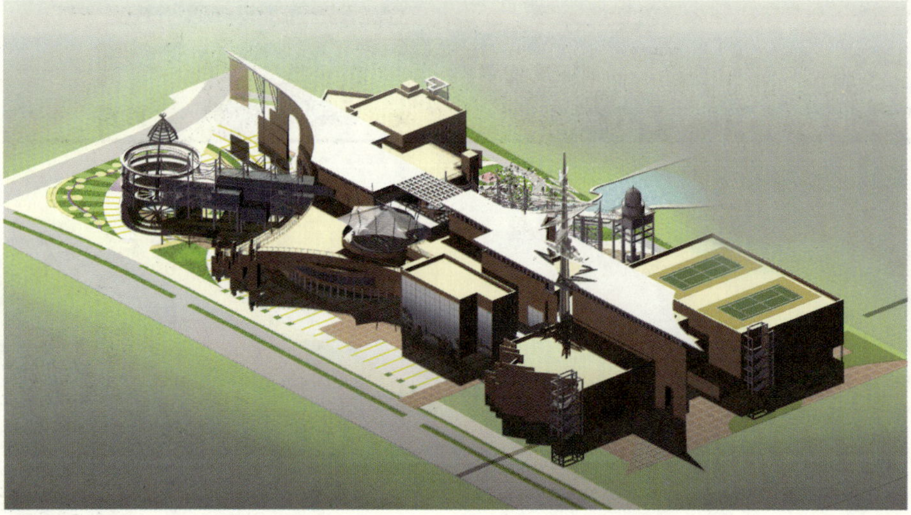

△ 西南角鸟瞰
▽ 人视角透视

▼ 廊架模型

集东西方特点，本土建筑经过上千年的生根、发芽成长，形成了自己独特的人文个性。本方案就如何提取当地传统文化精髓、突出本土人文特色做出探索，采用层层错台与底部架空来反映建筑的地区性。科技飞速发展的今天，建筑不应是复古的，而应具有时代性和科技性。本方案的科技观景平台作为起点引出的玻璃轴体并穿插金属杆件，同时具有延伸感的船状屋顶来体现建筑群作为科技文化载体的前沿性。

科技文化广场的建成，作为文化传播的载体，对周边文化氛围的营造具有统领作用，从而使科技兴市成为必然，也必将带动喀什地区社会公益和文化事业的进一步发展。

该项目是和田地区党委办公楼，同时在一楼设有人大、政协的办公用房，在主楼的后部附设一个800人的会议礼堂。

方案的构思从建筑的使用功能出发，以中轴对称的形体造型为主，体现政府办公建筑庄重、严肃的特点。考虑到本建筑内有多个部门使用，故建筑入口做了特殊处理：从大台阶上到一层的半室外主入口，两侧分别是人大、政协的门厅入口，中间是地委的入口，从两侧穿过则是礼堂入口，使得各功能分区明确，但又统一有序。主入口处理成灰空间的形式，通过巨大的“门框”、双柱和构架式的藻井形成独特而又丰富的“凹”形空间，同时也是对建筑形式的一种新探索。建筑外立面处理上，从当地特色建筑形态中提取语汇，以大体量关系为统领，用当地建筑常见的灰、白色块划分，以适量的构架和杆件、线条为点缀，创造出富有鲜明特色的办公建筑形式。建筑立面造型上又暗含“和田”两字，体现出独特性。

和田地委办公楼

主要设计人：刘谓、林啸、南泓乔
设计单位：新疆玉点建筑设计研究院有限公司
建设地点：新疆和田市
设计时间：2004年8月
竣工时间：2005年11月
建筑面积：11 028 m^2
占地面积：1 880 m^2
摄影者：郭东

▲ 鸟瞰效果图

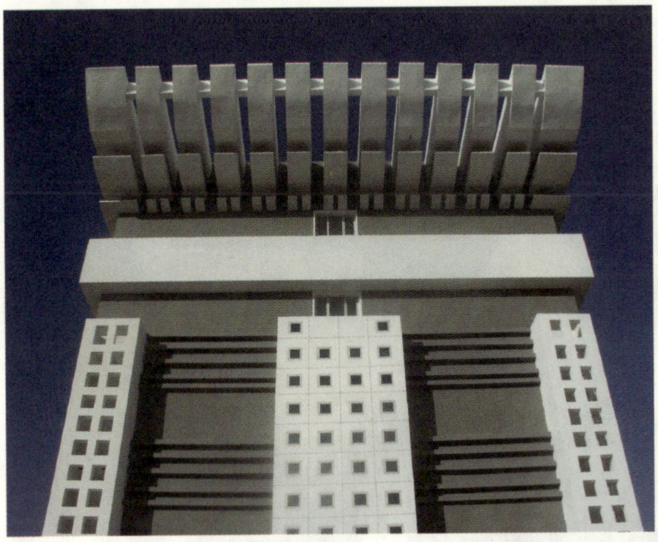

▲ 立面局部

▶ 主入口

▲ 建筑全景
▶ 建筑局部放大
▼ 门框局部

该建筑位于乌鲁木齐市繁华地段光明路，建设用地为长方形。建筑功能是集餐饮、办公、居住为一体的综合楼。建筑一至三层为餐饮部分，四至十五层主要作为办公使用，十五至三十一层主要作为住宅功能使用。

在总体布局上，由于地处城市主要交通道路的沿街面，建筑作了一定的道路退让，从而减弱了大体量的建筑对城市道路的压迫感。建筑沿城市主干道的一面主要满足餐饮部分的人流疏散及停车，主要人流及主要出入口设置在建筑内院的大型停车场一侧，这样也缓解了大量人流及车流对城市的冲击。

该建筑在协调城市规划条件与开发商开发强度要求的前提下，在体量上形成一个平板楼，所以设计中，在立面效果的处理上，打破以往的常规手段，以一种色彩单调平涂，采用分面、分块、分色机色相渐变的原则，将建筑外立面处理得丰富而不杂乱，色彩清新明快。此种大胆而创新的效果即弱化了建筑形体的单调，又丰富了城市的视觉空间。在城市色彩单调的冬季，给市民一个彩色的空间，一个彩色的城市，给整个城市空间增添了活力，改善了乌鲁木齐市的面貌。

新疆天发房地产有限公司建设广场综合楼

主要设计人：刘谞、杨钊、刘小琪、孙雪梅
设计单位：新疆玉点建筑设计研究院有限公司
建设地点：新疆维吾尔自治区乌鲁木齐市
设计时间：2001年4月
竣工时间：2006年1月
建筑面积：65 839.06 m^2
占地面积：2 100 m^2
摄影者：郭东

▲ 建筑正面局部
◀ 全景照片

本项目位于北京市东二环路朝阳门立交桥西北角，东面为东二环路，与东南角的外交部大楼隔桥相望；南面为朝阳门内大街，与百强大厦隔路相对；西侧为新规划的东二环西辅路，与新闻出版局大厦为邻；北侧与中国电信和人保办公楼一墙之隔。整个场地形状接近矩形，东西宽约100m，南北长约128m，地势平坦。

设计将建设场地分为三面，其中面临朝内大街和二环路的两面为公共面，面邻东二环西辅路的则为较安静的内部空间。选择以圆角的三角形来布置塔楼平面，建筑以象征性手法表现“船形”和“钻井平台”的概念。运用玻璃幕墙、陶土板幕墙、陶土百叶等新材料、新技术来营造融合北京传统建筑空间文脉的现代建筑。

中国海洋石油总公司办公楼

主要设计人：（中方）顾均、林琳、田琪、张雪晖、杜志杰、范学信、顾群
（美方）Hugh Trumbul、Peter Gross、祝晓峰
设计单位：中国建筑标准设计研究院、美国KPF建筑师事务所
建设地点：北京市朝阳区
设计时间：2002年12月
竣工时间：2006年4月
建筑面积：96 340 m²
占地面积：13 001.72 m²
摄影者：张广源

▲ 西立面图
▼ 剖面图

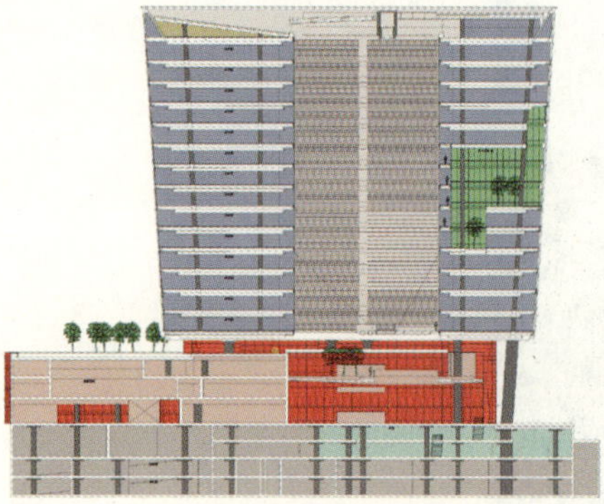

西南外景 ▼

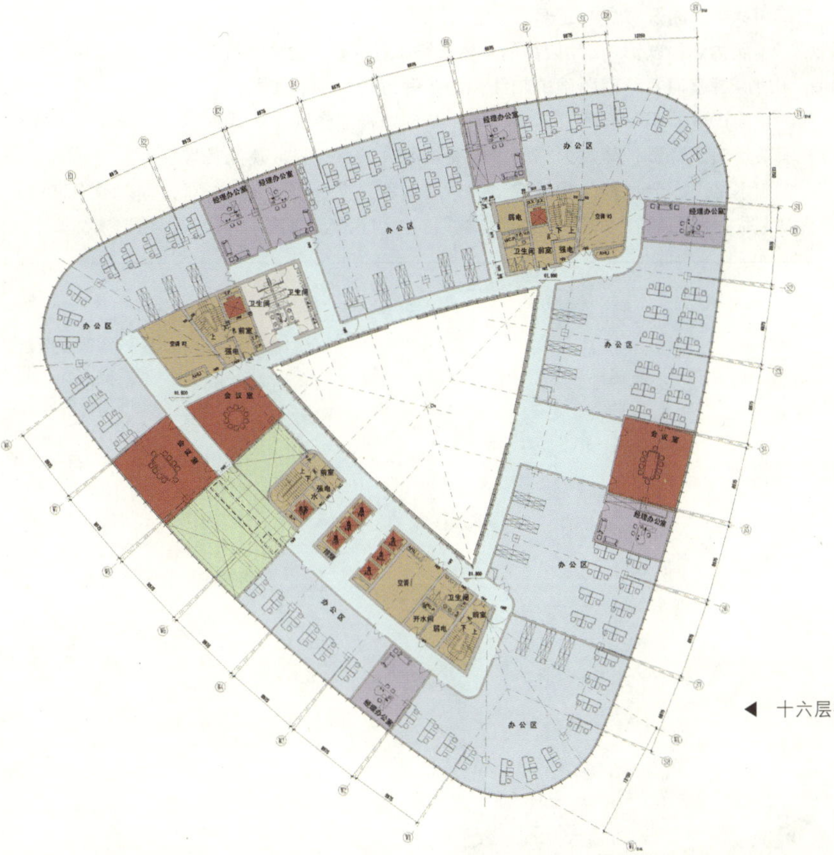

◀ 十六层平面图

中庭廊桥 ▼

西侧入口飘檐 ▼

室内中庭 ▼

大唐芙蓉园，选址在曲江皇家园林芙蓉园遗址以北，建于2005年，是一项以唐文化为内涵，以古曲皇家园林格局为载体，借曲江山水演绎盛唐名园，服务于当代的大型主题公园。全园占地面积61ha，建筑面积87 120m²。根据有关历史研究资料和地形现状，确定了盛唐苑囿的山水格局，全园地势呈南高北低之状，南部岗峦起伏、溪河缭绕，北部湖池坦荡，水阔天高。

园林的总体布局体现，皇家园林的特色，有明确的轴线，建筑有对称对位的关系，主从有序，层次分明。构成以自然景观为背景，以建筑为核心，配置景区或景点。组成功能各异而又相互成景的景观体系。在总体上还组织了动静相宜的游览网络。为现代公园解决了人流、车流、消防、疏散等问题，考虑了四个大门的入口定位。加宽主环路，使游览、疏散、消防兼容。在人流集中的节点设各种类型的庭院或广场扩大室外空间，便于人流集散。

全园建筑取唐风，主从有序，风采各异，同时兼有宫廷建筑的礼制文化和园林建筑的艺术追求。四个大门中以西大门为主，中轴区以

大唐芙蓉园

主要设计人：张锦秋、党春红、王军、杜韵、贝英红、张小茹、万宁、高永欣、孟昶、贾俊明、韦孙印

设计单位：中国建筑西北设计研究院

建设地点：陕西省西安市曲江新区

设计时间：2003年2月–2004年4月

竣工时间：2005年4月

建筑面积：87 120 m²

占地面积：610 235 m²

摄影者：陈溯、成社

▲ 总平面图

楼塔相辉 ▼
芳林苑之夜 ◀

芙蓉园夕照 ▲
临水长廊映霞光 ▼

紫云楼为主，西区以御宴宫中畅观楼为主，东区唐集寺以戏楼、翰墨阁为主，湖区以望春阁为主。全园的标志性建筑为紫云楼、西大门、望春阁，与大雁塔遥相呼应。西门由两层门楼与左右三重阙组成，气势恢宏，造型华丽。紫云楼在12m高台之上的楼宇环以空廊，北面临湖高耸，南面宫院坦敞，四阙拱卫、虹桥飞渡，一派盛势气象。望春阁则采用体态轻盈的六角形楼阁，高挺而不与雁塔的"塔"形重复，以秀美与紫云楼之壮美，形成刚柔相济的态势。临水的陆羽茶社和164m长的彩霞亭廊则以水景为主，更为通透轻盈。此外芳林苑的清新、杏园的文气、凤鸣九天的雍容华贵等等不同的形象、气格都同样反映着不同项目各自的功能和文化内涵。

古今结合，是全园设计的一个要领。芙蓉园内的园林建筑，实际上大多是具有现代功能的公共建筑，因而着意解决好满足功能的大尺寸和园林景观的小尺度的相互关系。如600座的凤鸣九天剧院利用地形高差设置观众厅，以大幅度降低建筑高度并分解建筑体量使之适应园林环境，另一方面还巧用传统建筑作现代功能安排，如紫云楼南侧廊院设计为可供千余人举行艺术活动的场所，而楼的北面又设有大型直通二楼的台阶，可用作观看滨水和水上演出的看台，使紫云楼的功能作用发挥到极至，真正成为全园的核心。其他各个项目都作了许多努力，以使传统园林建筑与现代旅游功能完美结合。

▲ 紫云楼

▼ 雪中芳林阁

芙蓉园鸟瞰 ▼

黄帝陵轩辕庙祭祀大殿（院）项目是黄帝陵总体规划实施的二期工程。规划、设计的范围包括轩辕庙山门以内原庙区的整治完善，增建祭祀大殿、大院，完善周边交通系统，优化庙区周边环境，祭祀大殿、大院系在原轩辕庙以北庙区中轴线上，直抵凤凰岭麓。此项工程是为适应新时代的祭祀要求而建设的。其设计特点可概括为四句话，即山水形胜，一脉相承，天圆地方，大象无形。

为了创造出宏伟、庄严、古朴的氛围，突出圣地感，工程建设从宏观上处理好与大环境山川形胜的关系，格局上有鲜明的民族文化特征，风格上与祖国建筑传统一脉相承又具有浓郁的时代气息。

新建区分为中院与大院两部分。中院位于

黄帝陵轩辕庙祭祀大殿(院)

主要设计人：张锦秋、高朝君、陈初聚、张小茹、吴琨、贾俊明
设计单位：中国建筑西北设计研究院
建设地点：陕西省延安市黄陵县
设计时间：2002年
竣工时间：2006年
建筑面积：13 350 m²
占地面积：61 300 m²
摄影者：陈溯、成社

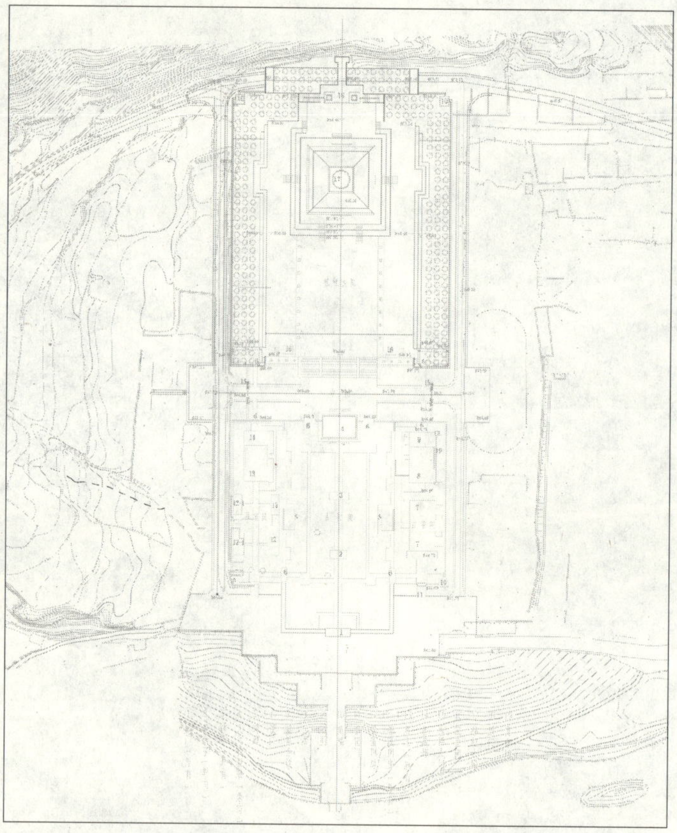

▲ 总平面图
▼ 黄帝陵全景

原轩辕殿庙古柏院与大院之间，横贯东西。这是交通枢纽性的过渡空间。祭祀和游览人流通过古柏院进入中院，迎面正中是4m高的石阶，阶侧分列着成排的铜簋。高台上左右耸立着三出石阙，此为过渡性空间，人们整衣后拾级登上大院。大型仪仗和供品可直接从中院东西两端的侧门进入。大院是举行祭祀的主要场所，占地10 000m²。大院广场上左右布置两列高大铜鼎，与广场东西柏树林带相映衬。大院广场北端三层总高6m的石台上坐落着祭祀大殿。

祭祀大殿命名为轩辕殿，由36根圆形石柱围合成40m×40m的方形空间，柱间无墙，上覆巨型覆斗屋顶，顶中央有直径14m的圆形天光。蓝天、白云、阳光直接映入殿内，整个空间显得恢宏神圣而通透明朗，大殿地面采用青、红、白、黑、黄五种彩色石材铺砌，隐喻传统的"五色土"，以象征黄帝恩泽的祖国大地。7m高、200吨重的黄帝像石碑伫立在殿内上位，整个轩辕殿形象地反映出"天圆地方"的理念，融入山川环抱之中的气势引发人们"大象无形"的体验。

大殿正面三开间 ▲

大殿中轴空间 ◀

自东北角楼看大殿 ▼

轩辕殿的时代性不仅体现在其手法简练、符合现代审美情趣，同时还由于其高度的技术含量而增强了工程的现代感。在黄陵四级自湿陷性黄土的软弱地基上，采用DDC挤密桩而承托了三层高台和大殿。单排柱上四面40m长的梁，采用了罕见的大型予应力钢筋混凝土大梁。40m见方的覆斗形屋盖则采用了覆斗形钢筋混凝土预应力空间结构。这一系列技术手段保证了前述的建筑艺术效果。

石材的运用是轩辕殿（院）工程的另一大特点。整个工程用石材8万余方，总重量达10万吨之多。36根石柱高4m，直径1.2m，系中空的整根花岗石柱制成。大院南轴线上的石路由3m×2.4m的巨型花岗石板铺成。石材规格长度最大的达到6m。所有石材构件不加任何雕饰，而是通过表面处理的对比变化，直至重点部位自然面的运用，以取得艺术效果。石材尺度和肌理的处理，使轩辕殿更加古朴、沉稳、大气磅礴。

▲ 透视图
▼ 剖面图

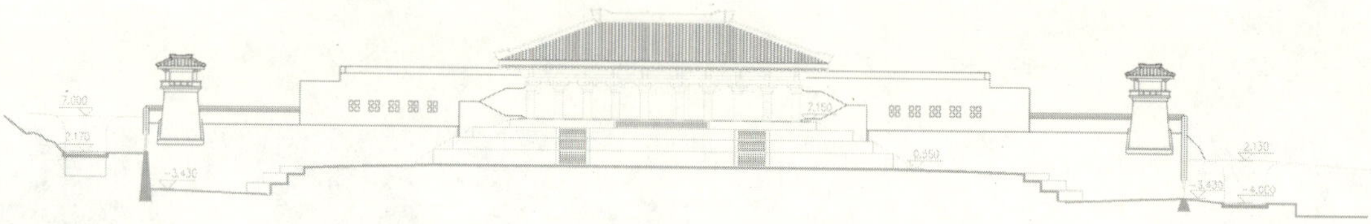

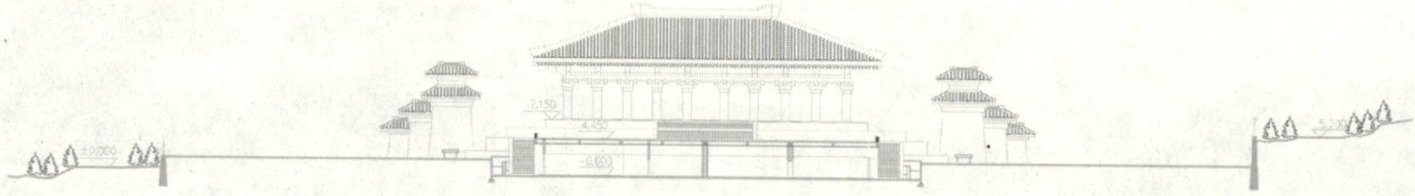

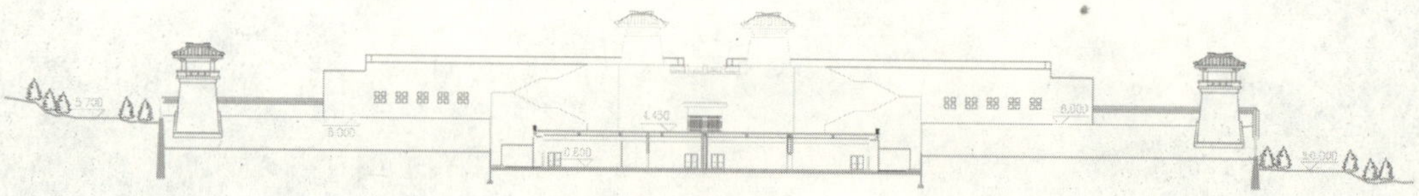

人类自从诞生伊始，就追问宇宙与生命的源头。对未知领域的探索，一直是人类文明前进的动力。

中国科学技术馆新馆的几何形态启发于宏观的宇宙结构与微观的生命结构，两者具有某种“暗合”的相似性。通过对太阳系、银河系、本星系、超星系到超星系团（天文学家称之为“大引力源”）的宇宙空间的解读，方案的设计将几亿光年尺度的宇宙空间模型作为设计理念的基本来源。通过空间的拓扑变化，创造出比较复杂的内在空间体系，平面及剖面布局类似于生命的局部切片。简洁的外部表皮与内部空间的复杂拓扑结构相互联系，表达出我们对科学馆的现代理解以及人类对宇宙与生命的认知。

超星系团般的管状构筑物，既是建筑的承重

中国科学技术馆新馆

主要设计人：孟建民、邢立华、唐大为、廉大鹏、杨旭、彭鹰、黄朝捷、高基伟

设计单位：深圳市建筑设计研究院

建设地点：北京市

设计时间：2005年7月（方案）

建筑面积：107 122 m^2

占地面积：48 492.5 m^2

摄影者：傅兴

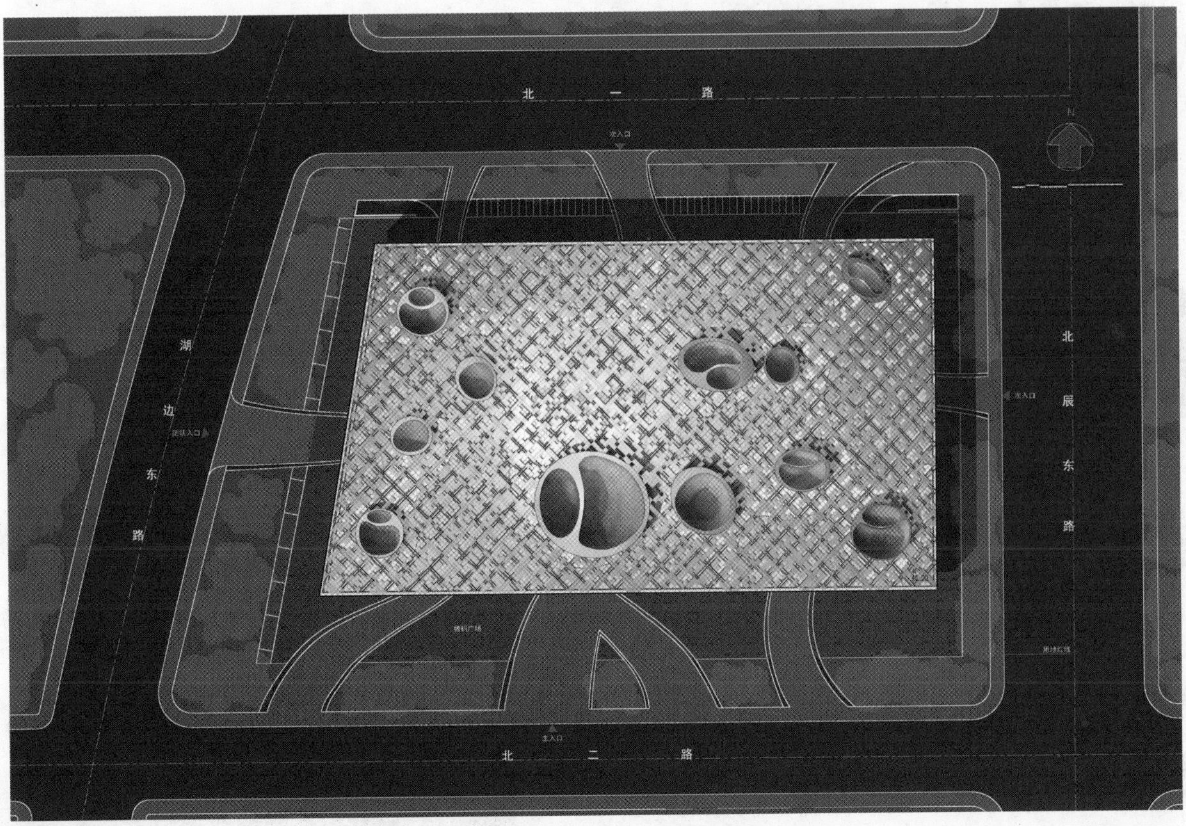

总平面图 ▲

结构，又决定着建筑内部的空间形态。在管状构筑物的支撑下，建筑飘浮于地面12m之上，从而将基地内的城市空间最大化。主体建筑由科普教育区、科研区、办公区、业务区与辅助区五个部分组成，管状构筑物在建筑内部纵横交错，编织成一个巨大的网络。管中设有坡道、楼梯、电梯与自动扶梯，游人可选择不同的路径参观、交流、休息。建筑内部的空间连续，表现出强烈的流动感，如同步入神秘而梦幻的宇宙空间，建筑的主体结构体系为巨型筒——框钢混结构，八个巨型筒体与楼板及外围护结构，共同构成了建筑的水平与垂直向的传力体系。

建筑内部筒体的形态复杂、动感。实际上是依据简单的数学规律生成的。筒体形态由Bezier曲线及椭圆形截面两个参数支持。利用计算机程式，对形式的各种参量进行设定、修正，研究其空间拓扑结构，并反馈到图纸进行定量分析。通过切片的方法，把复杂的三维形体转化到二维平面。形体在空间三个维度上进行切割，通过叠片的叠加，可以观察到连续渐变的空间效果。

设计者希望中国科学技术馆新馆，不仅成为世界上最为先进的科普教育中心，同时建筑本身也展示着最尖端的技术，身处其中，感受科技的无处不在；希望人类在思索宇宙与生命源头的同时，深刻地体会到科技对这个世界的改变。

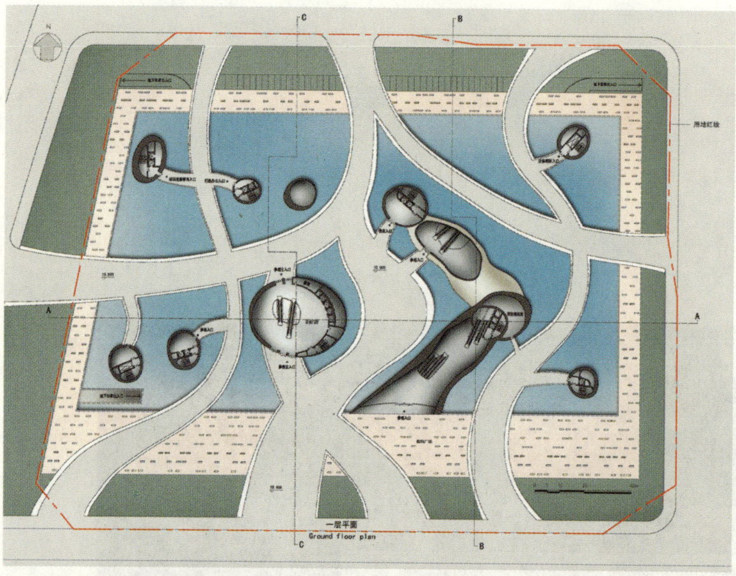

▲ 平面图
▶ 北立面图、剖面图

室内透视图 ▲
外观效果图 ◀
鸟瞰图 ▼

MGS在深圳蛇口靠近南山的一个角落，掩映在浓密的樟树成荫的街道边，如此的不起眼。曾经是开发电子产品的工厂，在荒凉中寂寞地等待命运的归宿。聪明的开发商买下了这片工业厂房中的两幢，准备将其改造为底层商业上部办公的综合楼。

二幢楼之间约8m的空地被我们改造成了5层高的中庭，三部电梯和透明的玻璃连廊将两座厂房连接到了一起。这个厅的空间被做得很纯净，大片的白色——白色地面、白色墙面、白色顶棚，白墙上自由随意地是挂了些玻璃盒子，纯净得像博物馆；屋顶是白色的穿孔板构成，密度孔隙不同的穿孔板，阳光被约束成为两条窄窄的缝，因为南方的阳光太强烈了，所以在设计中我们让它存在就已足矣。朝向入口的一部电梯被做成透明的，也是使用频率最高的一部，空间不经意有节制地表现着，跟大部分的办公楼区别开来。让人轻松、愉悦，甚至会有一次次的惊喜。对着南山的那些房间，原先是卸货的区域，凸出凹进的盒子，虽然像贫民窟，却很美。我们尽最大可能保留它们，给它们穿上网子和U形玻璃的外衣。这些曾经吊送结构箱子的凸出的空间，如今成为总经理办公的地方和会议室，推开或者不推开窗子，美丽的南山悠然在窗前。看与被看，都是美景。最令人惊奇是那未被改造的另外两幢破破烂烂的楼，近在咫尺，相对无言。相对无言的还有这周围无数同类的破破烂烂的厂房。

原有的厂房建筑层高很高，这对办公的租户是很好的尺度和视野，因此我们保留了所有的窗户洞口，将简陋的钢窗替换成深灰色的铝合金窗，玻璃也是深灰色的镀膜玻璃，外墙也是深灰色的涂料，这样的处理让零碎的窗户显得完整大气。每个窗户之间的横向遮阳板被小心地保留，并连接为长长的横线条。曾经是水泥产品制构件搭成的窗花格子楼梯间，现在被大尺度的实墙面和U形玻璃覆盖，细节做到尽量的平整统一，因此而组合成建筑整体形象的高级商务气质。

MGS深圳蛇口百盈医疗器械科技产业园

主要设计人：曲雷、何勍
设计单位：H/Q Design Consultants
建设地点：广东省深圳市
设计时间：2005年
竣工时间：2006年
建筑面积：50 000 m^2
占地面积：10 000 m^2

▲ 东立面效果图

▲ 东立面外景一

◀ 外部

▼ 西立面效果图

▲ 东立面外景二

▲ 西立面外景

金木水火土，五行均有所司，掌无形之枢机，是阴阳之本原，运转天中，灵制四方，璇机悬斡。五楼以五行之位排列，相辅相成，匠心独具。

大宅之道，续千年建筑之经典，融古今文化之精髓。品宅之道，寻居之道也。此道之所存，意之所存也。

今得徽之雅舍，翡翠相映，五行共生，首尾相顾，以大宅之道容纳古今中西，传承千年文脉。

安徽，黄山巍峨挺拔，雄奇瑰丽，气象万千，徐霞客曾赞叹“五岳归来不看山，黄山归来不看岳”，“集天下奇景于一体”；西递、宏村村落空间变化有致，建筑朴素淡雅，古宅老墙与湖光山色相映成趣，灵俊秀美又不失硬朗之气。如画的黄山美景与如诗的宏村民居聚落是安徽最具有鲜明特色的自然和人文景观，而它们都同样体现了安徽独有的性格特征，就是一种将江南的灵秀与北方的质朴集于一身的性格特征。

无疑，安徽省迎宾馆的建筑性格应该充分体现安徽地域与文化的特点与内涵，既体现出本地文化的一面，又不失时代性，本方案力求创立新徽派风格。

为保证区域内各功能区具有各自严格的交通，设计者在规划中强调车行道路的便捷隐蔽，并且道路进行人车分流，将人行道路分布于各个区域的优美景色当中，力求达到“移步换景”之妙。在结构规划中，设计者将接待区与经营区分开，分设独立的出入口，两者又可便捷往来。

本项目充分利用湖景，保证私密性的同时又强调景观性。建筑按照国宾接待规格，将徽派建筑的特质体现其中。

安徽翡翠湖迎宾馆

主要设计人：凌克戈、李小鸥、鲁超
设计单位：华东建筑设计研究院
建设地点：安徽省合肥市
设计时间：2005年12月（在建中）
建筑面积：10 000 m^2
占地面积：176 400 m^2

总平面图 ◀
效果图一 ▼
效果图二 ▼

在安徽省博物馆的设计中，设计者孜孜以求的是这样一种类似于中国水墨画“大象无形”技法的建筑设计方法，深刻而含蓄地把握与表达安徽地域文化的内涵，通过建筑本体的艺术手法，追求恢弘大气而深邃细腻的意境。

利用高低错落、进退有致的展示空间营造出犹如层峦叠嶂的徽州山水的意象，外面罩有一层从上而下由半透明变成透明的玻璃幕墙，仿佛一层神秘的面纱，幕墙后面的展示空间隐约如山水画卷。建筑所营造的森然深远的意境给人以无尽的遐想，观众可以将它想象为气象万千的黄山美景，也可以是悠然素雅的西递古居，而且随着时间、季节的变化呈现出不同的面孔，每个人都有属于自己的理解。

安徽省博物馆

主要设计人：凌克戈、杨朝华、周志
设计单位：华东建筑设计研究院有限公司
建设地点：安徽省合肥市
设计时间：2006年8月（方案）
建筑面积：35 000 m^2
占地面积：70 000 m^2

◀ 外景透视图

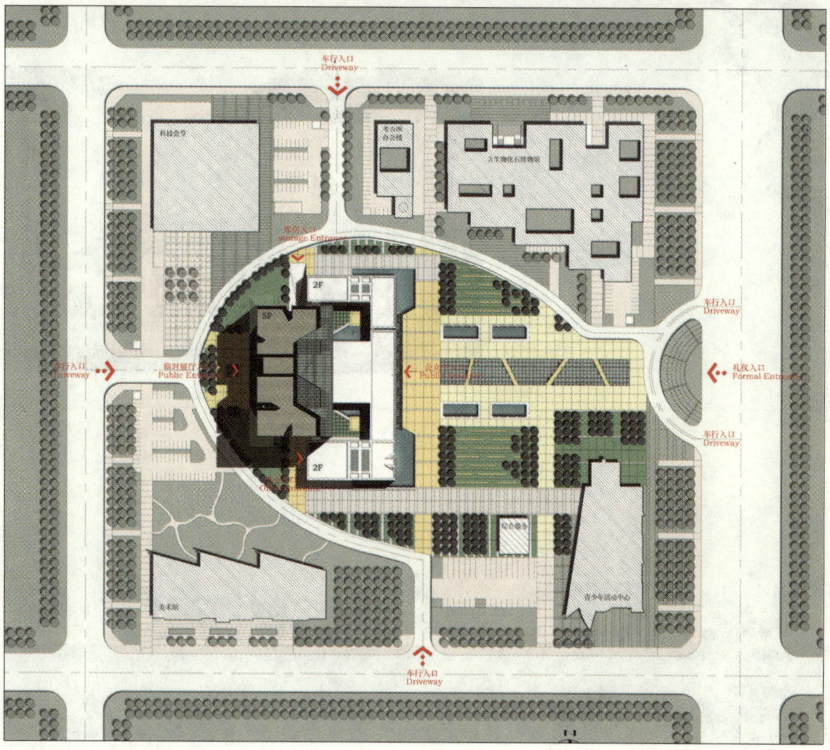

◀ 总平面图

▼ 鸟瞰效果图

▼ 室内透视一

▼ 室内透视二

▼ 局部透视效果图

本项目包含用于接待国家元首的迎宾馆区域以及用于对外经营的五星级酒店区域、豪华别墅区域，从功能要求上看，各个区域均应融入旅游度假区总体范畴之内，同时充分考虑迎宾馆区域的景观性、独立性、安全性。设计人员除了配合任务要求之外，更希望强调厦门迎宾馆是一个配合中国人追求高品质度假休闲生活的生态性度假区，同时满足接待国家元首的重要任务，成为体现厦门地方特色的新典范。

厦门迎宾馆（海悦山庄）

主要设计人：凌克戈、翁皓、李小鸥、鲁超
设计单位：华东建筑设计研究院
建设地点：福建省厦门市
设计时间：2005年4月
竣工时间：2006年11月
建筑面积：100 000 m^2
占地面积：400 000 m^2
摄影者：刘其华

▲ 鸟瞰效果图

▼ 总平面图

▼ 夜景一

▼ 室内

室内游泳池 ▲

夜景二 ▼

主楼的设计秉承中国传统“负阴抱阳、藏风聚气”的精要，采用园林式布局，庭院深深，回廊九曲，正是“浮香绕曲岸，圆影覆华池”，保证每个房间都具有景观性。主楼严格遵照贵宾别墅要求，贵宾流线与随从流线要求互不干扰。贵宾通过庭院进入贵宾区域，贵宾区域位于主楼正中，一楼是客厅和餐厅等对外部分，单独的会客室与书房构成贵宾接见的场所，二楼是贵宾及夫人的套房，位于34米标高以上，可以看到大海，挑出的露台提供了室外休闲空间。娱乐辅楼与贵宾区域通过庭院连接，可方便地提供服务。

贵宾通过水上的廊桥进入接待辅楼，在辅楼中为贵宾提供了单独的休息室，贵宾与会见人员在会见厅会面前都具有独立的交通体系，表现出尊贵性与安全性。贵宾需要单独会面的重要客人可以通过廊道至贵宾会客室。

建筑的发展不可避免地伴随着周而复始的重复和演变。然而，简约主义以"否定"、"减少"、"净化"的思维，彻底摒弃了琐碎的定式，去繁就简，以最简洁的手法隐含复杂精巧的结构，从而获得建筑的本体，留下简洁明快的空间。

申通集团办公楼周边纷杂的现状环境，决定了本建筑只能从本身空间入手，参照中国古典园林"院落"的空间精髓，塑造具有中国特色的现代办公理念。

本案地处浦汇塘路，南面为巨大的修车库，地表景观不佳，北边及西边为纷乱民房，景观不佳，东边为预留建设用地。从办公楼工作人员的心理分析，杂乱无章的景观会令人急躁、烦闷，因此设计者在设计中采用内向型景观的设计，力求使办公的景观环境不受周边影响。

上海申通集团办公楼

主要设计人：凌克戈、鲁超、桑建国
设计单位：华东建筑设计研究院
建设地点：上海市徐汇区
设计时间：2005年11月
竣工时间：2007年5月
建筑面积：11 000 m^2
占地面积：7 000 m^2
摄影者：凌克戈

▼ 外景透视图

▲ 走廊
▼ 局部透视图

外景透视 ▲
室内 ▼

建筑分为两大部分，中间通过中庭连接，中庭空间为局部两层，贯通四层，是员工交流休闲的场所，负一层为员工餐厅，通过下沉式广场为其提供自然采光及通风，下沉式广场同时也成为一个休息的场所。办公人员通过天桥进入展览大厅，桥两旁种植竹子，设计者给此桥取名为"竹廊"。

设计者将档案馆置于南楼2～3层，档案馆的功能性质决定了不需要直接的采光，这样规避了南向修车厂高10m左右的不佳景观，南楼5楼为行政层，采用玻璃幕墙形式提供良好的通风采光系统。

北楼采用内庭式布局，凹进的庭院提供良好的视觉环境，同时也是工作之余交流休闲的场所。高层领导办公拥有独用的庭院，并且庭院与房间布置紧密结合，形成具有中国庭院韵味的独特办公空间。

四川光雾山风景区位于四川省巴中市南江县、川陕交界处，面积830km²，海拔1000～2508m，2004年1月被国务院批准为国家重点风景名胜区，2004年12月被中共中央办公厅、国务院办公厅确定为川陕渝红色旅游区中心、全国十二个重点红色旅游区之一。其核心景区250km²，集“峰奇、石怪、水秀、谷幽、山绿”于一体，主入口处的小镇叫光雾山镇。规划用地位于镇中心区，总用地面积91 272m²，总建筑面积34 400m²。连接这座小镇的古道在大山中起伏，北通汉中、南接巴中。在这条古道上，曾有萧何月下追韩信，也曾有诸葛亮兵出祁山，更有英勇红军的传奇。

考察成功的传统聚落，其特点都是努力使聚落与地形的特点保持一致并将具有特异性状

四川光雾山国家风景名胜区游人接待中心规划与建筑设计

主要设计人：李宁、郭宁、杨易栋
设计单位：浙江大学建筑设计研究院
建设地点：四川省巴中市南江县
设计时间：2006年5月（在建中）
建筑面积：34 400 m²
占地面积：13 760 m²

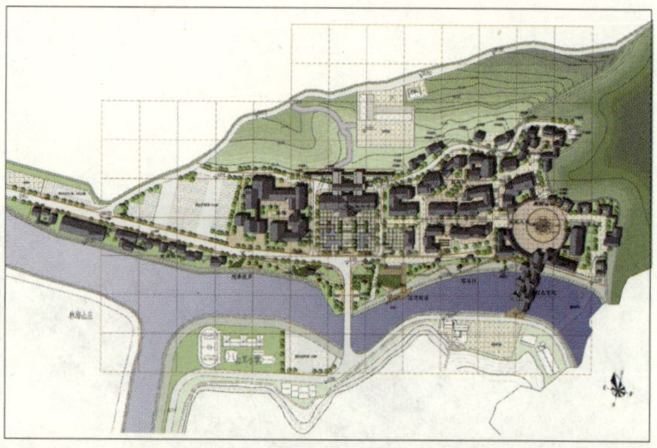

▶ 总平面图
▼ 总体鸟瞰图

▼ 商业街夜景

▼ 游人接待中心北立面

▼ 游人接待中心西立面

的地势引入其中，以顺应环境形态的空间秩序创造出卓越的聚落景观。光雾山镇四面环山，与外界联系的道路呈"几"字形，溪流穿镇而过。考虑山地特点和坡度坡向关系，充分利用山地与溪流水滩，组织了"一轴、两核、三带、五节点、六组群"的群体脉络，形成了顺畅、延续、可游、可赏、可休憩、可驻留的旅游空间。整个基地东西长、南北窄，顺应地形在空间上组织一条贯穿东西的轴线，使建筑群落有一个明晰的空间序列导向，即"一轴"；以游人接待中心办公楼前的公共广场与景区入口前的入口广场构成区域的两个核心，称为"两核"，这两个核心将贯穿的轴线转折到廊桥并通向对岸的景区，完成了从"镇"向"景区"的过渡；根据开发顺序、景观层次、地形高度，整个规划分临水景观带、观景商业带、靠山公共设施带，组成"三带"；设置碧水沧浪、缘溪行、桃源人家、临流枕溪、浣云抚月等五处景观节点，称为"五节点"；"六组群"指建筑单体成六个群组，界定"一轴"，围合"两核"，组织"三带"。

建筑高度、体量、色彩等以契合环境地貌为原则，运用适宜的新材料、新技术，增强视觉新鲜感。为了形成聚落的整体感，相对地淡化聚落内部的个性就成为一种必要，淡化聚落内部的个性是以内部各组成元素的同质性为背景才得以成立的。除了内部特殊的部件之外，必须是一样或相近的色彩、材料和构造，聚落中的微差是在同质这个前提下的微差。这是一组根植于川北土地的建筑，从传统汲取营养，给将来留下记忆，体现一段文脉的延续。其本身隐于大山中的地理位置与独特地势，使该聚落的开放形态与整体环境形态相得益彰，在峰回路转之间，如柳暗花明一般，将游人迎入景区。

▶ 游人接待中心夜景

故宫博物院是中国最大的国家级综合性博物馆。因其传统建筑难以符合恒温恒湿等现代展览活动的要求，文物建筑的特殊性又无法直接在古建上安装各种现代化照明、空调、消防、安防等设备，不仅导致大量馆藏品无法与观众见面，同时也影响与国外著名博物馆的交流，成为制约博物院发展的瓶颈。为此，故宫博物院早在2000年就开始午门展厅项目的策划，探索在传统建筑中开展现代展览活动的可能性，以寻求文物保护与精品展示之间的平衡。

通过前期的周密策划和专项研究、过程中的设计优化、特色施工，以及后期工程效果的监测，目前已达到预期目标，满足中国国家文物局和故宫博物院的具体要求。

故宫午门展厅

主要设计人：郎红阳
设计单位：郎红阳工作室
北京清华安地建筑设计顾问有限责任公司
北京威斯顿建筑设计有限公司
清华大学土木工程系
清华大学建筑学院建筑技术科学系
建设地点：北京市
设计时间：2000年11月
竣工时间：2005年3月
建筑面积：750.69 m^2
摄影者：舒赫、杨超英

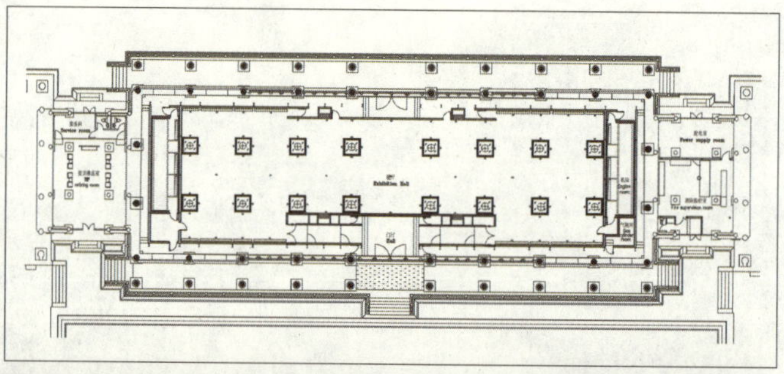

▶ 展厅平面
▼ 室内

▲ 室内一

▲ 展厅施工过程

▶ 室内二

设计原则：

1. 对文物古建的绝对保护、新建构筑物的可逆原则

首先，严格控制新建展厅的重量，采用合理的结构形式及轻型建筑材料。

其次，新建展厅是一个独立体系，所有设备与新建展厅自成体系，不与文物古建发生任何直接联系，必要的部位全部采用柔性连接。由于展厅采用了高气密性设计，既满足了恒温恒湿的展览环境要求，又避免了参观者呼出的大量弱酸性二氧化碳气体对古建和彩画产生不良影响。

再者，新建展厅的结构、建筑构造处理、设备安装等方面均未改变午门正楼的任何现状，必要时，可拆除展厅恢复古建原状。

2. 文物建筑非遮挡原则

为最大限度地体现午门正楼的原有风貌和传统文化氛围，采用透明玻璃作为展厅的主要围护材料，使参观者在观赏展品的同时，充分领略午门正楼精湛的建筑装饰工艺和浓郁的中国传统文化氛围。

3. 建筑风格的中性原则

采用中性建筑风格、淡化展览厅本身的存在感，并将午门正楼古建作为整个展览厅的背景。为此，整个展览厅以透明和白灰色为基调，在细部和材料使用上与文物古建保持距离。

遵循上述设计原则，午门展厅保持了午门原有的建筑风貌，对午门结构未作任何扰动，也不与午门结构相连，不但不会由此导致午门结构的损伤，反而改善了它在某些方面的受力性能。

展厅既满足恒温恒湿的使用要求，又通过特定的温湿度控制和保护手段，避免了温湿度变化对文物古建的影响，某种程度上改善了文物古建的环境条件。

通过选用防红外线、紫外线，对文物古建、展品无损害，具有完全显色性的光源，展厅照明既满足文物保护及展览要求，又体现了浓郁的中国传统文化氛围。

在保护了故宫文物古建的前提下，午门展厅又满足了现代化展览场所的功能，使观众同时欣赏珍贵的文物展品和宏伟的中国古代宫殿传统信息。

本项目位于日照市高档居住区域，北边有兖矿集团的高档社区——四季圣园项目，南面为大卜家庵村，东面距奥林匹克水上运动公园约100m，距海上沙滩直线距离800m，与市政府行政办公区相距1 500m，离规划的日照核心商业圈1 000m。周边还有规划和建设中的酒店、高校等数个建设项目。

本项目占地总面积为6 581m²，地块方正，用地性质为商住用地。本项目地块东邻主要市政道路青岛路，北临区间路，多路公交车设有站点，交通极其方便，建筑性质为带底商的高档高层公寓建筑。

高层主体部分建筑呈“L”型布局，在地块的东北侧围合成一个城市广场。主体建筑南北向布置二室户住宅，一室户公寓部分则主要布置在塔楼部分和东西向，这样整个建筑物楼上所有户型均有较好的海景观察面。

根据规划要求，小区主要入口分别设在青岛路和区间路，其中商业入口沿着城市干道布置，住宅入口布置在地块南侧，厨房等附属用房入口布置在地块西侧，小区车辆入口布置在小区北侧和东侧，使得小区人流车流分区明确。

整个建筑体形采用逐步升高的处理手法，

日照美景天成项目

主要设计人：刘江、谢柏建、郭娜
设计单位：建设综合勘察研究设计院设计二所
建设地点：山东省日照市
设计时间：2006年6月（方案）
建筑面积：25 510 m²
占地面积：6 581 m²

▼ 总平面图

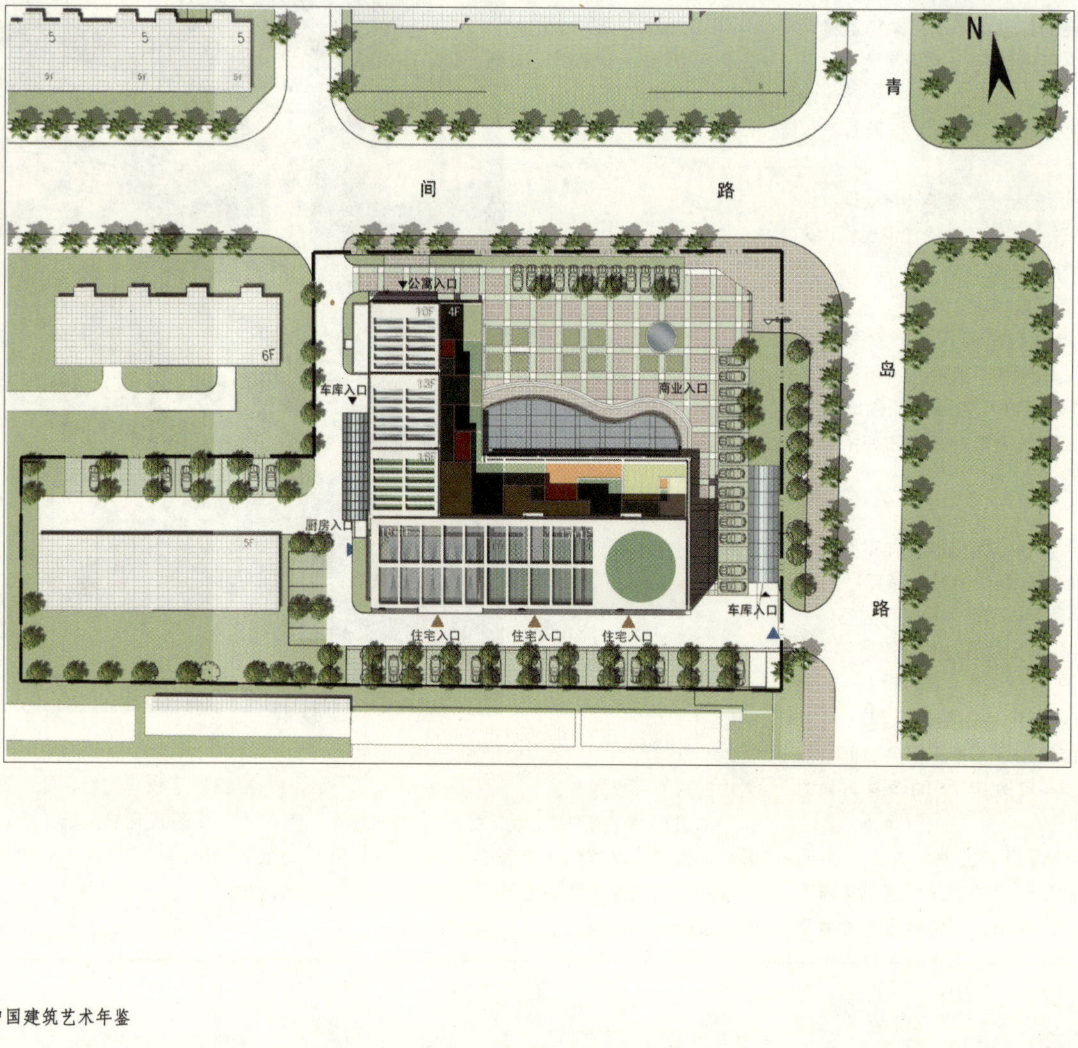

▲ 透视图一
◀ 透视图二
▼ 立面图

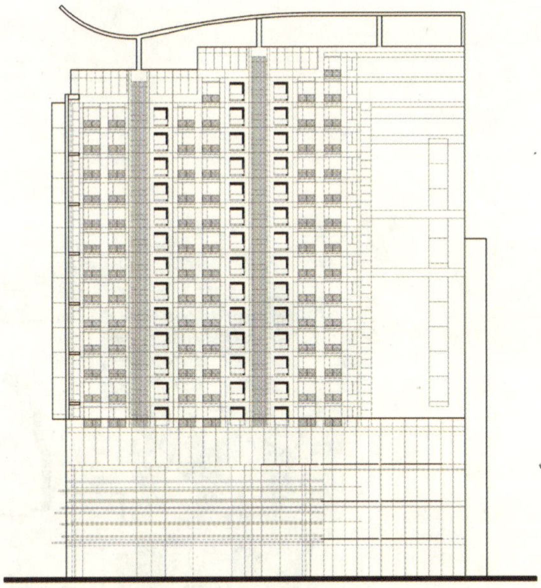

一方面减少了建筑较大的体量对周边环境的压力，同时其丰富的天际轮廓线形似一艘即将远航的帆船，又寓意着中国传统文化步步高的含义。逐层退台的建筑体量被利用作为理想的观景平台，为住户增加了一个理想的观景和交流的大平台。整个建筑立面没有过多琐碎的细节，强调现代建筑简洁大方，线和面、虚和实的对比穿插带给我们的是机械般的韵律。结合屋顶退台，在建筑顶部采用大的漂板，增强建筑的气势，也和对面的四季圣园小区取得呼应。

设计融合自然和城市、科技和人文；融入区域的城市功能，体现人文价值；突出个性，充分利用土地资源；考虑到场地受到诸多因素的限制，比如对北侧居住建筑日照的遮挡、对东侧海景的利用，与原有建筑和相邻地块的衔接等等。在对这些外部条件综合研究的基础上，本设计力图在如何能满足甲方使用要求的基础上与周围环境相协调，有效改善所在区域的景观，同时在如何体现时代精神的美学方面给出一个合理的解决方案。

设计者以现代简约的设计手法，务实、理性，并且综合考虑“城市、环境、功能、结构、构造、形式”等因素，理性地运用当代建筑技术，创作出表里如一，不虚假造作，环保，节能的绿色建筑。

本项目为华能培训中心第三期扩建工程，拟建内容为培训楼、客房楼、宴会厅及相关配套设施。建筑融入生态环境的设计概念，在尊重现有培训基地内环境设计的同时创造新的环境景观空间。使新的建筑群与环境共融共生。

作为一、二期工程的延续，三期工程的存在应在"时间"、"空间"意义上与原有建筑群具有关联性。既要秉承原有建筑群的气质，又要客观上真实体现时间的"节点"意义。以当下的技艺条件对三期工程进行高品位的创作。设计中非常注重建筑的流动空间效果，在建筑群体中创造曲直相映、错落有致的景观，将整个培训基地内环境景观的设计得精巧、别致、宏伟、壮观。人们在步入建筑群后，因借园景，获得良好的视觉享受。新颖的空间处理产生激动人心的艺术效果。

建筑立面形式保持平顶，色调为白色，细部装饰采用与原有建筑相近的手法，总体形象

华能培训中心第三期

主要设计人：沈江涛、董旭红
设计单位：建设综合勘察研究设计院设计二所
建设地点：北京市昌平县
设计时间：2004年9月
竣工时间：2006年11月
建筑面积：19 135.3 m^2
占地面积：6 600 m^2

▼ 总平面图

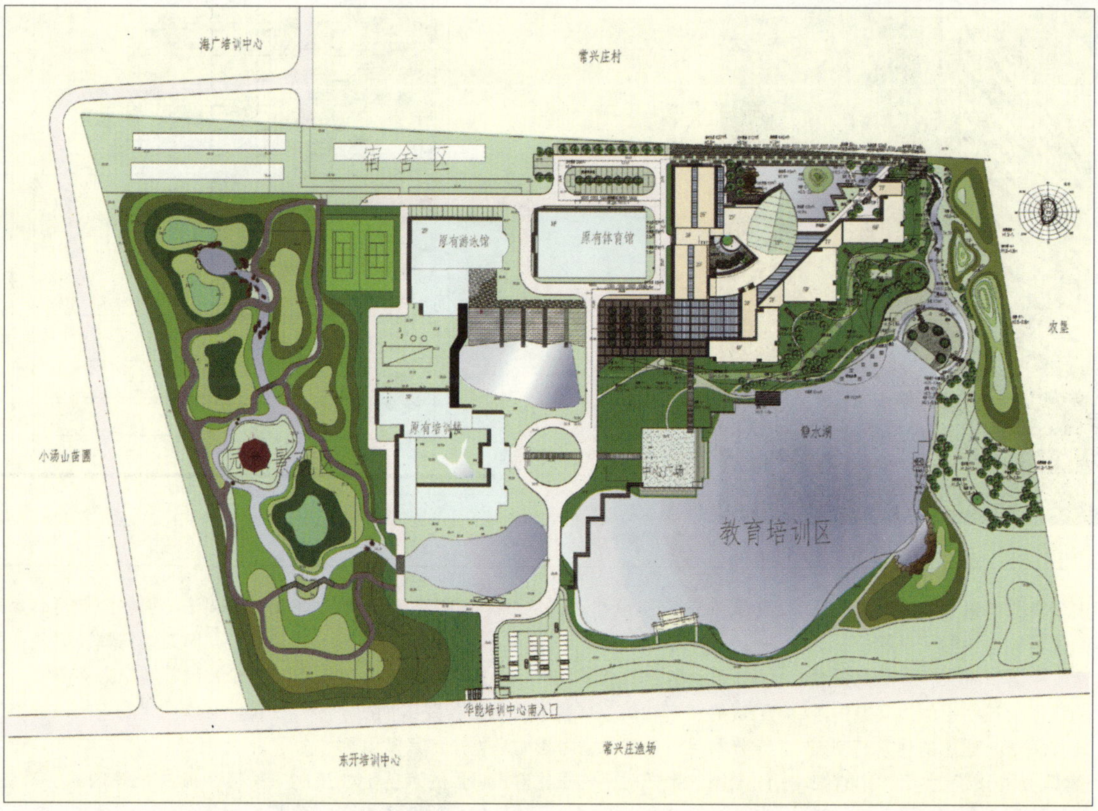

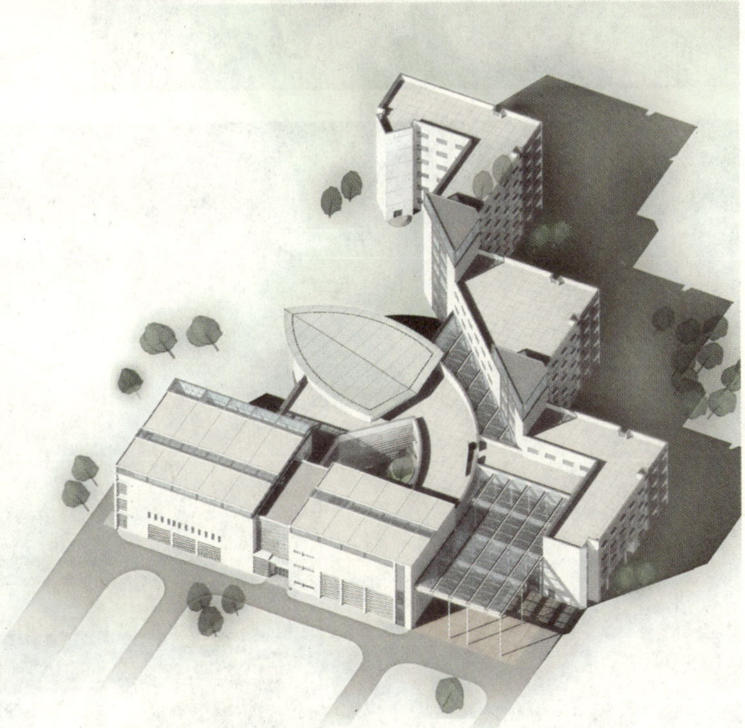

▲ 藕湖视点
▶ 鸟瞰图

含蓄、内敛、不张扬，同时散发出独有的素雅韵味。体现教学培训、会议、餐饮、休闲度假的特色。沿湖畔设计，错落的建筑群配上朦胧的倒影，留给人们脑海中的将是印象深刻的美丽画景。与一、二期工程在总体规划上相互呼应，共同构成基地内自然开阔的视野景观面。

设计者坚持可持续发展的全局规划观，以人文主义思想为指导，特别注重环境与景观的设计，将华能培训中心第三期工程建设成为具有景观性、艺术性、集教学培训、会议、餐饮、休闲度假为一体的现代生态景观式建筑群。

▲ 东北向视点
◀ 内庭园
▼ 北向夜景

▲ 大堂

▶ 弧形长廊

整个场地呈倒梯形布置，南北向长约500m，东西向宽约180m。一期建设用地安排在用地的南侧，北侧作为二期预留发展用地。两地块中间是绿化景观用地。

整个园区四个方向均为市政道路，考虑园区未来使用的便利，用地四周均考虑设置出入口。结合建筑布局，在园区西侧、南北两端各考虑设置一个市民广场，使得地块内外环境相互渗透，共存共生。

园区按照混合式园林的手法进行设计，在临近城市道路的地方，按照城市肌理来划分空间，使其与城市相融合，而不是独立于城市之中；整个项目分为两期进行，一期为周口日报社的综合办公楼、印务中心，二期为文化传媒产业园，园内则采用自然山水园和规则式园林的手法进行设计。在建筑周围则采用规则式园林的造景手法，利用规则的树池、草地、方潭，以及周围规则的植物种植手法，将办公楼和印务中心办公楼结合在一起，而不是两个孤立的建筑。

室外景观设计中，设计上采用了点、线、面结合的手法，以点串线，以线带面，从而达到一个和谐的有机整体。本设计中几个相辅相成的广场节点通过精心的设计赋予其丰富的内涵，看似一颗颗随意散落在丛林的珍珠，实际上各具功能。设计中运用“平叙”的手法将之串起来构成一个完整有机的整体。

周口日报社

主要设计人：沈江涛、刘江、谢柏建
设计单位：建设综合勘察研究设计院设计二所
建设地点：河南省周口市
设计时间：2006年8月（方案）
建筑面积：14 296 m²

▼ 鸟瞰图

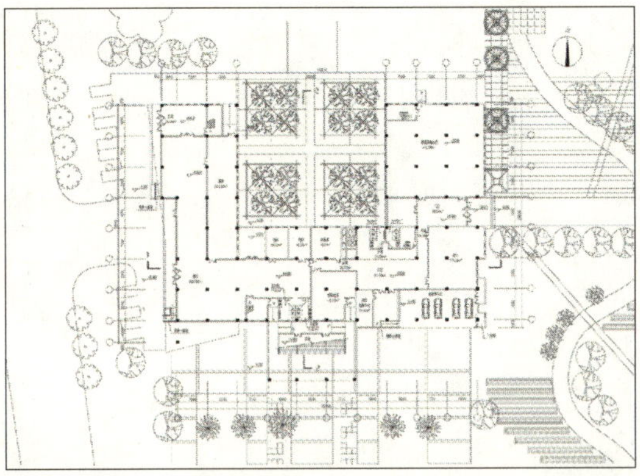

▲ 一层平面图

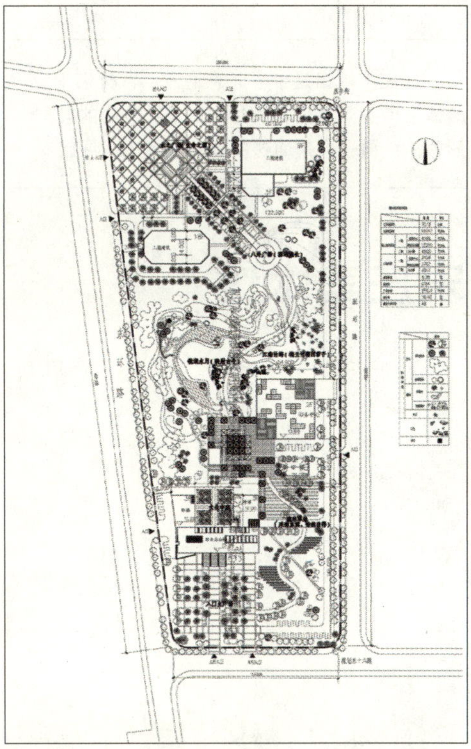

▲ 总平面图

▲ 外景透视一

▼ 外景透视二

宋庄美术馆是位于北京通州画家村宋庄，形体上借鉴当地民宅大片红砖墙面围合的典型形象。地面一层是通透的开放空间，视线上室内与室外水平贯通，高空间或院落是横向中间段的竖向，是和二层空间的重叠和过渡。二层更以具体尺度和围合体现空间的明确：在这里艺术是最纯粹的景观。

宋庄美术馆

主要设计人：徐甜甜、陈英男、Albert Chu
设计单位：DnA（Design and Architecture）
建设地点：北京市通州区
设计时间：2005年
竣工时间：2006年7月
建筑面积：5 000 m^2
摄影者：北京萨伏伊影像技术有限公司

▼ 展厅

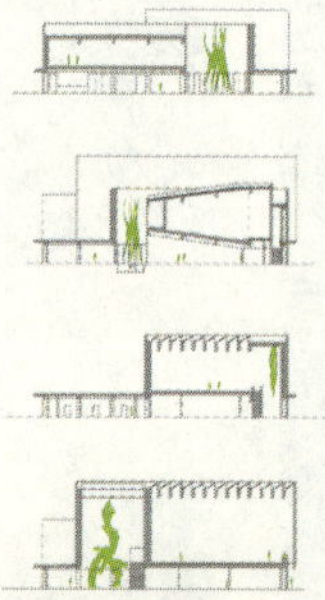

▶ 通道剖面

▼ 外景

▶ 日景
▼ 夜景

▼ 楼梯

◀ 局部空间

▼ 一层空间

艺术中心位于宋庄美术馆室外广场北面，一条步行道由广场出发，穿越展览厅，连接研究区，一直延伸到水岸挑台。展览厅的天窗贯穿上部的工作室，形成天井；竖向墙体包含结构、竖向管道、光线引导、展览墙等多重内容。创作和展览的空间并置在使用者的视觉和心理上产生互动联系。

泰达艺术中心

主要设计人：徐甜甜、Guillaume Aubry、Nina Schippel、Julian Sattler
设计单位：DnA(Design and Architecture)
建设地点：北京市通州区
设计时间：2006年
建筑面积：4 500 m^2

▼ 鸟瞰图

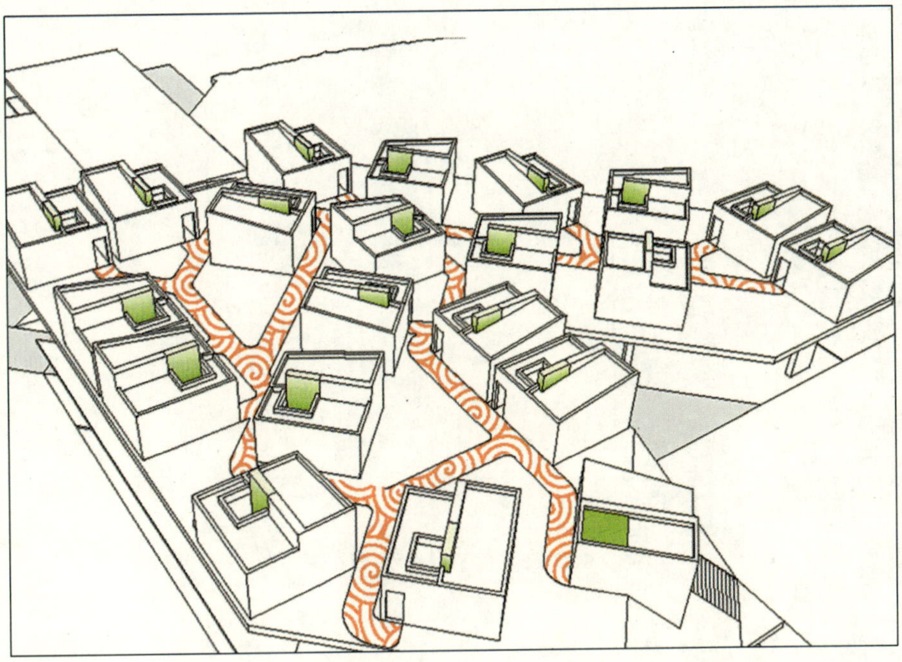

▲ 鸟瞰图
▼ 剖视图

国画院包含公共展览和研究两部分功能。展览空间如国画长轴般展开，与沙丘坡地的自然地形汇合或延展，呼应景观。展览流线是一个回路，经过不同高度的蜿蜒转折；展览的艺术情境与自然风景交替呈现，参观者的心灵空间在国画意境，建筑尺度和自然风光之间弹性转换。

鄂尔多斯国画院

主要设计人：徐甜甜，Guillaume Aubry，陈英男
设计单位：DnA(Design and Architecture)
建设地点：内蒙古鄂尔多斯市
设计时间：2006年（在建中）
建筑面积：3 000 m^2

▼ 效果图

▶ 室内空间一

▼ 路径图二

▼ 路径图一

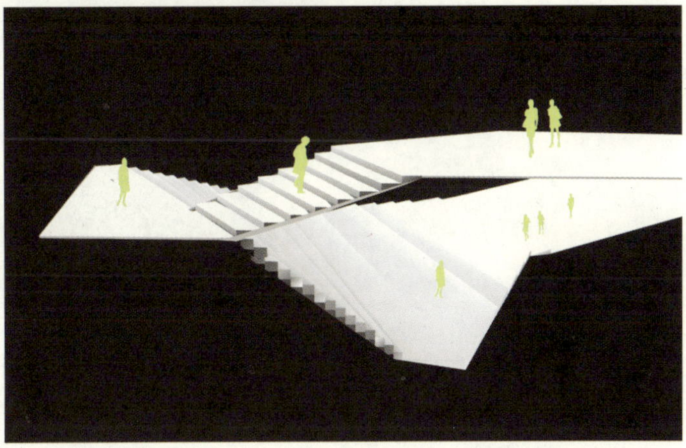

▼ 室内空间二

东北师范大学体育中心是向城市开放的。体育中心的主比赛馆可容纳5500人，不仅用于学校的比赛、教学、训练、典礼、演出，也对社会开放，承办CBA、CCBA比赛或大型文艺演出，还可对外出租为群众运动场地（羽毛球、篮球等），体育中心的训练馆部分为体育学院教学用。这一建筑通过同一空间不同时段的多重使用功能，获得多重价值。体育中心面向长春最重要的街道：人民大街，校园的围

东北师范大学体育中心

主要设计人：华黎、杨洪生、蔡迅时、陈嘉俊、王岳、汪国顺、龙卫飞、江虹、吴雪涛、曹勇、张寅明
设计单位：UAS普筑设计事务所
建设地点：吉林省长春市
设计时间：2004年7月–2006年7月（在建中）
建筑面积：25 000 m^2
占地面积：23 400 m^2

▼ 模型一（1:100）

墙到这里消失了，从场所意义上而言，这个建筑既是校园的一部分，又属于城市。同时该建筑还起着联系校园和体育学院的路径作用。

体育馆是运动的场所，设计者设计中的建筑形态体现出一种运动的而不是静态的特征。建筑体型产生于两重运动——在平面和空间中同时旋转——合成的轨迹，最终的形体则是凝固的一瞬间，也是所有张力达到平衡的一点。这一形式灵感受到Richard Serra的雕塑作品"Torqued"的启发，是为了创造一种在运动中不断变化的空间体验。

约200余根现浇混凝土尖劈柱组成了建筑的外壳，由线条作为构图元素而塑造的空间创造出强烈的节奏感和视觉冲击力。运动的空间体验通过韵律与光线的变化得以充分展现。尖劈柱的截面是变化的下部为面宽小、进深大，而上部反过来，这样使得建筑整体呈现出下部的光线较多透出，而向上则透明性递减的趋势。

梁柱体系采用当地较为成熟可控的现浇混凝土方式，主馆两侧采用双层尖劈柱使得受力更为稳定，两层柱之间约13m宽的空间则成为一个服务性的空腔，安排楼梯、坡道及管井等辅助功能。主体育馆屋面采用钢桁架屋盖，最大跨度70m。训练馆大空间中间层采用预应力混凝土梁体系，屋面采用工字钢梁。入口门厅采用张弦梁结构体系及索网点式玻璃幕墙屋面以获得通透感。建筑内部设地道风系统与看台送风系统，以达到节能的目的。

▲ 室内剖面模型照片

▲ 模型二(1:100)

▲ 模型三(1:100)

▼ 概念模型

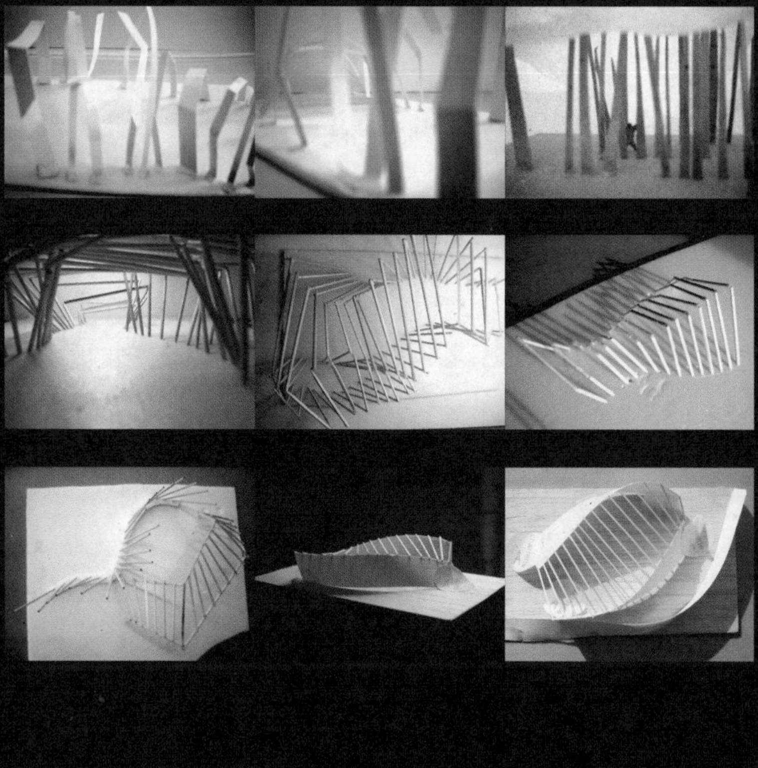

三亚南山休闲宾馆位于南山佛教文化旅游区内，座山观海。宾馆建筑面积1 451万m²，二层分散布置，设有大堂和8个客房楼，拥有152套海景房，提供多种风味的餐饮服务，为五星级标准，其中心位置为极具特色的山上景观游泳池。

南山休闲宾馆结合地形，处处渗透热带自然情趣。热带植物，山景、海景，建筑融为一体。宾馆的内外空间科学地结合传统风水理论，宾馆大堂和两侧的客房楼围合形成了一个场。将南山海上观音作为外空间对景。场的中心设景观游泳池为葫芦形，水自上而下连续不断地层层迭落形成多个瀑布，落差30多米。景观池上部用取自古印度寺庙的群狮雕塑陈列两侧，水中置仿于隆兴寺内明代的毗卢佛。景观池最上方为《教海观澜贵宾厅》。厅内后墙巨形浮雕“南海自在观音”。整个外空间融入了佛教文化，整个山体“皈依了佛门”。

三亚南山休闲会馆

主要设计人：焦毅强、郝鹭、郑康、张大治
设计单位：马建国际建筑设计顾问有限公司
建设地点：海南省三亚市
设计时间：2005年2月
竣工时间：2006年3月
建筑面积：14 000 m²
占地面积：60 581.21 m²
摄影者：李东禧

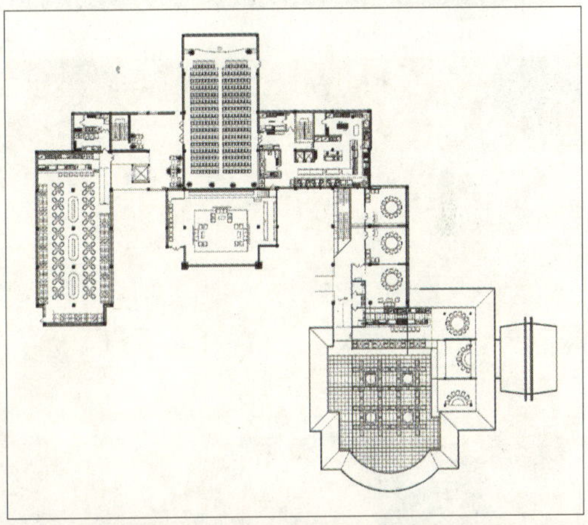

▶ 大堂平面
▼ 入口夜景

宾馆大堂入口外部将山景、海景、建筑以“佛”贯穿为一体。从山路通过的前望海，海上观音处正在中间，门廊前设以“心”形景观池，取意为“一心向佛”。宾馆大堂以青铜毗卢佛为中心，下设金鱼池。瀑布从后向前涌出，两侧为梯形，砂岩柱，上置吊挂青铜钟的方架，寓意为宇宙。形成了具有佛教文化的空间，大堂以金鱼池为界，一侧为接待，后墙砂岩壁雕图形来自东南亚，为护法大鹏。另一侧为大堂吧，大堂吧以钢琴为中心，让音乐相伴休息的游人。

大堂二层为南山食府，由宴会厅、铁板烧、咖啡厅组成，大堂还设有250人的多功能厅和教海观澜贵宾厅。客房楼为二层，随山形等高线，形成自由弯曲的平面。利用高差避免了相互的遮挡。客房楼前后的植物以竹子和椰子为主。152间休闲宾馆客房宽敞明亮，均可礼佛。休闲宾馆在山下设置了山门，定景区名为“教海观澜”，山门取意为平安。山门两侧设水景，水自花瓶中涌出，表示充盈富足。休闲宾馆突出了青铜吊钟和佛教圣物，寓意和谐安宁。

▲ 总台

▲ 大堂

▲ 入口

▶ 景观小品一

▼ 景观小品二

▼ 客房楼

四川九寨黄龙机场作为九寨黄龙旅游区对外交通的建筑，是促进地区经济发展的重要设施之一。机场航站楼的设计在外部造型、内部空间装饰上既要具有现代化的建筑面貌，又要与当地藏羌少数民族地区的建筑形成一定程度的融合，从而得到地域性传统审美观念的认可。

扩建的机场航站楼总建筑面积为11 308m²；建筑空间为一层半式；设三部登机桥，新楼通过二层架空连廊与现有航站楼连接；建筑主体为二层混凝土框架结构，屋面系统为钢结构；室内设计风格与航站楼建筑整体风格保持一致，通过现代材料与本土材料的结合表现出特有的地域性传统文化。通过建筑空间氛围的营造向大众传播一种在特定环境中所具有的内在文化底蕴。

航站楼一层主要布置手续区、安检区、行李处理区、办公区、设备用房、一部分贵宾厅

四川九寨黄龙机场航站楼扩建

主要设计人：李杨
设计单位：中国民航机场建设集团公司
建设地点：四川省阿坝州
设计时间：2005年8月（在建中）
建筑面积：11 308 m²
占地面积：7 000 m²
摄影者：李杨

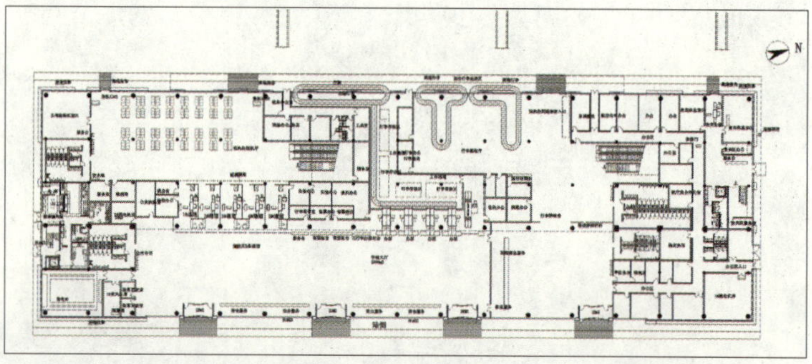

▶ 建筑平面图
▼ 空侧透视

以及部分候机厅；二层主要布置旅客候机大厅和贵宾休息室。

在建筑的内部空间处理上将注重各功能空间的气氛塑造和整体性，各功能区之间利用玻璃隔断和移动伸缩栏杆作为虚隔断分隔。航站楼二层布置大候机厅、商业服务区。通过自动扶梯上行至二层候机厅中，透过透明玻璃，把外面清新美丽的山景引入室内，使旅客在候机之时仍可欣赏窗外景色。

航站楼功能设计在满足交通功能的前提下，充分考虑商业、餐饮、办公、娱乐等服务设施，以改善候机环境，提高服务水平，同时也可增加机场经济效益。流程路线能够使旅客方便地接近各种服务设施。旅客处理区、旅客活动区和等候区的设计应能体现出航空港的高效、灵活和经济性。

航站楼室内设计突出了整体装饰环境色调的设计，赋予建筑人性化、舒适的一面，突

▶ 一层候机厅
▼ 二层候机厅

出地方特色。

1. 墙面采用干挂花岗石墙面，铝板吊顶，在质感上形成对比。石材墙面构思取材于藏族传统建筑，其光影效果非常强烈，成为室内空间的一处视觉兴奋点。

2. 地面采用冷灰色磨光花岗石，坚硬光亮的天然石材使室内景物产生富有变化的倒影，形成更丰富的景象，体现大厅内明快的空间气氛，同时地面镶嵌少量黑色条形磨光花岗石，在视觉上富有变化，并起导向作用。

3. 室内大厅吊顶的形式如同飘浮着的片片白云，灯光设计与形式的序列感增强了室内光线的同时，也丰富了室内效果。

▲ 手续大厅

▶ 大厅吊顶

▼ 一层到港大厅

本概念设计结合城市规划对杨村镇临103国道北段地区进行用地布局，展望城市形象。从土地利用、与环境关系、市场需求等方面研究，确定建设规模、建筑功能、建设的方向和投资决策，以推动项目合理建设。

项目的市场分析与定位：

1．商铺在杨村是奇缺产品。商铺以中、小型铺面需求最大，少量大型铺面也有需求。为了适应变化莫测的铺面大小，建筑设计的弹性和适应性尤为重要。

2．商铺临街面是其商业价值的体现，较大铺面争取双面临街条件。应重视铺面临街条件的均好性。

3．创造空气流通，光线充足，方便舒适的内街空间是提升商业楼面的商业价值的关键；当地百姓目前仍习惯于平面的商业街，对于立体的商业内街尚无认识，因而垂直交通的组织是突破平面意识的重要手段。

4．总体上考虑建筑产品的整体风格应和谐统一，各地块上的建筑群在空间型态上不应有过大的差别，整体风格设计的合理与美观是获得市场的关键。

商城建筑形态：

1．面向103国道的立面是本项目的重要形象。以一组具有统一、优美韵律和秩序的建筑共同构成武清的城市标志；突出城市的亮点。

2．在建筑形态从商业和办公两方面入手，

天津武清雍阳商城

主要设计人：曹亮功、白冰、程志凯

设计单位：中元国际工程公司

建设地点：天津市武清区

设计时间：2006年9月（在建中）

建筑面积：155 467 m^2

占地面积：38 186 m^2

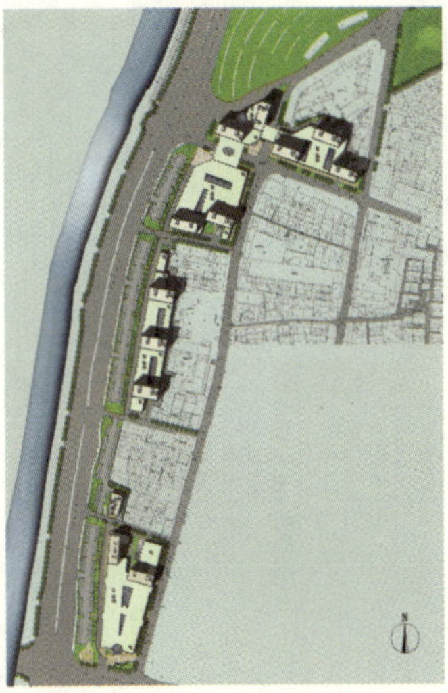

▶ 总平面图

▼ 滨河效果图

▲ 全景效果图
▶ 商业街效果一
▼ 商业街效果二

即将具有动态韵律感、繁华气息、能够体现商业氛围的建筑立面与简洁大气的高层办公作为天际线的背景，使两者风格统一。

3．西立面成为建筑的主要立面，具有动态、可变化、环保节能防西晒的特点。

4．临街商业体现动态、可变化、生态、节能的特点。通过自由分隔的框架，深浅不一的窗格、立面上的百叶、广告对立面进行动态划分，既可避免强烈西晒，又可构成富有优美韵律的立面效果。入口上方设有绿化间，内植高大植物，既突现出入口的标识性，也为商业街的立面带来了浓浓的生态气息。

5．办公楼按正南正北的方式进行布置，立面采用了与商业立面设计手法相似的框架划分，侧立面设计了带形观景窗，既有利于办公高层的观景作用，也丰富了沿运河的立面景观。

6．除103国道的商城立面之外，其他立面无需张扬，以平实为主，体现出各立面的统一性和协调性，强调出优美的天际线。

建设用地位于新疆克孜勒苏柯尔克孜州境内，属卡拉库勒湖畔风景区，北距新疆喀什市300多公里，南距新疆塔什库尔干塔吉克自治县100多公里。用地紧临公路（314国道），公路东面的山坡下为美丽的卡拉库勒湖。

项目的设计构思：

1.慕士塔格中坤宾馆包括宾馆楼、客房楼（4座）、员工中心等部分，总建筑面积为9 154m²，均为地上一层。总客房数80套，84个自然间。对规划范围统一进行总平面布置，分期实施建设。总平面设计中充分考虑地形、地势，因地制宜组织好内部的物质环境，以适应旅游居住等行为的要求。组织协调不同分区，不同时间段，不同性质的人、车流之间的关系；使总体布局结构清晰完整，功能分区明确合理，联系方便，互不干扰。

2.本工程立面造型主要考虑与环境结合，尽可能不影响风景区的环境。

3.考虑采用建设场地附近的毛石片作为外墙装饰材料，使建筑与周围环境浑然一体，屋面高起的天窗丰富了建筑天际线，使建筑群体效果更加有层次。

4.在员工中心设有内院，不仅可以用为厨房、设备房的室外操作场地，还可以为周围房

新疆中坤慕士塔格宾馆

主要设计人：曹亮功、陈雪松、刘晓鹏
设计单位：中国中元国际工程公司
建设地点：新疆克孜勒苏柯尔克孜州
设计时间：2006年1月（在建中）
建筑面积：9 154 m²
占地面积：73 620 m²

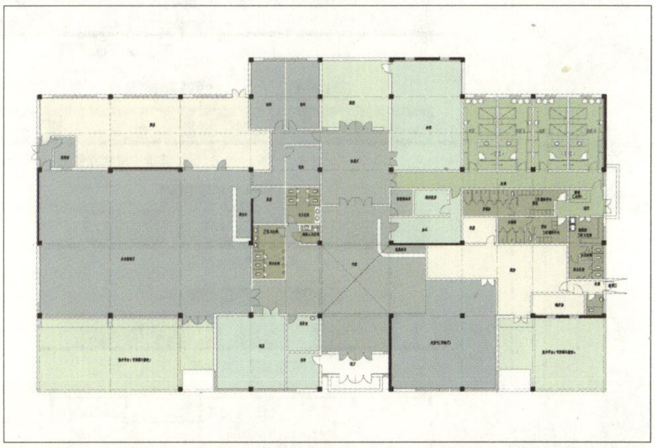

▶ 宾馆主楼平面图
▼ 鸟瞰图

间提供自然采光和通风，以缓解电力供应的紧张。

5.后勤用房围绕着内院布置、分设员工宿舍入口、物流入口和厨房物流入口。

6.客房楼为本项目的客房住宿部分。砖混结构，单体建筑面积735m²，建筑高度3.80m，室内外高差包括客房、行李间、服务间、热水间、库房、中庭等功能。根据客房楼体承重的结构特点，线将几个标准房间或辅助房间并列组合成结构简单的长方体，再利用四个长方体围合成一个中庭来形成本建筑。客房以及其他辅助房间围绕着中庭布置，形成对外相对封闭、内部丰富活跃的空间组织形式。中庭顶部层高加高至5.00m，开侧向天窗为中庭采光。

7.顾客流线主要集中于宾馆主楼大堂附近及客房楼区，后勤流线包括厨房物流、员工人流等部分，均在宾馆主楼后勤区域设置，分别有独立出入口。客房楼区考虑设置汽车道路，使得车辆可以行至客房楼门前，方便较大行李的运送，减少顾客徒步的辛劳。

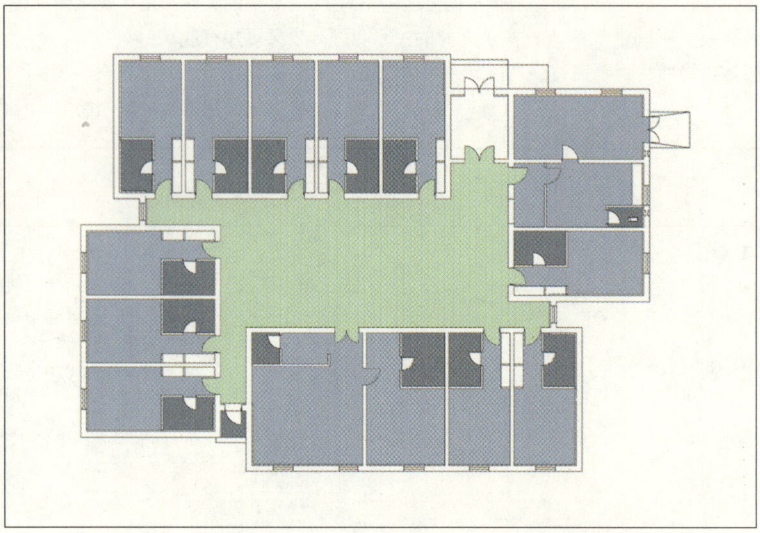

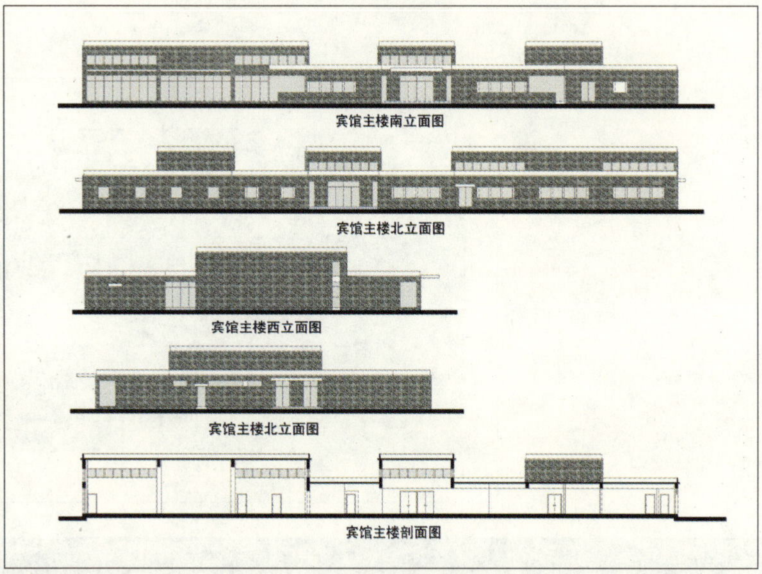

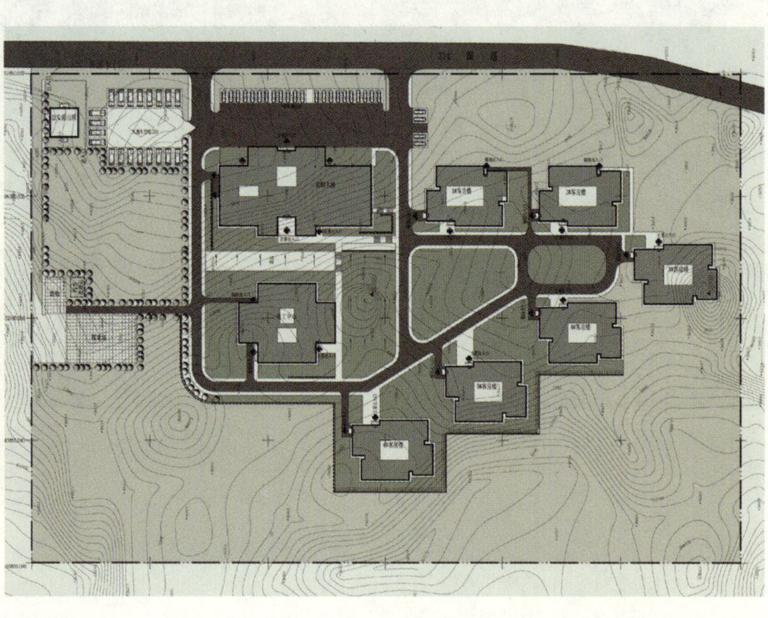

▲ 客房楼平面图
◀ 主楼立面及剖面图
▼ 总平面

设计以生态环境为指导，有机组织建筑与自然环境的关系。在总平面布局上，研发楼沿山体水平方向展开，最大程度迎合自然山体，同时留出足够的进深空间，为建筑和院落空间争取流动的视觉空间。研发楼以现代材料建造，建筑形象定位简洁严谨。

该建筑的尺度由山体等高线决定，这成为了整个建筑空间的主要焦点。在地面上，建筑的外墙就像石碓，旨在恢复其周围静谧的环境氛围。

建筑设计极其简单，在设计中，设计者对各种开洞的比例进行了仔细推敲，使建筑的

科技城4号研发楼

主要设计人：张应鹏、黄志强
设计单位：九城都市建筑设计有限公司
建设地点：江苏省苏州市
设计时间：2006年7月（在建中）
建筑面积：3 145 m²
占地面积：4 702.5 m²

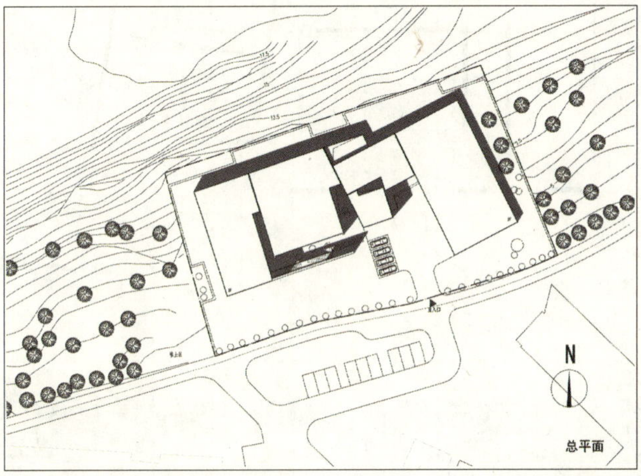

▶ 总平面图
▼ 东南向全景

内与外有着更紧密的联系，通过消除几何体占用的空间和对建筑元素的限制，达到预期的目的。建筑由两个不同方向的矩形柱网控制，两个体块相交织，于是入口自然就形成了，而两者相交处产生了内胆式的体块作为公共空间也就顺理成章了。它的作用就是将两个体块联系起来。作为建在坡地上的建筑，室外空间以半室外空间，如庭院、岩坑和各室外楼梯，都要与内部的空间相连，并且这种内外的联系性将活跃的自然光引入了室内、墙面等，表达着时间的流逝和坡地上四季的显著变化。

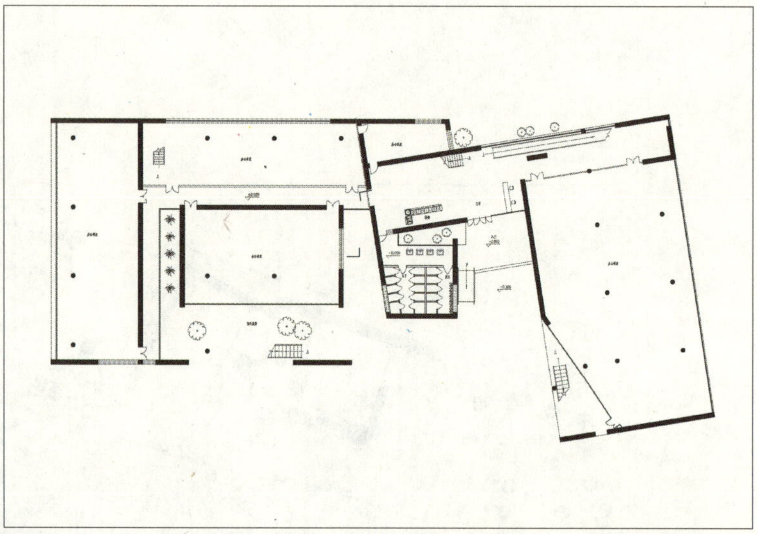

◀ 一层平面

▲ 直跑楼梯

▲ 内院

▲ 入口处局部

▼ 西南角局部

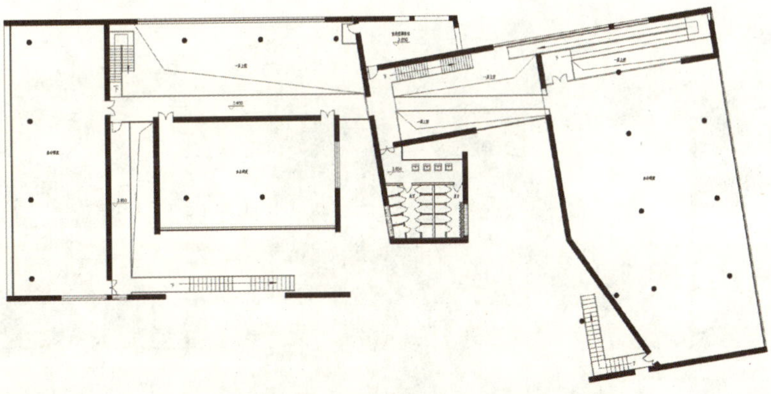

▲ 一层平面

设计以生态环境意识为指导，有机组织建筑与自然环境的关系，在总平面布局上，建筑在西南方向展开，最大限度打开从培源路观望龙山的视线，同时留出足够的进深空间，为建筑和院落空间争取流动的视觉空间。

该建筑的尺度由南向拟建建筑与山体等高线决定，这成为了整个建筑空间设计的主要依据，建筑的外墙主要以清水混凝土和木条为主，以谦逊的姿态处理和南面建筑的关系。

由于客观因素的关系，建筑整体布局非常紧凑，于是设计者的关注点从建筑的外部发展到了建筑的内部以及结合部，注重建筑的内与外之间的紧密关系，使室内空间以及半室外空间，如庭院，各室外建筑元素与内部空间相联系、呼应。这种内外的联系性将活跃的自然光引入了室内、墙面等，表达着时间的流逝和坡地上四季的变化。

东渚科技城7号研发楼

主要设计人：张应鹏、黄江华
设计单位：九城都市建筑设计有限公司
建设地点：江苏省苏州市
设计时间：2006年7月（在建中）
建筑面积：2 120.7 m²
占地面积：1 179.1 m²

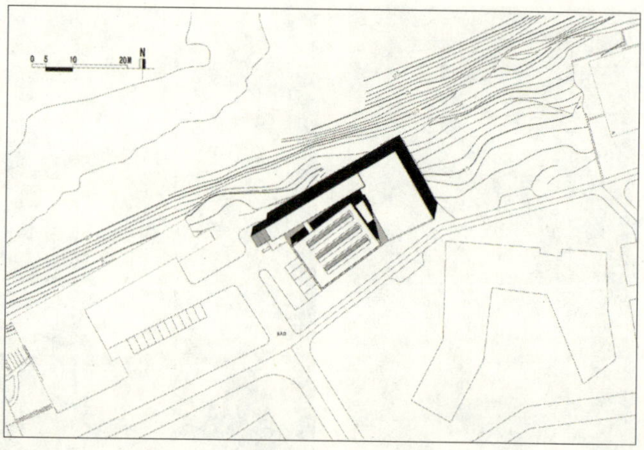

▶ 总平面图
▼ 东南角全景

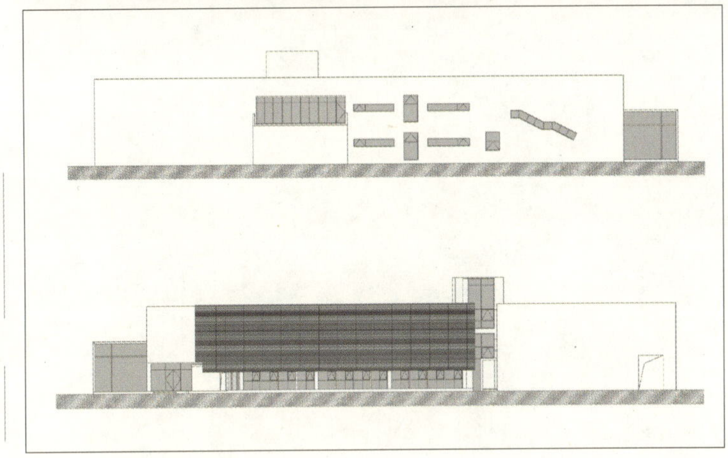

▲ 入口处看连接天桥
▶ 立面
▼ 入口处

中心建筑的选址在用地范围内略偏西，其东侧留出空地作为绿化停车场，同时也可与旁边的综合楼停车场调剂使用。北侧退后主干道15米，留出主入口广场。由于建筑南侧多为辅助功能，所以这一侧设置消防与辅助功能通道。建筑东侧与规划中的居住区相连，所以在这一侧留出小型次入口广场，方便居民进入。

由于中心北邻城市快速干道，南接居住社区，在这两侧直接设置主要的商业沿街面都会影响商业气氛，故而在地块中心重新设立一条内街，使商业活动既不受喧嚣的城市交通影响，也不干扰相邻的居住生活，同时获得中庭一般热烈的活动气氛。

本设计主要的功能要求是餐饮和休闲娱乐，兼有部分会议功能。在设计中，这几部分功能分别置于一系列几何体盒子中：餐饮功能在底部一、二层，其形式为一个屋顶呈曲面的盒子，北低南高，经过景观处理这里成为一处

科技城社区中心

主要设计人：于雷、许天
设计单位：苏州九城都市建筑设计有限公司
建设地点：江苏省苏州市
设计时间：2004年11月
竣工时间：2006年5月
建筑面积：12 403.7 m^2
占地面积：8 338.5 m^2
摄影者：姚力

▼ 东北角全景

开放的城市公园；休闲娱乐功能被置于顶部的三、四层，其形式为一纯粹的长方体盒子。在其中，各种娱乐活动被再次限定在大大小小、五彩斑斓的筒形房间内。

餐饮流线分为三股，一股来自于西侧居民区，西侧入口直接面对西侧居民区入口，居民可直接进入内街，东侧入口外为停车场，它与东边比邻的综合楼相接，有车的顾客从这侧进入，另外正立面玻璃体门厅也是一个入口，内街一侧内有一公共楼梯，由此可进入二楼餐饮流线；休闲流线则主要从正立面玻璃体进入，由电梯上至三楼。到公园散步的人可由玻璃体边的公共楼梯进入。

通过巧妙的空间处理，四个盒子内的功能彼此独立又联系方便，各种功能间通过有趣的流线衔接，既便捷清晰又体验丰富，功能运作与景观塑造很好地结合起来。在北面城市快速干道一侧塑造出大尺度、雕塑感的城市地标，而在南面居民区一侧又营造出小尺度、立体的社区绿地，可以预见在建成之后必将成为新城区一个集聚人气的城市景观。

▲ 东侧远景
▼ 总平面图

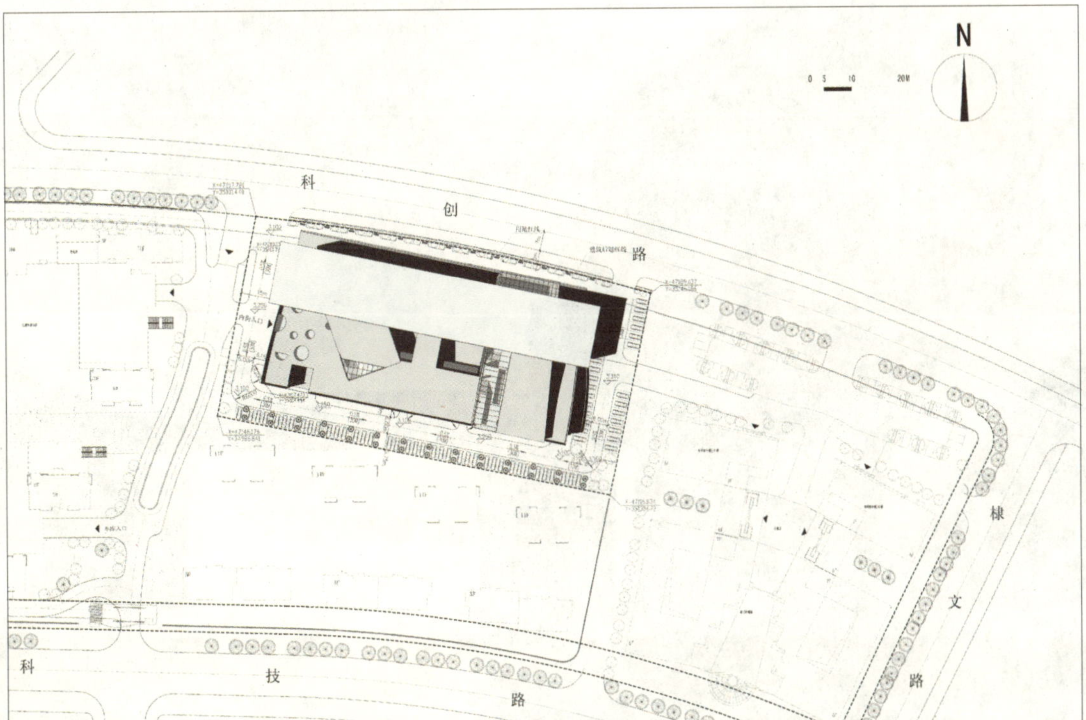

总平面图

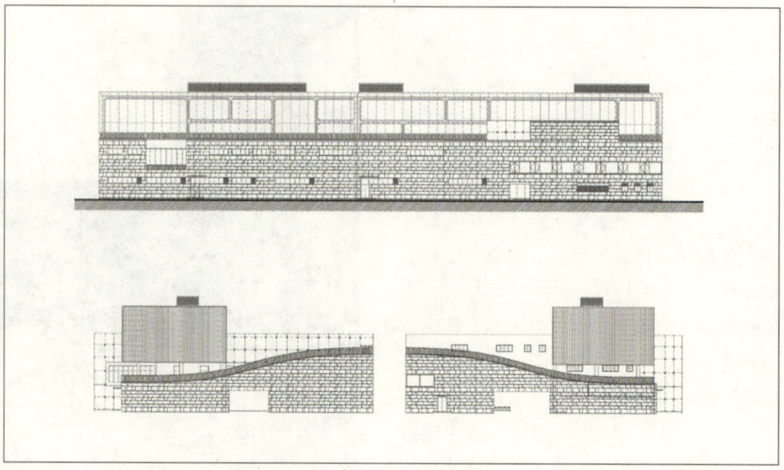

▲ 立面图

◀ 由内侧外看

▼ 内街

该建筑使用内容包括教堂和墓地两部分。

建筑所在地位于阿尔卑斯山区奥地利境内一段狭长地段。建筑以明确的空间排列为序，将空间及光影的变化对使用者的心理感受提供预期的暗示，起到祷告者的日常的宗教生活与神性力量的展示相结合的作用。

建筑从寻找欧洲传统宗教建筑之印记——狭长的通道、高大的内部空间以及散发神秘的光影出发，从而寻找天人对话之感觉。建筑起始部分采用陡峭的梯步，寓意祈求之路途的艰险。通过象征生命的圆形水池倒影天空之景致，折射时间的流逝。建筑中段狭长的通道为最后进入光明的殿堂作为铺垫，生命的思考将在这90米的黑暗中进行。教堂向后倾斜的地面使众人的视线改换为对巨大透空十字的仰视。"十"字向后倾斜，产生追寻之感，寓意众人对于宗教之神的仰慕。倾斜的地面将祭坛与教堂入口分为相对的两部分，展现人神相隔的此岸与彼岸之意境。

建筑的后部是公共墓地区，中央的浅水池映衬巨大的"十"字。在每块墓地之后立有树木，寄托哀思，同时象征生命之延续。该教堂建筑设计希望能在满足使用者的宗教心理需要的同时，展现其对生命衍息的思考。.

教堂二号

主要设计人：徐笑非
设计单位：西南交通大学国际应用美术研究所
建设地点：奥地利—阿尔卑斯山区
设计时间：2006年3月（方案）
建筑面积：5 142 m²
占地面积：4 893 m²

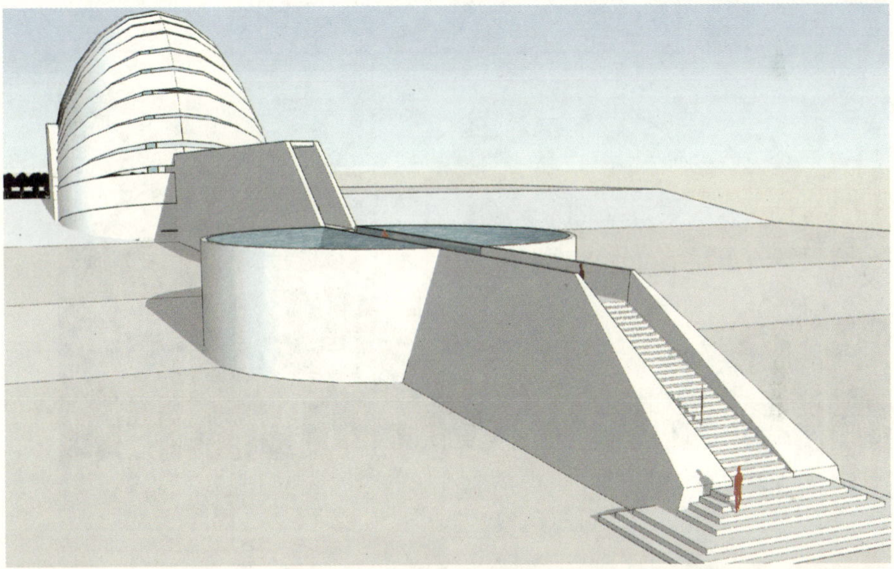

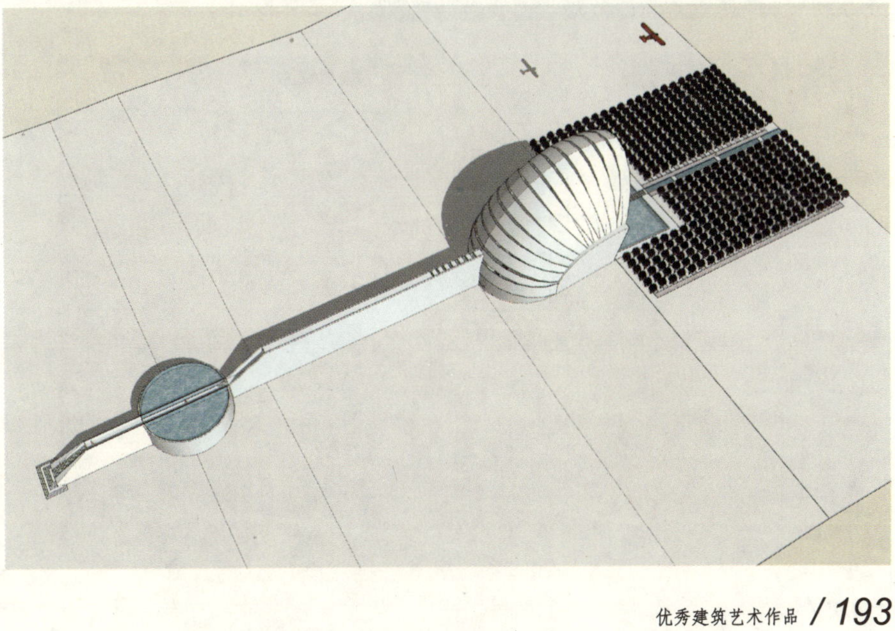

▲ 建筑外立图
▼ 建筑鸟瞰图

▲ 外景一

◀ 外景二

▼ 教堂内部

上海工程技术大学新校区位于松江大学园区西北部，规划用地面积78ha，新校区总体规划遵循“现代化、信息化、人文化、园林化”的设计理念，功能区域划分合理，交通组织人车分流，突出校园建筑群发展模式，利用自然环境构筑生态校园。

规划中行政楼紧邻校园东侧主入口，南侧面向东西向的景观主轴线，荷花湾环绕在其西北侧，景色优美，是对外展示校园形象的窗口与标志。因此，我们将18层的主楼布置在基地东侧，靠近城市道路和校门，并将主入口设置在南向，以突出主体形象，成为整个松江大学园区的制高点；2～4层高的裙房由平行的三个部分组成，布置在主楼的西侧和北侧，并通过弧形连廊整合为一体，既最大限度地利用南北朝向，又与校园水体环境协调共生。

行政楼功能分区明确：主楼1～2层为门厅、校史陈列、贵宾接待及会议室，3～4层为

上海工程技术大学新校区行政楼

主要设计人：陈泓，王文胜
设计单位：同济大学建筑设计研究院
建设地点：上海市
设计时间：2003年6月～2004年2月
竣工时间：2005年9月
建筑面积：28 492 m^2
占地面积：16 680 m^2
摄影者：张嗣烨

▼ 黄昏中的行政楼与校园景观大道

校党政领导办公，1～4层的贵宾接待厅分别以春、夏、秋、冬为主题，特色鲜明；主楼5～17层为各学院行政及教学办公，18层为观光厅，可以俯瞰整个校园和周边大学园区的风貌。裙房为学校各职能部门用房，并在中间部分配置了一个216座的多功能会议厅和若干小会议室，方便使用。裙房部分可独立进出，便于对外服务，也可与主楼通过连廊紧密联系。

由于主楼标准层面积较小，仅为1 115m²，为提高其使用效率，将核心筒靠北侧中部设置，包括了由2台客梯、1台消防电梯和2部疏散楼梯组成的垂直交通体系及卫生间，使用便捷，且全部直接采光。其余均为办公用房，标准层的使用系数达到72%左右，较为经济高效。

主楼的形体简洁大方，比例匀称，经过推敲的形体组合和虚实对比使原本并不很高的建筑显得修长而挺拔。出于控制造价的因素，我们并没有使用豪华高档的外装饰材料，而是运用独特的立面错层开窗形式，使建筑具有强烈雕塑感，令人耳目一新；同时，在东西两侧的大片实墙面上运用细微的凹凸变化，形成富有韵律感的肌理细部，塑造出行政办公楼庄重典雅、现代化、人文化的新形象，力图使其成为工程技术大学新校区的标志性建筑。

此外，主入口的曲面玻璃幕墙和裙房外围的弧形开敞连廊为严肃的行政楼增添了一份活跃的元素，连廊高度从二层至四层斜向上升，它所围合出的内院空间与蜿蜒流淌的荷花湾发生了生动的对话，使建筑与环境融为一体。

▲ 主入口门厅

▲ 近景

▼ 总平面图

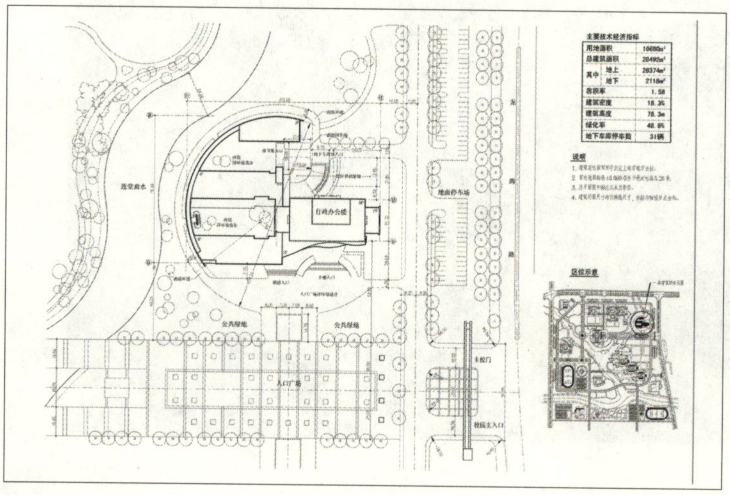

▼ 顶层观光展示厅

▼ 夜景

毗邻花溪风景如画的十里河滩，基地呈"L"形态，三面环山，内向性冲谷特征颇似陶渊明文中的桃花源，与闹市近在咫尺又恍若隔世。基地周围300米范围内为全自然的风景林带与自然山峦。

因势利导，强化山地原始的地形特征，依山而建，冲谷地带形成曲折迭落的壮丽的西部流水景观，并配置小桥流水人家与高山明月般的诗学场景。

杂草丛生的陡坡看上去是禁区，仿佛拒绝了建筑的真实概念。然而民居给设计者以自信，技术给予了工程的保障，这种可能的自然景观赋予竹溪居全新的特点。

贵阳梦溪笔谈、竹溪居山地居住群

主要设计人：魏浩波、魏浩严
设计单位：西线工作室、大明建筑景观工作室
建设地点：贵州省贵阳市
设计时间：2003年1月
竣工时间：2005年12月
建筑面积：30 000 m^2
占地面积：1 500 m^2
摄影者：关英楠

▶ 竹溪居总平面图

▼ 竹溪居A+B组群外景

▼ 竹溪居B组群南景致

▲ 竹溪居B组群南侧外景
▶ 竹溪居B组群与荷花池

于是设计根据基地的特质形成三种基本“网”：

第一张“网”：缘于对“梯田”的转译，以4.5mx4.5m或4.5mx4m，应付起伏的山地，化繁为简。

第二张“网”：缘于对“森林”这一原生风景的体验，在X、Y向根据功能要求，在间隔Nx4.5m处置入空的天井。（注：N=1，2，3…）

第三张“网”：缘于对“叙事结构”这一心理主线的领悟，将从谷底中升起的桥，与各家户内的游走路径连接，由此达成树杆与树枝的网状结构，将户外的关系渗透到户内，于是户外的路径体系与户内的游走体系共同达成生长的曲径分岔的路径系统。

天井体系：竹溪居中的天井是黑天井（精神）、湿天井（水）、绿天井（自然）、白天井（光）四大天井的复合系统。它们两两单一或综合配置，产生不同的天井趣味关系。

房间体系：房间在水平方向呈秩序叠加，形成线性的房间序列；在垂直方向以层的方式累积，并围绕院产生聚合；面向院的一侧处理成半透明的磨砂与透明的玻璃。于是院成为主宰房间的虚空的中心，换言之，房间因为院的存在产生生活与景致共存的状态。

路径体系：由于山地的特点，户内除了垂直和水平向以外，更多反映为斜向延伸，人虽然在户内走，实际是在山地漫游。

三者叠加：沿路径漫游的人穿过房间上空的桥，进入院，看见一只白玉兰，左侧是渗入天井的自然的山体，头顶是一方湛蓝的天空；左转90度，拾级而下，见一池浮萍……如是，空间被一点点剥开，这就是竹溪居的本质。

◀ 竹溪居B-2户型中院鸟瞰
▶ 竹溪居B-3户型上上下下

◀ 竹溪居B-3户型梯与院
▼ 竹溪居B西侧外景

在贵州·花溪优美的风景线上，麟山坚挺地成为广袤花溪风景的地标，花溪第一小学便在这样广袤与神性的风景中展开。于是，关于麟山与广袤地理形态的解构成为我们关注的焦点。

麟山骨子里是石头，绿色的植被呈表皮覆盖其上，达成石头+表皮的地理特征；而一望无垠的田野则呈现起伏的风景线般的形式；于是，将麟山的表皮揭开，延伸、起伏，花溪一小便被包裹在这起伏的绿色地毯之中。

以纵横南北的主轴、联系若干平行的功能条带，于是平行成为统筹整体建筑最基本的关系。平行中产生朗朗读书声的教室，平行中包容蔚蓝的天空，平行中室内的景观伴着孩子的笑声，平行中教师在走廊上迎接清晨的阳光。

贵阳花溪第一小学

主要设计人：魏浩波、张涛、周朝卫
设计单位：大明建筑景观工作室
建设地点：贵州省贵阳市
设计时间：2004年3月
竣工时间：2005年10月
建筑面积：16 000 m^2
占地面积：8 000 m^2
摄影者：关英楠

▼ 花溪小学

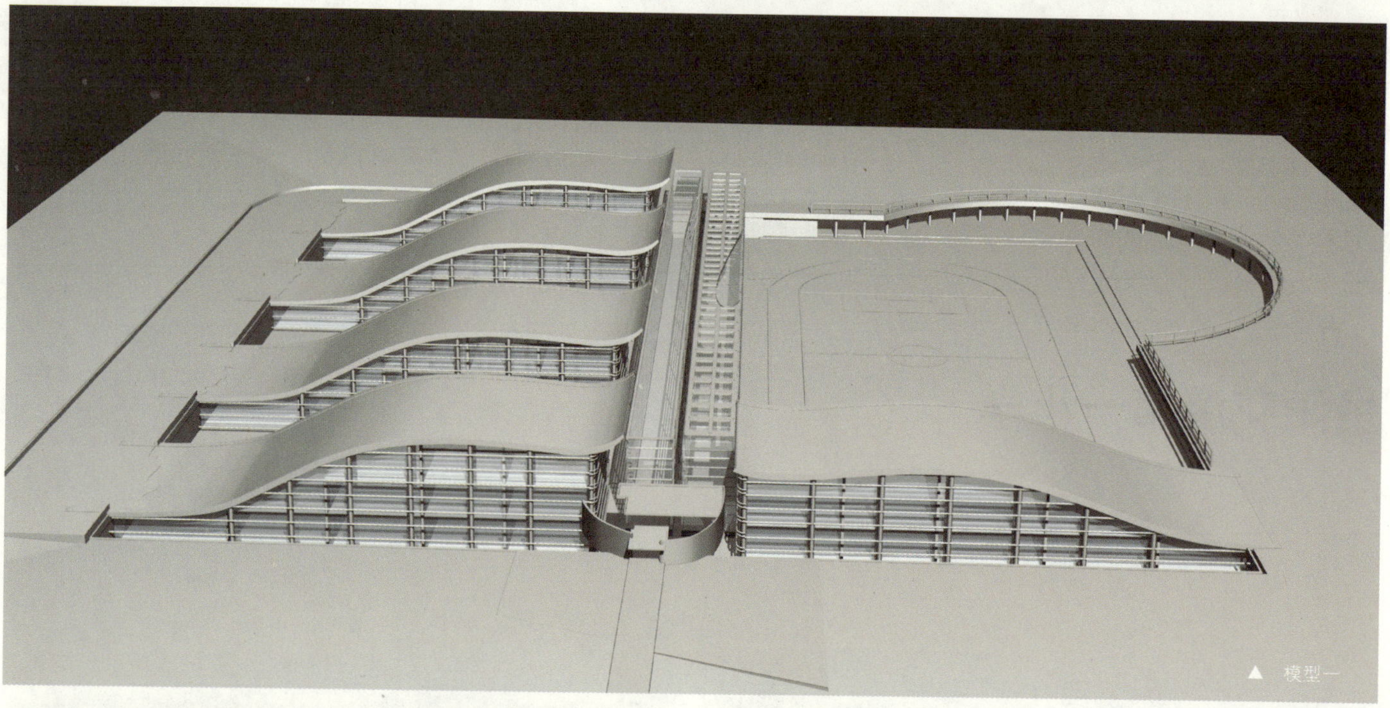
▲ 模型一

▲ 局部

▲ 局部

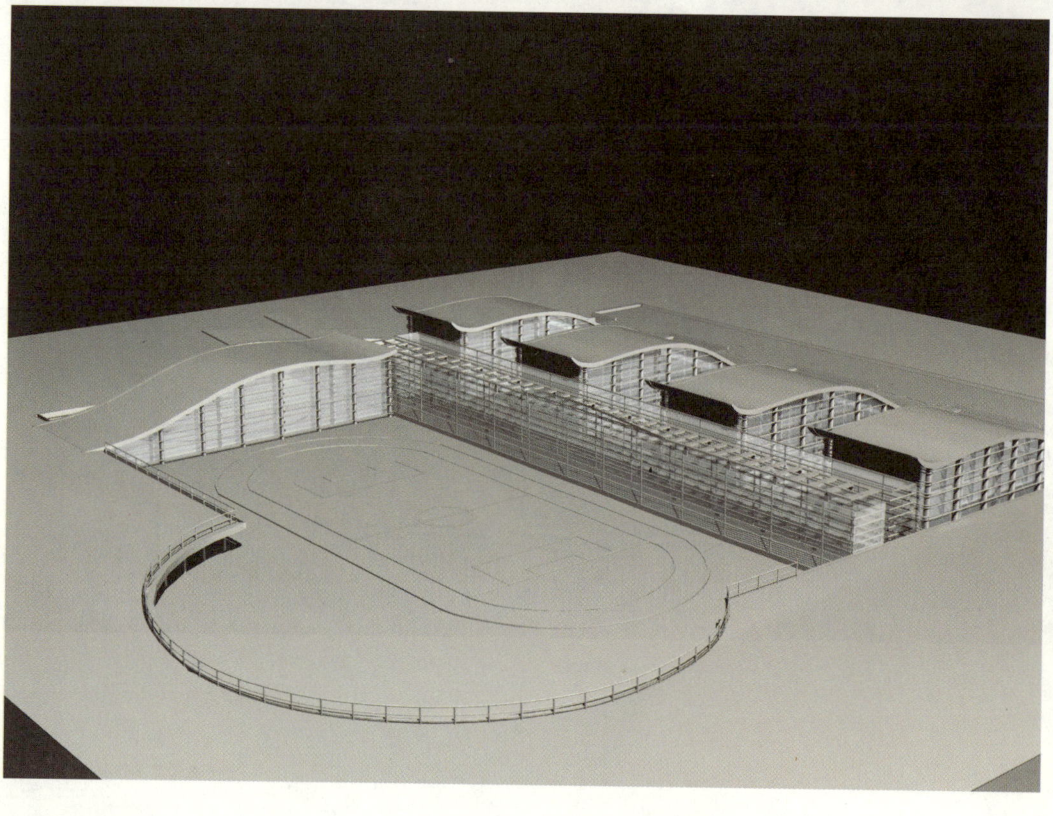
◀ 模型二

设计构思：

再现传说——补陇飞天，传说是摆陇寨民间心里共同认同的范式，传说的容纳使得我们的设想能亲切地与摆陇人的心态达成共识。

仿佛博尔赫斯笔下那句经典名言“水消失在水中”一般，摆陇村这座公共设施综合体由陇的传说中孕育出新的陇的传说。

自古以来，摆陇人就渴望他们的村寨由九个陇脱胎成十个陇，传说中“十陇即十全十美，一旦此寨成十陇，则上通天灵，下出人杰，世代祥和”。而现实中的摆陇仅有九个陇，十陇的梦想成为摆陇村难解的心结，于是“补陇”这个设计策略由此产生，并立即取得村民委员会的共识。

贵阳花溪石板镇摆陇苗寨民俗综合体

主要设计人：魏浩波、肖赤、付世兴、张涛
设计单位：西线工作室
建设地点：贵州省贵阳市花溪区
设计时间：2006年1月
竣工时间：2006年12月
建筑面积：415 m^2
占地面积：220 m^2
摄影者：魏浩波、关英楠

▼ 北向透视

▲ 椭院与镜框
▼ 东南侧透视

生成解析：

步骤一：

根据知觉现象报告以及对该建筑场地的分析，确定综合体的建筑关系以三个基本的容器展开：容器A：看的非常；容器B：听的日常；容器C：记忆的镜头。

容器A：

蓄意以容器A的游走路线组织光的投射方式，使身体在弥漫着不同光色（红、黄、透明、蓝等色）、不同光强、不同承载面（双曲面、斜面、垂直面、天面）、不同光线投射口、不同时间段（早、中、晚）、不同穿透厚度、不同太阳入射角的氛围中体察历史，光成为产生神秘传说的发生器，光色则源于传说中的五彩衣。

容器B：

天面向蓝天白云敞开，四周与底面覆以坚硬的石材构成刚性的容器，刚性的墙与地成为声线不停反射的腔，声音在此变得很脆。雨天，雨点打落在这刚性的容器中，像爆米花一般脆响。这种感受直接来自摆陇民间的石巷。于是风声、人的鞋声在这硬邦邦的容器中竟有田野般的乡村节奏。

容器C：

以镜头的方式捕捉古老摆陇村寨最经典的老房子的片段，一种似远非远似近非近的距离感从记忆的瞳孔中渐渐清晰，镜头捕捉着过去的岁月。

步骤二：纠缠

路径仿佛像摆陇寨的"树状"结构般，纠缠着风景，纠缠着手和足的触感；纠缠着湿蒙蒙的空气；纠缠着晃来晃去的各种光；纠缠着横七竖八的各种院以及上上下下的各种"陇"，野路子般将容器A、容器B、容器C一股脑儿地纠缠在一起，于是摆陇各种片段的知觉器官像小爬虫一样在你的躯干上动，弄得你痒痒的……

▲ 鸟瞰椭院

◀ 南窗

该项目始于一片有着绿地与河道交织的江南田园地景的新区用地上。设计需要解决的问题是如何在这片自然景观和都市环境的双重性中进行批判的实践，从而达到场所的关联与平衡。同时以鼓励公众持续参与的一条连续的公众流线将建筑的民主、公共性的核心价值表达出来。

建筑依据观众厅、多功能厅等不同观演功能配置，被整合为两个相互联系的方盒子，围绕着一个有着亲切尺度的，对任何公众完全开放的中心庭院布局而成。

这有利于人们获得在一个县级城市的公众场所具有“小家碧玉”式的空间体验。一条水平方向上的连续“线”定义了新的新区轮廓，在与自然环境保持“摩擦”对立的同时，也试图对其批判程度达到最低。

此外，建筑对材料配置与光线要素也进行了考虑。通过花岗岩、铝板、玻璃以及自动遮阳木百叶，实现从不透明到透明的转换。

外表简约的形式在内部却提供了一幕幕连续变化的空间图景，它们在顶部和侧部通过电动开启天窗和高侧窗，引入自然通风和光线。后者展示出不同的入射方向（顶部或侧面）、角度与进入方式（直射或漫射），以及数量（采光口的大小）等对空间产生的不同影响。

浙江长兴大剧院

主要设计人：高庆辉、马晓东、钱锋、曹晖
设计单位：东南大学建筑设计研究院
建设地点：浙江省湖州市长兴县
设计时间：2002年7月
竣工时间：2005年9月
建筑面积：16 700 m^2
占地面积：61 125 m^2
摄影者：高庆辉、马晓东、李亚伟

▼ 总平面图

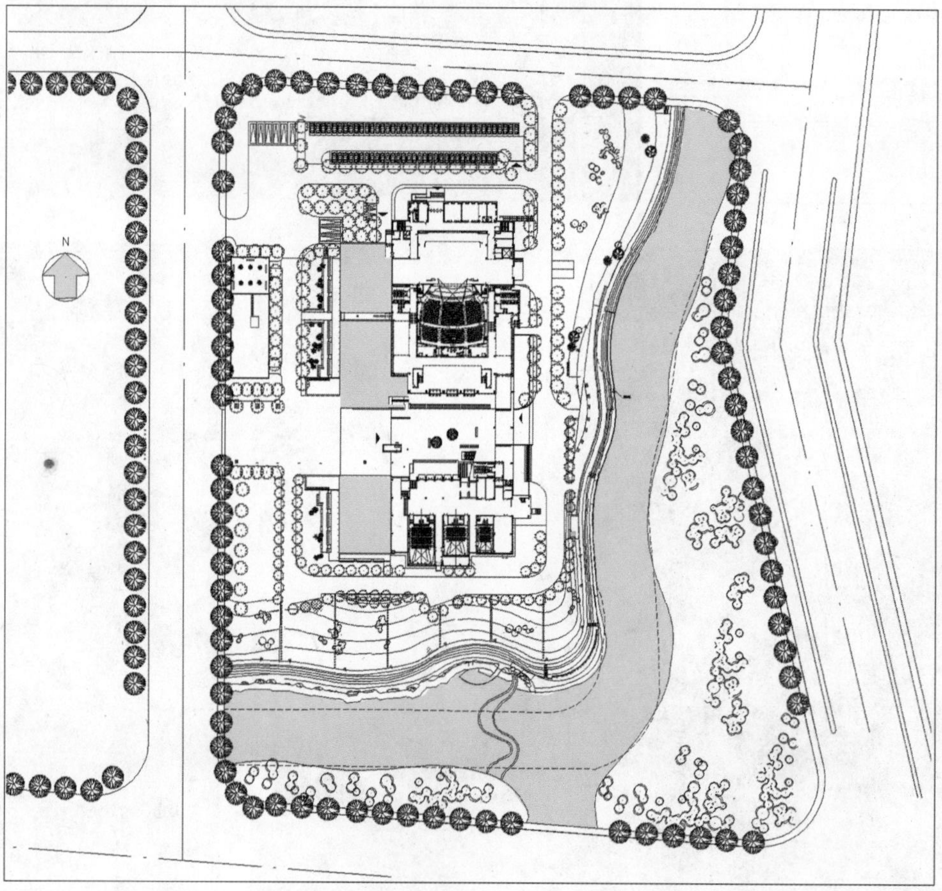

▲ 西南向全景

▲ 中心庭院北向

▶ 观众厅前厅跑马廊

▼ 东北向近景

南通地处长江入海口与东海之间，是长江三角洲重要的经济文化中心城市之一。自改革开放以来，作为长江口上主要的港口城市，对外贸易和经济活动日益频繁，海关关税作为国家财政重要的来源，海关作为对外开放的门户，其建筑须富有个性，大楼的落成将成为城市面貌的象征。

现代城市的一大特点就是人性化。政府机构要打破衙门形象，成为人民群众的公共场所，将城市空间引入基地，使建筑与城市有机相融。

海关是国家权力的象征，代表着国家的形象和风貌。建筑使用大体块相穿插，大面积的石材表面结合精致的线脚装饰，色彩朴素庄重，表现出政府建筑特有的大气与稳重。

本方案采用非对称性构图，主体为板式

南通海关大楼

主要设计人：王兴田
设计单位：日兴设计·上海兴田建筑工程设计事务所
建设地点：江苏省南通市
设计时间：2002年
竣工时间：2005年
建筑面积：2 100 m²
占地面积：7 800 m²

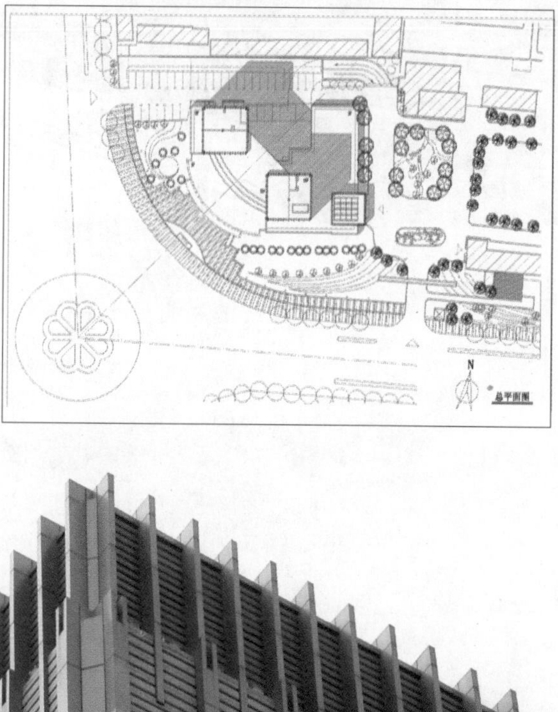

▶ 总平面图
▼ 局部实景

高层，体态简洁、干练，下部插入斜向体块，形成深远的挑棚与大面积的灰空间，而裙房的玻璃面更加模糊了室内与室外的分界，体现出现代建筑的特色。两侧玻璃弧面向上通至顶层，通透，充满活力。前部入口正面高耸一幢钟楼，是海关的标志，使用玻璃、石材与钢材，造型富有时代气息，成为该地域的一大标志。整个建筑立面以方形玻璃窗和大理石为主，顶部伸出玻璃塔尖，既有政府建筑特色，又将现代主义的风格发挥得淋漓尽致。

▲ 西南侧实景

▲ 东北侧实景

◀ 东侧实景

▼ 南立面图

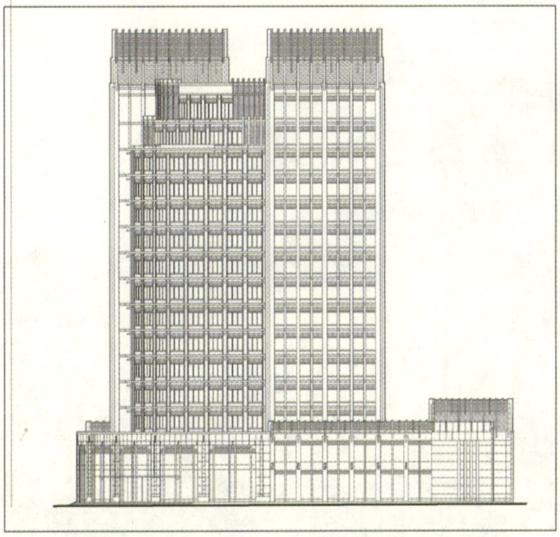

本项目位于娄山关路东侧、云雾山路南侧、长宁区姚连生中学北侧，由长宁区公共卫生中心和新天山中医院两个单体组成。

设计构思以及设计理念：

1.空间整体肌理：城市空间既是丰富的，又是有序的，城市在经历长时间的发展变更后，传统的城市肌理显现出来，城市设计旨在整体上对地块进行控制，尊重原有的城市肌理，同时，根据地块的自身独特定位，合理地组织空间，对已建、在建、已规划的建筑进行有序的布局调整，产生整体的肌理感，体现上海这座城市所独有的人文心理和建筑文化。

2.标志性、特色性：建筑群体构思应扬长避短，通过精心设计的简洁建筑造型和丰富的空间，组织患者和市民来办事就医并形成自己独特的品牌和地标性建筑。

3.创造“环保”、“人性”、“智能”、“现代”的医疗楼宇。

4.减少对周围居民和环境的影响。

上海长宁公共卫生中心、新天山中医院

主要设计人：王兴田

设计单位：日兴设计·上海兴田建筑工程设计事务所

建设地点：上海市长宁县

设计时间：2004年

竣工时间：2006年

建筑面积：44 857 m^2

占地面积：14 244 m^2

▼ 新天山中医院日景效果图

▲ 东侧实景

▼ 西侧实景

▲ 公共卫生健康中心夜景效果图

▼ 总平面图

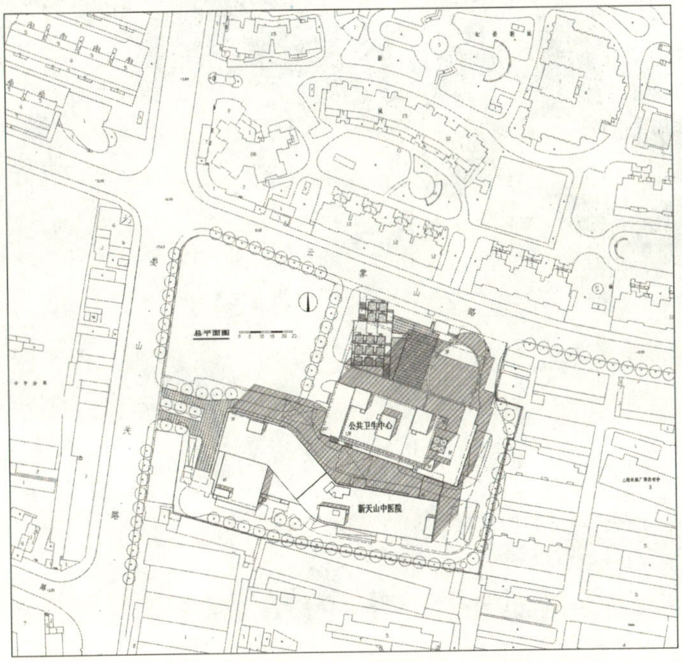

2010年上海世博会会址位于上海市中心地段，跨越黄浦江两岸，是上海黄浦江两岸开发、旧区改造和产业布局调整的重点地区，也是上海进行新一轮城市空间拓展、城市综合服务功能提升的重要地段。在世博会期间，中心绿地承担着各种庆典、表演、展览、会议等活动，同时也是游客游览、休闲、娱乐的主要场所；会后，园区将成为上海市的城市中心之一，绿地周围会有大量的公共服务设施和部分居住用地，主要是游乐、休闲，服务于市民及游客。所以，世博中心绿地同时又是一个滨江的绿地、城市的绿地。

上海世博会园区浦东中心绿地的设计面临五大问题和挑战：(1) 滨江洪涝；(2) 生态重建；(3) 人流疏散；(4) 工业遗产利用；(5) 文化展示。

本方案提出的设计理念是：秉承生态与人文的设计理念，在一个工业用地上，恢复一个

上海世博园中心绿地设计

主要设计人：俞孔坚、凌世红、Malte Selugga、张静、潘阳、刘向军、丁红霞、牛静、龙翔、张媛、林少华、臧亚南、袁天远、何美才、邵宗博、Tom Kloepfel、Krischan Payne、方琬丽、程成、奚雪松
设计单位：北京土人景观规划设计研究院
建设地点：上海市
设计时间：2006年2月–2006年6月（方案）
占地面积：290 000 m^2

▼ 鸟瞰图

◀ 船坞茶室透视

▼ 综合服务中心

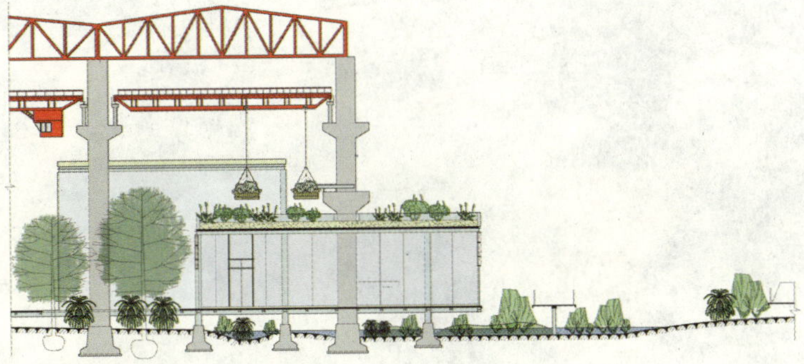

▲ 龙门吊透视一

▼ 局部

生态的绿色基底；在此基底上建立一个便捷而体验丰富的交通网络；这个网络联结了一系列文化主题结点，讲述上海城市的过去、现在和未来。综合解决滨江洪涝、生态重建、人流疏散、遗产利用、文化展示等问题，使之成为一块滨江的绿地、世博绿地和城市的绿地，满足会展期间和会展之后的多种功能。

设计策略：为综合解决以上五大问题，提出以下设计途径：

一、“双堤+三明治”结构的绿色基底：

体现自然力与人文、生态与艺术，安静与热闹的递变与调和，分为：（1）临江滨水带：分布在100年一遇防洪堤之外，土丘地形由不同类型的生态堤岸、湿地、码头等构成，滨江栈道贯连期间，使人与日常的潮水和江波相呼吸，并感受丰富的滨江生态系统的边缘效应。（2）内河湿地带：分布在100年一遇防洪堤和1000年一遇防洪堤之间，由湿地和溪流构成。中间的泡状景观元素由水泡、树岛、灌木岛等多样化的生态所构成。（3）夹岸疏林草地带：分布内河湿地两侧，由缓坡草地和乡土乔木林构成，两条林带夹一条湿地，林木由水边至防洪堤顶由疏而密过渡，基调树种由落叶的枫香和乌桕过渡到常绿的香樟林。（4）堤内庭院艺术带：分布在1000年一遇防洪堤之内侧，靠近展馆一带，其一边是防洪堤，另一边是高架步道，展区通往绿地的南北道路划分出多个地块，利用这些地块设计了15个小庭园，它们构成环境艺术“容器”嵌入防洪堤的土坡，形成半围合的庭院展示空间。在这15个庭园中，将生态环保新技术与景观相结合，充分展示了人类发展的新概念、新观点、新技术，绿色、环保、节能。

这种-“双堤+三明治”的结构将大大减少场地改造的土方工程，造价最低；同时能在最短时间内获得多样化的生物栖息地，形成丰富的景观效果，使中心绿地能发挥综合的生态服务功能。

二、四种道路，建立便捷的交通和丰富的体验路网，与生态绿色地基地的自然和人文属性相对比，在绿地基底之上构建四种道路，构成交通和体验网络：(1) 东西向便捷通道；(2) 堤顶曲道；(3) 谷底折线栈道；(4) 滨江直线步道。

三、多个文化主题结点，展示上海城市的过去、现在、未来：

绿地中分布了多个文化主题结点，包括：精品休闲吧、综合服务中心、龙门吊休闲广场和世博庆典广场等四个功能结点，及现代庭院艺术带中的15个主题艺术园。其中前三个结点都是利用现有工业遗产和构筑物改造利用而成，是过去城市记忆与现在都市时尚生活的有机结合；世博庆典广场则是时代精神的体现，是上海蓬勃发展和新时代海派文化的体现；而主题艺术园则是新科技和新的环境伦理对未来城市生活的预示和引导。

▲ 世博广场
◀ 龙门吊
▶ 空中花园
▼ 世博会后总平面图

昆明理工大学呈贡新校区位于昆明呈贡新城，这里将形成新兴工业、科研文教园区，以花卉产业为特色的生物产业基地。规划建设用地约为1 991亩，位于昆明市东南面的呈贡县呈贡新区的南部雨花片区的东部，规划交通十分便利；此外，用地西望滇池，东有阳宗海，南有抚仙湖，群山环抱，地理环境优越，人文底蕴深厚。

新校区场地总的走势是中间高四周低，东边高西边低。中部最高处现状标高为1 969m，南部约为1 940m左右，高差近30m；东部最高点达到1 978m，东南为1 945m左右，高差也有30多米。但除东南部地形为台地状变化外，整个用地基本上呈现缓坡式下降。因此，在规划设计上，可以充分利用地形的变化布置建筑，使其有节奏、有序地排列；另一方面，高差变化剧烈的部分，可以通过安排不同功能的设施形成迥异的空间形态，增加场地的戏剧性和丰富感。

昆明理工大学新校区规划、建筑设计

主要设计人：刘向军、龙翔、文航舰、刘德华、凌世红、金园园、奚雪松

设计单位：北京土人景观规划设计研究院
北京大学景观设计学研究院

建设地点：云南省昆明市

设计时间：2005年9月—2006年3月（方案）

建筑面积：600 000 m^2

占地面积：1 300 000 m^2

▼ 总体规划鸟瞰效果图

▲ 学生宿舍

◀ 院系教室一

▼ 图书馆鸟瞰图

用地南部城市道路的南侧有捞鱼河经过，可以加以利用，将其引入场地用做景观水源。西面所对城市道路的西侧为一面积约2ha的水塘，可作为校园主出入口的对景。

规划用地内主要为农田和果林。北部以桃树、梨树为主；南部除了桃、梨树外还有大量的柿子树；东南部有少量的农田。在设计中可以考虑根据景观的需要，尽量保留果树作为校园绿化，树下空间为学子休息、静读提供充满情趣的场所。

场地内的原有道路以步行为主，大致成向心状汇聚在最高点附近。可在设计中部分保留改造，其走势不变。

设计方案旨在营造一个生态、人文、现代的校园社区，一个书耕天下的知识源泉，一个富有创新氛围的独特场所。在校园的总体布局上充分利用自然地形地貌和植被条件，因势而行，虽无规矩，但成方圆，并充分体现地域的自然和文化特征，形成以下几大特色：

1．高岗为龙，书耕天下

场地的东北、东南的区域地势升高，恰似一条蜿蜒而行的龙出现在山岗上，其势甚佳。规划用地的中心部分，地形中间高，四周低，设计把学校学问集大成的图书馆安排在制高点，一方面建筑体量较大，易于识别，成为学校的标志性建筑；另一方面，图书馆的特殊功能也隐喻了其学术制高点、书耕天下的象征意义；

2.笔架来朝，桃李满园

在场地外的东南角有一座笔架山，山谷与行政中心位于同一轴线，和图书馆遥望相对，构成学校行政中心和图书馆的"案山"。由于场地内原本就有大量的桃树、梨树和柿树等果树，在设计中尽可能给予保留，形成桃李满园、春晖一片的校园景观。

3.势临苍崖，兼得山水

在东南部场地地形陡然抬升，出现10m左右的高差，形成一道苍崖，可居高临下。其上为行政中心，形成独有的气势；高差下面，是一片平坦，可引捞鱼河水入园，接待区设施依水而建，别有洞天，临池垂钓，来往鸿儒的闲情雅致跃然而现，是学者叩问山水，修心养性之所。

4.蛛网体系，交织从流

交通布局采用多层环路为纬，放射性连接线为经的蛛网体系，虽然路网交织错落，但经纬分明，便捷高效，构成整个布局的结构网架。人车分流，构建步行友好的校园环境。

5.组团结构，井然有序

宿舍、教学楼的布局采用组团形式，教学区与宿舍分内外圈布局，并在人流主要道路上分别形成"生活街"和"教学街"，两街在一线上对接，方便快捷，关键地段用二层廊桥跨越主环路的车流。这样处理，功能分区明确，建筑内外空间井然有序，变化丰富。

6.绿道如辐，向心格局

与由教室夹道而成的"教学街"相对应，建筑之间形成的自由式锲形地带，成辐射状，向心收缩。因为建筑布局而形成的这个过渡区域，很自然地成为绿化和景观设计的重要部分。"教学街"上的规则式种植与锲形绿地的自然果林，形成间有严肃与活泼的校园氛围。

建筑方案：现代建筑，地域特色。

强烈的高原阳光和红土地上的自然生命和非生命的绚丽色彩，以及西南边陲上丰富多彩的地域文化，为现代校园建筑设计提供了无限的创作源泉。

除图书馆、行政楼，应其所处地位和建筑形象要求作为标志性节点外，其余建筑均设计为建筑组团式布局，建筑并非占据空间而是相互围合以形成积极的外部空间。各建筑组团平面均为标准化单元，或标准化单元+活跃元构成，各自独立，可分可合，以满足灵活划分、分期建设的要求，同时降低建造成本。

建筑结合地形，巧妙处理已有的地形高差变化。如休闲接待区内连续迭落的院落空间，教学楼群下部的架空层停放自行车以及场地东部隆起的绿化带处理。建筑空间必须考虑室内外的景观面。

立面处理力求纯净、简洁、流畅；建筑色彩上富有地域特色，从孔雀羽毛中提炼了三种富有代表性的色彩作为建筑色彩；充分利用高原阳光，使建筑立面具有强烈的明暗对比，而显得异常生动活泼。

▲ 图书馆室内
▼ 行政中心

▲ 公共教室
▶ 院系教室二
▼ 院系教室三

中共中央党校位于北京海淀区，颐和园之北侧。现址校园始建于1950年代，目前总占地余1535亩。整体建筑布局基本为中轴对称，主体建筑群从南门开始，一线展开，由此区分东西两大园区。西部园区已建成，为仿古国粹山水园林，湖石拱桥，曲径通幽，亭台楼阁点缀；东部园区原为小学校区、家属区和营房区构成的平房区，基本肌理为四合院落。这些平房在近年来校园的扩建和改建过程中被逐渐拆掉，东区的园林曲水已经延伸到东区，湖石和花岗岩水岸也随之而至，营造水景园林可谓不遗余力。

针对这样的地方，委托方的期望也非常高，“全国样板，国家典范”的“世界一流”被作为评价设计好坏的标准，并决心不惜代价，期待着“非常景观”的营建。所以，一个月后，当设计者将一个“寻常景观”的方案呈示给校方的时候，具体管理部门的人都担心

中共中央党校东区景观

主要设计人：俞孔坚、李迪华、石春、尤文元、贾军、苏馨兰、王浩、张波、林里
设计单位：北京土人景观规划设计研究院
建设地点：北京市海淀区
设计时间：2005年5月－2005年7月
竣工时间：2006年5月
占地面积：40 000 m²

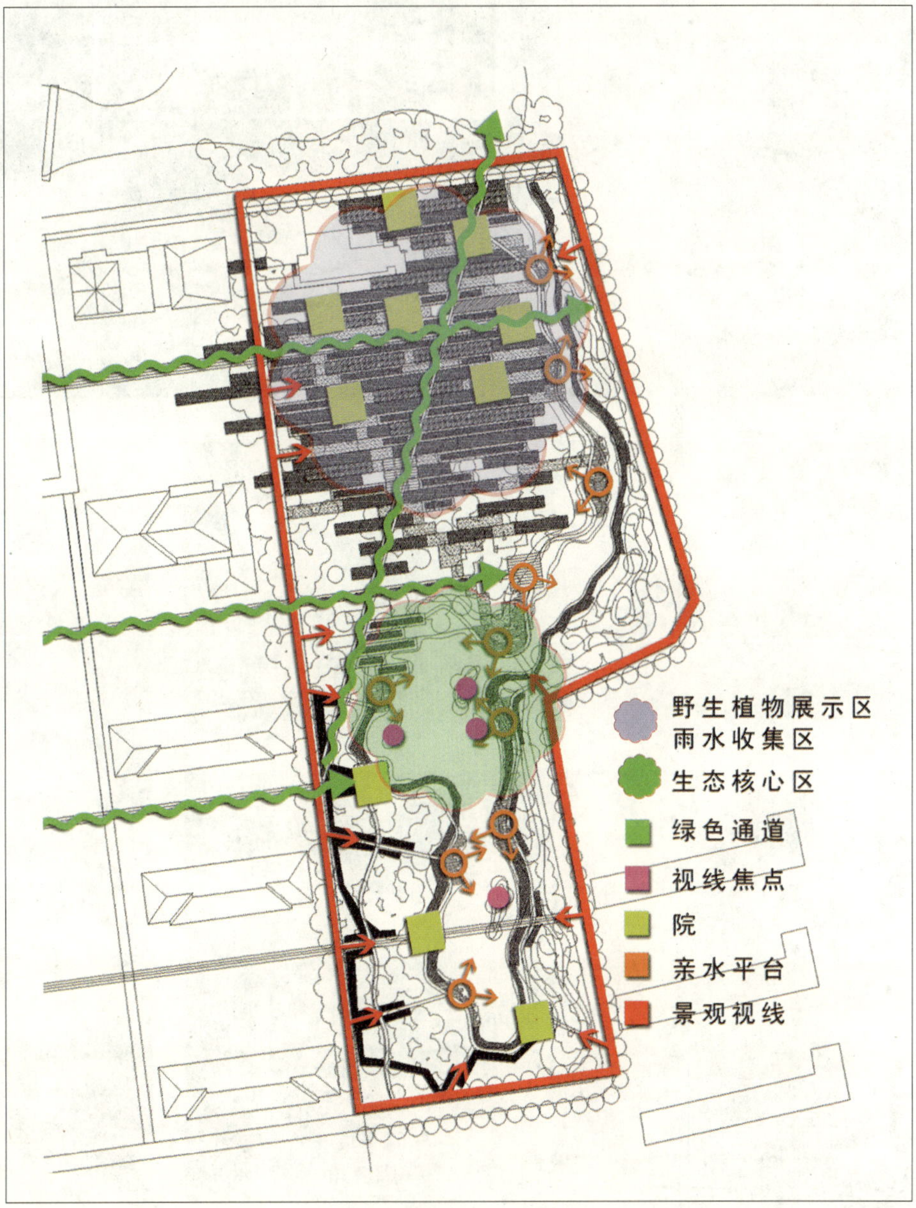

▶ 总体景观结构

“这样寻常的方案能被决策者接受吗？”它既没有威严的轴线和奇特的构图，也没有金碧辉煌或是精致玲珑的园林建筑；既没有大树和怪石，也没有花坛浮雕；既没有奇花异卉的装点，也没有花岗岩汉白玉的铺陈，一切都是普通而价廉的。

令人庆幸的是，在一个有建设部、科技部领导和党校决策者组成的评审会上，这个以构图简洁、野草繁茂、造价低廉为特点的“寻常景观”被顺利地接纳了，并在一年之后，完全建成。

场地现状有众多问题，给设计提出多方面的挑战和机会：

1．场地毗邻学院宿舍区，是晨读和傍晚散步的好去处。如何满足这一功能，是本设计是否“有用”的评判标准。

2．场地上有许多树木，包括毛白杨、刺槐、白蜡等，它们是原有景观的历史遗存。如何保留场地林木，并有机地结合在新的设计中，同时让它们成为场地记忆和故事的元素，这是设计能否具有意味性的一个挑战。

3．水岸硬化，缺乏生态性，生物和水生植物鲜见，水质较差，水体的可达性和整体绿地的使用效率低。如何打破现有硬化水系的僵局，恢复和营造良好的水生态环境，并能使之具有可达性和亲水性，是本设计是否具有生态性和人性化的最主要挑战之一。

▲ 透视图
▶ 林中生态化改造－手绘一
▼ 林中生态化改造－手绘二

◀ 建造过程，地形与场地肌理
▶ 鸟瞰图
▼ 总平面图：寻常聚落的胡同肌理

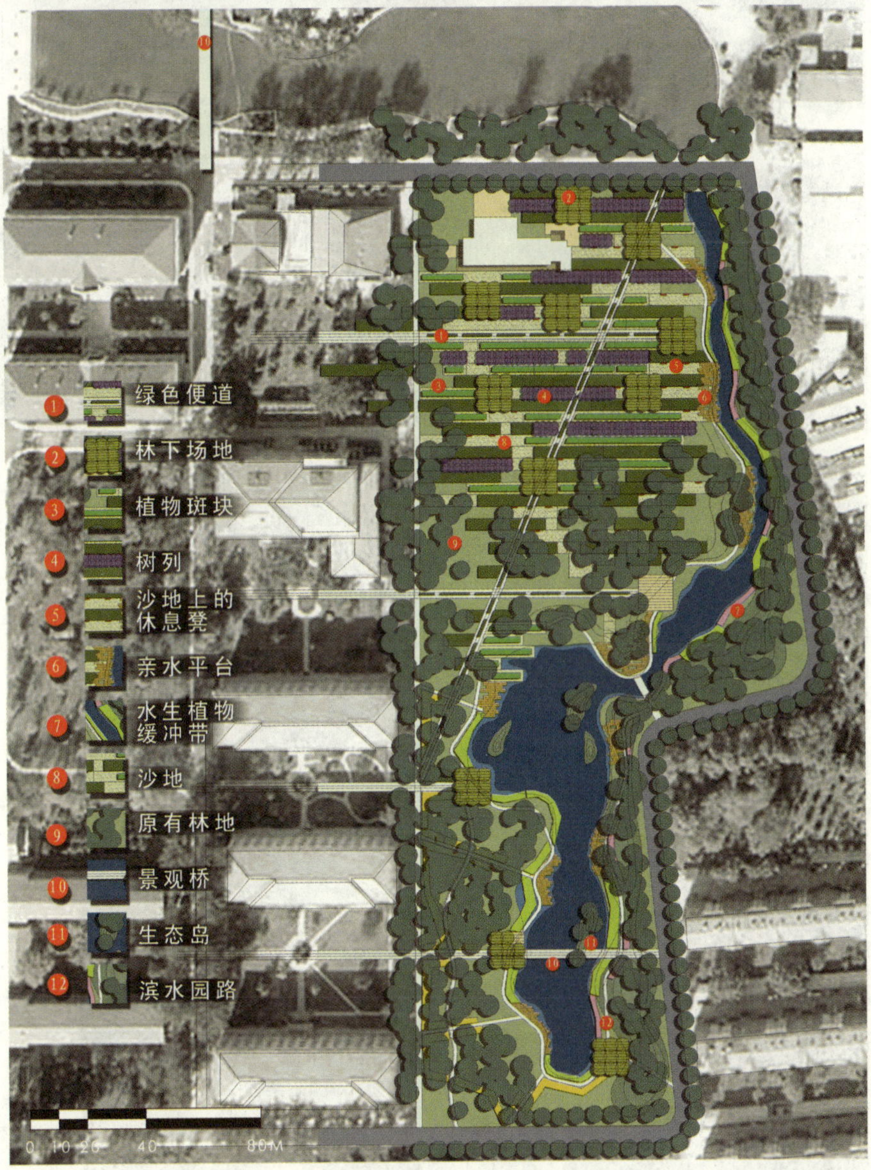

4．作为一个非常之地，具有强力的符号意义和象征期待，是党在新时期的思想路线和精神风貌的展示，也具有对全中国各级决策者如何进行城市景观建设的示范作用。于是，如何体现和彰显中国共产党的开放精神和创新态度、关于节约型社会和节约型城市的求真务实的作风，便成为本设计的最主要挑战。

于是，有了白话式的寻常景观的设计，设计对策与特色：寻常景观。

1．从寻常百姓人家和日常人的需要中，寻找场地肌理

保留场地内的全部树木，整体布局采用场地曾经的四合院和胡同肌理，条带状的种植带为房屋基地的意象，并与作为胡同意象的砂质步道相交替，其间分布方块状的"四合院"；条形种植带为密植幼苗，而"四合院"内为砖块铺地，植柿子树，形成满堂庭荫，树荫下布置休息座椅。这种近似于当地聚落的空间结构和尺度，旨在唤起相应空间体验的记忆；同时将场地西侧的学院宿舍区与东部水系景观建立视觉和便捷的步行联系，为学员的休憩提供方便。一条斜向对角直路与东西向的条带肌理相交叉，沟通西南角和东北角，从而建立了场地南北向的联系，也是从宿舍区通向校园主要环路的便捷路径。

2．针对常见的环境问题，采取生态化的解决途径

下垫面与河道硬化，是当代中国城市环境普遍存在的问题。作为一个生态设计的示范项目，本设计砸掉了现有水泥堤岸，改造成生态护岸，沿水际种植多样化的水生植物，形成滨水植物群落，在水中留有供水禽生活和繁殖的鸟岛，大大改善了水际和水体的生态和视觉景观。在此基础上，设置亲水木平台，成为学员们早晨或傍晚读书和交流的场所。

场地中的下垫面设计全部为可渗透材料和工艺，使场地内的雨水都直接渗入地下。

3．乡土野草与树苗之美

在植物材料选用上，多为乡土物种，包括大量野草的使用，体现节约型绿地和可持续性景观的思想。举国上下大树进城令人倍感忧虑，本设计中大量使用小苗来形成种植条，计划随时间演进而逐渐梳理，使绿地具有苗圃功效（遗憾的是，因为种种原因，这一设计意图没能在施工过程中完全实现，本来的苗木种植条带最终被花灌木所替代，这是设计者所不愿看到的）。

设计在保留和显现场地原有肌理、树木及记忆的基础上，力图营造生态化、人性化、具有场地特色、同时有时代感的景观；为中央党校这一非常的校园创造一处新时代的体验和教育空间，体现新时期一个执政党的开放务实、面向未来、倡导节约、不求奢华的精神状态。这个寻常景观设计的实现是值得倍加庆幸的，不但因为它是可持续景观和节约型绿地的一种尚算成功的探索，更因为它在一个非常之地，被一群非常之人所接纳，并期待为更多非常之人将其精神带到全国各地，使中国大地能尽快摆脱"花石纲"式的非常园林之危害。

▲ 建造过程，地形与场地肌理

◀ 林中生态化改造–现状

▼ 水岸的生态化改造，现状与改造后效果图

CCTV媒体公园是位于北京CBD的新CCTV建筑群中一个开放的空间。关于它是归属于城市抑或CCTV仍值得争论，但如何使用媒体手段让公共空间更有公共性，更是一个需要探讨的有意义话题。

URBANUS都市实践和北京城建设计院谢晓英工作室提出的CCTV媒体公园方案很好地平衡了在公共空间中常见的公私对立的矛盾。媒体公园的主体空间是升起的台坡地，它既较好地覆盖了场地中大面积的原工业建筑的浅基础，又使它作为未来CCTV的外景地能有效地与城市街道剥离。通过旋转这个斜台地，制造了联结南北面城市主路的一个独立的三角形场地——电视广场。

台地的挡土墙为电视广场提供了一面起居

CCTV媒体公园

主要设计人：孟岩、王辉、刘旭
设计单位：都市实践建筑设计咨询有限公司
北京城市建筑设计研究院
北京蝶梦景观设计有限公司
建设地点：北京市
设计时间：2006年（方案）
占地面积：196 960 m^2

▼ 鸟瞰图

室式的背景墙面，无数电视屏像从墙缝里绽放的鲜花，把各种节目放映给广场。电视曾是把人离散到各自居室里的力量，但这样的街头电视墙又把人重新凝聚到公共空间之中。

台坡地的铺装沿用了OMA在整个CCTV群体环境设计中的像素点概念。但在这里，不是那个无中生有的皮拉内西的罗马城图案，而是一个匀质的像素点阵，它使这个公园成为世界上最大的一面屏幕。它借用了"媒体"的主题，同时让种植成为一种表意的工具：每一个像素点，都是一个可置换的种植单元。通过播种不同的灌木或花卉种子，有计划地变化每个像素点的色彩，从而使整个画面图案不断变化。而种植的选择权可以完全交给每天都面向它的CCTV大楼的办公人员。这种让使用者游戏是经营公共空间的一种思路。工业革命以后，人类和土地的关系越来越疏远，种植在城市中成为少数人的职业，而不是人人的爱好。城市绿化仅仅是视觉上的对象，而不是可参与的活动。而我们提出的这种像素点设想，则以种植为媒介，使公共空间成为一个公众游戏的棋盘。

▲ 南向剖面图
▶ 北坡道
▼ 媒体广场一

▲ 花开花落
▼ 媒体广场二

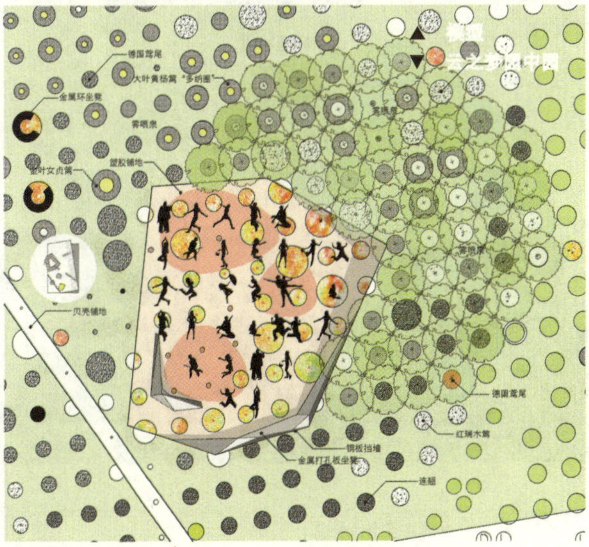

规划设计理念源自于两大方面：从教育角度对新校区规划的探索——鼓励求知、校园空间的营造围绕学生的求知过程展开；从昆明理工大学本身的历史发展对新校区规划的探索——传承历史、联结未来。以上两方面概括为八个字"知行合一，时空会结"，就是本规划的核心理念。

复合多元的教育观——知行合一。让学生在新校区内，由日常行为中汲取知识，求知过程与学习生活的轨迹合为一体，便是知行合一。这主要通过教学区的步行主轴及景观水轴的设置予以体现。学生们在沿轴线两侧排布的一系列建筑空间内部、在轴线上各种户外空间里学习、研究、讨论、交流，沿轴线行进的过程始终是求知的过程。

昆明理工大学呈贡校区校园规划

主要设计人：许懋彦、巫萍、喻晓、白帆、黄建志、邬南熏、聂小东
设计单位：北京清华城市规划设计研究院
建设地点：云南省昆明市呈贡
设计时间：2006年3月
占地面积：1 320 000 m²

▼ 图书信息中心

永续发展的历史观——时空会结。昆明理工大学拥有丰厚的历史。50多年的风风雨雨，历经多次变迁，时间的、历史的片断在此会聚。在新校区的规划中，希望通过空间的塑造，将昆工的历史沿革予以体现，校训校风予以传承。校园主要景区、主要广场的命名均由此而来。这既是校园文化传承的具体表现，也为未来学子接受传统教育创造了精神场所。教学实验区内三条步行景观轴线相互交结，这是空间的会聚与连结。藉由轴线的会结，传统学科与优势学科会聚，在新的学府环境中，更激励学科的交流与创新，以造就未来的新硕果。并且，随着东西主轴继续向东延伸，也预示了昆工持续发展的未来。

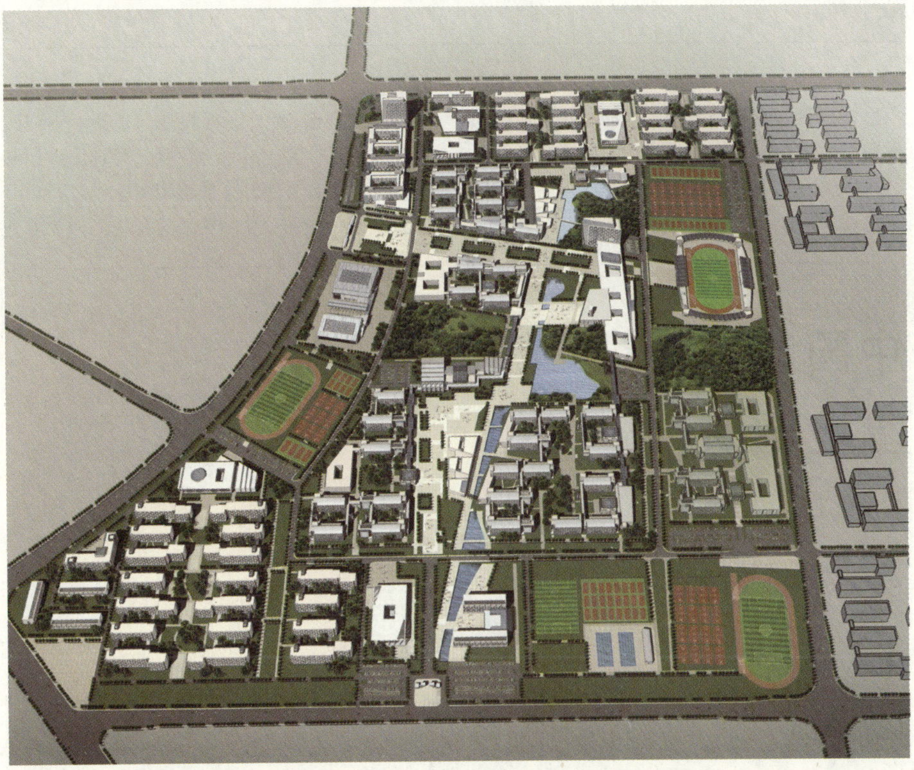

▲ 校园总体鸟瞰图
▶ 院系教学楼
▼ 学术交流中心

为提高我国纺织产品附加值，走出低水平重复建设和资金消耗型的怪圈，在全球纺织服装供应链中占据有利地位，上海华汇流行面料工程发展有限公司拟在上海市松江区建设中国流行面料工程研发产业基地，形成具有国际市场号召力的中国流行面料高端研发平台。

功能分区：基地一期规划用地分企业研发区、总部办公区、展示会议区、培训服务区和中心景观区五个部分，景观河道东设流行设计区。由中心景观轴和中轴路将用地划分为专业区块和综合区块两大功能区；加上景观河道东侧的流行设计区，在"T"字形景观轴的构架下形成南、东、北三大功能区块。

空间构成：通过这些有机的组团围合方式，组织形成了以水景绿化为核心的水景苑，

中国流行面料工程产业研发基地规划

主要设计人：许懋彦、白帆、黄建志、邬南熏、聂小东、哈成、方淳

设计单位：北京清华安地建筑设计顾问有限责任公司

建设地点：上海市松江区

设计时间：2006年3月

占地面积：164 000 m^2

▶ 主入口景观轴鸟瞰图

▼ 中心街景

在空间景观上与中轴景观带相辅相成，以不同的景观特性构成园区内丰富而统一的景观空间主题。流行设计区以景观河道为核心，以线型和点状的建筑构成。结合河道景观和绿化带景观要求，力求反映水乡开放恬静的田园空间风范。

建筑设计：基地建筑设计坚持现代感和地域特色相协调，使用的合理高效与感观的简洁丰富相统一，力求刻画现代水乡型的特色专业产业研发建筑的风格特色。基地建筑整体外观以简洁的现代风格为主旨，白色基调下的灰黑饰面点缀；力求体型上高层、多层、低层适当匹配，体块造型的有序变化，从而塑造流行面料产业研发基地的园区整体形象。映衬于绿化环境中灰白相间的建筑基调，与五彩缤纷的纺织面料刚好是一种非常恰当的对比，并且寓意现代江南水乡型产业研发基地清新秀美的风尚。

▲ 整体鸟瞰图

▼ 小高层研发楼效果图

▲ 群组院落场景

▲ 食堂

▼ 群体组合

大连海湾工业区位于大连市普兰店市西侧，隶属普兰店市开发区辖区范围，东邻普兰店市城区，西邻普兰店海湾，规划总用地面积2 599 85ha。目前有沈大高速公路、沈大铁路经过，铁、公、空等对外交通十分便利。用地范围绝大部分为废弃盐田、虾圈及海水潮沟，由于近年来海水淡化，盐田趋于废弃状态。

由于本城市设计范围广、区域功能复杂，涉及到公共建设区、产业功能区、居住区、城市公园等功能区，单一的城市设计已无法涵盖所有内容，所以本城市设计采用区划法进行，在统一原则和指导思想引领下，将整个工业区分为中心区、机械工业产业区、IT电子产业区、居住区及公园等，根据各自的功能和规律进行设计。

大连海湾工业区26km²范围内，其城市空间形态多样多元，按公共空间形态种类

大连海湾工业区城市设计

主要设计人：曹亮功、陈鹏、刘佳、穆穆、白冰
设计单位：中国中元国际工程公司
建设地点：辽宁省大连市
设计时间：2006年6月（在建中）
建筑面积：6 937 403–11 459 140 m²
占地面积：25 998 500 m²

▼ 整体鸟瞰图

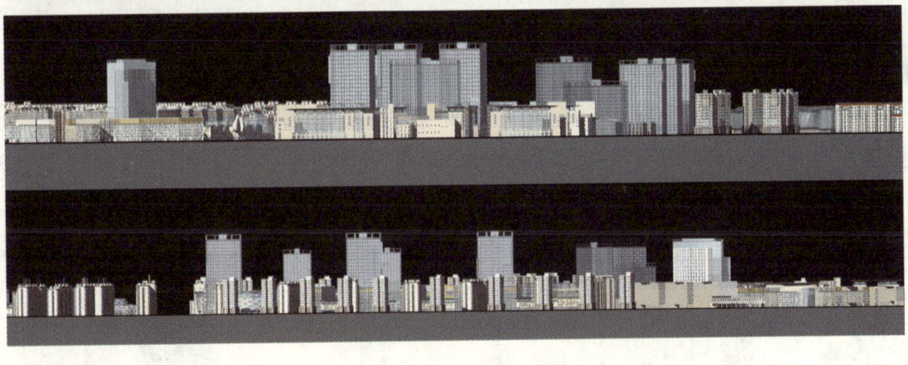

▲ 副商业中心鸟瞰图
▶ 步行街透视图
▼ 中心区立面图

可分为海湾形、河网形、山陵形、街市形……而这些丰富的空间元素又建立在一种有序的结构之中，这个空间结构就是"X"型——街道空间带与绿化景观带的交会融合。贯穿机械工业产业区、中心区、IT产业区的主干道街道空间共8个重要的空间节点，贯穿市民公园、鞍子河滨河绿带、滨河公园的绿景空间带也有7个重要的景观节点，两条空间带交汇，形成整个工业区的城市公共空间主结构。

本地域除海湾、河网、山陵、植被之外，没有其他地面的遗存记忆，不主张欧陆式、民族式等无依据的造型风格的建筑在此滋生，防止无根据的异形风格建筑的落户，鼓励与本地气候、环境、地方材料、地域经济相适应的研究成果反映在建筑设计上，提倡现代新颖、简约平实、开放明快的风格。

对于靠近海湾、河网、山陵、绿地的建筑可以从蓝天、灰蓝的海、绿色的树、褐色的树干、灰黄色沙滩等自然环境的色彩元素中提取相近的色彩。

该项目的设计意图在于提供一个整合的城市空间架构，就像新城市主义倡导的那样，以一个水平向自由伸展的、连续的多层尺度形体定义出场所的边界，形成"微缩的城市"。整体空间形态被区分为私有领域和公共领域两大部分，对于前者，容纳了教学、研究生培养、科研实验、专家楼等私密性的使用空间；对于后者，步行廊道和信息中心这样的资源共享空间在南北方向上将建筑紧密地联系在一起。

材料策略进一步延伸了"领域"的概念，私有领域的部分被赋以白色高弹涂料，不锈钢板和LOW–E玻璃，其间透明和不透明的相互对比，表达出建筑空间使用的确定性和目的性。错动和对位则暗示了交通空间和使用空间的不同。

而因应业主要求和建筑需要设置的信息中心和联系廊道，作为公共开放性的领域，是在业主尚未明确使用目的的情况下出现的。于是

东南大学苏州研究院校区一期（实施方案）

主要设计人：高庆辉、袁玮、林冀敏、孙霄奕
设计单位：东南大学建筑设计研究院
建设地点：江苏省苏州市工业园区
设计时间：2005年9月（在建中）
建筑面积：41 880 m^2
占地面积：45 455 m^2
摄影者：高庆辉、马晓东、李亚伟

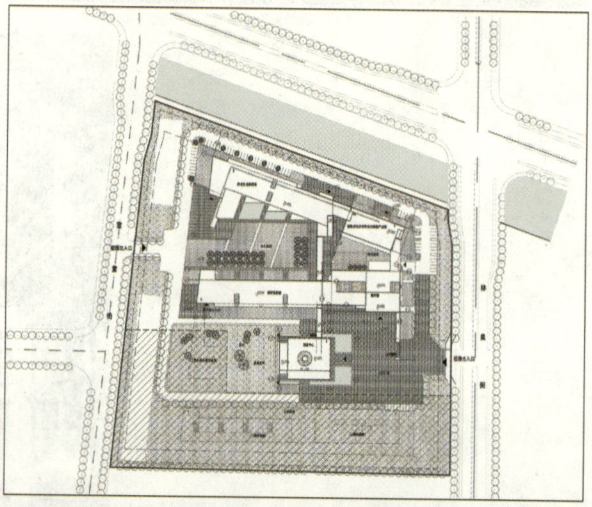

▶ 一期总平面图

▼ 东北侧道路转角透视

▲ 东侧道路透视

▲ 信息中心透视

◀ 一二期东北侧鸟瞰

◀ 研究生培养用房北侧局部透视

它们被一层半透明的材料——夹层聚碳酸酯板和U型玻璃连续地覆盖，在白天由于朦胧而未知，而在夜晚则透明发光，这种对于"矛盾"性和"不确定性"的表达所产生的戏剧性效果，也是对当今缺乏普遍秩序的建造活动的一种暗喻和讽刺。

信息中心中聚碳酸酯板和双层U型中空玻璃幕墙的结合使用，不仅是对"自由立面"这一现代主义精髓的传承——对表皮表达上的考虑，也意图在节能上获得对传统中空玻璃的超越。底层架空作为服务空间使用的四个混凝土角筒，是为了将大多数使用空间腾出来连续使用。同时，它也是建筑结构的主要竖向支撑，人们可以从中部的弧形楼梯延伸至二层以上，在天光的指引下到达三层。三层的平面竖向绗架加强了建筑的整体刚度，悬吊起两层楼板，为室内无柱连续的使用空间提供了可能。（本方案原由东南大学建筑设计研究院韩冬青教授、高崧教授等中标，经过本次设计人员调整后确定为实施方案。目前处于在建中，预计2008年4月竣工。）

靖江市人民路13号地块位于靖江市中心区，拟建项目为建行、邮局和写字楼的综合体，用地面积约4 429m²，规划总建筑面积17 000m²（不包括地下面积）。本地块具体位置在靖江市人民路与骥江路交口，是靖江市城市空间和城市功能的重要节点，在靖江市城市结构中占有重要位置。该项目区位优势明显，交通便捷。周边商业、金融业、政府部门高度集聚，西面即将建成绿化公园，坐拥优质景观，人文气息浓郁。

什么样的设计能够发挥地块的优越条件，吻合人们的巨大期望？本地块西临人民路，北临骥江路，东临工行办公楼，南临团结路，是靖江市交通密集地段，交通条件优越。西面绿化公园作为城市中心开放空间，预计将对人流产生巨大引力。新建项目必须合理组织人车流线，尽量避免增添交通压力。建筑退让按规划要点控制：西侧退人民路红线15m，北侧退骥江路红线12.5m，南侧退团结路红线8m，东侧与工行间距9m。本地块地面面积较为紧张，需要综合各种因素进行布局。机动车出入口安排在基地东侧，共设置骥江路和团结路两个出入口。为确保沿街面的连续完整，地下车库出入口设置在建筑东面，与西面办公入口形

靖江市人民路13号地块设计

主要设计人：韩冬青 徐琦 刘弥 许昱歆
设计单位：东南大学建筑学院
建设地点：江苏省靖江市
设计时间：2006年（方案）
建筑面积：16 591 m²（不包括地下面积2 770 m²）
占地面积：4 429 m²

▼ 效果图

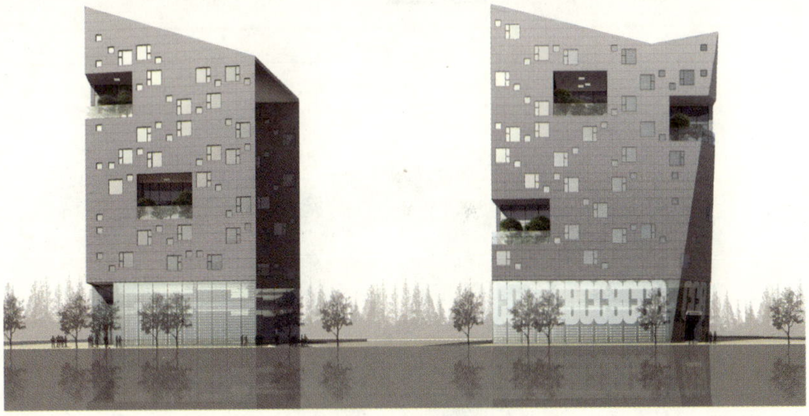

▲ 技术图纸-立面一
◀ 模型照片
▶ 技术图纸-立面二

成剖面上的错位关系，尽可能节约空间。银行金库安排在地下室尽端，与其他办公车辆合用一个双车道入口坡道。沿东侧消防车道安排地面临时非机动车停车位。沿人民路、骥江路、团结路三面除办公入口外，全部为营业面。银行和邮局的办公出入口全部安排在东面。办公主入口安排在沿人民路立面的中段，在东面另设办公的疏散出口。底层平面安排三项主要功能：建行营业、邮局营业、办公门厅。建行位于人民路和骥江路转角，底层面积750m²，满足设计任务要求。邮局位于人民路和团结路转角，底层面积560m²。办公门厅位于沿人民路立面的中段，计200m²，挑空两层，空间开阔。平面分区明确，流线清晰，空间集约，使用方便。

本设计从垂直维度来看，1～5层安排建行和邮局的营业办公，6～11层为写字楼办公，其中11层为顶层豪华办公层。传统的办公模式，即国内普遍的办公模式，流水线化，识别性和人情味不足，生态指标恶劣。

庭院：庭院既是中国空间文化心理的普遍指向，在城市环境中又具有重大的生态意义。我们的办公模式：将庭院糅合到传统办公模式中，创造一种介于人工与自然之间高品质的办公环境。庭院策略具体通过两种途径得以实现：从3～10层，采取设置边庭院的方式。既弥补了建筑东西面过长的弱点，又使办公环境与西侧在建的绿化公园形成良好互动。顶层豪华办公采取内庭院的方式，在都市上空形成高品质的生态办公环境。

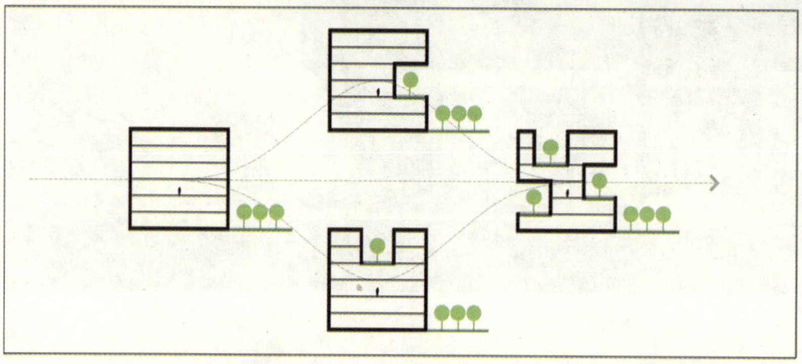

▲ 置入环境效果图

◀ 庭院办公

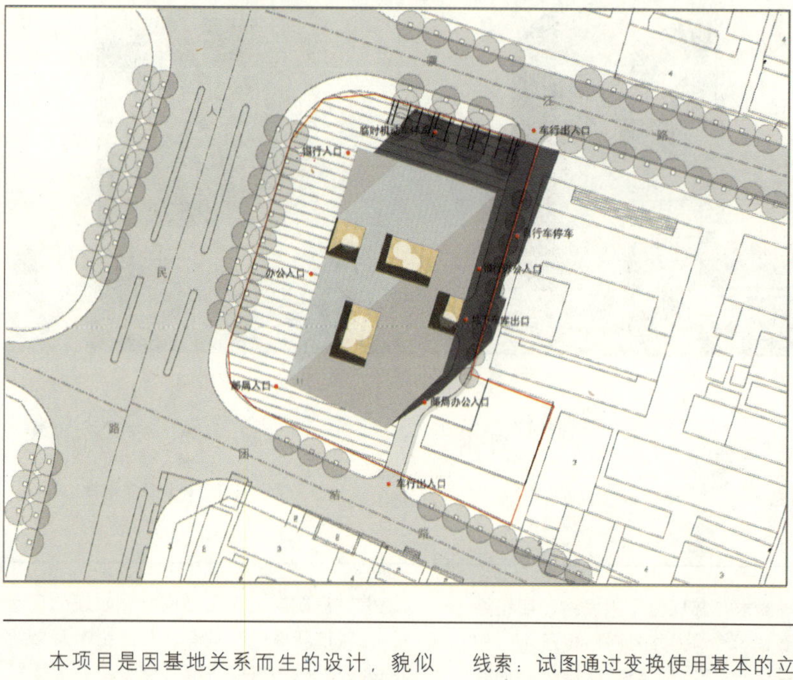

◀ 总平面图

本项目是因基地关系而生的设计，貌似复杂的形体变化并非手法的炫耀，而是在清晰的形式逻辑下认真协调了各种限制条件的结果。形体操作的逻辑发端于建筑退让线所限定的区域，依面积指标形成基本体量。顶面的变化和角部的切削扭转了基本体量的方向性，使之与城市环境的关系更为明确。最终在立面和顶面上分别植入边庭院和内庭院，完成了最终形体轮廓。立面开窗术的研究同样具有清晰的线索：试图通过变换使用基本的立面开窗单元来组织整个连续立面。第一步是确定基本的立面单元。首先通过对人体尺度的研究，找出基本的300mm模数，然后用此模数将由层高和半柱跨形成的区域网格化。在此区域中去除柱宽和梁高，最后得出3600mmx2700mm的立面基本单元。第二步是确定基本的立面开窗单元。设置三种窗墙比不同的基本单元，考虑到节能因素，分别适用于西立面、南北立面、东立面三种情况。基本单元经过旋转、镜像等操作，分别各自衍生出三种变体。这样，一共可以得到十二种立面开窗单元，作为立面组织的基本代码。将基本代码拟合于各自适应的立面，得出立面图谱。在立面阳角转折处加以调剂，缝合相邻立面，确保立面的连续性。将立面图谱翻译为实际形态，得出展开立面。将展开立面包裹在形体轮廓上，完成最终立面形态。

在悠远辽阔的辽河流域，渔猎林海，游牧天下的满蒙民族，以其粗犷、直接、纯净、鲜明的地域文化特征，冲击并交融着以农耕文明为主的厚重的中原文化。通过战争、冲突、沟通、融合和谐互动，共同构筑了色彩斑斓的华夏文明。

在地理上辽河出海口的石油新城——盘锦，恰恰在历史上又是远古时期红山文化的发源地。历史与地域、时间与空间上的交叉，促使当地政府决策建设辽河文化广场与辽河美术馆，作为辽河文化的坐标，以弘扬民族文化，抵御国际化大潮的冲击。

整个工程以内敛的传统中国庭院式的美术馆工程与开放的辽河文化广场组成，中心处以红山文化的"玉猪龙"玉雕作为整体建筑空间的图腾。两种空间的组合恰如上述两种文化的并置，并以"龙"符号作为相互沟通的语言。

美术馆包含着艺术展示空间，在享受内

辽河美术馆及辽河文化广场规划建筑设计

主要设计人：康慨、王世群
设计单位：沈阳都市建筑设计有限公司
建设地点：辽宁省盘锦市
设计时间：2005年
竣工时间：2006年
建筑面积：11 300 m^2
占地面积：5 700 m^2

▼ 效果图

部空间和谐的同时，参观者可通过联系内外的环廊与坡道，庭院与天井欣赏到外部的自然环境。文化广场体现着与社会自然的渗透和联结，以硬质景观设计为主的文化广场，配有下沉集会广场与儿童嬉戏场地，提供多方位的市民活动空间，又可为大型室外展示提供了场所。以自由曲线形的"玉猪龙"中央广场作为过渡，拾阶而上便是建在水面上的美术馆，夜晚的反射灯光，使美术馆犹如飘浮在夜空中的冰山，刚柔相济，宁静优雅。

美术馆建筑以清水混凝土结合钢与玻璃作为外饰面材料，简洁大方，充分体现地域人文特征。建筑组合空间除借鉴传统式园林空间加以体现外，屋顶处采光斜天窗，处理成民居坡顶的隐喻。努力使单一的建筑空间向深厚的文化品质升华。

室内建筑构件以铜和木材与清水混凝土结合，使清水混凝土这种中性介质产生了柔若绸缎的品性。铜板的运用又是对金戈铁马的游牧文化特征的诠释。建筑室内空间的联结与过渡均以光线设计来控制节奏，通过展厅空间的封闭与过渡空间的开放，以及一束束的天光的流淌，让参观者体会光线的变幻与光影的律动。在1 200米的展线布置上，采光基本上以洗墙的自然光作为主照射光，便于还原艺术品的原色彩，并最大可能节省能源。

▲ 局部
◀ 室外
▼ 展厅

设计者选择了一片森林中的空旷草地，在"LA FETE DE MAI"国际地景艺术创作营规定的十二天内现场制作了这件作品，质材采用镜面不锈钢，使天光与树林背景在几十个不同角度的镜面中折射出来，作品与大自然融为一体。在这个载体面前，人可以看到不同角度的自己，同时也能观照大自然，作品创意有一个诗化的表述：

只有来自天堂的水晶，才能折射出大自然与人类的真善美。在大自然的背景里，你可以看到自己的灵魂，而洁净的灵魂，永远来自天堂的启示。

天堂回放的水晶

主要设计人：伍时雄
建设地点：比利时那慕省莫兹园区
建造时间：2006年5月
占地面积：500 m^2
材料：不锈钢
摄影者：伍时雄

▶ 比利时森林园区
▼ 作品近景

中关村西区的建筑及景观是中国高科技产业发展的重要形象与标志。科技区内有众多的功能性设施（出入口、通风口等），在其景观设计中，如何运用造型手段进行处理，成为一个重点思考的设计点，也成为营造整个景区气氛不可忽视的元素，也是提高场合品质的主要手段。

中关村西区的建筑者、景观设计者与艺术家共同研讨给予高度评价与认同。西区的重要区域及场合有重点地运用工艺手段对出入口的围栏、通风口的造型、电梯升降构筑物及景观中膜结构进行系统的艺术化形象创意设计，营造整个西区科技园的时代气氛。

中关村西区地下出入口、通风口艺术设计

主要设计人：秦璞
设计单位：中央美术学院雕塑系
建设地点：北京市海淀区
设计时间：2002年6月
竣工时间：2005年10月
摄影者：秦璞

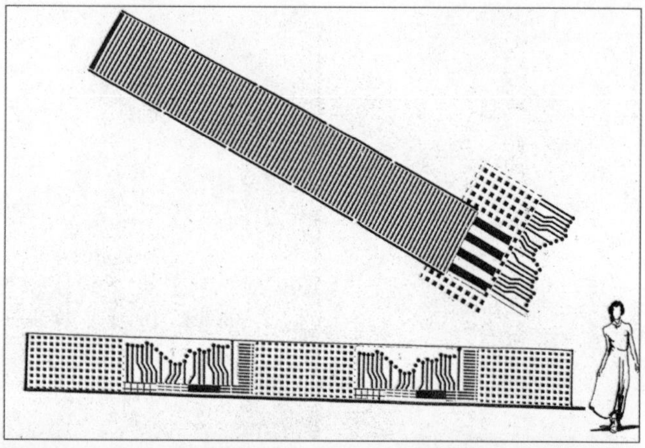

▶ 原创手稿
▼ 地面细部

▲ 出路口

◀ 近景

◀ 细部

▶ 围栏

贵阳歌剧院是贵阳市中区新建设成的一座富有时代感的建筑，也是该地段的地标性建筑，并担负着弘扬与交流贵州地域文化的艺术场所。在此基点上，采用贵州少数民族欢庆节日的芦笙为雕塑主体元素构成歌剧广场环境景观，并运用现代构成的简洁明快的手法，形成富有节奏韵律的视觉音乐语言。雕塑采用不锈钢喷涂与周围的环境形成鲜明的色彩对比，雕塑的尺度依环境而定，与环境形成恰当的比例关系，和谐优美。雕塑的象征意味体现了地域文化的特色，提升了歌剧院的景观环境品位，在整个建筑景观中起到了画龙点睛的作用。

芦 笙

主要设计人：秦璞
建设地点：贵州省贵阳市
材　　质：不锈钢喷涂
尺　　寸：高4.7 m

◀ 芦笙

东郊工业区曾是成都上世纪50～70年代以电子工业为代表的国家重点企业集中地，是成都在全国引以为傲的一段辉煌历史与城市记忆，是成都当年的“城市名片”。如今，随着国家产业结构的调整和城市区域的新规划，东郊的区域性质将由工业区转换为居住生活区。

但城市的记忆需要延续，该项目即是对原区域内的某厂大型机修车间厂房（长100m，宽60m，高10m）进行同步性质的转换再利用。从生产使用性质转换为文化生活空间载体。借用原厂房建筑提供的场所精神，以成都从古代至现代的制作、手工业、工业的历史陈列为背景，创建崭新意义的工业文明主题博物园区，使其成为整个沙河改造中最具实质意义的亮点——记忆的辉煌与涅槃的新生，同时策划以工业博物园区为中心，利用周边老工业区内众多废弃旧厂房，引入创意产业，成为中国西部“创意产业”的策源地，成为成都的又一张崭新的城市名片与文化地标。

成都东郊工业文明博物馆

主要设计人：许宝忠（创意）、周炯焱（主持）、唐智新、段禹农、续昕、林建力等
设计单位：许宝忠设计组
四川大学环境艺术研究所
建设地点：四川省成都市建设南路麻石桥
（原82厂厂区）
设计时间：2004–2005年
竣工时间：2005年12月
建筑面积：6 000 m²
占地面积：7 500 m²
摄影者：孙文强、周炯焱

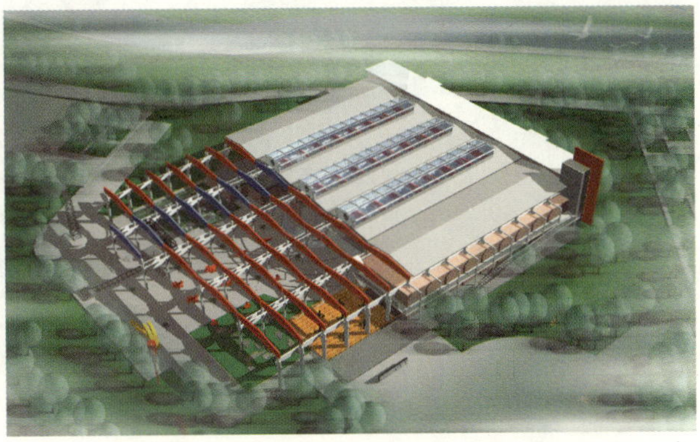

▲ 鸟瞰图
◀ 室内–时尚新闻发布区
▼ 远景

▲ 创业产业园区外观

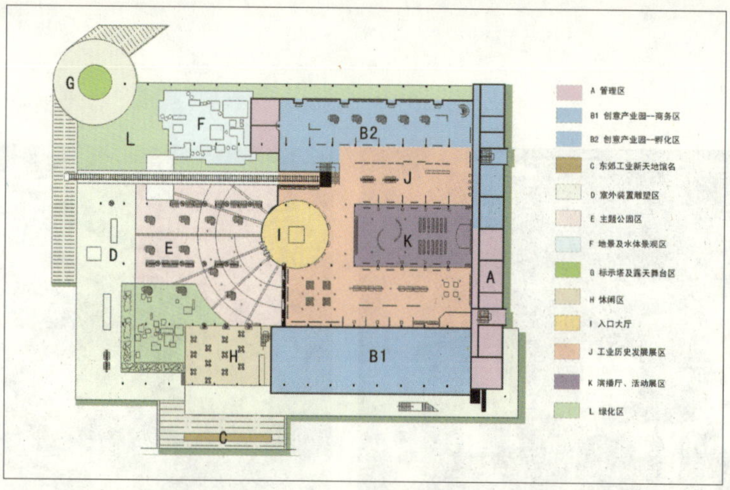

◀ 一层功能分布图

◀ 主题公园历史记忆区

▶ 室内-古代现代手工业制作展示区

▼ 室内-工业历史陈列区

红色记忆是作者对特定时代的童年生活的真实描绘，它直接采用一种单刀直入的方式，特征极其鲜明的形象（包括鲜红色）呈现在尽可能单纯的背景上，表现了突出单一性的一种生存状况。这种单一性，是一种观念的裁减，一种超载的卸脱。创作手法摒弃了形而上的简单图解，相对写实的造型，没有更复杂的形式和主题叙事，但却具有一种直指人心的视觉魅力。这些小红人虽个个瘦体嶙峋，瑟瑟发抖，或者恐惧、迷惘、孤独，但他们的内心是健康的，美好的，纯真的，现实社会的阴云和物质的极度匮乏并未能遮挡住他们心灵的阳光，设计者想让每个人都看到自己记忆中属于自己的那片阳光。

红色记忆

主要设计人：陈文令
建造时间：2006年
材料：玻璃钢
尺寸：2.8×1.5×1.5m

◀ 红色记忆一
▼ 红色记忆二

作品中炫耀着爆炸式的欲望和牛殖力的猪，在这里变成了张牙舞爪的恐龙，它已经幻化成代表着消费主义和物质主义的无止境私欲和索取的暴力形象。在人类潜意识里的阴影，任何人都不可能对暴力在人类事务中惯常扮演的角色毫无知觉，把暴力看作是边缘现象。这里所指的是代表消费社会的物质主义的暴力，它服务于人，为人所乘骑，满足人的欲望和贪婪，带着踌躇满志的人们奋力一搏冲上事业的顶峰，然后又带着你坠入深渊。

英勇奋斗

主要设计人：陈文令
建造时间：2006年
材料：青铜
尺寸：7.5×4.8×2.1 m

▲ 英勇奋斗一
▼ 英勇奋斗二

作品提供了一些传统符号的痕迹，如山石、梅花等等，它所表现的是中国传统文化的精神世界，是中国人以独特的观象方式所表达出来的对宇宙和生命的认知。应用高科技感的不锈钢材质则充分表达了现代文明所充满的机械的无情感和科技的武断性，光滑的曲面和流畅的线条体现了一种精确感，也缓解了那种紧张的、冰冷的感觉。抛光后的不锈钢材质反射出周围环境的影像，并使其扭曲和破碎成毫无真实感的幻象。这也是一种紧张冲突和融合共生的矛盾关系。作品以超现实的山石消融流淌的图景，表现了一个虚静空明、静观默想的纯化世界，关于融化、流淌、凝固的主题让人体味着时间的可变化性和空间的无秩序性，试图唤起人们对自身日常的参照系统和外部世界的重新审视，从而寻找到一个内在与外延相互平衡的临界点。作品中历史与现实、抽象与具象、幻象与现实相互冲突、相互投射而又同存一体，突出了现代文明与传统文化之间的解构与重建，传递与融合。

中国风景

主要设计人：陈文令
建造时间：2007年
材料：青铜
尺寸：5.05×4.86×2.30 m（大）
1.55×1.82×1.00 m（小）

▲ 中国风景一
▼ 中国风景二

由中国雕塑家学会、天津美术学院主办，人文纪念公园承办的“中国当代雕塑家实验雕塑肖像展”于2006年12月2日至12日在天津美术学院举行。展览云集了国内美术院校和雕塑界有代表性的的雕塑家，展现了雕塑界平时很难见到的带有“实验”性质的30余件肖像作品。这批作品，在梳理“传统”的基础上，在观念上，在材料上，在语言方式上，都做出了突出的成绩，为中国当代肖像雕塑创作提供了一个有意义的范本，也为雕塑未来发展开启了很多可能的方向。

人文平台——中国当代雕塑家实验肖像作品展

▼ 吕品昌《张自忠》

▲ 景育民《英雄》
◀ 霍波阳《孙犁》
▼ 段海康《于是之》

◀ 王中《梁启超》

▼ 于世宏《刘炳森》

▼ 李占洋《新凤霞》

▲ 陈云岗《宁为玉碎》
◀ 朱尚熹《马三立》
▼ 焦兴涛《小白玉霜》

古戏台让人有震撼的感觉。

首先是复制的力量，它让人们产生对近乎是无所不能的复制技术的可怕感觉。在一个技术的、充满了工具理性的时代，复制的力量成为一种可触可摸、既真实又虚假的现实。对一个真实的古建筑用不锈钢材料的原样复制，代表了作者内心的那种孤注一掷的狂热和做到极致的凶狠。

面对这个巨大的让人震撼的金属复制品，让人产生一种相当复杂的感受：它是真实的，又是怪异的；作为现实的物质材料，它离我们的感觉如此之近；作为材料转化所产生的离间效果，又让我们感觉它是如此之远和令人恍惚迷离……

震撼当然也来自细节，它的每一个细部，因为经过精心的锻造而变得丰富，这些带有历史体温和现场感的细节，一旦经过材料的转化，又变得冷冰冰的，它又让你断然抛弃关于回望历史时的那种怀古的幽情和感伤，去直面眼前不带任何表情的材料理性。

然而，它真的就是一个仿古的、经过了材料转化的戏台。它的尺度关系和游离于原型和仿制品之间的关系一经成立，它真的可以成为一个"新的，又是旧的；技术的，又是历史的"特殊场景，它可以通过容纳真实演员的表演，延续它的历史，让历史和现实、模型和复制、生活和艺术、真实和虚构……在这里获得重新编码，并产生种种想象的空间和阐释的可能。

一个好的艺术作品总是这样的，它要面对许多历史的、文化的、社会的问题；但是它的切入方式却不是非此即彼那样的简单和一目了然。一个历经沧桑的古戏台为我们敞开了它存在的意义；选择现代材料对古戏台进行复制出来的金属古戏台，又赋予它一层意义；而复制后的金属古戏台面对当代生活的延伸，使它不同于其它的雕塑作品，它成为一个奇特的存在。它是可以进入的，可以表演的，它在亦真亦幻中满足我们对于历史的想象。

它虽然只是一个虚拟的"古戏台"，却是一个让我们震撼的"古戏台"。

古戏台

主要设计人：陈志光
设计时间：2006年5月
竣工时间：2006年10月
材料：不锈钢

▶ 古戏台细部

▶ 古戏台在北京宋庄展出（2006年10月2日）

建筑艺术研究

JIAN ZHU YI SHU YAN JIU

从"亚洲特色"到"城市复兴"

吴良镛

摘　要　目前的亚洲，也是世界上经济发展最为强劲，建筑需求量与建造量最大的地区。探索建筑创作的"亚洲特色"，恰当地解决亚洲建筑所面临的全球化与地域化之间的矛盾，是当前亚洲建筑师所面临的最为迫切的理论问题之一。本文从"城市文化"的视野来重新审视"亚洲特色"问题，指出文化已成为城市复兴中不可或缺的成分，文化是复兴的核心。

关键词　"亚洲特色"　"城市复兴"　城市文化

1982年，中国建筑学会应邀出席了在马尼拉举行的亚洲建协成立大会。那时，中国建筑学会尚未参加亚洲建协，我和陈占祥先生受中国建筑学会的派遣，作为观察员出席了这一次盛会，当时的情形还历历在目。在亚洲建协成立之后的第二十五个年头，我们亚洲建筑师又聚集在中国北京，共同举办亚洲建协第十二届大会。在这里我受中国建筑学会的委托做主旨发言，首先向与会的各位代表致以热烈的欢迎，并预祝大会取得圆满的成功。

1　对1982年提出"亚洲特色"口号的回顾

回想1982年那次盛会，虽然已经过去了25年，但当时会议的热烈气氛，至今让人记忆犹新。那次会议的主要议题是关于建筑发展的"亚洲特色"（Asian Identity）问题。大会还通过了有关"建筑师职业伦理"（International code of ethics on consulting service）问题的提议。这一提议在1987年的国际建协大会上获得通过，并作为国际建协的重要文件而受到世界各国建筑师的肯定与尊崇。

第一次亚洲建协大会是一次成功的大会，当时与会的各国建筑师们，清醒地意识到经济全球化的浪潮已经开始冲撞亚洲大地。亚洲建筑师已经开始面临伴随席卷亚洲的西方经济大潮而来的建筑师职业挑战，以及随着外来建筑文化的涌入，亚洲建筑文化特色将逐渐消失等问题。在这次大会上，与会代表们鲜明地提出了如何保持与捍卫亚洲地区以及亚洲各国自身的建筑文化特色问题。这显然是一个极其严肃而迫切的话题。

在过去的1/4世纪中，我们经历了亚洲经济奇迹（Asia economic miracle）的出现。亚洲经济的迅猛起飞，带来了亚洲建筑事业的快速发展，也使得亚洲建筑师群星灿烂，一些具有世界影响的亚洲建筑师渐渐出现在世人面前，从久负盛名的柯里亚（Charles Correa）到杨经文（Ken Yeang），还有那些令人瞩目的日本建筑师，从往日的丹下健三到今天的安藤忠雄，以他们自己走过的独特的创作步伐而闻名于国际建筑界，并以其作品影响着亚洲建筑院校的新一代莘莘学子。

2　从"亚洲特色"到"地域建筑论"

1982年召开的第一次亚洲建协大会所讨论的有关建筑的"亚洲特色"问题，主要集中在现代建筑范畴，以及现代建筑与地域建筑之间的矛盾等问题上。争论的焦点在于，在经济全球化的形势下，如何保持亚洲各国本土文化的多元化特征。经过了20多年的发展，发端于上个世纪80年代的这一老议题非但没有失去意义，而且还具有了更新的内涵。例如，将"全球—地方"（global　– local）这一对范畴看作是"一枚银币的两面"，相辅相成，不应偏废，即全球化不可全然取代本土化，本土化也不可能阻挡住全球化的浪潮。[①]还有学者将这一思想运用到建筑学的发展中来，提出了Glocal Architecture的新概念。这显然是一个经过更加深入思考而得出的结论。

正是基于这样一个考虑，1998年，由新加坡建筑师林少坡（William Lim）先生和我一起，共同组织了在清华大学召开的有关"当代乡土建筑"（Contemporary Vernacular）的国际学术研讨会。在这一次会议上，我提出了"现代建筑地区化，地区建筑现代化"（Modernized regionalized　，Regionalized modernism）[②]的主张，其主旨就是要将建筑学中的"全球—地方"这一对范畴加以辩证地结合。这一观点得到了当时与会同仁的支持与赞同。

近些年来，由两位著名建筑评论家，希腊学者A. Tzonis与美国学者K. Prampton所提倡的批判的地域主义（critical regionalism）引起了世人的注意，同时也引发了我们的思考。特别是A. Tzonis教授的近著《批判的地域主义——全球化世界中的建筑及其特征》[③]，对上个世纪30年代以来的国际式建筑（international architecture）与地域建筑的交相发展，以及围绕两者间延续了半个多世纪的理论论争，进行了系统的梳理。这显然是一部十分具有学术意义与理论价值的论著。阅读此书，使我再一次感受到1982年第一次亚洲建协大会上展开的相关讨论不是孤立和偶然的，而是有其深刻的全球社会、经济、文化发展的根源与建筑学术理论的背景。

需要特别指出的一点是，从传统文化的角度来看，无论民族、历史、文化、宗教诸方面，亚洲都是世界上最具文化多样性的地区之一。仅从建筑的角度而言，亚洲传统建筑中，从西亚、中亚，到东亚、南亚、东南亚地区，都显示了各自不同的丰富的建筑文化样态。这些传统文化已经并将继续为亚洲地区的现代建筑创作，提供丰富的营养。

目前的亚洲，也是世界上经济发展最为强劲、建筑需求量与建造量最大的地区。探索建筑创作的"亚洲特色"，恰当地解决亚洲建筑所面临的全球化与地域化之间的矛盾，也是当前亚洲建筑师所面临的最为迫切的理论问题之一。

3　全球城市化的洪流凸显"城市文化"问题

自从25年前亚洲建协成立，亚洲建筑师聚首马尼拉以来，亚洲和世界都持续发生了许多新的变化，经济社会的发展，城市化进程的加速，大城市，特别是一些特大城市，以及城市地区的兴起，对我们的居住环境带来了巨大的冲击和变化。如何应对城市化带来的问题以及不安，如居住拥挤、交通杂乱、环境恶化等，是我们所面临的共同问题之一。2006年7月由联合国人居署在加拿大温哥华召开的第三届"世纪城市论坛——从理想到行动"，是最近一次大规模国际性学术活动，还在就某些问题讨论不休。

城市的发展与环境、社会的包容以及凝聚力建立，可持续发展经济的推行，绿色建筑以及城市生态系统的倡导等，声浪渐高。结合刚才我们所谈的"亚洲特色"问题，促使我们有必要进一步从建筑概念拓展到"城市文化"的视野来讨论。

世界各国，包括亚洲各国的城市与文化，都有各自的文化传统。但是，在经济全球化以及世界范围内的城市化高潮中，伴随着资本，包括积极的与消极的两个方面大规模的涌入，也伴随着铺天盖地的西方“强势文化”的冲击，如果我们亚洲各国的建筑师对于各自的地方文化，没有一种明确的认识；如果我们对于自己的本土文化，不自觉、不自尊、不自强、不自新，那么我们自己的优秀文化传统就有可能被冲淡或被遗忘。同样，我们亚洲各国都有着丰富的自然资源，这也是一种文化财富，现在却遭到大规模城市化运动的摧残。更确切地说，由大建设所带来的大破坏，使得我们的许多珍贵遗产，包括自然遗产与文化遗产正在缓慢地消失，甚至在一些地方正在被彻底地摧毁。这并不是耸人听闻，而是正在发生的事实。这类例子不胜枚举。

因此，很多年来在国际组织如联合国教科文组织，以及众多的国家政府、学术团体和社会各界的努力下，积极倡导对于人类文化遗产与自然遗产的保护，并在遗产保护领域已经做出了很大的成绩。作为一位积极主张保存文化多样性的学者，我至今仍然经常以年迈之躯，利用各种机会到亚洲诸国和世界各地访问学习，了解各国的文化与传统，结交能人志士。特别是在世界各地开放的城市文化奇葩，每每令我惊喜，使我感动，也让我对各地人民聪明智慧所创造的伟大城市与建筑，充满了崇敬之情。从大量的案例中，我们可以清晰地感觉到，从建筑到城市，从人居环境到自然环境，都是人类文化不可或缺的重要组成部分，都需要我们给予充分的爱护与珍视。我们要重视城市的固有文化，要追求每座城市的文化特色，要保护历史文化名城，保护人类的文化遗产，尤其要保护与发展既有的城市形态与城市肌理（Urban Texture），使我们亚洲各国的优秀文化传统能够得以继承、弘扬和发展。

回顾25年前提出的“亚洲特色”口号对我们的呼唤，当前我们面临的是地方建筑特色的逝去与既有“城市文化”特征的消亡，这显然是一个更为严峻的挑战，但同时也是一个更为艰巨的任务。然而，事物的发展也有积极的一面，随着人们文化意识的觉醒，世界各国，当然也包括亚洲各国的人们，对于传统文化的价值越来越珍视。人们在积极保护传统城市文化的同时，也在致力于自己文化传统的振兴。而文化的振兴，不仅能够推进旅游业等文化产业的振兴，推动一方经济的发展；同时也能够起到改善城市环境，振奋人们精神的作用。因此，目前正在兴起的“城市复兴”（Urban Regeneration）热潮，也应该引起我们足够的重视。文化已成为城市复兴中不可或缺的成分，文化是复兴的核心。

4　共同的主题，不同的道路

我们所面临的城市化进程尽管因为各国国情的不同，以及各地情况的差异，表现形式有着很大的不同。一般来说，城市化进程的积极方面，带动了我们经济社会文化的发展，提高了我们的社会生产力水平，然而伴随着这一进程，也同时带来了一些共同的问题，如资源浪费问题、环境恶化问题、城市文化特色流失问题等。但是，尽管有这样那样的差异，在保存与保护各自的城市文化特征方面，我们的目标是一致的。至于如何去保护，却是一个实践性很强的问题，需要每一个国家，每一个城市，按照自己的既有传统与现实条件，以及各自对于自身城市文化的理解，加以创造性的努力与尝试，其解决的方式不会是一个固定的模式，而应当是多姿多彩，丰富多样的。但其中有一点是共同的，那就是我们要珍惜与爱护自己的传统，对待传统的态度不应该是简单地抄袭，而应该是在学习与继承优秀的传统文化精神的前提下的发展与创新，包括技术上的创新与发展，对各种先进的、适用的技术，包括传统技术，都应该抱着一种虚心的态度去学习、去研究，使之服务于当今社会，服务于我们的城市化进程。

我们这样做的目的之一，就是要使我们在所面临的城市化进程中，在人们向城市聚集的过程中，在不断地解决那些诸如就业问题、住房问题、交通问题、购物问题等一些生活必需的问题之外，还要在这种进程中保持与发展一种良好的文化，要为人们创造良好的人居环境，更要为人们创造美好而和谐的精神家园。也就是说，我们有着“共同的主题”，但却走着各自“不同的道路”。这又使我的思绪回到了25年前的马尼拉会议，在那次会议的讨论中，我有一个简短的发言，其中谈到了我们要在共同性（Intercommunity）中寻找各自的特殊性（Particularity）的观点。所谓共同性，其实就是我们后来在《北京宪章》中所一再重申的“回归基本原理”（back to the basic）的问题；而所谓特殊性，就是指要立足于各自既有条件下的“自主创新”。这两者之间应该是相辅相成的。

在发言的最后，我还要引用我们先哲孔老夫子的一句话来做一个结束，“子曰：‘天下何思何虑？天下同归而殊途，一致而百虑。’”④在创造我们亚洲各国美好的人居环境的同时，也要同时创造我们同样美好而和谐的社会文化环境。最后，祝各位与会代表在各自的事业中能够大展宏图，事业有成。

注释：

①罗兰·伯逊：《西方视角下的全球化》，北京大学出版社，2002年6月。

②吴良镛：《乡土建筑现代化、现代建筑地区化——在中国新建筑的探索道路上》，《华中建筑》，1998年第1期。

③L. lefaivre, A. Tzonis. *Critical Regionalism Architecture and Indentity in a Globalized World.* 中译本即将出版，受作者邀请我为此书作了序言。

④《周易·系辞下》。

作者简介

吴良镛，清华大学建筑学院教授，中国科学院、中国工程院院士。

（原载《建筑学报》2006年第9期）

城市化进程中的文化遗产保护

单霁翔

摘　要　本文总结了城市化进程中文化遗产保护面临的各种困境,提出了文化遗产保护工作设想和发展展望和探索区域整体协调的战略。

关键词　城市化进程　文化遗产　保护　发展

在城市化加速和开展大规模城乡建设的背景下,我国文化遗产保护总体面临着"前所未有的重视和前所未有的冲击"并存的局面。就大多数历史文化名城而言,面临着"局部状况有所改善和整体环境持续恶化"并存的局面。一方面,国家对于文化遗产保护立法速度加快,资金投入加大;另一方面,一些历史文化街区迅速消失,文化遗产遭到破坏。

1　城市化加速背景下文化遗产保护面临困境

我国的城市化进程比发达国家晚得多,从19世纪后半期开始,速度很慢,发展也不平衡,东南部沿海较快,而内地大部分地区仍处于农业社会。至20世纪70年代末,城市化率约为14%。随后,城市化速度加快,至1986年达到26%,1999年达到29.5%。进入21世纪,城市化进入加速发展阶段。

1996年,中国政府发表《中华人民共和国人类住区发展报告》,提出到2010年,全国城镇人口达到6.3亿左右。城市化水平达到45%左右。这是一个历史性的跨越。9年后的2005年,中国城市化水平已经达到40%以上。照此发展,到2010年,中国的城市化水平超过45%,2020年将达到60%。

一些发达国家的城市化历程证明,城市人口超过总人口的30%,每年城市化率将增加1% -2%。这就意味着今后中国每年将有1000万至2000万的农民人口移居到城市。在此情况下,由于住房、就业需求必将引发大规模的城乡建设,造成城市规模迅速扩大,城市建设与文化遗产保护的矛盾异常突出。

——城市规划编制思路亟需改进

面对城市化迅猛发展之势,历史性城市的总体规划往往仍然沿用单一中心的规划布局和传统城市扩张模式,使城市中心区功能过分聚集,建成区的扩展呈"摊大饼"趋势,"分散集团式"的结构模式、"环型加放射"的路网格局等方式也难以应对日益恶化的交通、环境、文化遗产保护等问题。

——城市"千城一面"的问题突出

目前,"特色危机"成为城市建设中的共性问题。规划手法抄袭趋同现象十分普遍,造成"南方北方一个样,大城小城一个样"。不少城市追求大体量的建筑物、大规模的建筑群,导致城市面貌千篇一律,致使一些独具特色的历史性城市和历史文化街区,正在被杂乱无章的新建筑群所淹没。

——"旧城改造"造成"建设性破坏"

历史性城市的旧城区有较好的区位优势,位于房地产开发高价争夺的黄金地段,这些地区同时又是城市记忆保持最完整、最丰富的地区。一些城市在"旧城改造"的旗帜下,为追求经济效益最大化,实施"推平头"式拆迁,盲目地在旧城区内兴建高层建筑,使文化遗产和历史环境遭到严重破坏。

——"危旧房改造"引发社会问题

一些城市在实施"危旧房改造"工程中,将危房和旧房混为一谈,一并列入拆迁范围;引进房地产商业开发,不适当地要求"就地平衡";不惜以拆除传统建筑为代价,谋求开发收益;对居住邻里不屑一顾,破坏原有的社区组织;片面追求基础设施和住宅的统一建设,忽视历史文化街区的多样性特色。

——年久失修造成传统建筑衰败

由于长期以来重改造、轻管理和房屋产权制度不完善等原因,导致传统建筑失修失养,基础设施条件简陋,危房数量大幅增加;同时居住人口急剧膨胀,违法建设情况严重,造成居民生活条件恶化,致使历史性城市中心地区出现房屋破旧、人口过密、居住拥挤、环境恶化等衰败的趋势。

——"政绩工程"凸现短期行为

一些城市领导者力求在任期内使城市面貌发生"日新月异"的变化,热衷实施"政绩工程",突出表现为小城镇盲目模仿大中城市,片面追求大广场、大草坪、大绿带、大水面、景观大道,为了气势而不顾环境,把高层建筑作为城市现代化的标志,而将文化遗产视为城市建设的包袱和障碍。

——建筑设计缺少文化内涵

近年来,建筑设计刮起"欧陆风",把欧美各个时期的建筑流派堆积在一起,每栋建筑极端地强调个体的面孔与性格,追求形式上的独特和怪异,却很少考虑它与环境的文化关系,大部分设计既无历史文化内涵,也无建筑创作意境可言,导致历史地段的民族传统、地方特色逐渐失落和让位。

——穿过式交通影响旧城道路格局

一些城市的道路交通规划理念和设计手法陈旧,为了解决机动车不断增长带来的交通压力和满足高速快捷的城市交通需要,投入大量资金拆房修路,采取拓宽传统街道,建设穿过式交通干道和立体交叉道路系统,使"曲径变通途",改变了旧城空间形态及街巷肌理,导致旧城传统道路格局的破坏。

——擅自改变文物管理体制

有的地方将文物保护单位等国有文化遗产转让、抵押给企业作为资产经营。文化遗产不是一般的物质财富,是一种文化资源,具有公共性和公益性特性,而企业投资开发文化遗产的主要目的是追逐利润的最大化,往往表现为急功近利,甚至导致竭泽而渔、破坏文化遗产的恶性事件发生。

——错位开发造成文化遗产伤害

一些文化遗产面临游客超载、错位开发的严重威胁。游客威胁,主要表现为"人满为患";开发威胁,主要表现为"楼满为患"。"人满为患",使文化遗产不堪重负,给文物本体带来无法弥补的损害;"楼满为患",使文化遗产地"商业化"、"人工化"和"城镇化",严重伤害文化遗产的原生环境。

——法人违法的现象屡禁不止

一些地区或部门的决策者守法意识不强,一旦文化遗产保护与经济利益构成冲突,无论行为是否触犯法律,也不管专家学者如何呼吁,他们总会千方百计利用权势将历经千百年的珍贵文化遗产破坏,独具特色的历史文化街区渐渐从人们的视野中消失，使人们感受到文化遗产保护软环境的恶劣。

——文物安全形势依然严峻

屡见不鲜，违法建设、盗掘古墓葬、盗窃馆藏文物、走私和文物非法交易等屡禁不止，文物犯罪活动出现集团化、智能化、暴力化趋势。同时，文物行政执法的体制不顺畅和机构不健全，严重影响了执法力度和行政处罚力度，致使一些违法事件没有依法得到严肃处理。

——应对自然灾害缺乏科技手段

必须承认，在频发的自然灾害面前，文化遗产往往显得十分脆弱。雨水入侵、风沙危害、自然坍塌、生物虫害等自然破坏使不可移动文物面临着诸多挑战；霉变、酥碱、起甲、变色、脱落等病害，使馆藏文物难以长久保存。在文物本体保护的诸多技术难题面前，今天科学技术的贡献率尚不高。

——资金短缺影响保护工作开展

限于经济发展水平，政府财力远远不能满足文化遗产保护的需要，特别是经济落后地区更难以对文化遗产保护提供经费支持。同时，资金来源渠道狭窄，严重依赖政府财政，民间资金投入文化遗产保护未形成规模。经费短缺的直接后果是大量文化遗产保护工作不能及时到位，小病拖成大病。

2 文化遗产保护工作设想和发展展望

本世纪头二十年是我国文化遗产保护事业发展的重要战略机遇期，“十一五”时期尤为关键。在这一关键时期如何加强城市化加速进程中的文化遗产保护，应重点在哪些方面开展工作，现提出如下工作设想和发展展望。

城市与城市中的人都正在迈向现代化，而越是现代化，人们对于城市历史文化方面的追求就会越来越突出，文化遗产在城市中的地位就会越来越重要。民族传统、地方特色就会同时代精神一起，越来越成为人们衡量城市品位优劣的重要标准。

3 探索区域整体协调发展战略

实现区域经济协调发展，既是国家的发展战略，也是大多数城市发展的客观要求。特别是历史性城市通过实施区域规划，可以缓解在城市性质、规模、布局方面过于集中的压力，通过整合资源、提升质量，在继续加快发展的同时，切实促进文化遗产的保护和利用，更好地适应经济全球化、区域经济一体化的趋势。

——实施“跳出旧城，发展新区”

在城市化加速进程中，新城和旧城的关系问题变得更加突出。对于历史性城市来说，重新确定城市总体布局结构，明确新的城市发展方向，就成为城市规划首先面临的战略性问题，也是历史性城市保护的首要问题。城市发展实践证明，“跳出旧城，发展新区”的发展模式，有利于保护与建设互不干扰，相得益彰。

——树立城市规划中的保护观念

城市规划是综合性、全局性、战略性的发展蓝图，涉及生活中的各个领域，因此，必须将文化遗产保护的思想贯彻到城市规划的各个层面，避免文化遗产保护与其他工程建设的割裂。城市规划要树立文化遗产不是城市发展的包袱，而是城市发展的财富、资本和动力的观念，将文化遗产保护融入城市设计之中。

——贯彻旧城“有机更新”方针

历史文化名城保护和城市规划管理工作中，应废除“旧城改造”的错误方针和口号。旧城要实施整体保护，旧城内的传统建筑重在加强日常修缮和采取“有机更新”方式加以改善。特别是动员社会资金，以自助力量进行小规模整治与改造，既有利于保护传统特色和原有社区结构，也有利于住宅产权制度的改革。

——尊重城市原有路网格局

旧城用地性质和规模的控制应与交通控制相结合。旧城在规划上要防止城市快速路穿越；要避免形成超大规模的街坊，建设用地规模应符合旧城街巷的肌理，避免破坏原有的路网格局；应严格限制货运量和私人汽车进入旧城；大力发展公共交通，特别是完善地下轨道交通，形成对旧城未来交通格局的有力支撑。

——注重保持和发扬城市特色

城市化的发展必然带来文化的趋同，要重视城市文化的历史渊源，重视区域文化的差异，重视文化多元的保护。保护与城市血脉相连的传统历史文化，保留先人们留给我们的街道、房子、礼仪、风土人情、生活习俗，乃至饮食起居，保留一个城市独一无二的特色，因为只有这样才能保留住这个城市的精神世界。

——加强城市考古研究工作

城市应作为考古的重点对象，城市考古与历史性城市保护的关系非常密切。每一个古代城镇都有自己独特的发展特点，虽然历朝历代都有变化，但是由于生产力水平低下，城镇的基本规模和街道布局很难改变，历代积淀下来的遗存，就是城市中蕴含着的极为丰富的历史信息，这是文化遗产中最宝贵的一部分。

——强化文化遗产保护法制

在城市化加快进程中，文化遗产保护的软环境格外重要，主要包括有关文化遗产保护的法律制度、决策者和执行者的保护理念、社区及公民的保护意识。在软环境诸要素中，法律制度因具有强制性而最为刚性。在国家法律制定之后，单项法规成为国家法律的外延或执行细则，是对具体的文化遗产最直接的法律支持。

——遵守文化遗产保护的原则

文化遗产的保护不是一项简单的、短期性的建设行为，而是一项高层次的、长久性的文化活动。必须遵循“保护为主、抢救第一、合理利用、加强管理”的方针，在“不改变文物原状”的前提下，对文化遗产的保护要坚持真实性和完整性原则，对文化遗产的维修要坚持可读性、可识别性和可逆性原则。

——扩大文化遗产保护领域

近年来，文化遗产的保护领域不断扩大。继历史文化街区、村镇纳入保护范畴之后；文化景观、文化线路、文化遗产廊道、文化空间等新视点越来越为人们所接受。应当加强对这些文化遗产保护领域新成员的研究，把更多的反映人类社会进程的各类文化遗产列入保护之列，这也符合国际社会的最新潮流。

——重视保护与利用的结合

将文化遗产列入文物保护单位或收藏进博物馆，并不是保护工作的终极目的。保护文化遗产的根本目的，在于“子子孙孙永葆用”，这一保护过程要传之久远。重视保护与利用的结合，就要挖掘文化遗产潜在的文化内涵、经济价值和对城市发展的积极意义，使文化遗产融入现代社会生活，发挥更大作用。

——提高保护管理人员素质

做好文化遗产的保护工作，人才比资金更重要。要通过加强培训，有计划地培养不同专业、不同年龄段的专家和管理者，逐步提高专业人员占就业人员总数的比例，并实行文化遗产保护人员持证上岗、文化遗产保护机构负责人应取得文物行政部门颁发的资格证书的制度，从整体上提高文化遗产保护人员素质。

——建立更加紧密的学科联系

文化遗产保护与社会科学和自然科学的诸多学科有着紧密的联系，在理论研究和实践中有着共同关心的课题，应该相互补充与完善。因此，文化遗产保护作为综合、全面、系统的学科，应与其他学科的理论和实践建立更为密切的合作关系，对于相关学科领域的发展与建设都会具有显著的促进作用。

——改善保护事业社会公共形象

文化遗产事业要善于调动城市化加速进程中的积极因素达到保护和发展的目的。作为公益性事业应更加注意自身的社会公共形象，取得社会的理解和支持。在现代信息社会中，文化遗产地不应将自己封闭起来，孤立于社会之外，而要使它变成美丽的地方，让它的历史气息、文化氛围为人们带来欢乐和灵感。

——实施文化遗产保护全民动员

要通过宣传普及与文化遗产相关的知识，让更多人分享文化遗产蕴含的丰富价值，增强民众对文化遗产保护的意识，努力形成全社会关心、爱护并参与文化遗产保护的氛围。要使全社会关心并支持文化遗产事业，就要充分发挥民众监督作用，把文化遗产保护工作置于全社会的关注和监督之下。

作者简介

单霁翔，国家文物局局长。

（原载《北京观察》2006 年第 5 期）

城市规划与文化遗产保护

王景慧

摘　要　文化遗产保护与传承是城市规划的规划原则之一，是城市可持续发展战略的基础环节，也是衡量城市综合竞争力愈显关键的指标，在城市规划的各个阶段及各个环节都应予以贯彻和有所体现。本文从城市文化规划的角度出发，研究城市文化遗产保护的发展变化，从而探讨城市规划应该如何发挥自己的作用。

关键词　城市规划　文化遗产　城市文化

文化遗产的保护随着我国社会经济的发展越来越受到重视，在城市的快速发展建设中，越来越多的人认识到保护文化遗产是城市现代化的必要内容，是建设美好城市特色的最低成本的捷径，是城市可持续发展战略的基础环节，也是衡量城市综合竞争力愈显关键的指标。在此基础上看看文化遗产保护的发展变化，从而研究城市规划应该如何发挥自己的作用。

1　国际上对保护文化遗产的认识是逐渐发展的

回顾近年来国际文化遗产的变化可以看出一个共同的特点，就是保护的范围越来越广泛，内容越来越丰富，与城乡发展和居民的生活密切相关。以日本为例，现行的《文物保护法》是1950年颁布的，起初的规定是将有价位的文物古迹由中央政府指定为"国宝"或"重要文化财产"，1966年颁布《古都保存法》确定要保护古都的"历史环境风貌"，1975年修订《文物保护法》，将保护范围扩大，增加了保护"传统建(构)筑物群"的内容。到1996年，改变保护方式，调动地方政府的积极性，规定除中央政府指定以外，地方政府也可以提出保护的名单，报文部省批准，形成了对文物古迹的"登录制度"，将保护的对象、保护的责任人都扩大了。2004年再次扩大保护对象，增加了"文化景观"的保护，不只保护有形的物质文化遗产，还要保护非物质文化遗产，特别关注了物质遗存之间的文化联系。

在法国，1913年颁布了《历史建筑保护法》，1943年立法规定在"历史建筑"周围500米半径的范围内采取保护措施，1962年颁布的《马尔罗法》将保护的对象从历史建筑扩大到了"历史地区"，到1983年，又提出"建筑、城市、风景遗产保护区"的新概念，再次扩大保护范围，包括了城市中更多的有历史价值的地区和有历史意义的自然景观地区。1985年设立"历史艺术城市和地区"的称号，由地方政府提出，中央政府认可，调动了地方政府保护的积极性。

美国的情况和欧洲不太一样。美国自1872年有了第一个"国家公园"(national park)，现今的"国家公园"共有390个，其中自然风景类型的有54处，如大峡谷。"国家公园"也包括了许多文物古迹，如印第安人的遗址，著名的自由女神像也用"国家公园"的名义来保护。自1980年代起，设立了新的保护模式，叫"国家遗产区"(national heritage areas)，保护那些有历史意义但仍有人居住的地区。现有"国家遗产区"27个，基本都在东部地区，由地方政府申报，由国会通过命名。它的特点是当地的居民参与保护运动，他们可以继续生产生活，保持并延续当地的文化传统。这里土地不像"国家公园"那样由联邦政府购买，而是保持权属不变，省了中央的资金，国家命名后有资金补助，地方政府承担保护管理的责任，他们积极发展旅游，增加地方收入，同时抵制不合理的开发，保障"国家遗产区"的可持续发展。

这些年来，在从事文化遗产保护的国际组织中保护理念和实施方法也有很大发展。自1963年国际古迹遗址理事会公布了《威尼斯宪章》之后，保护的对象从文物古迹扩大到了历史地区，出现了《内罗毕建议》和《华盛顿宪章》。1987年的《华盛顿宪章》认为，历史地区的价值在于"地段和街道的格局和空间形式，建筑物和绿化、旷地的空间关系"，关注的是地段的整体环境。在世界文化遗产的保护类型上，1990年代增加了"文化景观"，它是指"自然与人类创造力的共同结晶，反映区域的独特的文化内涵，特别是出于社会、文化、宗教上的要求，并受环境影响与环境共同构成的独特景观"。本世纪初又提出"文化线路"的新概念。我国会同丝绸之路上的五个国家拟共同申报"丝绸之路"为世界遗产，用的就是"文化线路"的概念。

与此同时，非物质文化遗产也成为世界遗产的项目。《保护非物质遗产公约》在2003年11月联合国教科文组织第32届大会通过，到2006年已有30个国家签字缔约，开始生效。在非物质文化遗产领域中，关于真实性的争论是个很严重的课题，可能要长久讨论下去。2004年在日本奈良发表过关于统筹保护物质与非物质文化遗产的《大和宣言》(Yam ato Declaration)，认为保护非物质文化遗产应该有与保护物质文化遗产不同的特殊方法。自2001年第一次评选以来，已产生了两批世界非物质文化遗产。我国有五项已列入"世界非物质文化遗产"的名录之中。在"文化线路"型的文化遗产中，保护的内容就包括保护非物质文化遗产，使物质和非物质的文化遗存相互烘托，相得益彰，全面地凸显出它们的历史文化价值。

2005年10月在我国的西安召开了国际古迹遗址理事会第15届大会，大会发表了"保护历史建筑、古遗址和历史地区的环境"的《西安宣言》。《宣言》认为文化遗产的环境的涵义有三点：第一，环境的自身物质实体和人们对这个环境的视觉印象；第二，文化遗产与周边自然环境的相互作用；第三，遗产环境的文化背景及该遗产相关的社会活动、习俗、传统知识等非物质文化遗产形式。在这里，保护文化遗产环境的概念有了很大的变化，由原来的保护周围的物质环境，扩大到保护周边的自然环境，再扩大到保护其文化背景及相关的非物质文化遗产。

文化遗产环境这三种内涵的性质是不一样的，应采取有差别的保护方法。对于涵义一，要更加注意保护其历史的环境，保护环境的历史真实性和完整性。对于涵义二，要保护文化遗产与周边自然环境的关系。对此，要考虑历史的状况，考虑引入"历史性自然景观"的概念。对于涵义三，要求我们不能只是保护一个物质的躯壳，还要以人为本，重视文化遗产的人文价值。这提示我们要从文化联系的角度看待残存遗产的价值，即使是碎片的拼接仍可管中窥豹，体会其历史环境的文化风貌。保护非物质文化遗产，在方法上要强调真实性，更要强调信息的传承。

2　我国近年来文化遗产保护也有很大的发展

随着我国经济建设上的巨大成就，人们对文化遗产的保护与传承的认识越来越高，中央关于贯彻科学发展观、构筑和谐社会的要求，为保护文化遗产的工作提供了思想理论基础和良好的外围环境。最近，文物的概念有个重要的变化值得注意，2005年12月《国务院关于加强文化遗产保护的通知》第一次在正式文件中用“文化遗产”代替了过去常用的“文物古迹”，它涵盖了文物保护单位、历史文化街区（村、镇）、历史文化名城，也包括了可移动文物、非物质文化遗产以及未来可能发展的新品类。这一方面反映了对保护工作更加全面的认识，另一方面通过使用国际通用的概念，适应了国际上文化遗产保护不断扩展的趋势。

近几年，我国在文化遗产的保护上采取了许多新的做法，或是开辟了新的领域，或是在原来的范围中突出了某些重点。至1990年代，我国历史文化遗产保护形成了“文物保护单位”、“历史文化保护区”（新的《文物保护法》中定名为“历史文化街区”）、“历史文化名城”三个层次。三个层次的重要意义不仅在于从点到面扩大了保护范围，关键的意义是根据它们的不同特点采取不同的保护方法。

随着工作的深入，在三个层次的基础上有些地方又根据自己的特点，增加了保护“历史文化风貌区”、保护“历史建筑”等新的保护概念。“历史文化风貌区”针对的是某些历史地段改动较多，已不适合用历史文化街区较严格的方式进行保护的地区，但它仍有一定的历史遗存，能唤起人们的历史回忆，是城市文化的组成部分，所以提出一个新的保护概念，其保护要求较“历史文化街区”稍低，保护、整治的比例小一些，改建、重建相对多一些，但在风格、形式上重现了历史的风貌，这种实事求是的做法应该认为是可行的。还有一些近代代表性建筑，如花园住宅、工厂厂房、码头仓库等，或由于使用的需要，或由于价值不够，一时很难定为文物保护单位，被定为“历史建筑”，采取不同于文物保护单位的方法加以保护利用。现上海、天津等城市已制定了有关保护“历史建筑”、“历史文化风貌区”的地方法规，其保护方式和主管部门都有别于“文物保护单位”的规定，这是对现有三个层次保护体系的补充和发展，值得关注和肯定。

2006年2月国务院公布了第一批国家级非物质文化遗产名录，包括了民间文学、民间音乐、民间舞蹈、传统戏剧、曲艺、杂技竞技、民间美术、传统手工技艺、传统医药、民俗等共10类518项。在已有的文物保护的领域，特别关注了大遗址的保护。大遗址指的是古城址、古墓葬区等大面积的地区，它们不只面积特别大，而且有人居住，并从事着农业或其他生产活动，而且这里大多与城乡建设关系密切。所以对它们要综合考虑保护与居住者的生产、生活，协调多方面的利益关系。

此外又关注了工业遗产和1950年代建筑遗产的保护。由于这些文化遗产的年代不长，过去没有引起人们的重视。但它们记载了我国长期农业社会中的工业开端，也反映了我国建国初期急速变革的时代特征，有着极为特殊的意义。2006年5月，国家文物局在无锡召开工业遗产保护利用的专题会议，有的工业遗产已列入了第六批全国重点文物保护单位。

2005年国家文物局颁布了《全国重点文物保护单位保护规划编制办法》及《审批办法》（以下简称《办法》），规范了保护规划的编制工作，同时要求每个文物保护单位必须做出保护规划，《办法》不单要求规划文物保护单位的维修、保养、展示、利用，也要求规划要协调保护与城乡建设发展的关系，从高层次保障文化遗产的保护与传承。

3　城市规划面对文化遗产保护的新形势要发挥重要作用

保护文物古迹很早就是城市规划编制的原则之一，但是正式的全面介入还是1982年以后的事。那年国务院公布了首批24个国家历史文化名城，并要求一年内做出历史文化名城保护规划，文化遗产保护成了规划工作者的一项必要的工作内容。大批规划师学习文化遗产保护知识，参与有关保护规划设计，成为文化遗产保护新的生力军。文化遗产保护对城市规划提出的专业要求，也丰富了城市规划的学科领域，促进了学科的发展。二十几年来应对历史文化名城保护的新局面，逐渐形成了三个层次的保护体系，对文物保护单位、历史文化街区、历史文化名城这些不同类型不同特点的文化遗产，采取有差别的保护方法，并做出相应的保护规划。这些已由《历史文化名城保护规划规范》和《全国重点文物保护单位保护规划编制办法》加以规定，形成了比较成熟的关于文化遗产保护的规划方法，这是20年城市规划学科发展的重要成果。

文化遗产保护概念的兴起和扩大也使传统文物保护方法变得无法适应，需要传统方法的改进和更多学科的参与，这也就呼唤城市规划设计更深、更广地涉入。如前文所述的文化景观、文化线路等物质形态文化遗产，涉及城乡更大范围的地区和更多的行业，也涉及了非物质形态的文化遗产保护。它们的价值和特点决定了要更加关注和保护它们的环境，保护看似零散的各种物质和非物质文化遗产的关系。这些以城市规划作为保护控制手段是最为恰当的，是城市规划学科的特长。

我国已决定将“丝绸之路”以“文化线路”的名义申报世界文化遗产。丝绸之路作为文化，它涵盖的内容极为广泛，有起讫点及沿途重要城市的遗产保护、有沿途防卫设施烽燧的保护、有交通设施驿站客舍的保护、有反映文化传播的宗教建筑石窟寺的保护、有反映丝绸文化的历史文学作品的意境环境的保护、有历史性的自然景观的保护，还有对文书器物等馆藏文物的保护。新的保护措施不是孤立地保存每一项遗存，而应重在它们之间的关系，把它们放在文化体系、历史链条中去认识其价值，找到相应的保护措施，提出保护、利用、展示的方案。这种类型的保护规划对城市规划来说显然是一种挑战，可以调动区域规划、总体规划、详细规划各层次的规划技巧和特长，创造一种新的规划方法。

城市规划设计可以对文化遗产的展示和利用发挥特殊的效能。文化遗产的科学展示和永续利用，是遗产保护的重要课题。国外规划师、建筑师参与文化遗产保护工作的人数很多，有相当高的专业水平，在展示利用方面有不少成功的例子，既很好地保存了文化遗产的历史信息，又形象地展示出它的历史、科学、艺术价值，同时还能取得良好的经济效益。我国在这方面起步时间不长，但最近的一些新的遗产保护类型，如工业遗产的保护、厂房大空间的利用，都给规划设计提供了施展才华的舞台。展示利用的核心问题是最大限度地保存文化遗产的真实历史信息，保存真实历史信息的重要意义在于把那些我们尚不认识、不理解的信息完整地留给后人，让他们去发掘和收获，这才是保存历史信息的最大价值。现在普遍存在的问题是，一些规划师建筑师执意要发挥自己的创造性，忽视历史信息的保存，不研究遗产及其环境的历史状况，不去研究它们所携带的历史信息，从而也不认识其信息价值，设计中美化了环境丢掉了历史，甚至曲解了历史。

文化遗产历史环境的保护也要有新的思路，《西安宣言》中提出了文化遗产环境的新概念，要研究与之相适应的保护方法，城市规划在此可以发挥关键性作用。其实，中国传统城市设计中已有许多相关经验，如城市选址讲究形胜，房屋建筑讲究“风水”，这些是传统的规划手法，但它们却是出于对自然环境的尊重与相得益彰，这与文化遗产环境的概念是一致的。

现在,许多大遗产的保护规划已经开始,由于这里还有许多人在生产生活,所以规划原则之一就是不能让保护成为居民脱贫的障碍。这必然要涉及到地区经济分析、产业结构的调整、农业综合开发等,这些恰是城市规划所应解决的问题,因此城市规划方法将对文化遗产保护发挥重要作用。

2003年10月建设部和国家文物局公布了首批历史文化名镇、名村。这对为数不少散落幸存的历史村镇的保护具有重要的意义,同时也提出了村镇范围的保护规划的任务。按《文物保护法》的概念,历史文化名镇(名村)和历史文化街区属于同一层次,应按着这个层次的保护原则和方法去做。但从现有历史文化名镇(村)的规划情况看,只按历史文化街区的原则方法来要求有时还嫌不够。古村镇虽小,但存在着和城市类似的整体格局和历史风貌。如皖南古村的水系,从水口园林到水塘、溪流,有许多文化涵义可以研究认识;浙江诸葛村的布局也有许多"玄机"待我们去发掘。此外,古村镇的非物质形态的文化遗产,也须认真加以研究和保护,这些都使它的规划更类似历史文化名城保护规划而不只是历史文化街区的规划。

这里有个概念需要澄清,有些省市将一些古村镇定成了省、市级"文物保护单位",如江苏省的周庄。第五批全国重点文物保护单位的名单中也有一些古村镇,但请注意,这些文物保护单位的正式名称是"某某村古建筑群",而不是称"某某村",如"流坑村古建筑群",它的意思十分明确,即"文物保护单位"是指的村(镇)中的某几栋建筑,并非指该村的全部。村(镇)的其他部分也要受到保护控制,所用的是"建设控制地带"的控制措施。"历史文化名镇(村)"保护控制的是古村的全部,其中包括属于文物的建筑,也包括不属于文物的建筑,还包括村中道路、水塘、场院、水井及古树等环境物件,这些就要按保护历史文化街区的办法来保护它的整体环境风貌。

文化遗产保护与传承是城市规划的规划原则之一,在城市规划的各个阶段及各个环节都应予以贯彻和有所体现。

作者简介

王景慧,中国城市规划设计研究院顾问总规划师。

(原载《城市规划》2006年第11期)

中国城市化进程中文化遗产保护对策研究
——文化遗产的动态保护观

梁航琳　杨昌鸣

摘　要　城市文化遗产保护是一个动态发展的过程，必将随着社会发展而变化。随着城市化进程的加快，传统静态的保护模式已经不能适应社会环境变化的需要，而动态保护模式能够将文化遗产的保护纳入城市总体环境同步发展的范畴，并根据时代发展变化的情况，积极主动地调整保护规划，使文化遗产既能保持历史的真实性，又能达到可持续发展的要求。

关键词　城市化　文化遗产　静态保护　动态保护　可持续发展

1　城市化进程中文化遗产保护面临的问题

随着我国社会主义市场经济建设的逐步深入和经济发展水平的不断提高，城市化进程逐步加快。城市化是指农村向城市转移和聚集的现象，当然也包含着城市数量和规模不断增加和扩大的现象。自1949年至1997年，我国城市数量已由132个增加到668个，其中市区非农业人口50万以上的大城市由12个增加到81个；全部城镇人口占总人口的比重由12.5%上升到30%；我国城市非农业人口占总人口的比重由5.1%提高到18%。我国近期的城市化目标是45%，而当今世界上的多数发达国家城市化水平都在80%以上，可见我国的城市化道路任重道远。

在城市化进程中对城市的大规模建设不可避免，对于城市历史文化遗产的保护和更新问题也成了亟待正视的课题。城市文化遗产指的是城市中的历史建筑、历史街区和历史文化名城，以及它们所处的背景环境。这些文化遗产大多处于城市的中心地段，在城市化建设中对这些城市地段的更新与改造在所难免。在经历了城市土地从无偿使用到有偿开发的制度变化，一般位于城市中心的文化遗产所在地段的升值潜力巨大，往往对开发商有很大的吸引力，成为投资开发的热点。同时城市化所带来的问题——人口膨胀问题、交通运输问题、能源问题、污染问题以及新的生活方式引起的问题，都不可避免地投射到这些城市的中心部位。因此，在以经济利益为最大化目标的大规模城市拆迁活动中，如何保护我们沉积了几千年的城市文化、共同维系的城市记忆，是一项紧迫的任务。

2　城市文化遗产保护的重要性

保护城市文化遗产的主要原因，是基于文化遗产所体现出的“不可替代性”和“可利用性”。除此之外，保护本身也是一种心理满足，是深深地根植于我们心底的一种“寻根”和寻求安全的潜意识要求。

城市文化遗产的“不可替代性”来源于它的真实性和复杂性。首先是文化遗产本身所体现出的真实的历史、艺术、科学价值。城市文化是连续不断的创造过程，每一个时期的创造和积累都是不可重复的，它体现着历史的真实性和复杂性。历史建筑、历史街区和历史文化名城作为某一时期城市生活的载体，集中展示着人们的价值取向、美学取向和创造能力，充当着历史的见证者，同时它们本身也是历史的真实组成部分。无论是经济因素，还是地方文化因素，都直接或间接地影响着城市文化遗产的形态，没有凭空存在的历史片断。

其次，城市文化遗产在形成城市特色方面所具有的重要意义，这同样是不可替代的。历史建筑、历史街区和历史文化名城承载着以往城市的形式诉求，并为城市的未来发展确立基调。

城市文化遗产的“可利用性”来源于它的经济潜力。作为新兴产业之一的旅游业，包括了风景旅游和文化旅游。作为固化的文化和文化形式，历史建筑、历史街区和历史文化名城是易于被人们所体验和感受的，因此成为文化旅游的主要景观点。旅游业能为餐饮、住宿、手工业等众多行业提供就业机会，带来可观的效益。另外，历史建筑、历史街区和历史文化名城还在现实中发挥着一定的使用价值，保护只是在延续它们的职能，“使用也是最好的保护”。

3　文化遗产保护由静态模式向动态模式转变

我国现有的城市文化遗产保护模式基本上是静态保护模式，即在城市特定地段周围划分出一定的保护范围，其中包括绝对保护范围与相对保护范围，在绝对保护范围内强调严格保护，不能对现状环境作任何改变；而在相对保护范围内的要求则有所降低。这种静态保护模式片面强调绝对的保护，而忽略了城市在不断发展变化的事实，所以在实际操作中往往无法取得预期的效果。

静态保护模式的特征是：以控制性措施为主，局限于保护过去：保护范围考虑狭隘，方法也比较单一；时间维度拘囿于过去，而较少考虑现在与未来；没有在保护中将城市文化遗产作为城市总体发展的有机组成部分来考虑；在实际操作中未能取得预期的效果；更多的仅限于形式上的保护，缺少实际意义上的可持续发展性。

当前，在快速城市化进程中，静态保护模式表现出了很多的局限性：

（1）工作方法的静态性：这种保护模式机械地划定保护范围，以终极蓝图作为保护目标，对城市建设的实际动态过程无法适应，对新出现的问题没有相应的解决办法，往往使保护沦为一纸空文。它的静态性目标彻底切断了城市发展的延续性，也阻碍了文化遗产本身的发展。

（2）保护结果的局限性：静态的保护措施跟不上时代发展变化的要求，所以在实际操作中未能取得预期的效果，也缺乏可持续发展性。

（3）投资资金的局限性：静态保护侧重于近期目标，一次性投资大，资金难以到位，而且资金周转时间长，受宏观经济影响大，一旦经济调整，将造成资金积压，影响城市建设。

针对传统静态保护模式自身在方法和实践中的局限性，我们提出了动态保护的模式，即将城市文化遗产的保护纳入城市总体环境同步发展的范畴，根据实际情况，因地制宜地提出相应的保护措施，并根据时代发展变化的情况，积极主动地调整保护规划，使文化遗产既能保持历史的真实性，又能适应不断发展的要求。动态保护规划是对传统静态保护规划的继承与发扬，它摒弃了传统静态保护规划中不合理的因素，使规划更加合理，更具可持续性。

4 动态保护的概念

城市文化遗产保护本身就是一个动态发展的过程，必将随着社会发展而变化。随着城市化进程的加快，人们的物质文化生活水平逐步提高，与之息息相关的环境也随之改变，环境变化对文化遗产的保护产生冲突与交融。文化遗产保护不是被动地适应环境变化，而是前瞻性地洞悉这种变化积极主动地调节自身，进而通过自身的变化，影响区域环境乃至人们的生活。

动态规划原是运筹学的一个分支，它是解决多阶段决策过程最优化的一种数学方法。本文引入的动态保护思想并不是停留在运筹学的最优化模式，而是可理解为广义的动态保护思想。对于城市文化遗产动态保护的涵义，我们可以从以下三个方面加以理解：

表1 静态保护模式与动态保护模式的比较

	静态保护	动态保护
保护的目的	通过保护历史文化遗产反映出旧有城市面貌与生活，并且丝毫不差地恢复原貌以及原有生活形态	通过新旧元素的重组与弥合，为城市注入新的活力和提供发展的可能性与自由度，使城市以及文化遗产获得新生
保护的思维模式	以控制性措施为主，局限于保护过去；没有将历史文化遗产作为城市总体发展的有机组成部分来考虑	将历史文化遗产的保护纳入与城市总体环境同步发展的范畴，将历史一现状一未来联系起来加以考察
目标定位	侧重于近期目标	近期、中期、远期目标整合综合筹划
实施手段	静态控制性手段 机械地划定保护范围	根据时代发展变化的情况，积极主动地调整保护规划
保护的结果	在实际操作中未能取得预期的效果，缺少实际意义上的可持续发展性	使文化遗产既能保持历史的真实性，又能适应不断发展的要求

（1）保护过程的动态性

即提倡一种分阶段、循环式的工作方式。在城市化进程中随着社会、经济文化的发展，会不断出现各种新问题。同时随着对文化遗产保护认识的不断深入，又将对保护提出新的要求。这一切要求文化遗产的保护是一个不断完善与深入的过程，应当采用多阶段的、循环式的动态工作方式，随着保护工作的不断实施，通过反馈对原有工作的目标和方法进行不断调整，使保护工作不断完善。

（2）保护内容的动态性

主要体现为：因地制宜，不同的文化遗产采用不同的保护方式，根据具体情况采用保护整治、更新等多样性的方法；同时，文化遗产的保护并不是单纯的物质和文化环境的保护，它涉及到经济、社会、管理、法制等多样化、多层次的建设活动，这要求我们树立动态的发展观，从更宽的层面上研究保护工作。

（3）保护成果的非终结性

实施动态保护就要使保护成果成为非终结性，在动态保护中只产生阶段性成果，而不会产生所谓的终极蓝图。其次，保护成果的非终结性要求保护过程成为长期持久、深入细致的工作，最后要做到保护成果的反馈功能，实现从目标体系——界定问题——方案选择——实施反馈——方案补充——修正这样一个动态循环过程。

5 动态保护的原则

动态保护涵盖了可持续发展原则、交互性调整原则和系统性保护原则。

（1）可持续发展原则

追求文化遗产保护的可持续发展，不仅是城市环境保护的需要，也是城市化进程发展的需要。动态保护就是以可持续发展的理论为指导，在城市动态发展的环境下研究文化遗产的可持续发展问题。

每个城市的发展历史可以是几百年甚至上千年，城市在逐渐演变中得到不断更新。在这个过程中，城市形象的变化是无数微观变化的积累结果，这种更新方式就像一个人的成长一样每天在新陈代谢，几十年后最初的细胞可能完全被更新了，但仍能够保持它的历史特性，从今天能够看到它昨天的影子。城市历史文化的形成，是若干代人努力的成果，对文化遗产的保护也应是每一代人的责任。十几代甚至数十代人的保护就应该是一种动态的、可持续性的改造。

（2）交互性调整原则

快速的城市化进程以及不断变化的城市环境要求保护规划的制定与调整必须是一种交互性实施过程。交互性的概念来源于电子计算机自动控制领域，由于微电脑的高速发展，使人机实时交互成为可能，文化遗产的保护过程借鉴了这一实时交互的理念，在确定初期规划的同时，为以后的规划调整留出了必要的空间，在保护理念、环境条件、社会条件以及各种机遇到来时，采用实时交互的方法，对初期规划进行调整。而传统的静态保护规划只侧重于对近期目标的实施，由于中、远期目标与遗产保护观念发展的不同步性，致使目标与实际保护工作背离，虽有目标也形同虚设。动态保护规划由于纳入了交互性规划的理念，使近期、中期、远期目标得到全面整合，在综合筹划的基础上，使之达到最优化状态。这也是所谓“持续规划”的思想。

（3）系统性保护原则

“动态”这一术语是指我们周围世界中随时间演变的现象，动态现象往往是一个系统。由于动态概念属于数学的范畴，因此动态系统的数学模型包含着许多相互联系的变量，动态系统是一个多变量系统，处理动态系统要有效地处理许多相互联系的变量，所有的保护都是一个多变量的系统，保护应从整个系统的大方面考虑。

同样，城市文化遗产保护也是一个极为复杂的综合系统，在保护中要涉及到多方面的学科，例如保护设计、开发管理、支撑保护的相关学科等等。其中每一个学科环节中保护措施的制定都要统筹兼顾，形成一个完整的、互相关联的系统。

6 结　语

城市文化遗产保护是一个动态发展的过程，必将随着社会发展而变化。静态保护模式只能使文化遗产成为一种古董，越来越成为城市化建设的一个包袱。只有对文化遗产进行动态保护，将其纳入城市总体环境同步发展的范畴，并根据时代发展变化积极主动地调整保护规划，才能使文化遗产具有更强的活力和生命力。因此，依据可持续发展的原则，对文化遗产实施动态保护，将其纳入正常的发展轨道是我们永恒的目标。

参考文献：

[1]常青编著：《建筑遗产的生存策略——保护与利用设计试验》，上海：同济大学出版社，2003年版。

[2]张松：《历史城市保护学导论——文化遗产和历史环境保护的一种整体性方法》，上海：上海科学技术出版社，2001年版。

[3]李雄飞：《城市规划与古建筑保护》，天津：天津科学技术出版社，1989年版。

[4]陈志华：《意大利古建筑散记》，北京：中国建筑工业出版社，1996年版。

[5]申予荣：《中国城垣的保护与拆除》，《北京规划建设》，1999年21期，第20－23页。

[6]汤羽扬：《不可移动文化遗产：科学与动态保护观》，《中国文化遗产》，2004年第31期，第84－93页。

[7]查光器：《对北京旧城保护和改造的回顾与展望》，《中英合作历史古城保护规划研究》，1994年。

[8]郑利军：《历史街区动态保护研究》，博士学位论文，天津大学，2004年。

[9]田林：《大遗址遗迹保护问题研究》，博士学位论文，天津大学，2004年。

作者简介

梁航琳，天津大学建筑学院博士；

杨昌鸣，天津大学建筑学院教授。

（原载《建筑师》2006年第2期）

当代西方城市可持续发展空间理论研究热点和争论

卜雪旸

摘　要　20世纪后期，城市规划学术界重新发现了物质空间规划和城市设计的重要性，对城市物质空间本体的研究进入了更加复杂和综合的阶段。城市空间理论的研究摆脱了单纯的几何空间限制，而与经济、文化、生态等方面的研究充分结合，产生出了一系列新的研究领域和视角。笔者从城市可持续发展的角度出发，从城市土地利用、城市交通、城市生态、社会公平、社会文化等五个方面分析和评价当代西方重要的城市空间发展理论热点和激烈争论的焦点。有些学者的研究领域虽然并不直接以城市空间规划为目的，但其研究成果直接或间接地对城市空间发展产生影响，也将其纳入讨论范围。

关键词　可持续发展　空间　理论

20世纪早期，城市规划研究集中于对城市空间形态的改善，城市研究者以城市物质空间为主要对象提出了很多设想和计划，例如新城、邻里改良以及疏散拥挤的工业城市人口，建立网络状社区群等等。这种以物质空间的考虑为主的传统规划思想一直影响到20世纪中叶①。随后城市规划进入"理性发展"阶段，城市规划工作更多地建立在数理统计和分析的基础，通过建立合理的模型来解决复杂的城市问题。城市规划人员致力于使用大量关于经济、住房、交通等方面的数据，并将计算机模型和政策分析作为主要的研究手段。美国哥伦比亚大学的城市地理学家爱德华·索加((Edward Soja)甚至认为"空间"这个词已经在城市规划研究的讨论中消失了。

但是到了20世纪后期，城市规划学术界重新发现了城市物质空间规划和城市设计的重要性。学者们发现，为了实现"适居的"(habitable)和"生态主导的"(ecologically oriented)城市(尽管早期不是以"可持续发展"的提法提出)，探索新的城市空间形态是必要的。以简·雅各布、凯文·林奇、克里斯多夫·亚历山大为代表的学者相继提出了关于城市增长控制和城市系统协调的理论，城市规划研究的主要方向似乎回归到城市物质空间的本体，即城市规划"学科核心理论向空间化回归"②。事实上，城市规划研究方向的变化并不是简单地对"理性规划"的"否定"或者对"物质空间规划"的"回归"，而是进入了更加复杂和综合的阶段。当代城市规划研究的视角扩展到了空前的领域，同时城市空间规划理论的研究摆脱了单纯的几何空间规划的限制，而与经济、文化、生态等方面的研究充分结合，产生出了一系列新的研究领域和视角。尤其是城市的可持续发展理论的出现，使得人们在建立了新的研究目标体系的同时，重新审视传统城市规划研究的各个领域。因此，当代出现了大量以城市可持续发展为目标的城市研究，其中有很多内容涉及城市物质空间发展规划的领域，另外虽然有些学者的研究领域并不直接以城市空间规划为目的，但其研究成果直接或间接地对城市空间发展产生影响。

当代社会可持续发展研究的视角非常广泛，涵盖了人类社会发展的各个方面。与城市的可持续发展相关的研究视角涵盖了城市经济、文化、政治制度、社会生活以及能源、生态环境、空间形态等方面。当代学术界对于城市物质空间领域可持续发展的主要理论和视角按照各家理论所涉及的主要研究方向进行分类，大致包含土地利用、城市交通、城市生态、能源、空间发展与社会公平、空间发展与社会文化、绿色建筑等方面，其中土地利用、城市交通、城市生态、空间发展与社会公平、空间发展与社会文化等领域的可持续发展研究与城市空间规划的关系较为密切。笔者就是从城市可持续发展的角度出发，从城市土地利用、城市交通、城市生态、社会公平等方面分析和评价当代西方重要的城市空间发展理论热点和激烈争论的焦点，以期对我国城市研究相关领域起到参考和借鉴的作用。

1　有利于可持续发展的城市土地利用方式之争

20世纪中后期，土地利用方式成为影响城市空间形态发展的最重要的因素。而城市形态与城市可持续发展之间的关系是当前国际环境研究领域最热点的议题之一。未来城市的发展模式及其对资源、社会及经济的可持续发展所产生的影响成为此类议题的核心内容③。城市空间规划的许多理论和实践都是以"土地利用方式—城市空间形态—城市可持续发展"这一基本思路为核心展开的，尽管学者们出于各自不同的出发点，对城市空间的研究方向和重点也不尽相同，例如城市功能、景观美学、经济过程等等，但都显示出了对城市空间作为人类生活物质载体的关注。

对城市土地利用的研究大致分两个方向：合理规模和强度的研究以及合理形态结构的研究。前者着重于城市空间环境的品质和自然环境品质保证，后者则着重于城市功能的合理性与效率的发挥。城市空间发展合理规模的研究主要是针对如何根据环境容量确定城市规模，如何控制城市的空间扩张，城市空间发展规模与城市生活品质、环境保护等问题之间的关系等等。对城市合理形态结构的研究主要集中在大历史纵深、多文化背景的城市形态学研究，对现代主义城市规划理论指导下产生的城市空间结构进行深入的分析和评价，城市经济运行模式的变化对传统城市土地利用模式的影响，城市空间结构与社会文化的关系，后现代城市的空间结构特点等等方面。

1.1　传统的城市发展规模控制的理论遭到质疑

1960年代以后关于控制城市蔓延的思想和实践，包括1960－1970年代Oregon、Vermont、Florida等地区制定的限制城市扩展的政策，"城市发展边界"(urban growth boundaries，UGBs)政策，1980－1990年代Washington、Massachusetts、Maine、Pennsylvania等地区执行的"精明增长"(smart growth)政策，遭到了一些地方政府、土地所有者、开发商的抵制，他们认为限制城市的扩展无助于解决城市的交通拥挤和环境品质的不断下降，同时他们对政府提出的限制要求的科学性提出质疑。时至今日，这些争论仍在继续。一方面是由于现行的控制城市发展规模的政策所产生的实际效果并没有预期的那么好④，另外，学术界仍然缺乏一个令人信服的制定"城市合理规模"的科学方法和客观标准。一些城市发展实践表明，研究城市如何与区域自然环境之间建立和谐的结构关系比单纯研究城市的合理规模更现实，更有效⑤。

1.2　效果仍待证明的"紧缩城市"理论

由于限定因素过于复杂和不确定，确定城市空间发展合理规模的研究举步维艰，众多学者转而进行城市空间的合理开发强度的研究，其中最有影响的就是"紧缩城市"理论。事实上,紧缩城市理论并不是一个新近产生的理论,也不是某一个人提出的观点鲜明的理论,而是一系列关于提倡城市空间应朝向密集、高效、混合方向发展的理论和思潮。紧缩城市理论的核心就是通过控制城市的规模和土地开发强度,使得城市的建筑和人口达到一个合理的密度。这一理论的提出主要是针对北美的城市蔓延所带来的种种问题。理论的支持者认为,保持紧缩的城市形态有助于减少对机动车交通的依赖,从而减少能源消耗和对空气污染,同时有利于形成生动的社会生活。持反对意见者则认为紧缩城市会导致本来就已经拥挤的城市环境更加恶化,这种用牺牲人们的生活质量为代价换取的对总体环境的好处微不足道。目前,尽管大多数理论家(至少是主导言论)支持紧缩城市的观点,但紧缩城市所能取得的效果需要进一步验证⑥,衡量城市"紧缩度"的数据化的指标体系还有待于建立。

1.3　争论不休的"新城市主义"

从某种意义上讲,产生于1980－1990年代的"新城市主义思想"是"紧缩城市"理论的一个重要的实践。它是由一些热衷于仿效传统美国小镇风情的建筑师和规划师提出的。最初他们将自己的行动命名为"传统邻里设计",是对汽车时代的现代主义城市设计原则、城市郊区蔓延所带来的传统邻里空间环境的丧失、城市社区生动生活场景的消逝所做出的回应。支持这一思想的建筑师发起了"新城市主义大会"(Congress for the New Urbanism. CNU),以实现与1930年代的"现代建筑师大会"(CIAM)的不同观点。代表人物有:迈阿密建筑师Andres Duany, Elizabeth Plater－Zyberk,海湾建筑师Peter Calthorpe,洛杉矶建筑师Stefanos Polyzoides, Elizabeth Moule等等。后期的新城市主义理论的实践侧重于对传统居住邻里环境的修复和再造,旨在克服现代主义的城市规划方法对城市居住社区空间的有机结构和环境氛围的破坏。但是,由于受到城市发展空间的限制以及房地产市场的导向,许多冠以"新城市主义"名称的土地开发项目产生了一些事实上有悖于新城市主义理论初衷的倾向:1)大多数新发展区域位于城市边缘,公共交通不发达,居民的出行强烈依赖私人小汽车;2)由于房产价格的原因,事实上形成了一个个单纯的中产阶层社区,居民的多样性受到破坏,难以形成"生动的、多样的、有活力"的社区;3)成片的"完美图式"的规划对城市有机结构和自然环境的破坏。因此,学术界对新城市主义的实践持越来越谨慎的态度,对其实际效果和远期影响展开深入的分析和评估⑦。

2　另辟蹊径的城市交通解决方案

当今社会人们对于机动车交通量的快速增长和交通拥挤的加剧十分关心,同时也十分关注与城市交通和可持续发展相关的其它一些问题,如空气污染、温室气体的排放、不可再生能源的消耗、城市扩展和道路建设对于城市空间的破坏、邻里居住环境质量的下降等等。以机动车交通为核心的现代主义城市交通规划对于这些问题的解决显得无能为力,甚至被认为是当代城市交通问题产生的一个主要原因。当代的理论研究另辟蹊径,改变传统交通规划中的思维定式,并倾向于通过一系列综合的措施(包括土地利用、公共交通、替代的交通方式、价格因素等等)以控制和解决这些问题。

西方国家在城市交通问题上的理论和实践探索呈现出以下特点:

2.1　以城市土地利用模式研究为先导

此类研究将道路系统的设计与城市土地利用规划紧密结合起来,深入研究两者的相互影响,主要研究方向涉及城市空间格局与交通组织的关系、城市土地开发强度与城市交通的关系、土地利用的结构对交通的影响、以公共交通为导向的城市土地利用政策等等,研究的目的是探索有利于减少私人机动车交通需求,提高公共交通使用效率的城市土地利用模式。加利福尼亚大学教授Robert Cervero在这方面的研究在学术界有很大的影响。他致力于研究城市交通与城市土地利用之间的关系,并建立了一系列关于如何减少城市机动车交通的措施,例如通过区域范围内的城市形态如何与城市大运量公共交通系统相配合而鼓励公共交通,减少私人机动车交通。他将"公交城市"的典型范例分为四种类型:1)以公共交通为主导的适应性城市,如哥本哈根、东京和新加坡;2)基于城市发展现状的适应性公交体系,通过改良的交通体系、模式和先进技术满足城市公共交通的要求,如德国的卡尔斯鲁厄和墨西哥的墨西哥城;3)强核心城市,如墨尔本和苏黎士;4)混合模式城市,兼有以上类型城市的特点,如慕尼黑、渥太华和库里蒂巴⑧。这些理论对于处理城市可持续发展交通与城市空间发展政策之间的关系有巨大的指导作用。类似的研究还有澳大利亚规划师Peter Newman和Jeffrey Kenworthy,他们对城市公共交通系统进行了大量的研究,对世界范围内众多城市的交通形态进行了分析,阐述了不同的交通形态对城市的可持续发展的影响,提出了减少城市对机动车交通依赖的五项原则⑨。

2.2　逆向思维和另辟蹊径

城市局部地段改"疏"为"堵"。转变传统的"需求——供应"的直线性的思维⑩,通过减少城市局部地段(主要是城市核心区)的机动车道路、停车场的供应,提高停车收费标准,提高公共交通系统服务水平,改善步行和非机动车交通环境等综合措施,使得该区域对于私人机动车"可达但不宜达",从而降低该区域私人机动车交通的比例。采取"冷静交通"的政策⑪,通过降低而不是提高城市交通平均车速的办法,达到抑制私人机动车交通,改善交通环境的综合目的。

2.3　充分利用政策和管理手段

侧重于利用城市交通政策和现代化的交通管理手段来解决日益恶化的城市交通问题,如鼓励公共交通的政策、鼓励合用和搭乘的政策、公交和多人共乘车辆优先的政策、鼓励步行和非机动车交通的政策、"冷静交通"的政策、智能交通技术等等。

2.4　从单纯的追求城市的机动性转向追求机动性与可达性的平衡

提高城市公共服务设施、公共开放空间的可达性,尤其是对公共交通和步行、非机动车交通方式的可达性既是改善城市交通环境的需要,也是提高城市服务水平、体现环境公平原则的需要,因此成为当代城市交通研究的一个重要内容。

2.5　寻找替代交通方式

由于对1970年代石油危机导致的城市灾难性后果心有余悸,学者们对西方城市交通政策进行根本的反思和检讨,并对亚洲地区的相对节能的城市交通模式进行深入的研究,以期寻找未来的替代交通模式。

3　城市生态系统的网络化和原生态化倾向

1960年代,人们开始系统地考虑城市建设与自然环境的关系,避免人们破坏性地使用自然资源。1980－1990年代,人们尝试修复城市被破坏的自然系统的活动迅速发展,景观生态学被用于修复、建立和评价城市的生态系统⑫。

当代西方城市规划学术界关于城市(区域)生态环境的

可持续发展与城市空间规划之间关系的研究，从总体上可以划分成以下几类：1）自然环境与城市区域相互关系的空间战略研究，如生态保护地、城市森林的研究；2）基于城市设计基础上的“生态化”设计手段和技巧，如园林绿化的“原生态化”和人工湿地技术；3）基于环境监测和控制技术基础上的调查研究和评价、评估，如城市“生态足迹理论”和“生态指针理论”受到学术界的广泛关注，并迅速应用到城市规划研究和城市政策研究的众多领域；4）城市空间发展的环境政策研究等等。

一些北美城市所进行的城市生态环境改善的实践值得人们特别关注，不同地区的实践往往带有以下的一些共同倾向：1）城市生态系统网络化，并将生态系统与城市的市民休闲娱乐空间规划紧密地结合起来；2）城市当中“生态飞地”和城市郊区“居住飞地”同时出现，传统城市空间的土地利用模式和空间形态对规划者的束缚逐渐松动；3）城市绿地系统的“原生态化”倾向等等。

4　有利于社会公平的城市空间发展研究和实践

伴随着世界范围的对人权、公平发展的关注度日益提高，对“城市规划对居民公平地生活和发展的影响”的研究成为当代城市规划领域研究的最热门的话题之一。

城市可持续发展的目标，往往用3E来表达——环境（en－vironment）、经济（economy）、公平（equality）。西方学者认为，这三者中公平是最少在公共政策中予以反映的。社会对于低收入阶层、不发达地区的关注不足，环境发展政策往往对于中产阶层有利，而较少地顾及公平性原则。关于社会和资源公平的运动开始于1980年代的美国。在美国的少数族群以及第三世界国家的活动家对环境和社会公平的现状非常不满，他们呼吁主流群体和发达国家在决定环境政策时考虑社会公平的原则⑬。对城市环境和社会公平的研究分别渗透到城市经济、政治、文化、城市政策、空间使用等各个领域。城市空间规划作为影响城市居民生活的最直接的因素成为此类研究的重点之一。

笔者认为当前的研究热点主要集中在如下方面：1）城市空间规划对城市阶层分异的影响，例如美国学者Anthony（2000，2001）考察了美国加利福尼亚州的紧缩的城市空间政策在1980—1995年期间对城市住宅价格和可承受度（al-lord－ability）的影响，认为现行的城市空间规划的原则和方法对于美国城市住宅价格的上涨、可承受度的下降（从而引发的低收入阶层居民居住条件日益恶化）负有责任⑭；2）城市空间规划对社会公共资源的公平共享的影响⑮；3）城市空间规划对促进市民公平发展的影响等等⑯。

尽管在某些方面仍然存在一些争论⑰，在城市空间发展领域，大多数西方城市都致力于通过强化城市的多样性和融合性、提高城市公共服务设施的可达性来使不同阶层的居民享有公平的发展机会⑱。

5　探索城市空间发展对社会文化的可持续发展的影响

城市空间规划对社会文化的影响巨大，社会的各种文化现象都或多或少地受到其所赖以存在和发展的城市实体空间的影响。当代的城市规划实践表明，人类城市建设的快速发展加速了城市文化的新陈代谢，大量传统文化消失的同时，又产生出了大量的“新文化”。值得注意的是，当代城市规划研究的“社会文化”的概念不仅仅是指“历史文化传统”，而是指一定地域、人群的特殊性的生活方式，代表了一种复杂的社会生活关联，这种关联对地域特色的形成、领域感的形成、社区感的形成等等都发挥着巨大的作用。

笔者认为当代城市规划学术界对社会文化可持续发展研究的重点可以归纳为：1）特定社会文化系统所依托的城市物质空间形态研究，例如受传统文化影响的社会生活方式与街道空间使用的关系⑲；2）城市物质空间的变化对社会生活、社会文化的影响机制⑳；3）当代社会文化的全球化、意象化的现象与城市规划思想的关系㉑。

6　结　语

从以上的研究理论和争论中可以看出，城市的可持续发展是当代城市研究的一大主题和出发点，而当代的城市空间发展规划的研究正是紧紧围绕着这一主题展开的。而且在关于城市可持续发展空间理论的研究中，可以看出本领域研究手段和方法呈现出许多新的特点和倾向：1）综合化、多元化倾向。西方学者对城市空间研究的方向也从空间形态本身发展到更广阔的领域，探索当代城市物质空间形态变化与社会文化、社会生活发展的密切关联，并对引导和控制这些变化的哲学基础（如审美观、价值观、人本思想等）的重新审视。众多学科领域的交叉融合是适应研究复杂城市问题的客观要求，城市研究的主客体都呈现出多元学科综合的特点，多学科领域的参与提供了研究的多元化视角，城市研究更加系统化和综合型，对城市问题的解决也倾向于系统化的方法，对城市研究者的知识结构和组成结构提出了更高的要求；2）思维方式的转变，突破传统的一元化、直线型的思维方式，大量采用逆向、变相、发散的思维方式，突破定式思维的局限，包括对城市规划政策和方法层面上对城市空间形态的直接和间接影响的反思；3）特色化倾向，强调自然、地理、文化、经济的差异带来的城市空间的多样性和差异性。可持续发展的意愿是一致的，但最终目标并不是惟一的，甚至过程和方式也不是“标准化”的，因此各个国家各个城市应该根据自己的特定环境特点和发展的制约因素合理地选择自己的发展道路和阶段性的目标，决不能简单地模仿和照搬。

相对于我国的城市化和城市现代化进程来说，西方发达国家的许多城市有着更长的历史和完整的发展阶段。众多不同空间类型和发展阶段的城市范例为我国学者的研究提供了丰富生动的素材。这些研究内容对我国的城市研究领域的重点研究方向的设定有着重要的参考和借鉴作用。

注释：

①④⑫⑬Edited by Stephen M. Wheeler and Timothy Beatley, *The Sustainable Urban Development Reader*. The Routledge Urban Reader Series, 2004.

②吴志强、于泓：《城市规划学科的发展方向》，《城市规划学刊》，2005年第6期，同济大学出版社。

③麦克·詹克斯等编著，周玉鹏等译：《紧缩城市——一种可持续发展的城市形态》，中国建工出版社，2004年6月第一版。

⑤Mark Deakin. *Developing Sustainable Communities in Edinburgh's South East Wedge: The Settlement Model and Design Solution.* Journal of Urban Design, Vol. 8, No. 2, 137－148, June 2003. Carfax Publishing.

⑥伊丽莎白·伯顿，凯蒂·威廉姆斯和迈克·詹克斯：《紧缩城市与城市的可持续性：冲突与复杂性》，转引自《紧缩城市——一种可持续发展的城市形态》。

⑦Cliff Ellis. *The New Urbanism: Critiques and Rebuttals.* Journal of Urban Design, Vol. 7, No. 3, 261－291, 2002. Carfax Publishing.

⑧Robert Cervero. *The Transit Metropolis: A Global*

Inquiry. Washington, DC; Island Press, 1998.

⑨Peter Newman & Jeffrey Kenworthy, *Sustainability and Cities: Overcoming Automobile Dependence*. Washington, DC; Island Press, 1999.

⑩"需求—供应"的直线型思维方式是指传统的城市道路交通设计的思路,即先建立城市交通需求模型,在此基础上提供足够的交通设施。事实证明,任何城市从未提供过"足够的交通设施"。因此,许多学者认为不断增加的城市交通设施只会诱发更多的交通量造成恶性循环。

⑪"冷静交通(Traffic Calming)"思想产生于1960年代的欧洲,目的是通过降低行驶在道路上的平均车速达到保障城市社区内部交通的安全与安静的作用。后来学者们发现,冷静交通的原则对减少城市机动车交通量能够起到一定的作用。Traffic Calming: Stateof the practice. ITE/FHWA, August 1999, Chapter B . http://www. trafficcahning. org 提供了一些相关信息。

⑭Richard C. Feiock. Politics, Institutions and Local Land – use Regulation [J]. Urban Studies, Vol. 41, No 2, February 2004.

⑮K. Witten et al. The Place of Neighborhood in Social Cohesion: Insights from Massey, West Auckland[J]. Urban Policy and Research, Vol. 21, No 4. December 2003.

⑯K. Lloyd and C. Auld. Leisure, Public Space and Quality of Life in the Urban Environment[J]. Urban Policy and Research, Vol. 21, No 4. December 2003.

⑰例如一些学者认为"多样性"和"适度混合"是解决这一问题的有效途径,而另一些学者认为这样做只会导致社会矛盾的更加激化。参见麦克·詹克斯等编著,周玉鹏等译:《紧缩城市——一种可持续发展的城市形态》,中国建工出版社,2004年6月第一版。

⑱加拿大蒙特利尔城市总体规划, www2. ville. montreal. qc. ca/plan – urbanisme/ en/plan_urbanisme/index. shtm

⑲E. A. de Vasconcellos. The Use of Streets: A Reassessment and Tribute to Donald Appleyard[J]. Journal of Urban Design, Vol. 9, No. 1, 3, February 2004. Carfax Publishing.

⑳K. Witten et al. The Place of Neighborhood in Social Cohesion: Insights from Massey, West Auckland[J]. Urban Policy and Research, Vol. 21, No 4. December 2003.

㉑Feyzan Erkip. The Rise of the Shopping Mall in Turkey: The Use and Appeal of a Mall in Ankara[J]. Cities, Vol. 22, No. 2. 2005.

作者简介
卜雪旸,天津大学建筑学院讲师,在职博士生。
(载《城市规划学刊》2006年第4期)

当代中国建筑界关于建筑本质思考之回顾

郝曙光

摘 要 本文回顾了20世纪80年代以来中国建筑界对建筑本质思考的主要内容，总结了关于建筑概念的辨析、建筑艺术说、建筑文化说、建筑人本说、建筑建构说等表述方式，指出了中国建筑界对建筑本质认识在这种不断深化中逐步提高。

关键词 当代中国建筑 建筑本质 建构

在20世纪80年代之后提出“建筑是什么”这个学科意义上的问题，较早的事件在1983年元旦前夕，建设部设计局在天津召开座谈会，西北建筑设计院副总建筑师黄克武在会上提出，“应当有专家研究，把一些基本概念搞清楚，如什么是建筑”。而较早论述“建筑是什么”的文章，是李行教授在1982发表的《建筑的本质和特征》。但在这篇文章中，却把建筑的本质和特征与建筑物的本质和特征相混淆：“我们要讨论的显然不是‘术’和‘学’的问题，而是‘物’，即建筑物或作为物的建筑是什么，其本质和特征是什么这样一个最根本的问题……综上所述，所谓建筑物，无非是一种具有固定工程形态的人类生活设施……当然，这里所说的建筑的本质和特征主要是属于建筑的自然性即其绝对性这一方面，至于建筑的社会性即其相对性这一方面，一般说则与其它的社会物质产品并无根本区别，故无须赘述。”①按照这篇文章的作者的观点，我们无法区分建筑物和水塔、烟囱等构筑物，而实际上建筑物与机械、电器等社会物质产品也存在着根本的区别。《建筑的本质和特征》引起争论，是不可避免的。一方面是由于它在多数人认为没有问题的领域提出了问题；另一方面，它所给出的答案本身又是值得商榷的。

之后，关于建筑本质的思考逐渐成为一种不容忽视的思潮，成为国内建筑理论界关心的话题，既而引起学术界对建筑学科内涵的审思和建筑精英阶层对建筑学学科发展方向的瞻望。这股思潮时而细流涓涓，时而波澜起伏，不能不引起足够的重视。

1 关于建筑概念的辨析

“建筑”，我们这个学科中出现频率最高的词，不同观念的人对它产生不同的理解注定是不可避免的。80年代后，学术界开始不局限于梁思成先生的“既是工程又是艺术”的说法，开始探索建筑概念的新说法。

国内知名学者罗小未教授在1985年的《建筑要面向世界》一文中曾详细地说明了“建筑”所普遍理解的几个层面的含义：“它常被理解成国家的一个工业部门——建筑工业；或被理解成基本建设的一个方面——任何运用建筑材料和技术建造起来的东西；又被理解成房屋的代名词或简称；甚至还被当作动词来用，造房子的‘造’……而我这里要谈的是一般称之为建筑学的建筑，即在广义的建筑中，同人、同社会、同环境、同时代的需要等条件密切相关，并真实反映着它们的建筑与建筑文化。”②在这里，作者把“一般称之为建筑学的建筑”清楚地定义为“同人、同社会、同环境、同时代的需要等条件密切相关，并真实反映着它们”这样的说法，相比“既是工程又是艺术”说，强调了“人、社会、环境、时代”是建筑的条件因素，并认为建筑是诸多条件因素的真实反映。这样的建筑概念，偏重于对外在影响因素的强调，而没有涉及建筑自身的内在逻辑的探讨。

刘鸿典在《对建筑理论基本问题的探讨》中把“建筑的本质”归纳为“按照人们的意志，利用材料构成一定的空间，使人们能在其中安全与方便地工作，而且可能赋予人们以不同的美的感受”，并认为“建筑的阶级性、建筑的科学性（包括技术）及建筑的创作性来作为建筑理论的基本问题”。③在这样的说法中，作者强调了建筑的“阶级性”在于“按照人们的意志”，建筑的“科学性（包括技术）”在于“利用材料构成一定的空间，使人们能在其中安全与方便地工作”，建筑的创作性在于“赋予人们以不同的美的感受”。但是，透过这样的概念我们可以看出，作者对建筑内在本质的理解还存在着一定的偏差，忽视了建筑的地区性特质。

姚瑭在《“建筑”考》中认为，“任何一门作为科学的科学，都必须有自己的概念体系；每一个严肃的科学的概念，都必须有自己的反映本质特征的内涵和外延。这种基于形式逻辑的要求，是对一切认真的科学研究的起码要求”，在此观念支配下，作者提出“建筑也应当是一个科学的概念”，并给出了作者的表述——“建筑是人类社会中特有的现象，是一个在人类思维指导下，通过一定的物质技术手段，为人类提供和不断改善社会生活环境的社会运动过程。”“这个过程含有三个紧密联系又互相独立的层次，(1)建筑实践活动，(2)物质技术科学研究，(3)学术理论研究。”④作者侧重于构建一个符合形式逻辑需求的概念体系。

周凝粹在《世纪之交的困扰、选择与展望——关于中国建筑的现在与未来的思考》中提出：“建筑的本质，是在特定的时空条件下，为特定的人创造宜人的工作和生活空间环境。建筑设计是在特定的制约条件下求得整体优化，满足人们物质和文化上的需求。”⑤

涉及建筑概念话题的还有曹伟的《关于“建筑”的思考》⑥、杨新民的《“建筑”一词的概念及其转义》⑦、《建筑的本质——历史的限定》⑧、高潮的《说“建筑”》⑨等文章。但正如李大夏所说的：“‘建筑是什么’这个题目，看来浅显，历来解释也颇多，然而终未能有一个万世不变的定义，因为社会意识形态、经济技术、生活方式的发展，总要在新的层面上向建筑师重提这个老问题。”⑩关于建筑概念的思考直到今天也在人们的不断探讨之中，不断有新的定义出现。

张雷在其《本体的建筑观》中，另辟蹊径：“要回答建筑本质上与哪些因素有关比试图定义建筑到底是什么要来得简单，即首先它存在的基础来自人类的某种需求，其次它必须有一个可以建造的基地，最后是它需借助特定的技术手段来完成。作为存在的必要条件，以上三个方面超越了文化、民族等所有的差异。……而不管在什么文化背景下，充分考虑和满足使用者的功能要求，合理利用基地提供的各种发展可能性，充分发挥材料的特性并且推敲细部处理，总是成功的设计所共同拥有的品质。而任何关于文化和传统的思考，只有在运用现代建筑语言、通过功能、环境或是技术与材料的内在需求予以表达，才是有意义的。”⑪这样的观点，超越了形式逻辑的层面，对建筑的概念具有了真正的本体论意义。

2 关于建筑艺术的论争

当郑光复发表《建筑是美学的误区》后⑫，吴焕加以《建筑是美学的误区吗?》为题反问,一场涉及到建筑究竟是什么的争论开始了。此后,相继发表了艾定增的《从后现代到解构——兼论郑光复先生的误区》、陶友松的《话说"误区"的误区——谨向郑光复先生请教》、侯幼彬的《美学误区与"二律背返"》、萧默的《"白马非马"及其它——"建筑艺术"的概念及其属性》以及郑光复的《负正论:建筑本质新析》等多篇文章,中国建筑理论界一时显示出少有的激烈的学术争论,说明建筑领域对这一问题的极大关注。李行的观点声援了郑光复:"只有扬弃'建筑是艺术'之说,才能为建筑学的现代科学发展扫清道路。"⑬萧默的观点则代表了对立的一方:"建筑是美学的误区吗? ……建筑之于美学,不但不是误区,而且就时下而言,是进入得还相当不够、相当不深的直辖区。……我们当务之需,不是去否定否定不了的建筑艺术,而恰在把美学引入建筑,从这个角度和高度,对建筑做一番认真的思索。"⑭而李松年的《建筑,是艺术》以及程庆平《建筑不是艺术》两篇文章,从题目上就可以看出纠缠到建筑究竟是不是艺术这个话题中的不同观点是何等的针锋相对,直到 1998 年仍然有以罗漫的文章《建筑就是艺术申论》为题延续这个话题⑮。

围绕着建筑是不是艺术展开的这场争论,停留在概念表述论争的层面上,而对建筑究竟是什么这样本体性的问题并没有给出回答。相比之下,罗隽的观点则超越了概念层面的论争,开始涉及建筑本体性的问题:"建筑之所以为建筑在于它是艺术而不是别的什么定义。……对于建筑,强调它自身的品质,似乎较之'帕拉第奥时代'和'勒柯布什耶时代'进入了更深一层。古典主义对建筑本体的研究尚局限于美学意义上的构图,而现代主义则强调了功能、技术等因素使其在建筑本体方面的研究受到了某种局限。从某种意义上看,建筑是一种体的艺术,一种对其体的组合形式规律与手法的研究,用符号学的观点,即对语言结构和组合形式规律的研究。……场地的品质乃是设计的先决条件……建筑的更高目的……在于表现文脉或自然品质的逻辑需要,……建筑最终产生的美学效应应是场地——建筑物——人三者品质关系的和谐。"⑯

3 建筑文化说

1986 年,《建筑学报》发表了特约评论员的文章,呼吁"重新认识建筑的文化价值",指出"建筑是文化的载体,任何建筑都体现了一定的文化内涵。……建筑的文化概念是人们对建筑本质理解的深化"。从此,"建筑文化说"开始成为中国建筑学术界的热点之一。建筑文化说的出现,强调建筑的文化本质,无疑使人们对建筑有了更进一步的认识。但值得注意的是,它是在外来文化影响中国建筑界思想震荡的背景下提出的,本身带有强调民族文化、本土文化的意识形态色彩。

学术界,由湖南大学、华中建筑编辑部、南方建筑杂志社、长沙市土木建筑学会联合发起并主办的第一次全国性"建筑与文化学术研讨会"1989 年 11 月 6 日在千年学府岳麓书院揭开了序幕。1992 年 10 月,在河南省三门峡市召开了"全国第二次建筑与文化学术研讨会",征文提要中首次出现了"建筑文化学"这一概念;1994 年 7 月,在福建泉州举行"全国第三次建筑与文化学术研讨会",议题是"变革时期中的建筑与文化";1996 年 6 月 15 日,在湖南大学召开"建筑与文化 1996 国际学术讨论会",会议的主题是"建筑文化学的研究与理论建构"。至今已经召开了八次会议,吸收了近 800 篇学术论文。"建筑与文化国际学术研讨会"成为中国建筑学术领域的一项重要活动,吸引来自海内外的学者。最近由湖北教育出版社出版的中国建筑文化文库更是吸引了更多的人从文化的角度研究建筑、理解建筑,"建筑文化说"逐渐成为一种普遍接受的表述。

署名"师在"的《建筑观之谜——寄庐夜话之三》中,对"建筑文化说"与其它的建筑概念做了比较,指出:"无论建筑如何发展,它始终是人类文化的产物,说建筑是文化,是文化的一支,或者说是文化的表现形态……当我们用文化这一新的概念范畴去说明建筑时就同以往的观念产生了三个区别:第一,它用一个统一的高层次的概念概括了原有的艺术和技术这两个分离的低层次概念;第二,它包容了物质因素和精神因素,从而不仅包含了艺术,也包含了曾经并继续对建筑的发展产生影响的诸如审美、宗教、习俗、制度、哲学等多种意识形态因素。第三,将建筑纳入文化的范畴后,当我们用文化的属性诸如延续性、涵摄性等来解释建筑的特性时,就使建筑的继承性、地方性、时代性、材料美、技术美等从理论上有了着落并上升到较高的层次统一起来。"⑰

布正伟在他的《建筑的内涵与外显——自在生成的文化论纲》(缩写稿)中系统地阐述了建筑的内涵或我们通常所说的建筑文化内涵应包括:"物质文化方面的属性——具有提供人们享用的空间环境,同时也具有为实现这一目的而必需提供的经济技术手段;精神文化方面的属性——在空间环境创造中所渗透的来自哲学、伦理、宗教等方面的生活理想,以及来自民族意识、民俗风情等方面的审美心态等;艺术文化方面的属性——在综合考虑上述基层与深层结构文化因素的同时,努力贯彻于艺术审美方面的意念及其拓展开的表现内容。"⑱

4 建筑人本说

与相对宽泛的"建筑文化说"不同,有不少学者趋向强调建筑文化中人的主体地位,强调建筑的人本本质。杨新民在《原始建筑的本质及其现代启示》一文中指出:"建筑不是自然行为,它是人类有意识的生活活动的结果,是一种文化行为。……具有无比丰富的情感内涵和浪漫主义,成为原始人的本质力量之所在,也成为原始建筑的本质之所在。……作为原始建筑本质特征的情感内涵和浪漫主义,是这个人类建筑观念的重要组成部分,它是人类建筑之始,也是人类建筑之源。……把人类建筑最本质、最深层的部分同今天的建筑发展结合起来,使我们从'冷硬的房子'走向人性的复归、文化的复归,将成为新的时代倾向。"⑲

宋昆在《关于建筑本质的思考》中则指出:"空间在本质上就是具有某种特定行为的人的存在,而建筑的本质就是对人的这种存在方式的规定,表现为围合人的行为的实体外壳。"⑳

韩森在《建筑——向着人的生命意义开拓》中从本体论的哲学层面去思索,认为"建筑的'存在'实际上就是人类某种自由的象征,一种理想的世界。……从人的生命意义看建筑,建筑及其活动折射了人类生命活动的特征。建筑世界的本质只有最终还原为人的本质,体现出生命本体论的内涵,才得以高高地屹立"㉑。

杨华在《建筑——作为释义学的对象》一文中认为,人们对建筑在经历了无视意义的功能主义之后,越来越多地回到了人的世界,回到了意义。通过对建筑本质的还原,人们越来越深刻地认识到,"建筑是一种人化的空间,其最根本的特征在于满足人的物质和精神需要,寓含人类活动的各种意义"㉒。

单军则更直截了当地指出:"生活在 21 世纪的今天,我们从建筑文本的字里行间又能看出其什么本质呢? 如果只能用一个字来表述,那就是'人'字。……建筑的人文关怀是其最本质的精神"㉓。

赵鑫珊在《建筑是首哲理诗——对世界建筑艺术的哲学思考》一书的开篇献辞中指出："我们每个人的一生都同建筑关联密切，但有关建筑的本质，我们又知道多少呢？建筑的最高本质是人，是人性，是人性的空间化和凝固。21世纪建筑思潮必然是五光十色、多姿多彩和多元化的，但它的最高本质却依旧是人。这是不变的。"[24]

徐千里教授从其博士研究生时期就开始对建筑"本体的追问"，在《建筑何为：本体的追问》一书中，清楚地表达了他对建筑本体意义上的人本观点。

"建筑的本体论对建筑存在的反思，是对建筑意义与价值的领悟与揭示。关于建筑的一切论争的深层，都必然在本体领域展开。当代人对建筑活动的困惑与迷茫归根到底是对建筑本体的困惑与迷茫。换句话说，是由于建筑本体的被遮蔽。不过，建筑本体被遮蔽，其原因却不在传统意义上作为物的生产的建筑活动自身，而是有着更加深刻的社会、文化根源。也就是说，建筑中真正具有深层意义的问题，并不是传统意义上'建筑本身'的问题，而是社会问题、文化问题。

"社会问题、文化问题归根到底又是人的问题，更确切地说，是人的存在的问题……对建筑的反思就必然要把视野扩展到整个文化领域，使建筑的批评成为一种文化的批判，一种价值观念和人生态度的批判。

"建筑本体论因与人类生活实践相契合而获得直观性和自明性。它毫无玄奥神秘之处，却是完全属人的真理。它呈现在建筑师对人的生活过程和生活意义的关怀和拷问中，蕴涵于建筑作品的存在方式及其对人的影响方式中，贯穿于公众日常生活与建筑作品的解释学应答和现象学追问中，展露在当代人的审美生成和心灵唤醒的生命活动本体过程中。可以说，建筑本体论是对建筑活动（创作、作品、接受）过程的总体把握。从某种意义上说，它是对人本体和建筑作品本体的双重追问。

"……对建筑的思考，说到底是对人存在的思考。所以，人文精神和人文尺度就应当也必然成为贯穿这种思索的中心主题。"[25]

"人本说"本身，明显地受海德格尔思想的影响，强调人在建筑中的主体地位。但人在建筑中的主体地位，"人本说"所强调的"人文尺度"无疑还是需要具体的建筑尺度来实现，在强调"人本体"的同时，一定程度上忽视了建筑本体。

5 "建构说"的兴起

肯尼斯·弗兰姆普顿（Kenneth Frampton）在《建构文化研究：19世纪和20世纪的建造美学》一文中指出："建筑的根本在于建造，在于建筑师应用材料并将之构筑成整体的建筑物的创造过程和方法。"[26]20世纪末，肯尼斯·弗兰姆普顿所提出的"建构"概念被中国学者所关注，"建构学"（Tectonics）正在成为中国青年建筑师日益关注的问题。[27]当代中国青年建筑师对"建构"话题的热衷，体现了他们对创建建筑本体文化的渴望。

到底什么是建筑学不可缩减的内核，今天很多中国建筑师和理论家渴望将建筑学通过缩减和还原的工作，清除意识形态的重负和审美意识的不确定性，从而获得一种"本质性"的内核。在经历了对建筑本质的概念表述"艺术说"、"文化说"、"人本说"之后的"建构说"，似乎更接近建筑的本体意义。

汤桦在《孤寂——南油文化广场释义》一文中，对于建筑本质的表述，在"文化说"的基础上，提出了"建筑学方面的终极性追问"，指出建筑的本质："在一个方面表现它本身如何奠基于大地，如何矗立起来，如何在空间中构成以及如何开放和封闭，也就是如何定义建筑在天空和土地之间的'存在'而使其成为人类生活的'场所'；另一方面，表现一个形而上的主题：文化以及文化和时间与空间的关系。"进而提出"一个建筑学的宣言"，认为"建筑学的基本内涵是关于建造和构筑的诗意"[28]。

胡莹在《建构——对建筑本体的还原》中，针对"在短短的几十年里，我们'借鉴'了西方建筑在近一个世纪中曾经出现过的几乎所有思潮、流派和'主义'，却始终没有构筑起自己的思想体系，从而出现了今天这种'拼'立面的现象"，发掘其深层的原因，认为"主要是由于建筑物在设计过程中抛开了建筑物本体，抛开了建筑首先是建造的实体这一基本认识，而去寻找所谓的风格、主义，偏离了建筑本身的目的。……作为一名建筑师，如其在纷乱的风格与思潮中迷失自己，不如回到建筑的本体，用建造的艺术去理解建筑，用建造的逻辑去设计建筑"。[29]

在《向工业建筑学习》一文中，张永和与张路峰表达了对建筑本质的理解："在中国，工业建筑没有受到过多审美及意识形态的干扰，也许比民用建筑更接近建筑的本质。……清除了意义的干扰，建筑就是建筑本身，是自主的存在，不是表意的工具或说明它者的第二性存在。"[30]庄惟敏则直接提出建筑的价值在于"更多地关注和研究一块砖的砌法，梁与柱的交接，材料界面的过渡，窗洞的比例，檐口的收边，选材表面的肌理和质感等等，或许作为建筑师，我们会感到更实在，更愉快"[31]。

20世纪末"建构说"在中国建筑界的出现，一方面，"建构"有望成为一个契机，作为一个理解现代建筑文化的概念框架，汇同建筑师们逐渐苏醒的空间意识和对建筑形式语言的自觉把握，帮助中国建筑师突破现实文化僵局、开始创建真正现代意义上的建筑文化——因为"建构学"不仅关注建筑物，也关注如何建造建筑物，关注在背后支撑建筑师进行建造活动的各种建筑观念；另一方面，也有学者敏锐地指出目前中国的"建构"热，实质是对"建构学"的机械肢解和无节制的泛化，会使"建构"观念降格为一种美学教条、一个学院内的谈资、一场只开花不结果的虚设的概念游戏。[32]

贺承军在《建筑学能否凸现一种本体论》一文中说："建筑学能否凸现出一种'本体论'？如果说哲学家们在思维领域内和上帝（道、逻各斯、理性、形而上学等等）作纠缠，那么建筑师们则不但要和上帝还要和恺撒（业主、权利机构、大众）交手，或者还要加上一个对手即技术。这样说，所谓'形而下'的建筑界，竟然承担着比形而上更繁重的任务。……有的建筑师、建筑历史学家和理论家，举着艺术的大旗，却又回避和上帝作战，或者明明白白已回到形而下的问题，却念念不忘上帝的威灵。也许，这确实是一个问题的两个方面，建筑界根本无法分开来解决。这种清醒的认识下，当代建筑学本体论凸现的是一种反本体的景观。……理性时代还未结束，它也许永远不会结束，作为成人的居住，是意识到虚妄之后在新的理性基础上的重建。本体论，建筑学作为一体居住的本体论是可能的。但这种理性的重建，不可能由传统话语的权威来完成，这是新时代的使命，而不是简单的回归。"[33]是的，建筑的本体论，不可能通过传统话语的权威来完成，诸如词汇的形式语言的解释、既是工程又是艺术的二元思维模式、文化概念的移植、人本特性的表述、建构内核的提纯等，都难以全面地表述建筑的本质。也许，建筑的本质就在于这种不同的解释之中。对建筑本质的这种关心，尽管不能形成一个普遍接受的没有疑义的诠释，但这个过程本身是富有意义的，中国建筑界的观念正是在这种不断深化的建筑本质认识中逐步提高，逐步摆脱意识形态的桎梏，趋近于建筑的本源意义。

注释：

①李行：《建筑的本质和特征》，《建筑学报》，1982年第12期。

②罗小未：《建筑要面向世界》，《世界建筑导报》，1985年。

③刘鸿典：《对建筑理论基本问题的探讨》，《建筑师》，第8期。

④姚瑭：《"建筑"考》，《建筑师》，第20期。

⑤周凝粹：《世纪之交的困扰、选择与展望——关于中国建筑的现在与未来的思考》，《建筑学报》，1997年第1期。

⑥曹伟：《关于"建筑"的思考》，《华中建筑》，1998年第2期。

⑦杨新民：《"建筑"一词的概念及其转义》，《建筑师》，第45期。

⑧杨新民：《建筑的本质——历史的限定》，《建筑师》，第45期。

⑨高潮《说"建筑"》，《华中建筑》，1997年第3期。

⑩李大夏：《务本以立道——从今日中国建筑谈起》，《中国建筑评析与展望》，天津科学技术出版社。

⑪张雷：《本体的建筑观》，《建筑师》，第65期。

⑫郑光复：《建筑是美学的误区》，《新建筑》，1990年第1期。

⑬李行：《南方建筑》，1991年第3期。

⑭萧默：《"白马非马"及其它——"建筑艺术"的概念及其属性》，《华中建筑》，1993年第2期。

⑮罗漫：《建筑就是艺术申论》，《华中建筑》，1998年第1期。

⑯罗隽：《作为建筑自身的品质——介绍我的一栋房子》，《新建筑》，1989年第3期。

⑰师在：《建筑观之谜——寄庐夜话之三》，《建筑师》，第32期。

⑱布正伟：《建筑的内涵与外显——自在生成的文化论纲（缩写稿）》，《建筑学报》，1996年第3期。

⑲杨新民：《原始建筑的本质及其现代启示》，《建筑师》，第50期。

⑳宋昆：《关于建筑本质的思考》，《新建筑》，1997年第3期。

㉑韩森：《建筑——向着人的生命意义开拓》，《华中建筑》，1999年第4期。

㉒杨华：《建筑——作为释义学的对象》，《新建筑》，2001年第2期。

㉓单军等：《应答式设计理念——呼和浩特市回民区老人院创作心路》，《建筑学报》，2000年第11期。

㉔赵鑫珊：《建筑是首哲理诗——对世界建筑艺术的哲学思考》，百花文艺出版社，1998年版。

㉕徐千里：《建筑评价的人文尺度》，中国建筑工业出版社。

㉖伍时堂：《让建筑研究真正在研究建筑——肯尼斯·弗兰姆普顿新著〈构造文化研究〉简介》，《世界建筑》，1996年第4期。

㉗关于"建构"的文章包括：张永和《平常建筑》，《建筑师》1998年第10期；王群《解读弗兰普顿的〈建构文化研究〉系列之一、二》；《A+D建筑与设计》，2001年第12期；王群《空间、构造、表皮与极少主义》，《建筑师》，1998年第10期；刘家琨《叙事话语与低技策略》，《建筑师》。

㉘汤桦：《孤寂——南油文化广场释义》，《建筑师》，第68期。

㉙胡莹：《建构——对建筑本体的还原》，《华中建筑》，2003年第1期。

㉚张永和、张路峰：《向工业建筑学习》，《世界建筑》，2000年第7期。

㉛庄惟敏：《关于建筑创作的泛意识形态论——"实验的作品"与"商业的产品"》，《建筑学报》，2003年第2期。

㉜朱涛：《"建构"的许诺与虚设——论当代中国建筑学发展中的"建构"观念》。

㉝贺承军：《建筑学能否凸现一种本体论》，《建筑师》，第66期。

作者简介

郝曙光，东南大学建筑学院博士研究生。

（原载《南方建筑》2006年第12期）

当代中国实验建筑的先锋性

江 浩

摘 要 以历史比较的观点将当代中国实验建筑放在中国现代建筑发展中进行分析，评析了中国实验建筑的价值及意义，并就当代中国实验建筑的批判性及其在中国现代建筑发展进程中的先锋意义提出了见解。

关键词 当代 实验建筑 先锋 批判性

1999年6月在北京召开的"第二十届世界建筑师大会"期间，由王明贤策划的"中国青年建筑师实验性作品展"被认为是中国实验建筑作品的第一次正式亮相。2002年长城脚下的"亚洲建筑师走廊"入选威尼斯双年展；2003年启动的南京中国国际建筑艺术实践展的规模、范围都达到了前所未有的高度。中国的实验建筑及其建筑师正受到专业和大众媒体越来越多的关注。如何看待中国的实验建筑，存有诸多不同的观点。伍江教授认为"目前中国的'明星建筑师'群体在学术上并不成熟。他们的多数'实验性'作品并不真正具有前卫或先锋的性质。他们的不少'探索'活动实践实际上是西方早期现代主义者早已做过的努力与当代时髦概念不完全的理解甚至误解的混合物。他们的作品既缺乏文化的批判性，更缺乏艺术的独创性。他们的作品更像是走在中国建筑群体主流的旁边而不是前面。自然这种实验性也就不能真正地具有前卫性"。王明贤则认为，中国建筑的实验之所以不能像西方当代建筑实验具有那样多的"独创性"，是由于中国的现代建筑发展不充分。他认为："针对中国本土建筑现状所做的实验，在中国当代的文化背景下依然具有很重要的学术意义，这种历史性的努力还是值得肯定的。"①

对待中国的实验建筑的不同态度，是由于看问题采取了不同的参照系。将当代中国实验建筑放置在中国现代建筑发展中进行分析，同时与西方现代建筑的发展进行比较，就能更理性地评析中国实验建筑的价值，更准确地把握其在纵横两个方向上的位置。

贯穿近代、现代和当代中国建筑的一个主题是"近代化"和"现代化"，就本质而言，都是"现代化"。相对于西方内发现代化产生的现代建筑，中国建筑的现代转型属于"后发外生型现代化"，是在外来压力下催生的。"在相当时间范围内，……它滞后于西方，并且以西方为模式。"②

西方现代建筑的发展历程可以划分为三个阶段，"第一现代建筑"是19世纪达到顶峰的新古典主义建筑，包含了近代和现代的功能形制，采用了新技术，反映了第一阶段的科学理性。"第二现代建筑"是20世纪20年代出现的现代主义建筑。"它在工业化和都市化强烈冲击下，在传统时空和道德观念的破碎中产生。它一方面强调最基本的理性，另一方面反映离散的片段的动态的时空经验。如果说包豪斯提供了工具理性的工业化建筑语言；柯布西耶则提出了动态的解析的基本而纯粹的建筑语言。现代主义建筑有一定的社会(主义)理想和符合大机器生产的功能主义理想。但它最深刻的代表应是柯布西耶的解析而原创的基本建筑。它本身不代表资产阶级民族国家和公共领域的一般理性。它是个人的实验的先锋艺术。它反常规、反传统，具有颠覆性和创造性"。"第三现代建筑"是20世纪70年代以来的发展，包括符号的后现代、理性的(抽象和非符号的)后现代和新现代。而后者在当代的影响更大。有些用早期现代主义(构成主义)和柯布西耶的基本语汇来批判颠覆科学理性，比如解构主义建筑；或叙述表达现实生活包括大都市的复杂和动态，比如库哈斯的建筑。第三现代建筑的基本语汇是对现代主义(第二现代建筑)解析的基本语言的发展，其思想既不是拥护国家的公共理性，也不是追求个人英雄的原创和乌托邦理想，而是对西方自身的理性和现代性的反思和批判。其中最激进的是叙事和都市的新现代建筑，试图延续现代主义先锋建筑的颠覆性，强调陌生化和反常规，以保持其建筑的批判性③。

西方现代建筑的发展是一部批判的历史。新古典主义建筑逐渐不能适应工业技术和社会的发展，现代主义建筑对其批判，创立了新的美学观。20世纪60年代出现的后现代建筑是对现代主义建筑的否定和批判，也成为对现代性批判的思潮的一部分。而新现代建筑则是对后现代建筑"往后看"思想的否定，对其试图从历史中寻求解决现代性的矛盾和困惑进行批判。在每个时期，往往最具有批判性的建筑就是最激进的最前卫的。从以上的分析可以看出"批判性"是贯穿西方现代建筑发展的线索之一，建筑实验或先锋的价值也建立在其"批判性"之上。

中国与很多非西方国家一样，在外来压力下完成了建筑现代化的第一阶段。它不仅包括19世纪末20世纪初期输入的新古典建筑，还包括20世纪30年代和50年代民族国家诞生后产生的民族风格的新古典建筑。它们都是以西方文艺复兴后的古典建筑为基础，建立在巴黎美术学院设计理念之上，代表的仍是第一阶段的古典理性。"60年代末70年代初的政治表现主义和80到90年代的新民族形式，是它们语言的衍生物，仍然应属于中国的第一现代建筑。"现代主义建筑虽然在20世纪30年代的上海、50年代初的北京等城市、70年代的许多城市出现过，但由于受到战争、社会运动等条件的限制，没有对纯粹而基本的建筑形式进行持续而深入的探讨和实践。在很长的一段时间内，中国一直以新古典的第一现代建筑为主导，现代主义建筑并没有生根发芽，因此也不可能产生类似于西方现代主义先锋建筑的作品。1977—1989年，由于各种合作交流计划，国际著名建筑师和作品相继进入中国，多种西方先锋建筑思想被纷纷引入。到90年代，虽然"中国的经济体制由计划经济向市场经济转型，刚刚形成的不完备的建筑设计市场使得一批浮躁的业主和同样浮躁的建筑师合作了一批在未来建筑历史中注定要被划入倒退一类的建筑"④。但是自由的以小群体和个人为主的先锋艺术实践也日趋活跃，出现了中国当代的实验建筑。一种是"现代乡土"，以半现代半装饰的手法创造比较理性的乡土或文脉建筑；一种是纯粹的现代主义建筑，采用纯洁的现代主义建筑形式。20世纪90年代后期出现的一些中小型建筑表现出持续而深入的、对纯粹或基本建筑关系的探讨，标志着中国已经进入了第二现代建筑的范畴⑤。

由于横向国际交流的共时性，1976年以后输入的先锋建筑思想以及21世纪以来的通过国际竞赛输入的建筑，实际上属于西方的第三现代建筑。于是本土的实验建筑作为第二现代建筑，与西方的第三现代建筑(有些甚至是实验建筑)进行并置和对接。中国当代实验建筑的批判性是双重的，一方面，是对长期以来占据主导地位的新古典建筑的否定，抵制巴黎美术学院的传统；另一方面，也批评符号的后现代，特别是由它发端的商业化泛滥。现阶段的中国实验建筑与西方实验建筑的断裂（比如从南京中国国际建筑艺术实践展中可以感觉到），是中国现代建筑发展的特点所决定的；而不同于西方实验建筑的中国实验建筑也是中国现代建筑发展所必须的一环。“欧洲建筑文化发展有着脉络清晰的轨迹，美国和日本在现代建筑初期也都历史性地融入了它的发展潮流，而中国很多年都没有摸准方向，到后来甚至丧失了基本的专业准则。从专业性而言，现在是补课。”⑥中国建筑的进步和现代化，必须要经历“第二阶段”，中国的实验性建筑对中国最缺乏、最需要的现代主义建筑之现状进行了本土性的探讨和实践。没有这一阶段的熏陶和成熟，中国不可能真正参与世界性的最先进的学术对话。中国的实验建筑与西方的实验建筑属于现代建筑发展的不同阶段；批判性的精神同根同源。西方的新现代建筑正是继承现代主义先锋建筑的批评性内核，即反常规、反传统，具有颠覆性和创造性。中国实验建筑的形式也许不像当代西方先锋建筑那样前卫，但在中国当代建筑现实状态下仍具有深刻的批判性价值。

当代中国的实验建筑或多或少地具有批判性，或批判地参与当代中国快速而大量的建造活动。从最初的边缘和不引人瞩目到逐渐受到媒体大众以及学界的认识，被一些媒体称为中国的先锋建筑师。近几年的建筑实践由“小叙事”逐渐向“大叙事”转变，反映出他们渴望推动中国建筑的根本性变革。要成为当代中国建筑变革的先锋，仅具有批判性的姿态或进行批判性地参与仍然是不够的，还要看他们如何做，以及做建筑的立场。

为了更好地剖析当代中国实验建筑的先锋性，首先要明确先锋的内涵。这里的先锋并不是指“历史先锋派”以及模仿先锋艺术的形式主义的伪先锋，而是广义的先锋概念。“先锋派就应该是艺术和文化的一种先驱现象，从这个词的字面上来讲是说得通的。它应当是一种前风格，是先知，是一种变化的方向，……这种变化终将被接受，并且真正地改变一切。”（尤奈斯库《论先锋派》）“每一个先锋派，首先都是一种大部队的脱离，一种现行规则和行为的拒绝。”“先锋的实质在于：它从不满足于现行的标准，并且在不断地探索。在先锋派最著名的声明中，它不仅是背叛，而且是更新。”这些就是被艺术家、评论家以及公众所广为运用的概念。它也是先锋可识别或被判断的一面，是一个处于传统与革新、现实与超现实之间的一个抽象的概念。从这个概念出发，我们就不难理解西方建筑先锋派的范畴了。除了20世纪初期作为历史先锋派运动的一部分建筑先锋派以外，还包括包豪斯、柯布西耶以及60年代以来的英国AA建筑学院、库伯联盟、艾森曼、屈米等等。“这些建筑先锋派的创作同时在设计与批评两个范畴内游走，其目的也是一样的——拒斥任何一种将建筑与建筑物的简单同一化，以挽救概念性的和社会政治性活动的可能。”⑦从西方建筑先锋派的发展过程可以看到理性从建立到颠覆、破坏的过程。20年代理性的建立是对新古典主义虚伪理性的批判；60年代是对早期现代主义或理性主义理念庸俗化蔓延的批判，并非针对现代主义本身；而90年代以来的解构主义或新现代则是对现代主义本身（理性主义）的批判和颠覆，这是一种非更新式的批判。除了批判性本身，没有提供明确的指向，未来仍在迷雾之中。正因为是处在进行中的当下，所以答案还未显现，只有历史才能作出回答。

从中国现代建筑的发展轨迹和西方的比较中，可以看到中国现代建筑的发展或建筑的现代化滞后于西方。中国的一些实验建筑师都在不同场合提到“补课”，认为中国现代建筑必须经过第二阶段“现代主义”的成熟，才能得到完善的发展。但在市场全球化的今天，是否有空间和时间留给中国的建筑或建筑师来安心“补课”，是个疑问。在中国的土地上输入的西方实验建筑或思想无疑与中国实验建筑师及思想是有距离的，如何进行直接而平等的对话是中国实验建筑师在现阶段的新课题。在“非常建筑”的十年回顾中，大家都肯定了张永和及其“非常建筑”在中国现代建筑发展历史中的先锋作用，“非常建筑”用言论和实践对20世纪90年代以来的建筑设计市场的商业化大潮进行了批判，启发和带动了更多的中国青年建筑师加入到该行列中来，形成中国的实验建筑师群体。从对张永和及“非常建筑”的批评中，也可以看到除了批评性的姿态之外，他的建筑实践仍有某些不足，至今“非常建筑”甚至中国实验建筑群体中仍没有产生能进入世界先锋行列的作品。设计作品比理论更具批判性、影响力和说服力。中国实验建筑师努力带来了不少变化，然而还没有真正地改变中国建筑的现状和一切。处在纵横交错关系中（中国现代建筑的线形发展历程和西方现代建筑的共时相处的外部环境）的中国实验建筑师有着似非而是的矛盾心态。在“非常建筑”十年回顾的座谈中讨论最多的是立场问题，艾未未批评张永和及“非常建筑”缺乏明确的立场。张一方面呼唤平常建筑、工业建筑，一方面要保持先锋姿态、设计的趣味性，以及与国际的接轨和对话。立场似乎是模棱两可。中国的一些实验建筑师并没有早期现代主义建筑师如柯布西耶、密斯等旗帜鲜明的立场，不仅仅是由于中国现代建筑发展的不完善和滞后性，也由于本身与社会隔膜的关系以及自身消极的态度。现在中国实验建筑师的态度也发生了变化。比如，张永和的“非常建筑”规模以及作品规模的扩大，马达思班对急剧变革的中国超都市化的关注和“大叙事”的实践等等。在当前中国现代建筑发展的进程中，在中国实验建筑师不断的建筑实验中，我们更期望中国当前的“先锋”在不久的将来能够成为“后峰”，成为一种“前风格”，对中国建筑的根本性变革真正起到先锋作用。

注释：

①王明贤：《如何看待中国建筑的实验性——上海双年展杂感》，《时代建筑》，2003年第1期，第25－28页。

②朱剑飞：《现代化：在历史大关系中寻找张永和及其非常建筑》，《建筑师》，2004年第2期，第14－17页。

③朱剑飞：《现代化：在历史大关系中寻找张永和及其非常建筑》，《建筑师》，2004年第2期，第14－17页。

④戴炎辉、赵燕：《回到未来：中国建筑设计的新价值》，《设计新潮》，2002年第6期，第22－46页。

⑤朱剑飞：《现代化：在历史大关系中寻找张永和及其非常建筑》，《建筑师》，2004年第2期，第14－17页。

⑥戴炎辉、赵燕：《回到未来：中国建筑设计的新价值》，《设计新潮》，2002年第6期，第22－46页。

⑦胡恒，王群：《何为先锋派——先锋派简史》，《时代建筑》，2003年第5期，第20－26页。

作者简介

江浩，同济大学建筑与城市规划学院。

（原载《新建筑》2006年第2期）

中国当代建筑集群设计现象研究

蔡 瑜 支文军

摘 要 文章从研究“集群设计”的兴起与定位，历史渊源及其发展异化入手，进而探讨中国当代建筑集群设计的现象与概况，并重点评述中国集群设计的特征、价值、意义与误区，以及与“明星建筑师”的关系。

关键词 集群设计 集群建筑 建筑展 建筑事件 “明星建筑师”

“集群设计”(Group Architectural Creativity)这一提法的出现在中国建筑界是近些年的事情，据笔者所知最早见于崔恺在2004年4月发表的一篇名为《关于“集群设计”》的文章[①]。但对于这一现象不仅业内人士早已关注，大众媒体也不觉陌生。

1 “集群设计”考

1.1 “集群设计”的语义

“集群设计”，按照字面意思，即集合建筑师群体参与建筑创作的实践活动。“集群设计”之所以作为一个特殊提法区别于一般建筑设计，与一种基于经验的认识前提有关，即建筑师，或者广义的从事与艺术创作有关的职业人，通常是以个体(个人或公司等固定组织)身份参与创作活动。

这种经验性认识一方面来源于创作活动本身的特性——艺术创作带着明显的个人意识，宣扬个人体验，艺术创作者的外在表现也往往给人以特立独行的印象；另一方面来自项目运作的惯例——在建筑工程项目选择设计师或者设计成果的一般模式，即招投标模式中，设计师们往往以竞争对手的方式出场，这种既定的游戏规则限制了建筑师的群体创作。因此，当打破常规的“集群设计”现象出现，就需要重新定义。

1.2 “集群设计”的渊源

一般认为，“集群设计”脱胎于国外示范性实物建筑展。

有着举办国际建筑展览传统的德国柏林，自20世纪20年代以来主办了一系列实物建筑展，其中1927年“德意志制造联盟”(Deutscher Werkbund)的魏森霍夫试验住宅区(Weissenhof Siedlung)，可谓现代“集群设计”的开山之作。展览的初衷是应对第一次世界大战后德国住房紧缺和经济状况急剧恶化中的住房建设问题，强调的是经济与适用。展览聚集了密斯(Mies van der Rohe)、柯布西耶(Le Corbusier)、格罗皮乌斯(Walter Gropius)、奥特(J. J. Oud)、夏隆(Hans Scharoun)等17位世界著名的现代主义建筑师，代表了当时欧洲最前卫的设计组合。他们以探索未来住宅设计为己任，使用创新的设计概念和设计方法，对住宅建筑的平面布局、空间效果、建筑结构、建筑材料等进行了一系列革新，并开创了“国际主义风格”(The International Style)[②]。

1931年的建筑展正式移师柏林，以“我们时代的住宅”(Die Wohnung unserer Zeit)和“新的建设”(Das neue Bauen)为主题的“德国建筑展”(Deutsche Bauausstellung)在设计经济住宅模型的同时，考虑如何降低建筑造价，帮助解决居住和失业问题。

1957年以“明日城市”(Stadt von Morgen)为主题的国际建筑展(Internationale Bauaustellung)，邀请了13个国家的53位建筑师，重建受战争破坏的汉莎住宅小区(Hansaviertel, 1956－1958)。展览对未来城市住宅区和住宅建筑设计进行了建设性的探索，有36个项目建成，是“国际风格”的又一次大展演[③]。

现代主义建筑师的一次次集体亮相，无一不是针对当时的社会问题，体现了现代主义建筑师强烈的社会责任感。集体智慧的交锋推动了学术进步，其影响之深远非后世所企及。于是“集群设计”这种与生俱来的“精英”气质，使其语义中的“集群”不只是简单的数量概念，还隐含了“前瞻性”与“示范性”的意义。

1.3 “集群设计”的变异

资本和市场经济的运作影响了全球经济秩序的同时也在影响文化构成，“集群设计”在参与社会生活重组和资本权力建构的过程中也难逃异化的宿命。

步柏林建筑展之后尘，西方各国在20世纪80年代后也涌现出一些集群设计力作，如德国魏尔维特拉家具厂、德国柏林波茨坦广场、法国里尔欧洲中心、荷兰阿姆斯特丹东港口区、英国格拉斯哥未来住宅区、日本东京六本木山等。不同的是，这些项目不再是有组织、有主题、有特定目的和区域的展览活动，而是一般意义的房产开发项目。仍旧具有建筑展性质的有矶崎新(Arata Isozaki)在20世纪90年代主持策划的福冈“纳克索斯世界”(Nexus World)国际住宅展。

“集群设计”产生于现代主义建筑的学术探索，而今发扬光大于资本权力的空间建构。其产生动机不再是单纯的学术研究或是对于社会建构的使命，其精英气质更多地被当作商业利益最大化的筹码。

1.4 “集群设计”之身份定位

“集群设计”作为建筑设计活动中的一种特殊情况并引起关注，但其本身并不能作为任何一种文化批评方式的分类基础，不能完整地作为一种创作方式看待。“集群设计”既不具备理论上的分类特征——不存在创作观、思想观或者建筑作品理论上的分类共性，也没有明确的社会学分类基础，甚至其涵盖的对象也是模糊的。这种简单地以设计组织方式为基础的分类是不可靠的。

“集群设计”更倾向于一种“建筑事件”，是具有社会学意义的建筑现象。

作为一种现象，“集群设计”包含了一些默认的条件：

(1)不一定有组织，但通常有“预谋”。“集群设计”中的业主与建筑师的关系不是随机的。即使项目没有特定的主题及其相关的组织，往往有特定的建筑师作为联系人，邀请其他同行参与设计。委托设计取代设计竞赛招标，被作为选择建筑师的主要方式。

(2)不一定有多大规模，但通常有相当的影响力。项目占地、建筑面积、建筑数量、建筑师数量均不会对“集群设计”造成限制，但其过程及结果通常能够引起学术界和媒体的注意。其中或者包含设计思想和建筑技术层面的创新实验，对建筑学的发展有所建树；或者提升场所价值，体现某种程度的“示范性”。

(3)不一定有理念，但通常不能“纸上谈兵”。“集群设计”是一个全过程设计，包括了从项目策划到规划设计到施工建成的全部步骤。止于概念的“图纸建筑”，或未建成的“表现图建筑”习惯上不被纳入对象范畴。

(4)不一定在同时建造,但通常在同时设计。脱离了展览意味的当代"集群设计"是高速建设的产物,靠集思广益来弥补没有时间与历史积淀的建造。集体智慧的切磋与交锋是集群设计与个体设计的最大区别,其结果是使一蹴而就的新区呈现出更接近于城市本质的复杂性与多样性。超大规模的集群设计项目可能持续较长时间,采取分区块、分阶段进行操作,但同一区块、同一阶段内仍然是同时设计。

1.5 "集群设计"之林林总总

"集群设计"是一个宽泛的概念,上述约定俗成的条件并不对集群设计项目的种类构成约束。依照不同的分类标准,对集群设计项目进行归类,可以逐步获取对复杂性事物的真实性理解。

集群设计项目根据建造目的的不同可分为一般房产开发与特殊事件,如世界博览会、奥林匹克运动会、建筑实践展等。其中世博会与运动会由于其特殊的性质和功能,承载了过多建筑之外的意义,不具有普遍性,因而不在本文讨论之列。按照业主社会身份的不同可分为纯商业项目、政府项目和政府介入的商业项目。从项目功能的复杂程度看,分为单一功能项目和综合使用项目。以项目大小计,分为集中地块开发项目和大范围的城市更新改造项目,如德国柏林1987年国际建筑展、上海青浦新城建设等。城市范围的集群设计既可以看作一种介乎一般建造与"集群设计"的过渡——快速的城市建设,也可以理解为"集群设计"的"集群",具有概念的模糊性,因此本文仅截取其中典型的区块作为研究对象。总体来说,集中地块的一般房产开发项目比较能充分体现"集群设计"的问题。

2 "集群设计"在中国

2.1 中国集群设计扫描

最早让"集群设计"闯入中国建筑界的是2000年启动的"长城脚下的公社"。这个项目不但在当年名噪一时,乃至蜚声海外,至今仍是中国最典型的集群设计项目之一。

"公社"的成功开启了中国的集群设计时代。2002年至2005年仅3年时间,据笔者所知,全国各地陆续出现了至少13个有一定影响的集群建筑师项目(表1)。其中部分项目具有相当的国际影响力,如南京的"中国国际建筑艺术实践展"和浙江金华的"建筑艺术公园",均在全球范围邀请设计师。本土项目的声势之浩大也毫不逊色,如广东东莞的"松山湖新城"和成都的"建川博物馆聚落",均邀请了近30位国内知名建筑师参与。这些项目都或多或少打着展示建筑艺术的旗号。

上海的"青浦营造"和杭州的"良渚文化村"这类大规模的新城制造,尽管其中运用了"集群设计"的操作模式,但战线拉得过长,不足以体现"集群设计"的协作性。本文仅选取部分具体项目进行分析。杭州的"浙江大学紫金港校区东区"、上海的"九间堂"和北京的"永丰科技园用友软件园",作为一般房产开发项目,似乎只是多邀请了几位知名的建筑师而已,不足以体现"集群设计"的学术影响力。而银川的"贺兰山房"由于是艺术家"玩"建筑的产物,即使被载入《中国建筑艺术年鉴》,仍旧基本不为建筑界人士所认同。

无论这13个项目采用"集群设计"模式出于何种目的,其地域之分散,参与建筑师之众多,足以体现"集群设计"在中国的影响之广泛。

表1 中国当代建筑集群设计项目清单

Table 1 : List of projects of group architectural creativity in contemporary China

序号	项目名称	地点	时间	投资建设	设计师(人/组)	功能	规模
1	长城脚下的公社	北京	2001.2 – 2002.8	北京红石实业有限责任公司	13	精品旅馆	别墅式酒店11幢,俱乐部1座
2	贺兰山房	宁夏银川	2002 – 2004.10	宁夏民生房地产开发有限公司	12	精品旅馆	别墅式酒店12幢
3	东莞松山湖科技产业园区	广东东莞	2001.6 –	东莞市政府	28	行政办公 学校	行政办公5组,学校建筑12组
4	浙江大学紫金港校区东区	浙江杭州	2002 –	浙江大学	3	学校	教学建筑3组
5	九间堂别墅	上海	2002 –	上海证大三角洲置业有限公司	6	别墅	别墅22幢
6	青浦营造	上海青浦	2002 –	青浦区政府	20	综合	

续表

序号	项目名称	地点	时间	投资建设	设计师（人/组）	功能	规模
7	中国国际建筑艺术实践区	江苏南京	2003.8 –	南京四方建设有限公司	24	展览	公共建筑4座、工作室20幢
8	建川博物馆聚落	四川成都	2003.10 –	成都建川房屋开发有限公司	25	博物馆商住	博物馆及商住25组团
9	永丰科技园用友软件园	北京昌平	2004.1 –	用友软件公司	4	办公楼	4组
10	金华建筑艺术公园	浙江金华	2004.5 – 2005.12	金东新区政府	17	休闲景观	小型公共建筑17栋
11	良渚文化村	浙江杭州	2004 –	浙江南都房产集团有限公司	20	住宅区	8个主题村落
12	天津鼓楼街	天津	2005 –	天津市投资公司	5	商业	4个街坊
13	梅沙海滨建筑	广东深圳	2005.12 –	深圳市规划局滨海分局	12	休闲景观	小型公共建筑2栋

2.2 中国集群设计的特征

“集群设计”本身并不具备理论上的分类共性，但一些外部特征促使中国集群设计呈现出某些共性特征。考察中国集群设计项目前期业主的运作方式、建设规模、功能定位、环境选址，项目过程中的参与建筑师，项目成果的建筑形式这三大环节中反映出的基本外部特征，可以大致描摹出中国集群设计的“体貌”。

2.2.1 条件——项目要素

在国内建筑项目运作中，业主选择建筑师的一般方式是设计竞赛招标，而国内集群设计的特殊性在于绝大多数项目从规划到城市设计再到建筑设计均采用委托设计形式。如此大规模的邀标需要业主有相当的魄力，这里的业主既有政府机构，也有房地产企业。

相对而言，政府机构具有更强势的控制力，且成本、利润限制较小。这种不同体现在项目规模上，政府介入的项目多为大规模的新城建设，如青浦营造、松山湖新城，或广泛的国际邀标，如中国国际建筑艺术实践展、金华建筑艺术公园，而普通地产项目望尘莫及；体现在项目功能定位上，政府机构能够操作自由度较小的公共建筑，而房地产企业更倾向于投资灵活性高、利润空间大的具有商业、旅游性质的项目（表2）。

国内集群设计项目的基地大多在自然环境优越的城市郊区（表3），经济因素显然起了决定作用。城郊土地资源较市区内丰富，一方面土地成本相对低，另一方面基地环境质量的可选择余地大。因而建筑设计受到用地或者容积率限制较小，为集群设计的创作自由度提供了重要的物质保证。基地远离城市的同时也远离了城市矛盾，这是国内集群设计得以拥有充分创作自由度的先决条件。而且，优美的自然景观有助于建筑师获取灵感和反思中国当代城市形态以及建筑形象的发展。更有部分基地位于自然、人文景观齐名的胜地（如长城脚下的公社、建川博物馆聚落、良渚文化村），给建筑设计引入了文化内涵的深层参考。

表2 中国当代集群设计地理位置及特征

Table 2: Locations and characteristics of group architectural creativity in contemporary China

序号	项目名称	地理位置	自然景观	人文景观
1	长城脚下的公社	北京市北部山区	位于水关山谷，属长城风景区。谷内山石嶙峋，桃树漫山	水关长城
2	贺兰山房	宁夏自治区银川市贺兰山金山乡	背靠贺兰山，面朝沙丘，典型的戈壁景致	
3	东莞松山湖科技产业园区	广东省东莞市松山湖镇大岭山	岭南丘陵地貌，大片保留荔枝林；松山湖形态蜿蜒，步移景异	
4	浙江大学紫金港校区	东区浙江省杭州市西湖区唐北	地处西溪湿地边缘地带，南临余杭塘河，典型江南水乡环境	

续表

序号	项目名称	地理位置	自然景观	人文景观
5	九间堂别墅	上海市浦东新区	毗邻上海市内最大的城市绿地——世纪公园	
6	青浦营造	上海市青浦区	水网丛生,自然条件优越,典型的江南水乡环境	朱家角吴越文化,江南水乡
7	中国国际建筑艺术实践区	江苏省南京市浦口区佛手湖	紧邻老山国家森林公园,为珍珠泉风景区内一片溯湖山地,保留了大量天然水系和原生林木	最早的中国现代建筑实践发源地
8	建川博物馆聚落	四川省成都市大邑县安仁镇	地处天府腹地,斜江河畔	安仁古镇,有刘文彩庄园等
9	永丰科技园用友软件园	北京市昌平区	北方郊外旷野	
10	金华建筑艺术公园	浙江省金华市金东新区	义乌江北岸防洪绿化带内狭长滨水地带	
11	良渚文化村	浙江省杭州市余杭良渚镇原大陆乡	原生态的湿地地貌,良好的自然植被	良渚文化遗址
12	天津鼓楼街	天津市鼓楼街	城市商业街坊	鼓楼历史风貌建筑区
13	梅沙海滨建筑	广东省深圳市东部海滨	西起正角嘴,途经大梅沙海滨公园及沙滩,东至墩洲岛及小梅沙沙滩,汇集了山、海、石、林等,丰富、稀缺的自然景观资源。	

表 3　参与(2 次以上)建筑师排名

Table 3: List of architects involved in group architectural creativity

	长城脚下的公社	贺兰山房	浙大紫金港校区	松山湖科技产业园区	九间堂别墅	青浦营造	国际建筑艺术实践区	建川博物馆聚落	用友软件园	建筑艺术公园	良渚文化村	天津鼓楼街	梅沙海滨建筑	小计(次)
张永和	√			√		√	√	√	√	√				7
张雷				√		√	√	√			√		√	6
周恺				√		√	√	√				√	√	6
刘家琨				√		√	√	√		√				5
齐欣				√					√		√	√	√	5
艾未未	√			√			√			√				4
崔恺	√			√			√	√						4
王澍				√			√			√			√	4
矶崎新					√		√	√						3
大舍建筑				√		√					√			3
都市实践				√								√	√	3
马清运						√	√						√	3
汤桦				√			√						√	3
程泰宁			√					√						2

续表

	长城脚下的公社	贺兰山房	浙大紫金港校区	松山湖科技产业园区	九间堂别墅	青浦营造	国际建筑艺术实践区	建川博物馆聚落	用友软件园	建筑艺术公园	良渚文化村	天津鼓楼街	梅沙海滨建筑	小计(次)
登琨艳					√	√								2
丁乙		√								√				2
李兴钢				√				√						2
刘珩							√						√	2
王路								√				√		2
吴钢									√		√			2
严迅奇	√				√									2

(按参与次数多少和姓氏拼音顺序排列,本统计仅以项目计,与建筑数量无关)

2.2.2 过程——参与设计师

对参与建筑师进行多角度的分类研究,可以从“人”(建筑师)的主体角度更明晰地认识集群建筑与设计的多样性和复杂性中存在的集体共性,同时也有助于理解“建筑师”的知识背景、创作理念等主体因素如何影响集群设计的产生。

(1)第四代唱主角

从年龄和经历考察,参与集群设计的中国建筑师大都属于我国的第四代建筑师,1978年恢复高考以后接受高等教育,部分人在国内接受本科教育后再留学西方或者毕业后在工作中被公派出国学习。这一批人一般学历较高,思想敏锐,接受新鲜事物的自觉性强,对国外情况较为了解,曾在海外接受专业教育或者在其事业之初吸收了其它艺术领域的知识和操作经验④。

其中相当部分人因其海外经历而被归为俗称的“海归派”,他们以海外经验介入中国建筑实践⑤。其中还有部分人因其鲜明的特征而被细分为所谓“新学院派”,虽然这亦非理论意义上的流派,但的确有其所谓的共同特征,“最根本的一条就是他们既以建筑高校为依托、又与传统意义的教师有明显区别的特殊身份”⑥。其代表人物包括:丁沃沃、刘家琨、王澍、王群、张雷、张伶伶、张永和、张毓峰、朱竞翔,他们中的大部分参与了集群设计活动,而张永和、刘家琨、张雷更是集群设计的积极策划者。

但是,中国建筑师年龄经历分布的相对集中,使得中国集群设计缺乏建立在不同时代的人对于建筑、生活、社会理解之上的心理需求和精神状态的多元化表达。唯有建川博物馆聚落项目特地邀请老、中、青三代建筑师根据他们不同的时代经历,分别承担抗战博物馆系列、民俗博物馆系列和文革博物馆系列的设计,建立起不同年龄间开放的对话。

(2)世界语言作中国文章

参与中国集群设计的建筑师几乎遍及全球,既有西方发达国家的泰斗级建筑大师,也有崭露头角的新锐建筑师,还有大批亚非拉发展中国家的建筑新秀。外国建筑师中仍然以邻近的亚洲国家建筑师居多,既有业主刻意追求亚洲风格的主观原因,也有地域文化差异相对较小而易于操作的客观原因。

本土建筑师同样来自全国各地,但其地域分布明显受制于地产业的经济影响力和建筑院校的学术影响力。其中以在北京、上海、深圳三地执业的建筑师居多,这三个城市既有中国最发达的地产业作为经济基础,也有清华大学、同济大学、华南理工大学等著名建筑院校作为学术后盾。东部的南京和杭州、北部的天津、西部的成都,则因分别依附于上海、天津、重庆及其辐射经济圈的发展和东南大学、浙江大学、天津大学、重庆大学等老牌建筑院校的支撑,建筑学术与实践活动亦相当兴盛。

(3)道不同亦相为谋

集群设计中参与建筑创作的,在本文中统称为建筑师。诚然其中绝大部分的确是职业建筑师,但也不尽然,“贺兰山房”的12位设计者都是职业艺术家。他们之前从未有过建筑实践,不过之后恐怕仍然不会有人称他们为建筑师。只有丁乙在“贺兰山房”之后又参与了金华建筑艺术公园的设计,当然还是艺术家的身份。

艾未未是一个例外。1999年他在京郊设计并建造了自己的工作室,成为艺术家个人介入建筑设计领域的开端性事件;如今他已成为跨越艺术与建筑两个领域的双栖设计师。艾未未的参与在某种程度模糊了建筑师与艺术家的界限。

艺术家参与建筑设计可以带来新的思想和思路,为建筑设计注入新的活力。但建筑的复杂性使得设计者需要应对城市、政策、资本、技术等诸多现实问题,这是一般艺术家没有能力也没有兴趣解决的。因此,集群设计中部分建筑师与艺术家选择了合作设计,如南京中国国际建筑艺术实践展中广东建筑师刘珩与艺术家宋冬的合作;金华建筑艺术公园中艺术家王兴伟与建筑师徐甜甜的合作;艺术家丁乙与建筑师陈淑瑜的合作。建筑师与艺术家的合作成果是交织着“明确”与“模糊”、“复杂”与“简单”的矛盾统一体。

至于拥有其他专业背景的建筑师更是不乏其人。刘家琨众所周知的文学经历,意大利著名建筑师埃塔·索特萨斯(Ettore Sottsass)从建筑设计、室内设计、家具设计到工业产品设计的广泛涉足,已融入他们的职业建筑师生涯。设计师的职业与专业多样性体现了中国集群设计的开放性,促进了集群建筑成果的多元化。

(4)精英的舞台

尽管参与建筑师众多,但不难发现,其中有些身影反复出现。从表3可以看出,参与两次以上的建筑师大都是活跃在建筑业界和学术界有着“明星建筑师”之称的一批中青年建筑师。在业主与建筑师的双向选择中,除却"圈子"原因,吸引这些建筑师积极参与的重要原因是集群设计的自由创作空间。青年才俊们和业主们分别借此实践各自的建筑理想,力求达到商业性与艺术性的和谐统一。而像崔愷、刘家琨、张永和等一批中青年建筑师中的领军人物,更担负了集群设计的策划和组织,在中国集群设计的发展繁荣历程中扮演了重要角色。

其中最特殊的当属日本建筑师矶崎新,他是中国集群设计实践中参与次数最多的外国建筑师。矶崎新是"建筑精神的不懈探险者和思想者",保持了一贯的先锋气质,致力于建筑实验和提拔建筑新秀。矶崎新也是"一位世界公民,他敏锐地意识到并参加到一种世界文化,一种思想环球论坛中"[⑦]。他在中国频繁的设计活动影响着中国,也被中国影响着。

2.2.3 结果——集群建筑

集群设计的结果表现为"集群建筑"(Architecture Cluster)。集群建筑无关于建筑类型,也没有统一或者明确的风格,仅仅作为集群设计成果的物质形式存在。集群设计项目的物质前提和创作主体的特征直接影响的结果是集群建筑在应对自然环境、文化地域和建筑本体时的外在表现。

(1)与自然共生

中国集群设计所处的环境(表2)大都是湖光山色相映生辉的自然生态景观地带,如此的天然优势下,不少集群设计项目本身即立足环境生态。南京的中国国际建筑艺术实践展以"重建平衡"作为主题,其涵义"体现了建筑与大地的血亲关系,赋予建筑自然生长的属性,集中反映了人工与自然之间的和谐互动,建筑成为人类向大地表达情感的最佳形式"[⑧]。东莞松山湖新城、青浦营造、良渚文化村这三个大规模的新城建设项目的规划设计均以生态为核心。较小规模的九间堂别墅区与浙江大学紫金港校区规划则以"园林化"为特色。

建筑师们很难面对优美的自然环境无动于衷,因此环境因素(地形地貌、自然资源、景观)往往是创作构思的重要组成部分。绝大多数设计作品也表达了"自然环境为先,建筑理应谦逊"的态度。

部分集群设计项目基地地形起伏较大,如"公社"所处的水关山谷,松山湖新城坐落的岭南丘陵,中国国际建筑艺术实践区选择的濒湖山地,其建筑大都体现了与坡地的关系。具体策略包括:依山,建筑空间顺应原有地貌空间经验;凌空,建筑架空或悬挑以期最低限度改变原有地貌;点地,建筑以置放的姿态轻触原有地貌。

对于基地内已有的自然资源,如植被、山石、水源等,建筑师们采取了保护性利用的原则。艾未未为"公社"做景观设计时保持了北方大山苍凉、博大的"个性尊严",保留了山中特色的柿子树、栗子树,并以开山过程中挖掘的大量石块作为景观构筑的主要材料。他把景观设计看作对建造过程中被破坏的生态环境的修复。建筑师在设计手法上则大量借鉴对景、借景、障景等,将自然景观纳入建筑,充分利用环境优势。

(2)地域文化重构

从"公社"倡导的"亚洲精神",到"九间堂"提出的"现代中式,大宅九道"的建筑文化内涵,或者仅仅是项目业主的经营策略,建筑师们把对文化有意识的建筑重构作为应对策略。中国建筑师对于传统的重构源于对本土文化的反思,外国建筑师对于中国文化的新解源于对文化差异的思索。

在以"公社"、南京中国国际建筑艺术实践展、金华建筑艺术公园为代表的国际邀标项目中,设计方案的文化特征表现得尤为突出。参与上述集群设计的外国建筑师不少是首次到中国做设计,他们的设计一方面表达对于中国文化的独特感受,一方面表达对于地域文化的尊重,因而相当部分设计选择地域文化作为切入点,认为"重点在于让设计得以适当地反映该地文化及实质面向的涵构"[⑨]。参与其中的中国建筑师的本土文化"情结"则既是他们在当代中国建筑探索中的主动选择,也是某种程度上"国际化"团队的文化碰撞中本能的应激性反应。

建筑师的地域文化重构策略主要归为两大类。一是传统建筑要素的移植。常用的方式有:民居、园林的空间经验移植,如来源于民居的王澍的"三合宅"和张雷的"楼宅"(南京中国国际建组艺术实践展),源自园林体验的墨西哥女建筑师塔提阿娜(Tatiana Bilbao)的展厅和丁乙/陈淑瑜的网吧(金华建筑艺术公园);对地方材料的创造性使用,如日本建筑师隈研吾(Kengo Kuma)裹满竹子的"竹屋"和安东(Antonio Ochoa)以彩色混凝土浇铸的"红房子"(长城脚下的公社);对传统结构、构造的再造,如坂茂(Shigeru Ban)在"家具屋"中的竹胶合板家具体系实验和张永和在"二分宅"中的夯土实验。二是其它门类文化的嫁接。中国建筑师惯于从语言文字意境到建筑空间体验的转化,如张永和受曹操与杨修之间"一盒酥"的故事启发而做的"点心空间"和王澍构想为"可以盛装风和水的砚台"的咖啡厅(金华建筑艺术公园);外国建筑师则通过观察将发现的二维平面图案意象三维化,如赫尔佐格和德穆龙事务所(Herzog & De Meuron)将花隔窗立体化分析后生成的阅读空间以及布赫纳和布鲁德事务所(Buchner Brundler Architekten)由乱石挡土墙纹理演化而来的公园管理用房(金华建筑艺术公园)。

(3)现代主义探索

现代主义并未真正在中国发生,中国建筑界与之擦肩而过后直接跨入纷繁芜杂的"后现代"。面对现今建筑界的多元与复杂,几近迷失的中国青年建筑师们开始溯源,重新回到了现代主义的坐标原点。以"新学院派"为代表的青年建筑师们近乎虔诚地选择了现代性,并非倒退,也许恰似一种"釜底抽薪的重新诠释过程"[⑩]。

集群设计的机制正好成为中国建筑师进行现代主义实践探索的机遇。实践中,形成了较为鲜明的作品特征,最突出的是空间创作至上,张扬个人体验。建筑师以事件主角的身份介入建筑的设计过程,以建筑师本人对建筑空间的观察、体验、理解直至重新定义一步步主导设计。功能、形式退居其次,建筑也不再被要求担负承载文化、历史或者风格的"额外"任务。对空间的个性化解读成就了建筑的个性化,在建川博物馆聚落有集中体现:张雷和张毓峰的设计都来自对"林盘"的空间操作,却表达了截然相反的空间体验——张雷的文革瓷器馆是有序状态下的无序反应,张毓峰的知青生活馆则反映无序到有序的演化;张永和在文革宣传画馆构筑了中国传统空间中的点、线、面——"亭"、"墙"、"院";刘家琨在文革之钟馆中以古典的圆、方、十字营造"神圣空间";朱竞翔在文革票证馆中延续了他对于水平与垂直方向的空间穿插、交流的经验[⑪]。

建筑师的探索中明显地表现出对于地方建造特色的兴趣。他们积极发掘地方材料,关注低技术,希望借助传统手段谋求当代建筑学的发展。地方材料和地方技术的创造性运用回应了地域环境与地域文化,低技策略则提升了建筑的适用性与可操作性。

但在表现手法上,这些建筑却不可避免地受到西方极少主义和新理性主义的影响。建筑作品体现了精致的随意,看似简单的处理往往刻意而为,却又尽量修饰得不着痕迹。这种手法的运用使得作品看上去宁静淡定,没有飞扬跋扈的霸气。然而极简和极致理性恰恰是极端的专制，还原了建筑的本原却剥夺了人（使用者）的自主权。不过这类带着几分“清高”的作品，在高校的“象牙塔”内仍然相当有感召力。

3 中国集群设计的意义与价值

3.1 学术价值

集群设计的起源决定了它必须保留一定的学术性。尽管当代集群设计不再带有最初强烈的学术目的，但集群设计相对宽松的设计条件和业主的支持，客观上为建筑创作与学术研究提供了土壤。建筑师们得以利用难得的机会放松脚镣，随兴起舞。不论以怎样的方式，不论有怎样的结果，至少是在商业高压中找回了对于建筑本体探求的可能。而“设计所表现出来的创作思想往往集中反映了这一时期世界建筑发展的某一种趋向，因此，在建筑文化的层面上也有着重要的学术价值”[12]。同时，学术交流成为中国集群设计的衍生产物之一。集群设计以学术交流为协调设计的平台，“精英”群体的思维碰撞或多或少促进了建筑学的理论发展。

建成的集群建筑则“为中国建筑师提供了空间经验和空间批判的平台”。中国国内长期以来原创性建筑实例的缺乏使得本土建筑师不得不更多地借助图片和联想来完成空间体验和批判。而今越来越多的集群建筑成品将提供直观的空间标本，也给中国建筑师提供了在全球背景下“近距离观察、比较、反思进而批评、进步的平台”[13]。

不过，相较于中国集群设计“事件”的浩大声势，其学术成果恐怕有些相形见绌。张永和当年谈起“公社”时不无失望地说，“一个由民间牵头的设计展览，能让设计师减去不少压力，但压力减少却未看到自由发挥带来的惊喜之作，实在有些遗憾。”[14]这种失望在后来的集群设计中一如既往地延续。如果中国集群设计的学术价值“乏善可陈”，那么其魅力何在，得以在中国如此长足发展？

原因至少有一个：集群设计背后诱人的商业价值。

3.2 商业价值

今天的集群设计已经偏离了其产生之时的轨道，即使集群设计的发起者怀着虔诚的“复古”意念，集群设计仍然逃不出资本权力的强势控制。“公社”的投资人张欣说，“商业是建筑艺术最有效的推动手段”[15]。

2002年9月，“公社”在威尼斯双年展国际建筑展上获得“建筑艺术推动奖”，而这座熠熠闪光的银狮，奖励的其实是“具有艺术美感的商业模式”[16]。“公社”无疑是获得了商业与艺术的双赢。从某种程度上说，这种双赢才是中国集群设计如此兴盛的前提。没有潘石屹第一个吃螃蟹尝到的甜头，恐怕就不会出现如此众多有魄力的业主。之后的项目由于多数还未完工，其商业价值暂时还不明显，但可以肯定的是，业主对商业利润的期望值不会比“公社”低。

但是，按照房地产运作的一般原则，公社绝对不是一个理智的商业投资，它“存在着实现挑战既定规则的梦想的企图”[17]，所以，它其实是一个投机行为。这个“投机”成功了，从而引来了更多“盲目”的投机。接下来的贺兰山房的境遇与“公社”简直天壤之别，建筑虽已在2004年完工，但因为遭遇资金问题而搁浅，至今仍像一片巨大的废墟伫立在沙漠中。建川博物馆聚落似乎也陷入不尴不尬的状态，面临着继续完成计划还是先设法经营以收回部分投资的抉择。

不管怎样，商业价值已经是中国集群设计毫不回避的意图。中国集群设计的文化战略是其商业部署的一部分，以期文化的高附加值让土地迅速增值。那么，“集群设计”是否就此沦为资本的工具？

其实不尽然，集群设计现象更重要的价值在于社会意义。

3.3 社会意义

集群设计借着“人多势众”，成为引人瞩目的“建筑事件”。说是“做秀”也罢，是“炒作”也罢，客观上，大众媒体的宣传介入使建筑师不再被囿于专业小圈子，而进入社会大圈子。建筑师在大众视野中频繁出现，提高了建筑师的知名度，使得非专业人士对于建筑设计、建筑师的了解有所增加，潜移默化地提高了建筑师的社会地位，“建筑师作为创作主体的地位和价值也逐渐被社会承认和关注”[18]。

不管中国的集群建筑是否引来专业或非专业人士的一片骂声，人们开始明白，建筑师所做的不止是把房子造起来。而那些名利双收的项目则促使更多的业主来尝试这种方式，建筑师因此获得了更大的自由度和创作空间。建筑师群体也在集群设计中成就了一次从弱势群体到强势群体的权力转移。

而集群设计的建筑探索则表达了对“建筑本身、生活方式本身的多种可能性的存在的承认和膜拜”[19]。对于多样性的态度是衡量一种文化或社会进步与否的重要考量因素。尊重多样性的存在，显示了社会文化的包容力与生命力。

集群设计本身更是一种意志的彰显。它既表达了投资者的意志，即在一个经济上并不发达，政治上集权的国家中资本有了说话的权力；也表达了建筑师的意志，即在被全球化阴影笼罩得喘不过气的文化中坚持本土的创造[20]。

4 中国集群设计的悖谬

中国的集群设计究竟还是“舶来品”，难免“水土不服”，其中的悖谬令人不由得反思：中国的集群设计是为了先声夺人，或者仅仅只是虚张声势？

4.1 建筑展与建筑“做秀”

中国到底有没有“建筑展”？刘家琨说，有。他这样解释参与策划的南京中国国际建筑艺术实践展：“它针对存在的问题，预设目标主题，有完整的策展机制，有足够学术影响力的策展人或策展委员会并且作为决策机构，有具有代表意义的参展人”[21]，因而是有别于其它集群设计项目的建筑展。南京中国国际建筑艺术实践展的确满足建筑展的一般前提，但是被质疑的是作为结果的建筑作品和学术思想。

相比较而言，其他项目均“由出资方决策，以特定建设项目进行组织运作”，“其目标不是落在以这些展品呈现预设的意义，而是着眼于事件性所带来的效应收益”[22]。但是国内集群设计动不动就打着展示建筑艺术的旗号，更像是商业运作中的“噱头”。

而集群设计无疑是把建筑师置于相互“比拼”、“过招”的境地，建筑师们有意无意之中投入了太多的“表情”，大有“为了设计而设计”之嫌。加上商家的“炒作”和媒体的“追风”，“聚光灯”下的集群设计看上去更像是一场华丽的建筑“时尚秀”——华而不实，没有达到真正意义上建筑探索的深度。

4.2 生活塑造建筑与建筑定义生活

中国的集群设计往往是投资者一厢情愿的美丽构想，没有既定的终端业主（使用者），甚至没有明确的功能，全凭建筑师的主观想象来规划未来使用者的生活方式。张欣的希望是，“建筑师走廊的每一个作品都能够挑战人们现有的居住观念，为中国人提供一个生活方式的典范”，她甚至认为，“中国人的居住方式将从此开始改变”[23]。其实不仅限于集群设计，国内常常能见到“以建筑的名义定义未来的生活”之类振振有辞的论调。在强调“以人为本”的当今社会，这种本末倒置的观点仍然大行其道，中国建筑界有着不可推卸的“误导”之责。但是，建筑体验的匮乏，使得非专业人士不但接受这个观点，而且乐意享受这种被建筑“定义”的生活。

即便国情如此，作为创作根基的使用者与功能的缺失，使集群设计本已宽松的设计条件愈加不具备限制力，“脱了缰”的建筑创作很容易走向“形式游戏”。建筑毕竟不是装置艺术，只剩下“形式”的建筑还有多少建筑意味？

当然，仍有不少的建筑师诚恳地从“人”的角度出发，研究人的行为以主导建筑设计，力图让“生活”塑造建筑。而使用者的“不在场”，还是让设计陷入悖论。

4.3　城市与乌托邦

郊野中的建筑集群，在远离城市的同时也远离了城市矛盾。这个条件使诸多现实问题被回避，让建筑师享受了充分的创作自由度。然而，集群设计的定位在于城市，它是应对快速城市建设的一种有利策略，符合目前中国大兴土木的现状。但在“世外桃源”中的集群建筑里，无法体现建筑师合力处理城市问题的深谋远虑，也不具备举一反三的示范性。松山湖集群设计名为新城，但建筑之间距离疏远、关系松散，并未形成完整的城市体系。即便有如倡导城市特征的建川博物馆聚落的策划与规划，其城市模式和建筑策略也是意象性和虚构性的。

游离于城市之外，集群设计的优势被抹煞。于是，劳师动众的结果就是——建筑师们以城市方式构筑的建筑集群，不过是一个乌托邦。

4.4　节制与放纵

集群建筑中的大多数单体看上去谦逊而质朴，没有一味地炫耀手法，也没有与环境格格不入，但是总体设计却大都不尽如人意。也许建筑师对于规划有着天然的抵触，正常情况下，建筑师不得不收敛脾气，按章办事；但在限制少得多的集群设计中，建筑师的叛逆似乎开始膨胀，反而拒绝遵循并不苛刻的规划要求。在松山湖新城和建川博物馆聚落项目中，规划师就对不听话的建筑师头疼不已。最后，没有绝对“权威”存在的集群设计，往往在“民主”的氛围中渐渐失去控制。

从总体设计控制的角度看，“公社”就没有成为一个良好的开端。“公社”的建筑师应投资者的要求采用当地材料和劳动力，没有一味追求新材料和新技术的堆积。张永和、简学义、限研吾、严迅奇、坂茂，都使用了生土、青砖、竹子等朴素的地方材料，他们的确在节制中塑造了建筑的独特性。但这12幢建筑实际上是“人的意志力的一种放纵，一种对独特的过度彰显”[24]。每一建筑都是独特的，而缺少相应的空间来消化这种特性，从而达到和谐。所以就建成后的效果看，南部山谷一期建筑的总体设计是失败的，几乎看不出有什么控制，好像就是在道路两旁布置建筑[25]。

4.5　精品与次品

网上这样评价当代中国建筑师：设计的“概念是强烈的，意图是清楚的，细部是忽略的”[26]。中国的建筑教育把建筑师更多地引入空间、形式以及与历史文化关系的研究，而在建筑技术上的环节相当薄弱，国内教育背景下的建筑师往往不关心，可能也没有能力顾及建筑的细节设计。

呈几何级数增长的建设量令建筑师们忙得天昏地暗，尤其是知名建筑师，根本无暇顾及每一个设计的具体施工，只得任由施工方随意处置。而中国的施工现状令人不敢恭维，如果建筑师的施工配合还不到位，其结果必然是建筑与设计相去甚远。加上建设量大、工期赶，建筑师的设计实施完全没有保障。以建川博物馆聚落项目为例，施工工期仅为9个月时间，其中包括建造博物馆、内部装修、布展三个阶段的工作，如此“高效率”的施工令人愕然。难道真如投资者所意想的“建筑精品短期打造”？已竣工的博物馆与建筑师设计出入很大，国军馆让人感觉比例失调，俘虏馆外立面的色彩呈凝结状，棱角也由设想中的“力度感”转换成了“圆润感”。参与建筑师普遍表示了对此次施工质量的不满。

精品的图纸，次品的建筑——中国集群设计不得不面对的遗憾。

4.6　计划与变化

中国建筑业尚未健全建筑策划机制，这对于单体建筑的投资建设可能还未显现出太大的影响，但对于集群设计这样的大规模建造行为，前期建筑策划的不完善可能使得整个项目的经营前途未卜。

有的集群设计项目全凭投资者的“理想”加规划师的“假想”。前期对项目条件没有客观的分析，甚至没有正式的可行性报告，导致后期不得不颠覆全盘设计理念，随意改变设计的功能定位。大部分集群设计项目除了投资者所声称的文化效应，实际上还是以商业地产功能为主。但是由于投资者没有正确估计地处远郊的项目周遭的消费能力，规划师也没有足够的能力判断项目是否符合市场经济运行规律，导致实施中不得不临时调整战略，仓促应战。建川博物馆聚落正面临这样的进退两难。张永和、刘家琨原本的规划设想是以街道网络形成城市构筑，以住宅和商业为主、博物馆为辅经营运作。而今由于资金问题，住宅计划被取消，变成博物馆聚集的主题公园。但以安仁镇目前的号召力来看，可能吸引不到足够人流，本地居民的消费能力也有限，加之商铺比例过高，项目的前景堪忧。

即便是前期资金充足，能够完成建设计划的项目，由于计划与实际的不符，造成不合理和不充分使用建筑。集群设计采用非常规设计过程，往往没有理性的投资分析和明确的目标终端业主，在同时性的大量建设中，建筑目标（建筑功能、建筑面积、建筑密度、使用强度等）只能由投资者和建筑师主观设定。等到建筑建成才发现与实际需求发生矛盾，被迫调整功能，其结果往往是建筑不能被合理充分地使用。

计划没有变化快，是中国集群设计的特色。倒也不是绝对的不能变，“公社”也改变了初衷，从别墅变成旅馆，前途一样光明。唯愿其他的项目有如“公社”一样乐观的前景。

5　“明星建筑师”效应

“明星建筑师”这个称号的类比性部分来自其“上镜率”。（表3）显示最活跃的那一批建筑师大都就是我们通常称作的“明星建筑师”。他们的“明星”效应在中国集群设计中体现得尤为明显。

5.1　“明星建筑师”与“集群建筑”，谁成就谁？

集群设计是“造星运动”还是众星加盟联袂打造的重头好戏？

确认无疑的一点是，目前国内集群设计之所以引人瞩目与知名建筑师的加盟有着必然关联。“公社”作为第一个集群设计项目，打的确实是明星牌，但此“星”非彼“星”。“公社”请的一群亚洲青年建筑师是引申意义的明星，即业绩出众者，或者说是业内明星。“公社”的一炮打响，使得这些业内明星走向台前，受到大众注目，开始成为双重意义的“明星”，于是具有了通俗意义的明星特征。之后其明星效应接踵而至：媒体关注，慕名而来的业主，优越的创作条件，不一而足。

接踵而至的“贺兰山房”明显在走“公社”的套路，却别出心裁地让艺术家来设计建筑。这一招倒是与娱乐界曾经流行的“反串”如出一辙。可惜“贺兰山房”还是没能成就艺术家的建筑师理想。

其后的项目无一不是以“明星建筑师”作为“卖点”大力宣传，“明星”越来越“红”，而“圈子”不见扩大。集群设计不再“造星”了，因为“捧红”了，该收益了。对此，中国建筑界的有识之士开始考虑：“如何保持它的开放性而不要变成少数‘精英’的小圈子？”

5.2 地产开发与“明星建筑师”

大部分地产商不关心怎样“造星”，但不排斥“捧星”，他们选择“明星建筑师”就如同用名牌。曾经有那么一段时间盲目地追求名牌，是否好用不是重点，牌子所标示的身份才是关键。于是名师的主笔首先是商家热炒的卖点。随着社会认知的日趋成熟，人们的名牌消费趋于理性，牌子不仅仅赋予身份的涵义，更是品质的保证。地产商信“明星建筑师”，不仅是图个创意，还包括他们对于建筑（产品）更为严谨的工作方式和态度。而在高质量的产品身后，必然是其品牌效应带来的高附加值。因此地产商可以在以艺术的名义成就商业利益的同时，自豪地宣称“从商业角度实现艺术价值”㉗。

于是，以集群设计模式运作的地产项目看起来很是光鲜，其实，这并非房地产市场理所当然的走向。清华大学的周榕认为，我们统称的建筑设计按照项目的类型其实应该分为“作为商品的房地产设计和作为非商品的建筑设计”。房地产设计按照商品规律（不一定按建筑规律）制造，为的是研究如何更好地实现商品价值最大化，商品属性凌驾于建筑价值之上㉘。因此在国外，“建筑师”有别于产品设计师，只服务高端和低端用户。中国的情况恰恰相反，几乎所有的建筑师都投入中端市场。尽管“明星建筑师”的设计附加值更高，但用在普通的地产开发中多少有点“大材小用”，也削弱了“明星建筑师”的实验性。

5.3 “明星建筑师”的建筑实验？

集群设计的运作决定了集群建筑的商品属性，因此建筑师的经营意识理应表现在将建筑及其环境转化为价值，设计作品的可行性中也渗透着盈利的理念。按照成熟的市场分工，商业项目中不可能出现实验建筑。但是中国房地产市场的不成熟，使得实验建筑师投入到商业项目中，也算是一种“中国特色”。那么中国建筑师在商业项目中仍然有实验的可能。

因此，一方面建筑界和“明星建筑师”自身对集群设计寄以厚望——即使不是“救星”，至少也是希望，力求做出有益的学术探索。同时也是一种证明——中国建筑师的能力证明。另一方面，建筑师不得不恪守集群设计的商业运作，充分考虑其设计的商业价值。这种矛盾使得明星建筑师的建筑实验变得似是而非。

但“明星建筑师”不会轻易放弃“集群设计”这个难得的实验场，或者实验自我风格的突破，或者实验材料技术的创新。不过总体来看，实验不够有成效。一方面是建筑师的自身原因：建筑实验仍然热衷于形式，缺少对生态、技术、材料、城市等全方位的探索和对本土建筑理论和思想体系的研究。另一方面是客观条件的限制：工期、造价、利润、施工水平都在不同程度上令建筑实验成效大打折扣。

当然，在集群设计中还是看到不少建筑师的材料、结构实验，以张永和为代表。他在基本的材料、建造、使用的规律与逻辑中发现并归纳建筑的思维方式和形式语言。“二分宅”选用了最基本的地方材料：石材做基础、胶合木和夯土墙做结构。但受制于施工，石材基础被换成混凝土，形式依然，意义不再；受制于规范，夯土墙与房屋结构分离，只起到一个隔热和保温的作用，原本的材料实验成为结构浪费。集群设计中同样看到了建筑师们对中国社会、文化、经济的思考和相应的解决策略，如王澍对造园“一往情深”，张雷则将他的基本空间研究进行到底，但对属于中国人的居住模式的研究还没有太大突破。

5.4 当“明星”遇到“明星”

“明星建筑师”们平日里都是一人挑大梁，而在集群设计里既要自顾自完成既定的设计任务，又要在集群中寻求动态平衡，随时随地调整——从设计到心态。集群是一个松散的集体，这里没有绝对的权威，不需要绝对的服从，但有相互的比较，随之产生较量或者妥协。集群的“场”效应促使“明星建筑师”在设计思想的交流、设计水平的竞争中不断地自我更新。集群设计给了平时忙碌得无暇照面的“明星”们一个知己知彼的机会，对于“明星建筑师”自身无疑是一个促进。

但在中国固有的“中庸”之道熏陶之下，“明星建筑师”们秉承“谦虚”的美德，本着“和为贵”的精神进行方案交流乃至学术研讨。尽管可能暗地里较劲，面子上仍旧一团和气，以至于心知肚明却言不由衷，缺乏知无不言、言无不尽的学术研究氛围。没有凌厉的交锋，很难有本质的学术进步，更不可能有颠覆性的学术革新，因而中国当代集群设计的学术成果无法与其先祖相提并论。

6 结语

中国集群设计作为发生在当下的一种建筑现象，正日益受到业界的关注。随着部分项目的逐步建成，其真正的价值和隐匿的问题随之凸显，许多相关的论题值得我们去思考。当然，更为全面和深刻的研究还有待这些项目的完工和日后的使用。我们拭目以待。

注释：

①崔愷：《关于“集群设计”》，《世界建筑》，2004 年第 4 期，第 12－13 页。

②王受之：《世界现代建筑史》，北京：中国建筑工业出版社，1999 年版。

③邓丰、王芳、李振宇：《柏林，国际建筑展览之都》，《时代建筑》，2004 年第 3 期，第 74－79 页。

④彭怒、伍江：《中国建筑师的分代问题再议》，《建筑学报》，2002 年 12 期，第 6－8 页。

⑤卜冰、戴春：《海归派建筑师？》，《时代建筑》2004 年第 4 期，第 30－32 页。

⑥石增礼：《新学院派的崛起》，《新建筑》，2004 年第 5 期，第 76－78 页。

⑦袁烽：《建成与未建成——矶崎新的中国之路》，《时代建筑》，2005 年第 1 期，第 38－45 页。

⑧梅蕊蕊：《中国国际建筑艺术实践展（CPEA）概述》，《时代建筑》，2004 年第 2 期，第 55－57 页。

⑨www. cn. cl2000. com.

⑩石增礼：《新学院派的崛起》，《新建筑》，2004 年第 5 期，第 76－78 页。

⑪《建筑业导报》编辑部：《设计实践——四川建川博物馆聚落》，《建筑业导报》，2005 年第 3 期，第 57—97 页。

⑫崔愷：《关于“集群设计”》，《世界建筑》，2004 年第 4

期，第12—13页。

⑬沈文璟：《意义和瑾悖谬——与张欣对话之后》，《经济观察报》，2002年10月28日。

⑭简蓉：《谁会收藏建筑——潘石屹争议》，《北京青年报》，2000年4月10日。

⑮潘石屹：《长城脚下的公社》，天津：天津社会科学院出版社，2002年版。

⑯陈大阳：《反向操作的马可·波罗》，《设计新潮建筑》，2002年11期。

⑰沈文璟：《意义和悖谬——与张欣对话之后》，《经济观察报》，2002年10月28日。

⑱崔恺：《关于"集群设计"》，《世界建筑》，2004年第4期，第12-13页。

⑲⑳沈文璟：《意义和悖谬——与张欣对话之后》，《经济观察报》，2002年10月28日。

㉑㉒刘家琨：《关于"中国国际建筑艺术实践展"的问答》，《时代建筑》，2004年第2期，第52页。

㉓尤永：《从长城出发——亚洲建筑师走廊》，《艺术世界》，2002年第5期。

㉔沈文璟：《意义和悖谬——与张欣对话之后》，《经济观察报》，2002年10月28日。

㉕野卜：《亚洲建筑师走廊一期工程评论》，《时代建筑》，2002年第3期，第42-47页。

㉖www.far2000.com.

㉗尤永：《从长城出发——亚洲建筑师走廊》，《艺术世界》，2002年第5期。

㉘www.abbs.com 转引自《中国房地产报》。

作者简介

蔡瑜，同济大学建筑与城市规划学院2003级硕士研究生；

支文军，同济大学建筑与城市规划学院教授。

（原载《时代建筑》2006年第1期）

观念的悬隔
——近代中西建筑文化融合的两种途径研究

王鲁民

摘　要　中国近代史上中西建筑文化融合存在着两种不同的途径，一种是基于中国传统建筑观念的、以中国传统建筑为本体的吸纳西方建筑技术、纹样和造型特征的途径；一种是基于西方建筑观念，以西方建筑为本体的吸纳中国传统建筑造型特征和装饰纹样的途径。这两种途径，从文化学立场看，均显示出中国传统的把建筑视为塑造人们起居格局并建构社会秩序的工具的观念，具有深刻的合理性。

关键词　建筑观念　建筑文化的融合途径　行为

一

1840年以前，"受过教育的中国人毫不犹豫地坚信中国的中心性和中国文化的优越性，相信中国的价值观念和文化规范是永久合理并且是具有终极意义的东西，中国人的标准，就是文明的标准。"①这当然包括建筑在内。《云塘庵弟子记》记阮元(1764－1849)督粤时，省城(广州)布政司街上的酒馆，为了招徕顾客，做了西洋式样的立面。阮元看后不仅申斥："此被发祭野也。"认为其荒蛮不文，并且"立谕府县拆毁之"。(《中国社会史料丛钞》甲集)阮元对于西洋建筑的看法在中国传统社会中并不是孤立的，在比上述事件更早的1743年，法国的传教士王致诚(Attiret Jean Denis)在给友人的信中谈到了中国人对于西方建筑的看法："欧洲的住宅和高大的建筑在他们看来是可怕的，我们的街道被他们看成是大山之间凿开的路，我们的房屋被他们认为从远处看像是穿了窟窿的悬崖，多少有点像野兽的洞穴或是熊窝。我们把一层楼建在另一层楼顶上的做法在他们看来是不可思议的，并且他们不明白为什么会有人一天之内几次甘冒危险爬到五、六层楼上去。"②虽然不见得中国人都持上述看法，但在当时的大多数国人看来，与中国建筑不同的建筑是荒蛮的，是不符合文明标准的，其结构、材料和某些做法缺乏形式美和必要性，却是一个十分明了的事实。

1840年第一次鸦片战争战败，中华文明受到前所未有的严峻挑战，接二连三的中西文化冲撞使人们越来越清楚地看到自己面对的绝对不是一个"粗蛮不文的，很快就将被自己同化的，马背上的战胜者"③。同样，面对西方建筑，中国人也很难再像阮元那样，采取简单的拒斥立场。

同样作为朝廷大员的林则徐，已经注意到西洋建筑的优胜之处："夷人好治宅，重楼叠屋，多至三层，绣闼绿窗，望如金碧。"④与林则徐相比，普通士人对于西方建筑的评价似乎更加积极。1861年苏州吴县冯姓进士就对上海的西洋建筑大加赞赏："铁作柱，石做砖，铅扬为瓦"，"室华而广，精美绝伦"。"有玻璃窗户，垩墙绿壁"，"其楼广且洁，……满铺氍毹，炉火方炽，炉皆依壁"。⑤1866年江西人黄樊材在游历了上海租界后，对西洋建筑也予以褒扬："番商租地，俗称'夷地'。洋楼耸峙，高入云胃，八面窗棂，玻璃五色，铁栏铅瓦，玉扇铜环。"⑥1879年康有为到香港，当即就被西人的环境建设折服，他感慨地说："览西人宫室之瑰丽，道路之整洁，巡捕之严密，乃始知西人治国有法度，不得以古旧之夷狄视之。"⑦王韬在《漫游随录》中也曾谈及其初到上海时的印象："一入黄歇浦中，气象顿异。从舟中遥望之，烟水苍茫，帆墙历乱，浦滨一带，率皆西人舍宇，楼阁峥嵘。飘渺云外，飞甍画栋，碧槛珠帘。"⑧冯姓进士、黄樊材、康有为、王韬对于西洋建筑大致相同的描述，不仅表明了一部分人，特别是那些对旧文化不尽满意的人对于西洋建筑态度的转变，并且显示了西洋建筑给人以强烈印象的特异点，其所褒扬的也应该是中国可以学习的。

与大约100年前王致诚谈及的中国人对于西洋建筑的看法相比，19世纪下半叶，把西方建筑与荒野、兽穴和"被发祭野"联系在一起，在一定的地域和人群里已经很难被简单地接受了。这当然造成了某种接受西洋建筑影响的可能，不过值得注意的是，上述人等作出的对于西方建筑的正面评价所涉及的，似乎完全集中在建筑的形态、结构、材料及舒适度方面，而对于中西建筑在与生活方式有更为明确关系的布局上的明显不同，鲜有提及，即使是在那些对中国旧的制度怀有不满的人那里，也很难找到对于西方日常起居方式明确的赞语。

19世纪下半叶上海租界人口剧增，为了满足新增加华人的居住要求，1870年前后，开始出现了采用砖木结构的老式石库门里弄住宅。所谓老式石库门里弄住宅，实际上是由中国的三合院住宅演变而来的。老式石库门里弄住宅多数没有建筑师参与设计，与传统的三合院住宅不同。这种住宅不仅采取了联排式的布局和二层楼房，并且随着时间的推移，越来越多地使用西洋的建筑材料、结构方式、施工工艺和装饰纹样。不过，在建筑的基本轮廓特别是平面上，却坚持了中国传统建筑的格局。

把上海老式石库门里弄住宅吸收西方建筑元素的格局与前文提及的中国士人对西方建筑的褒扬作一比较。我们可以看到它们之间明确的同构性，一方面是比较积极地面对或吸纳西方建筑的材料、技术和局部元素；一方面是对与日常起居方式所对应的西洋建筑平面布局的搁置或忽略。

实际上，即使是对于西方建筑材料、工艺和纹样的采用，在当时也是具有突破意义的事件，并且恐怕只有在租界里才能不受太多阻碍。按照1897年《申报》的报道，就在与上海毗邻的苏州，就有人因为采取西式花砖和西洋建筑的立面元素而受到惩罚⑨。

与上海的老式石库门里弄住宅异曲同工却另有特点的模式可举广东开平碉楼。广东开平是著名的侨乡，19世纪50年代之后，开平人大量出国谋生，部分人在国外的生活条件改善后，开始汇款回乡或亲自回乡建造住宅。许多华侨对西洋建筑有着明确的好感，正因如此，这些华侨也把侨居国的建筑工艺和建筑样式带回了中国。特别是1918年第一次世界大战结束后，西方国家经济复苏，更多的华侨回国买田置地，修屋建楼。由于当时开平及附近地区匪盗猖獗，治安问题严重，这些建筑许多造成西方城堡的样式，并取用或部分取用西方建筑材料和结构方式。"到目前为止，尚未发现当时碉楼的设计图纸，也没有确实证据表明碉楼的建造有受过近代建筑教育的设计师参与，加之钢筋混凝土的运用，西方近代建筑构件的施工技术也不够成熟，似乎可以认为大多数碉楼是当地工匠根据来自海外的照片或绘画中描绘的建筑形象，按照楼主的要求，加上自己的想像，根据自己的建造经验发挥创造的产物。"⑩"碉楼虽然在造型上接近西方要塞城堡的塔式建筑，装饰风格上也大量采用洋式，但其平面布局则延续当地住宅的传统。特别是独家使用的‘居楼’。‘居楼’多采用当地传统的三开间平面，其传承关系可追溯到闽南传统的两开间‘明次屋’住宅。朝向多采取面南背北的方向，当地在建筑底层或顶层厅堂正面设祖先牌位的习俗也延续下来。”[11]

与上海的老式石库门里弄住宅不同的是，开平碉楼在建筑的外观上已经不再有什么保留，尽可能地西化了；但似乎更加顽强地保留了传统的住宅平面格局，也就保存了传统的日常起居方式。

在中国传统文化中，建筑和车驾（舆）、服饰（服）被视为同类，都是所谓的“礼之具”（阮籍《乐论》）。也许，这里举一个与车驾有关的例子是恰当的。清朝末年，慈禧太后曾经购买了一辆西洋马车，希望尝一下新鲜，但是马车买回来之后，却发现根本无法使用，因为当时的中国人根本没法想像，在专供皇太后使用的车驾上，怎能够让车夫高高地坐在皇太后的前面！

中国人长久以来就坚持把建筑视为塑造社会秩序的基本手段，并且主要是通过确定建筑使用者在环境中的面向、位置和相互关系来实现建筑的这一功能，而建筑的平面在控制人在环境中的面向、位置和相互关系上具有关键性的作用，因此在中国传统文化的框架中，建筑的平面布局应该是建筑最为核心的不可变易的内容。上海老式石库门里弄住宅和开平碉楼所展示的正是在传统的社会框架中自然地吸取西方建筑元素或应对西方文化挑战的方式。对与西方建筑对应的起居方式的搁置而沿用中国传统建筑平面的做法，正是建立在中国人对于建筑本质理解的基础上坚持中国传统建筑文化核心价值的作为。

二

中国近代建筑史不仅是引进西方建筑样式和西方建筑技术的历史，而且也是引进西方建筑体制和建筑观念的历史。正是西方建筑体制和西方建筑观念的引入，造成了另一部分中国人十分不同的应对西方建筑文化挑战的方式。

西方列强在对中国文化殖民的过程中，或为了减少文化上的对抗和矛盾，或出于对中国文化的好感，在19世纪末年，开始了在西洋屋体上加置中国传统建筑元素的尝试。如1894年初奠基的上海圣约翰大学怀施堂，据当时校长卜舫济的《圣约翰大学五十年史略，1879 – 1929》记述：“关于建筑物之图样，已在美国绘就。务将中国房屋之特质保存。如屋顶之四角，皆作曲线形。”所谓“务将中国房屋之特质保存”的建筑，其实只是在西洋建筑体量上加上中国式的瓦顶。在今天看来，怀施堂的中国式屋顶与西洋屋体的结合显得生硬、局促，造型不能算作成功，但其所引起的效应却不容忽视，“后此教会学校之校舍，皆仿行之”。（卜舫济《圣约翰大学五十年史略，1879 一 1929》）在西洋屋体上加置中国屋顶的方式成了后来“保存中国房屋之特质”建筑的基本路数，例如，由美国建筑师柯林斯（A. S . Collins）设计的中山大学马丁堂（1905），由美国建筑师司斐罗（A. G. Small）设计的金陵大学东大楼（1912）、北大楼（1919），由英国建筑师荣林易（Fred Howntree）设计的华西协和大学的怀德堂和合得堂（1915）等。

金陵大学是较早用保存中国房屋之特质的方式建造的大学之一，东大楼和北大楼建筑不仅使用了中国传统的大屋顶，并且在立面划分和细部装饰上也积极采用中国传统的格式和部件。可是这个被建造者视为“中国古代的优美宫殿式”的建筑。在当时却被一般的中国人毫不犹豫地被判为“洋房”[12]。

在把中国传统宫殿建筑更加系统地使用于西洋建筑的屋体并逐步走向成熟的过程中，美国建筑师墨菲的 *Henry k . Murphy* 起了不可忽视的作用。墨菲给予中国传统建筑很高的评价，把中国传统建筑理解为一种“活的形式”，希望通过自己的努力实现“中国古典的复兴”。墨菲对于中国传统建筑符号的使用，在中国人看来，当然具有明确的僭夺性色彩。[13]但是与其他僭夺者不同的是，他对于中国传统建筑造型符号的使用，不仅没有西人常有的猎奇姿态，并且逐渐地淡化了文化殖民策略的背景，展示了创造一种表征独立文明建筑的努力。

墨菲等人的“中国古典复兴”建筑的成立，在很大程度上依据当时西方建筑观念和相应的理论，这种建筑观念和理论主要来源于巴黎美术学院的传统，将建筑视为一门与雕塑有极大关系的艺术，建筑师的核心工作内容是建筑形象的确立，特别是外部形象的确立。在折衷主义思潮的影响下，建筑符号系统的选择是确定建筑的文化属性最基本的方式。正是由此，墨菲的实现“中国古典的复兴”的努力，在某种意义上只不过是把中国建筑元素纳入西方建筑体系，使得中国建筑的造型元素成为西方的建筑系统中可供选择的语汇的尝试。

虽然墨菲等是外国人这一事实造成的“中国古典复兴”建筑的僭夺性色彩让许多中国人不舒服，同时，他对中国传统建筑的构成方式把握的欠缺也招致了后来者的垢病，可无论如何，墨菲等人的设计实践和理论叙述毕竟开启了以西方建筑观念为基础的制造中国民族表象的重要途径。

1920年后期，一批在国外接受了与墨菲大致相同的专业训练却又受到了新的建筑观念影响的中国第一代建筑师登上历史舞台，适逢国民党政府逐渐稳定了自己的统治地位，国民经济获得了较大发展这样一个重要机遇。当时，首都建设和民族国家形象的树立，成为了国家、民族的重要政治举措。这样，由中国建筑师施行的在西洋体量上系统地使用中国传统建筑符号的建筑，就获得了既不同于卜舫济又不同于墨菲等人的另一层意义，具有了中华文化有意识地在应对西方文化殖民的过程中保有自身特征，确立民族、国家形象的内容。在国民政府的倡导下，与墨菲的“中国古典复兴”一脉相承的“中西合璧”式的建筑有了更多的在教会以外的建造。

从大多数“中西合璧”建筑看，中国传统建筑符号主要来源于明清宫殿建筑，随着对于中国建筑史研究的深入，梁思成把明清视为中国建筑史上的“羁直期”，认为其形象呆滞、沉闷，因而尝试使用他认为仍具有豪劲之象的辽宋建筑符号系统，希望探讨一种理想的“中西合璧”的建筑样式。不过，梁思成并不是不加区别地使用大屋顶建筑的支持者，这在他1930年与张锐合作的天津特别市物质建造方案中有明确表现。在那里，梁思成提供了一些城市的主要公共建筑的造型方案，其中，市政府大楼采取了大屋顶的形式，而图书馆和博物馆则放弃了使用大屋顶，只在门楣、边框上使用中国传统的纹样，以确定其民族的特征。[14]

应该说正是西方传统的建筑理论使得中国第一代建筑师把建筑的形象视为建筑的文化属性确定的首要内容，并有可能沿着墨菲等人的方式，使用以大屋顶为特征的“中西合璧”式建筑。不过，这些建筑师毕竟与墨菲等不是同一时代的产物，他们已经接受了更多的新观念，这使得这些建筑师很难心安理得地使用这样一种样式。具体地说，建筑营造的经济性以及建筑形象形成的“有机性”的要求，使得大屋顶的使用缺乏近代建筑理论的系统性支持；而传统宫殿建筑与皇权和封建国家体制的对应关系，以及“中西合璧”的发明者是外国人且首先用在与传教有关的建筑上的事实，不仅使这种建筑样式和新的国家、民族、文化建设的对应关系受到质疑，并且造成了由建筑理论出发的对其成立合理性的质疑[15]。范文照在1934年撰文对那种“拿西方格式做屋体，拿中国格式做屋顶”的做法表示“深恶痛绝”，并对自己早年在中山陵设计方案中“掺杂中国格式”强烈地反省，奋力提倡“全然推新”的现代建筑。童寯则在其1937年所撰《建筑艺术纪实》一文中，把在西式屋体上使用大屋顶和斗拱等的建筑称为“辫子”的艺术，认为此种样式，只在“佛寺、茶亭、纪念堂等有限的建筑类型上使用才属合理”。与范文照的激烈不同，童寯强调中国建筑应有其自身的特征，但其达成中国特征的适当途径不是采用传统宫殿的屋顶和使用中国的“柱式”，而是要向西藏、蒙古、热河等地汲取了汉地传统建筑元素的少数民族建筑学习，在西方屋体的适当部位施加中国传统纹样。[16]具体的做法在童寯1946年发表的《我国公共建筑外观的检讨》一文中得到了进一步的说明：“我们所希望的，是离开瓦顶斗拱须弥座，而仍能使人一见便认为是中国的公共建筑，欲达到这目的，既然不能由平面的地方。恐只限在压顶墙基正门附近，或藉雕饰或藉彩色，多少点出一些中国风味。”童寯的文章虽然发表较晚，但与他所提倡方法一致的尝试早已进行，除了前述天津图书馆和博物馆的方案外，梁思成和陈植于1930年还设计了与之手法相类的吉林大学教学楼，更加著名的作品我们可以列举童寯等人设计的南京国民政府外交部大楼、杨廷宝设计的南京中央医院大楼等。这些建筑实践形成了另一种实现“中国建筑”的方法。[17]

三

依据前面的叙述，我们大致可以整理出中国近代建筑史上进行中西建筑文化融合的两种途径，这两种途径分别是建立在中国传统对于建筑理解基础之上的和20世纪初西方对于建筑理解基础之上的，以及分属于这两种途径的四种典型的建筑处理方法（表1）。

表1　两种途径对照

融合途径	建立在中国传统对于建筑理解之上的途径		建立在20世纪初西方对于建筑理解之上的途径	
代表建筑	上海老式石库门里弄住宅	广东开平碉楼	墨菲：金陵女子大学建筑群	童寯：南京国民政府外交部大楼
平面特征	中国传统式	中国传统式	西洋式	西洋式
体量特征	中国传统式	西洋式	中国传统式	西洋式
造型语汇特征	在入口等近人处西方细节渗入	西洋语汇体系的使用	中国语汇体系的使用	在入口、压顶、墙基等处应用中国传统纹样

在我们看来，表1中所列的基于中国传统建筑观念进行中西建筑文化融合的途径，是以中国建筑为本，吸收容纳西方建筑元素的结果。如果文化的核心内容是一套行为的规则，那么，与建筑屋体更直接对应的建筑平面，这个在确定人在一定环境中的行为方式的最强有力的元素，当然是保持一定文化特征的关键元素。因此，建立在20世纪初的西方对于建筑的理解基础之上的途径，在文化上看，当然是以西方建筑为本体的途径。虽然，在墨菲、童寯等建筑设计者们看来，他们是进行着一场尽力地归附到中国建筑本体上去的努力。在某种意义上说，第一种途径对于中国建筑文化的坚持是无意识的、被动的，而对于西方建筑文化的吸收和容纳，则是积极的、主动的，这种途径，在中国总体上不断地近代化的过程中，具有越来越明晰的民间性。需要注意的是，这种以中国建筑为本，吸纳西方元素的途径，以住宅建筑为主体，在中国广大的空间里普遍地存在，形成了中国近代建筑史上背景性的内容。而第二种途径对于中国建筑文化的坚持，则是积极的、主动的，但对自己所采取的西方建筑观念本位且以西方建筑为本的立场，呈现出一定的无意识性。这种途径具有明确的精英性质，虽然在数量上十分有限，却形成了一定时期的文化焦点，从而具有重要的观念上的影响力。

需要进一步指出的是，以中国文化为本的途径在建筑实践的领域，主要集中在住宅建筑这一类型上。而以西方文化为本的途径的建筑实践，则多为公共建筑，并且从第一代中国建筑师的实践看，代表性建筑师的作品在造型上似乎呈现出建筑的公共性越强、和政府的关系越密切，建筑越隆重，采用中国传统建筑元素的机会就越多，随着隆重程度和公共性的降低，采用中国传统建筑元素的机会则变少。这是否表明了，在许多建筑师看来，采用大屋顶的“中西合璧”式建筑，甚至是童寯提倡的在入口、压顶、墙基等处使用中国传统纹样的做法，只是在以新的建筑营造条件为背景的“新中国风格”还未形成的情况下，适应民族、文化象征要求的一种权宜之计呢？

面对历史，我们不禁惊讶于观念的效能，正是对于建筑认识的不同，造成了中国近代史上两种完全不同的建筑文化融合途径，这两种途径和最终结果的重大差异，似乎指示我们应该更多地对建筑的本质进行思考。

更为宏观地去把握和了解建筑，中国人长期坚持的把建筑的首要功能定位于人类起居或行为方式的塑造，把与此相关度最高的建筑布局形态视为建筑的核心内容，似乎更具本源性，只是这种传统的对建筑本质的理解在被西方文化笼罩的中国建筑学体系中，从一开始就被极大地边缘化了。之所以如此，除了与中国第一代建筑师所受的专业训练有关以外，还有着社会文化方面的根据。因为传统的起居方式及相应的建筑平面布局，与“五四”以来遭到激烈批评的“封建主义”有着不可切断的关系，这不仅造成了在很多场合“自然地”放弃传统的平面格局，并且也在某种程度上压抑了中国建筑师对于传统建筑观念的阐述和关注。

其实，西方建筑理论或建筑师把建筑视为造型艺术的看法应该是十分特异和后起的东西。职业建筑师的存在和传统社会中相对稳定的建筑平面布局，使得建筑师或工匠在执行建筑设计的任务时，很自然地把工作重点放到了形象塑造和装饰构成上，久而久之形象构成替代了起居方式的塑造成为了建筑的本质。

近代建造技术的改观，建筑材料的替换和建筑师所面对的主导建筑类型的转变，导致了西方现代建筑的崛起。

功能的合理安排、结构和材料的合理使用等问题的凸显，使得传统的把建筑视为雕塑的观念受到了严重的挑战，人们找到了“空间”来替代传统的建筑理论所关注的“物”，但是，由于传统的束缚。在许多场合，“空间”成了新的事实上的雕塑对象，这使得“空间”概念的引进丧失了其可能含有的理论潜力，为了摆脱这种困境，人们尝试把时间作为建筑营造目的的另一个维度，时间与三维的空间结合，成就了所谓的“四维空间”的概念。由于“四维空间”概念本身的牵强及其与日常体验的疏离使得许多关于建筑的“理论性”论说更加似是而非、更加玄妙和难以把握。其实，如果抛开对于“四维空间”的反常规的想像，从另外一个角度来观察，我们就会发现，人们正是在行动中体验空间和时间的，也就是说，正是在行为的人的身上，空间和时间实现了切实的、依靠感官可以把握的统一。所以，中国传统的把起居格局或行为模式的塑造作为建筑的核心内容的看法，应该正是构造合理的建筑理论的合乎逻辑的出发点。由此，建筑设计就成了一项使得特定行为得到顺利的和丰满的实现的努力。[18]当然，它还要对其所处的环境负责。

注释：

①柯文著，雷颐、罗检秋译：《在传统与现代性之间——王韬与晚清改革》，南京：江苏人民出版社，2003 年版。

②奚伦 A 著，韩宝山译：《圆明园》，见王伯扬主编：《建筑师(42)》，北京：中国建筑工业出版社，1991 年版，第 116－126 页。

③刘东：《海外中国研究丛书序》，见刘东主编：《海外中国研究丛书》，南京：江苏人民出版社，2003 年版。

④董黎：《中国教会大学建筑研究》，珠海：珠海出版社，1998 年版。

⑤⑥李海清：《中国建筑现代转型》，南京：东南大学出版社，2004 年版。

⑦王树增：《1901 年，一个帝国的背影》，海口：海南出版社，2004 年版。

⑧王韬：《漫游随录》，长沙：湖南人民出版社，1982 年版。

⑨1897 年 3 月 27 日《申报》：“苏垣近年以来，每有谋利之徒，将门面房屋仿效洋式，丹青照耀，金碧辉煌，墙壁用花砖……现经上宪查得此等装饰有干例禁，遂饬三县各按地段派差押拆。”

⑩⑪张复合：《中国广东开平碉楼初考》，见张复合主编：《建筑史 2003(第二辑)》，北京：机械工业出版社，2003 年版，第 176－177 页。

⑫其实，后起的“民族风格”一词，已经含蓄地表示了这种房子无论如何都是“洋房”。

⑬“僭夺性”是指一个文化中人把自己视为另一种文化的正统的具有优势的继承者和发掘者的状况。

⑭王军：《城记》，北京：生活·读书·新知三联书店，2003 年版。

⑮童寯就曾把大屋顶的中西台壁建筑直接称为教会大学建筑式样。并认为官殿式洋房的采用与“封建趣味”有关。见《童寯文集第一卷》，中国建筑工业出版社，2000 年版，第 119 页。

⑯童寯：《童寯文集》(第一卷)。

⑰⑱王鲁民：《空间还是行为支撑物体系？——对建筑的另一种思考纲要》，《建筑师》，2004 年第 5 期，第 69－71 页。

作者简介

王鲁民，深圳大学建筑与土木工程学院教授。

(原载《新建筑》2006 年第 5 期)

建筑“解像”及其分析
——建筑肖像的消解与重构

赵 鹏 曾 坚

摘 要 首先对“解像”的含义和特征进行分析和解读，进而将“解像式”建筑与传统肖像式建筑进行比较，并通过介绍具有解像特征的建筑实例，进一步剖析两者的差异。最后对解像的哲学、心理学依据和艺术渊源加以探讨，并阐明解像和解构的联系，从而使我们对解像这一新的建筑倾向有更全面的理解。

关键词 解像 印象 肖像 模糊 非哲学

各色光线混合在一起，便成了白光；各种颜料混合在一起，就成了黑色。

对一座建筑的回忆由相互交织重叠的印象组成时，又会是怎样的呢？

1 “解像”的诠释

从古至今，肖像一直充斥着我们的社会，它有两种存在方式：作为物质形式的肖像、绘画、雕塑、图片等；作为意识形态存在于我们的大脑中，是一种印象，但与单纯的印象不同，它是被固化了的、不易改变的印象。在本文中将针对肖像的后一种形式，即肖像是固化了的印象与“解像”作比较。

所谓建筑“解像”具有双重意义：首先它是一个代号，指代对同一建筑产生的多重肖像混杂在一起的不确定的含混的状态。换句话说，当建筑的固定印象（即肖像）被消解，即我们无法得到某一建筑清晰、不容动摇的印象时，建筑处于“解像”状态；其次，“解”也表示对传统建筑肖像构成规则的背离和打破传统肖像形态的禁锢的态度。然而建筑“解像”仍旧归于肖像范畴，是新时代的更新和变体，在解构传统概念的同时，在开放系统中重新建构。

“解像”建筑有以下特征：(1)它没有统一的建筑语汇，更没有标志性的符号，抹去了形成明确肖像的可描述性。(2)它从基于欧几里德经典几何系统中解放出来，改变了建筑由平面图到立面图或由平面决定建筑的设计流程，换句话说，建筑再不能像原先那样单凭平面或立面图就能解释清楚了，平面、立面、顶面之间隔绝的状态被打破。现代主义建筑曾试图打破古典建筑六个面（地面、顶面、四周维护）的封闭死板围合，而使它们保持自由和相对独立甚至分离，这样才有了开放空间和乌德勒支住宅，而建筑解像化试图使这六个面的关系及地位模糊化甚至混淆，从而进一步抹去长期形成的建筑“六面体定式”的印象。(3)“解像”没有“建筑是机器”、“建筑是音乐”那样解释建筑本质的定义，而这种定义则是传统建筑师希望通过建筑向观者表达的，甚至是灌输的，不容反驳。“解像”并没有试图阐明某种本质认识，而是将建筑置于一种含混状态，这种状态没有树立起一座丰碑让观者瞻仰，而是提供无数种理解的可能性，由此建立了相对开放的系统。

总之，“解像”描述了一种复杂的状态，同时表达了革新的态度，它把传统建筑单一、固定的肖像消解为模糊、多重、含混的状态，并通过其多意性和平等性重新建构建筑肖像的开放系统。

2 肖像与解像的比较

从肖像到解像的过程是社会发展的过程，是复杂性、模糊性打破二元世界的统治，逐渐被认同的过程。“解像式”建筑则是这场变革在建筑中的折射，它与传统肖像式建筑存在着差异（表1）。

表1 “肖像式”与“解像式”建筑特征对照

“肖像式”建筑	“解像式”建筑
有符号特征或独立的建筑语言系统	无符号特征，无统一语言
建筑各面（平、立、顶）界限分明甚至分离	建筑各面关系复杂，界限含混，打破“六面体定式”
表现出一定的性格特征	无性格表现
等级制的意义传达和自明性	打破等级制，实现建筑意义的自由理解
涉及建筑本质问题	涉及非本质和状态
封闭系统下的设计	开放系统中的建构
定式化的印象	模糊、含混的不确定印象
二元世界的反映	复杂世界的反映
可准确描述的	不可准确描述的

2.1 符号和语言

在传统建筑中，符号和语言系统起到标签的作用，从古典主义到哥特、文艺复兴再到现代主义建筑，我们都可以对它们肖像般的特征如数家珍，说到希腊、罗马神殿就会想起柱廊、柱式和山花；说到哥特教堂就会想起尖拱、玫瑰窗、飞扶壁、束柱等；说到现代主义建筑，柯布的五点定义和布鲁诺·赛维的《现代建筑语言》就跃然呈现。不同时期和流派的建筑遵循着它们独立的自成体系的语言系统，从而造就了从属于各自语言的符号建筑。而解像式建筑则不存在定式化的标识性符号和统一的设计语言，也正是这一点使其摆脱了流派的限制，使建筑在各个时期、各个流派中留下的鲜明印象得以消解，成为相对自由、开放的设计倾向。

例如由未来系统设计的伯明翰百货商场并没有为了迎合周围环境而采用古典建筑风格和语言，取而代之的是一个抹去尖角、包裹住顶面的柔软的、由无数条自由曲线组成的巨大流块。在其表皮上也没有标签式的符号，只有15000个角度各不相同的铝盘。而每一块铝盘都柔和地反射着不同的环境和色彩，并随着时间发生变化，它比帕拉第奥母题或孟沙屋顶意义更加丰富，也更加模糊。当人们靠近时，商场的巨大有机体与周围尊崇经典几何学的古老建筑形成对比，商场成为标志性建筑；当人们远离它时，它又像是隐没在天空中的一团云朵成为古老街区的背景。它的角色随观者的位置来回切换，再加上巨大的表皮包裹了一切面与面的界线，更使其成为印象的多重复合体。

2.2 平面和分界线

肖像式建筑中，组成建筑的平面、四周维护面和顶面及其各面的分界线是不可动摇、互不混淆的定式，姑且称之为“六面体定式”。这种定式使结构和形式一一对应，此时建筑平面图对了解建筑整体起到决定性作用，人们往往通过平面便可以对建筑形成决定性印象。平面构成了肖像。哥特教堂的罗马十字式平面、文艺复兴时期的希腊十字式平面、云南一颗印、北京四合院、新疆阿已旺等都成为某个时代、某个地域、某个建筑的肖像。与之相对，解像式建筑试圈打破传统“六面体定式”，混淆各面关系和界限，单一的平面图将不能建构整体。

由S－M.A.O设计的位于西班牙巴耶阿赛隆的小礼拜堂运用自由折盈的方法将建筑的“六面体定式”概念推翻，而建筑平面已经处于从属地位。用他们自己的话说：“对建筑形态（形体或形式）的定义不能由单独的图像来表示；原来的平面图不能建构形态（形体或形式）。我们需要的是可以塑造和包裹空间的无数变量切口的连续体，是切口和截面组成的多样的连续体。平面是经扫描后的空间的结果。”[①]这座建筑就像毕加索的绘画，将建筑的基本形体碎化成相互连接的面片，在室外人们无法分辨出建筑各个立面之间、立面与顶面之间明确的分界线，在室内的同一视野中可以同时看到被建筑面片分割的不同空间和景观，但同时这些空间保持着连续性。习以为常的室内外建筑体验被抹去，取而代之的是虚化的、片断式的印象。

又如FOA的横滨客运码头设计，FOA想打破以往码头按照线性的流程图设计，他们希望将横滨客运码头作为城市地面的延伸，并推出“环形路径”的概念，即在建筑中为来自城市和海上的不同目的的人群设计各自的路径，每条路径都不是尽端而是与城市相连的一个环节，并赋予它们贯穿建筑各层的不同表面（surface）[②]，人在其中有各种活动的可能性，而不是像机器一样被来回指挥。传统建筑中相互分离的各层平面，在这个建筑中被不同路径所构成的连续表面所取代，即使是顶面也是作为城市空间的延伸，可以由街道直接通达。可以说FOA的横滨客运码头就是由不同的路径组成的，它只有表面，没有立面，各面分界线也难以确定。同时它摆脱了肖像式建筑的限制，而对这座建筑的理解是通过人在建筑中的经历体现的。

2.3 性格与表现

建筑师运用各种手法赋予建筑某种性格。古典主义建筑通过均衡、对称、比例尺度等手法赋予建筑庄严、高雅的贵族般性格；现代主义建筑则表现出简洁、明朗、果敢、棱角分明、又不乏冷漠的性格；后现代建筑通过将不同时期的建筑符号像拼贴画一样地加入建筑，使建筑的性格肖像少了几分纯净，多了几分混杂，少了几分清高，多了几分通俗和乐观；解构主义建筑同样追求复杂，但追求的是一种破碎、离散的复杂，爆炸后的现状，毁灭式的图景，表现了一种悲观主义情调。解像建筑既不刻意表现个性或追求阳春白雪，也不是下里巴人，其本身并没有性格，而是可以承载各种情调的载体，这也使得它成为某种平台，承载着不同的印象和理解。

2.4 自明性和开放性

肖像式建筑总是试图揭示建筑的本质，并且充当信号发射塔的作用，将同样的信息发送出去，人们要做的就是无条件地接收，不容更改，这就是肖像式建筑的“自明性”，作者与观者在信息传递上是不公平的，是具有等级制特征的。解像建筑则废除了建筑意义等级制的单线性传递，而是通过表现非本质的各种状态，实现意义的自由理解。正如上述的百货商场、小礼拜堂、横滨客运码头所表现出来的，“解像”建筑冲破肖像式建筑的一系列规章定式，这样人们可以不受约束地理解建筑，而这种理解又是复杂的、非固定的。这种开放性使建筑更加可读，比起自明性建筑更具吸引力。

3 哲学、心理学依据和艺术渊源

3.1 “非哲学”的影响

非哲学（Non－Philosophy）实质上也是一种哲学，但严格地说它不是一种哲学流派，而是一种哲学态度、哲学思潮，一种对哲学现状的非难，对哲学传统的嘲弄和对哲学意义的贬损。“非哲学”对传统哲学追求普遍的、整体的、统一的、不变的、绝对的和中心的终极真理进行质疑。认为传统哲学的这种追求体现了一种权力意识——因为这种追求本身是以压制、排斥、删除局部、个别、差异、偶然和非连续性为前提的。在研究方法上，“非哲学”也拒斥传统哲学封闭的同一性思维，追求异质性的开放性的思维方式。

法国后现代哲学家吉尔·德勒兹（Gilles·Deleuze）不仅是“非哲学”态度的推崇者，更是开拓者和先锋。有人说，德勒兹在哲学上的贡献可与毕加索在艺术上的贡献相媲美。他总是求助于一种外溢式的突破，对任何禁锢的穿越，对任何框架逃离，对中心性的拆毁。正如建筑师极力跳出传统建筑观念，摆脱各种建筑语言、符号、定式的束缚。也正是这种共同点，使德勒兹的思想广泛作用于建筑界。

德勒兹认为一个系统就是一整套概念，当概念与状况处于非本质相关联时，这个系统是开放的。[③]开放系统应弃绝传统系统的线性因果关系并建立在相互关系的基础之上，他还提出“块茎”思维模式以代替传统哲学“树状”思维模式，使主客体界限变得模糊，并借此打破中心主义，主客二分法和等级体系，从而产生多样性、差异性和增殖性。在《一千个平台》中，他用诸如1947年，阿尔托遇到无器官体；1874年，巴尔贝·都尔维力使短篇小说理论化；1227年，成吉思汗去世；1730年，浪人成群[④]等“破碎”形式，以及非编年但有日期的组织结构，产生了散逸的开放系统。他评论《一千个平台》时说，每一个平台都有自己的气氛、自己的音调或音色，每个平台关注的是事物的状况而非本质，平台之间以模糊的形式相连。有人评论这本书并不是竖起一座山，而是生出千条路。它打破了传统书籍树状推进的结构模式甚至时间秩序，去除了中心思想使作者主体和观者客体之间的信息单向传递关系变得模糊，文本也就具有了开放性。由于文本丧失了意义的确定性，作者不必将意图强加于观者，观者也可以不受约束地自由理解。这样传统文章的单一印象崩塌，构成了对同一文本的无数种印象，一种复合、非描述的印象。

“非哲学”的这种解构传统哲学的态度向其他不同的领域，包括电影、文学、绘画以及建筑领域扩展，并同样发挥着巨大力量，使这些领域开始向某些传统意识提出异议。

3.2 心理学的启发

越精确的东西，越容易被记忆，印象就越深刻而不可动摇。格式塔心理学研究成果表明：为了便于认识，人对诸如方、圆、三角、方体、球体、锥体等基本形体有天然的倾向。然而较复杂、不完美和无组织性的图形，则具有更大刺激性和吸引力，因为它可以唤起更大的好奇心。当人们注视由于省略造成的残缺或通过扭曲而造成偏离规则形式的“格式塔”时，就会导致审美心理的特有紧张：注意力高度集中，潜力得到充分发挥，从而产生一系列创造性的知觉活动。[⑤]与之相对，借用超现实主义者让·拜克托的话来说：“它越不好懂，它的花瓣就开放得越慢……一部作品如不保守住秘密而展示过于迅速，它就有凋谢的巨大危险，结果剩下的只不过是枯枝而已。”[⑥]这表明在认识的过程中，单纯与复杂、清晰与模糊、组织与无序之间存在着动态的联系，复杂模糊的事物能够使人长时间地产生兴趣，本能促使人们一遍又一遍地将其简化，加以认识，结果得到的是不确定的片断式的印象，而这更加激发了好奇心。在这一过程中，事物与人形成互动关系，复杂事物由此被人赋予多重面目，而这正是“解像”所追求的。

3.3　艺术变革的启迪

3.3.1　形的解体。毕加索和勃拉克的立体主义将古典艺术追求——真实再现——这一看似亘古不变的概念完全打破。什么是真实？什么是幻觉？真实是在观者的眼睛里吗？或者说真实在纯粹的画布中吗⑦？这是他们所考虑的问题。于是事物的形体在毕加索和勃拉克的画中变成了由横、竖、斜线所组成的一系列的平面，形变得“支离破碎”。在这里，他们阐明了变形、同时并置和连续视觉的概念，他们用任意的几何透视观察自然（而不是用经典几何的透视原理），最终将自己从文艺复兴的（真实再现的）自然中解放出来⑧。如果说古典艺术的真实再现使人们得到事物原型的静态、稳定的印象——肖像的话，那么立体派则通过形的解体使我们减弱对原型的印象，并使其消解为多重含混的印象集成体——“解像”体。

3.3.2　色彩的解放。印象派最初向古典学院派绘画发起挑战，探索者们一改传统学院主义的调子公式般的色彩描绘，通过原色紧密并置产生的感觉上的色彩混合模拟大气、阳光下的事物。发展到野兽派绘画，用色更加开放，运用非描绘性色彩，将颜料不分青红皂白地铺在画面上。根据自己的感觉作画而不是刻意模仿自然，后来“野兽”一词便特指颜色鲜明、随意涂抹了⑨。色彩上的彻底解放也同样使我们对事物原型的稳定印象瓦解，从而构成“解像”体。

19世纪末的艺术思想变革掀起了一场革命，一场针对教条和传统的革命。它使新时代的艺术摆脱了传统绘画真实再现的束缚，使绘画、雕塑等艺术作品加入更多的人的意识和诠释，而不是单纯的自然拓影。真实世界的原型在这些艺术作品中被模糊化。“解像”正是受到这种革新态度的影响，运用各种非定式的手段（并不拘泥于某种固定的方式）消解建筑肖像，使其成为多重印象的集成。

4　解像与解构

解像与解构主义思潮有着某种联系，但绝不等同于它们。反映当今社会的复杂性是它们共同的追求。不同的是，解构主义荡涤一切建筑信条，解构主义建筑师的设计逻辑是试图通过使建筑形态解体来表达建筑的含混意义。这种解体是反系统的，包括重力系统在内也被打破，这种混乱过于强烈以至于超过了理解限度，使原本试图通过含混无序状态所要激发的模糊理解全部指向毁灭、爆炸和消极的意义，换句话说解构建筑所表达的悲观情调超出了其他可解读的意义的可能，形成了惟一的肖像。而“解像”则是将建筑的肖像（即固定的印象）消解掉，从而表达建筑的多意，它不是表达毁灭而是承载理解，它不是反系统而是主张开放的系统。

“解像”，不是主流的建筑思潮，更不是一种建筑流派。它是体现在一些建筑上的共同现象，代表了一种更新的态度，即建筑是人类社会的产物。建筑设计绝不是一成不变地遵循着某一位大师、某一个时代的定义和规则，而是随着社会的更新而不断改变。“解像”没有解构主义的激进，也没有后现代主义的拼贴，它只是安静地反映着社会的复杂，展示着建筑的多样，释放着建筑的多意。

注释：

①笔者翻译自 *EL croquis*（106107），P7.

②笔者翻译自 *The Phaidonatlas of ContemporaryArchetect－ure*，P167.

③④德勒兹 G 著，刘汉全译：《哲学与权利的谈判》，北京：商务印书馆，2000年版。

⑤⑥曾坚：《当代世界先锋建筑的设计观念》，天津：天津大学出版社，1995年版。

⑦⑧⑨阿纳森 HH 著，邹德侬、巴竹师、刘珽译：《西方现代艺术史》，天津：天津人民美术出版社，1986年版。

作者简介

赵鹏，天津大学建筑学院；

曾坚，天津大学建筑学院教授。

（原载《新建筑》2006年第3期）

建筑批评与艺术批评的同一性和差异性

郑时龄

摘　要　绘画、雕塑、建筑、音乐、艺术设计、电影、摄影和诗歌构成了艺术体系的核心。在形象表达和图像作用的类比方面，当代建筑与艺术具有共性，建筑是社会、城市空间和场所的艺术。建筑批评与艺术批评在意识形态批评、价值批评、符号批评及方法论上具有相似性，在许多情况下甚至具有同一性。由于建筑与艺术领域的扩展，建筑与诸多艺术领域的融合导致建筑批评必须从哲学和心理学等学科汲取理论源泉。

关键词　建筑与艺术　建筑批评

建筑批评具有七种基本功能：一是说明与分析功能；二是解释功能；三是判断功能；四是预测功能；五是选择功能；六是导向功能；七是教育功能。这七种最基本的功能相互之间不断渗透，互为因果。不同的批评模式，会在这七种功能中分别有所侧重，艺术批评的基本功能与建筑批评的功能是一致的。

建筑批评的起源可以追溯到维特鲁威公元前一世纪的《建筑十书》(*De architectura libri decem*)，而建筑批评理论则源自文学批评和艺术批评。在这方面，文学批评和艺术批评比建筑批评有着更广泛与深入的基础，有着更悠久的历史，并有着十分坚实的理论基础，积累了丰富的经验。被公认为西方第一位美术史家的瓦萨里(Giorgio Vasari, 1511 – 1574)是意大利文艺复兴后期的画家和建筑师，他的著作《意大利杰出建筑师画家和雕刻家传》宣告了新时代的到来。这本书最先全面地将艺术批评与建筑批评综合在一起，将艺术家的传记和艺术理论联系起来，成为艺术史批评的范式。瓦萨里将绘画、雕塑和建筑总称为"设计艺术"和"采用了设计构思的美术"。意大利文艺复兴后期建筑师、建筑理论家斯卡莫齐(Vincenzo Scamozzi, 1552 – 1616)则称之为"美术"，直至"法兰西学院派"兴起后，"美术"的说法才被普遍接受，并流传至今，设计艺术的统一性为美的理想所取代。艺术史学家和思想家认为：绘画、雕塑、建筑、音乐和诗歌这五种艺术构成了艺术体系的核心(Theodore M. Greene, 1940)。而当代艺术的核心体系已经拓展，包括建筑、艺术设计、绘画、雕塑、电影、摄影等。

由于表现主题的永恒意义，远古时代的艺术与建筑在本质上相互关联，建筑与艺术都象征着生命与命运。在更高的层面上，当代建筑正愈益与艺术融合，建筑尤其被看作与雕塑在某些方面具有同构的性质。随着应用艺术的发展，艺术的领域正在拓展。早在1962年，美国艺术史学家、耶鲁大学教授乔治·库布勒就认为，艺术品的范围应该包括所有的人造物品，而不仅是那些无用的、美丽的和富有诗意的东西。关于建筑是否是艺术的论争一直延续至今天，在后现代建筑理论中，建筑与艺术的关系始终是核心问题。

德国哲学家和教育家鲍姆加登(Alexander Gottlieb Baumgarten, 1714 – 1762)创造了"美学"一词，并将美学定义为"美的科学"，使艺术批评在18世纪形成了科学的体系，奠定了艺术批评的理论基础，完善了艺术史，大致与建筑批评体系的形成处于同一个时代。美学的法则和艺术理论成为哲学的分支，建筑从属于美术，建筑理论从属于艺术理论。建筑与艺术的分离只是由于大部分艺术史学家和艺术理论家并不能兼通建筑，从而使建筑与艺术疏离，只是在美学中才又综合在一起，艺术构成了哲学的主要关注对象。黑格尔(Georg Wilhelm Friedrich Hegel, 1770 – 1831)将美学定义为"艺术的哲学"，完善了从鲍姆加登以来发展的古典美学理论。

艺术理论家有理由认为，美学史没有给予建筑以应有的地位。许多建筑理论家建筑师和哲学家认识到建筑是一门伟大的艺术，勒·柯布西耶(Le Corbusier, 1887 – 1965)说过："建筑是为了持久，建筑艺术是为了永恒。"①建筑也被称为"建构艺术"、"特殊艺术"、"空间和时间的艺术"、"社会艺术"等。今天，仍然有许多建筑师和建筑理论家赞同建筑是艺术的观点。美国建筑理论家亚历山大(Christopher Alexander, 1936 –)认为，建筑是"感情"，"建筑师被委托的任务就是创造世界的和谐"。②威廉·寇蒂斯(William Curtis, 1948 –)在他的《1900年以来的现代建筑》(Modern Architecture since1900)第一版前言中就明确地表示他所选择的标准是"高度的视觉效果和智性品质"。③建筑是社会、城市空间和场所的艺术，尽管建筑的许多方面与艺术无关，例如构成建筑的技术、设备、产权等，但是并不能抹煞建筑是人们最熟悉的艺术，无法避免的艺术。

历史学家和建筑理论家往往把阿尔贝蒂和米开朗基罗的论著和作品作为建筑是艺术的例证，现代建筑则以勒·柯布西耶为代表将立体主义艺术应用到建筑上。包豪斯学校把艺术家、建筑师和艺术设计师聚集在一起，德意志制造联盟试图克服建筑与艺术的分离。建筑与艺术的结合尤其是在当代城市的发展中臻于完美和统一，德国建筑师、导演弗里茨·朗格(Fritz Lang, 1890 – 1976)的电影《大都会》(Metropolitan, 1927)表现未来主义式的城市，这部预言式的电影史无前例地将艺术与建筑的幻想加以统一。现代建筑的倡导者和理论家雷纳·班纳姆(Reyner Banham, 1922 – 1988)也强调："建筑是一种必不可少的视觉艺术，无论承认与否，这是一个文化历史性的事实，建筑师受到视觉形象的训练与影响。"④建筑作为艺术的观点在今天的建筑界已经成为主流并在许多明星建筑上得以充分表现。

2004年，意大利热那亚市荣膺欧洲文化之都举办了一次《建筑与艺术 1900/2004——建筑、设计、电影、绘画、摄影、雕塑的创造性世纪》展(*Architecture &Arts* 1900/2004 *A Century of Creative Projects in Building, Design, Cinema, Painting, Photography, Sculpture*)，其主题显然表明建筑与设计艺术、电影、雕塑等的特殊关系。策展人杰尔马诺·切尔兰(Germano Celant)指出："当今艺术与建筑的关系在于他们对形象和外观的关注，今天考虑的问题是有赖于图像作用的建造过程的显示性与再现，在图像的表现中，建筑的识别性和传达价值迅速得到展现，将有关的事物理解为承载信息的工具。这些建筑往往不必仅仅有用，具有功能作用，能住人，能生活，而且还是广告、推销、政治和机构的投资。近来的建筑思想优先考虑室外而非室内，优先考虑表面而非结构。建筑趋向于纪念性，对于业主而言具有双重意义，成为业主的品牌，成为业主的公共形象，自我陶醉的形象。"⑤在形象表达和图像作用的类比方面，当代建筑与艺术具有共性。因此，今天的世界充斥着以菲利普·约翰逊(Philipjohnson, 1906 –)的纽约AT&T大厦为先导，以弗兰克·盖里(Frank Gehry, 1929 –)的毕尔巴鄂的古根海姆博物馆为高潮的这一类明星建筑和形象工程就不足为奇。因此查尔斯·詹克斯(Charlejencks,1939－)在他的新著《图像建筑·不可思议的力量》(*The IconicBuilding, the Power of Enigma*, 2005)中开宗明义地说:"一个幽灵正萦绕在地球村,图像建筑的幽灵。"⑥我们也可以把图像建筑翻译成形象工程。

在此,本人并不是提倡形象工程,而是提倡中国建筑的实验性和先锋性,提倡注重建筑的艺术性和创造性,尊重建筑师的创造,优化中国建筑师的社会生态环境。建筑史上的每一次创造都是做前人没有做过的事,都是一种试验。这些都应当是理性的实验,不是幻想,更不是空中楼阁。而且永远都有一个技术经济方面的问题,不仅仅是技术或艺术问题。我们应当促进思想上的实验,提倡实验性建筑的先锋性,努力创造具有世界性批判意义的优秀建筑。问题是建筑不像物理或化学实验室,可以为一个结果做无数次的试错性实验。建筑的实验包括理论的探讨和方案的探讨,应当先想明白了再做,意在笔先,进行的是理性的实验,是有目标的试验,是理论指导下的试验。在方案阶段反复探讨不同条件下的各种可能性。大学建筑系和学术机构首先应当起到建筑实验室的作用,保持其先锋性。英国建筑师大卫·奇珀菲尔德(David Chipperfield,1953－)认为:"思想在任何实验室都应占主导,同时也应联系现实,思想和现实之间的关系愈益具有试验性,一方面可以诞生奇妙的思考,偶尔,这种思想也会体现在建筑作品上,然而我们不应忘记什么是正常的状态。"⑦

尽管建筑与艺术具有某种松散的统一和类比关系,建筑理论与艺术理论的关系则是紧密的。一些建筑理论认为:"建筑的基本原理是艺术的一般基本原理在某种特殊艺术上的应用。"⑧由于建筑理论与艺术理论的相通,建筑批评与艺术批评在意识形态批评、价值批评、符号批评及方法论上具有相似性,在许多情况下甚至是相通的,具有同一性。

最早的建筑批评属于艺术批评的范畴,建筑批评理论借鉴了艺术批评与文学批评的原理。英国文艺理论家、美学家、批评家和诗人艾·阿·理查兹(Ivor Armstrong Richards, 1893－1981)曾经指出:"批评理论所必须依据的两大支柱便是价值的记述和交流的记述。"⑨这与建筑批评的理论支柱:价值论和符号论是相同的。西方美术史学界已经逐渐认识到艺术批评、艺术史和美学这三门学科的同一性,建筑批评则更是建筑史、建筑理论和建筑批评的同一。

传统的建筑批评与艺术批评的风格分析、类型学研究和图像学方法已经受到挑战。因为当代哲学研究的正是建筑批评与艺术批评同样关注的问题,诸如人及其知识形式——思维、人与自然现实、人与社会现实、人与语言、人与行为等,当代建筑批评与艺术批评都正在从哲学和心理学领域汲取理论基础,借鉴并引用现象学、精神分析学、解释学、符号学结构主义、后现代主义、后结构主义和女性主义理论。这一现象的出现首先是因为建筑与艺术领域的扩展,建筑与诸多艺术领域的融合所导致的。

当代社会中,建筑师的角色正在转变,表现在下列五个方面:设计任务从新建到重建和修建的转变,设计作为公共事业而非个人追求的转变,设计和建造由线性过程向平行过程的转变,设计的控制权从建筑师到专业人员和营造商的转变,建筑设计过程化解为独立的设计分工的转变(David Haviland,1996)。美国建筑理论家和建筑史学家黛安娜·吉拉尔多(Diane Girardo)引发了一场关于建筑究竟是艺术还是服务行业的争论,她认为建筑师自文艺复兴时期以来就一直服务于业主。建筑师是对社会和任务做出反应而非行动,她认为建筑师应当关注社会各个层面的宏观问题。⑩

建筑师的称号正在向其他领域延伸,在西方世界似乎每个领域的设计师或创导者都可以称之为"建筑师",诸如网站"建筑师"、软件"建筑师"、音响"建筑师"、政治活动的"总建筑师"、和平协议的"建筑师",甚至恐怖主义行动的"建筑师"等。一方面建筑师的分工已经十分细化,建筑师可以更宏观地进行把握整体。另一方面要求建筑师的思维和行为更为全面。日本建筑师伊东丰雄认为:"建筑师的范畴已经扩展,我发现自己从事许多领域的工作,当然有建筑,也包括城市规划展示设计、家具设计和产品设计。我也撰写建筑思想和建筑批评。尽管如此,我把自己称作建筑师。"⑪有不少建筑师同时也是画家、雕塑家、摄影家或艺术设计师,他们画画,做雕塑,进行城市规划和城市设计,他们设计景观,设计电影场景和舞台布景,从事写作,他们布展,设计服装,设计家具、灯具和装置,建筑师从事的领域在许多方面都与艺术家交叉,他们的手伸展到无法想像的广大领域。20年前在意大利的时候,我曾经创造过一个意大利词。"architetto, architutto"(建筑师从事一切),意大利语建筑师一词是"architetto", tetto是屋顶,言下之意是普天之下的一切事务莫非都是建筑师的工作,tutto是一切的意思。建筑师的建筑设计融合了艺术观念和艺术手法,即便是正统观念上的建筑师,由于在培养他们成为建筑师的过程中,宽泛的知识和技术背景,他们所从事的领域已经大大地突破了传统的范畴。

建筑批评是对建筑以及建筑师的创作思想、建筑作品与设计、建造和使用建筑的过程、使用建筑的社会个体和社会群体的鉴定和评价,对建筑进行全面而又系统的研究、描述、分析、阐释、比较、评价、论证、判断和批判。建筑批评是运用正确的思想方法客观地、科学地、艺术地和全面地对建筑及其作者——建筑师的价值和品质作出评价,而评价就是把握评价客体对于人和社会的意义和价值的一种观念性和实践性的活动。历史上的建筑批评多来源于文学批评和艺术批评,对一件作品的批评被看成是一个连续的过程,通过某种广泛多样的个人行为以及社会和制度实践而进行的一种价值的判断性运作,从而揭示出作品及其作者的内在世界。批评可以起到丰富并延伸作品、作者及其价值的作用,赋予作品以开放性以及附加的价值。

由于建筑批评客体的多样性、复杂性与关联性,以及建筑批评的性质、方法、任务与使命的丰富和复杂,建筑批评的媒介十分丰富多彩,建筑批评的形式和内容也是多种多样的,既有理论的批评,历史的批评,意识形态的批评又有艺术的批评,建筑本身也可以作为历史性和导向性的批评。小说、散文、诗歌、电影、雕塑、绘画、摄影、音乐,甚至服饰等都可以成为或者表现为建筑批评,而其他艺术的批评媒介就受到很大的限制。1986年在佛罗伦萨的一次设计艺术展上,一位艺术家把佛罗伦萨大教堂建筑的肌理表现在服装上,把大教堂的穹顶做成一顶帽子,用服饰来表达对建筑的感受,这也是一种建筑批评。

建筑批评与文学批评、艺术批评所追求的是作品的内在生命,并且通过批评语言融入到建筑师或作者的思想及其作品中去。正如比利时文艺理论家乔治·布莱(George Broy, 1902－)在《批评意识》(1971)一书中所说的:"批评是一种思想行为的模仿性重复,它不依赖于一种心血来潮的冲动。在自我的内心深处重新开始一位作家或哲学家的'我思',就是重新发现他的感觉和思维的方式,看一看这种方式如何产生,如何形成,碰到何种障碍,就是重新发现一个人从自我意识开始组织起来的生命所具有的意义。"⑫为了去发现生命的本质和意义,批评家必须拥有自身的价值观和理想,才能像诗人何其芳所说的"去以心发现心,去以自己的火点燃旁人的火",才能据以指导实践,才能充满热情去想像并倡导未来。

建筑批评自身有着与艺术作品的价值创造有所区别的价值，是整个建筑体系的有机组成部分。批评实践是生产性的活动，这种活动以人和社会的需要为尺度，考察并研究建筑的创造过程，分析建筑话语和符号的结构及形式，揭示建筑客体与人和社会的深层关系，预测并建构未来的建筑客体。建筑批评是一种具有开放性的实践活动，规律性与目的性统一的生产过程。

西班牙当代建筑理论家伊格纳西·德·索拉·莫拉雷斯（Ignasi de Sob – Morales）认为："建筑批评意味着置身于危机内部并且运用高度的警觉与孤独寂寞，对危机的感知构成了评论的起点。意识到危机的存在意味着对危机加以诊断，表达某种判断，借此区分出在特定的历史情境下一起出现的各种原则。建筑评论并不是一种文学风格也非一种职业。建筑评论是一种知性的态度，让论述变成——在孤独寂寞并且意识到危机的存在下——判断、区分与决定。"⑬

在艺术批评和文学批评中，判断、决定，尤其是处于危机状态下，同建筑批评一样都是批评的主要范畴。20世纪建筑的危机与艺术、文化以及集体意识的危机都具有平行发展的关系。建筑批评和艺术批评必须面对社会问题，对作品的批评是一个连续的过程，通过某种广泛多样的个人行为以及社会和制度实践而进行的一种价值的判断性运作，从而揭示出作品及其作者的内在世界。批评可以起到丰富并延伸作品、作者及其价值的作用，赋予作品以开放性和附加的价值。

建筑本身也是建筑批评。一件表达了建筑师和社会对建筑本体的认识，蕴含了对未来方向的思考，表现出历史参照性和导向性的建筑作品本身就是空间与结构的组织与形式取代语言所表达的建筑批评，这也是与艺术作品的批评相通的。

注释：

①转引自马克·西门尼斯著，王洪一译：《当代美学》，北京：文化艺术出版社，2005年9月版。

②Christopher Alexander in debate with Peter Eisenman in HGSD News (March/April 1983); pp. 12 – 17 转引自 Diane Girardo. The Architecture of Deceit. Theorizing a New Agenda for Architecture, an Anthology of Architectural Theory, 1965 – 1995. Princeton Architectural Press. 1996 pp. 389.

③William Curtis. Modern Architecture since 1900. Phaidon1996. pp. 7.

④转引自毛里齐奥·维塔著，莫斌译：《21世纪的12个预言》，北京：中国建筑工业出版社，2004年12月版。

⑤ Germano Celant. Architecture, Kaleidoscope of the Arts. Architecture & Arts 1900/2004 – A Century of Creative Projects in Building, Design, Cinema, Painting, Photography, Sculpture. Skira. 2004. 3

⑥Charles Jencks. The Iconic Building, the Power of Enigma. Frances Lincoln. 2005. 7

⑦David Chipperfield. Adding Up. Hunch, 6/7, 2003, The Berlage Institute. pp. 130.

⑧《不列颠百科全书根据中文版·第一卷》，北京：中国大百科全书出版社，2002年版，第441页。

⑨艾·阿·理查兹著，杨自伍译：《文学批评原理》，南昌：百花洲文艺出版社，1992年版，第19页。

⑩Diane Girardo. lnitials. The Berlage Institute report No. 6/7. 2003. pp. 210.

⑪Toyo Ito. To be an Architect. The Berlage Institute report No. 6/7. 2003. pp. 250.

⑫乔治·布莱，郭宏安译：《批评意识》，天津：百花洲文艺出版，1993年版，第280页。

⑬伊格纳西·德·索拉·莫拉雷斯著，施植明译：《差异——当代建筑的地标》，台北：田园城市文化事业有限公司，2000年版，第30–31页。

参考文献：

[1] Neil Leach. Rethinking Architecture, A Reader in Cultural Theory. Routeldge. 2001

[2] Kate Nesbitt. Theorizing。New Agenda for Architecture, an Anthology of Architectural Theory, 1965 – 1995. Princeton Architectural Press. 1996

[3] Architecture & Arts 1900/2004 – A Century of Creative Projects in Building, Design, Cinema, Painting, Photography, Sculpture. Skim. 2004

[4] Philipjodidio. Architecture: Art. Prestel. 2005

[5] Carl Fingerhuth. Learning from China The Tao of the City Birkhauser 2004

作者简介

郑时龄，中国科学院院士、同济大学建筑与城市规划学院教授。

（原载《建筑师》2006年第6期）

建筑评论与当代艺术评论：两个不同领域的合一

王南溟

摘　要　通过分析当代建筑、艺术界的诸多现象，本文探讨了建筑评论和艺术评论的融合趋势。同时本文还讨论了该趋势下建筑评论的社会意义。

关键词　建筑　艺术　评论　展览

建筑评论在今天应该是一种什么样的评论，或者它与我们现在的艺术评论是一种什么关系，这在建筑界与艺术界都似乎没有开始讨论。但是，当代的建筑，从其理念上来说，像艺术一样，早已往前跨了一大步，以至于跨出了建筑的边界。正像什么都可以成为艺术那样，以建筑之名的各种实验也在告诉我们，什么都可以称为"建筑"——我们已经看到的前卫建筑，或者那些在建筑展览中的作品都在很大程度上依赖于"非建筑"这样一个与建筑相背离的名义，结果以往建筑就是对应建筑物的观点完全已经老化，有一些建筑师还专门打出了这样一个旗号：我是不造建筑的建筑师，好像越是不造建筑的建筑师就越是学术的建筑师。

这种不造建筑物的建筑师还不是解构主义的建筑师，解构主义的建筑师反对建筑的结构，但到最后还是在造他们的解构主义建筑，这就是解构主义与建筑之间的矛盾，而这个矛盾恰恰是与建筑仍然是风格学的客体有关，然后，解构主义的理论落实到解构主义建筑上后，就具体化为解构主义风格的建筑，我想用这种词语来表达建筑状况并非故意绕口令，而是规定了我所要讨论的问题范围，即使是解构主义建筑也不是我在这里说的"非建筑"，我这里说的"非建筑"与解构主义的风格学无关，它不是一个建筑风格的实验，而是解构本身，这种解构主义把建筑学的"学"这一界限给取消掉了，建筑告别了它的学科的规定和限制，原来人们喜欢说的，这是建筑那不是建筑的判断句已经被打破，像艺术一样，什么都可以称为建筑，这就使我们看到这么多的建筑展览但是看不到展览中的建筑物的原因。

显然，建筑展览作为建筑学术的风向标日益被建筑学界所重视，否则的话，建筑师不会这么热衷于参加国际上的建筑展和当代艺术展。这种展览的初衷是为了反对学院建筑的，所以谁是建筑学界的建筑师，这种建筑师的称呼现在已经不是专门给造建筑物的建筑师以及规定惟有造建筑物的建筑师才有可能被得到提名这样一种荣誉性的称呼。建筑师加上了与建筑有关的观念艺术的学术可能性，正是这种观念艺术的学术可能性，才使得人们不管说它是哗众取宠也好，说它是江湖骗术也好，它确实是从建筑展览和当代艺术展览中日益进入了学术领域，好像很多建筑展都是为这些"非建筑"而开的，不赞同这种建筑展览方式或者反对这种建筑展览方式的建筑师就只管自己造建筑物从而让自己的建筑物再多一点风格学上的实物，但是解构主义风格学之后，作为风格学的建筑师应该也已经走到了尽头，或者说也已经成为了商业建筑师。

建筑与观念艺术的结合，就是建筑已经转换为当代艺术的一个由头或者说是对一个问题的切入，由此，从建筑进入了对建筑问题的思考，使它从根本上来说，就是观念艺术而不是建筑，当代艺术中有什么样的观念表达方法，诸如装置、行为、影像还有传统的图绘方式甚至于文字本身，那么建筑中的观念也同样有这些方法方式去表达对建筑的看法，显然，看法是一种与建筑有关的作品而不是一种建筑物，如果要求这种与建筑有关的作品一定是建筑物，那么等于取消了建筑的这一艺术维度，甚至于根本上取消了建筑背后的各种思考。

建筑何以要进入艺术，或者说建筑何以要以观念的方式独立出来，这本是因为建筑始终不是一个简单的造建筑物的问题，即使造建筑物也不是一个简单的美学问题，因为我们看到的是建筑物，而在建筑物的背后是一种态度，一种对自然、人与社会及其新出现问题的某种认识，正是这种对认识的讨论使建筑学指向了观念领域，或者说，它可以用观念来讨论建筑与"非建筑"，有的时候建筑中的观念并不一定针对建筑物，而是针对了社会本身，比如我们对诸如此类的建筑物发展予以动迁过程的调查，那么这种调查一旦与当代结合起来就可以成为作品，它既能参加当代艺术展，也能参加建筑展，当然这种作品自然就超出了建筑物本身所要研究的范围。再比如，有一个社会新闻，有一个别墅区被规划拆迁，结果业主却不露面，露面怕暴露身份，这虽然是别墅开发，但却与别墅交易中的社会不公正问题挂起钩来，这同样可以做成艺术作品，但这个作品也不是什么建筑本身的问题。上面说的艺术，如果说可以称为艺术的话，都是我的"更前卫艺术"理论所要讨论的对象。还有，武汉曾经有一个建筑事件，即一个房地产将住宅楼建于江中，打出的广告是：把长江送给你，后来这种荒唐的建筑物被勒令停工。从美学的角度来说，"把长江送给你"当然会很美，但这个建筑物就是不能造，所以美学不是建筑物的全部。上海的"一城九镇"规划，打出的再建一个万国建筑博物馆的口号，像上海的外滩那样，要请各国的建筑师设计各种不同国家风格的建筑，但规划口号一出即受到了质疑，一个德国建筑师就说，我也不知道德国的风格是什么，这个表面上是建各国风格建筑，而其实是对种族与身份，地域文化与全球文化之间的趣味之争。诸如此类，如果我们将建筑物背后的建筑和社会各种冲突和争议抽离出来，并作为独立的讨论话题，那么就有可能成为建筑领域的观念问题的讨论，而这种观念问题的讨论或许可以成为建筑展览中的主题。我们说不造建筑物的建筑展览最后还是建筑领域的讨论，就是从这一点来说的，当然这样一来，建筑与艺术就没有什么区分，尤其当艺术和建筑作品向"更前卫艺术"转向以后，这种"更前卫艺术"的评论也适用于各种建筑展览和作品，因为它们都已经是艺术的组成部分，建筑只是在这个艺术范围之内的一部分，就是这样，建筑与艺术合而为一，建筑也由此进入了当代艺术展览领域。为什么当下的当代艺术博物馆都设有建筑这个展览项目，而当代艺术评论都离不开建筑的评论，就是因为还从来没有像现在那样，建筑学成为了一门显学，因为它更直接地反映了社会的状况及由这些状况而引起的一系列的问题情境，而这些又是我们身处后现代社会中必须要面对的现实，因为上帝死了，人在靠自己而不是上帝安排自己的社会，这个社会如何安排？社会共识是它的目标，而共识之前的博弈是它的程序。

但是，就中国来说，我现在还看不到建筑界与艺术界的结合会有什么乐观的前景，艺术界在用艺术的名义在糟蹋建筑物本身，发展到后来艺术家在设计丑陋的小房子还要打上这就是"艺术家的意志"的广告牌，好像这些艺术家要做的头等大事就是要活活气死建筑师似的。而那种有艺术维度的建筑展览，或者说得不好听一点是打着建筑名义的艺术展览，大都是艺术家在出场，而真正的建筑师是缺席的，一次又一次的展览让艺术家出尽风头而建筑师像是挨批的对象，理由就是：艺术家是富有想像力的，而建筑师只知道造建筑物，这种将艺术的想像力让给了艺术家，是由建筑师自己造成的，尽管建筑师说这种艺术家很幼稚——我也承认这种评语有对的一面，即一味地说想像力，无异于让大家都去做儿童，但是，建筑界又如何评价这种以艺术家的想像力为名义的作品呢？简单地说这种作品很差，不值得关注等等回避性的词语已经不可能让人们信服，人们无法用一句话就能打死一个人或者一件作品，这是民主社会的根本特征，也是与“学霸社会”的区别所在，建筑评论要拿出它的批评的武器，解剖这种以艺术的名义要建筑的作品。情况相反的是，当下的建筑展以艺术家的介入为时尚，艺术家成为了建筑展览的一场“秀”，人们只要说这个建筑展是由富有想像力的艺术家参与就行了，而不需要对这个艺术家的想像力予以批评，这种批评的空缺，即放弃了对艺术的作品检验，也放弃了对建筑的作品检验，更放弃了对流窜于艺术与建筑之间的作品的检验。

这样说来，对建筑学的这种重新定义和对建筑学中传统与当代的区分对我要谈论的建筑评论很有用，一是建筑评论如果是风格学评论，那么显然这种评论无法面对这么多的“非建筑”，保持评论家的冷漠和漠不关心总不是一件有意义的方式，有些评论家会说，这么差的东西，根本不值得评论，其实这种态度显示出的是评论家将自己的作用过高估计，评论家不评论，不等于说这个东西马上会消失，或者没有得到评论家的肯定，那么这种东西肯定不会成功。今天的社会并不是这样，没有一个人能够主宰一切，评论家只是全社会分工后其中的一个角色。民主参与让所有的人都有表达的机会，那么评论家与公众，也变成了一种观点上博弈的双方，说这种话的意思不是说评论家已经不需要了，而是说，任何一个评论家的消极怠工，都会让社会的公共标准拱手相让给与评论无关的公众或者是掌握着公众的少数人，而在这样的公众时代，评论家的沉默等于从根本上来说不能称为评论家，而充其量只是一个看客。

历史学方法，已经成为了阻碍建筑与艺术评论的方法，这一点，建筑界比艺术界要严重得多，有这样一种观念是需要予以批评的，即，一定要到某种建筑成为了经典才能被纳入到评论的视野，这种学术限制表面上是保卫学术的尊严，其实恰恰放弃了学术的“及时介入”这样一种可能性，在一个以不停地“反”的以及什么都是“非中心”的和“零散化”的后现代社会中，如果我们的评论态度依然如此地被动，那么我们的学术就无法与这个后现代社会互动，传统历史观在今天所以危机就在于这种传统历史观放弃了当下事实而坚守着自然淘汰的定律，甚至于这种历史观还对评论有抵触情绪，认为评论没有历史学高级，所以当历史学压倒了评论，当代史写作的信念也被取消了，我在艺术批评方法论中已经说过，批评工作主要是用于批判二、三流作品的，一流作品不是每个时代都能遇上的，也没有一个能够用于封顶的一流作品，而不对二三流的作品予以批评从而让公众去期待一流的作品，那么这个时代，只能将二、三流的作品当作一流的作品来欣赏，学了二、三流的作品就滑向了四、五流直至下九流。

其实，在与建筑相关的问题上，有些命题也在变化，而且它已经进入了建筑领域而不是与建筑关系不大的艺术领域，比如2000年威尼斯建筑双年展的主题是“少一点美学，多一点伦理”，“伦理”一词在建筑中的介入，不说是瓦解了建筑学，也是对传统建筑学的一种冲击，因为当“伦理”一词与“美学”一词对立起来以后，它足以让我们看到建筑中“非建筑”一面，即不再以建筑物作为其惟一的研究对象。我已经说过，当建筑学往往以一种社会态度出现而不是简单地造建筑物，以至于建筑背后的社会态度本身就可以针对建筑，而不需要让它成为建筑物的时候，建筑就像当代艺术一样，当代艺术是因为表达一种思想而什么都可以成为艺术，我所论述的“更前卫艺术”的要义即“艺术是一种舆论”也可以在建筑这一项学术中体现出来，那么建筑，那种以展览的名义做的建筑，都无法脱离与我的“更前卫艺术”相同的命题，而将建筑投入到社会的总体批判这样一个思想的活动中去。

对一个建筑展览来说，双年展、三年展或者五年展，还有的在当代艺术展览中的建筑部分，如果失去了这样一种思想的部分，而仅仅是建筑物的展示，那么这种展览很容易让人们联想到展览向房地产公司的摊位出租，或者是建筑师自我宣传而设的广告摊位，这正是建筑展中最忌讳的方式，当我们有了那种双年展之类的建筑展览后，这种展览中的建筑一定要越不像建筑越好，就像当代艺术展那样，要越不像艺术越好，所有的展览，如果还不失为一种展览的话，都是宣称这个展览是打破了任何的界线，而让艺术与生活、艺术与社会不分彼此，威尼斯双年展的“全面开放”，美国惠特尼双年展的文化政治，卡塞尔文献展的反艺术，都会影响到建筑的展览概念。其实，有一种展览已经成为了惯例，即建筑与艺术展览并没有什么太大的区分，这两个展览有的时候是合在一起的，并共同讨论一个学术主题，即使以建筑命名的展览，除了商业展览之外，也都竭力向艺术展览的方向上去靠，这种展览当然是越来越不像建筑展，但是却越来越像展览。

如果我们对这样的一种展览进行评论的话——事实上这种评论需要出现而不是放弃，因为建筑的这种展览已经成为了事实——那么老学究肯定会问，这样的评论还是建筑评论吗？即使承认建筑专业界否定它是建筑评论这一点是对的话，那么我也要反问，这种评论能缺少吗？

作者简介

王南溟，独立评论家。

（原载《建筑师》2006年第6期）

21世纪初博物馆发展特征浅析

张海翱

摘　要　文章以21世纪初博物馆发展特征为着眼点，结合极具特征的博物馆实例，从回归本源、透明性、新旧共生、场景化、功能延展、象征主义手法、关注人的体验几个方面浅析当今博物馆的发展趋向。

关键词　回归本源　透明性　新旧共生　景象化　多重功能　象征主义手法　关注人的体验

近年来，博物馆建筑正在进入建筑类型研究的核心位置。博物馆以其文化意义和带来的巨大经济效益，而成为城市及地区经济复兴的催化剂。对正在寻找自身新形象的城镇极具吸引力，城市周边没落的郊区也试图通过兴建博物馆而与周边地区加强联系。越来越多的城市决策者认识到博物馆建筑潜在的商业价值，博物馆项目成为建筑师炙手可热的工程类型之一。外观引人注目的博物馆建筑拥有超越地域的影响力，成为城市的新标志和中心。盖里（Frank O. Gehry）的毕尔巴鄂古根海姆博物馆（Guggenheim Museum in Bilbao）和赫佐格与德默隆事务所（Herzog & de Meuron）设计的伦敦泰特美术馆（Tate Modern）便是区域经济复兴的神话。

博物馆的功能也早已超越单纯的建筑物，成为文化的聚集点和碰撞点，以其多种多样的展览方式吸引公众参与，搭建起媒体与大众进行文化碰撞和交流的最好平台。生活水平与方式的改变带来休闲、文流、学习方式的转变，博物馆面临满足精神需求的挑战。其传统的策展、展览方式也受到来自新媒体的挑战，改变传统方式，面向未来成为博物馆需要考虑的首要问题，这无疑也给建筑师带来更多的机遇与挑战。

早期，博物馆依靠陈列的绘画或雕塑作品吸引参观者，现在博物馆建筑本身则在更大程度上吸引人们的注意。20世纪90年代博物馆建筑追求造型的别出心裁，而现在越来越多的建筑师对这种有哗众取宠之嫌的做法持保留意见。争议集中于博物馆“容器”与“内容”之间的关系。“容器”是作为外表皮的建筑形式，“内容”则是指展品。20世纪90年代开始，两种大相径庭的博物馆建筑类型出现在人们视野中。一种充满建筑表现力，以扎哈·哈迪德（Zaha Hadid）、丹尼尔·里伯斯金（Daniel Libeskind）、盖里的建筑作品为代表的解构主义风格作品。他们的建筑往往以绝对性气势压制了内部艺术品，从而引发争议。无可否认其强有力的建筑形式可以在第一时间吸引眼球，而其内部展览品则面临超越的挑战。与之相对的则是极少主义风格建筑。从赫佐格&德默隆事务所的慕尼黑戈茨美术馆（Goetz Collection in Munich）到彼得·祖姆托（Peter Zumthor）的布雷根茨美术馆（Kunsthaus, Bregenz），无一不是用其各自擅长的方式演绎着这种风格。这种白盒子式的博物馆构成了一种完全中性和民主的氛围，将更多的空间留给了展品本身，建筑只是衬托的幕布。同时也有更多建筑师从不同思考角度出发创造出极具特色、富有创造性的博物馆建筑。随着文化本身趋向多元，作为文化载体的博物馆建筑本身也开始出现各种各样的风格，以下便是几种极具代表性的趋向。

1　回归博物馆建筑类型的本源

在现代主义风格被大量采用的今天，仍有部分建筑师怀揣着回归经典秩序、寻求古典建筑美的理念，在高速发展的今天，用只有历史经典建筑才有的宁静与大气来打动人。古典式博物馆不仅在外部造型上追求典雅与凝重，更从建筑内部空间秩序来再现经典，从建筑的根本原则上回到博物馆建筑形式的本源。经典博物馆原型，平面一般采用方形或长方形，建筑中央使用穹隆结构，靠圆形采光大厅进行采光，条形展厅则覆盖拱形顶，辛克尔（Karl Friedrich Schinkel）的老博物馆（Altes Museum）便是完美演绎经典博物馆的最好例证。

21世纪以来在这方面进行尝试的最为有名的例子便是施蒂芬·布劳恩费尔斯（Stephan Braunfels）的Pinakothed der Moderne。整个建筑群总体采用完整的矩形，交通流线围绕一个圆形采光大厅展开，自然光线透过圆形玻璃天窗投射进来，规整的展示空间依次排列在走道两侧。严谨的建筑形体关系，充满逻辑性的空间秩序，纯白、没有装饰的室内空间，参观者游走其中，被博物馆建筑的庄重与崇高深深打动。空间里有的只是安静的光线与展品，博物馆建筑本身退化为白色幕布，这样纯粹、极少主义风格的室内处理方式，给人以强而有力的心灵震撼。

2　博物馆建筑界面的透明性

从前博物馆给人的印象无疑是封闭、与外界隔绝的、以自我为中心的“盒子”，它们仅仅以展示藏品和艺术珍品的背景身份而存在。早在20世纪中期，学术界便开始对博物馆的庙宇式姿态展开讨论。随着工业技术的发展，打破封闭和隔绝成为可能，作为与公众关系密切的博物馆，透明的表皮已被广泛采用。一旦厚重的墙体被打破，带来了博物馆功能的彻底性转变，不再是阳春白雪般高高在上，而转变成普通市民都可以随意进入的公共场所。正如联合设计（Allied Works）事务所设计师布莱德·克罗菲尔（Brad Cloepfil）在评价迪勒与史柯菲迪欧公司（Diller Scofidio + Renfro）设计的纽约Eyebeam博物馆时所作的精彩评语：这个立面模糊了建筑的内与外，艺术走上了街道，而街道则进入了建筑……博物馆成为光线、生活、艺术的综合体。①

西方艺术家长期以来，不断挑战视觉观察方式使用光学仪器来创新感官体验。对这一课题进行了长期、深入的探索，已积累了丰富的成果，并将其运用于博物馆建筑的表皮上，带来全新的界面效果。

在由迪勒与史柯菲迪欧公司设计的纽约Eyebeam博物馆中，建筑外表皮完全通透，建筑师在其中综合使用了镜子、透镜和投影仪等多种涉及“看”这一动作的光学仪器，改变了传统的视觉方式，试图创造一种新的观看体验，从而模糊现实与幻像，图像与想象之间的界限。内与外的关系被重新定义，建筑成为挑战视觉感受的游乐场。从外向内看时，整个玻璃的表皮则如同薄纱般，整个建筑体趋向虚幻，完全融于环境之中……

3　新旧共生

新博物馆大量建造的同时，旧博物馆也面临改建和扩建。这些极具历史感的旧建筑，往往处于复杂的人文历史环境之中，因此问题显得复杂而棘手。与20世纪90年代追求新奇感的倾向不同，建筑师开始采用一种谦虚而低调的姿态。面对现存的历史环境，往往普遍抱着尊重和敏感的态度，将当代建筑置于现有历史建筑的保护与修复语境之中。斯蒂文·霍尔(Steven Holl)设计的纳尔逊·阿特金斯美术博物馆扩建工程(Nelson-Atkins Museum of Art expansion)便是值得一提的例子。原建筑建于1933年，建筑前为大面积景观花园，背靠水池。建筑师设计概念如下：新旧建筑形态互相独立，联系它们的将是艺术、景观和形体上的呼应。整个扩建部分以谦虚的姿态处于原有建筑的东侧，不打扰原有的场前花园和水池，进一步突出、强调原有的空间轴线。其大部分建筑体量位于地下，顶部种植树木，用作观景平台，与原有雕塑花园融为一体。惟一能表示其存在的，便是高出地面的七个玻璃采光井。

4 景象化倾向

传统博物馆只是陈放展品的容器，而现在越来越多的建筑师开始尝试打破这一概念，放弃用展品进行展览的传统模式，而采用建筑本身即为展品的策略。建筑师调动所有建筑手法，从空间到材料，达到感染参观者的目的。这样的景象化倾向，将建筑师引向导演的位置，精心策划整个游历过程，用蒙太奇的手法，让参观者产生联想，起到身入其境的效果。里伯斯金的犹太人博物馆首开先河，博物馆空间所表达的孤独、危险和恐怖的气氛给人留下深刻印象。

最近由希腊建筑小组Anamorphosis事务所设计的希腊世界博物馆同样使用了场景化的建筑手法。博物馆三大主题跨越古代、拜占庭和现代，与之对应，建筑师分别运用露天剧场、穹隆结构以及悬挑平屋顶这三个时期典型的空间模式来加以暗示。整个展示过程被设计成一个环形的连续流线，参观者按照历史时间顺序依次参观，表达出建筑师对于历史非折衷性的思考。

5 博物馆多功能趋向

博物馆主要功能包括收藏、展览和科研展示两大部分。作为当代主要的文化信息通道，对其功能的要求也不断提高。博物馆在教育价值、展览实践、内容选择以及展品标准方面都面临挑战。其功能不仅仅停留于展览，更为重要的是开拓新的展示方式，充分利用创造力，从而激发公众兴趣，提升公众理解力，使之成为文化交流，信息碰撞的平台。博物馆在展示方式、功能设置、公众互动、媒体中心等各方面都呈现高度灵活性与多元化。赫佐格和德默隆事务所的当代艺术博物馆采用新颖的展示方式。设计师将原本与公众无关的博物馆仓储部分，转变为展览室，从展品的布置方式到空间设置都极为真实，进入其中的参观者如同置身于博物馆的仓库之中，体验全新的展示方式。

6 象征主义手法

在现代主义大师赖特(Frank Loyd Wright)的纽约古根海姆博物馆(Guggenheim Museum in New York)和柯布西耶(Le Corbusier)的理想博物馆中，都不约而同地使用了连续的螺旋形流线结构。这一类似流动飘带的设计概念，以其独特的连续、流动特征，仍被当代建筑师广泛使用。如今飘带概念已得以延伸与发展，不仅仅用于参观流线，有时更成为构成建筑空间变化的重要因素。在迪勒与史柯菲迪欧公司设计的纽约Eyebeam博物馆中，飘带时而为天花，时而又为楼板，蜿蜒穿越整个建筑，将生产工作部分与展示部分隔离的同时，又因自身视觉上的连续性，将其联系在一起。

同时，由于连续飘带的空间特征极具完整性，因此往往具有隐喻象征功能，成为一个醒目的符号。在斯图加特的奔驰博物馆(Mercedes-Benz Museum in Stuttgart)中，设计师将参观展示流线设置为螺旋线形，从而非常清晰地表达了奔驰汽车的发展史，内容与空间十分契合。同时绵延不断的螺旋结构，也象征着奔驰车的星形标志，似乎在讲诉着奔驰汽车王国永不结束的发展故事。

7 关注人的体验

越来越多的人同意这样一种看法，即判断一个博物馆建筑的惟一标准是人置身其中的感受。对人的关注成为博物馆建筑最为核心的设计要素，建筑师也想尽一切方式来取悦参观者。从一开始在远处看到建筑表皮，到走近时所感受到的建筑尺度和轴线关系，游历时的空间感受，精心策划的参观路线，全方位的感官体验，一切都纳入设计范围。与其说是建筑师设计了博物馆，倒不如说展览已成为一场悉心打造的感官挑战过程。

8 结 语

博物馆建筑从最基本的快速扼要地掌握几点有关主题的重要概念，演变为帮助参观者更深层次地理解庞杂的延伸内容和相关的艺术事件，并在其内心唤起深深的共鸣。博物馆逐步成为一个“观看—反省—理解—回味”的场所，一个全新的、永恒的经历综合体。其所涉及的信息文化是极为宽泛的，包括消费主义、时代精神、商业文化等等，最大程度满足所有人的需求，而博物馆本身也成为文化的消费场所。

从城市地标功能，到建筑自身的多元化发展趋向，博物馆这种建筑类型正在成为极具挑战性的类型之一，其所涉及的设计要素比想象中更为庞大和复杂，大到社会经济，小到人的内心感受无一不包含在内。也正是如此，带来博物馆更多的创作可能，如同承载人类智慧的内部展品，博物馆建筑也将成为人类智慧的丰碑。

（本文根据*Museum in the 21st Century*一书编译而成）

注释：

①Thieny Greub, Museums at the Beginning of the 21st Century: Speculations, Suzanne Greub and Thierry Greub, Museum in the 21st Century[M], Prestel Verlag, 2006.10.

作者简介

张海翱，同济大学建筑城规学院建筑学2005级研究生。

（原载《时代建筑》2006年第6期）

浅论博物馆建筑造型与博物馆功能需求的和谐统一

王莲芬

摘　要　随着博物馆事业的发展，博物馆文化越来越引起各级政府的高度重视。面对新一轮的博物馆新馆建设高潮，人们对博物馆建筑作为博物馆文化的建筑语言，在新馆建设中所处的重要地位的认识发生了质的飞跃。体现博物馆文化特有内涵的建筑造型与博物馆功能需求的有机结合、和谐统一，已成为当今博物馆新馆建设中的一个重要热点。

关键词　博物馆　建筑造型　功能需求

根据《辞海》对建筑的定义，建筑是工程技术和建筑艺术的综合创作。在任何建筑中始终存在着造型与功能这一矛盾统一体。建筑造型是指设计师通过设计创造出的建筑形象。一些现代建筑家进一步解释道："建筑，是文化的背景，其形象特征应该首先在文化氛围上闪光。伟大的建筑，铸造不朽的建筑文化，不朽的建筑群体，竖起了城市的品味、城市的风采、城市的光辉。"博物馆建筑是特指专门为博物馆工作设计建造的建筑，它既可以是包括博物馆各项工作用房的一栋综合建筑，也可以是由陈列馆、办公楼、库房等多栋建筑构成的一组建筑。博物馆功能是指：有特定结构的事物或系统，在博物馆内部和外部的联系和关系中表现出来的特性和能力，及各个组成部分的搭配和排列。

受专门学科知识水平所限，笔者对建筑理论的理解很难说全面、精到，但由于长期从事博物馆工作，对博物馆的建筑造型与博物馆功能需求之间的关系曾作过一些探索，在此谈一些肤浅的认识，以求抛砖引玉。

随着博物馆事业的发展，博物馆文化越来越引起各级政府的高度重视。面对新一轮的博物馆新馆建设高潮，人们对博物馆建筑作为博物馆文化的建筑语言，在新馆建设中所处的重要地位的认识发生了质的飞跃。体现博物馆文化特有内涵的建筑造型与博物馆功能需求的有机结合、和谐统一，已成为当今博物馆新馆建设中的一个重要热点。

通观国内外博物馆事业的发展，任何一个成功的博物馆都取决于两个基本因素：一是建筑造型是否因体现博物馆特有的文化内涵，而被大多数日复一日前来参观的观众所喜欢；二是内部构造是否最佳程度满足博物馆功能的需求，而使事业蒸蒸日上、蓬勃发展。一个现代化的博物馆，或者说一个成功的博物馆，它的建筑造型与内部功能需求的结合一定是高度完美、和谐统一的。

1　现代博物馆的建筑造型必须充分体现博物馆特有的文化内涵

进入21世纪，在博物馆的整体关系中，不仅仅文物是博物馆的展品，博物馆建筑造型也已成为博物馆的一种特别的展品。人们对博物馆建筑造型的期望和审美评判，已完全超越了"陈列展览的场所"、"盛放文物、资料的容器"的传统认识，更多的是要求博物馆建筑造型必须体现博物馆特有的文化内涵、满足博物馆功能的需求。近半个世纪以来，人们在博物馆建设中几乎从未把关注的视角驻留在博物馆建筑的造型上，更不用说对其有过任何要求。博物馆建筑的使用者较多想到的是文物展品本身，往往忽略完美而有个性的建筑物可以引人尽快进入展示的主题、愉悦接受展示信息的作用。观众进入博物馆的目的也非常简单——参观展览。随着社会文明的进步，人们的审美情趣越来越高。当一位观众走近博物馆时，首先映入眼帘的是博物馆的建筑造型，很难想象，一座拙劣的、或者是没有个性、没有文化内涵的建筑造型会引人产生驻足观赏、诱其趋内的强烈欲望。社会心理学家提出的"首因效应"理论告诉我们：任何一个景物，当你第一眼看上去感觉赏心悦目的时候，潜意识中的好奇心会诱使你更深层次地走近它、了解它、欣赏它，乃至研究它。博物馆建筑造型也不例外。

人们对博物馆建筑造型要体现博物馆特有的文化内涵这一观念的认识是在近几年才形成，而对博物馆建筑造型与博物馆功能需求之间关系的认识更是经历了一个漫长的发展过程，其中不排除中国建筑业发展的滞后状况。国际博物馆学专家首尼斯·赫德森先生曾经说过：任何一类博物馆建筑的质量都取决于其外观是否被人喜爱，它在什么程度上迎合了使用者的需要，但几乎没有太多的博物馆建筑能同时满足这两个标准，大多数博物馆甚至连一个标准都不能满足。一个外观很美的博物馆建筑，也许里面的空间构造不能满足博物馆功能的使用，人们在里面工作是"极不愉快"的；而一个人们称赞的、内部功能设施充足的博物馆，外观又是"惨不忍睹"的。所以我们在论述这一问题时，不可忽视一个要素：即社会的发展、文明的进步，人们对博物馆建筑造型的要求与品位也会随之变化。从这个意义上说，博物馆建筑造型比起其他建筑来说，也许无法用"更好"和"更坏"来形容，但是，无论在哪个历史时期，人们判断一个博物馆建筑造型的好坏，可以根据它们是否穷尽了人们在特定的历史时期所拥有的对建筑认识的最高境界，是否采用了当今科技所能提供的所有条件，是否体现了人民大众日益发展的对物质文化的需求与审美标准，是否满足博物馆使用者对其博物馆功能发挥、事业发展对建筑空间的特定需求。自古以来，比较成功的博物馆建筑不外乎两种类型：

1.1　依托原有的纪念性建筑所建的博物馆

尽管依托原有的纪念性建筑所建的博物馆，其遗留建筑原本都不是根据博物馆特定的要求建造的，根本不符合现代博物馆使用功能的需求，更谈不上符合现代人对博物馆建筑造型必须体现博物馆文化内涵的特定认识。但是，国内外普遍认为以遗留建筑改建的博物馆，从特定意义上说是最具纪念性的博物馆，也是很好的博物馆（当然，里面所陈列与展示的内容必须与该纪念建筑有密切的内在联系）。即使这个遗留建筑规模很小或者内部功能很不齐全，但由于此类建筑本身就是值得人们瞻仰的遗址类建筑，在其内展示的原遗留建筑内各种遗物的原状陈列或复原陈列都是纪念对象当年生活、活动的真实场景，是观众前往参观、缅怀、追思、瞻仰最为理想的场所。例如我国的南京太平天国博物馆，它是利用一座明清古建筑建成的博物馆，其建筑氛围本身就有一种很强的历史感与冲击力，它所具有的历史的、科学的、艺术的、全方位的文物价值，都是供观众参观的一组不可多得的大型的重要陈列品；北京的宋庆龄故居，前往参观的观众终日不断也是很好的说明。又如德国特里尔的马克思博物馆，它是利用经过多年寻访才找到的、马克思曾经生活过的旧居改建的,因已没有复原陈列,在内举办了马克思生平陈列,并在其出生的房间内,陈列了一尊马克思的青铜塑像,从而使这座博物馆极受广大观众的欢迎。德国的博物馆建筑形式大多都是利用古老的纪念建筑,仅在两公里长的莱茵河畔就耸立着200多座风格、类型各异的博物馆,其建筑有歌德式、古罗马式等等。几乎每一幢建筑都是一座小巧玲珑、多姿多态的博物馆,当你迈步其中,除了身临其境感受当年的氛围外,似乎又在观赏一座大型的建筑博物馆。再如伦敦的自然博物馆、维克多利亚(Victoria)博物馆与阿尔伯特(Albert)博物馆等,多是作为历史性建筑保护利用的。尽管这些博物馆建筑的内部结构非常不适合现代博物馆多种功能的需求,也完全不符合已被人们悄然接受的现代博物馆展示观念趋向需求,如果使用者想根据现代博物馆展示需求调整它的内部结构,只能在文物保护法规定的、一定的严格界限内适当作些调整,绝对不允许大伤筋骨而使其面目全非。但不管此类建筑的造型根本无法反映博物馆的个性特点,内部结构怎样的不实用,还是因为它是一座不错的纪念性建筑博物馆而深受广大观众的喜爱。据1995年出版的《中国博物馆志》统计,我国的博物馆、纪念馆中,利用纪念建筑改建的博物馆、纪念馆占博物馆总数的55.4%,而专门建造的博物馆建筑只占44.6%,国外的情况亦大致如此。由于此类博物馆建筑的特殊性,人们往往较多的是注重它特有的建筑内涵而不强求它的建筑造型。如何利用此类纪念性建筑并实现古建筑到现代博物馆展示的自然过渡、巧妙融合,这是在古建筑中融入当代博物馆陈列设计理念的一个新的课题,还有待于进一步探讨与研究。

1.2 新建的博物馆建筑

新建的博物馆建筑不同于纪念性建筑,其建筑造型,设计师完全可以根据博物馆使用者的需求,注入全新的设计理念与创意。由于此类建筑被冠以了"博物馆建筑"的特殊定义,这就要求此类建筑造型必须体现当代博物馆特有的文化内涵及博物馆特有的建筑语言。博物馆从类型分:有艺术类博物馆和历史类博物馆等;从内容分:有综合类博物馆、人物类博物馆、事件类博物馆等;从定位分:有归属定位、专业定位、服务对象定位等。这就要求新建博物馆的建筑造型不仅要有别于其他建筑物,而且要有各类博物馆的个性特点。近几年来已有不少成功的典型。如上海博物馆,它作为一座艺术类博物馆,里面所陈列的珍贵文物反映了我国5000年的文明史,设计师在它的建筑造型设计理念中注入了历史文化的符号,将传统文化与时代精神巧妙地结合起来,具有深刻的文化内涵。"天圆地方"体现了中国传统的宇宙观,展示了一种天地均衡之美、上下五千年时空升华之力。无论观众是来自天南地北、还是国内国外,不管他们站在博物馆外的哪个角度举目眺望,都能在众多的建筑群中准确无误地认定上海博物馆建筑的所在之处。这证明了上海博物馆建筑造型的成功。该馆1994年开馆至今,几乎所有参观过的观众给其建筑造型的评价是:一座精美绝伦、使人过目难忘的高雅艺术品。又如上海鲁迅纪念馆,其建筑造型采用了绍兴一带白墙青瓦马头墙的建筑形式,以示鲁迅生于浙江绍兴。再如广东肇庆甲午海战纪念馆,以数艘战舰互相穿插的建筑造型,使该馆形成象征海战的特殊建筑形式。而北京中国现代文学馆的建筑设计风格采用的是"中而新"的理念,其中屋顶设计既有明显的民族风格建筑符号,又有创新。外墙上嵌有近百块用河北产方型草白玉石料雕刻的花卉图案,象征着"百花齐放"的文艺指导方针,使人过目难忘。

一座完美的博物馆,其建筑造型必须体现博物馆特有的文化内涵,必须具有博物馆鲜明的个性,已成为每座成功博物馆的必备条件之一而越来越引起人们的重视。

2 博物馆建筑造型必须最大限度地满足并服务于博物馆功能的需求

如果说博物馆建筑造型会使观众产生"首因效应"、驻足而观。那么,博物馆功能的完美发挥更能使观众乐不思蜀、留连忘返。两者的完美结合,不但能形成各个博物馆特有的形象标志,甚至能集中地反映一个城市、一个地区乃至一个国家的文化艺术整体水平而成为民族精神、民族文化的象征。

现代博物馆一般由三个要素组成:人、物、空间。人是特指观众与博物馆工作人员;物可理解为任何一个博物馆所特有的文物、资料;而空间则是指观众得以休息与思考的区域、博物馆工作人员的活动区域以及为此服务的设备区域,前者是实现博物馆功能的必备条件,后者则是为前者服务的物质基础,这些要素的合理组合,是实现现代博物馆功能的必备条件。

传统的博物馆学理论给博物馆功能所下的定义是:(1)陈列研究;(2)征集保管;(3)宣传教育。无论是综合性博物馆还是专业性博物馆,在多数情况下,其基本功能是相似的。然而,当博物馆事业发展到21世纪的时候,传统的博物馆功能定义已受到了新的博物馆功能理念的冲击,现代博物馆的功能除了传统意义上的三大功能外,观众的休闲功能及未来事业的可持续发展功能(即新馆建设后的区域划分必须考虑今后事业发展所需的预留区域)已是必不可少的要素。就此而言,博物馆内部区域的划分,根据现代博物馆的功能需求应分为陈列展示区域、文物藏品管理区域、综合管理区域、观众休闲区域及事业发展预留区域。

1)陈列展示区域:陈列展示是每个博物馆对外宣传的重要载体,它是博物馆专业研究成果的物化表现。因此,从面积划分上,它应占博物馆实际使用面积的最大部分。特别是,新的博物馆发展理念对以玻璃橱窗为主、附以照片资料,观众只能隔着玻璃参观、在橱窗间穿梭而不能动手参与的传统博物馆展示形式提出了新的挑战。取而代之的是:陈列的形式可以经常变动、重新组合,观众可以自由选择、动手参与。而思考、咨询、提出问题、寻找答案是实现博物馆教育功能所必须考虑的重要问题。观众希望通过对展览的参观,触发他们的思考,实现其探索、认知、趣味、互动的文化体验。这就要求现代博物馆陈列区域的划分,必须考虑预留符合更多的弹性设计、更灵活的组合安排的区域空间,以更适合常换常新的展览设计需求,更符号博物馆宣传教育功能的需求。

2)文物藏品管理区域:现代博物馆文物藏品管理区域应包括藏品库房、藏品登记室、藏品研究室、藏品修复室、藏品观赏室等。丰富的馆藏是任何一个博物馆得以生存、发展的基础与前提。随着社会对文物资源重要性认识的不断深化,文物资源已不仅仅只是博物馆教育的物质载体,而且在社会经济的发展中,文物资源所具有的促进经济发展的功能越来越明显,成为发展经济实践中重要而有效的经济策略被社会所接受。文物资源作为科学研究的物质基础,在不断挖掘、精心研究充分发挥其作用的同时,必须进行科学的管理。选择最有利于文物收藏、管理的区域作为文物藏品区域,是确保藏品安全的首要问题。传统的博物馆库房管理理念认为:文物库房设在地下室或进出不太引人注目的区域比较安全。如上海博物馆新馆建设时,当时借鉴国内外众多博物馆的惯例,将等级品(国家一、二、三级品文物)库房设置于博物馆地下二层,并在全封闭中央空调的整体环境下，专门配备了吹风除尘、恒温恒湿等专业设备，为了防暴，特别是防水，还采用了潜水艇保险门作为文物库房的大门，希望凭借其厚重坚固和高密封性，把对不可再生的文物的自然损害和人为损伤控制在最小限度。又如上海图书馆把库房设计成热水瓶胆式结构，希望绝对保证文物安全。但是，近几年来欧洲、台湾等地的博物馆遭遇骤风洪水，地下室珍贵文物遭受严重损伤的情况时有发生，这些情况的出现，严重冲击了我们传统的文物库房区域理念。新建博物馆的内部空间划分中对藏品区域的设定，必须在考虑文物安全的同时，注意文物的取用方便、展收自如及文物的防霉、防潮，特别是防水等问题，真正实施科学管理、确保文物藏品的安全。

3）观众休闲区域：随着观念的转变，博物馆特有的参观群体结构发生了很大的变化。

观众进入博物馆的需求也随之发生了变化。博物馆开始把向观众提供高品位、高质量的陈列展览与传播知识、传授信息的过程，同时转变为向公众提供文化休闲与优质服务的过程，这是新的历史时期博物馆服务理念发生的一个质的变化。这就要求博物馆区域分配时，充分体现“以人为本”的思想，考虑营造高雅的人文景观与优美的生态环境，为观众参观过程中的休憩、饮食、思考问题、探讨交流提供舒适的空间环境，让观众在宽松的空间氛围中，完成博物馆特有的知识旅游。使博物馆真正成为广大人民群众欢迎的、接受美的熏陶的重要场所，成为公众文化休闲与知识旅游相结合的上佳选择。

4）综合管理区域：准确地说，综合管理区域应由两大部分组成。一是观众接待管理区域：如观众入口、参观接待、咨询解难、语言导览等相关服务安排。二是行政管理区域：这部分主要为实施博物馆管理功能所需的管理机构。例：博物馆管理人员、专业人员办公室，以及与博物馆管理相关的各类空间设定。在“以人为本”的今天，博物馆除了对观众提供优质服务外，博物馆工作人员作为实现博物馆功能的主体，良好的工作环境能使这一群体最佳限度地发挥创造力和睿智。因此，整个区域划分时这一空间的合理配置必须予以重视。

5）事业发展预留区域：与这种理念相适应，现今正在筹建或准备筹建的未来博物馆空间必须更富有弹性、更能适应种种新的事业需求与社会需求。事业发展预留区域的设置，既可确保事业的可持续发展，又能避免在一定时期内因没有发展空间而使事业无所适从。许多博物馆业内人士曾对博物馆空间配置提出过这样一个基准：接待观众设施应占博物馆整个空间的25%、藏品收藏空间为25%、陈列展示空间为25%、服务系统空间为25%。我认为，除此之外，必须考虑事业发展所需的预留区域，并应占所有区域空间的5%，以确保事业的可持续发展。因此，科学的博物馆内部空间比例可划分为：接待观众设施空间为25%，藏品收藏空间为20%、陈列展示空间为30%、综合管理空间为20%、事业发展所需的预留空间为5%。当然，在考虑事业发展预留区域时，除了考虑博物馆建筑内部区域的合理分配外，博物馆建筑以外的区域也应该进行合理、综合、全面、长期的考虑。

3　博物馆建筑造型必须与博物馆功能需求和谐统一

在所有的博物馆中，各种功能都是交叉联动并相互影响的。因此，一个成功的博物馆，除了应该拥有个性鲜明独特的建筑造型，同时应该拥有符合功能需求、合理协调的内部空间。但博物馆建筑的造型和根据功能所需的空间分配必须考虑让人赏心悦目与科学平衡。尽管我们不可能确切地预料未来，但有一点可以肯定：人们对未来博物馆的建筑造型及功能需求的评判要求将日趋完美。从纯建筑的角度可以说，符合一个年代需要的建筑物，也许不会、而且常常不会符合另一个年代的需要（除了特定意义上的纪念建筑），因为人们对建筑物的欣赏及评判标准随时会随着社会的发展、审美标准的变化而变化。50年代众口盛赞的中国革命博物馆及中国历史博物馆建筑在21世纪的今天，当专家们准备对历经半个世纪的陈列展示进行重新调整和改版时，设计师突然发现，这幢50年代建造的优秀建筑的内部结构与现代博物馆的功能需求存在着那么多的不合理因素。21世纪的今天，著名的建筑设计师贝聿铭先生曾从现代建筑设计理念的发展态势，提出了“建筑必须创造一种环境，而这种环境又必须适应时代。体现这种时代特点的，除了建筑的外立面之外，更为紧要的是建筑内部功能与外部环境之间和谐”的理论。贝聿铭先生的这一建筑理念，体现在他的贝氏建筑中，强调的是建筑外立面的完美及内部空间功能明确、布局合理、变化多端。他的“建筑内部结构的设计必需注重使用功能的需求”的理念，无疑是对现代新建的博物馆建筑设计的一种推动。正在筹建或准备筹建的博物馆，设计师在注重建筑造型与功能需求完美统筹时，还必须对其微观与宏观、生物与生态、知识与信息、悦目与爽心、趣味与动感统筹兼顾，使观众参观后，不仅能获得知识性的信息，而且能进而引发生活态度的提升。

随着人类社会的发展与文明程度的进步，博物馆文化作为先进文化的代表之一，越来越引起社会各界的高度重视。博物馆事业已成为社会主义文化建设的重要组成部分。充分发挥博物馆的作用，除了新建博物馆的选址、面积、环境等因素外，博物馆建筑造型与博物馆功能需求的和谐统一显得越来越重要。

作者简介
王莲芬，上海博物馆。
（原载《中国博物馆》2006年第1期）

探寻一座现代中国式的纪念物
——南京中山陵设计

赖德霖

摘　要　考察在民国初期社会文化的背景下，陵墓的实施方案如何既体现了对于现代中国的理想，又体现出明确的中国特性。本文不拟将"中国古典建筑"视为一个既定的系统，而是以中山陵为个案，探讨中西建筑师如何以不同方式来处理当地古典建筑问题、如何以截然相异的手法去探求一个适合于现代国家的纪念物。笔者将揭示，"中国古典建筑"远非一种既定的范型，相反，它是一种开放的话语，在其中，传统因素与对世界建筑的关注联系起来而得到重新审视。类似的，笔者将中山陵的设计视作一个现代的话语场，它集中体现了关于现代中国式纪念物的不同理念，无论风格的、功能的，还是象征意义的，它们都是对于新生国家的某种表现。

关键词　纪念物　南京中山陵　中国古典建筑

余致力国民革命凡四十年，其目的在求中国之自由平等。积四十年之经验，深知欲达到此目的，必须唤起民众，及联合世界上以平等待我之民族，共同奋斗。现在革命尚未成功，凡我同志，务须依照余所著建国方略，建国大纲，三民主义，及第一次全国代表大会宣言，继续努力，以求贯彻。最近主张开国民会议，及废除不平等条约，尤须于最短期间促其实现，是所至嘱。

孙　文

1925 年 3 月 11 日

在民国建筑史上，南京中山陵无疑是最突出和最重要的个案。该建筑修建于 1925 年至 1931 年间，是中华民国首任临时大总统孙中山遗体的最后安息地，也是中国现代史上最神圣的场所之一。建筑评论家和历史学家通常把中山陵的风格描述为中国古典建筑与现代技术和物质的结合。一些人称之为"中国古典复兴"或"传统复兴"，[①]意即以西方现代物质和技术来体现中国古典造型。类似的描述，也被用于与中山陵设计风格相近的其他建筑。然而，这些论断引出了如下问题："中国古典建筑"这一概念究竟有何含义？在 20 世纪 20 年代，是否存在任何关于"中国古典建筑"的既存共识以供建筑师们选择？作为一种过于简单的风格性描述，这类标签未能揭示中山陵设计过程中复杂的历史关联。本文不拟将"中国古典建筑"视为一个既定的系统，而是以中山陵为个案，探讨中西建筑师如何以不同方式来处理当地古典建筑问题、如何以截然相异的手法去探求一个适合于现代国家的纪念物。我将在民国初期社会文化的背景下，考察陵墓的实施方案如何既体现了对于现代中国的理想，又体现出明确的中国特性。笔者将揭示，"中国古典建筑"远非一种既定的范型，相反，它是一种开放的话语，在其中，传统因素与对世界建筑的关注联系起来而得到重新审视。类似的，笔者将中山陵的设计视作一个现代的话语场，它集中体现了关于现代中国式纪念物的不同理念，无论风格的、功能的，还是象征意义的，它们都是对于新生国家的某种表现。笔者试图解释一个东方国家在其现代化及与西方的文化互动过程中，如何提出了关于中国风格纪念物的不同理念，以期贡献于西贝尔·博兹多根(Sibel Bozdogan)所称的"关于现代建筑的批判性历史"这项世界性课题，这部历史关注"非西方社会的混合性与复杂性，(关注)它们自己的'现代化'道路，而不是对由西方工业化的历史所代表的发展模式的追摹。"[②]

孙中山的现代理想

1925 年 3 月 12 日，在签署完临终遗嘱后的次日，中国国民党总理孙中山在临时执政府统治下的首都北京逝世。13 年前的 1912 年 1 月 1 日，他曾在南京宣誓就任中华民国临时大总统；他预期这座城市将是全国的新首都，它将借助结合了现代技术、物质与中国建筑美学精华的建筑来象征其现代性。[③]但仅仅 42 天之后，他就被迫将职位让给袁世凯这位前清王朝最有影响力的政治人物和当时中国最强大的军事领袖。此后，孙中山见证了袁的政治运作：1913 年解散国会，复辟帝制，1916 年登基称帝。同年袁死，随之而来的是军阀间的无尽战争。1924 年 11 月，孙中山离开自己的根据地广州，取道日本前往北京，去会见北方的临时执政府中的政治对手，期望着召开国民会议，以结束中国军阀割据的局面。但不幸的是，他的肝癌已经发展到晚期，使他再也无法为水深火热的国家和人民继续贡献自己的心力。

孙中山在病榻上签署的遗嘱中开列了四份文件，期待着同志们加以贯彻执行："现在革命尚未成功，凡我同志，务须依照余所著建国方略，建国大纲，三民主义，及第一次全国代表大会宣言，继续努力，以求贯彻。最近主张开国民会议，及废除不平等条约，尤须于最短期间促其实现，是所至嘱。"[④]其中的三份文件都与国家建设方略和国民党当前政治纲领有关。第四份文件——三民主义——则阐述了孙中山及其追随者所理解的革命目标。孙中山为黄埔军校的题词对此作出了概括，这份题词后来成为国民党党歌和中华民国国歌：

三民主义，吾党所宗。以建民国，以进大同。咨尔多士，为民前锋。

夙夜匪懈，主义是从。矢勤矢勇，必信必忠。一心一德，贯彻始终。[⑤]

孙中山早在 1905 年就提出了"三民主义"。[⑥]当时的内容包括驱除鞑虏、恢复中华、建立民国、平均地权等目标。1924 年 1 至 8 月，他以三民主义为题作了 16 次讲演，用民生、民主和民族等概念对这些理念进行修订和重构。他提出改良中国的农业、工业、道路、运河，以提供更好的衣食住行和就业机会。对于民主，他主张由政府来训练和指导民众，使他们能够懂得如何行使自己的选举、罢免、创制、复决等权利。关于民族主义，他希望政府首先能够帮助和保护国内的少数民族，然后是抵制外国的压迫和侵略，同时修改与外国签订的不平等条约，以确保民族独立和国际平等。[⑦]简言之，"三民主义"表达了孙中山关于现代中国——包括其物质文明、政治体制和民族独立——的革命理想。三者当中，他最看重的是民族主义。他相信，为了拯救中国，人们首先需要恢复本国固有的美德，即道德和智识，然后是向西方学习。他说："恢复我一切国粹之后，还要去学欧美之所长，然后才可以和欧美并驾齐驱。如果不学外国的长处，我们仍要退后。"[⑧]

在民众中宣传和推广孙中山"三民主义"及其遗嘱中表达的政治理念，于是成为国民党组织、筹办的孙氏葬礼(包括其墓地设计)的核心主题。葬礼和陵墓,因而为历史学家提供了机会,使他们可以去考察现代理念的实现过程中的种种物质和社会痕迹,而这些理念的界定,都受到了孙氏新中国定义的影响。许多学者已经研究过这场葬礼的仪式方面,[9]本文对其墓地设计重新进行审视,意在揭示中国现代化进程中的一个复杂问题。在这种情况下,我们必须将"现代建筑"理解为某种现代国家理念的物质体现。我们同样可以看到,它对历史样式的参考,及对作为灵感来源的历史的建构,都与对民族国家的构筑有着直接的关联。一个现代中国式纪念物——即本文中孙中山这位现代中国理念最具影响力的表述者的墓地——的创作过程,为我们提供了一个研究的案例,藉此可以探究相互冲突、歧异的象征话语,而这一话语本身就体现了中国现代性的特征。

图案竞征

1925年5月13日,孙中山先生葬事筹备处(以下简称葬事筹备处)在上海张静江宅召开第五次葬事筹备会议。会上通过了两项重要决议。一是分别用"陵"和"祭堂"来指称孙中山的坟墓及核心建筑,二是刊登陵墓图案征求条例,进行国际性的建筑图案竞赛。[10]

除了遗嘱,孙中山还为自己的葬礼留下了两点指示:一、像列宁那样保存遗体;二、葬于南京紫金山。第一个要求可以从他的角色来理解:作为一位国家元勋,他致力于谋求中国与世界各国的平等地位;临终前几年,他很钦仰列宁,并且希望自己的追随者和中国人民把他视作东方的列宁。第二个要求则与他的地位有关,即作为革命领袖,他推翻了满清王朝,因而他也很敬仰明朝开国皇帝朱元璋,——朱推翻了蒙古人统治的元朝,光复了汉族政权,死后就葬于紫金山。此外,南京还是孙中山为中华民国选定的首都。正如中国现代史研究者汪利平所指出的:"他决定葬于南京,是想为如下二者建立一种空间联系,一方面是他自己作为人民主权的代表,另一方面是南京作为真正大众政府的发源地。"[11]

不幸的是,因为苏联政府提供的棺椁不像列宁的棺椁那样用水晶和青铜制作,而是用玻璃和锡制成,质量较差,孙中山的第一个遗愿未能实现。[12]但孙中山的信徒们依然非常忠实地执行了他的第二条指示:在1925年4月23日召开的第二次葬事筹备会议上,墓址最终确定。它将位于紫金山南坡的林木中,明孝陵的东边,但位置更高。[13]这一地点背靠山麓,面对远山,两旁山丘相傍,与中国传统(尤其是那些上层人物的)住宅和墓葬建筑中的风水概念相合,尽管葬事筹备处成员和国民党人从未承认这一点。第五次葬事筹备会议通过了中英文本的陵墓图案征求条例,以及相应的评判要点。这一工作得到了大洲公司庶务处赫门(H. Hagemann)的帮助,[14]该公司的管理者则是孙中山的内弟、国民党要人宋子文,宋同时也是葬事筹备委员会常务委员,负责主持工程事宜。

按照征求条例的规定,祭堂应用坚固石料及钢筋混凝土建成,不用易碎的传统砖木,容放孙中山石椁的大理石墓即在祭堂之内。为了弥补孙中山的未竟遗愿,即像列宁那样保存遗体并公开展示,墓室铜门将可开放,以便人们在祭礼时能够入内瞻仰石椁。祭堂前应有可立五万人之空地,以备举行祭礼之用。最重要的是,祭堂"须采用中国古式而含有特殊与纪念之性质"。[15]简言之,陵墓应该表达一种中国特性,以及持久性和公共特征,后两点又与西方建筑相联,因而体现了现代性。葬事筹备处强调的评判要点,一是祭堂和陵墓的功能,二是墓地及其环境的关系,三是墓道的全局布置,四是经费的限制,五是简朴庄严而坚固,不取奢侈华贵。[16]

葬事筹备处为中外建筑师准备了中英文本的征求条例。[17]对于"classical Chinese style with distinctive and monumental features",中文本的条例中表述为"中国古式而含有特殊与纪念之性质"。尽管在现代英汉辞典中,"monumental"对应着"纪念"二字,但二者仍有细微的差别。西方语境中的"monumental",包含着视觉上富丽堂皇的概念;而"纪"(或"记")、"念"二字组合成的"纪念",则暗示着一种心理上的念想。"纪念"在汉语中是一个现代语汇,目前《汉语大辞典》这部最权威的汉语辞典中并无该词的古代用法。中文的"纪念"即日文的"记念",当是20世纪初从日本传入的现代语汇,其最初用法之一见于戴鸿慈的日记。1905年,清廷派戴和另外四名大臣前往欧洲九国考察君主立宪及共和制度。戴氏在三种语境中使用了"纪念"一词,分别表述代表团成员给东道主的"纪念品",描述哈佛大学用于纪念该校在美国南北战争中牺牲的学生的"纪念堂"(Ware and Van Brunt, 1878),并称外国博物馆里陈列的清廷被掠物品是"铭心刻骨,永不能忘之一纪念物"。[18]

尽管"纪念"一词的使用之一见于外事交往中的私人语境,它的另外两次使用却与公共记忆,甚至是民族记忆相连。正是这种在西方随处可见的纪念建筑中所保存的公共记忆和民族记忆,引发了20世纪初的中国民族主义者的极大热情。例如,被列文森称作为"近代中国之心智"[19]的梁启超,于1919年访问了伦敦威士敏士达(即英国国家和王室的大教堂,现通译作西敏寺),在参观完该国杰出政治家、学者、艺术家、作家的墓地和纪念碑之后,他动情地说:"原来这寺本王室诸陵所在,后来凡有功于国家的人,都葬在里头,拿中国旧话讲,算是陪葬某陵了。但他们陪葬的,不是拿王室的功臣做标准,是拿国家的人物做标准,所以政治家,学者,诗人,乃至名优,都在其列,入到寺中,自然令人肃然起敬,而且发出一种尚友古人的志气。……可见这威士敏士达,并没认得什么个人,只认得一个英国哩。我们这一游,整整游了个下半天,真如太史公所谓'高山仰止,景行行止,想见其为人,低回留之,不能去焉'。我想我们外国人,一进此寺,尚且感动到这种田地,他们本国人该怎么样呢?威士敏士达就是一种极严正的人格教育,就是一种极有活力的国民精神教育。教育是单靠学校吗?咦!我国民听呀!我国民听呀!"[20]

民初二十余年,"纪念"一词在公共领域流行开来,其用法包括"纪念会"、"纪念馆"、"纪念册"、"纪念章"、"纪念歌"、"纪念邮票",等等。1916年,武昌起义日(10月10日)被正式宣布为国庆日,成为民国日历中最重要的"纪念日",此外还有南京临时政府成立纪念日(1月1日)、南北统一纪念日(2月12日),等等。孙中山逝世后,国民党确立了更多与他有关的全国性"纪念日",比如总理忌辰纪念日(3月12日)、总理就任非常大总统纪念日(5月5日),以及总理诞辰纪念日(11月12日)。每一个"纪念",都指向某种特定的怀念方式,从而巩固、增进现代中国转型过程中新出现的公共团体、党派和社群的共同记忆,其中雕刻、纪念碑、纪念建筑等实体"纪念"物,在最大程度上体现了"纪念性"的特质:它们不仅如中文"纪念"一词的含意那样,使人念想某事某人,而且还以有形的方式体现着西方的"纪念性",即以独特的外观促使公众去思考被念想的事件或个人的意义;此外,它们由耐久的材料制成,可以使共同记忆得以长久延续;最重要的是,它们位处公共空间,因而与社会生活相连,甚至参与其中,从而使某个社会的共时性集体记忆成为可能。很明显,陵墓图案征求条例中规定的"纪念之性质",乃是一个深嵌于流行政治话语中的现代概念,从而促使建筑师去探索如何使自己的设计体现对民国元勋孙中山的纪念。

中英文条例中的“monumental features”，或者“纪念之性质”，含意并不确切。中西语境中的含意并不相同，一个强调视觉上的纪念性，另一个强调心理上的记忆，与现代政治相连者尤其如此。然而，“classical Chinese style with distinctive and monumental features”，或者“中国古式而含有特殊与纪念之性质”一说，为参赛的建筑师们提出了更多的阐释机会。中国有着独特的地理多样性和明确的历史演变周期，在这样一个国家，什么样的建筑造型才能被认为是“中国古式”？何种建筑形态才是“中国古式而含有特殊与纪念之性质”的典范？

事实上，在中国建筑师出现于20世纪10年代和20年代的现代中国建筑舞台，并开始研究本国建筑传统之前，西方建筑师和建筑史学家已经遇到了这些问题。在宗教主顾的支持下，西方建筑师根据各种地方建筑传统设计了不同风格的教会学校，借以发展出一种中国本土的基督教艺术和建筑造型。[21]这些先导性的“中国古式”现代建筑具有一些共同的建筑元素，特别是反曲屋顶，但它们中既有南方地区夸张的屋顶轮廓线和复杂的屋顶组合，又有华北地区柔和、简朴的屋顶造型，显示出中国建筑的多样性。这些设计表明，“中国古式”其实是一个开放性的概念。必定是由于“中国古式”一词的模糊性，葬事筹备处聘请的评判顾问之一凌鸿勋后来承认：“因我国向无建筑专史，Classic 一字，本无所专指。”[22]

在西方史学的语境中，中国式“纪念”建筑这一问题的提出甚至比何为“中国古式”更早。在《印度和东方建筑史》（*History of Indian and Eastern Architecture*，1876）一书里，詹姆士·福格森（James Fergusson）将中国建筑描述为一个谜。他评论说：“这个国家实在没有任何堪与其人民或文明相称的建筑。”[23]当然，福格森并非说中国缺乏任何具有美学价值的结构物，尽管他用“相称”一词暗示这些建筑未能符合黑格尔式的文明进化概念。让这位欧洲人感到困惑的是如下事实：就视觉的宏壮和材料的耐久而言，中国与埃及、印度，甚至柬埔寨等古代文明不同，缺乏堪与西方纪念性建筑相比肩的构筑物。以“纪念性”建筑为标准选择建筑史实例，福格森将天坛、佛寺、宝塔等宗教建筑视为中国建筑的最典型代表。他认为，相对于那些市民建筑，如坟墓、牌坊，甚至宫殿之类的居室建筑造型而言，这些建筑更为重要。出于这种偏好，他的看法与其他西方人，如17世纪的葡萄牙传教士曾昭德（Alvaro Semedo）和18世纪中叶的威廉·钱伯斯（William Chambers）爵士等人的早期认识不谋而合。这种看法持续占据主导地位，无论是1876年在贵阳修建了宝塔形教堂的法国无名天主教徒，还是1893年在芝加哥举办的哥伦比亚世界博览会和1915年在旧金山举办的巴拿马泛太平洋世界博览会的组织者，都受到了它的影响。这些西方人甚至比福格森更加偏颇，在其写作、建筑设计和展览中，大有舍宝塔其谁的意味。

在历代中国，宝塔确实承担了一种“纪念物”的功能，满足了一些宗教目的，如存放佛经或埋藏佛骨。相比之下，牌坊则用来纪念那些作出了道德贡献且为社会正式认可的人。作为有着悠久使用历史的纪念建筑类型，它们是现代中国人应对新的纪念概念时所能获得的直接借鉴。20世纪30年代前民国政府曾试图将这两种传统建筑类型转换为现代民族国家的纪念物，例如为纪念第一次世界大战胜利而在北京树立的“公理战胜”坊（建筑师不详，1919年），以及美国建筑师茂飞（Henry K Murphy）设计的南京国民革命烈士纪念塔（1930－1932）。其中茂飞在其职业生涯中致力于探求他自己所说的“适应性建筑（adaptive architecture）”，为中国宫殿传统注入西方的现代技术。[24]笔者相信，他设计这座纪念塔乃是以清代的官式建筑风格作为参考。

但是，越来越多的民国纪念建筑借鉴了西方的宏壮结构，如古典式梁柱、方尖碑和哥特式亭子。这一事实显示，新生的民国需要超越自己的传统，去寻求新的纪念语言。西式范型见之于民国前期那些为纪念革命先烈而修建的“纪念碑”，如广州的黄花岗七十二烈士墓（建筑师不详，1917－1926）和十九路军纪念碑（杨锡宗，1928－1931），杭州的秋瑾墓（建筑师不详，1925）和陈英士像（江小鹣，1929），湖南的蔡锷、黄兴墓（建筑师、修建时间均未详），等等。尽管这些作品背后的学院派建筑传统在当时的欧洲正受到挑战，但对于极少接触西方建筑的大多数中国人，以及那些受到这一衰而不弱的传统教育的大多数中国建筑师来说，学院派依然代表着当时最新的“现代”建筑。[25]

尽管如此，探求一种独具中国特色的现代纪念物的努力，在民国成立之初即已出现。例如在1913年，四川成都兴建了“辛亥秋保路死事纪念碑”，用以纪念对于武昌起义和清朝崩溃都具有促进意义的保路运动及其死难者。该建筑由曾经留学日本的中国建筑师王楠设计，主体为一座高达32米的方尖碑。这一前所未有的高度几乎超过了中国任何一座传统市民建筑，成为城市空间里最引人注目的革命烈士纪念物。为了注入某种中国本土风格，建筑师在碑顶添加了五座小塔。[26]显然，中国正在期待一种纪念物，它通过对西方范型的借鉴和对中国式建筑类型的改造，既能表达现代追求，又能体现传统文化特征。对于中华民国国父孙中山的陵墓而言，这一手法无疑最为恰当，因为孙毕生致力于民族的解放和国家的现代化，企盼着一个融合了本国传统文化精华和西方文明优点的现代中国。

中山陵设计竞赛，确实成为“中国古式而含有特殊与纪念之性质”的现代中国纪念物的展台。这是中国有史以来第一次举办的国际性建筑竞赛，这一形式显示了正处于民族国家建设初期的中华民国的勃勃雄心，即确立自己在世界各国中的位置。一方面，它使中山陵的设计具有国际地位，因为这是西方许多著名现代纪念物所采用的程序；另一方面，它也使陵墓设计变成一个世人瞩目的公共过程：不管最终获胜的是谁，这件事情都将吸引国际上对一座中国建筑的关注。不仅如此，竞赛的公开性，还使得葬事筹备处能够将其设计理念传达给建筑专业和中国国家之外的公众。更重要的是，竞赛将促使中外建筑师面对如何为一个最重要的全国性人物设计最好的墓葬建筑这一难题，即他们创作的这一公共纪念物必须既能体现进步、现代的共和理念，同时又能表达一种鲜明的中国特性。竞赛还为国民党提供了一系列的方案作为选择。

评判顾问包括三名中国人：土木工程师凌鸿勋、雕刻家李金发、中国画家王一亭，以及一名德国建筑师朴士（Emil Busch）。这一人员组合显示了葬事筹备处的周密考虑，即在竞赛中平衡艺术与技术、本土艺术与外来艺术，以及中国性与国际性之间的关系。评判顾问中没有中国建筑师的代表，或许是因为当时中国建筑师，尤其是接受过西方现代教育的建筑师尚少，而有职业声望者更是稀缺。[27]评判顾问中惟一的建筑专家朴士是上海宝昌洋行的建筑师和土木工程师。[28]他在中国的作品并不出名，葬事筹备处请他担任评判顾问，原因可能与委托赫门起草征求条例一样，即评判顾问中有他这样一位外籍人士，竞赛就有了国际性的信誉。

截止1925年9月15日，葬事筹备处收到40余幅应征作品。在参考评判顾问评审意见的基础上，葬事筹备处评定了前三名获奖者，并授予另外七幅作品名誉奖。[29]有四名中国建筑师获奖，包括前三名优胜奖和第二名名誉奖，四人均在20世纪10年代和20年代初毕业于美国大学，属于具有西方建筑学知识的第一代中国建筑师。他们的作品体现了学院派设计传统的影响，这是一种“现代”知识体系，它正主导着当时美国建筑教育和实践的诸多方面，如水墨渲染技术、轴线设计和纪念性构图等。同时，留美经历又加深了这些中国建筑师对现代共和制度的理解，进而使他们以美国一些著名的纪念物为样板，去构思自己的创作。

获奖作品

葬事筹备处1925年度的报告[30]中刊登了10幅中山陵设计竞赛应征作品，即前三名得奖者和七位荣誉奖获得者，这使我们有机会考察中西建筑师在设计这项“中国古式而含有特殊与纪念之性质”的重大工程时所采用的多种手法。这些作品普遍使用了反曲屋面、装饰栏杆，甚至斗拱等元素，来表现所谓“中国古式”。不过，它们对“纪念之性质”的处理方式，却大致可以区分为两类：一种基本以中国式“纪念”传统为参照，来实现英文版条例中所说的“the classical Chinese style with distinctive and monumental features”；另一种则以西方现代历史上的著名纪念物为样板，并在其设计中注入共和理想，以表达中文版条例中所说的“纪念之性质”。

正如福格森的中国建筑史所显示的，在西方人看来，宝塔是符合西式纪念概念的典型的中国式结构，因而当葬事筹备处提出“classical Chinese style with monumental features”这一要求后，一些建筑师认为塔式建筑类型适用于孙中山陵墓便不足为奇。塔式构图出现在两位西方建筑师的作品中：在上海的美国人开尔思（Francis H. Kales），获得了名誉奖第三名；以及同样在上海的俄国人戈登士达（W. Livin Goldenstaedt），获得了名誉奖第五名。开尔思设计的祭堂是一座加高的塔，位于一个平台之上，有一牌坊作为入口。该塔八角九檐，令人想起著名的北京通州塔。西方人对通州塔的了解，来自于1860年第二次鸦片战争期间菲利斯·比亚托（Felice Beato）随英法联军入京途中所摄照片，以及福格森书中据之所制的一幅图版。茂飞在1920年以通州塔为蓝本而设计的燕京大学水塔也以该塔为蓝本。开尔思还在主塔四周各置一座较低的阁形塔，而以环形走廊串连起来。矮塔和走廊的造型，均与另一座著名建筑类似，即南京大报恩寺琉璃塔。福格森的书里收录了后者的插图，[31]17世纪的葡萄牙传教士曾昭德也记录了它的面貌，1763年，在英国的“中国热”高潮中，钱伯斯也在自己设计的皇家植物园中仿造了一座这样的塔。[32]与开尔思的多塔构思不同，戈登士达设计了一座五层塔，矗立于两层平台之上，以牌坊作为入口。它那夸张的曲线顶无疑采自于江南地区的建筑，但该塔的外形却显得怪异，因为相比于它的上部而言，其底部显得异常宽大。其样式很难追溯到任何一座古代样板。戈登士达似乎想用金字塔形的轮廓来描绘中山陵，附加的四个门廊增强了这一构图效果。

开尔思和戈登士达的作品以宝塔为中国式纪念建筑的典范，而另外两幅西方建筑师提交的祭堂方案，即俄国人乃君（Cyrill Nebuskad）的作品（名誉奖第一名），以及俄国人恩那（C. Y. Anner）与弗雷（W. Frey）的作品（名誉奖第四名），却以中国宫殿传统作为参照。他们设计的重檐建筑，令人想起明清时期许多皇家陵寝前的明楼和用于安放已故皇帝神功圣德碑的碑亭。极有可能是征求条例中所说的“中华民国开国大总统之陵墓”一语及其对孙中山崇高地位的强调，促使这些西方建筑师去向帝王陵寝寻求借鉴。

戈登士达还与士达打样建筑公司（Zdanowitch）合作，提交了另外两幅应征作品。获名誉奖第六名的作品很可能受到了中国城墙的启发，其体积庞大，带有侧脚，还有角楼，这正是紫禁城四周城墙的特征。建筑师可能认为，在构思一座现代纪念物时，古代城墙的体积感和坚固性值得借鉴。他们的第二幅作品获得了名誉奖第七名。它不是从中国传统建筑物中寻找启发，而是着眼于当代西方的范型，呈现了一个中国式建筑中所少见的穹隆屋顶，但穹隆用中国式瓦及脊饰覆盖，从而显出某种民族特色。其双层矩形平台的形状，可能仿效了莫斯科列宁墓（Alekei Schusev, 1924）。中国建筑师赵深的作品获名誉奖第二名。赵1923年毕业于宾夕法尼亚大学，其应征作品寄自美国。它的原型是北京天坛，即作为国家元首的皇帝向上天献祭、祈求合法性认可并保佑其国家的场所；它也是福格森关于中国式纪念建筑的版图中所选的首栋建筑。西方建筑师提交的大多作品，可能都遵循英文版条例的要求，只着眼于那些纪念显赫人物的中国式先例，或以佛塔或以皇陵为原型，来表达自己对“陵墓”和“特殊与纪念之性质”的理解。为了使自己的作品体现中文版条例中所说的“纪念之性质”，赵深选择了一个与中国现代史直接相关，并且可以唤起一系列现代联想的建筑，这就是天坛，中华民国宪法获得正式通过的场所。作为共和的象征，天坛的形象出现在1923年为纪念宪法颁布而发行的邮票之上而进入公众视觉文化的领域，[33]换言之，赵捕捉到了中国古代建筑范例在当前和内在的政治含意，从而使自己的作品与大多数西方建筑师的作品区别开来，后者不是根据福格森和其他历史著作的描绘，就是根据某种建筑类型与中国的社会等级的关联，来理解中国古式纪念建筑。

尽管冠以中国式屋顶，赵深的作品依然显露出作者学院派的教育背景。该设计底部围绕以科林斯式柱廊，上部则明显模仿了一些西式古典建筑，如伯拉孟特（Donato Bramante）设计的罗马坦比埃多（1502－1510）及其衍生建筑，尤其是华盛顿国会大厦（Thomas U. Walter, 1851－1865）。这就是说，赵根据一座共和大厦所采用的西方建筑范型，对天坛样式作了修正。

虽然一些应征作品呈现出宏伟的视觉效果，但它们在祭堂和场地设计上与中国传统建筑相类似，这一点在评判顾问和葬事筹备处看来仍不尽人意。王一亭想把乃君的作品评为第三名，认为该作品“完全为中国古式，惟与中山先生融合中西之精神似不合。”[34]朴士虽然欣赏其正统性，但也表达了类似的看法：“惟念故大总统孙公常（以）融合中西文化为心，鄙意此种精诚之表现，似应为陵墓建筑之特殊性质。……Liberty（德霖注：该作品的代号）可称为纯粹中国式样，惟绝无创造观念。”[35]他们都反对简单地延续本土传统，暗示中山陵应该是一个放眼于世界文化的中国式纪念物。换而言之，不仅在功能和材料上，它还必须在造型上与以往明显有别。葬事筹备处最终选择了1918年毕业于康奈尔大学的中国建筑师吕彦直的作品作为头奖。获得二、三奖的建筑师分别为上海的范文照和香港的杨锡宗。范1921年毕业于宾夕法尼亚大学；杨1918年毕业于康奈尔大学。

如果说获得名誉奖的作品未能符合“融合中西”这一精神，那么前三名获奖者在这一点上是否取得了成功？尤其是，如果评判顾问显然认为反曲屋面、石雕栏杆和亭式造型等特征就是中国式建筑的元素，那他们希望在应征作品中看到何种西方特征？我们将看到，吕彦直的头奖作品除了建筑物的功能适应性、空间开放性和政治象征性之外，还体现了中国特征与学院派建筑概念的结合，这才获得了评判顾问们的青睐。而范文照、杨锡宗的二、三奖作品直接参考了西方的范型。一位建筑史学家或许可以指出，范文照的作品受到了纽约格兰特将军墓(John H. Duncan, 1897)的影响,但这对于除朴士外的诸位均非建筑学出身的评判顾问和葬事筹备处成员来说并非易事;不过因为他们多数都具有西方教育背景,或者曾经在中国沿海通商口岸生活过,要理解这些作品中的非中国式成分大概不难。其中的一些构思,可能会令他们想起某些著名的西式纪念建筑。例如范和杨的作品,都设置了一个中式亭阁,作为光亭矗立于祭堂之上;一个平面为圆形,另一个为八角形,但正面均作重檐。尽管这两座亭阁的样式本身在中式建筑中并不鲜见,但两个设计的总体构图,即在高台的庞然体量上加建光亭,在中国却显得空前新颖。与赵深的设计相似,评判顾问和葬事筹备处诸人最感兴趣的,可能是其中的光亭与华盛顿的国会大厦相类似,后者是世界上最著名的穹隆建筑,也是共和建筑的典范。它那宏伟的光亭,以及叠加起来的两层柱廊,可与中式重檐造型相比拟。20世纪20年代后期,国民党取得中国政权,开始对首都南京进行规划,其中几处最重要建筑物的设计,即体现了这一范型的影响,如中央党部、国民政府及五院建筑的正面,都有一个高大的光亭。与范、杨设计的中山陵一样,这些光亭都被转换成了中国风格的重檐亭阁。[36]

总而言之,在中山陵的设计过程中,征求条例所言"Chinese style with distinctive monumental features"和"中国古式而含有特殊与纪念之性质",都得到了开放的阐释:大多数西方建筑师受到了西方历史学的影响,求助于中国式的"纪念"传统,而吕彦直、范文照、杨锡宗、赵深等中国建筑师,却参考现代共和理念对其进行界定。

从祭到纪念周

获得二、三奖的作品,尤其是范文照设计的造型颇受葬事筹备处青睐。凌鸿勋评论说:"此案陵墓部分建筑宏壮,美术方面殊觉满意,且结构简朴,足以耐久,陵墓形式,尤极相称。"[37]李金发推荐范文照的作品为头奖,称"是图结构精美雄静,一望令人生凄然景仰之念"。对于杨锡宗的作品,他评论为"工整庄严,华丽调和"。[38]但是,考虑到经济因素乃至更重要的功能要求,评判顾问们认为范文照和杨锡宗的设计均有所欠缺。

从一开始,葬事筹备处就遇到了严重的资金困难。尽管修陵费用的决算为340万元(相当于上海特别市政府1928年税收的4/5),其初始预算却只有30万元。这迫使葬事筹备处将预算限制作为评判要点和考虑重心之一;外观过于华丽的设计都只能割爱。但影响评委们作出最终决定的最重要因素,还有祭祀空间的功能。孙中山逝世后的一年里,国民党发展了一套围绕已故"总理"的崇拜,这对祭堂的总体概念提出了新的要求。

孙中山逝世后不久,他的遗体即已成为崇拜的对象。在北京,他被安放于用于替代苏俄棺椁的美制铜棺中,从协和医院移往中央公园——也即清代的社稷坛——停灵。在那里举行的仪式称为"公祭"。根据政府制定的正式仪节,"公祭"程序包括献花果、向遗体鞠躬、奏哀乐、读祭文等。[39]在葬礼或祭祖仪式中,祭仪是针对已故家庭成员的;而公祭则是一种现代版的"祭",目的是让人们向公众人物致敬。在公祭仪式中,透过铜棺的玻璃盖,人们可以瞻仰到已故总理的遗体,它就是仪式的核心。人们认为它会"接受"祭品,因为几乎所有的祭文都以诚恳的"尚飨"请求作结语。

然而,国民党采用的公祭仪式,被赋予了不同于传统祭仪的意义。正如汪利平和哈里森(Henrietta Harrison)都指出的,国民党充分利用了这一仪式进行政治宣传,在其中贯彻了教育大众这一西式思想。[40]根据葬事筹备处的报告,中央公园各门以素花扎成牌坊,门上悬挂匾联,均为孙中山著作中的警句。例如,大门匾为"天下为公",联为"人群进化"、"世界大同";二门匾为"博爱",联为"行之非艰"、"知之维艰";三门匾为"民有民治民享",联为"三民主义"、"五权宪法";四门匾为"国民救国",联为"恢复国际平等"、"提倡国家自由"。灵堂内,灵柩后的墙壁上悬挂孙中山遗像,上悬横匾,书"有志竟成",两侧则是他那句最常被人引用的名言:"革命尚未成功,同志仍须努力。"[41]这些警句表达了新生共和国的意识形态,强调了民主、进步、大众政治参与及持续进行政治斗争的必要性。

传统祭仪是生者向死者遗体或灵魂供奉祭品,国民党设计的公祭仪式则不同,它创造了这样一种场合:群众出席仪式,乃是为了接受死者的训导。为此,中央公园甚至装备了留声机来播放孙中山的演讲词,还有电影放映机上映与孙中山事迹有关的纪录片。孙中山的肖像因为公祭仪式的这一特征而获得了重大意义:一方面,他的正面肖像以及灵柩成了仪式的焦点和受者;另一方面,它代表着导师本人,他与祭拜者保持着目光的接触。

公祭仪式尚在进行,一种新的孙中山崇拜形式便被创造出来,并迅速得以制度化。1925年3月31日,国民党在京中央执行委员召开全体会议,通过接收"总理遗嘱"的议案,并训令各级党部,"每逢开会,应先由主席恭诵总理遗嘱,恭诵时应全场起立肃听。"5月16日,国民党一届三中全会通过了《接受总理遗嘱宣言》并重申了上述训令。在此期间,1925年4月,建国粤军总部也制定了类似的仪礼,并称之为"总理纪念周"。次年1月,国民党第二次全国代表大会正式认可了"总理纪念周"仪式,要求在全党推广。[42]"纪念周"意在模仿基督教(每周日举行的)礼拜仪式,每周一上午举行。其程序包括肃立、向孙中山遗像三鞠躬、恭读"总理遗嘱"、背诵孙中山的其他言论、在孙中山遗像前报告党务,等等。[43]祭仪只是表达单向的敬意,"纪念周"却不再是简单的祭仪,而是这样一种场合:在其中人们与已故"总理"的"不朽"灵魂相互沟通,即向其肖像汇报或进行其他活动,同时接受其监督。孙中山那不朽的实体形象、其遗嘱对国民党的教导,都代表着他的恒久存在,既接受着人们的忠诚,也给人们以训导;它们成为纪念周空间布置的两个基本要素。

这一新的仪式因而要求祭堂成为一个"纪念周"空间,而不仅仅是葬事筹备处初始期望的"祭"礼空间。关于祭堂的内部设计,1925年5月的征求条例仅仅提出了两点要求:一是容放石椁之大理石墓位于祭堂之内;二是墓室铜门须有机关锁,以便举行"祭礼"时可以打开,供人瞻仰石椁。葬事筹备处最初起草征求条例时,采用了"祭"这一传统概念,即祭拜代表着孙中山遗体的石椁。但在征求条例公布两个月、国民党开始推行"纪念周"仪式不久,一个关键的变化发生了。1925年7月29日,第七次葬事筹备会议决定,除拟在祭堂外安置孙中山铜像外,还委托侨居上海的捷克艺术家高祺(Bohuslav J. Koci)制作一尊大理石雕像,安放于祭堂之内。[44]葬事筹备处订购两座雕像,显然意在合并两种崇拜方式,即以孙中山遗体为中心的"祭",和以孙中山肖像为中心的"纪念周"。

由于崇拜方式的改变,按照原先要求将孙中山墓室置于祭堂中央的做法便显得有悖于功能。几乎所有的应征作品都未考虑过如何容纳这尊新定制的坐像及其可能吸引的群众。墓室不仅会阻碍或转移谒陵者的视线,使他们不易看到墓室背后的坐像,还会挤占室内空间,妨碍大量群众在像前聚集。如报纸上的一篇报道这样评论范文照的二奖作品说:"孙先生的铜像在祭堂后面,来瞻仰的人,到了孙先生的安葬所在，决不再到后面。”而且，“祭堂因坟墓在中间，只能应用半面，容量太小”。[45]此外举行纪念周的场所还应该宽敞明亮。因此，虽然有过留法经历的评判顾问、雕刻家李金发对范文照的作品颇表赞许，认为其“尤有西洋哥特式之遗风及神秘之暗示”，并推荐它为头奖，但土木工程师、上海南洋大学校长凌鸿勋却批评它光线不足，并称赞吕彦直的入选作品“光线尚足”。

头奖作品

中国建筑师吕彦直的头奖作品，满足了葬事筹备处和评判顾问们期望中的新增纪念功能。并且，正如由葬事筹备处改组而成的总理陵墓管理委员会后来所说的，它足以“融会中国古代与西方建筑之精神，庄严简朴，别创新格，墓地适成一警钟形，寓意深远。”[46]

了解吕彦直的经历对于理解他的作品十分重要。吕(1894－1929)9岁随姊赴巴黎，后回北京上中学。1913年，他从清华学校这所美国庚子赔款返还资助的留美预备学校毕业，进入康奈尔大学深造；1918年12月获学士学位，然后前往纽约，在茂飞的事务所(Murphy and Dana Architects)任绘图员两年。当时，茂飞正在设计南京的金陵女子学院，该建筑典型地体现了他对“适应性建筑”的追求，即融合中国宫殿传统与西方现代技术。[47]康奈尔大学档案馆保存的吕彦直档案中有一处通讯地址，据此可见他在美国学习期间还曾去过首都华盛顿。[48]他于1921年初回到中国，就职于茂飞在上海的事务所(Murphy, McGill and Hamlin Architects)，并于同年加入了两名中国工程师经营的东南建筑公司，不过直到次年3月才正式向茂飞辞职。[49]这些经历对吕后来的职业生涯至关重要，因为几乎可以肯定，在学院派风格的建筑学训练之外，他对中国式建筑，尤其是对清代官式建筑风格的了解，及对“适应性建筑”这一手法的掌握，主要来自于茂飞的这段从业经历；而巴黎、华盛顿和纽约一些著名的纪念物，很可能就是他创作的源泉。

吕彦直设计的祭堂长90英尺，宽76英尺，每边五开间。其他建筑师根据征求条例的要求将墓室置于祭堂中央，吕却对征求条例的意见作了大胆修改，在祭堂后面添加了一个独立的墓室。今天，人们走近祭堂，可以透过刻着“民生”、“民权”、“民族”门额的三扇大门，看到祭堂中央的孙中山坐像。它象征着孙中山的不朽存在。瞻仰者可以聚集在像前表达自己的敬意，再走过坐像，浏览周围墙上所刻孙中山的言辞，[50]然后经过道进入墓室，环绕圆形墓圹瞻仰圹内的石椁和安卧于石椁之上的孙中山卧像，后者象征着孙不朽的躯体。如此，吕彦直创造了一个空间序列，它使纪念周和公祭这两种崇拜方式可以分别进行而又相互连贯。

吕彦直的空间设计，不仅在功能上满足了仪式活动的需求，也符合了中国人对于孙中山作为一位历史伟人的想像。作为中华民国的创立者，孙中山死后被誉为中国的拿破仑或华盛顿，并与列宁、林肯相提并论。吕最初想模仿巴黎恩瓦立德教堂的拿破仑墓(Jules Hardouin－Mansart, 1879－1891)来设计中山陵[51]——他曾经在巴黎渡过自己的童年，故对这座建筑非常熟悉。当他改变想法，按照中国风格来设计中山陵后，依然为其保留了一个下沉的墓圹，使参观者能够环绕墓室，凭栏瞻仰孙中山的石椁和卧像，“与纽约格兰特墓及巴黎拿破仑墓同样”。[52]至于祭堂的设计，吕模仿了华盛顿林肯纪念堂(Henry Bacon, 1911－1922)的空间构图。在美国求学期间，他很可能见过这座当时正在建造中的大厦。在他的应征设计中，祭堂内不是安置林肯纪念堂式的坐像，而是按照传统方式立一块碑，以满足“祭”礼的要求。然而他又确实模仿了林肯纪念堂内镌刻葛底斯堡演讲及其他演讲词的做法，准备在祭堂内四周墙上镌刻孙中山遗嘱、建国大纲等文字。林肯纪念堂的建成早于中山陵设计竞赛三年，中山陵祭堂的矩形平面和双列柱廊，反映了这个著名建筑典范的影响。得知葬事筹备处决定订制一座孙中山坐像后，吕在1928年明确提出，“孙氏铜像，安放祭堂内，与华盛顿林肯祭堂相似”。[53]换言之，其他中国应征者参考了与现代历史相关联的著名中式或西式纪念物来设计中山陵的外观，而吕彦直却采用了同样的手法来设计其内部空间。

吕彦直的设计也反映了学院派的影响。例如，他的构图使用了轴线结构和水墨渲染表现方法；除此之外，祭堂和墓道广场前四柱牌楼的立面比例，以及祭堂所仿效的建筑原型，也都体现了学院派的传统。吕彦直设计的祭堂正立面为重檐，矗立于低平的方形基座之上。在水平方向，祭堂立面为古典主义的“三段式”构图，左右对称，两边各有一个突出的墩台，中轴线的四柱廊庑之后为三扇拱形门，与巴黎大凯旋门(Jean－Francois Chalgrin, 1806－1836)一样，适成一几何上的正方形。祭堂的中间部分——三扇拱门和重檐顶——构成一个矩形，宽高比例为3:5，两边部分各占五分之一的比例。他设计的四柱牌坊高宽比例为2:3，与佛罗伦萨的巴齐礼拜堂(Filippo Brunelleschi, 1444)这一文艺复兴时期的经典作品一样。2:3和3:5这两种比例，都在斐波纳契数列[54]之中，它们与正方形一样，都是西方古典式建筑所偏爱的理想比例。因此，这两座建筑显示了建筑师的努力，即在中国风格的建筑设计中融入学院派建筑学理论所体现的构图原则。

按照征求条例的要求，为了赋予祭堂外观“中国古式”，吕彦直采用了与其他建筑师类似的手法，即使用坡檐、翘顶、斗拱，和其他传统装饰母题。为了突出祭堂的规模或高度，其他建筑师或从东方或从西方建筑中去寻找纪念建筑范型，吕却选择了一个朴素得多的参照。他的设计源于罗马凯旋门传统，总体构图与凯尔西和克瑞(Albert Kelsey's and Paul P. Cret)[55]设计的华盛顿泛美联盟大厦(Pan American Union)尤其相似，后者是1907年竞赛的获奖作品，也是20世纪初美国最著名的建筑物之一，当是吕在华盛顿期间的参观对象之一。这一公众建筑的范型，使得他的设计虽有欠震撼和辉煌，却不失纯朴和平易。[56]正如评判顾问们所说的，它“简朴浑厚”，“建筑费较廉”；“古雅纯正”，“形势及气魄极似中山先生之气概及精神。”[57]

与祭堂的简朴相比，吕彦直设计的墓地总体规模却很壮阔。陵墓区域沿中轴线分布，占地1200亩，四周的围墙呈钟形。陵区南端的椭圆形广场上矗立着一座四柱牌坊，标志着谒陵路线的开端。牌坊之后是三洞陵门，入门即为雄伟的登临台阶，长约550英尺，宽约100英尺。全部台阶由五个平台分为八段，形成了开阔的空间，如征求条例中所说，它能够容纳五万人举行纪念仪式。台阶之上、祭堂之前，是另一个宽敞的大平台，大平台两端各立一根华表，中间为祭堂。宏大的规模，以及吕彦直采用的几乎所有建筑元素，包括牌坊、三洞陵门、华表、祭堂，甚至那堪与皇陵神道相比拟的长台阶，都可以在明清帝王陵寝中找到对应，因而与葬事筹备处为此建筑所设定的“陵”名非常相称。具有反讽意味的是，孙中山反对皇权，却像皇帝一样被安葬，并且拥有中国惟一的非帝王陵墓。尽管如此，如汪利平所指出，“陵墓”一词“清楚地显示了他作为国家元首的地位；也使孙中山的形象具有了神圣的光环。”[58]

将帝王陵寝中的建筑元素运用于民国领袖的坟墓，吕彦直并非第一人。中华民国首任正式总统袁世凯曾经试图复辟帝制并称帝，[59]他的墓地设计即与清代帝王的陵寝类似。不过，因为袁死前被迫放弃帝制，这座墓不是称为“陵”，而是如孔子在曲阜的墓地那样被称为“林”。[60]尽管如此，他的墓地依然包括一些源自清代陵寝的元素：石桥、牌坊、华表、碑亭、神道和石像生，以及后面的祭堂和墓室。吕彦直设计的中山陵图案尽管源于传统，却具有鲜明的非传统特征，这不仅体现于祭堂的西式学院派建筑构图，还体现为中国近代史研究者李恭忠所提出的“开放的纪念性”，[61]后者很好地概括了祭堂前大平台和登临石阶的特征。巨大的开阔空间便于群众聚会和举行纪念活动，从而彰显孙中山及其党派的声望和影响力，而这种影响力在反对军阀和帝国主义的群众运动蓬勃兴起的20世纪20年代中国尤为重要。此外，吕淘汰了一些与迷信和等级制度有关的细部，包括袁林和其他帝王陵寝神道两侧的石像生。他还对其原始获奖设计进行了修改，用几何图形取代了屋脊吻兽的龙形图案这传统装饰中帝王权力的象征。[62]吕虽然保留了其他许多传统装饰母题，但他对龙形图案的摒弃，却与创造一个现代中国纪念物的目标非常一致。几乎可以肯定，这一修改受到了另一位应征者杨锡宗的启发。竞赛结束后，杨的应征作品被公开发表，他在说明书中说：“此屋之装饰点缀，皆从中国古代建筑中采取，凡与清代联想有关之装饰，如龙之类，以其与孙博士改革之主张相违背，皆摒不用。”[63]

总之，吕彦直的作品“简朴浑厚”，评判顾问们由此判断它具有材质上的坚固性和经济上的可行性。它体现了“纪念周”和“公祭”这两种崇拜方式的圆满结合；体现了崇拜一位中国伟大领袖的仪式功能与一些著名西式纪念物的空间造型的结合；体现了中国风格的建筑形式与学院派建筑原理的结合；还体现了中国式陵墓的宏壮与现代公众建筑的开放性之间的结合。它是一座混合性质的现代建筑，从东方和西方、历史过往和当代世界中都吸取了营养。

钟形平面

吕彦直的作品无疑符合葬事筹备处关于简朴、中国风格和纪念功能的要求，不过尤其吸引评判顾问们注意的，还是它那无意而成的钟形平面的象征意义。评判顾问凌鸿勋指出它“尤有木铎警世之想。”[64]李金发说：“从上下望建筑全部，适成一大钟形，尤为有趣之结构。”[65]吕彦直否认自己有意将中山陵设计成钟形，他说：“此不过相度形势，偶然相合，初意并非必求如此也。”[66]然而不久以后，国民党和公众就接受了这一钟形的阐释。1926年1月12日，在国民党第二次全国代表大会上，“国父”之子、葬事筹备处中的家族代表孙科，向大会作葬事筹备报告，首次正式使用“木铎”一词来指称中山陵的平面图。[67]1931年，总理陵园管理委员会出版了《陵墓设计报告》，其中提到“墓地全局适成一警钟形，寓意深远。”[68]

吕彦直的设计并非纪念孙中山的活动中出现的惟一钟形。孙逝世后，北京各大专学校纪念孙中山先生筹备委员会就曾决定“送铜质金铎一座，刻‘奋斗’二字，以便存放中山先生墓永久纪念。”[69]在奉安大典之前举行的移灵仪式的祭台上大概就有这座金铎。钟形在孙中山的葬礼上为何显得如此重要？参观者非经鸟瞰实际上难以觉察的钟形平面为何会受到如此热情的称赞？设计过程中建筑师的一笔权宜图形，如何变成了作品中最成功之处？这一方案为何能在评判顾问和葬事筹备处诸人中产生如此共鸣？

凌鸿勋所说的“木铎警世”，是理解这一钟形平面附加意义的关键。他说的“木铎”，是一种木舌铜钟，在古代中国用于诏令颁布。他是从《论语》中借用了该词，而在《论语》中，木铎是一个用来赞美孔子的比喻，诚如仪封人对孔子门徒所说：“天将以夫子为木铎。”[70]并非巧合的是，孙中山的两名追随者戴季陶和陈布雷在1911年创办的一份报纸就叫《天铎》。[71]不过，凌的评论还借用了陈天华那本名著的书名，即1913年出版的《警世钟》，该书呼吁国人从列强的压迫下拯救中国。[72]在《唤醒中国：国民革命中的政治、文化与阶级》一书里，费约翰（John Fitzgerald）将中国的觉醒看作是20世纪中国现代化以及文化、政治重建的核心问题。正如费氏所指出，民族的觉醒并非出于自发，而是被“唤醒”，“改革家和革命家们具有一种强烈的目的感，一种对于理性的支配地位的热切认同，以及一种追求政治组织和纪律的可畏力量，他们呼唤着要‘唤醒’整个国家。”[73]除了孙中山之外，持不同信念的许多利益团体、研究会和政治派别也参与了这场运动。20世纪20年代，“各种各样的晨钟、晨警、鸣鸡、晨学会，竞相出现于各大都市日报的文学副刊上。”[74]这些报刊包括天津妇女爱国同志会出版的《醒世周刊》，中国青年党出版的《醒狮》，上海同济医学专科学校学生出版的《自觉月刊》，北京农学专科学校教职员出版的《醒农》，国民党出版的《民觉》、《觉悟》，以及共产党人出版的天津《觉悟》和《觉邮》，都出现于1919年五四运动之后。[75]在其晚年，孙中山注意到了发动国人进行国民革命的重要性，其遗嘱开头便写道：为了实现国民革命这一目标，“必须唤起民众。”[76]

作为意在唤醒中国民众的文化政治的一部分，中国现代艺术中的许多符号使“唤醒”这一主题得以普及。例如，与陈天华那本名著的标题一样，日本的《神户新闻》以《狮子吼》为标题，报道了孙中山临终前赴京途中在日本所作的演讲。[77]1927年，曾经留学日本的中国画家高奇峰，以“威力震大千，吼声出三界”为题，为广州中山堂绘制了一幅雄狮图。正如费约翰和郭适（Ralph Croizier）都指出的，民国初期出现了一大批象征性艺术母题，其中包括飞禽走兽。除了吼狮之外，警觉的猛虎和敏锐的鹰隼，都是高奇峰及其同时代艺术家们所热衷的题材。[78]而在1925年五卅运动死难者的堵波形公墓（刘士琦，1926年）顶部伫立着的是一只雄鸡，它象征着黎明和觉醒。墓前还有一块石碑，上刻四个大字：“来者勿忘！”

没有任何符号能比“钟”更适合于初生的民国，因为它还与西方文化中的革命和独立主题相关。1906年，清朝官员戴鸿慈访问费城，在日记里记载了用以纪念美国独立战争胜利的著名纪念物——自由钟。[79]这口自由钟的图样，早在1904年即已为革命党人所采用，并且作为装饰图案出现于新加坡一个海外华人组织出版的《图南日报》刊头。20世纪10年代，“自由钟”被运用于另一个民国纪念物——广州黄花岗七十二烈士墓（建筑师不详，1917－1926）。该建筑由国民党美洲各支部资助，主体结构采用了美国三个最著名纪念物的装饰母题来表达共和理想：一尊自由女神像矗立于纪念墙之上，墙的前方是一座顶部呈钟形的亭子，内放一通方尖碑形的墓碑，后者的造型显然可以诠释为美国首都的华盛顿纪念碑。

随着反帝反封建的民族主义的兴起，视觉艺术中的钟形题材开始与以觉醒为主题的文学形式相伴。例如关于前述五卅烈士墓的设计，中华全国警钟会曾提议在墓道安置一“警钟”：

五卅惨案，全国震惊，同人等目击心伤，遂有警钟会之发起；冀藉五分之钟，敲破睡狮之梦。乃曾几何时，浑浑焉，噩噩焉，烟消云灭，正气日沉。瞻望前途，吾怀曷极。今者诸君子顾念烈士之魂，爰有丧葬之设。从此苌弘之血，上薄霄汉；博望之气，长流天地。诸君子之志，诚我薄海同志之志也。惟同人等欣慰之下，窃有一得之愚，甚愿与诸君子一商榷焉。盖墓碑所以存久远之基，警钟所以传久远之声，故同人等深愿捐助警钟一座，立之墓道。倘蒙采纳，于建筑时，得辟一弓之地，位之钟座，则中国之魂，庶有警醒之日矣。[80]

1927年，为了纪念1923年在"二七"惨案中被军阀吴佩孚杀害的烈士，国民党黄埔军校学员发行了一份同学录，内有这样一幅漫画：滴着鲜血的"二七"烈士们的头颅敲响了一口警钟，"砰然一声，全国工人从梦中惊醒"。钟形图案被广泛使用，呈现为如此众多的视觉和文本形式，在这种语境下，中山陵的钟形平面自然获得了评委们的赞赏，并在后人的记述中被称作"警世钟"、"警钟"，甚至"自由钟"。[81]

结 语

中山陵设计是为了创造一个现代中国式纪念物，它将能够体现孙中山关于现代中国的理想——即孙氏"三民主义"所言物质文明、政治民主和民族独立。图案竞赛过程中，对于征求条例所要求的"中国古式"建筑，以及"distinctive monumental features"（或者说"纪念之性质"），应征者从跨文化、超历史的语境出发，提出了密切相连的不同见解。这些见解包含着复杂的文化和历史关联，蕴藏着多种多样的可能阐释，使中外应征者采取了不同的手法，来寻求一个"中国古式"的现代共和纪念物。应征作品中，吕彦直的头奖作品最符合国民党的期望，因为它具有经济上的可行性，功能适当，风格上能够融合西方现代性与中国民族性，并且体现了一种象征性的联想——"唤醒中国"。简言之，它传达了多层面的意义，在不同方面呼应了那个时代对象征性形象的需求。该作品不是历史的再现，而是经过了现代中国这一理想的选择和评判的结果。作为界定何为"现代中国"建筑的媒介，中山陵显示了正处于民族国家建设初期的中国，是如何通过建筑的途径来表达新式共和理想、追求现代化和民族性，以及在国际参照系内进行自我界定的复杂性。

1926年2月，也就是中山陵设计竞赛结束五个月之后，国民政府发起了广州中山纪念堂设计竞赛；吕彦直再次获得头奖。他的作品依旧体现了学院派传统与中国式母题的结合，采用了"希腊十字"的平面，中心部分的鼓座为八角攒尖顶，四边加中式风格的屋宇。但就在1929年6月1日的孙中山奉安大典前夕，吕彦直却于3月18日不幸病逝，最终未能亲眼一睹自己在中国现代建筑史上两件杰作的竣工开放。对中国式现代建筑的追求始于茂飞和其他外国建筑师，参与中山陵设计竞赛的中西建筑师们紧随于后；这种追求，以及融合中西建筑传统的手法，在20世纪20年代中期之后被越来越多具有和吕彦直同样抱负的中国建筑师所继承。在他们当中，一批宾夕法尼亚大学的毕业生成为主角：范文照（1921届学士）在1927年以后为新的首都南京设计了一批最重要的中国式政府建筑；赵深（1923届硕士）于1932年当选为中国建筑师学会会长，倡导"融合中西建筑之特长、以发扬吾国建筑之固有之色彩"；[82]还有杨廷宝（1925届硕士），他是克瑞的得意门生，也是他那个时代最多产的中国建筑师。与吕彦直一样，杨也试图通过融合中国式样和学院派传统的比例原则，使中国风格的设计规范化。[83]20世纪最杰出的中国建筑史家梁思成（1927届硕士）及其妻子林徽因（1927届学士）则一直致力于发现中国传统建筑中可与西方建筑对应的"经典语言"。[84]总而言之，中山陵设计过程中对中国式纪念物的探寻，进一步推动了对于建筑的中国风格的探讨，这种风格不仅将代表现代的中国建筑，而且也将代表孙中山曾经期待着的现代中国。

致谢：本文的思想，源于我在芝加哥大学跟随巫鸿、Katherine Fischer Taylor、唐小兵和杜赞奇（PrasenjitDuara）诸位教授所修课程；在研究和写作过程中，他们几位，还有Elizabeth Grossman教授，柯必得（Peter Carroll）、谢威廉（William Schaefer）、李恭忠、伍江、钱锋诸位博士，以及我的朋友和同事Lenore Hietkamp、郑如珀（Bonnie Cheng）、林伟正（Wei－cheng Lin）、施纯琳（Catherine Stuer）、王必慈（Peggy Wang），以及南京城市建设档案馆的周建民先生、程桂红女士，在论证、文法和史料方面为我提供了许多的帮助。在文章的发表阶段，美国《建筑史家学会会刊》（Journal of the Society ofArchitectural Historians）的主编Nancy Stieber教授，编辑Diana Murphy和Lucy Flint女士，以及一位匿名评阅人，为我提供了极富启发性和深入细致的修改意见。多年以来，我获得了不同机构的资助，其中纽约的亚洲文化协会（Asian Cultural Council）从1995年起一直支持我研究美国对中国现代建筑的影响。在此我对所有上述帮助表示由衷感谢，同时对文章的内容负责。

注：原文刊登于（美）《建筑史家学会会刊》（Journal of the Society of Architectural Historians），64卷1期（March，2005），22－55，中译文发表于范景中、曹意强主编的《美术史与观念史》（Ⅲ、Ⅳ）（南京：南京师范大学出版社，2006：159－208）。承南京大学历史系李恭忠博士翻译成中文，对此笔者至为感谢。

注释：

①这种描述在中文的教科书里颇为典型。参见潘谷西主编：《中国建筑史》，北京：中国建筑工业出版社，2001：376－377；傅朝卿：《中国古典式样新建筑——二十世纪中国新建筑官制化的历史研究》，台北：南天书局，1993：116－120。类似评论亦见于 Rowe，Peter & Kuan，Seng. *Archi－tectural Encounters with Essence and Form in Modern China.* Cambridge，Mass. ，2002：69。尽管如此，这些著作仍不失为全面研究中国现代建筑历史的佳作。

②Bozdogan，Sibel. *Modernization and Nation Building：Turkish Architectural Culture in the Early Republic.* Seattle：University of Washington Press，2001：9

③Musgrove，Charles D. *Building a Dream：Constructing a National Capital in Nanjing*，1927－1937，in：Esherick，Joseph W，ed. *Remaking the Chinese City：Modernity and National Identity*，1900－1950. Honolulu：University of Hawaii Press，2000：139

④⑤⑥Tyau，Min－ch'ien T. Z，ed. *Two Years of Nationalist China.* Shanghai：Kelly and Walsh，Ltd. ，1930.

⑦Tyau，Min－ch'ien T. Z，ed. *Two Years of Nationalist China.* Shanghai：Kelly and Walsh，Ltd. ，1930：38－39.

⑧孙中山：《民族主义》，见《孙中山选集》，北京：人民出版社，1981年版，第688－689页。

⑨其中最重要的有：Wang，Liping. *Creating a National Symbol. Republican China.* 21（Apr. 1996），1996：23－63；Harrison，Henrietta. *The Making of the Republican Citizen.* Oxford：OxfordUniversity Press，2000；李恭忠：《丧葬政治与民国再造——孙中山奉安大典研究》，南京：南京大学博士论文，2002。Wagner，Rudolf亦探讨过这一问题，见其会议论文"Ritual，Architecture，Politicsand Publicity during the Republic：Enshrining Sun Yat－sen"（The Beaux Arts，Paul Philippe Cret，and 20th Century Architecture in China，Philadelphia：University of Pennsylvania，October 3－5，2003）。他着重论述了中山陵的选址和国民党对孙中山遗体的利用。

⑩南京市档案馆、中山陵园管理处：《中山陵档案史料选编》，南京：江苏古籍出版社，1986年版，第59页。

⑪Wang. Creating a National Symbol. *Republican China. Apr.* 1996: 23 – 63

⑫Harrison. *The Making of the Republican Citizen*, Oxford: Oxford University Press, 2000: 134. 哈里森暗示,苏联所制孙中山棺椁的材质,表明其眼中孙中山的"重要性"。

⑬葬事筹备处:《第二次会议记录》,见《中山陵档案史料选编》,第55页。

⑭大洲贸易公司英文名称为 The China International Corporation,参见 *Supplement to the North – China: Desk Hong List* (Shanghai, 1924; rev. ed., 1926)。有关中山陵的中文著作称 H. Hagemann 为赫门。除了参与中山陵的设计竞赛事务,对于他在中国工作、生活的其他情况,迄今我们一无所知。

⑮英文版征求条例发表于1925年5月19日的《字林西报》。

⑯《中山陵档案史料选编》,第152页。

⑰中文版发表于数家著名中文报纸,如1925年5月15–21日的《商报》和1925年5月27日的《申报》。

⑱戴鸿慈:《出使九国日记》,长沙:湖南人民出版社,1982年版,第67页、第100页、第110页。

⑲Levenson, Joseph R. *Liang Chichao and the Mind of Modern China.* Cambridge, Mass.: Harvard University Press, 1953

⑳梁启超:《欧游心影录》,见《梁启超全集》(第10卷),北京:北京出版社,1999年版,第2993–2994页。

㉑这些学校包括上海的圣约翰大学(建筑师不详,1894),成都的华西协合大学(Fred Rowntree,1912),长沙的雅礼大学(Henry Murphy, 1913 – 1914),南京的金陵大学(A. G. Small of Perkins, Fellows and Hamilton Architects, 1919),北京的协和医学院(Harry Hussey, 1916 – 1919),南京的金陵女子学院(Henry Murphy, 1918 – 1923),以及北京的燕京大学(Henry Murphy, 1919 – 1926)。参见 Tess Johnston, Deke Erh, Martha Smalley. *Hallowed Halls, Protestant Colleges in Old China.* Hong Kong: Old China Hand Press, 1998;董黎《中国教会大学建筑研究》,珠海:珠海出版社,1999;郭伟杰《谱写一曲和谐的乐章:外国传教士和"中国风格"的建筑,1911–1949》,见《中国学术》2003年1月,第69–118页。

㉒凌鸿勋:《凌鸿勋关于陵墓图案评判报告》,见《中山陵档案史料选编》,第160页。

㉓Fergusson, James. *History of Indian and Eastern Architecture.* New York: Dodd, Mead & Company, 1899: 300

㉔关于茂飞,参见 Cody, Jeffrey W. Building in China: Henry K. Murphy's "Adaptive Architecture," 1914 – 1935. Hong Kong and Seattle, 2001. 该书第191页讨论了茂飞设计的国民革命军阵亡将士纪念塔。

㉕中国虽然有悠久的工匠传统,但直到现代化已经启动的20世纪初,才开始有建筑师接受西式训练。中国建筑师的核心组织"中国建筑师学会"成立于1927年,其档案记录表明,到1940年,所有82名会员中,曾经留学美国的建筑师41人,法国5人,英国4人,德国4人,比利时2人,日本1人,中国自己培养的25人。这些在外国接受训练的建筑师都毕业于1938年以前。爆发于1939年的第二次世界大战,开始于1937年的八年抗战,以及20世纪50年代的学苏政策,都阻碍了中国与西方国家之间的正常交流,使中国难以及时更新自己的建筑哲学。20世纪30年代以后,现代主义式样的建筑和现代建筑理论的介绍,在建筑实践和出版物中都很普遍,但由于教师们自身的教育背景,使得学院派传统直到70年代依然主导着中国的建筑教育。关于学院派对中国建筑的影响,另见 Ruan, Xing(阮昕). Accidental Affinities: American Beaux – Arts in Twentieth – century Chinese Architectural Education and Practice. Journal of the Society of Architectural Historians, 61 Mar. 2002: 30 – 47.

㉖徐苏斌:《清末四川与日本的交往之研究——留日的铁路留学生、雇用日本技术者与成都"辛亥秋保路死事纪念碑"》,见张复合主编:《建筑史论文集》,第13辑,北京:清华大学出版社,2000:46 – 61。

㉗黄健敏:《中国建筑教育溯往》,(台)《建筑师》,1985年11月: 34 – 39; Rowe and Kuan. *Architectural Encounters*, p. 48;亦见赖德霖:《中国近代建筑史研究》,北京:清华大学博士论文,1992。

㉘作为评判顾问之一,朴士名字的罗马拼写见于 *Prize – Winning Design of Mausoleum for Body ofDr. Sun Yat – sen Is Won by Shanghai Architect. China Weekly Review*, 3 Oct. 1925, p. 113 – 114;其事务所名见于 *Supplement to the North – China Desk Hong List.* 根据 Warner, Torsten 的 *German Architecture in China* (Berlin, 1994)一书,朴士在汉口的事务所 Lothar Marcks and Busch 在1907年承担了汉口德租界市政厅的设计任务(第150页),并于次年承建了汉口的德亚银行(第148页)。朴士还是1928年上海 German Community Center 和 Kaise Wilhelm School 的建筑师(第130页)。根据中国第二历史档案馆藏第422 – 3 – 01360号案卷,在1909年前后,Lothar Marcks and Busch 还在汉口设计并承建了德人市政厅、美最时洋行办公楼、德语学校,以及其他许多住宅、仓库和工业建筑。不过,1910 – 1928年间朴士在中国的活动及作品,尚不为人知。

㉙孙中山先生葬事筹备处编:《孙中山先生陵墓图案》,上海:孙中山先生葬事筹备处,1925年版。中、外建筑师各提交了多少作品,现有史料并没有任何记载。2005年11月补注:参加中山陵建筑设计竞赛的建筑师在当时大多不甚著名,这或许是因为建筑原初的预算造价很低,对于大的建筑事务所不具吸引力,而小的事务所和业务刚刚起步的建筑师则可以借此机会成名。另外,孙中山逝世之后不到两个月在上海爆发的"五卅惨案"也是不可忽略的因素,因为它加剧了中国国内的反帝情绪,必定使很多外国,尤其是英、日两国的建筑师却步。获得竞赛名誉奖的外国建筑师有孚开洋行乃君(Cyrill Nebuska,俄国,名誉奖第1名)、开尔斯(Francis H. Kales,美国,名誉奖第3名)、恩那与佛雷(C. Y. Anner and W. Frey,俄国,名誉奖第4名)、戈登士达(W. Livin Goldenstaedt,俄国,名誉奖第5名)、士达打样建筑公司(Goldenstaedt and Zdanowitch,俄国,名誉奖第6、7名)。戈登士达和 Zdanowitch 的生平与在华业绩目前不详,但据后二人图纸上的船锚标志,我们有理由推测他们是1922年后因十月革命后的内战失败而随斯塔尔克将军舰船逃亡到上海的白俄难民。开尔斯毕业于美国麻省理工学院建筑系(杨秉德:《中国近代中西建筑文化交融史》,武汉:湖北教育出版社,2003: 283)。他在华最著名的成就是在1928年受李四光推荐,担任了武汉大学校舍的建筑师。佛雷很可能即20世纪初活跃于北京的龙虎公司(Basel& Frey, Architects, Consulting Engineers and General Contractors)的合伙人。据张复合:《20世纪初在京活动的外国建筑师及其作品》(见《建筑史论文集》)(12辑),北京:清华大学出版社,2000:91 – 109),F. W. Basel 和 W. Frey 二人曾于1901至1903年间设计北京东交民巷德国兵营。Frey 之名"W"或即"Walter"的简写。又据黄遐:《晚清寓华西洋建筑师述录》(见:汪坦、张复合主编:《第五次中国近代建筑史研究讨论

会论文集》,北京:中国建筑工业出版社,1998: 164 - 179),Walter Frey为1913年改组后的德国罗克格洋行(Rothkegel & Co.)的职员和代权人。该洋行曾于1915年参与北京正阳门城垣改建工程(见张复合文)。如此,则Frey当已从龙虎公司离开而转与罗合作。而1925年中山陵设计的C. Y. Anner或是他的又一合作伙伴。至于C. Y. Anner与中国近代建筑史上另外两位重要建筑师C. J. Anner和C. W. Anner是何关系,抑或为二人之中某一位名字的误写,尚待进一步查证。据 *The Directory and Chronicle of China, Japan, Corea, Indo - China, Straits Settlements, Malay States, Siam, Netherlands India, Borneo, The Philippines, &c.* (The Hongkong Daily Press, Ltd. , 1926), C. J. Anner(安诺)和C. W. Anner(安那)分别为北京罗氏中华医社(China Medical Board of the Rockefeller Foundation)建筑部副建筑师和建筑师,安诺1927年8月获北京图书馆竞赛第四奖并于同年9月担任北京图书馆施工监督工程师(见《北京图书馆第二年度报告》,1927年7月-1928年6月,和《北京图书馆建设委员会报告》,1933年1月)。安那1926年任北京图书馆设计名誉顾问(见《北京图书馆第一年度报告》,1926年3月—1927年6月)。又据沈振森、王其亨:《清华园的近代建筑与沈理源点滴》(张复合主编:《中国近代建筑研究与保护(三)》,北京:清华大学出版社,2004:340 - 347),美国建筑师Carl L. Anner曾在1932年和1933年设计了清华大学的善斋、静斋和新西院等建筑。但他与上述各位Anner的关系尚待进一步查考。另据《字林西报行名簿》(*Supplement to the North - China. Desk Hong List*)乃君(Nebuska)1924年为上海匈牙利建筑师C. H. Gonda(鸿达洋行,又称鸿宝洋行)助理建筑师,1926年为上海思九生洋行(Stewardson, Spence & Waston Architects & Surveyors)建筑师。

㉚孙中山先生葬事筹备处编:《孙中山先生陵墓图案》,上海;孙中山先生葬事筹备处, 1925年版。

㉛上海画报出版社编:《西方人笔下的中国风情画》,上海:上海画报出版社, 1997年版,第113页。

㉜Fairbank, Wilma. *Liang Ssu - Ch'eng: A Profile. in: Liang Ssu Ch'eng. A Pictorial History of Chinese Architecture: A Study of the Development of Its Structural System and the Evolution of Its Types.* Cambridge: MIT Press, 1984, xiii. 值得注意的是,开尔思还以所谓的中国风格设计了国立武汉大学(1929 - 1935),但并未保留自己在中山陵设计竞赛中表达的理念。

㉝马润生遗著,马任全译纂:《马氏国邮图鉴》, Shanghai: Shun Chang & Co. , 1947: 117。

㉞王一亭:《王一亭关于孙中山陵墓图案评判报告》,见:徐友春、吴志明主编:《孙中山奉安大典》,南京:江苏人民出版社,1989: 98 - 99。

㉟朴士:《德人朴士关于孙中山陵墓图案评判报告》,见:徐友春、吴志明主编:《孙中山奉安大典》,南京:江苏人民出版社,1989: 99 - 100。

㊱国都设计技术专员办事处编:《首都计划》,南京,1929。关于南京行政区规划与华盛顿哥伦比亚特区的相似,参见:傅朝卿:《中国古典式样新建筑》,125 - 126;以及Musgrove, Charles D. *Building a Dream, Constructing a National Capital in Nanjing*, 1927 - 1937, in: Esherick. *Remaking theChinese City, p.* 139 - 160。

㊲徐友春、吴志明主编:《孙中山奉安大典》,南京:江苏人民出版社,1989: 101 - 103。

㊳徐友春、吴志明主编:《孙中山奉安大典》,南京:江苏人民出版社,1989: 101 - 103。

㊴严昌洪:《民国时期丧葬礼俗的改革与演变》,《近代史研究》,1998(5) : 173。

㊵Wang. Creating a National Symbol. 30 - 32; and Harrison. *The Making of the Republican Citizen*,141 - 144

㊶徐友春、吴志明主编. :《孙中山奉安大典》,南京:江苏人民出版社,1989: 68;亦见刘中杭编:《孙中山先生荣哀录》,北京:讲武书局,1925: 37。

㊷这里关于纪念周由来的介绍,采用了李恭忠2004年12月的最新研究成果。感谢李恭忠博士向我出示论文手稿《"总理纪念周"与民国政治文化》,笔者据此对原文的相应词句作了修改。

㊸陆宝千:《戴季陶先生的未竟之业——制礼作乐》,见:朱汇森主编:《戴传贤与近代中国》,台北:国史馆,1989: 87 - 100。

㊹《中山陵档案史料选编》,第61页。

㊺唐越石:《孙墓图案展览会访问记》,《申报》,1925年9月23日。

㊻总理陵园管理委员会:《总理陵管会关于陵墓建筑图案说明》,《中山陵档案史料选编》,1931: 154。

㊼关于吕彦直的生平事迹,参见:《故吕彦直建筑师小传》,《中国建筑》,第1卷第1期,1933年7月;Cody, Jeffrey W. Lü Yanzhi. In: Sennott, R. Stephen, ed. *Encyclopedia of 20th - Century Architecture*. vol. 2 New York and London, 2004: 798 - 799; Cody. *Building in China*, 63, 134, 148。

㊽Lü Yanzhi file, Cornell University Archives, Cornell University, Ithaca, N. Y.

㊾关于吕彦直与茂飞的合作,参见Cody. *Building in China*, p. 148。吕彦直于1922年3月3日辞职,参见该书第167页注3。

㊿墙上所刻孙中山遗嘱和《建国大纲》是葬事筹备处在1927年10月27日选定的。1928年9月25日,又从一篇孙中山对国民党员的演讲词中选用了部分内容。还选用了他给黄埔军校的题词,具体日期不详,但肯定是在陵墓完工之前。关于这些石刻文字,我将另文论述。除《建国大纲》外,其他文字在文化大革命中被红卫兵斩凿,今已不存。

51《吕彦直君之谈话》,《申报》, 1925年9月23日。

52Lü, Y. C. Memorials to Dr. Sun Yat - sen in Nanking and Canton. *China Weekly Review*, 10 Oct. 1928: 70 - 72。

53Lü, Y. C. Memorials to Dr. Sun Yat - sen in Nanking and Canton. *China Weekly Review*, 10 Oct. 1928: 70 - 72。

54(Fibonacci sequence,即1:2:3:5:8:13:21:34……的序列,后一位数字与前一位的比值渐趋于黄金分割比例1.618:1。

55 2006补注:克瑞即后来中国著名建筑家杨廷宝、梁思成等人的老师。

56关于泛美联盟大厦,参见:Grossman, Elizabeth G. *The Civic Architecture of Paul Cret*. Cambridge: Cambridge University Press, 1996: 26 - 64

57凌鸿勋、李金发和王一亭,孙中山陵墓图案评判报告,分别见:徐友春、吴志明主编:《孙中山奉安大典》,南京:江苏人民出版社, 1989: 98 - 99, 101 - 103。

58Wang. *Creating a National Symbol*. 33

59其洪宪帝制仅仅持续了83天,从1916年1月1日到3月23日。

60尽管如此,袁世凯的儿子和一些追随者还是以帝王之制为他入殓、安葬。参见王钦祥、宰学明:《袁世凯全传》,青岛:青岛出版社,1997: 493。

61李恭忠:《丧葬政治与民国再造——孙中山奉安大典

研究》,南京:南京大学博士论文,2002 年版,第 58 - 61 页。

⑥②入口处还作了另一则较大的改动:根据凌鸿勋在评判报告中的建议,在施工图中,竞赛方案中的门廊被取消,三扇门被移至外墙。

⑥③杨锡宗关于孙中山陵墓计划说明书,见葬事筹备处编:《孙中山先生陵墓图案》,第 17 - 18 页。

⑥④徐友春,吴志明主编:《孙中山奉安大典》,南京:江苏人民出版社,1989 年版,第 101 - 103 页。

⑥⑤徐友春,吴志明主编:《孙中山奉安大典》,南京:江苏人民出版社,1989 年版,第 103 页。

⑥⑥《吕彦直君之谈话》,《申报》,1925 年 9 月 23 日。

⑥⑦孙科在国民党"二大"会议上报告孙中山葬事筹备经过发言记录. 见徐友春,吴志明主编:《孙中山奉安大典》,南京:江苏人民出版社,1989 年版,第 104 - 107 页。

⑥⑧《中山陵档案史料选编》,第 154 页。

⑥⑨刘中杭:《孙中山先生荣哀录》,第 44 页。

⑦⓪《论语 · 八佾》:"仪封人请见,曰,君子之至于斯也,未尝不得见也。从者见之,出曰:'二三子,何患于丧呼? 天下之无道也久矣,天将以夫子为木铎。'"感谢邹羽(John Yu Zou)博士提醒我注意中山陵钟形平面的这一历史关联。

⑦①尚海、孔凡军、何虎生主编:《民国史大辞典》,北京:中国广播电视出版社,1991 年版,第 48 页。

⑦②为了抗议日本政府 1905 年制定的限制中国学生行动的章程,陈天华(1875 - 1905)蹈海自杀。他的重要著作还有本文将提及的《狮子吼》。

⑦③Fitzgerald, John . *Awakening China: Politics, Culture, and Class in the Nationalist Revolution.* Stanford: Stanford University Press, 1996: 3

⑦④Fitzgerald, John. *Awakening China: Politics, Culture, and Class in the Nationalist Revolution.* Stanford: Stanford University Press, 1996: 31

⑦⑤Fitzgerald, John . *Awakening China: Politics, Culture, and Class in the Nationalist Revolution.* Stanford: Stanford University Press, 1996: 30 - 31

⑦⑥Tyau, ed. *Two Years of Nationalist China*。参见本文开头引用的文字。

⑦⑦陈德仁、安井三吉编:《孙文演讲大东亚主义史料集》,京都:1989 年版,第 107 - 124 页。

⑦⑧在《唤醒中国》一书里,费约翰还讨论了高奇峰的绘画,以及它们与现代中国"唤醒民众"的政治文化之间的关系。在这一点上,他借鉴了 Croizier, Raph 的 *Art and Revolution in ModernChina: The Ling'nan (Cantonese) School of Painting*, 1906—1951 (Berkeley, 1988)一书。

⑦⑨戴鸿慈:《出使九国日记》,第 93 - 94 页。

⑧⓪《五卅烈士茔墓应置警钟之建议》,《申报》,1926 年 4 月 25 日。感谢王浩娱女士帮助我查找这篇文献。

⑧①2006 年补注:近代时期采用钟型母题的重要设计还有,1912 年重建的杭州秋瑾墓(见:王士伦:《杭州文物与古迹》,北京:文物出版社,1988:80)和 1932 年杨锡宗为广州国立中山大学石牌新校所作的规划(见《国立中山大学二十一年度概览》。转见彭长歆:《岭南建筑的近代化历程研究》,华南理工大学博士学位论文,2004 年版,第 161 页)。

⑧②赵深:《发刊词》,《中国建筑》创刊号,1932 年 11 月。

⑧③参见 Ruan, Xing(阮昕). Accidental Affinities, American Beaux - Arts in Twentieth - century ChineseArchitectural Education and Practice. *Journal of the Society of Architectural Historians* 61 (Mar. 2002), 30 - 47;赖德霖:《折衷背后的理念——杨廷宝建筑的比例问题研究》,《艺术史研究》,第 4 卷,2002: 445 - 464。

⑧④赵辰:《"民族主义"与"古典主义"——梁思成建筑理论体系的矛盾性与悲剧性之分析》,见:张复合主编:《中国近代建筑研究与保护(二)》,北京:清华大学出版社,2001: 77 - 86;Li Shiqiao(李士桥). Writing a Modern Chinese Architectural History: Liang Sicheng and Liang Qichao. *Journal of Architectural Education* 56 (Sept. 2002): 35 - 45;赖德霖:《梁思成林徽因中国建筑史写作表微》,《二十一世纪》,总第 64 期,2001 年 4 月: 90 - 99;赖德霖:《设计一座理想的中国风格的现代建筑——梁思成中国建筑史叙述与南京国立中央博物院辽宋风格设计再思》,《艺术史研究》第 5 卷,2003: 471 - 503。

作者简介

赖德霖,清华大学建筑历史与理论博士、芝加哥大学艺术史博士、路易维尔大学助理教授。

芒福德地域主义思想的批判性研究

王 楠

摘 要 本文从建筑设计的现实困境出发，通过对芒福德地域主义思想的批判性研究以及地域主义批判性建筑实践的考察，试图为我们今天的建筑设计寻求一个“转换的结构”。芒福德的地域主义的批判性在于，他不仅对大同化的现代主义建筑持批判态度，而且对地方那种矫情的、虚假形式的地域主义持批判态度。这是一种具有生命力的、不断地进行双向反思和批判的建筑思想，它在“地方”与“全球”之间保持了一种平衡和对话。本文从五个方面对此进行了全面的阐述。

关键词 芒福德 地域主义 批判性

1 问题的提出

20 世纪对于建筑界来说，可谓是一个令人眩晕的时代，技术的空前进步助长了建筑师盲目的自大。首先是现代主义的兴起，使得人们大刀阔斧地摆脱传统，努力地“走向新建筑”。而结果是，这种“新建筑”却陷入了一种僵硬乏味的教条。其后，相继涌现的各种“主义”都试图再次引领潮流，但它们的出现却成为了一场形式游戏——建筑师求异求奇，最终都只能是昙花一现。20 世纪初期的建筑革命可以说是在技术进步的推动下完成的，而到了世纪末，当人类文明开始走向智能化的时候，我们的建筑师却仍在原地踏步，这不得不让每一位建筑师思考。

在 20 世纪，中国也发生了翻天覆地的巨变，从一个腐朽没落的帝国转变成为一个日益强大的社会主义国家。在这条民族复兴的道路上，我们一方面向西方国家学习先进的经验，在这过程中不可避免地受到强势文化的影响，甚至于同化；而另一方面，随着综合国力的增强，国人的民族意识也随之提高，于是产生了强烈的保持民族特色的意愿。在这种矛盾的心情下，我们的建筑经历了“大屋顶”、“欧陆风”的浪潮，最终也没能找回我们的民族自信。如今，在国际化、商品化的浪潮中，更是有许多毫无根据、夸张笨拙的建筑形式相继出现。这不得不迫使我们进行反思，也许在全球文明与地域文化之间做出选择的时候，我们把问题简单化了。而芒福德的有关地域主义的批判思想可能会为我们提供一些有益的启发，促使我们对技术与文化、历史与当今进行批判地反思，从而构建出真正属于我们这个时代的建筑文化。

2 芒福德的地域主义思想及其批判性

芒福德的地域主义批判思想产生于 1920 年代，起初他为杂志撰稿，讨论巴勒斯坦建筑，就已经显示出对地域主义批判的倾向，并从 1930 年代起逐渐走向成熟。当时的美国，一方面仍然沉浸在古典折衷主义的浪潮中，建筑师对欧洲模式推崇至极，在设计中大量地照搬古典形式要素；另一方面，现代建筑运动兴起，并逐渐演变成后来的“国际风格”，那种几乎清教徒式的缺乏装饰使得建筑设计又走向了另一个极端。芒福德的地域主义正是在这样的时代背景下产生，它植根于美国文艺复兴的浪漫和民主的多元文化主义。同时，芒福德继承了前人的思想成果[①]，并针对当时的美国建筑潮流，从历史和现实的两个层面进行双向批判，对地域主义进行全面地反思并重新定位，从而建构出了一套完整的地域主义批判思想。

芒福德的地域主义的批判思想表现出一种美国“地域主义的觉醒和反抗”[②]，其批判性在于：他不仅对地方和地域所表现出的官僚主义持批判态度，而且对当时全球化倾向的技术霸权也持批判态度。在芒福德看来，这两种“反动思想”[③]采用的都是虚伪的地域主义，实际上并不能真正提高社会生活的质量。与当时的历史环境针锋相对，芒福德采用经济的理性主义、生态的可持续发展和社会团体的多元化来对抗这两种思想。他反对绝对的历史主义，坚信科技进步和对聚落的重新定义。正是基于此，芒福德对地域主义进行全面地反思，并从五个方面重新定义了地域主义的前提。

第一，拒绝绝对的历史主义。芒福德的地域主义反对新建筑对旧有建筑形式上的模仿，拒绝浪漫的历史主义采用的符号复制的办法。在芒福德看来，没有实际生活所支撑的形式是空洞而缺乏生命力的。历史主义相当于建筑的一个面具，它并不能真正地反应建筑的真实状态。因此，当地方材料不适用建筑的功能需要时，就应该加以拒绝。同时，芒福德告诫人们，不应把“地域主义特征”与“土著特征”等同视之，也不应将“地方的”与粗糙、原始和纯当地性相等同。由此，我们不难看出，芒福德的地域主义反对使用最为现成的地方材料或者复制我们祖先的简单的建筑形式，而是应该使地方适应新的建筑技术和材料。同时采用“陌生化”的手段去对待传统。芒福德一再地训诫人们：学习历史的目的不是去模仿过去，而是要理解它，进而再创造。例如理查森为哈佛大学设计的校园建筑，芒福德认为，这是他首次在建筑中表现出对历史的反思。在这里，理查森开始认识到：过去那些浪漫的规则仅仅是零碎的堆砌，当代的建筑面临着新的任务；执著于过去那些美好的幻想已经没有意义，建筑必须面对未来，并且要表达当代人的生活。于是，理查森摒弃了历史的符号和虚假的形式，开始将当代的情感引入到建筑设计之中，从而创造出了属于当时的时代、当时的地方和当时的文化的优秀作品。

第二，多元文化的地域主义。传统的地域主义者认为，聚落是单一文化的，在部落基础之上依靠血缘建立关系并依附于土地，是一种非常纯粹的本土主义。而芒福德的地域主义有关社团和社会的定义与传统的地域主义完全不同，他的地域主义社会是多元文化的。1950 年代，海德格尔在他的著作中提到：大地是日常生活的“底蕴”；人沉入大地，就是走进了自己生命的“魂根”；大地之于日常生活，海德格尔称之为“可靠性”。[④]由此，我们可以看出海德格尔的地域思想与传统的地域主义者有着共同点：他们都强调“家”、“场所”、“土地”是与一群具有共同血缘关系、语言和文化背景的独立而封闭的人类族群分不开的，如果减弱了这种联系便会导致衰退。但对于芒福德来说，却恰恰相反。芒福德在他的《檀香山报告》中，将聚落描述成一个多元文化的城市，由当地的波利尼西亚人、日本人、中国人和形形色色的白人群体组成，使其成为“一个文化杂交的试验，也许标志着人类未来社会的发展方向；这里成了一个微缩的实验站。”[⑤]于是，拒绝建立在血统、种族、地理限定上的单一文化，而积极倡导建立多元文化的地域文化成为芒福德的地域思想的核心内容之一。

第三，平衡的地域主义。对于传统的地域主义，本土与全球化是一对不断发生冲突与矛盾的载体，地域主义作为对抗和抵制全球化的思想和方法而存在。而事实上，一个文化要做到自己，又要超越自己，需要的是开放的系统。而芒福德的平衡的地域主义，将“本地”与“世界”平等看待，实现了地方与全球的融合。芒福德认为，每一种地域性的文化都会受到外来文化的影响，在这个过程中，应该敞开胸怀接受来自各地的影响，也许外来力量可以帮助最有效地运用本地资源。芒福德曾多次强调：现代建筑是不可能单独存在的，它需要来自于各个方面的支持，而在这背后更涉及社会的文化与技术的力量。因此，只有一个有活力的规则，才能保证建筑的内在精神与外在表现会随着社会文化与技术状况的进步而不断做出调整。事实上，建筑就像一个有机体，只有不断地修正它，不断地根据外部的环境和内部的需要进行调整，才能永远保持活力。

平衡的地域主义恰好为我们提供了这样一个原则——在思考地域性的同时，也应该加上全球化的思想。地方与全球的交流在某种意义上说应该是一个互动的过程。这样，地域主义在芒福德这里便由原先凝固的“故事”变成了发展的“事件”，此时的地域主义在时间中发生，并可以随着时间的推进向前演进和发展，它可以吸纳生活的各个领域，理解的框架从静态转变为动态。于是，芒福德的地域主义思想在“地区主义”和“全球主义”之间建立了一种平衡。而每一代人现时的真实生活状态，也可以通过在这样一个开放的系统中不断地交流与互动达到最佳的水平。

第四，真实的地域主义。芒福德拒绝浪漫的怀旧，坚决反对那种对景观采取的纯粹欣赏和审美的态度。在他看来，地域不是个人美学爱好的场所；而要企图重新认识景观真正的意义，在于协调人与自然的关系，在于土地的更新与保护，以维持动植物的栖身之所，从而接近生活的真实状态。

芒福德的地域主义的真实性表现在对人与自然的高度关怀。对于芒福德来说，建筑首先无疑应该关注的是平常人的生活，包括人们精神上的渴望以及身心的需求。对于他来说，建筑所要解决的最大问题就是人的问题，建筑的核心目的就是改善人们的生活条件。因此，芒福德认为：地区的建筑形式应是那种最接近满足生活的真实条件的形式，同时反映了该地区文化的目前状况，并应给人以归属感。此外，生态和可持续发展也成为芒福德的地域主义的要点：使人与自然达到平衡，保护和维持了野生物栖身所需的土地和森林。为此，芒福德大力支持绿色建筑。他积极地提倡那些拥有地域性的可持续的结构形式，以及那些与真实的生活模式紧密联系并使之得以维持的建筑。

早在1920年代，芒福德就指出：“如果环境成为了建筑的一种阻力，我们也要学会将其进行转型。”⑥在芒福德的思想中，场地有着更加宽泛的意义，需要将生态的思维方法引入到文化中。他指出：我们应该认识事物之间的相互作用和复杂性，努力地克服我们对自然、技术和合理性方面先入为主的观念。他希望建筑能够同时承担起适应并表达生态理念的责任，而这正是地域主义最真实的一面。

第五，包容的地域主义。芒福德的地域主义是包容的地域主义，与以往地域主义者不同的是：首先，他支持新技术的运用。只要机器在功能上是优化合理并且是可持续的，他便赞成使用最先进的机器，例如对空调的使用；其次，芒福德认为，对新技术和快速交通的思考有助于增强年轻建筑师的想像力，不断更新的技术会为我们的工作提供很多设计的灵感。最后，芒福德主张先进技术与传统手工技艺的互补。在芒福德看来，历史和今天都有值得我们学习的东西，我们应学会扬长避短、互通有无。

芒福德不失时机地警告人们：技术只是手段，不是目的。机器不应成为我们生活的主要部分，一味地迷恋技术可能葬送了建筑本应有的创造性和潜在的无限可能。我们应学会公正地对待技术和人的需求，努力建立一个包容的、全面的设计原则。

综上所述，我们不难得出：芒福德在地域主义中发现了相对性的概念。从而第一次与几百年来的那种绝对的、毫无通融地拒绝与反对大同和普遍的地域主义倾向决裂；同时，又与现代主义保持着反思的距离。由此，芒福德的地域主义便可以在地方与全球之间不断交流和沟通，从而能够保持着长久的生命力。

芒福德的地域主义批判思想形成于1930年代，时至今日，不免发现其理论的局限性。首先，芒福德虽然鼓励多元文化的交流与互动，但是他没能充分认识到文化交流是一把“双刃剑”。文化的发展并不意味着世界变得更美好，它无疑仅仅意味着人类选择能力的扩大。必须强调的是：文化交流可能是正面的，也可能是负面的；他同时承担了创造性的和倒退性的文化形式的责任，其中也包括建筑的地区形式。⑦其次，芒福德理论中“地域”和“本土”的概念仅仅是围绕着美国展开的讨论。事实上，“地域”和“本土”仍有“中心”和“边缘”之分。而芒福德恰恰是忽视了对“边缘”的考虑。“边缘”多是那些不发达的国家和地区。而当前国际化的交流多是建立在不平等的政治和经济基础之上的。于是，整个体系运行是以牺牲边缘为代价而有利于中心的。当“本土”与“世界”发生冲突时，“边缘”往往处于一种劣势，甚至面临异化的危机。最后，正是由于芒福德对“边缘”的忽视，使得他的互动仅仅局限在“本土”与“世界”之间。实际上，“地方”与“地方”之间也有交流互动的必要性。我们应该充分重视各种文化和知识的背景，强调内部话语的多样性，这样才能使“当地”更加全面而健康地发展。

3　地域主义的批判实践

芒福德的地域主义的批判思想在赖特的建筑实践中得到了完全、充分的体现。从一开始，赖特就表现出与同时代建筑师的不同：他所追求的不是工业的标准化和通用性，而是建筑与地域环境的独特关系以及各种建筑材料的独特魅力。面对当时美国流行的古典折衷主义，赖特也坚决反对，他认为，对于今天的新建筑运用古典符号只能是一种严重的倒退。因此，赖特立足于吸收民间传统有价值的东西，进而创立了美国自己的建筑文化。但在赖特的设计思想背后，绝不仅仅是单一的美国文化。事实上，赖特的思想根源具有多元的文化倾向。他不仅注意吸收土生土长的美国文化，而且还从外来文化的精髓中寻找创作灵感。美国本土印第安人的玛雅文化、日本和东方的艺术已成为他建筑创作的灵感源泉，并组合进自己独特的建筑形式中。如他设计的昆利住宅和塔里埃森住宅庭院都体现了日本民居的韵味。

除此之外，赖特还表现出了对新技术的包容性。实际上，由于赖特受过土木结构教育的影响，他特别注重技术的运用。如在约翰逊制腊公司办公楼中，赖特成功地把钢筋混凝土结构中不可避免要出现的柱、梁、板等各要素完美地结合起来，体现了他充分运用材料的特性和新型施工技术并获得极大的成功。

芒福德的地域主义的平衡性和真实性在赖特的“有机”建筑理念中也得到了充分体现。赖特将建筑看成是有生命的，认为有机建筑概念是“活”的概念，与一切有机生命相类似，处在连续不断的发展进程之中；同时，有机建筑更是人类精神活的表现，它必须是人类社会生活的真实写照。⑧实际上，赖特的建筑正是在过去和当今、技术和文化之间不断地互动，才能达到这种有机的平衡。不仅如此，赖特更善于从自然界中的自然规律获得启发，寻求创作灵感。他注意按使用者、地形特征、气候条件、文化背景、材料特性、技术条件的不同情况具体分析，创作出能真实地体现建筑的基地环境和材料特性的建筑表达形式。

在赖特设计的住所塔里埃森中，东塔里埃森位于离山头顶部之下的斜坡上。他认为，没有一座房屋应凌驾于山丘或任何事物之上，而应从属于这座山丘，只有这样，房屋才能与山丘共生而相得益彰。西塔里埃森呈45°倾斜的混凝土结构则是以当地的巨大圆石为骨料，加上木屋架和帆布篷的有机结合体，使得该建筑与亚利桑那沙漠融为一体。位于美国宾夕法尼亚州的流水别墅，尤如从土地上生长出来的建筑，同周围的自然环境密切结合。这些建筑均是那些特定地点的特定建筑，无论是在整体规划还是细节设计方面，都达到了浑然一体的境界，完美地表达了“有机建筑”的理念。

4　芒福德的地域主义思想对我们的启示

长期以来，我们的建筑设计过多地停留在低级的模仿过程中，使得我们的思想和行为产生了创造的惰性。于是，我们总将眼球聚焦到形态的转换这种肤浅的层次，而未能深入挖掘本质的精髓。在经历了种种建筑浪潮之后，我们会发现，我们的时代急需的不是新鲜的形式，而是精神的实质。而当代的精神内容早已不同于以往的任何历史时期，因此，以往的任何形式都已经不足以表达我们这个时代的精神内容。于是，我们这个时代急需要一种“转换”。而事实上，没有新的结构的产生，转换也无从说起，而地域主义的批判思想恰好为我们提供了这样一个“转换的结构”。

芒福德的地域主义思想对于我们的启示，不仅仅在于对历史的批判和汲取、对场所的积极回应、对文化的包容对话、对技术的适度应用、对生态的持续发展，更在于其思想的批判性对我们的现实意义：芒福德对地域主义的批判本身就为我们提供了一个学习的工具，一个“活”的思维方法，更进一步说，可以称它为一种“转换的结构”。这种转换的结构也许可以被看作一种努力影响创造性思维的过程。

首先，地域主义的批判思想告诉我们怎样做到直接——这种直接我们可以看作是通过批判反思后得到的一种依据。例如：怎样把材料——任何适合的材料——整合起来，建构一个具有特征的整体，有特征是因为它是连贯的——在时间上与历史和未来连贯，在空间上与其所处的场所的周边环境连贯。与此相关的是一个真正平衡的经济观点。

其次，地域主义的批判思想显示了复杂的特征——我们可以把它看作建筑创作的思维特征——是如何从这种直接中产生的。它需要在“传统的”和“当代的”之间、“地域的”和“全球的”之间、“技术的”和“自然的”之间以及各种文化之间进行汲取、反思、批判、整合。其中经历了这样一个过程，即不断地运用孤立的“简单”，直到把这种“简单”变成明显的“复杂”，然后再通过理解、消化、整合，最终又将这种“复杂”转换成一种明晰的“简单”。

因此，芒福德地域主义的批判思想作为一种“转换的结构”，它不仅影响想法以至于差别和选择，更重要的是它关系到相互依存、相互作用的复杂关系。在建筑生成中，它不是阶段性的产物，而是一种持续的过程。在这个过程中，“论点与反论形成了辩证的统一、历史与流行紧密地结合在一起、过去与将来有着同等重要的地位。”⑨

注释：

①苏格兰动植物学家帕特里克·戈迪斯（Patrick Geddes）对芒福德理论思想的形成产生了比较重要的影响。初期，芒福德对地域主义的研究是和帕特里克·戈迪斯合作的。在戈迪斯的帮助下，芒福德对生态产生了深刻的认识，同时在生态分析中，戈迪斯帮助芒福德建立起了地域与和谐自然的理念。

②沈克宁：《批判的地域主义》，《建筑师》，2004年第10期。

③官僚主义是在大城市中经济霸权导致的，表现精英和帝国主义的倾向，在建筑中的表现是为其加上“帝国立面”；技术霸权是工业革命产生的机械主义，最终走向了国际风格。

④参见［德］海德格尔著，孙周兴选编：《海德格尔选集》，上海：上海三联书店，1996年版，第254页。

⑤转引自吕海英：《开放的东南亚地域主义建筑》，《中外建筑》，2003年第6期。

⑥Fisher, Thomas: What would Mumford say?; Progressive Architecture; Oct 1995; 76, 10; Academic Research Library. p. 70.

⑦引自［美］克里斯·亚伯著，张磊等译：《建筑与个性：对文化和技术变化的回应》，北京：中国建筑工业出版社，2003年版，第232页。

⑧F. L l. W. The Future of Architecture. New York: Horizon Press. 1953, 296 – 330.

⑨引自奥斯瓦尔多·马赛厄斯·翁格尔斯：《建筑主题》，1982年版（查尔斯·詹克斯、卡尔·克罗普夫编著，周玉鹏、雄一、张鹏译：《当代建筑的理论和宣言》，北京：中国建筑工业出版社，2005年版）。

作者简介

王楠，清华大学建筑学院。

（原载《世界建筑》2006年第12期）

法西斯时代的德国和意大利建筑

王　群

摘　要　文章对纳粹德国和意大利法西斯时期的建筑进行了回顾，剖析了建筑与政治的关系，最终指出形式自主的必要性。

关键词　法西斯主义　建筑　政治　形式自主性　特拉尼

1　纳粹德国与建筑

1933年，随着希特勒领导的"国家社会主义德意志工人党"(Nationalsozialistische Deutsche Arbeiterpartei，简称Nazi，即纳粹党)攫夺政权，建筑就成为纳粹德国政治、社会、文化和意识形态宣传的一个十分重要的组成部分。希特勒亲自下达了一系列庞大的建筑计划，其中包括位于慕尼黑的德意志艺术博物馆、位于柏林的总理府新楼、位于纽伦堡的纳粹集会行军场和建筑群组以及后来未曾实现的大柏林南北轴线规划及其建筑等。即使那些非希特勒本人组织进行的建筑项目也都无一例外地被身为纳粹宣传部长和国民教育部长的戈培尔(Joseph Paul Goebbeis)手下的宣传机器广泛宣扬。在这一过程中，原本在所有艺术种类中最为"物质化"的、也最不具有意识形态能力的建筑被赋予"崇高"的政治和文化使命。诚然在西方文化的历史上，从凯撒大帝"不朽的罗马"到路易十四的凡尔赛宫历代统治者都或多或少、自觉与不自觉地把建筑作为一种展示和颂扬其统治权力的工具，却似乎没有哪一个时代的建筑如同在纳粹统治下的"第三帝国"那样具有无以复加的政治含义和意识形态作用。

有一种说法认为，是因为希特勒本人年轻时曾经对建筑感兴趣并梦想成为一名建筑师。旧岁报考维也纳美术学院名落孙山之后，希特勒仍然没有放弃对建筑的爱好，甚至当他在狱中炮制《我的奋斗》一书的同时还勾勒了两张建筑草图，其中一张描绘的是一个巨大的凯旋门，另一张则是一个带有穹顶的大殿。希特勒后来曾经对他的"御用建筑师"斯皮尔(Albert Speer)说："自那时以来，我从未怀疑过我在未来的某一天将会把这两个建筑付诸实施。"①看一下斯皮尔所作的大柏林轴线规划，人们确实不难发现这两张草图的踪影。

但是也有史学家曾经力图论证希特勒的个人爱好并不能解释全部问题。按照这种观点"第三帝国"将建筑政治化和意识形态化的狂热早在纳粹上台前的具有革命和民主色彩的魏玛共和国时期就已经有了先声。②众所周知，德国是建筑中现代运动(the Modern Movement)的重要发祥地，其中由格罗皮乌斯(Walter Gropius)创建的包豪斯(Bauhaus)学派更成为先锋建筑和思想的摇篮。但是，人们很少提及的是现代建筑在德国的胜利与作为其政治保护伞的魏玛共和国是密不可分的，尽管1925年在为包豪斯是否从魏玛迁移到德骚(Dessau)的论战中格罗皮乌斯支持了新建筑独立于所有政治倾向之外的思想。③在魏玛共和国，人们相信"一种新的具有社会意识的建筑应该在德国发生的政治革命中发挥应有的作用，它是革命产生的新文化和新社会的表现形式。"④

其实艺术的政治化趋向自18世纪在德国由来已久。从赫尔德(Johann Gottfried von Herder)和狂飙突进运动(Sturm and Urang)到瓦格纳(Richard Wagner)的总体艺术作品(Gesamtkunstwerk)无不努力赋予艺术非凡的政治使命。无论这种使命是"民族主义"意义上的还是"精神革命"意义上的。纳粹德国秉承了这一传统，尽管我们不能在具体政治意识形态方面将它与这一传统中的其他思想混为一谈。

纳粹德国崇尚极权主义，而希特勒本人又是一个狂热的、歇斯底里的、魔鬼般的煽惑者，具有庞大物质形态和超常尺度的、具有"英雄气概"的建筑和城市规划自然成为他的至爱。在这方面斯皮尔设计的纽伦堡纳粹集会行军场和大柏林轴线规划无疑是最能说明问题的案例，前者不仅有刻意重复的柱式和纳粹党旗，而且它那数以百计的巨型光柱在夜晚也直冲苍穹，形成一种"露天圣殿"的效果。后者则将20世纪初由马丁·梅西勒(Martin Machler)规划的南北轴线长度扩大至6.8公里(4.2英里)，是巴黎香榭丽舍田园大道长度的两倍。不过与梅西勒的规划不同，斯皮尔设计的这条轴线与城市的交通组织并没有多少关系而属纯纪念性的。按照希特勒的要求它将使罗马帝国的都城黯然失色，使所有的来访者为之震惊。

纳粹德国反对魏玛共和国的民主制度和当时正在兴起的布尔什维克主义。早在蠢蠢欲动试图推翻魏玛共和国并攫夺国家政权的过程中，纳粹就利用人们对魏玛共和国经济政策的失败而导致的大量失业和通货膨胀的不满，将魏玛共和国孕育的包豪斯及其建筑斥为"建筑布尔什维克"并欲置之于死地而后快。事实上，就在上台后不久，纳粹政权就关闭了在柏林的包豪斯学校，同时责令包括包豪斯创始人格罗皮乌斯在内的一大批建筑师和艺术家离境，一场轰轰烈烈、如火如荼的现代建筑运动就此在德国中断。在这里现代建筑沦为了政治斗争的牺牲品。

纳粹德国鼓吹极端的民族主义，为的是重建大德意志帝国并获得对世界的统治。在这一点上，它一方面沿用了19世纪伟大的普鲁士建筑师辛克尔(Karl Friedrich Schinkel)古典浪漫主义的建筑语汇，试图塑造一种具有"古希腊精神"的德意志官方建筑(如希特勒的第一位"御用建筑师"特鲁斯特(Paul Ludwig Troost)设计的慕尼黑德意志艺术博物馆或者斯皮尔设计的新古典主义杂烩)，另一方面它又与舒尔兹-诺姆伯格(PaulSchultze - Naumburg)等反现代主义建筑师倡导的以德意志中世纪乡土民间建筑为基础的"家乡风格"(Heimatstil)思想一拍即合，并将这种"家乡风格"贯彻到诸如"希特勒青年旅社"建筑或者力求在各方面有别于魏玛共和国以现代建筑为主的住房计划中去。

2　法西斯意大利与建筑

作为一种政治的意识形态，"法西斯主义"最早出现在意大利而非德国。从词源学上讲意大利文的"法西斯主义"(fascismo)和法西斯组织名称"Fascio"均来自于拉丁文的"fasces"，系指古罗马高级执法官出巡时扈从手擎的一个中间插着一柄突出战斧的"束棒"，是一种权势的特殊标志。

从早期信仰社会主义到提倡法西斯主义，墨索里尼于1921年将“束棒”定为国家法西斯党的标志。1922年墨索里尼掌握政权，开始了意大利的法西斯时代。

因此，如果说现代建筑在纳粹掌权之前就已经在德国蓬勃发展并且与左翼组织结成联盟的话，那么意大利的现代主义则没有这样早就确立的政治色彩。事实上由于没有与左翼政治的瓜葛，现代建筑在法西斯意大利并没有像在纳粹德国那样很快遭到封杀。相反，正如英国建筑评论家和史学家布伦德尔－琼斯(Peter Blundell－Jones)曾经指出的，“现代主义很有可能因为强调冲击力、高效率、进步性以及技术革新，而受到法西斯主义的欢迎。”[⑤]这也在一定程度上解释了为什么法西斯时期的意大利建筑与纳粹时期的德国建筑不尽相同的原因。

就整体而言，法西斯时代的意大利建筑可以分为“历史主义”和“理性主义”两种倾向。前者以在这个时期最具影响力的、有着“意大利斯皮尔”之称的皮亚琴梯尼(Marcello Piacentini)和米兰的新古典主义建筑团体等为代表，后者的主要代表则是1926年出现的“七人小组”(Gruppo 7)以及1928年开始形成的“意大利理性建筑运动”(Movimento Italiano per L'Architettura Razionale简称MIAR)。两者都宣称背离了一次大战前昙花一现的浮躁的未来主义，并致力于将新建筑与遥远的过去相结合，但是两者在如何结合上却持完全不同的观点。以皮亚琴梯尼为代表的一方主张沿用柱廊、浮雕和线角的古典形式，尽管他们设计的罗马大学部分建筑在一定程度上接近“理性主义”的手法；而特拉尼(Giuseppe Terragni)等“理性主义者”的建筑则完全以现代建筑的面貌出现。两者都努力争取法西斯官方的支持。在这一点上，身为法西斯官方建筑杂志主编的皮亚琴梯尼自然有得天独厚的优势，但是“理性主义者”们似乎也不甘示弱。1931年在罗马巴尔迪画廊举办的“七人小组”展览上，艺术评论家巴尔迪(Pietro Maria Bardi)散发了一份题为《关于建筑学向墨索里尼的报告》的文件，宣称理性主义建筑是法西斯革命思想惟一正确的表现，为展览会引发的“意大利理性建筑运动”宣言也提出了同样的方向：“我们的运动除了在现行严峻的形式下为(法西斯)革命服务以外，没有别的道德目标，我们呼吁墨索里尼允许我们达到这一目标。”[⑥]

确实，由于墨索里尼本人最初在建筑风格上并不像希特勒那样有明确的好恶，而且具有革命热情的“理性主义”建筑也可以纳入以革命面貌出现的法西斯主义辞藻之中，所以法西斯时期的意大利建筑并没有出现像纳粹德国那样向庸俗古典主义和“家乡风格”一边倒的情况，从而为现代建筑的创造留下了一定的空间。如同皮亚琴梯尼等“历史主义者”的建筑可以有从平庸的新古典主义到很接近理性主义的变化一样，莫雷蒂(Luigi Moretti)等其他并非属于“两大阵营”的建筑师的作品也出现了从完全的现代主义建筑(如1934－1936年间建成的意大利兵器陈列馆)到具有纪念风格的“理性古典主义”(如他在1937年设计的法西斯党大厦竞赛方案、1937－1942年间设计的帝国广场和1942年国际博览会剧院竞赛方案等)。

莫雷蒂的建筑风格的转变或许在一定程度上反映出1930年代开始的意大利建筑形势的变化。在“历史主义”与“理性主义”的搏战中，后者渐渐失去势力。1931年以政府为后台的建筑师联盟撤销了它对意大利理性建筑运动的支持，这是法西斯政府最终将新古典主义作为其官方风格的开始，并最终导致了为1942年罗马万国博览会(Esposizione Universale di Roma，简称EUR或E42)建造的意大利文明宫(Palazzo della Civilita)这类日趋平庸的建筑的产生。

尽管如此，1930年代的意大利还是诞生了位于科莫(Como)的“法西斯宫”(Casa del Fascio)这样的现代建筑的不朽之作。在设计这座建筑的时候，特拉尼本人是法西斯党员，而他的哥哥则是科莫市长，这也许给特拉尼完成这座建筑以一定的帮助。特拉尼将这座建筑视为“呈现给领袖的伟大礼品”。但是他坚持了自己的现代主义路线。对于这样一个独特的现代建筑，英国建筑评论家布伦德尔－琼斯曾这样写道：“将法西斯宫与那些更典型的为统治者所认同的纪念性建筑，如皮亚琴梯尼的罗马大学或者斯皮尔的柏林总理府相比较，它们之间的区别是巨大的。它既没有那些冗杂而庸俗的古典主义风格也没有那些建筑惯常运用的尺度和重复手法。所有这些在这座大楼中都没有出现，取代它们的是空间的层次序列、微妙的组织结构以及精致的手工细部，所有这些显示了一种寻求资源共享、实现共同理想、追求完美的想法。如果这座建筑有什么地方可以挑剔的话，那就是它将对秩序的追求倾注到了这个统一的体块上，而秩序(Ordiline)正是法西斯主义的信条之一”。[⑦]

3 是否有一种“法西斯建筑”？

“法西斯”是一个令人憎恶的名词，它的含义是“独裁”、“专制”、“残暴”、“杀戮”、“战争”、“反人类”，这一点不容质疑。但是，是否也存在一种同样确定无疑的“法西斯建筑”，对于这个问题笔者以为有以下几点需要澄清：

首先，应该说确实有一种与法西斯主义相关的“法西斯建筑”，它们为法西斯政权而建造，并直接服务于法西斯组织的使用和宣传目的。但是，在我们这样说的时候，我们并不能根据一种建筑形式或者风格来界定“法西斯建筑”。事实上，正如我们已经看到的，并不存在一种风格统一的“法西斯建筑”；而且即使德、意法西斯主义由于各种原因最终都趋向于形式上的古典主义，我们也不能因此像意大利现代建筑历史学家布鲁诺·赛维(Bruno Zevi)曾经主张的那样，反过来将古典主义以及与之相关的对称性、大尺度、列柱式等建筑语言与“法西斯主义”划等号，或者将非对称视为民主政体的建筑语言。事实上通过特拉尼的“法西斯党部大楼”，我们不仅可以看出“现代主义”建筑意识形态的多元性和复杂性，[⑧]而且也不难看出赛维有关“在法西斯主义、纳粹主义和南美独裁政府统治下修建的公共建筑，毫无例外，都是对称的”[⑨]论点是多么片面和武断。

其次，通过形式将建筑政治化和意识形态化是危险和有害的，因为这不仅会将政治和意识形态变成僵化的教条，而且也会断送建筑的生命。法西斯时代德国和意大利建筑的悲剧就产生于此。

第三，一个好的建筑的评价标准并不在于它是否能够恰如其分地服务于一种政治的意识形态，而在于它自身在形式、空间、结构、材料使用方面的成就如何。这大概也是建筑中的“反法西斯斗士”埃森曼(Peter Eisenman)可以倾注四十余年的热情对特拉尼的“法西斯宫”进行形式研究的理由所在吧。[⑩]

注释：

①Alan Balfour. Berlin－The Politics of Order, 1737－

1989[M]. New York: Rizzoli, 1990. 74.

②Barbara Miller Lane. Architecture and Politics in Germany 1918 - 1945 [M]. Harvard University Press, 1968/1985.

③L. 本纳沃诺. 邹德侬等译:《西方现代建筑史》,天津:天津科学技术出版社,1996年版,第497页。

④Architecture and Politics in Germany 1918 - 1945, 4.

⑤彼得·布伦德尔-琼斯,魏羽力、吴晓译:《现代建筑案例分析与研究》,北京:中国建筑工业出版社,2005年版,第149页。

⑥肯尼思·弗兰姆普顿,张钦楠等译:《现代建筑:一部批判的历史》,北京:三联出版社,2004年版,第225页。也见L. 本纳沃诺:《西方现代建筑史》,第519页。

⑦《现代建筑案例分析与研究》,第160页。

⑧从某种意义上来说,剖析现代建筑意识形态的多元性和复杂性正是塔夫里与他称之为"操作性批评"(operative criticism)的吉迪翁和佩夫斯纳等早期现代主义史学家单一史学观的区别所在。

⑨布鲁诺·赛维,席云平、王虹译:《现代建筑语言》,北京:中国建筑工业出版社,2004年版,第17-18页。

⑩关于埃森曼对特拉尼的"法西斯党部大楼"的研究,见Peter Eisenman, Giuseppe Terragni: Transformations, Decompositions, Critiques. New York: Monaceli, 2004.

作者简介

王群,南京大学建筑研究所教授。

(原载《时代建筑》2006年第4期)

文物建筑保护是一门专业

陈志华

摘 要 文物建筑的本质特性首先是文物，其次才是建筑。因此，文物建筑保护是一门专业，它有自己独立完整的学科体系。一个专业建筑师并不当然就懂得文物建筑保护，他必须从头学习关于文物保护的基本原理和方法论。

关键词 文物 建筑保护 专业

文物建筑保护是一门专业，它有自己独立完整的学科体系。在西方各国，只有获得专门资质执照的人才能从事文物建筑保护工作，其他的人，包括执业建筑师，都不被允许去维修文物建筑。正因为如此，一些大学成立了文物建筑保护专业，大一些的国家，如意大利、英国、美国、德国等不用说了，就是一些小国家，如荷兰、比利时，也各自有好几个大学设立了文物建筑保护专业，在国际上还很有名气。不过，建筑学的专业功课有不少是和文物建筑保护专业的功课相同或相近的，所以，建筑师只要再进修若干门专业课程，相当于硕士的学历，便可以通过考试取得文物建筑保护师的资格。西方人把这个"补课"叫做给建筑师"洗脑筋"，因为它的作用主要是改变建筑师的专业性习惯观念和思维方式，它要树立的基本观念是：文物建筑的本质特性首先是文物，其次才是建筑，因此，一个专业建筑师并不当然就懂得文物建筑保护，他必须从头学习关于文物保护的基本原理和方法论。

文物建筑保护专业的课程包括很多方面的系统的知识，当然，必有一系列关于文物建筑保护基本理论的课程，这是整个专业的根本和出发点。

我们中国人这些年来很乐于引进西方的东西，从麦当劳快餐到解构主义哲学，偏偏对这个文物建筑保护专业没有正常的兴趣，而我们却又常常以几千年文明史来炫耀。这说明，我们对文物建筑保护这件事多么地缺乏基本的认识，不少人到现在还未认识到它是一门独立的科学。不重视基本学术的建设，这是中国文化根本性的痼疾之一。

西方人建立这门科学倒也不很早，直到20世纪中叶才渐成体系。但一旦这门科学成熟之后，就发挥了很大的作用，改变了文物建筑保护的整个面貌，而我们不少人却还在念叨"修旧如旧"这样模模糊糊的简单化口号。连北京的大房地产商也看到了中国文物建筑保护理论的薄弱，于是用肤浅的"人道主义"来抓文物建筑保护工作的软肋，主张除故宫之外，整个北京城都可以拆光，好给他们的"开发"让出地盘。

西方文物建筑保护学科成立的标志，是先后克服了英国浪漫主义文人的观念和法国建筑师的观念，这两种人曾是19世纪欧洲文物建筑保护的主要力量。浪漫主义诗人其实并不真正重视古建筑的保护，他们只是欣赏和歌颂古代废墟的凄美。他们认为生死是天道之常，而濒毁的废墟最能引起人们对这个天道之常的深情感慨。他们甚至伪造一些废墟，在断壁残垣中徘徊、凭吊，吟颂哀伤的诗歌。克服这种所谓的文物建筑保护流派是比较容易的，而克服法国建筑师们的文物建筑保护观念就足足用了100多年的时间。

建筑师保护文物建筑的基本观念，主要是从感性的审美出发。为什么要保护文物建筑，他们的回答是：因为它们好看。体形好、轮廓好、比例好、层次好、品相好、细节也好，好就是好看，美。这个观念影响到他们"保护"文物建筑的方法：在修缮文物建筑的时候，可以采取措施使它更完美，或者把它固有的美展示出来，使它的美更便于欣赏。在城市改建的时候，把文物建筑当作"对景"、"艺术焦点"、"节点"，给它们布置"视线通廊"，把妨碍它们"亮出来"的"没有价值"的普通房子统统拆掉。为了把城市搞得比历史上的真实状态"更美"，他们会在里面增加或者减掉些什么。这种对文物建筑价值最肤浅的认识，对文物建筑保护最片面的理解，却非常难以克服，只要人类还爱美，这种错误倾向便会存在。因此，到了20世纪后半叶，西方人才痛切地认识到，100年来，建筑师们给文物建筑造成了多大的伤害。

19世纪晚期，西方开始酝酿一种全新的文物建筑保护理论，向建筑师保护文物建筑的观念挑战，动摇了建筑师当然懂得文物建筑保护的错误认识。

稍早一些，欧洲考古学勃兴，成果轰动一时。埃及、小亚细亚、西亚和克里特岛的建筑废墟证明了欧洲早期的历史。"建筑是历史信息可靠的携带者"、"建筑是历史的物证"，这种信念深入了人心。连法国的浪漫主义作家雨果也说出了"建筑是石头的史书"这样的话。

稍晚一些，欧洲又兴起了社会学，学术界的兴趣向平常的社会现象转移，不再集中在古今帝王将相们的身上，于是，向历史深处探索的面也拓宽了。就建筑遗产来说，就不再局限于教堂、宫殿、府邸等等艺术质量最高的纪念性建筑，对建筑遗产的评价也超越了艺术这个过去几乎惟一的指标，而更多地注重"普通"的建筑和它们的社会历史意义。

在这种情况下，人们把建筑遗产主要看成了认识整个社会历史的见证。评价文物建筑的第一位指标是它的历史的真实性，它所携带的历史信息的数量和质量。所以，保护文物建筑和城市，第一重要的是保护它们真实的原生态，不能为了"美化"而使它们失真。

认识上有了这样的飞跃，文物建筑保护就逐步走向独立的学科。但建筑学的传统在这个领域内根深蒂固，因此，新生的文物建筑保护学一直到20世纪后半叶才在欧洲彻底战胜在这个领域里错位包办了100多年的建筑学，从浅层次的感性惟美的认识，提高到深层次的理性的认识。这时候，它已经充分完备了自己的理论体系、知识体系和方法论体系，也就是一个完整的学科体系。这之前，以感性审美为基础的文物建筑保护并没有形成过完整的理论体系和知识体系，它不可能做到这一点，因为它缺乏科学性。也就是从这个时候起，一般建筑师不再是"当然的"文物建筑保护师，他必须"洗脑筋"，并且学习一套新的专业知识才能胜任文物建筑保护的工作。同样有意义的是，新的文物建筑保护理念大大扩大了文物建筑的内涵，从高艺术、高身价的"贵族"建筑扩大到了平常的建筑，ICOMOS于1999年通过了关于保护乡土建筑的《墨西哥宣言》，2003年，它又正式倡议保护工业遗产。这样向着文物的全面化和系统化的发展，对人类文化遗产的保护有很重要的意义。

可惜，我们中国，许多人至今还没有全面理解20世纪下半叶国际上文物保护理念和方法的重大变化。我们刚刚不久前才有几个大学建立本科水平的文物建筑保护专业,研究生的数量也很少,甚至政府里没有从上到下完整的专业化的行政管理体系。虽然我们已经有了不少在创业中磨练出来的经验和学识都十分丰富并熟悉国际潮流的专家,但我们文物保护工作者的总体还是以未经文物建筑保护专业学习的建筑师为主,加上些同样没有经过文物建筑保护专业学习的风景园林专业人员和文人画家,还有一些搞旅游业的人。我们的文物建筑管理职能到了县一级大都归旅游、文教、体育、卫生或广电等等部门来执行。有些地方的“一把手”弄不清也不想弄清文物建筑的价值在哪里,出于“政绩”的需要,声言凡不能供旅游开发的一切都没有保护的价值,而对旅游的认识又很低,局限于“拉动内需”,提供经济利益,不懂得“行万里路”和“读万卷书”一样,也是提高国民素质的重要教育事业。然而他们却决定着文物建筑的命运。

可以说,我们的一部分文物建筑保护工作者的观念和方法都还停留在欧洲19世纪的水平上。因为我们被认为“当然”是文物建筑保护专家的中国建筑师所受的教育和他们当前的职业重视的是创新和发展,这当然很好,但可惜缺乏人文的深度,因此他们中不少人不能接受文物建筑首先是文物,其次才是建筑的观念,和文物建筑保护的基本理念格格不入,包括以真实性作为文物建筑价值的命根子,所以我们的文物保护界就会产生“风貌保护”、“肌理保护”、“仿古保护”、“夺回故都风貌”这样仅仅着眼于感性审美的理论主张,甚至把西方在万不得已情况下采用的只保外立面、改掉内部的做法当做一种正规的“保护”方法。这些人的观念比典型的19世纪欧洲建筑学大师所理解的文物建筑和文物建筑保护还更落后。也是因为对文物建筑价值的片面理解,在讨论历史文化古城保护的时候,一些人提出了“微循环发展”、“有机更新”这类单纯着眼于发展和更新的主张来代替保护。我们一些“专家”非常轻率地判定某些有重要而丰富的历史文化信息而貌似普通平常的建筑“没有价值”、“可以拆除”,甚至连北京的皇城都可以拆掉93%以上。

这种错误的文物建筑价值观,还导致把所谓“构图完整”、“风格统一”的弄虚作假的村子作为历史文化名村保护起来,混淆了是非,产生了很坏的导向效果。有些建筑师观念的另一种表现则是片面的功利思想,尤其当涉及民间居住建筑和公用建筑的时候,只关心使用价值,缺乏历史感,会把保护文物建筑和发展新城市人为地对立起来,而不是去化解它,连起码的保护意识都没有了。有些建筑师由于职业习惯的限制,不能理解和接受关于文物建筑保护的基本原则,如可识别性、可逆性、最低程度干预等,他们喜欢“再现历史盛况”和“打造典型古代村落”等等,这时候,他们又可能成为一些只图赚钱的旅游业者和GDP挂帅的同盟军。

我们有些活跃在文物建筑保护工作中的建筑学专家,至今还把19世纪法国巴黎圣母院的维修和埃菲尔铁塔的建造当做成功的样板,拿来支持他们陈旧的文物建筑保护观念。他们甚至忘记了这两件工作都完成在现代文物建筑保护科学成熟之前,在建筑师统治着文物建筑保护领域的时期,而思考这类问题,是不可以脱离它们当时的历史条件的。

以现在成熟了的文物建筑保护学的眼光来看,这两件工作都是失败的。巴黎圣母院的维修者是巴黎美术学院建筑学教授维奥莱(Violet - le - Duc),他是当时文物建筑保护领域的舵把式。他把“美观”、“完整”放在真实性之上,对圣母院的外表做了过多的“见新”修饰,以致使它失去了许多岁月沧桑之感。在圣母院拉丁十字形的交点上方,他增建了一座本来没有的尖塔,认为“应该如此”。这些做法的错误在西方文物建筑保护学界已经是普通的认识。更糟糕的是,为了“亮出”巴黎圣母院,“清除”了它周边古老的市民住宅,认为它们没有艺术价值,而且妨碍了充分展示巴黎圣母院的美。现在,圣母院矗立在广场上、塞纳河边,人们可以从四面八方去欣赏它,这是我们的建筑学家最认为“成功”的,然而,从现代的文物建筑保护理念来说,这却是很大的错误。在欧洲的中世纪,教堂不但是神圣的,而且是亲切的,它屹立在教区住宅群中间,像母鸡护卫着雏鸡。教区的孩子出生了,到教堂去接受洗礼,获得名字;长大一点儿,参加教堂的唱诗班,在教堂主办的学校里读书;结婚了,到教堂去办喜事,事先还要把结婚申请贴在教堂门前张榜;他们每天随着教堂的钟声作息,礼拜天,准时到教堂去望弥撒,顺便和教区的老邻居叙谈一会儿,交流感情;有了烦心或者亏心的事,到教堂里去找神父倾诉,寻求解脱;生病了,到教堂去求医问药;临终前,向神父忏悔,领受涂油礼;死后,埋在教堂旁边的墓地里,永远安息在教堂的影子之下。教堂和教区居民的关系如此亲密,教民终其一生,从灵魂到肉体,都受到教堂的庇护。这样的教堂,怎么可以把它周围教民的房舍拆除,剥夺它的生命力,孤零零地,仅仅作为一个建筑艺术品给人们欣赏。人们本来还可以从它获得关于中世纪丰富的社会、文化、生活各方面的知识。

在教民们普通平常或许有点儿简陋的住宅簇拥中的巴黎圣母院才能够感动人心。和环境发生密切不可分离的关系,是文物建筑真实的存在,一种全面的社会历史文化性的存在,不仅仅是一幢杰出的建筑物的存在。在这样的存在之中,文物建筑才有生命,才能最大限度地葆有它的意义和价值。

是保留巴黎圣母院表面的风霜痕迹还是去掉它们,是让巴黎圣母院依旧没有中央尖塔还是给它添上,尤其重要的是,把巴黎圣母院孤立出来,还是保持它和教区建筑、教民生活的亲密关系,这是19世纪直到20世纪中叶建筑师式的对文物建筑保护的理解和当今专业化的对文物建筑保护的理解的原则区别。2005年,ICOMOS在西安开会并且通过了《西安宣言》,重申了文物建筑和它原生态的环境不可分割的关系,这是关系保存文物建筑真实性的最重要条件之一。可是,我们不久前刚刚落成的布达拉宫广场,走的还是巴黎圣母院的老路。有些地方保护的名人故居,也是把左邻右舍全都拆得精光。这种落后会在我们的文物建筑保护工作中造成永远不能挽救的损失。

我们应该尽早尽快地发展文物建筑保护的专业体系,从学术到管理机构到人才培养的专业化。晚一天就会有一天的损失,我们已经损失不起了。

作者简介
陈志华,清华大学建筑学院。
(原载《世界建筑》2006年第8期)

历史街区传统建筑修复设计探析

李 湞 雷冬霞

摘 要 总结了历史建筑修复设计的五种类型，对每一种类型的设计条件、设计依据以及主观与客观、历史与现实的多方制约因素进行综合评价，归纳、提炼设计方法、设计要素和设计原则并反思实践结果。

关键词 修复设计 综合评价 方法

“越明年，政通人和，百废俱兴，乃重修岳阳楼。增其旧制，刻唐贤、乡人诗赋于其上。”

这是宋代范仲淹《岳阳楼记》中的佳句。岳阳楼——城市中的历史建筑，其本身的概念存在和物质存在均是整个城市的遗产和“资本”。重修岳阳楼，不仅仅是重新利用这一极具价值的资源，更为重要的是对其物质形态和文化形态的保护，即古代木构技术下的建筑和以此为载体的文化情境和模式。复建或修复历史街区代表性传统建筑，其价值需经过时间的积淀和文化的提升，而其价值的永久传递基于优秀的复建设计与过硬的施工质量①。

文物古迹、历史人文景观的修复和新文化景观的复建不仅与当时当地的政治状况、经济背景有关，而且和人们的文化需求、思想感情、时尚趣味及时代精神有密切的关系。我国相当多的城镇正处于这样的历史条件和机遇下，大量的修复性传统建筑不断地涌现，人们看到的不仅仅是赏心悦目的“岳阳楼”，还有许多让人痛心的失败之作。

修复历史建筑是一门特殊而又专门的科技领域。修复任何历史建筑，必须在特定的地域环境和时代环境中寻求定位和设计复原，没有任何相同的模式和照搬的蓝本，更没有标准的“法式”来统一设计。即使是同一时代、地域、民族的建筑，也因经济、文化、政治、匠师派别等诸多因素导致它们会有差异。本文根据近年实践，归纳总结了历史建筑修复设计中五种不同类型，对每一种类型的设计条件、设计依据，以及主观与客观、历史与现实的多方面制约因素进行综合评价，总结提炼设计方法、设计要素和设计原则，并从实践的反思中总结得失，求教于同行。

类型一：实据、实地、实例相参的修复设计

历史街区传统建筑修复设计，若有确凿的历史文献资料或更为具体的形象、布局及内容，设计就有了较充分的依据，再将地域和时代技艺加以运用，就可以达到真实可靠的修复。这是历史街区传统建筑修复设计最为理想和简单的类型之一。

《地方志》的图录和相关文献是设计前首先要分析和研究的资料，也是设计的重要依据；其次是现场地形及遗址的调查和知情人士的走访。以绍兴蕺山书院修复设计为例。

据《越中杂识》、《嘉泰会稽志》、《康熙会稽县志》、《嘉庆山阴县志》等文献，蕺山书院位于绍兴老城东北角的蕺山顶上，南面是现存的戒珠寺（市级文物保护单位）。蕺山书院在历史上曾有过一段相当兴盛的历史，宋代名人王十朋等都曾到此讲过学。书院今已无存，仅位置隐约可寻。《嘉庆山阴县志》中记录了一幅书院的古图并有相应的描述：“……蕺山书院，在郡治东北三里戒珠寺后山巅，旧有明中承除如翰书院，以地多植竹，名淇园。时与刘忠介宗周会讲于此，名蕺里书院。后为优人所居。于中供老郎神。岁五月，每日优人一部演戏娱神，聚浮浪少年犹杂游冶。国朝康熙五十五年，知府俞卿檄令移去，仍捐俸五十金购之，乃创修为书院，延师聚徒，复置田亩风收，以供饩廪。沈王赉有记勒石，今埋于地。其规模南向临街，头门三间，有左右耳房。沿山径屈而上，经仪门西向。乾隆间，郡守张廷柱以仪门内迤东余地为童生读书之所，构屋十八间，旁设厨房二间。再上稍东为孟竹亭，亭六面，柱以石为之，为郡守俞卿所建。亭之西为二门，门内为厅，左侧面南有题名，匾额剥蚀。院长魏晋锡乾隆已卯科以后姓名之可考者，属教授俞生生重立。自厅南折西，有门一重，门左为吏骨书写之所，门内南向堂五楹，额曰：刘公台先生讲堂。上有楼五间，皆俞郡守重建，柱皆以石。由堂内达左厢为厨房，右厢为书室，堂后历石阶而上可通清晖阁诸处。其处自孟竹亭稍北历级而上，有门一区，东向太守杜工重题曰：证人讲社。再上筑其广数十丈，近东楼三楹，旧颜曰清晖。其上祀太守。下侧有井，俞太守刻石曰：翰墨香。由楼西侧上，地稍平旷，故老乡庙。其东有来英阁以奉奎宿，今祀正中独院。祠三间，中奉念台先生木主，左右各有配食祠。后一层向为名宦乡贤祠，久圮。乾隆乙已，邑人陆凯即刻址桅堂三楹，移戒珠寺前右军塑像奉于中楹，左为名宦，右为乡贤，设木主。”②

文中所述的各建筑和现场地形比对基本吻合。根据这幅图和老者现场的指认，以及讨论研究，我们首先明确了它的具体位置，然后按图索骥，因地制宜，在蕺山的南坡上，营造出台地院落。整体布局分为西侧祠庙和东侧书院两个并列轴线，间以备弄，有月洞门可联系东西两院。书院门朝东，门前即第一处平整的高地台地，而其台地南侧下为朝东的二层迎曦楼，入院的第二、第三台地依次为一层的坐南朝北的讲堂和二层的清晖阁所围合的书院主体院落；西侧南为一层的刘公祠，北为二层的右军祠，整体建筑掩映于树林之中，布局简单明了。作为城市中不太大的蕺山景观，应尽可能少地影响自然山体，故化整为零，以若干小台地组织院落与建筑的关系，使建筑与山体、绿化浑然一体，加上朴素的建筑风格，达到复建的初衷。

概言之，这类修复类型，总体布局可有依据地修复，单体设计则参考地方技艺。

类型二：有模糊原形的修复设计

在历史建筑的修复设计中。为慎重起见，常见有多方面的权衡和选择并对项目方案进行多种探讨和研究。它要求设计者既要进行严谨科学的历史考察，又要有现代的设计思路和理念。杭州雷峰塔复建便是一例。由于其区位特殊，众所瞩目，故对其体量、色泽和细部等的考察尤显关键，这也是对历史真实性的尊重。即使各种原因未能实施，这种探讨性方案也为后人的研究提供借鉴。以绍兴蕺山王家塔复建为例。

蕺山高53.3 m，因晋王羲之建宅于此，故又名王家山，山上曾建王家塔。此塔主绍兴的文风，因此，它有文峰塔的性质，是古代绍兴城的标志和象征建筑之一。根据历史图籍和老者的记忆，王家塔是一个八边形三层的石塔。这是它和同城的应天塔、大善塔相别的地方。它坐落在后山

顶上，本身的高度和体量不大。王家塔与蕺山书院同在一张古图上，据此可初步判断塔的体量。由于蕺山上现有古木参天，设计时为增加三层石塔的高度，将石塔置于高5.2 m的亚字形台基上，削弱方向感并使其和八角形的塔身形成呼应。同时将塔置于城市主体景观方向，与整个蕺山、蕺山书院、戒珠寺及书圣故里历史街区的观景轴线——蕺山街形成视轴。按最佳视点、视角测算，塔高约25.3 m，测量总距离398 m，蕺山街望塔顶水平视角9°，从山下望去，台基淹没于树丛中，从而保证较小的塔体显露出来。这样既保证原塔的体量，又能取得功能和景观的双重效果。宋元风格，塔身设计成石仿木塔，内可上人，无平座，有斗拱，对边6.45 m，直径6.98 m，底面至刹顶共高20.11 m。

其他两个方案，一种为楼阁式砖身木檐塔，七层，高42 m；另一为五层，亦为楼阁式砖身木檐塔，高37 m。最后实施方案以三层石塔为主体形象，去掉5.2 m的台阶，改为五层仿木楼阁式塔，总高36 m。尽管实施的不是经过考察历史而推敲的三层石塔，但这样的历史考察过程非常必要而有意义。

概言之，这种标志性、景观性传统建筑的复建，可从现代城市景观功能要求和历史真实性要求中确立最佳的设计方案，从历史环境的变化中定位体量和细部。

类型三：类比及借鉴的修复设计

对复建建筑本身原形、原制要求很高，但所能搜集和调查的资料又很少时，设计者不仅要从仅有的文献和遗存中找出相关的信息，如建筑内容、整体布局关系、建筑开间、进深、式样等；还要从当地的建筑遗产特点和时代特征加以借鉴，同时参引同类建筑的共性特点进行因地制宜、更接近地方历史真实的复建设计。

南京高潭县武庙在老街历史街区中具有重要的历史地位和价值，其规模宏大——“占乎句溧六浦之先，与上江两邑媲美”[③]——为保存其原有的历史文化价值，决定原址重建，且亦以原形、原制为宜。据文献记载：高潭武庙始建于明弘治初年（1488年），原在县治北门，几经修葺与战乱，于清同治八年（1869年）移今址，由于用地较北门宽阔，故规模扩大。据古街老人回忆，其规模至民国时期尚在。经过实地踏勘，在遗址周边的民宅及散落于民宅院落中，尚有原大式建筑所用之鼓墩石和柱础，并且北侧石阶踏步尚存。

在确定了清代的设计风格后，对建筑物内容和布局特点，则根据仅有的历史文献进行谨慎的论证。《高淳县志》对清同治八年迁建时其形制规模略有记载：“经营后为启圣殿，中为正殿，前为门，凡九楹三阕，蟾圆而毕，而规模式廓，金碧辉煌，视向之因陋就简而享祈难于成礼者，不啻楹与挺之别焉。夫武圣升入中祀，创修庙宇亦善后之要务也。”“照墙西偏潭溪陈祠捐一间三进房基。职员陈振声捐直九丈五尺、横二尺八寸房基、西八字墙基，祭各给胙”。笔者又走访邑人老者，追忆昔日规模式廓。前为八字墙门，直临老街。中部三进院落，殿宇均为五开间歇山，两侧各留备弄可拾基级而上，殿宇之间为廊庑相连。地势西南低，东北高，与现状地形相符。

在现实环境的不规则红线用地中（因拆迁问题），除了主轴线的建筑群以外，其他建筑物的设计则从关帝庙这一类型建筑群体中得以适当的选择、变通而提炼。根据地形设计景观轴线为一主三辅。主轴线依次为山门、八字戟门、祭殿、启圣殿，分为三个院落空间，其中启圣殿前为主庭院。东辅轴线依次为：“气肃千秋”枋、钟亭、印楼，前后为两个院落，其中钟亭为四柱开敞的开放式庭院。西辅轴线依次为：“义贯云天”枋、鼓亭、刀楼，与东轴线对称。垂直辅轴线以武庙主庭院为核心，依次贯穿钟亭、东西乌头门和鼓亭。

高潭建筑风格属皖南文化圈，但也受到苏南建筑形式影响，建筑多为硬山马头墙，且马头墙不从脊顶升起，楼屋建筑有多级叠落式样，墀头雕刻式样丰富，梁架断面粗大，具有独特的地方传统风格。如武庙周边地域的古建筑，吴氏宗祠是清乾隆年间遗构；东坝戏楼，建于明，毁于清，重修于民国，硬山式样；沧溪戏台，近代重修建筑，三开间硬山，手法较简单等等。通过对这些地域传统古建筑的台基、踏步、栏杆、柱础、斗拱、梁架、屋脊、山花、墀头、铺地以及石雕、木雕、砖雕等细部做法的调查研究，借鉴关帝庙的传统空间布局与式样做法，确定高淳武庙的建筑架构，再根据文献资料的历史信息，以期尽量达到原址原制之目的。

概言之，对仅存少量历史文献和遗存的借鉴性复原设计，可从类型建筑的共性中分析总结，从遗存中汲取“营养”，最大限度地接近历史真实。

类型四：动态发现与保护的修复设计

在相当多的情况下，几经易主且多次修葺，并淹没于当代旧城区的少数保存较好的非文物建筑，可在整片街区的保护规划或旧城区改造普查中发现它们的价值。随着进一步的测绘、调研，对其内在的布局和功能、建筑的结构与特点逐渐明晰，从建筑细部残存的遗迹分析判断建筑的原貌，谨慎细致地进行修复施工设计，并在相关政府部门的支持下，使之最终逃脱毁于瓦砾的命运。

这类历史建筑的修复保护工作不仅限于众所周知的祠堂、庙宇、大的台门府第，更多的是那些不为世人所知、散落于民居中，并且一直在使用中的民宅。这就要求规划师、建筑师从各种不同程度的改造、搭建中去发现建筑的真实原貌，从现状局部中洞察整体建筑的本来面目，剥离人为掩盖，体现历史原真。

如绍兴蕺山街某台门，当时为绍兴市工业总公司仓库。该古宅原为书圣故里历史街区保存较为完整的一普通台门，后经过现场调查、老者的回忆，以及现存的实物判断：古宅原为传统的当铺，占地较广，甚有规模，坐西朝东。中轴线上依次是大门、天井、仪门、明堂、斤堂、后庭院、座楼，两侧分列“侧厢”。外观基本对称，格局森严，整个建筑是一种外封闭、内开敞的厅堂布置，兼作居住和经商。是平面规整、纵向展开的院落式商贾宅院。

该当铺建筑用材比较考究，门厅、正厅的梁楣、梁底尚存有贝壳嵌雕。地面均采用大石板铺地，俗称“一马平川”。主庭院尚有附房，据老人讲，为下人和厨灶用房。前进内侧有当铺柜台，外封闭内开敞，以防盗抢，符合生意的经营。东有两处入口。一处为主入口，位于北尽间，是主人和顾客的出入口；一处位于最南侧，是下人出入口，内部有弄堂。主人一般由主入口进入，南行入侧仪门进入前天井，过仪门进明堂，登堂入室。而一般的顾客，进入前天井后即止步，其活动范围有限。平时其仪门紧闭，非重大节庆日不开。

现该古宅的第一进建筑，部分为仓库，部分为民宅。从现场勘察的情况来看，明间正入口为后人改建。明、次间的后金柱间，在鼓墩上尚存有原门槽痕迹。明间南墙上有栅栏，经推测亦非原物。明间地面为断砌做法。南尽间墙面上尚存有通向南部侧弄的石作门套。前天井有古井一口，井口石已失，现已封实。绝大多数梁架，包括部分雕刻等基本保存完好，但门窗破损、改建处颇多，部分瓦面破损严重。开间划分也较混乱。侧仪门保存基本完好，砖雕斗拱尚在。斗拱以上(包括正脊)已毁。仪门上的石细门楣及石雕保存完好，顶部砖细门斗皆无存。两侧清水砖墙面尚依稀可辨。厅堂北次间尚存深约 2 m 的地下储藏室，推测为原当铺的地下室或重要金库。

通过进一步的勘察测绘，提出修复实施方案(表 1)。该处于 1992 年列为市级文物保护单位，称尚德当铺。

概言之，通过对这类历史建筑本身的细致勘查、调查和测绘，条分缕析，可恢复其原貌甚至原有的功能，再现其历史价值、文化艺术价值，提升整个历史街区的品位。

类型五：易地迁建或改建的修复设计

对保存较好的非文物历史建筑进行异地保护或迁移重建，在城市更新中挽救历史遗产已越来越多地被管理和经营者采纳和实施，有些更兼景观再造和遗产保护的双赢效果。在迁建的过程中，从开始的测绘、编号、落架，到后来的重新定位、安装以及必要的修缮、加固，对地方建筑技术的考察是准确复原和改建，以及最大限度地保护和利用原建筑物的关键。

以浙江乌镇西栅浙直分署复建工程为例，其中的川堂为一迁建历史建筑。原为徽州中州中学内一个七开间四进深的祠堂，施工队测绘原建筑数据均为小数，并且南北两方向开间尺寸也不同，绘制出的平面定位图为稍许变形的平行四边形。这些数据让设计人员费解，因为该建筑将原物原位安装，稍有疏漏，则差之毫厘，谬以千里。这也让安装施工人员不知所措，从而提出明次稍尽间分别为 5500 mm, 3830 mm, 3340 mm, 2700 mm；进深依次为 2230 mm, 2500 mm, 2500 mm, 3320mm 的接近现代模数取整的施工安装数据。如果这样，则定位后将有大量的梁檩不得不更换或大材小用，也改变了原来迁建建筑的初衷。

在测绘和施工中人为的误差虽不可避免，但数据相差的悬殊应另有原因。历史上建造该祠堂的地方尺并非所要移建地方的地方尺，更不是我们今天所使用的“米”，建造时一般工匠以整数尺定开间与进深的尺寸。经核查和计算，确征徽州该祠堂的营造 1 尺为 276 mm，结合测绘数据，得出整数尺，从而使整体建筑准确安装复原。

施工过程中，也需对原来的地方技术有较好的认识，如大木的拆卸和加工，只有了解当时当地的做法才能保证正确的施工质量。再如建筑的细部，必须对当地的做法有细致的考察，才是成功修补使其复原的前提。

对现存文物古迹的修复，必须保留原物、原状、原貌，以达到“延年益寿”，永续利用。因此须尽可能多地保留历史原物，保存历史信息。

历史街区传统建筑的修复与文物建筑的修复有一定的区别。以上实践和探讨可以分为两类：一类是对现存历史建筑的修复设计(包括易地者)，如绍兴蕺山街尚德当铺以及徽州中州中学某祠堂。应作为文化遗产来对待之，因此“原真性”(Authentecity)是其重要的原则或标准④，其修复设计本身也是去伪存真的过程。以上设计基本上实现了原物、原貌修复，为最后申报文物打好了基础。另一类是对历史街区现已毁损无存的古代建筑的复原或重建设计。其情况要复杂一些，往往要受到各种因素的制约，但历史信息和历史遗物的尽可能保留，对历史原貌的追求，也是极为重要的不同的设计条件、不同的现状类型，须运用不同的设计方法，遵循不同的设计规律，对文献的搜集、整理与分析，对地方做法的调查研究是修复设计的基础。同时，在地方历史建筑的时代特征中汲取真实的设计元素，适当地发挥设计师来自不同领域的综合知识，才能留给后人一个个经得住时代与历史考验的“岳阳楼”。

注释：

①历史建筑可有广义和狭义两种定义，本文所指的历史建筑即广义上的，泛指现尚存在的，或存在过的有一定历史、科学、文化和艺术价值的古代建筑。但其在修复或复原重建中采用传统的风貌、格局、建筑材料和营造技术。

②绍兴县修志委员会：《嘉庆山阴县志》，1936 年版。

③高淳县地方志编纂委员会：《高淳县志》，南京：江苏古籍出版社，1988 年版。

④张松：《历史城市保护学导论——文化遗产和历史环境保护的一种整体性方法》，上海：上海科学技术出版社，2001 年版。

作者简介
李湞、雷冬霞，同济大学建筑城规学院。
(原载《新建筑》2006 年第 5 期)

论历史环境中非物质形态遗产的保护

李和平

摘　要　非物质形态遗产是社会文化具有生命力的组成部分。分析了历史环境中非物质形态遗产保护的对象，阐述了在整体性历史保护观的指导下和文化旅游的发展中，非物质形态遗产保护的意义，从历史文化内涵的显现、历史文化传统的传承、与文化旅游发展的结合等三个方面探讨了历史环境中非物质形态遗产的保护方法。

关键词　历史环境　非物质形态遗产　保护　文化旅游

历史环境是人类文明发展的见证，其构成要素包括自然环境、人工环境和人文环境。自然环境和人工环境为物质形态的文化遗产，包括人类建造活动的历史遗存及其产生和发展的自然环境条件；人文环境为非物质形态文化遗产，如语言、宗教传统、口传历史、神话传说、手工艺、民间传统、文学传统、道德规范、民俗活动等，反映了人类精神领域的创造性活动，是社会文化具有生命力的组成部分，它们与物质遗产相互依存和烘托，共同反映着历史文化积淀，形成了历史环境的不同特色和价值。近年来，非物质形态文化遗产保护越来越引起人们的关注，成为历史环境保护和文化旅游开发的重要内容。

1　非物质形态文化遗产保护的对象

广义的文化观认为，非物质形态文化遗产包含了人类所创造的一切精神文化、行为文化、语言文化产品①。就历史环境保护来说，最为密切的是与城市或地区（地段）相关联的历史信息，反映精神文化的宗教、文学、艺术；体现行为文化的地方文化传统。

1.1　与历史环境相关联的历史信息

历史环境见证了人类历史发展的过程，是历史记录的真实载体。与历史环境相关联的历史信息一方面包括历史环境所经历的某些特殊历史事件和历史过程，如天安门广场记录了自近代以来我国的重要政治活动，分布于全国各地的革命遗址和革命纪念地记录了革命志士艰苦卓绝的斗争历程；另一方面包括它们所记载的一个民族、一个地区文化发展进程，包括定居、社会状况、技术水平、价值观念等，如上海外滩记载了上海近代社会经济和技术发展状况、市南地区保存下来的大量会馆建筑反映了明末清初以来的移民文化特色、市郊的历史古镇记录了该地区文明发展的过程。“历史”的价值和力量是巨大的，发掘和展现历史环境中的“历史”是保护工作的重要内容。

1.2　反映精神文化的宗教、文学、艺术

宗教、神话传说、文学、戏剧、绘画、音乐等属主流文化内容，反映了一个地区、一个城市的文化发展历程。就宗教而言，除了一些著名的宗教圣地（如普陀山、青城山）外，一个地区大众的宗教信仰往往反映了该地区深厚的文化积淀。在文学艺术方面，与著名文艺作品或人物有关的城市或地区，反映出它们所具有的深厚文化底蕴，如鲁迅故乡绍兴、中国“成语典故之乡”邯郸、“音乐之都”维也纳、“绘画之都”巴黎等。另外，地方特有的古老文学艺术传统，同样焕发着迷人的历史文化魅力，成为城市或地区的一大特色，如丽江的纳西古乐、泉州之古戏曲等，所有这些精神文化遗产都是历史环境价值的重要组成部分，丰富了城市或地区的历史文化内涵。

1.3　体现行为文化的地方文化传统

地方文化传统如地方风俗、传统工艺、土特产品等文化内容，同样反映了一个地区、一个城市的历史文化积淀和文化特色。地方风俗是生活传统的展现，特别是岁时节令和游艺竞技的风俗，可以将人们从现代文明社会拉回到历史的记忆之中。传统工艺反映了一个民族、一个地区在历史上的生产力及文化发展的水平，许多民族和地区都有自己的传统“绝技”，并引以为豪，如制陶、染织、刺绣、雕塑、编织、制漆工艺、金属工艺等。土特产品是一个地方自然资源、地理环境、传统产业、生产习俗的综合反映，包括资源型特产（如西湖龙井茶、武夷山马龙茶）、传统手工艺产品（如景德镇的瓷器、苏州的刺绣），以及风味菜点等。

2　非物质形态文化遗产保护的意义

2.1　整体性的历史环境保护观

随着社会发展和人们认识水平的提高，为了更真实、更完整地为当今和子孙后代保留人类发展的见证，被列入保护的对象和内容无论在广度上还是深度上都不断拓展，整体性的历史保护观已成为当前历史环境保护的重要共识。历史环境保护已逐渐从单一的人工环境保护走向人工环境保护与自然环境保护、历史人文环境保护的结合。

整体性（entire）保护是指历史环境保护应考虑其文化意义的各个方面，而不是只强调一个方面而忽视其他方面。具体地讲就是要将体现文化意义的各构件（Fabric）或要素全部地保存下来。《马丘比丘宪章》指出：“城市的个性和特性取决于城市的体型结构和社会特征，因此不仅要保存和维护好城市的历史遗址和古迹，而且还要继承一般的文化传统。”《华盛顿宪章》认为：“应该予以保护的价值是城市的历史特色以及形象地表现着那个特色的物质的和精神因素的总体。”在文化遗产保护过程中，人们越来越认识到人类历史上创造的精神财富都是珍贵的文化遗产，保护富有地方特色的历史文化传统，对保护人类文化的多样性具有重要意义。日本1952年《文物保护法》率先引入了“无形文物”的概念，把在历史上、艺术上有一定价值的戏剧、音乐、工艺技术以及祭奠和舞蹈等活动都确定为保护的内容。我国1990年代以来兴起的历史城市保护热潮中，也都将城市的文化积淀作为扩大城市影响力的重要资源，如平遥“晋商”文化、周庄的“江南水乡文化”、泉州的“戏曲文化”等。

2.2　文化旅游的发展

随着人类物质财富的日益丰富，人们对精神文化的需求越来越大，这使得旅游越来越成为社会发展的一支主要经济力量。历史文化遗产是最具潜力的旅游文化资源，以它为基础的文化旅游是当今世界旅游发展的一个重要领域。目前，世界旅游业经营方式和产品结构正在发生结构性和阶段性变化，旅游产品正由传统的陈列型、观赏型上升到表演型和参与型（提高型和发展型产品），以全方位适应现代旅游消费②。高层次文化旅游产品往往以各类“活动”项目的形式表现出来，如观赏性活动、可参与式活动、

互动性活动等，它能为旅游者提供生动而真切的文化体验，并使旅游者在旅游活动的参与中感受到文化的享受和审美的愉悦，从而具有巨大的旅游吸引力。

为了提高旅游产品的层次和水平，除保护好现有的历史遗存外，还必须充分利用各地区的无形文化资源，从历史事件与过程、文学艺术、民间工艺、民情风俗等方面挖掘具有旅游价值的内容，并通过策划和设计将其转化为旅游产品，结合到文化旅游地的开发之中。云南丽江古城将"纳西古乐"作为一项重要的旅游开发产品，取得了良好的社会效益和经济效益。美国夏威夷是著名的旅游胜地，除阳光、沙滩、大海等自然景观以及珍珠港、夏威夷皇宫等人文景观外，可参与式的土著人歌舞表演、竞技表演也是极富吸引力的旅游项目。

3　非物质形态文化遗产保护方法

经过一个多世纪的探索和实践，历史遗迹、历史地段、历史城镇等历史环境的保护逐步走向科学化和系统化，形成了一些社会公认并为世界各国共同遵守的原则和方法。然而总体来看，目前的保护体系比较强调人工环境、自然环境等物质形态文化遗产的保护，非物质形态文化遗产保护尚未引起足够的重视。

文化的一个重要属性是它的象征性，"所谓象征性，就是外显的部分往往具有一种象征意义，是为了说明，表达某种内在的意义的，而反之文化的内隐部分也一定要通过某些外在的形式表达说明出来"③。因此，非物质形态文化遗产中所包含的隐性的历史文化内容一般是通过"显性"的形式予以展现和传承的，并与有形文物相互依存和烘托，以达到整体性保护的目的。

3.1　历史文化内涵的显现

历史环境中的物质遗存，其构成、形式、特征等虽然已表达了一定的精神文化内涵，但并不能完全包含它所积淀的全部历史文化内容。历史文化内涵的显现就是通过"物化"的形式将与历史环境相关联的历史、宗教、文学、艺术等文化内容有意识地表达出来，让公众可以直接地、全面地了解它的价值和意义，一般可以采取以下三种方式：

3.1.1　陈列与展示

所有的文化现象，包括有形文化、精神文化、行为文化、语言文化等，都可以通过不同的物质载体加以表达，例如通过文字记载可以了解历史和各种文化现象，通过宗教礼仪器物可以了解不同的宗教文化。因此，通过收集、研究、整理有关历史文化的物质载体（包括历史文物、历史研究文献等）并加以陈列和展示就成为非物质形态文化遗产保护的重要方式。

在历史城镇保护层次，可采取建设综合性或专类博物馆来陈列和展示城镇的历史文化；在历史街区或历史地段保护层次，可利用历史建筑建立专类博物馆（陈列馆），收集、整理、陈列本地区相关历史文化；在历史建筑保护层次，可将一些重要的历史建筑加以清理和修复，进行相关的复原陈列，并通过图片、文字等方式说明该建筑的历史。建立博物馆或陈列馆在国内外历史环境保护中已得到广泛运用，不仅成为历史文化保护的重要方式，而且为文化旅游的发展创造了条件。

3.1.2　标示与说明

用形象的图文形式，标示和说明历史环境的历史、特征及其价值，可以简单明了地传达历史文化的信息。大部分历史街区、大量的历史建筑不可能都采用"博物馆式"的保护方式（建立博物馆或陈列馆），标示和说明就成为展示历史文化内涵最简单易行的方式。对于经济相对落后、保护意识薄弱的地区来说，这种保护方式值得广泛推广。

3.1.3　象征化表达

将与历史环境有关的历史事件、历史人物、传统生活场景采用雕塑、绘画等艺术形式象征性地表现出来，可以生动形象地再现历史。在历史城镇中可以结合城市规划在重要节点建设一些历史题材的雕塑，在历史街区和历史建筑中可以在适当的场所结合历史事件和历史人物布置一些雕塑和绘画。由于这种方式同时还可以提升城市的环境品质和艺术氛围，近年来在历史环境保护中被广泛运用，产生了良好的效果。

3.2　历史文化传统的传承

文化是通过各种不同的载体获得传承的，其具体传承的途径包括生活方式的传承、生产方式的传承、宗教信仰的传承、伦理道德观念的传承、节庆习俗的传承、语言与文学艺术的传承等等。在历史城镇及历史街区中，传统的生活方式、生产方式、宗教信仰、节庆习俗、文学艺术等不仅具有深厚的历史文化内涵，而且还负载着许多独特的文化观念，恢复或弘扬这些文化传统就成为人文环境保护的重要途径之一。

由于文化是一个不断发展的范畴，是在自身的发展中和与其他文化的相互影响、相互交流的过程中被传承的，并不断适应社会发展的需要。因此，对传统必须加以有效地选择，而这种选择不是根据过去的需要而是按照今天的现实要求，把真正优秀的文化传统保存下来，剔除那些对社会发展、民族进步起阻碍作用的落后的习惯势力和观念。历史环境保护中，对文化传统的传承既包括对已经湮灭的特色文化重新进行发掘和恢复，也包括对现存的优秀文化传统的尊重并加以建设和发扬。

3.2.1　发掘和恢复

对于已经消失或濒临消失的优秀文化传统，如传统戏剧、工艺、古乐、庙会活动等，应加以发掘和恢复，使之重新回到城镇生活之中。这种方式对于激发历史城镇活力、强化城镇特色具有重要作用。例如，绍兴城市保护中提出了对古代社戏的恢复；国外许多历史城镇恢复传统的交通方式（马车、人力车、非机动船等）为旅游观光服务，成为城市一道亮丽的风景。

3.2.2　建设和发扬

对于现存的文化传统，如传统节日活动、风味饮食等，应采取政策上的、管理上的、经济上的、规划上的各种措施予以扶持，使其在城镇文化建设中发挥更大的作用。同时，这些文化传统的复兴可以与文化旅游的发展紧密结合起来，充分发挥其社会效益和经济效益。

值得指出的是，节庆活动在传承历史文化、体现城镇特色方面能发挥重要作用。"各个民族丰富多彩的节庆活动都构成了一种寓意深刻的独特的文化表达方式。从节庆活动中透视出的是一个民族古老而丰厚的文化传统，折射出不同民族的社会历史和文化变迁的轨迹。……节庆活动把一个民族的传统文化通过一种形象直观的方式表现出来，使得民族古老的文化得以复活重现"④。正因如此，国内外许多城镇都有意识地支持和引导传统节庆活动的开展，如德国的啤酒节、大理的"三月街"节等。

3.3　与文化旅游发展的结合

如前所述，文化旅游的深度开发需要利用各地区的无形文化资源，同样，无形文化遗产保护也只有与文化旅游发展紧密结合才具有生命力并得以持久。为此，应结合各地区历史文化特点，紧紧围绕特色文化的挖掘、提炼和表现，提高旅游开发的深度和广度，积极开拓高层次的旅游产品，发展多元化的文化旅游项目，适应当前旅游业的发展要求。非物质形态遗产保护可以在三个层次上与文化旅游发展相结合。

3.3.1　基础层次旅游产品

其特征是陈列式观光游览，属于最基本的旅游形式，是旅游规模与特色的基础。在历史环境保护中，可以结合历史遗迹的保护，充分利用无形文化资源，建立博物馆或陈列馆，并采用表示与说明、形象化表达等形式，展现历史环境的历史文化内涵，并将此作为观光游览的重要对象。

3.3.2　提高层次旅游产品

其特征是表演式展示，属于提高层次的旅游产品，可以满足游客由“静”到“动”的多样化心理需求。在历史环境保护中，可以通过传统戏剧（音乐）表演、民族歌舞表演、神话传说、故事讲演、重大历史事件表演、民俗活动表演、民间工艺表演等形式丰富旅游活动的内容，提高旅游吸引力。如西安市常年举办的“盛唐歌舞表演”、欧洲君主立宪制国家的皇宫每天举行的隆重“卫兵换岗仪式”等等都属于此类旅游产品。

3.3.3　发展层次旅游产品

其特征是参与式娱乐及相关活动，可以满足游客的自主择项、投身其中的个性需求，是形成旅游品牌特色与提高旅游地吸引力的重要方面。在历史环境保护中，可以结合地方文化传统，广泛开展参与式活动（如历史事件体验、民俗活动参与、民间工艺制作等），定期开展有意义的节庆活动（如庙会、旅游文化节、传统美食节、民族文化节等），着力让游客亲身体验历史文化氛围，提高地方文化的影响力，并将观光、娱乐、购物等旅游需求有机地结合起来，如重庆磁器口历史街区从2000年开始恢复春节期间的传统庙会，将购物、传统饮食、娱乐、宗教祭祀等活动结合起来，产生了良好的社会效应，每年春节庙会期间（15天）接待游客80余万人次以上，旅游综合收入达400余万元，显示出高层次文化旅游产品开发的巨大潜力。

注释：

①文化的要素或形态结构有不同的定义和划分方式，本文借用的划分方式有利于分析历史环境中的文化要素。精神文化主要指人类文化的精神创造部分，包括思想观念、世界观、价值观、宗教信仰等，集中表现于神话传说、哲学和其它具体科学、宗教、文学、艺术等创作中；行为文化指习惯性行为、偏好，或者遵循的风俗、制度；语言文化指以语言为核心的符号系统。

②马勇、舒伯阳：《区域旅游规划——理论方法实例》，南开大学出版社，1999年版，第25页。

③④张文勋、施惟达、张胜冰等：《民族文化学》，北京：中国社会科学出版社，1998年版，第15页。

参考文献：

[1]童恩正：《人类与文化》，重庆：重庆出版社，1998年版。

[2]张文勋，施惟达，张胜冰等：《民族文化学》，北京：中国社会科学出版社，1998年版。

[3]阮仪三，王景慧，王林：《历史文化名城保护理论与规划》，上海：同济大学出版社，1999年版。

[4]张松：《历史城市保护学导论》，上海：上海科学技术出版社，2001年版。

[5]王瑞珠：《国外历史环境的保护与规划》，台北：淑馨出版社，1993年版。

[6]马勇，舒伯阳：《区域旅游规划——理论方法实例》，天津：南开大学出版社，2000年版。

[7]张继刚，楚义芳：《旅游地理学Ⅱ》，高等教育出版社，2000年版。

作者简介

李和平，重庆大学建筑城规学院副院长，教授。

（原载《城市规划学刊》2006年第2期）

黟县西递村落
——非物质文化遗产与聚落空间的现代解读

王　韡

摘　要　传统古村落是人类居住文化史留给后人的宝贵遗产，它负载着祖先的智慧和精神文化。文章尝试从非物质文化与权力的角度出发，分析传统徽州聚落中的构成意义，揭示传统聚落背后的非物质文化与物质文化之间的内在关系。

关键词　古村落　非物质文化　权力空间

前　言

徽州古村落的社会结构基本模式是以宗族为主体、以血缘关系为纽带形成的一个相对独立的社会结构网络，它具有自我封闭和自我发展力量。在封建社会中，它是游离于国家政权等级之外的民间权力形式，建构起古代社会中最基本的民间权力空间形态。这里所谓"权力空间"，用法国哲学家福柯的话说，就是一种规训与惩罚性的空间，它通过监视的手段实现权力的目的。这种权力空间中的主体不是国家权力，而是在各种制度中行使出来的，并在日常生活中直接或间接地影响着人们生活的权力。这是一种广义的权力空间，实际上，它在人们的社会生活中无处不在。

本文结合非物质文化与现代权力空间的观点，以西递村为例，探析徽州古村落非物质文化与聚落空间的构成意义。

1　非物质文化遗产与聚落

所谓非物质文化遗产，大致包括五个部分：口头传说和表述，包括作为非物质文化遗产媒介的语言；表演艺术；社会风俗、礼仪、节庆；有关自然界和宇宙的知识和实践；传统的手工艺技能。

传统聚落的非物质文化，是同人们的生活居住形态密切相关的，或者说，非物质文化最终都将落实到某种物质文化层面，从"非物"转化为"物"。物质文化遗产与非物质文化遗产之间，是一种相互依存才具有真正生命力的关系。

源于东方哲学的传统聚落注重的是人与自然的和谐，思考的是人如何顺应自然，是一个先"精神"后"物质"的过程。因此，在研究传统聚落文化时，作为非物质文化的"精神"和物质文化中"物质"的关系必须并重，才能发掘出完整的聚落文化。

对西递古村落来说，非物质文化遗产主要集中体现在两个方面：一是"风水"，二是村落族权空间所体现的传统道德、价值理念和思想，这两方面都以物化的形式呈现在村落的整体结构之中，成为村落发展中最精华的一部分。

2　"风水"聚落

在徽州，程朱理学已成为徽州人思想中的圣典，徽州人因朱子而更加笃信风水、尊崇理学："卜其宅兆，卜其地之美恶也，非阴阳家所谓福也。地之美则其神灵安，其子孙盛，若培拥根而枝叶茂，理固然矣。"将风水归于"天理"，给风水寻找到哲理之根。非物质的风水理念和理学，已将徽州人的思想和生活从意识到现实均紧紧地融为一体。

风水在徽州古村落选址、规划、建设等一系列过程中指导着人们的实践。村中的建筑如宗祠的位置、普通民宅的朝向和布局、各户之间的关系等诸多因素，都是在风水理念下完成的，这是看似随机的古村落获得内在秩序的主因之一，也就是说，风水的目的是使村落获得一种空间秩序。

以西递村为例，西递分布在一个东西长、南北狭窄的小盆地里，地势东高西低，占地达20多公顷，从建村、发展、繁荣到衰败，都浸润着风水观念的影响，总结起来，风水建构的主要手段包括选址、喝形、理水、门向几大部分。

聚落选址是徽州人定居前非常慎重的大事，一般遵循"依山建屋，傍水结村"，"枕山、环水、面屏"的大原则。喝形，则是将周围的山体附会相法形局，前有朝山，后依龙脉，似龙凤虎鹤等山峰把守水口、河流，有牛马狮象等山势锁风纳气，亦有玉带溪水环抱村庄，"负阴抱阳，金带环抱"是最理想的居住地，也因此划定了家族的势力范围，祈求能够拥有一块供宗族繁衍生息的宝地。理水，是风水空间建构中的重要一环，被视作福、财之所依，其中最为重要的当属水口。西递水口地势相对狭窄，蜿蜒曲折，有"水走至玄莫问方"的吉利之相。门向，在西递民居中则被广泛采用，不仅表现儒家礼教的内涵，也符合风水上的"吉位"要求，并能满足商家不宜向南开门的说法。

总之，从中不难发现徽州的风水其目的就是为了建立一种符合种族繁衍和发展的生活秩序。从权力的角度来说，风水就是一种源于古人主观的意念与象征的权力。

3　族权空间

徽州古村落的族权空间主要体现在祠堂、牌坊，以及学院、神社等空间上，这些聚落空间是宗族和宗族权力的象征，是族人寄托情感的场所，同时又是村落中秩序的象征，在徽州聚落中占据着重要的位置。在这些空间的背后，起作用的不是空间本身，而是蕴含在其中的族权、伦理观念等非物质文化因素。

3.1　祠堂

祠堂是追忆先祖、体现族群凝聚力和权威的场所。"追源溯本，莫重于祠"，历史上西递曾经有祠堂20余座，以宗祠"明经祠"为核心，等级分为总祠、总支祠、分支祠和家祠等，分别祭祀不同时期的祖先。

在村落的发展中，西递祠堂的位置记录了房支居住发展的走向，也勾画出清晰的权力空间轮廓，有助于我们去发现村落中权力空间的生长关系。风水以有水为佳地，水既为日常生活带来便捷，又可调节生态小气候，沿溪流发展自然也就成了胡氏后人发展的首选，村中的主要祠堂分布也说明这种发展选择。

对祖先的崇拜和祭祀，划定了村落中以祠堂为中心的族权等级和范围，将人与人之间的血缘关系、亲疏远近，以地域的形式固定下来。

3.2　牌坊

牌坊是一种典型的教化空间，它起着彰善瘅恶的教化作用，即所谓的旌门之制。牌坊中的权力象征主要表现以下几个方面。

第一，牌坊的形制等级。徽州的牌坊等级有八角牌坊、四柱五楼三间坊、四柱三楼三间坊和二柱牌坊。第二，牌坊中包含着伦理道德权威，体现儒家的“三纲五常”这一中国封建社会里家、国、天下的秩序之本原。第三，牌坊权力还体现在“旌表”之义本身之上，这一特征自有了牌坊的那一天，就深受历朝历代政府的重视。

西递的牌坊主要分布在水口附近，曾经有15座之多，大部分为旌表贞女节妇、孝子贤孙的节孝坊，文革期间几乎全部被拆除，仅留下1座胡文光牌坊。西递牌坊布置与歙县棠樾村相仿，在村落的入口营造出一系列礼教性权力空间，而如此密集的排列方式几乎让人感到窒息，自然也就特别引人关注。值得一提的是古人对女性的要求多如牛毛，其中最沉重的枷锁当属贞节。而贞节牌坊，表面上看是为了旌表女子而建，其内涵却是典型的男权空间，它不仅剥夺了牌坊受者的权利，也将剥夺更多女人的自由。

4 等级空间

从西递村来看，空间等级分为宗族等级空间和族姓等级空间。宗族等级空间以胡氏聚居空间为主，构成了西递村的主体结构形态；族姓等级空间以“大姓”胡氏和周围众多的“小姓”村落为主的聚居空间，形成具有明显等级特征的复合性村落。西递宗族等级空间是由空间在宗族中占据的重要地位程度决定的，西递村现有以明经祠、敬爱堂为主的两个族权核心，而分支祠则进一步细化了族权等级。

另一种等级体现在姓氏等级上。西递中心村周边还居住着一些所谓的“小姓”，有唐氏、黄氏、江氏、陈氏、查氏等姓氏，这些“小姓”主要依靠给胡氏服务来维持生计，他们与胡氏之间存在着主次和尊卑关系，形成了不同种姓之间的等级空间。因此，西递的所有权、话语权都掌握在胡氏家族手里，小姓只有服从、劳作的义务。

结 语

从对西递的非物质文化所包含的风水空间和族权空间的分析中，可以大致了解徽州传统古村落中非物质文化内涵与权力空间的结构模式。当然，本文中许多未涉及的因素如书院、文会、神社等等，也同样对村落的文化与空间形态施加影响。正是这些不同的聚落空间以及它们所蕴含的非物质文化，造就了西递作为宗族村落最为生动也最为凝重的一面。

徽州聚落的发展历程，是非物质文化与程朱理学在封建时期相结合的最杰出的物化表现形式，它是一种秩序，一种代表着那个时代的权力空间。至于“风水”文化，撇开它那具有迷信色彩的一面，它不仅强化了徽州古代聚落的外在特征和内涵，也在一定程度上促进了物质和地方性非物质文明的发展与融合。

作者简介

王韡，2000年于同济大学建筑与城市规划学院攻读博士学位，国家一级注册建筑师。

（原载《安徽建筑》2006年第1期）

生存的艺术：定位当代景观设计学

俞孔坚

摘　要　全球化和城市化，给景观设计学带来众多挑战和机遇。环境与生态危机、文化身份危机、精神信仰缺失，要求当代景观设计学必须承担起重建桃花源、重建天地—人—神和谐的重任。景观设计学源于我们祖先在谋生过程中积累下来的"生存艺术"，而这门艺术在中国和世界上，长期以来却被上层文化中所谓造园术掩盖了。

关键词　IFLA 主旨报告　景观设计学　生存艺术　当代景观设计学　景观设计理论

前　言

中国正处于重构乡村和城市景观的重要历史时期。城市化、全球化以及唯物主义向未来几十年的景观设计学提出了三大挑战：能源、资源与环境危机带来的可持续挑战，关于中华民族文化身份问题的挑战，重建精神信仰的挑战。景观设计学在解决这三项世界性难题中的优势和重要意义表现在它所研究和工作的对象是一个可操作的界面，即景观。在景观界面上，各种自然和生物过程、历史和文化过程以及社会和精神过程发生并相互作用，而景观设计本质上就是协调这些过程的科学和艺术。

国际景观设计师联盟主席马莎·法加多(Martha Fajardo)说得好："景观设计师是未来的职业。"[①]未来的光明前景在于景观设计学作为对景观这一媒介的设计和调控的特殊地位，而光明的前景只属于有准备的人们。

为了使景观设计学有能力迎接这些挑战，本报告着重回答了景观设计学所面临的挑战和机遇，当代景观设计学的使命和目标以及景观设计学科和专业发展的对策等问题。

1　桃花源，告诉你景观设计学作为一门"生存的艺术"的起源

"桃花源"是中国的一个古老典故，诗人陶渊明(公元365－427)描述了一位渔夫沿溪行舟，两岸桃花落英缤纷，不知路之远近，水尽而山出，穿过一个小山洞，眼前豁然开朗，这便是藏于山后的"桃花源"：群山环绕，屋舍俨然，有良田美池，农耕景观与自然和谐交映；此中的人们像家人一样和谐相处，老者健康怡然，幼童欢快活泼；纯朴善良的人们用美酒佳肴热情款待这位不速之客，就像对待自己的兄弟一样。当渔夫离开此地后，想再次重返时，桃花源却再也不觅其踪了。

在当今的中国仍然存在很多可以被称为桃花源的乡村，它们是数千年农业文明的产物，是农耕先辈们与各种自然灾害经过无数次的适应、尝试、失败和胜利的经验产物。应对诸如洪水、干旱、地震、滑坡、泥石流等自然灾害，以及在择居、造田、耕作、灌溉、栽植等方面的经验，都教导了我们祖先如何构建并维持桃花源。正是这门"生存的艺术"，使得我们的景观不仅安全、丰产而且美丽。

约4000多年前，在中国的黄河岸边，一起包括山洪在内的大规模群发性灾害事件，掩埋了整个村落，留下了一堆堆尸骨。[②]在惨烈的那一刻，一个妇女怀中抱着幼子，双膝跪地，仰天呼号，祈求神的降临。这位被期盼的神灵正是大禹，他"左准绳，右规矩，载四时，以开九州，陂九泽，度九山。令益予众庶稻，可种卑湿"。他懂得如何与洪水为友，如何为人民选择安全的居所，在合适的地方造田开垦，正因为如此，他堪称规划华夏大地之大神。也有因治一方之水土有功而被奉为地方之神者，如修都江堰的李冰父子。他们懂得与神为约，深掏滩，浅作堰，以玉人为度，引岷江之水；更有遍布大小村镇的地理术士们，仰观天象，俯察地形，为茫茫众生卜居辨穴，附之山川林木以玄武、朱雀、青龙、白虎及牛鬼蛇神。也正因为如此，遍中国大地，无处不为神灵所居，也无处不充满人与自然力相适应与相和谐的灵光。直到近代，凡亲历过中国广大城镇乡村景观的西方传教士和旅行者，无不以"诗情画意"来描述和赞美。[③④]

这就是中国景观设计学的起源，即"生存的艺术"，一种土地设计与监护，并与治国之道相结合的艺术。

遗憾的是，我们的上层文化并没有珍惜这种源于生存艺术的、充满诗情的、真实的桃花源，因为那是一种与苦难、劳动和生存相联系的下层文化，是与下等人和平民相联系的文化。2000多年来，帝王们早已不再像"三过家门而不入"的大禹那样关怀土地和人民，真实的桃花源所带来的丰厚的剩余价值，使帝王和士大夫们收尽天下之奇花异石、竭尽小桥流水之能事，扭曲了真实桃花源中的稻田和果园等与生存相关的良田美池，大造虚假、空洞的桃花源，并美其名曰：造园艺术。呜呼，在各国书店里有多少关于中国园林艺术的图书塞满了关于中国文化的书架，却很难找到一本关于中国真实的桃花源的书籍。长期以来，东西方学者们有意无意地向世人提供了一幅幅假象，使人们误认为中国的造园——这一虚假的桃花源"艺术"就是中国景观设计的国粹，继而成为中国文化的代表之一。然而，正是这种"国粹"埋葬了曾经辉煌的封建帝国，我宁愿将它和具有同样悠久历史的裹脚艺术"相媲美"。

也正是这种虚假的园林艺术，与同样腐朽的、来自古罗马废墟的城市艺术相杂交，充塞、装点着当代中国的城市，成为中国"城市化妆运动"、"园林城市运动"的化妆品。而与此同时，我们挖掉了农家祖坟上的最后一棵风水树，搬进城市广场；截流了流向千年古村落的最后一股清泉，用于灌溉城市大街上的花草，在营造一个当代虚假的桃花源的同时，却糟蹋了中国大地上真实的桃花源。

2　消失的桃花源：景观设计学面临的挑战和机遇

在中国城市经济快速发展的背景下，农业迅速退出社会经济的主导地位；同样，农耕技术及农耕文明中孕育的关于生存和土地监护的、日常的、乡土的景观艺术也随之衰落。20世纪90年代早期，中国兴起了一场"城市化妆运动"，随后一场席卷全国的新农村建设运动也如火如荼地开展起来。这些都使中国的大地景观面临严峻的危机边缘：生态完整性的破坏，文化归属感的丧失，历史遗产的消失。农业时代的桃花源将不可避免地走向衰败。

从历史角度来讲，这种衰败的进程始于2000多年前的园林艺术。曾经是生存艺术的土地设计和景观艺术，堕落成了帝王们和失意士大夫们的园冶消遣之术，无异于斗蛐蛐和陶醉于"三寸金莲"。这种造园艺术在当今的延续

和泛滥或者说“发扬光大”的结果，最终表现为：当成千上万的造园师们忙碌于城中小绿地和万紫千红的广场花坛时，我们的母亲河却正在遭受着干旱和污染的侵害；地下水仍然每天被大量地抽取用于侍养娇艳的鲜花，而任由沙尘暴不断侵蚀着良田美池和城市。

随着旧时代“桃花源”的消失，巨大的机遇也将降临，即如何在当代重建新的人地关系的和谐。在这个以全球化、城市化和物质主义为特征的时代中，当代中国景观设计学，也是世界景观设计学主要面临的挑战和机遇：

2.1　我们能够做到可持续发展吗？

未来20年内，中国13亿人口中的65%都将居住于城市（目前居住于城市的人口比率约占41%）。在中国660多个城市中有2/3的城市缺水，在我们的城市和乡村流淌的河流几乎没有一条未被污染；在中国境内的大多数河流上建筑15m以上高度的大坝约25800座，占世界总坝数一半以上；与以往相比，当代中国有更多的人口处于各种自然灾害的威胁下；荒漠化比以往任何时候都严重，每年都有$3436km^2$的土地在变成沙漠，目前，荒漠化总面积占整个国土面积的20%，且每年都在不断上升；每年都有近50亿吨的土壤被侵蚀。[⑤⑥⑦]中国在过去的50年中，有50%的湿地消失；地下水水位每天都在下降。以北京为例，其地下水超采量是110%，地下水位每年以1m的速度下降。[⑧]

连续几年，中国每年消耗的钢材是世界总消耗量的50%以上，水泥30%以上，但它们都被用到哪里了呢？它们被用来建造大型的纪念性广场和建筑，被用来给自然的河道衬底，用来拦河筑坝。经济高速发展的代价是环境的破坏。过去的20年中，中国大多数城市的GDP增长幅度都十分惊人，而与此同时每年因为环境和生态的破坏造成的损失已经占到了GDP总量的7%－20%，这相当于每年GDP的增长量，甚至更高。[⑥]

人们不得不问：我们能够在日益恶化的环境和生态中幸免于难吗？

必须认识到，上述这些对生态与环境的破坏并不是不可避免的。缺乏明智的规划和决策，特别是以土地综合设计为核心的景观设计学科的缺席，是一个重要的原因。在迎接这些空前的挑战时，景观设计学应该扮演什么样的角色？这些大背景促使我们重新回到景观设计作为“生存的艺术”的含义。

2.2　我们是谁？当今中国人的文化身份问题

20世纪80年代开始，中国进入快速的社会转型中，中华民族面临着文化身份缺失的危机。从传统上讲，中国的文化身份是建立在封建王朝的经济、社会和政治秩序之上的。事实上，当我们看看被列为国家遗产和世界遗产的大部分项目时，可以发现：被认为代表中国文化的遗产，其实大多是皇权和士大夫上层文化的产物。我并不否定他们的成就，只是我们的确需要问问自己：这种曾经的封建上层文化景观是否还能够代表我们民族当今的文化身份？在城市设计中，这种文化身份丧失的危机表现得尤其明显。众多国外设计师在中国土地上大肆“实验”、“创作”的时候，我们必须扪心自问：我们试图呈现给世界的究竟是什么？在中国过往封建帝王的华丽与现代西方的纷繁之间，我们不知所措，中华民族的文化身份是什么？这是当代中国、也是世界景观设计师应该思考的重要问题。

2.3　“上帝死了”，我们的生活还有意义吗？

祖母曾经告诉我：当一棵树长大变老之后，会变成神，有精灵栖居；当一块石头陪伴我们的家园，日久也变为神，有精灵栖居，我们的山、水和土地本身又何尝不是？祖辈们修建庙宇神龛用以供奉这些自然和先贤的神灵，它们保佑后代的幸福安康。我们曾相信是这些精神庇佑着我们的现世生活，还相信我们未来的生活需要这些精神的指引。正因为这些信仰和精神的存在，我们的生活才充满了意义。

过去几年，中国有近4000万农民失去土地和土地上的一切，包括精神的载体，这个数字还以每年200万的速度增长，他们的归属将在哪里？下岗的职工们，对于这些“以厂为家”的人们来说，他们的精神家园又在哪里？像世界其他地方一样，物质主义迅速地覆盖着中国的每一寸土地、甚至于土地上的每一个元素，包括我们的祖坟。我不能理解为什么不能在城市发展过程中保留这些过往灵魂的栖息地和当代人的精神家园。美国的第一个公园是墓地，而且至今仍然是最吸引人的休憩地；而在我们的土地上，以往村落前神圣而意味深长的溪流和池塘不是被填平了，就是以控制洪水的名义被水泥渠化了；寄托祖先信仰的风水树被剃光了枝丫，成为城市景观大道上“断臂维纳斯”。土地和景观元素正在日益地商品化，渐渐地，我们失去了与土地的精神联系。

当然，我们必须清醒，不能一任怀旧而陶醉于农耕时代的田园牧歌之中。对应于一个高度工业化、现代化、全球化的社会，我们应该创建新的、与现代社会相适应的桃花源。景观设计学则是实现这个“新桃源”的最合适的专业，而此时的中国，正是世界景观设计学发展的最合适的时间、最合适的地方。西方人说：“这是上帝的旨意”，老子说：“天将降大任于斯人”矣！

那么景观设计学应怎样通过物质空间的规划设计，保护和重建物质与精神的“桃花源”呢？

3　重归“桃花源”：当代景观设计学的使命与战略

面对生态环境的日益恶化、文化身份的丧失以及人与土地精神联系的断裂，当代景观设计学必须担负起重建“天地—人—神”和谐的使命，在这个城市化、全球化、工业化的时代里设计新的“桃花源”。

3.1　为什么“斯人”乃景观设计学？

为什么景观设计学能够在重建“桃花源”的使命中扮演主要角色？因为景观是一个天、地、人、神相互作用的界面，在这一界面上，各种自然和生物的、历史和文化的、社会和精神的过程发生并相互作用着。卓越的博物学者、生物学家爱德华·威尔森曾经说过：在生物保护中，“景观设计将会扮演关键的角色。即使在高度人工化的环境里，通过树林、绿带、流域以及人工湖泊等的合理布置，仍然能够很好地保护生物多样性。明智的景观规划设计不但能实现经济效益和美观，同时能很好地保护生物和自然”。[⑨]

而景观不仅仅事关环境和生态，还关系到整个国家对于自己文化身份的认同和归属问题。[⑩]景观是家园的基础，也是归属感的基础。[⑪]在处理环境问题、重拾文化身份以及重建人地的精神联系方面，景观设计学也许是最应该发挥其能力的学科。景观设计学的这种地位来自其固有的、与自然系统的联系，来自于其与本地环境相适应的农耕传统根基，来自上千年来形成的、与多样化自然环境相适应的“天地—人—神”关系的纽带。

要实现世界的可持续发展，我们遵循“放眼于全球，从本地做起”的箴言，而景观正是“从本地做起”的最可操作的界面。

3.2　我们该做些什么？

战略和方法景观设计学要怎样应对这些挑战？作为

重建和谐人地关系、主导学科的景观设计学应该遵循什么样的原则？我强调三个原则：设计尊重自然，使人在谋求自我利益的同时，保护自然过程和格局的完整性；设计尊重人，包括作为一个生物的人的需要、作为文化人的认同和文化身份；设计关怀人类的精神需求，关怀个人、家庭和社会群体与土地的精神联系和寄托。这三个关于土地、人、精神的原则，要求当代景观设计学必须调整自身的定位和价值观。

我们是谁，我们从何而来，决定着我们的未来；我们的价值观，我们珍视什么又将决定了我们应该在什么地方、保护和创建什么样的景观。针对这些问题，我有三个观点：

1）回归景观设计学作为"生存的艺术"的本原

国际景观设计学，尤其是中国的景观设计学，要想成为保障人类健康安全、重建和谐的"天地—人—神"关系的主导学科，就必须重新审视自己的起源问题。我们必须重归"生存的艺术"和监护土地的艺术，而非一门消遣、娱乐的造园术。麦克哈格说得好："不要和我们谈论你家的花园。不要问我们关于你那株该死的玫瑰花的任何问题。不要向我们咨询如何拯救你那株快要死掉的鬼树。这些皮毛小事无需向我们求教，我们要告诉你的是事关生存的问题。"[12]

在半个世纪以前，已故杰出景观设计学教育家佐佐木告诫我们："当前，景观设计学正站在紧要的十字路口，一条路通向致力于改善人类生存环境的重要领域，而另一条路则通向肤浅装饰的雕虫小技。"[13]不幸的是，除了少数的例子外，过去十几年中，世界范围内的景观设计学都朝着后者的方向发展了。我们应该在一些更为紧迫的环境问题上扮演更为重要的角色，这些紧迫的环境问题包括洪水控制和水资源管理、生物多样性保护、文化遗产保护以及土地保护和管理等。

我们已经和正在失去景观设计作为生存的艺术。

过去，景观设计学在定位上存在着致命的弱点，其中一个最重要原因就在于它仍然把自己当作古老园林艺术的延续，这是大错特错的。丰富的园林遗产和众多园林艺术的理论著作不但没能帮助景观设计学成为一个现代学科，反而扭曲或掩盖了景观设计学学科的真正内涵。现在到了声明景观设计学不是园林艺术的延续和产物的时候了。景观设计学是我们的祖先在谋生过程中积累下来的种种生存的艺术的结晶，这些艺术来自于对于各种环境的适应，来自于探寻远离洪水和敌人侵扰的过程，来自于土地丈量、造田、种植、灌溉、储蓄水源和其它资源而获得可持续的生存和生活的实践。

景观需要重新发现，而景观设计学也需要重新发现。这就是说为了使这个学科获得广泛的认同，更多的国际努力是必须的，通过强有力的实例，向人们展示景观设计学如何在治理大环境和解决生存问题中扮演的重要角色。

2）乡土与寻常：重归真实的人地关系

关于乡土，我指的是日常和寻常，白话和方言，是平凡的人和平常的事物，它相对于豪华和异常而论。要重建文化归属感和人与土地的精神联系，我们就必须珍惜普通人的文化，关注他们日常生活的需要，珍视对于脚下的土地而言是真实的普通事物。

从中国的第一个皇家园林和第一个文人园林开始，乡土便遭到了上层文化的忽略。奇异、矫揉造作和排场就成为造园的主流，它们与周围寻常的环境以及市井生活大相径庭。在"混乱"的、寻常的海洋中，创造一个奇异的、"天堂般"的岛屿，这便是一切古典造园活动的根本出发点，在中国和西方都一样。法国的凡尔赛宫如此，英国的花园则更是收集异国花卉的代表。两千多年来，中国的皇家园林和私家园林皆以网罗奇花异草、怪石著称。这种畸形的、上层文化的造园运动到了清代的圆明园可谓达到了巅峰，她简直就是中国南方园林和当时西方贵族造园术的收珍猎奇。而她的最大的贡献是加速、见证了中国封建王朝的灭亡。西方列强的一把火，使它成为没落封建奢华文化的代表，永久地成为封建王朝的陪葬品。

席卷今日中国的"城市化妆运动"形式上看是步履了美国和欧洲"城市美化运动"的后尘，但其实也正是中国自己虚伪、空洞、畸形的造园传统的延伸，是收珍猎奇、虚伪、排场、远离乡土、鄙视大众嗜好的"发扬光大"罢了。在长达两千多年的时间里，造园艺术在寻找无意义的风格、无意义的形式以及虚幻的异常情调中，在虚假的"桃花源"中迷失了方向。

这种情况无论在中国还是世界其他国家都一样，直到最近我们才发现城市精英阶层也像普通大众一样遭受着日益恶化的环境的困扰，他们的环境与生存困扰甚至比处于偏远乡间的农民还要严重，所以，重归"生存的艺术"是时代对景观设计学的诉求。同时，生存的艺术反映了真实的人地关系，而正是这种真实的人地关系又给予人们文化的归属感以及与土地的精神联系。因此，现在到了景观设计学重归土地，重拾诸如在洪涝干旱、滑坡灾害经验中、在城镇选址、规划设计、土地耕作、粮食生产方面累积的生存艺术，重建文化归属感与精神联系的关键时刻了。

3）景观引领发展："反规划"途径使景观作为城市建设的基础设施

应对时下的问题，景观设计学应该做怎样的调整呢？城市化和全球化进程迅速且无法抵抗，而"反规划"是改变传统发展规划模式，主动争取"天地—人—神"和谐的必由之路。这里所说的"反规划"，是指景观设计师和规划师应该在城市建设发展计划确立之前就通过识别和设计景观的生态、文化遗产以及休憩的基础结构，引导和框限城市发展，即建立生态基础设施（Ecological Infrastructure）。EI保障着城市的生态安全和健康、保护我们的地域特色和文化身份、重建人与土地的精神联系。[14][15]

传统的城市发展模式是蔓延式的扩张。很长一段时间里，绿化隔离带和楔形绿地被视为阻止城市蔓延的景观结构而被纳入城市总体规划中。而目前在美国华盛顿地区以及中国各个城市的种种迹象表明：试图通过规划绿化隔离带和楔形绿地阻止城市无休止蔓延的做法是失败的。原因主要有以下几点：

1）设计过于随意，各绿地元素和水陆生境之间缺乏必要联系；

2）可达性差，不易亲近，绿地和建筑物间缺乏有机的联系，利用率低；

3）被当作阻止城市蔓延的对抗和屏障，功能单一，缺乏诸如对防洪、遗产保护、栖息地保护以及游憩和通勤等综合功能的整合；

4）当外围发展压力增加时，这些绿地很快会成为投机和寻租空间；

5）它们被各个行政管理部门条块式分割，支离破碎，很难实现应有的功效。

"反规划"途径则试图找到在各方面都可行的、便于管理的综合生态安全格局，将各种生态服务功能、文化遗产保护及人与土地的精神联系，通过一个完整的、连续的生态基础设施整合起来，担当城市生态安全、文化认同和精神给养的功能。[16]

从宏观的区域和国土范围上来讲，EI被视为洪水调蓄、生物栖息地网络建设、生态走廊和游憩走廊建设的永久性地域景观，用来保护和定义城市空间发展格局和城市形态。

从宏观的城市尺度来讲，区域的EI将延伸到城市结构内部，与城市绿地系统、雨洪管理、休憩、自行车通道、日常步行和通勤、遗产保护和环境教育等多种功能相结合。

从微观的地段尺度来讲，EI将被作为城市土地开发的限定条件和引导因素，落实到城市的局部设计中。

EI成为各种过程的相互作用的媒介，联系了自然、人以及精神。在保护生态环境完整性、建立文化归属感以及为人们提供精神需求方面，是一个行之有效的景观安全模式。中国浙江省台州的“反规划”案例有力说明了这一点。⑰

结　语

千百年以来，我们的先民不断地和自然界作较量与调和以获得生存的权利，这便诞生了景观设计艺术，一种生存的艺术，它生动地反映了人与自然的相互作用与联系，记录了人们的喜怒哀乐。知识、技术，连同可信的人地关系，使人们度过了一个又一个难关，培育了人们的文化归属感和与土地的精神联系，使人们得以生存而且具有意义。这些有关生存的知识和技术就是景观设计学的核心。而这门“生存的艺术”，在中国和在世界上，长期以来却被上层文化中的所谓造园术掩盖了。虽然造园艺术也在一定程度上反映了人地关系，但那是片面的，很多甚至是虚假的。

在这个崭新的时代，人与自然的平衡再一次被打破，旧时代的“桃花源”将随之消失，人类生存再一次面临危机。我们必须建立起一种新的和谐的人地关系来度过这场危机，包括环境与生态危机、文化身份丧失的危机和精神家园遗失的危机。这也正是景观设计学面临的前所未有的机遇，景观设计学应该重拾其作为“生存的艺术”的本来面目，在创建新的“桃花源”的过程中担负起重要的责任。为了能胜任这个角色，景观设计学必须彻底抛弃造园艺术的虚伪和空洞，重归真实的、协调人地关系的“生存艺术”；它必须在真实的人地关系中、在寻常和日常中定位并发展自己，而不迷失在虚幻的“园林”中；在空间上，它必须通过设计和构建生态基础设施来引导城市发展，保护生态和文化遗产，重建天地—人—神的和谐。

中国的问题正在成为世界的问题，解决好中国的问题，在某种意义上讲就是解决了世界的问题，因此，中国的景观设计学也必将是世界的景观设计学。

注释：

①Fajardo，Martha.《序言》，见俞孔坚、李迪华《景观设计：专业与教育》，北京：中国建筑工业出版社，2005：1－6.

②夏正楷，杨小燕：《青海喇家遗址史前灾害事件的初步研究》，《科学通报》，2003，48(11)：1200－1204.

③Boerschmann，E，(trans. L. Hamilton)，Picturesque China，Archi－tecture and Landscape，Based on travels in China. London：T. FisherUnwin Ltd.，1930.

④March，A. L.，An Appreciation of Chinese Geomancy［J］. Journal ofAsian Studies. 1968，XXVII，253－267.

⑤蒋高明，刘美珍：《沙尘暴》，见：中国社会科学院环境与发展研究中心，《中国环境与发展评论》，北京：社会科学文献出版社，2004，Vol. 2：310－320.

⑥过孝民：《环境污染和生态破坏的经济损失》，见：中国社会科学院环境与发展研究中心，《中国环境与发展评论》，北京：社会科学文献出版社，2004，Vol. 2：53－71.

⑦赵京兴，黄平，杨朝飞，过孝民：《中国环境与发展态势分析》，见：中国社会科学院环境与发展研究中心，《中国环境与发展评论》，北京：社会科学文献出版社，2004，Vol. 2：23－50.

⑧陈克林，吕咏，张小红：《没有湿地就没有水》，见：中国社会科学院环境与发展研究中心，《中国环境与发展评论》，北京：社会科学文献出版社，2004，Vol. 2：296－309.

⑨Wilson，O. Edward. The Diversity of Life［M］. Cambridge：TheBelknap Press of Harvard University Press，1992.

⑩Girot，Christophe，Four Trace Concepts in Landscape Architecture［M］//James，Corner. Recovering Landscape：Essays in ContemporaryLandscape Architecture. Princeton Architectural Press，1999：59－67.

⑪Corner，James. Recovering Landscape as a Critical Cultural Practice［M］//James，Corner. Recovering Landscape：Essays in ContemporaryLandscape Architecture. Princeton Architectural Press. 1999.

⑫Miller E. L.，and Pardal，S.，The Classic McHarg，An Interview. Lisbon：CESUR，1992.

⑬Sasaki，H. 1950. Thoughts on Education in Landscape Architecture［J］. Landscape Architecture，July：158－160.

⑭⑯俞孔坚，李迪华，刘海龙，程进：《基于生态基础设施的城市空间发展格局》，《城市规划》，2005(9)：76—80。

⑮⑰俞孔坚，李迪华，刘海龙：《“反规划”途径》，北京：中国建筑工业出版社，2005年版。

作者简介

俞孔坚，北京大学景观设计学研究院教授、土人景观规划设计研究院院长。

（原载《建筑学报》2006年第10期）

古典园林与现代城市景观设计的关系

丁　山

摘　要　现代城市景观设计的原则需从现代城市人们的心理出发，创造出一种开放的人性空间，不仅为高速发展的城市提供各种现代化的物质需求，更重要的是必须在尊重人们的精神需求、艺术享受的基础上来完成，因此，古典风格的园林意境就被广泛地应用到了现代城市景观设计中。

关键词　古典风格　传统景观　寻根理念

开放的城市空间、繁华的都市景象，已被越来越多的人所喜欢、所享受，人们已被浓浓的时尚所吸引，因现代化的科技建筑而兴奋。但不难发现，随着人们物质生活的日益富足，却越发重视心理和精神上的平衡与满足，人们要寻找属于自己的精神世界，属于自己的理想家园。而传统古典园林所拥有的古典艺术及传统历史文化是任何建筑形式所不能代替的，一个传统的古典风格园林，包含它所在国家的历史、文明、文化和艺术等，古典园林的建筑类型不仅影响着整个现代化城市的景观设计，而且已成为越来越多的都市人所追求的一种精神思想和寻根理念。现代城市景观设计将古典风格园林的各类建筑类型作为景观设计的范本，使人们生存的城市环境具有园林的意境和美感。城市环境内的广场、街区各处景观大量采用雕塑、喷泉及各类建筑小品等园林式的建筑类型，极大地丰富了城市的景观内容。

当然，将园林内的各类精品建筑移至城市景观，并不是单一的模仿，或是将其各类建筑与城市环境相融合、相一致，而是随着现代科技的发展，通过不同的表现手法，将新材料、新技术广泛、大量地运用到景观的建筑、设施中，与城市环境相互制约，使其展现出另一种美，一种建筑的美、古典的美、文化的美。

1　西方古典园林

西方的古典园林不像中国古典园林那样在园林的构成要素上丰富多彩，而且公园的布局也大多以平面几何形的基本形式出现，尽管后来在中国古典园林的影响下，出现了英国风景式园林，使西方园林艺术有了新的发展，但与中国古代山水造园的自然园林的古典风格是完全不同的。西方园林的出现最早可追溯到旧约时代的《圣经》中提到的伊甸园，不过这只是传说中的记事而已，并没有作为一种造园样式确立起来，所以西方古典造园的起源一般定为古希腊和古罗马时代。从古代希腊罗马园林的庭院园林到中世纪西欧园林、文艺复兴时期的意大利园林至法国平面几何式园林的出现，最终形成了西方独特的园林风格——平面几何式园林。法国平面几何式园林是西方古典主义规则式园林的最高体现，同时也影响着这一时期全欧洲大陆的造园思潮。法国著名的凡尔赛宫成为这一时期的几何式园林的代表作品

18 世纪英国风景式园林的出现，标志着自由式风景园林和法国规整式园林共同成为了西方古典园林的两大主流。英国的风景式园林揉进了很多中国园林的情调，一反清晰、生硬的中轴线几何布局，大量采用曲线布置，大量种植树木，开辟了大片的草地，使之更具有自然园林的气息。

2　融合古典与现代的城市景观

现代城市是人们社会文化和工作生活的载体，它起到为人类提供所需的场所、空间设施及信息传递及物质生活便利等功能，作为人们赖以生存的生活空间的城市环境，不仅为人类的生存发展提供强有力的物质基础，也给生活在这个环境里的人类以精神的愉悦和文化的享受。诚然，作为人类生存空间的城市的景观设计就显得尤为重要。

城市景观包括城市花园、广场、街区、学校、私人庭院及各类公共场所。整个环境的空间设计从宏观的地方特色、自然生态到细微的环境背景、历史文化等诸多方面，都是整个城市景观设计的中心。如何从城市景观的要求出发来规划和设计出既有良好的工作、生活环境又具备独特创造性、优美的城市景观，是现代城市景观设计的重要问题。古典园林作为一种古老的城市景观模式，往往被人们视为城市休闲空间设计的最早形态。虽说早期的园林相对简单（据说最早的西亚式波斯园林就是从圃、囿发展而来的），但随着经济的不断发展，古典园林的景观艺术成为建筑环境内具有代表性的一种景观理念，和现代景观构成模式一样，都是在人们改造环境、营造新环境的宗旨下进行的。

古典园林的传统景观建筑逐渐转化为现代城市景观的一部分，是随着时代的发展而成为城市设计要素中的一种重要构成因子，也是人们对于公共空间需求提高的必然产物，城市景观设计中园景设计的一种方法，是逐步发展演变而成的。

如日本传统园林大都建造在城市内的寺院或是贵族私人宅地中，由于古代日本在城市中没用营造公共绿地的概念和意识，所以这些园林内的绿地便成为了古代日本封建城市构造中珍贵的绿地，与此同时，随着日本封建体制的瓦解，一些传统园林开始向城市市民开放，从而这些传统园林内的绿地演变成现代日本城市的绿地。

现代城市公民有了传统风格模式的栖息的绿色家园，就能深深体会到大片绿地所带来的古老园林文化。城市绿地成了城市绿洲的重要构成部分，大片的绿地占据城市绿洲的比重，绿地的构成形式设计比较像花园或公园，同街道部分隔离，绿地的选址和设计也有意识地将自己同城市内部的噪声和活动隔开，具有特殊的完全性，意在给午间休息、读书和社交活动的人们一个耳目一新的意境，给人们一处逃避紧张的都市节奏，以享受安静的氛围。

再说水景，西方传统园林以大片的水景的运用而颇具特色。不仅如此，水景往往占去公园中很大比例的区域，而对于现代密集城市来说，设置广阔的水面景观当然很不实际，而城市中的水景所表现出的是将水景设置为复合型的景观，完全摆脱了局限于装饰效果的单一功能。将喷泉、溪水、瀑布与雕塑和地形协调一致，能够组合成丰富多彩的水景景观，可以极大地丰富现代城市的景观设计，给机械化的现代城市以轻松趣味感，创造出野外林间溪水般的生活场景。

而西方现代城市景观中的各类雕塑是不可忽视的，它是构成整个西方城市景观的重要元素之一，也是具有城市代表性的供公众欣赏的三维空间的艺术作品。从最早希腊丰收和战争女神雕像、掷铁饼者的人体运动典范之作，到古罗马的奥古斯都像、维纳斯的断臂之美，雕塑一直是西方古典文化的一种激情演绎。古典园林中的各类雕塑

以显示其浓郁的历史文明、古老的传统文化而成为园林内的重要景观元素。在如今的西方现代化城市设计中,城市公园、街区、路边、各类博物馆和商店门前,常常分布着大量的雕塑作品,它不仅是公众开放空间个人艺术收藏品的展示,更是现代都市环境中具有强烈装饰效果的艺术体,它的关键作用在于给人们传达出一种历史的气息、艺术的文明。作为一种公共艺术品,可使漫步街头的人们在闲暇之余享受艺术的存在。

以上我们从现代城市景观设计出发,分析了几个简单的例子,并由此可以说明,城市的绿色通道延伸了园林内的绿地景观,成为人们休息、活动的场所。一个公园般的环境,平坦的草地让人们随地而坐,静心躺下,放下一天的疲惫与劳累,享受如大自然山林一样带来的无限清新;灵活、精致的喷泉、水景组合,将静态的水景巧妙地组合成动水艺术,给人以视觉和音响上的吸引力,水流声音松缓了人们紧张的心理,舒解了人们高度集中的神经,喷泉和水景对任何一个生活在城市的人来说都是非常宜人的;而雕塑的大量使用和成功表观,不仅是现代城市景观的一种强有力的装饰,更给现代城市的空间带来一种历史、文明的精神回归和寻根理念。

3　复兴的古典主义

从建筑艺术流派来分析,这种将古典主义风格逐步移向现代城市景观设计的理念是属于后现代古典主义建筑的范畴,是后现代古典主义在后现代建筑中占主导地位的体现,而且在很大程度上也是后现代建筑在现阶段成熟化的具体表现。古典主义是文艺复兴时期对古希腊罗马建筑规范的总结,并长期存在于建筑的形式理念与构图思想之中,虽然它的发展经历了一次次的波折,而且曾经遭到了现代派建筑大师们的非议和排斥,但是古典主义以其新旧融合性、通俗稳定性、广泛传播性的基本特性仍在继续发展。古典建筑语言依然停留于城市广场、教堂与街道等公共环境之中,仍然是建筑师与环境设计师在进行现代城市景观设计时所遵循的理念基础。

由此可以看出,文明是积累而成的,传统是易于使人感动的,古典风格是易于触动人的内心世界的。当代人们往往追求一种古老的文明、古典风格园林般的意境、传统景观的生活环境。现代城市景观设计从现代城市人们的需求出发,创造出一种广阔的开放型生活空间,各类公共性建筑、设计、城市的规划常常会不自觉地体现出了古典园林对现代化城市的影响,人们需要一种可以自由呼吸的空间,可以安静凝思的一片秘密之地。

参考文献:

[1]刘宾宜:《现代景观规划设计》,南京:东南大学出版社,1999年版。

[2]周维权:《中国古典园林史》,北京:清华大学出版社,1999年版。

[3]过伟敏:《城市景观形象的视觉设计》,南京:东南大学出版社,2005年版。

[4]李岚:《当代城市园林景观设计风格的多样性与差异性》,《中国园林》,2002年5期。

[5]王根强:《欧洲古典园林的发展对现代景观设计的影响》,《园林》,2006年2期。

作者简介

丁山,南京林业大学风景园林学院环境艺术系副教授。

(原载《江苏建筑》2006年第6期)

以城市事件为推动力的城市发展与环境景观建设

郑　曦　孙晓春

摘　要　城市事件已成为推动当代城市发展和环境景观建设的重要契机。通过分析国外一些利用举办事件推动城市发展的成功案例，特别是德国慕尼黑市的先进经验，探讨如何有效地控制和引导这种短期、大型城市事件对城市发展产生持续而积极的影响。同时结合我国的快速城市化进程，分别从事件的申办选址、组织运行以及后续发展三个阶段进行论述，提出制造事件和利用事件的城市发展策略。提倡将事件的申办、组织和后续的地区发展都列入城市发展的具体行动计划中，使事件成为促进城市发展规划实施的巨大推动力。最后强调风景园林师在其中应发挥的作用。

关键词　风景园林　城市发展策略　综述　城市事件推动力

1　研究城市事件与城市发展关系的背景和意义

现代社会人们对城市环境品质和户外生活质量的关注程度不断提高，城市公共绿色空间作为改善城市环境的手段和提供户外文化活动的载体，承载的功能与期望也越来越多。尤其是大型公共绿色空间，几乎成为城市环境品质的象征。城市公共绿色空间与城市发展和城市形态联系紧密，是城市有机体的重要组成部分，其合理的建设能够带动地区全面综合开发，引导、推动城市有序发展。

然而，城市的发展与城市绿色空间的建设是一项长期的过程，仅仅进行城市的物质环境建设并不能形成城市特有的气质。要形成城市文化的认同感和场所的归属感，呈现出城市的生机活力，就必须结合非物质环境的建设。其中，以"事件"(event)为推动力的城市发展与环境景观建设策略正成为当代城市积极的发展模式，尤其对于城市公共绿色空间的建设和人居环境的改善有着重要的促进作用。

大型事件的举办肯定会给城市带来很多正面影响，这在我国已经和即将举办的事件中已经得到了证明，也并非新的观点。笔者希望通过分析国外一些以举办事件为契机带动城市健康发展的成功案例，把事件的组织、利用以及对城市发展和环境景观建设的影响加以总结归纳，讨论如何把事件纳入城市发展的行动计划中，使其成为一项推动城市发展规划实施的可行策略。

2　城市事件是城市发展和环境景观建设的助推力

2.1　城市事件及发展趋势

城市事件(City Event)多指短时期内发生的一系列重要活动的总和。其中一些大型事件(如奥运会、世博会、世界杯等)已经成为全球性的盛会。由于这些事件的举办日期是固定的，面对时间限定的巨大压力，反而利于调动各方面的资源和能动性，减少相互的矛盾，提高效率，促使常规政策手段下不可能实施的一些大型城市建设项目得以建成。随着事件组织策划的成熟，很多成功举办的重要事件都与城市的发展建设紧密结合在一起。社会的关注点不再局限于"事件"本身，而是更为看重"事件"为城市发展建设带来的贡献。

法兰西规划学院教授F. Ascher认为：当代城市社会多样化和个人化的发展趋势，并不意味着社会生活的终结。相反，人们对社会生活提出了新的要求。社会生活不再局限于固定的社会群属和地域范围，而呈现多归属、多尺度的特点。事件不仅是城市活力(urban dynamic)的指示器。反过来，通过"制造事件"也可以影响城市的发展，因此事件也是城市活力的"调节器"①。

如何有效地控制和引导这种短期、大型城市事件对城市发展产生持续而积极的影响？欧洲一些城市的做法是：从事件开始申办起，就将事件可能的带动作用整合到城市长期发展战略中去，并制定出相应的具体措施。例如2001年5—9月在瑞典城市马尔默举办的欧洲住宅展。住宅展的主题是"明天的城市Bo01"，举办地位于毗邻市中心的海滩，是一处受到污染的工业废弃地。马尔默市从筹备开始就计划利用举办住宅展这一事件，把Bo01建成一个全新的、具有示范意义的生态新区，以住宅为主，兼有办公、购物和其他服务。人与环境的相互作用在新区规划中成为了一个基本的要素。新区设计是生态的可持续发展，同时也是社会的可持续发展。绿色空间结构在这个环境的可持续社区创建中扮演着重要的角色，创造出最优的生物多样性和舒适使用的绿色空间是Bo01建设的最终目标。

又如伦敦市赢得了2012年奥运会举办权，将建设奥林匹克公园的地点选在伦敦东区下利河谷。这片地区是一个破败、萧条的贫民工业区，在奥运会结束以后，这里将被改造成一个欧洲最大的公园。伦敦市希望利用奥运会这一事件，规划强调的是2012年奥运会为发展相对滞后的伦敦东区可能带来的巨大变化。不少展馆在赛后将改造缩小规模，部分比赛场地在赛后也将改为住宅，因此在规划中需要搬迁的住户不到500户，而周围区域的人口则达到了250万。整个规划首要关注的是如何解决社区的社会、经济和文化等问题，借助奥运会来提升当地的经济发展和创造良好的生活空间环境。国际奥委会最希望看到的正是这种超越体育本身的力量。

2.2　慕尼黑市的成功经验

在利用事件引导和推动城市发展和环境建设的众多成功经验中，德国南部城市慕尼黑显然是这方面的典范。慕尼黑市是德国巴伐利亚州的首府，德国第三大城市。这个城市一直有制定城市发展战略的规划传统。在过去的三十年中，慕尼黑市先后承办四次大型事件：第20届奥林匹克运动会，两届园林展，以及2006年世界杯足球赛主赛场，分别带动了城市的北部地区、西部地区、东部城市新区和北部郊区的发展，改善了举办场地的环境品质，使得这些区域能在事件结束后，仍然充满生机和活力。

2.2.1　1972年奥林匹克运动会与城市北部地区的发展

1972年，慕尼黑市举办了第20届奥林匹克运动会。该市在1963年通过的城市发展战略规划中，就针对"为满足城市人口、工作和交通持续增长的需求而发展新城、道路和轨道交通基础设施"的建议，尤其是为了促进交通体系发展，提出了举办1972年奥运会的框架。会场确定在城市北部欠发达地区一处20世纪30年代的废弃机场上，占地约300hm^2。这片场地在城市发展战略规划中就确定为开放空间用地，但之前一直没有得到实施。场地周边4km范围内主要是工业和军事用地。此次奥运会加速了城市北部地区城市轨道交通网络建设，使规划的环路和放射形路网得以建成，甚至内城步行区域的改造也在奥运会开幕时完成。奥林匹克运动员村和记者村则在“事件”之后发展成为两处现代化的房地产。在曾一度被城市“遗忘”的北部欠发达地区，这些变化对居民的生活、工作和休闲产生了持续而积极的促进。此届奥运会得到了政府的大力支持和市民的广泛认同。奥林匹克公园优美的环境和创新的场馆建筑对城市形象产生了持久影响②。

2.2.2　1983年国际园林展与旧城西部地区废弃地更新和开放空间的改善

1983年慕尼黑市举办了国际园林展（IGA），IGA每十年在德国举办一次。依据1965年制定的总体开放空间概念规划，慕尼黑市在城市西部新建了$60hm^2$的公园（西园）用于举办这届国际园林展。西部地区是城市的发展区域，但由于历史与地理因素，城市西南20多万人口的密集居住区里没有一处公园。虽然早在1960年代就有在此建造西园的设想，但是由于建造1972年奥林匹克公园，使此计划搁浅。展园选址是该地区的一处废弃地，被城市环路和高速路分割的砾石坑。国际园林展这一“事件”使得已被纳入议程多年的地区开放空间发展目标得以实现，并在有限的时间内把废弃的砾石坑建成了高质量的绿色开放空间：大面积的湖体、溪流，高差达25m的人工地形，6000棵树龄在20—60年的大树，环境景观犹如已建成30年的园林一样。公园在开放的时候命名为新的“西园”，受到周边20万居民的热烈欢迎③。

园林展结束后，只有个别展园被保留下来。宁静而美丽的“西园”完全融入到居民的生活当中，真正成为慕尼黑市开放空间系统的一部分。

2.2.3　2005年联邦园林展与东部Riem新城区开放空间体系的完善和新区形象的提升

在2005年慕尼黑市举办了联邦园林展（BUGA），BUGA每两年在德国举办一次。举办地选择在位于城市东部的旧机场区，新的机场已经向北移到距离36km的Erding。旧机场区从1992年开始，重建为一个混合功能的城市新区Messestadt - Riem。规划将新区分为三部分：北部现代化的商贸展览区，中部的大型住宅区和南部与城市边界外围有机联系、面积约$200hm^2$的风景公园。园林展的展区在风景公园内建设。

2005年联邦园林展为园林规划与城市规划的合作提供了一个绝佳的机会。首先，园林展建设利用了Riem新区的发展投资预算，既减少了“事件”的投入，又提升了Riem新区的城市形象和社会认知。事件组织的步骤逐渐从园林展转到城市开放空间的规划上，把园林展延伸到环绕慕尼黑市区的绿色开放空间体系中④。此次国家园林节得到邻近的30个社区、8个城镇以及5个地区组织的支持，目标并非每一个参与方都要举办各自的小型园林展，而是共同合作，实现区域共建。例如，利用此次事件，整合了慕尼黑开放空间体系中的自行车环路，启动了运河的生态恢复项目，这些都是跨越当地社区的合作。

其次，通过精准分析投资效益和参考历届园林展的经验，政府采取建设非永久展示区和永久性展示区两部分展区，采用非永久展示区域低比率投资和永久展示区域高比率投资相结合的投资方式，确保降低事件的预算，并通过降低承包人的增值税和私人公司的建设、管理费用实现减少投入额。另外，新成立的私人赞助协会也促进了2005年园林展的实现。非永久展示区域在事件结束后拆除，作为住宅开发，这样可以降低展示区的维护费用；约80%的永久展览区高水准的景观将提升新区形象和相邻的商业、住宅和贸易区的环境品质和市场价值。

从联系Riem新区的多项功能（展览、商业、住宅）和作为城市周边绿带的新元素这两方面看，2005年园林展的选址是成功的，是慕尼黑市建设紧凑型绿色城市的示范项目。但从长远看，由于展区的位置在新区的外围，场地的潜能要在事件结束后，依靠外围的区域合作才能够完整地体现出来。

2.2.4　2006年世界杯主赛场与北部城市外围边缘地区的良性发展

2006年慕尼黑成为世界杯的主赛场。在筹备过程中，建议利用1972年奥林匹克公园场馆改造成为世界杯赛场的观点被激烈地讨论了许多年，政府也曾邀请建筑师对场馆改造进行方案设计。但在2000年底，这一观点被最终抛弃，理由是这样会破坏已经成为遗产保护地区的奥林匹克公园的整体质量，在奥体公园附近选址建设球场的意见也因为会对周边居住区产生噪音污染而没有通过。通过设计竞赛，世界杯球场最终确定在北部的城市外围区域。这一城市边缘地区由于长期的无序发展而使环境不断恶化，政府希望该项目能够带动“边界效应”，全面改善地区形象和提升环境质量⑤。

此次世界杯赛场建设的投资方式与奥林匹克公园的投资有所不同：除了由私人基金会投入的2亿欧元，联邦政府、州和慕尼黑市仍要投资约1.85亿欧元用于基础设施的建设。交通基础设施的完善和分离的景观元素相联系，切实改善了外围地区的质量。同时，世界杯期间的媒体中心和记者村将建在Riem新区，在赛事之后将作为住宅使用。

从以上事例中，我们不难发现，慕尼黑市正是以一系列的事件为推动力，完善了城市基础设施的建设，提升了环境景观品质，也创造了新的区位优势。其中，城市事件合理的选址、前瞻性的发展规划，以及对事件结束后地区发展的长远考虑显得尤为重要。

3　对我国的城市发展与环境景观建设的启示

3.1　我国举办的大型事件和特点

伴随着社会的不断进步，中国已成为世界上举办国际性展览及重大赛事等大型城市事件最为频繁的国家之一。北京市曾于1990年举办了亚运会，昆明市于1999年举办了世界园艺博览会，这些事件在举办期间，得到全国的关注，产生了较大的影响。大型事件有2006年于沈阳市举办的世界园艺博览会，2008年于北京市举办的奥林匹克运动会和2010年于上海举办的世界博览会等等。此外，国内还有定期由不同城市举办的事件，如由建设部主办、每两年举办一届的中国国际园林花卉博览会⑥。

但是综合来看，我国目前还缺少成熟的事件组织策划体系，上述事件看似不同的主题和内容，但是如果从大型城市事件的角度分析，存在着许多的共性：

（1）事件策划上，并不是按着事件的概念组织，考虑更多的还是旅游业的促进。以中国国际园林花卉博览会为例，至今已经在不同城市举办了5届，有些是利用原有的公园布置展园，有些是新建展园与原有的旅游区整合。多数在事件结束后，都是以风景旅游点的形式存在。事实上，事件本身就是短期内发生的现象，其对公众的吸引力和创造的旅游价值肯定是在事件发生期间最为显著。那么在事件结束后，这些旅游点还能发挥以往的经济、文化和社会效益吗？场地的生命力又该如何延续呢？

（2）事件运作上，仍带有较强的政府行为色彩，缺少成熟的市场化运行机制。建设资金多由各地政府筹措，场地建设也没有固定模式，各省、市之间有攀比的现象，且对事件结束后场地的利用缺乏长远考虑。由于场地维持费用较高，以至于有时耗资巨大回收困难，反而成为政府负担。

（3）事件后续发展上，虽然大部分城市认识到了大型事件对城市发展的推动作用，但多以“通过此次举办，一定会带动周边的发展”这样的措辞描述，缺乏更为深入的研究，也很少制定详尽的周边地区发展规划，这样的结果可能会对场地周边地区的发展带来很多不确定性因素。

3.2 我国的城市发展和环境景观建设现状

我国正处于快速城市化时期，城市扩张带来了大规模的城市新区建设和“造城运动”。很多城市新区都制定了雄心勃勃的城市开发计划。可如果新区缺少良好的环境品质和文化内涵，很难营造出好的投资环境，也就吸引不到资金注入。同样，也对旧城区的市民迁入缺少吸引力，这样会导致城市活力下降。面对高强度、大规模、高投入所带来的高风险，城市发展需要寻求新的动力，以推动城市规划蓝图的实现。而举办城市事件为城市发展提供了契机。

3.3 制造事件和利用事件的城市发展策略

通过事件的举办，可以唤起城市的认同感、归属感，提升凝聚力，引导城市文化的形成。同时，来自保证事件开幕日期的巨大压力，有助于解决规划过程中可能出现的僵局或是目标上的冲突，加速规划的实现。因此，如果一些很有价值的城市发展规划在制定多年后仍无法实施，可以考虑主动制造事件，推动规划实施。但是，无论是制造事件还是利用事件，都需要制定系统、详细的规划，并作为长期的城市发展策略，贯穿事件的各个阶段。综合来看，成功举办大型事件需要重点关注下述三个阶段：

3.3.1 大型事件的申办、选址阶段

大型事件如展览、赛事等的申办应建立在城市的特点之上，不能盲目跟风。申办城市提出申请前要明确举办事件到底能从哪些方面促进城市的发展与建设，提出的申请报告应尽可能附有结合城市发展的具体规划。事件的选址是决定事件成功与否的关键因素，虽然未来的发展具有很多不确定性，但是事件的场地选择要力图能够引导城市发展的长期战略，这就要求能对事件本身的结果以及对周边地区发展的预期影响做出理性、敏锐的判断。

例如将于2007年在厦门市举办的第六届中国国际园林花卉博览会，其选址就经过了推敲。厦门市由本岛、鼓浪屿岛和由三湾地区辐射的陆地三部分组成，经济发达。目前城市的发展主要集中在本岛地区，随着经济的发展，岛内人口膨胀，发展受到环境容量的限制，出现了很多城市问题，也给本岛的安全带来隐患。针对这一城市发展问题，厦门市早在多年前就确立了由海岛型城市向海湾型城市转变的城市发展战略，并规划集美区结合杏林湾地区成为未来城市的集美杏林新区，但是由于缺少有效的推动机制，规划的许多目标没有实现。出于对未来城市发展的考虑，厦门市将园博会的举办地放到岛外，场地选在杏林湾水库。这样就可以通过事件的举办，结合产业调整，推动城市发展战略目标逐步实施。

国家申办大型事件的相关管理机构也应更多关注事件之外的问题，不能只考虑到城市目前的申办条件，还应更多地考虑城市通过承办事件获得的发展机会，对那些与城市发展结合紧密的申办项目应优先考虑、重点支持。

3.3.2 大型事件的组织、运行阶段

大型事件的组织和运行需要政府部门的接受和支持，也需要广泛的社会合作以及市民的参与。在资金方面，可以利用社会各种资源进行投资整合，也可以考虑采用多种灵活措施吸引投资，“公私结合”是其中比较理想的投资模式：政府资金主要用于打造良好的“事件”运行基础，如道路交通等基础设施的建设和生态环境的改善；企业或赞助商的投资主要用于“事件”的具体内容，如布置展位，建设展园或赛场等。例如，2005年慕尼黑联邦园林展中的许多小花园就是用厂商提供的材料建造而成，甚至像休息座椅、小卖部、公厕、儿童游戏设施等非布展设施都由厂商提供。这样赞助商以事件为平台对产品作了很好的宣传和展示，也减少了政府的开支，使“事件”的投入和支出更易平衡。

同时，在建设展园、展馆时，不能只考虑当时的效果，适当使用一些可循环利用、可灵活组装的材料，更有利于后续阶段场地的改造和利用，也更为经济、减少投入。

事件的运行期间是文化活动在短时间内的大规模集中。现代社会的重大事件更是融科技、艺术、展览、表演于一体的文化大餐，因此要充分认识到事件对于城市非物质环境建设的重要作用，尽量扩大事件运行期间的影响力，引起社会、政府、媒体更广泛深入的关注。如1981年在德国城市卡塞尔举办的联邦园林展，其中的“艺术品展示”就发展成为了世界性的文献展，影响深远⑦。

3.3.3 大型事件的后续阶段

再重要的事件也有结束的时候，因此事件后续阶段的处理有时比事件本身更值得关注。首先在事件策划之初就应该明确事件结束后场地的利用问题，将其作为重要的地区发展策略纳入城市发展规划中。在事件结束后，对举办地的后续维护和继续推动长期的规划实施，都与政府或私人的资金持续投入联系在一起。

目前国内大多数展览会，如园林花卉博览会，在展会结束后都保留主要展品、展园，采用“永不落幕”的方式将展览继续下去。可实际上，事件结束后，游人量大幅降低，再维持很大面积的展园会给养护管理工作带来沉重的负担。临时性展园与永久性展园的结合更有利于事件结束后的养护管理和资金的持续投入，并且也能够满足事件运行期间大规模集中的参观游览。临时性展园可以在事件结束后拆除，转为城市开发用地。由于场地有了高品质的环境和广泛的知名度，地块的吸引力和价值都会得到很大的提升，所得资金可以继续投入到永久性展园的维护建设中，实现资金的良性循环；也可以顺其自然，让部分展区成为动植物栖息地或自然保护地，从而降低维持、养护、管理的高额费用。

4 小 结

综上所述，城市事件作为城市发展与环境景观建设的推动力，在给城市带来诸多发展机遇的同时，对区域环境景观品质的提升和城市绿色空间的营造都有着不容小视的意义。北京市因为2008年奥运会的举办，即将在城市北部新建总面积达680hm^{2}的奥林匹克森林公园；而对于刚刚落下帷幕的第五届中国国际园林花卉博览会，深圳市也投资了约2.5亿元新建了66hm^{2}的展园。相信通过事件的举办，这些城市的绿色开放空间质量都将得到提升，人居环境建设也将迈上新的台阶。

风景园林师对于城市生态环境、城市公共绿色空间、人居环境的建设，以及人们的游憩休闲需求，都有着更为敏感、独到的认知。因此要积极投身到事件的策划和组织中去，做好“晴雨表”和“指南针”。对事件可能产生的影响及时做出分析、规划和预测，把握其发展走势，引导事件在良好控制下正常运行，从而达到改善地区环境品质和推动城市发展的最终目的。

注释：

①RenzoLECARDANE(意)，卓健译:《大事件——作为都市发展的新战略工具——从世博会对城市与社会的影响谈起》，《时代建筑》，2003 年第 4 期，第 28－33 页。

②Gerd Albers. Making Special Events Promote Urban Development[EB/OL].

③王向荣，林箐:《慕尼黑西园》，《风景园林》，2005 年第 3 期，第 102－103 页。

④The BUGA 05 is a festival for the senses (long version) [EB/OL]. http://www.buga2005.de/de/presse/presskit/index.shtml，2005－04.

⑤杨峰:《表皮·媒介·科技——解读德国慕尼黑安联大球场》，《世界建筑》，2005 年第 4 期，第 190－193 页。

⑥王向荣:《关于园林展》，《风景园林》，2005 年第 3 期，第 5－11 页。

⑦王向荣:《联邦园林展与德国当代园林》，《中国园林》，1996 年第 3 期，第 57－59 页。

作者简介

郑曦，北京林业大学城市规划与设计(风景园林方向)2004 级博士研究生；

孙晓春，北京林业大学城市规划与设计(风景园林方向)2004 级博士研究生。

(原载《风景园林》2006 年第 2 期)

景观的感知：走向景观符号学

邓 位

摘 要 本文介绍了景观感知理论的两种阵营。一种是从客观的景观元素出发，研究景观传递给人的信息。另一种是从主观的人出发，研究人的感知过程。随着越来越多的研究者意识到社会文化因素在景观感知理论中的重要性，景观符号学成为了研究景观含义的重要方向之一。

关键词 景观美学 景观感知 景观符号学

自然环境与人工环境反映了自然和人类社会千百年的变化，也是自然与人类相互作用的结果。通过对环境的感知，人类利用并改变环境。相反地，环境也改变了人类自身的生存和行为方式。人工环境与语言、文学、音乐以及其他文化门类一样，都植根于当地的自然环境并在人类文化历史中演化形成。作为当今自然和文化遗产的重要构成部分，人工或半人工环境成为了承载人类文化的重要载体。

在研究人与环境关系的相关学科中，环境心理学家和景观美学研究者们分别从不同的视角对人在环境中的感知、心理和行为进行了深入的探讨。一方面，环境心理学主要从心理学的角度研究了人与周围客观环境的相互作用。早在1910年左右，西方学者就开始了对环境心理学的热烈讨论。1961年第一届"建筑心理学"大会在美国犹他大学召开后，当时最大的环境行为研究机构——"环境设计研究组"（Environmental Design Research Association，EDRA）也于1968年成立。这股热潮到1950年代达到高峰并持续到1970年代。在环境心理学研究中，人对环境的感知成为了重要的研究议题，并且发展成为了一门独立的理论——景观感知理论（Landscape Perception Theory）。祖布（Zube，1982）把景观感知理论划分为4个学派：专家学派、心理物理学派、认知学派和经验主义学派。另一方面，20世纪兴起的景观美学（Landscape Aesthetics）基于研究人与自然的关系，探讨了什么是环境中的美，人如何感受环境中的美。而其中人对景观的感知也是景观美学的主要议题。对于"美"的本质，有主观论和客观论。基于此，景观美学也有主观论和客观论两种观点。主观主义者认为景观的美存在于观察者的眼中，景观的美是观察者由眼到心判断景观美的价值的产物。景观美学客观主义者把景观看作是一种物化的特征。这些特征可以量化，与个人的好恶无关。他们认为景观的美学特征可以被分类评估并绘制成图，如同土壤、地形和植物一样。当然，大部分的研究者倾向于把二者结合起来，提供一种同时考虑主客观两方面的景观美学研究模式。鲍雷萨（Bourassa，1988年）认为，景观美学理论的建立十分复杂，而且许多研究者只是从事于一些离散的艺术性的研究。

景观美学感知理论（Landscape Aesthetic Perception）是景观感知理论和景观美学的结合，它研究人对环境的满意程度和人们偏好哪一种环境。景观美学感知研究的结果表明，人对于景观的评价虽然有不同点，但也有规律可循。从景观美学感知理论的角度，我们可以理解景观的美学价值、美学价值感知的过程以及影响美学价值的关键因素。在《优秀城市形态论》(*Atheory of Good City Form*)中，林奇（Lynch，1981）认为，美学在感知和认知研究领域是一个十分具有意义的主题，它必须把功能和美学价值视为一体。而且林奇甚至认为，景观美学的研究不能仅仅局限于书面上，因为美是人感知真实的环境并相互作用的过程和结果。洛锡安（Lothian，1999）认为，景观美学感知的研究应结合主客观方面，即以研究人的感知为基础，同时研究如何量化景观的美学价值。以下一些理论着重于研究客观环境本身所具有的信息，另一些则着重于研究主观的人如何感知景观。

1 从景观元素出发——"环境的功能与信息"

传统的心理学派如格式塔心理学（Gestalt）着重从环境的信息出发研究人对环境的感知。许多景观感知理论研究都着重于讨论环境的信息，如可使用的功能，指示性信息等。其中以埃更（Egon，1956）的"概率效用主义"（Probabilistic functionalism），吉布森（Gibson，1950年）的"能供理论"（Affordances），以及丹尼尔（Daniel）的"信息整理"（Collative Properties）理论为代表。

埃更是"概率效用主义"的先驱。他认为环境提供了很多感知的功能线索，环境对于人类社会是一个至关重要的感官信息源。这些信息包括简单元素如光、色、声、冷热、以及复合元素如建筑、街道、户外空间和行人。而感知者需要找出其中最为重要的决定环境功能和特性的线索信息。通常只有部分线索信息才有意义，他称之为环境信息的有效"概率"。丹尼尔发展了埃更的理论并提出了"信息整理"理论。丹尼尔建议对环境的研究应着重如何找出那些暗藏的，却又真实地表达该环境本质的线索信息。他认为人们对环境信息具有整理选择的本能，也就是说，环境信息的特征在于首先其引起人的注意，从而深入探究和比较。丹尼尔总结了4种容易引人注意的环境信息特征：信息的新颖性（Novelty）；信息的非协调性（Incongruity）；信息的复杂性（Complexity）；令人惊奇的信息（Surprisingness）。

吉布森认为环境中存在一种信息的秩序，引导人们迅速并直接地感知这个环境的特点。这种环境的内在实体信息（例如木头、钢和玻璃）和表层实体信息（如地面、墙体和天花板）的秩序提供了该环境元素的基本功能或"能供"（Affordances，潜在的功能）。他的理论解释了环境的基本功能与"能供"的关系，而这个关系使人们重新关注环境的多重功能和意义。例如，英国Magnet地球科学中心入口外有一段看似普通的木头，当它与入口内的作为艺术品的木雕发生联系后，位于科学中心外的木头具有了雕塑艺术品的功能。

卡普兰夫妇（Kaplan and Kaplan，1989）的信息处理模式理论（Information processing model）总结了4个决定环境产生愉悦感的因素：一致性（Coherence，一个场景的秩序或组织性）；易辨性（Legibility，一个场景中的信息应易于接收处理或分类）；复杂性（Complexity，一个场景中的元素具有多样性）；神秘性（Mystery，一个场景所具有的产生新的信息的可能性）。

以上这些理论，关注了环境本身的特性与质量，强调了客观环境的信息：如明度、色彩、深度和体量。一些理论（如卡普兰的信息处理模式理论）也讨论了景观感知者的特征，如文化和种族背景对于人在景观中获得愉悦感的影响。但部分理论却忽视了人的社会和文化背景对于感知的影响。当代的一些感知理论，开始研究不同人的个体和群体对于环境感知对象的感知结果。从这个趋势看，以"人"为环境心理学的研究出发点（Human－centred）受到越来越多的重视。

2 从感知的主体出发——人的生物学基础与社会文化的影响

在以人为基础的研究中，鲍雷萨（Bourassa，1988）总结了两种景观美学感知研究的阵营。一种以生物学原则为基础：认为景观中的愉悦感来自于人在环境中的瞭望与庇护等与动物相似的行为。另一种则着重文化因素的影响：认为景观中的愉悦感来自于与文化特征和文化延续性相关的景观。以生物学原则为基础的研究者试图从大脑、眼等感知器官生理学的角度解释人对景观的感知过程。阿普尔顿（Appleton，1975）的瞭望与庇护理论（Prospect and Refuge Theory）认为，人和动物具有类似的从环境中感受愉悦的本能，例如躲藏或安全感等。该理论认为，人在环境中的愉悦感植根于对于景观特征的自发性的感知：例如形状、色彩、空间排列和其他视觉元素。格勒基（Golledge，1997）从解剖学和生理学的角度分析了人的大脑，解释了人对城市环境的审美过程。这些景观感知理论把人看成一个生物学的群落，忽略了个体的不同和社会文化背景对于感知的影响。当今研究趋势表明，景观感知研究的重心已由以生物学为基础的研究转向了以社会文化为重心的研究。

着重社会文化因素影响的研究者认为，景观不仅是实实在在的场所，也是一种意识形态上的现象学表达。贝克（Baker，1992）的生态心理学（Ecological psychology）认为，景观是一种具体的构筑物，而意识形态上的景观是一种抽象概念。实际的景观由意识形态所决定形成，而景观的意识形态由实际的景观所表达。因此，一些研究者对人们如何感知景观的意义展开了深入研究。诺埃（Nohl，2001）总结了景观美学感知由浅到深的四个层面：（1）感知层（Perceptual level），指感知者通过视觉、听觉和嗅觉等，从一个场景直接获得相关信息；（2）表现层（Expressive level），所有的被感知的元素和结构都与感知者的感觉和情绪结合起来；（3）表征层（Symptomatic level），被感知的元素成为了一种符号或表达另一事物的含义；（4）符号层（Symbolic level），所有景观中的视觉元素都代表了另一事物。

当今，许多景观设计不再正确表达相关的文化的、意识形态的信息（如地域性，美学传统等）。景观甚至成了“毫无意义”的场所。一些学者认为，我们不仅要研究景观的功能意义，更要研究景观的符号性意义。在以下部分，我们将引入“符号学”的概念，介绍“景观符号学”的基本概念。

3 景观感知的主客体结合——景观符号学

《牛津辞典》（1989）把“符号学”（Semiology）定义为：研究语言学上的符号（Sign）或象征（Symbol）的学科。它不仅研究符号本身，也研究符号之间的关系。1969 年国际符号学联盟（International Association of Semiotic）在巴黎成立后，符号学成为了心理学、哲学和艺术研究的重要主题并广泛地运用到了其他研究领域。早在 20 世纪中期，人们在景观研究的相关领域（如建筑和城市）就展开了符号学的研究。

3.1 建筑符号学和城市空间符号学

1950 年代的意大利，各种新兴学术思潮十分活跃，人们激烈地争论社会现实和探讨抽象艺术。一些全新的艺术理论、绘画流派逐渐诞生。在这种气氛中，建筑符号学（Semiology of Architecture）也初露端倪。第一届建筑符号学大会由埃克（Eco，1968）组织并在 1968 年成功举办。在 1972 年巴塞罗那举行的建筑、历史和符号理论大会（Symposium on Architecture，History and Theory of Signs）上，学者们以美国语言学家乔姆斯基（Chomsky）的语言学原理为参照，从语言学的角度对建筑的深层结构做出了讨论。同年，德国乌尔姆的国际符号学工场（International Semiotics Workshop）也把研究建筑的“语法”（Grammar）和“句法”（Syntaxes）作为了研究主题。早期建筑符号学的研究发展显示出研究的两个主要原则：第一，如果建筑被看作语言，它就必须具有语言的结构。例如建筑元素，它必须像词语一样，具备基本意义和深层意义。第二，如果建筑被看作语言，它就必须能够交流。

1960 年代，巴黎的 107 组（Group 107）指出，把建筑符号学的研究范围扩大至人的行为以及空间研究具有重要意义。空间于是被看作一个展现人与人相互关系和人与空间关系的舞台，建筑符号学也逐渐成为了广义的研究空间的符号学。法奥克（Fauque，Gottiener and Lagopoulos，1986）基于研究人对城市的感知发展了城市符号学。他认为，研究必须从那些具有语义学意义的决定城市感知的空间关系（如远和近）或空间性质（如复杂与清晰）出发。城市符号学把城市环境看作为语言的文本（Text），就如同建筑符号学把建筑元素看作是语言的词语。如果城市成为了文本，那么人就成为了文本的“读者”。

3.2 景观符号学

一些学者（如布罗本特等 Broadbent，1980 年）建议，符号学的概念和研究方法可以运用到景观的研究中。鉴于建筑符号学已逐渐运用到空间的研究中，景观符号学也可以使用和建筑符号学类似的理论结构。景观符号学可以在一个类似语言结构的体系下，研究景观的“符号”（Sign）、“语法”（Grammar）和场所“文本”（Text）。依据一定的组合方式（“语法”），景观的符号可以形成某种景观的特定场所“文本”。其中景观的“符号”是研究的基础。“符号”是景观类语言体系中的基本单位（Broadbent，1980；Gottiener and Lagopoulos，1986）。

景观“符号”

景观的“符号”以景观中的各种功能实体（如植物、水体、建筑等）为载体，表达一定的“意义”。按照语言学和建筑符号学的结构，景观符号应具有两层意义：第一，表现符号（Signifier）；第二，实意符号（Signified）。表现符号指景观的形状、空间、表面、体量等具有表现功能（表现出节奏，色彩，材质和密度等）的元素。而景观的实意符号则指这些景观元素表达出的意义。这两层意义共同组成了景观元素的功能与意义，二者缺一不可，定义了景观符号的含义。结合建筑符号学中对表现符号和实意符号的讨论，我们可以对景观符号的含义做出分解（表 1）：

表 1 景观符号的含义

	第一层（视觉）	第二层
表现符号 （Expressive sign）	符号特性：形状、空间、表面、色彩、材质、体量等	听觉、嗅觉、触觉、动觉等
	跨符号特性（如节奏、肌理等）	

续表

	第一层(视觉)	第二层
实意符号 (Content sign)	功能	潜在的功能
	主动表达的意义	被动表达的意义
	美学意义	潜在的象征性
	景观的设计概念	设计思潮
	空间的概念	空间关系传统
	行为	空间行为学传统
	图像学	图像象征主义
	人类生物学传统	社会宗教信仰
	生活习俗	社会学背景
	经济目标	土地价值等
	技术	技术体系

从表1中看,景观的表现符号是人们通过感觉器官可以直接感知到的景观元素的基本信息。这些基本信息并不代表更深的意义,而其中的视觉符号通常可以通过设计图直接表达出来。景观的实意符号则揭示了景观符号的更深层意义。包括人们在景观元素中所感知、观察、领悟到的意识形态的信息。我们以谢菲尔德植物园内一个长椅为例。该长椅以两段木头为材料,其中一段被削成平面,置于适于人坐的高度,表明其功能为供人休息。另一段自然形态的木护手,具有原始的雕塑美感。而长椅上隐约雕刻的青蛙、小甲虫等,则激发人们心中与自然和谐共处的乐趣。这种自然情趣充分反映出英国社会尊重自然、保护环境的强烈意识。由此,该长椅的表现符号和实意符号得到表达。

景观"语法"

景观"语法"是指通过运用一定的空间词汇(Spatial vocabulary)和空间句法(Spatial syntax)定义一个景观的特征。对于景观"语法"的概念,有以下几个特点:(1)景观"语法"是景观"符号"之间的空间关系,这些关系是技术使用、美学传统或地区惯例的综合结果;(2)景观"语法"是景观符号与其所表现的意义之间的关系,例如,产生某个场所的历史事件、形成某个场景的自然现象等;(3)景观"语法"是景观中某一个单独的"符号"与其他符号体系的关系,景观的"语法"是赋予景观"符号"更深层意义的符号间的结构。景观"语法"通过一定的组合规则、惯例或秩序,限制并确定了该景观"符号"的意义。

景观"文本"

景观"文本"是一种由景观符号,按照一定的景观"语法"组合而成的空间结果。从本质上说,景观的"文本"具有与"场所"(Place,来自于法语 lieu,拉丁语 Locus)相同的代表空间独特特质的"内核"。因此,可以说,景观"文本"的研究核心是分析代表特殊文化和美学特征的场所精神(Spirit of Place)。舒尔茨(Norberg - Schulz,1980)对场所的简单定义是:一个场所是具有独特特征的空间。每一个场所包含了一系列的独特特质:内部闭合与外部闭合、各方向的可达性和不可达性、与其他场所的关系、方位、尺度、空间扩展模式等。这些基本的元素定义了一个场所的特征。不同景观"语法"把不同的景观"符号"组织起来,则形成了一定的场所。在艺术、建筑、景观和城市设计领域,"场所"是一个十分具有意义的研究主题。而在景观研究中,"场所"则是空间创造的核心。"场所"是一个空间"精神"的承载体;空间又促成了在特定区域形成一定的场所精神。这个定义赋予场所以人类的情感,揭示了土地不仅具有农业生产上的意义,环境不仅仅是一个存在于我们周围的物质环境,它更是一种当时当地的意识形态的载体。

小 结

综上所述,景观感知的研究随着环境心理学、生物学、语言学等学科的发展,逐渐走向一种综合客观与主观的研究。这些研究既考虑景观本身所具有的物理信息和特点,也考虑景观所具有的社会文化信息和特点。这些研究不仅把人看成一个具有动物感知本能的群体,也把人看作受社会文化背景和个人因素影响的感知者。随着当今景观文化特征的丧失,越来越多的学者呼吁,景观的文化"意义"应受到更多的重视。景观符号学则着重于研究景观的文化意义。它分别从景观符号的含义、景观符号的关系(语法)和景观的场所意义等三方面研究景观,景观符号学被认为是研究景观文化意义的重要方法和景观感知研究的重要方向之一。

注:本文基于作者在第42届世界风景园林师学会大会(The 42nd IFLA World Congress)上所作的学术报告"景观符号学"(Landscape Semiology)而成稿。

参考文献:

[1] Appleton, J. 1975. The Experience of Landscape. London: Wiley.

[2] Baker, A. R. H., Gideon B. Eds. 1992. Ideology and Landscape In Historical Perspective: Essays On The Meaning. Cambridge: Cambridge University Press.

[3] Broadbent G, Bunt R and Jencks C. 1980. Signs, symbols and architecture. Bath: The Pitman Press

[4] Bourassa, S,C. 1988. Toward A Theory of Landscape Aesthetics. Landscape Urban Planning. No. 15, pp. 241 - 252.

[5] Gibson, J. J. 1950. The Perception of the Visual World. Boston: Houghton Mifflin Company. London: Lawrence Erlbaum Associates.

[6] Gifford, R. 1997. Environmental Psychology: Principles And Practices. 2nd Ed. Needham Heights: Allgn & Bacon.

[7] Golledge, R. G. And Stimson, R. J. 1997. Spatial

Behaviour: A Geographic Perception. New York: The Guilford Press.

[8] Gottiener, M and Lagopoulos, A P. 1986. The City and the Sign: an introduction to urban semiotics. New York: Columbia University Press.

[9] Kaplan, R. & Kaplan, S., 1989. The Experiences Of Nature: The Psychological Perspective . Cambridge, UK: Cambridge University Press.

[10] Lothian, A. 1999. Landscape And The Philosophy Of Aesthetics: Is Landscape Quality Inherent In The Landscape Or In The Eye Of Beholder? Landscape And Urban Planning. Vo. 44. Issue 4. pp177 – 198

[11] Lynch, K. 1981. A Theory of Good City Form. Cambridge. Massachusetter: Mit Press.

[12] Norberg—Schulz, C. 1980. Genius Loci: Towards A Phenomenology of Architecture. London: Academy Press

[13] Nohl, W. 2001. Sustainable Landscape Use And Aesthetic Perception—Preliminary Reflections On Future Landscape Aesthetics.

[14] Zube E. H., Sell J. L. And Taylor J. G. 1982. Landscape Perception: Research, Approach And Theory. Landscape Planning. Vol. 9. (1982) 1 – 33.

作者简介

邓位,英国谢菲尔德大学景观系博士研究生。

(原载《世界建筑》2006 年第 7 期)

建筑焦点

JIAN ZHU JIAO DIAN

建筑文化的春天
——“中国建筑新文化运动”回眸

王铎　吴庆洲　喻学才　洪铁城　张健　徐千里　赵仁童　周学鹰　郑东军　金京

摘　要　该文通过回顾自1989年第一次“全国建筑与文化学术讨论会”以来先后8次会议的历程、特点和成果，首次概括并提出“中国建筑新文化运动”这一概念，而且对“科学与民主，创新与复兴”这一文化主题所引起的建筑思想变革以及其社会反响进行了深入的总结和剖析。

关键词　中国建筑文化学术浪潮　建筑与文化学术讨论会　中国建筑新文化运动

在人类现代文明的进程中，一场建筑创作思想和实践的巨大变革，正在世界东方——中国大地上稳健而有力地进行着、发展着，取得了辉煌的成就，促进了一代建筑学人对建筑本体的认知、理解和建筑哲学的升华。

在这一进程中，特别是自改革开放以后的近20年来，以“全国建筑与文化学术讨论会”为核心，成功地开展了8次全国和国际性建筑与文化学术讨论会，并正在继续发展。“讨论会”活动规模之大，不同学科领域学人参加之踊跃、影响之深广，令世人瞩目。就其实质而言，可将之升华为一个历史的哲学概念——“中国建筑新文化运动”。

“回眸”者，回望、审视也。

“运动”，是指事物的存在形态及其运行发展属性。中国的建筑文化观念，从1980年代初至今，产生了巨大的变化，说它是中国现代建筑学人掀起的一场“建筑新文化运动”，应属无可厚非。

在中国的文化史上，唐代韩愈、柳宗元针对当时文坛上囿于声律、追求六朝以降辞藻艳丽的柔靡之风，旗帜鲜明地反对骈文，主张回归言之有物、情感真切的《诗经》、《离骚》等展现的先秦文风，号召“言必己出，务去陈言”；反对剽窃，强调文章回归于民。韩、柳号召，且身体力行，文坛巨子响应，至而改变了一代文风。文化史家们称之为中国文学史上的“新古文运动”。

其后的白居易、元稹又针对其时诗坛追随华靡的唯美主义倾向，进行抨击。主张诗歌要“补察时政，导泄民情”；“为君、为臣、为民而写”；“感人心者莫先乎情，莫始乎言，莫切乎声，莫深乎义。诗者，根情苗言，华声，实义。”高扬杜甫的现实主义文学旗帜，反对“嘲风雪弄花月”的贫血文学，倡导回归汉魏的“乐府”遗风。元、白掀起的诗坛革命，文学史上称之为“新乐府运动”。

近代竖起“科学、民主”旗帜的“五四新文化运动”，反对旧道德，提倡新道德；反对旧文学，提倡新文学，触动了几千年来中国人的封建文化思想。

文化运动的核心是改变人们旧的文化观念。

当前，在中国进行的这场“中国建筑新文化运动”的核心即在于改变不适于时代发展的旧建筑文化观。

这一运动的开始，与整个中华民族的伟大文化复兴同步。其起始时间是1978年中国共产党十一届三中全会后，我国进入到改革开放时期，中国建筑新文化运动亦随之到来。高介华先生于1980年7月在武汉自然辩证法研究会发表的《从历史的透视看新的历史时期的到来》的长篇论述，前瞻性地指出：“一座新的中华民族的文化奇峰，必将突兀于东方。”高先生认为这是继汉唐时期的第一次文化高峰和宋明时期的第二次文化高峰以后，即将兴起的中华民族第三次文化高峰。所不同者，前两次是自然经济时代的封建社会文化，今天则是后工业社会、信息时代已经出现的中华民族文化的伟大复兴。

年龄稍长的中国建筑师可能会清楚地知道，1930年朱启钤创办的中国营造学社，聚集了当时社会建筑设计界、营造商、艺术界、金融界、文物界、矿业界的精英和大学校长、政界要员以及外国人，认识到“吾民族文化进展，其一部分寄之于建筑，建筑于吾人最密切，自有建筑而后有社会组织，而后有声名文物。其相辅以彰者，在可以觇其时代，由此而文化进展之痕迹显焉”（朱启钤言），实为难能可贵。特别是1931年梁思成、刘敦祯先生分别从美国、日本学习建筑学专业归国后加盟营造学社，其学术成果和社会贡献巨大之甚，为民族文化遗产的保护做了大量工作。例如印制陶版《李明仲营造法式》，收集清样式雷的模型；开拓中国建筑史研究的道路，编纂“营造词汇”，再次校订《营造法式》，收集整理“营造示例”，收集整理《园冶》、《哲匠录》等古籍，以及对山西、河北、陕西、河南、浙江等地2783处古建筑展开了调查和测绘。学社顶梁柱梁思成先生于上个世纪50年代初提出北京规划的保古城、建新都的思想，编订《清式营造则例》、《中国建筑史》的实绩，和他的夫人林徽音先生联谊学界巨匠胡适、张奚若、徐志摩、金若霖等，在家里组织的“沙龙”上所论及的传统文化、历史典故、诗词歌赋等内容和其活动本身，就是中国建筑新文化运动的曙光。但是那时的气候不好，一种新鲜的思想观点很难找到开花结果的好天气和好土壤。1959年国家建筑部召开建筑创作方面的会议，被批评为鼓吹“封、资、修”的大毒草。因此，连部长刘秀峰都下了台。直到20世纪80年代，建筑界的“为古建筑正名”、“传统与现代”之争等的讨论标志着国门开放，建筑创作思想的禁锢年代已去，中国建筑文化开始新的苏醒。1985年中国建筑学会在广州召开了“繁荣建筑创作座谈会”，然后才有大量西方现代、后现代建筑理论的引入，可以说，这些就是中国建筑新文化运动的前奏和序曲。

“建筑与文化”已成为当代人类建筑发展中的主题。联合国教科文组织确定1988－1997年为“世界文化发展十年”（UNESO World Decade on Cultural Development 1988－1997）活动，国际建协积极响应，确定1989年7月1日“世界建筑节”的主题是“建筑与文化”。中国建筑学人敏感地注意到这一时代发展的趋势，由湖南大学建筑系原系主任巫纪光教授、岳麓书院文化研究所杨慎初教授（已故）、《华中建筑》主编高介华先生、《南方建筑》主编郑振纮先生等及时策划、组织了由湖南大学建筑系、岳麓书院文化研究所、建筑设计研究院和《华中建筑》、《南方建筑》编辑部以及长沙市土木建筑学会联合发起，湖南大学主办，于同年11月6日在我国古老的四大书院之一的岳麓书院召开的中国第一次“建筑与文化学术讨论会”。会议代表有来自13个省市教学、科研、设计和出版单位的老、中、青年学者60余人，提交论文50余篇，内容广泛，从理论研究到创作实践，从传统建筑到现代建筑思想，从国外考察到少数民族地区建筑调查，从设计工作到建筑教育等多方面对“建筑与文化”问题进行了广泛的交流和热烈讨论。代表们呼吁：“建筑需要文化”、“文化需要建筑”，“两者密不可分，无所不在”。国际文化运动影响到建筑，中国近百年的文化变革也影响到建筑。所谓"保存国粹"、"全盘西化"、"中体西用"等等文化思想，无不渗透到中国建筑的发展创作中。新中国40多年来的艰辛道路，建筑也无不和文化关联。改革开放的春风吹遍祖国大地，也吹进祖国的建筑天地，建筑与文化的春天已经来临。会后，《华中建筑》、《南方建筑》两刊分别刊载了全部论文，广为传播。

长沙会议是中国建筑文化春天到来的划时代标志。

时隔一年多，"讨论会"的原创单位尚无人提及此事。高介华先生深感这一项有意义的建筑学术活动有面临夭折的危险，乃借1991年5月在德阳参加第二届"全国建筑评论会"之机，与到会代表洽议、发动。后经洛阳规划建筑设计研究院原总建筑师、我国著名古建园林学家王铎先生多方努力，最后落实在三门峡市，于1992年8月20－24日召开了盛大的"全国第二次建筑与文化学术讨论会"。

这是一次关键性的讨论会。其一，规模大，来自全国24个省、直辖市、自治区的建筑界代表132人，提交论文104篇；其二，将"建筑文化学"作为创新学科提出。会上顾孟潮先生宣讲了《论建筑文化学研究》，高介华先生发表了《亟需创立建筑文化学——中国建筑文化学纲要导论》的长篇论述，提出了《中国建筑文化学》一书的纲要。其他论文亦都围绕着"建筑与文化"这一主题展开了论述和交流，例如，有哲学与建筑文化；中国传统建筑文化与中西建筑文化；城市建筑文化；园林建筑文化；中国新建筑文化等专题，因而使全国性的建筑与文化学术讨论会迈出了关键性的一步。此后每两年一度的全国性建筑与文化学术讨论会持续开展，相继在泉州、长沙、昆明、成都、庐山和杭州召开了第3—8次"讨论会"，其中的第4、7次皆为盛大的"建筑与文化国际学术讨论会"，终于推动和形成了当代以"建筑与文化"研究为实质的一股建筑新文化运动的热潮。可谓天时、地利、人和三者相得益彰。

那么，这一"运动"的特点何在？

1. "科学与民主"的旗帜，"创新与复兴"的主题

中国建筑新文化运动之兴起纯属于民间学术活动，不带官方色彩，它是中国建筑学人根据时代的发展和需要，从专业学科的社会历史责任出发，所发起的一种建筑认知和实践活动。运动的主题是在中华民族文化伟大复兴的历史巨浪中衍生的建筑文化复兴运动。它立足于"科学与民主"，诸多论述文章并无政治授命，皆系根据自己的建筑观念、创作理念和实践所立论阐发。"争鸣"的学术氛围纯净，目标是为了促进改变沉寂的学术现状，催生具有时代特征的新的建筑理论及其创作。

2. 规模空前，影响及于海内外建筑学界

从1989年到2004年举行了8次学术讨论会，出席中外代表计1085人次，交流国内外论文783篇（不含会议文献）。以第7次讨论会而论，出席的国内代表来自24个省、市、自治区，35个高校建筑院系和科研院所，以及有关省市政府的领导等。第4、7两次均为盛大的国际学术讨论会，先后有美、英、法、德、日、韩、泰、越、丹麦、瑞士等国和我国香港地区的建筑学者，以及哲学、历史、文物、考古、文化、艺术等相关学科的众多学者参加。作为一项民间建筑学术活动，这在中国建筑史上是少有的。

尤其值得注意的是，在成都、庐山召开的第6、7次讨论会上都发出了《倡仪书》。前者是《对于保护历史建筑文化的倡议书》；后者是向全世界建筑学人发出的《跨文化、跨地域，推进"建筑与文化"研究的全球化发展——建筑与文化2002国际学术讨论会倡议书》。该"倡议"向世界建筑学人呼吁："在中国开展的'建筑与文化学术讨论会'，已经走过了13年历程，成果丰硕，影响深远。……然而，不同国家、不同地域的深化研究及相互沟通、借鉴、交锋和融合，是将这一研究推向新境界的必要途经。我们期望各大洲的同行们也作进一步有组织的深化，使其得到全球化的发展。我们将会兴奋地看到，21世纪也是世界新建筑文化光灿的世纪，让全人类的家园更加和谐美丽。"与此同时，也向全世界人民敲响了警钟："'发达'与'发展'的悬殊，贫与富的激化，强势与弱势群体的背道而驰，金钱——权力——占有构成了对自然及社会、文化生态双失衡的十字路口，'要奢侈，还是要毁灭？这不应该是一个有争议的话题。'所谓建筑理论在不断成为富人和那些远离社会现实的建筑玄学家们的专利品，他们把建筑这一人类赖以生活、生存的物质实体幻化于纯艺术之上，建筑的本体被'解构'和异化。在城市和建筑的现实中，'倪合华'现象成了天与地的反差，建筑应为全人类广大人民服务的问题已十分突出。……历史进入到了今天的高度文明时代，人民的建筑师怎样向人民交出一份满意的答卷，是必须认真思考的课题。""过去了的20世纪是'机器的世纪'，产生了物化的悲哀；21世纪应是'人的世纪'，从人出发，造福人类。""建筑必须创新，但应拒绝历史的虚无主义，拒绝物欲横流，方能谱写最新的世界建筑画卷。"

《倡议书》表明，中国建筑师力图与全世界建筑学人一道，共同肩负起人类文明进程中的历史重任。

3. 政府支持，各地建筑学会、学刊协办，高端学人云集

历次讨论会都得到了当地省、市政府领导和部门领导的鼎立支持和协力举办。有的省、厅、市领导亲自莅会，和学者们济济一堂，进行思想和学术沟通。如："三门峡会议"时，河南省建设厅、文化厅领导、三门峡市委王如珍书记及市长、建委主任等，都密切关注讨论会的筹备工作，并莅会发言；"泉州会议"时，薛祖亮常务副市长亲自主持筹备工作会议，福建省建设厅杨伦钊厅长莅会发表讲话；"昆明会议"时，云南省建设厅石孝测副厅长亲自过问筹备工作，省政府秘书长莅会发言；"成都会议"时，省建委领导莅会；"庐山会议"时，江西省建设厅领导亲自主持筹备工作会议，省政府领导听取关于讨论会筹备工作的汇报，黎智勇副省长莅会，并宴请中外学者，探求建设好江西的真知灼见；等等。

作为应用科学技术的建筑学学术活动，得到政府支持，解决会务难题，并借专家云集之机为该地城市建设出谋献策，无疑是一举双得之事。实际上，古往今来，任何一门社会显学，只有得到政府的支持，才能发挥更大的社会效应。在中国，儒、道和马克思主义如此；在英国，19世纪末，E·霍华德著《明日的园林城市》(*Tomorrow Garden City*)一书，主张建设具有优美环境的城市，消灭拥挤社区和贫民窟，由于得到了英政府的支持，在伦敦远郊建了两座"花园城"。二次大战后，霍华德的主张又得到了英政府的青睐，在全英开展了建设园林城市运动，至今英国的家居有前、后花园，几乎已成为定式。

讨论会的历次活动，还得到了各地土木建筑学会、建筑师学会、建筑院校、省部属科研设计单位，特别是各地学刊社、出版社的热忱协力，先后参加合办者达50余家，如：湘、豫、闽、滇、川、赣、浙等省土建学会，建设部建设杂志社、《华中建筑》、《建筑师》、《新建筑》、《世界建筑》、《南方建筑》、《中外建筑》、《长江建设》、《四川建筑》、《福建建筑》、《中州建筑》、《建筑时报》、《城市发展研究》、《古建园林技术》、《建筑文化与城市科学》，湖北教育出版社、中央电视台(CCTV－10)、以及会议所在地区的29家省、部级设计研究院，其动员之广，参与合办、协办单位之多，实属少有。

高校建筑院系是建筑理论的前沿研究阵地，中国建筑

新文化运动,尤其显示出了建筑高校热情合力的态势。

中外建筑学人士荟萃是这一运动的突出亮点。高端学者的理论导向、创作范例,亦通过这一学术活动广为传播,如吴良镛、齐康、彭一刚、钟训正、何镜堂、潘际銮、关肇邺、戴复东、董石麟等院士以及杨鸿勋、郭湖生、刘先觉、余卓群、鲍世行、徐伯安、单德启、袁镔、顾孟潮、巫纪光、戴志中、吴庆洲、庄裕光、顾馥保、王鲁民等国内建筑学家,以及老一辈设计大师徐尚志先生等,不一而足。还有美国建筑师协会前主席斯第沃德(W · Cecil · Steward)教授,丹麦哥本哈根大学亚洲研究所教授、研究《营造法式》的欧洲专家格拉(Else Glahn)女士,日本著名建筑评论家铃木博之,乌克兰建筑科学院主席施托尔科 · 瓦 · 格教授等,都是出席讨论会的积极参与、推动者。我国杰出科学家、思想家、山水城市学说的创始者钱学森院士也曾对“讨论会”的议题及活动情况给予了高度关注,并及时对讨论会的学术方向提出指导性意见。

4. 跨学科的文化论坛,从多视角研究建筑文化

邀请相关学科名家共论建筑,这是历次“讨论会”的特点。这些学科包括:哲学、城市规划、城市科学、园林、历史、文物、考古、文化、文学、艺术、新闻、出版、旅游,以及图书馆学、信息工程和房地产企业家等等。这样的多学科名流来讨论“建筑与文化”,要比单单建筑学人讨论,视角要广泛、全面得多。诺贝尔有一句名言:“科学之间彼此有内在联系,要解决本学科的有些问题,就要借用相关学科的知识。”学科交叉是当代学术发展的特点之一,富含人文学的建筑学尤其如此。试听一位建筑学外的著名文化学者张正明教授的观点:“现代化与传统性,其实不是不相容的。无论西洋、东洋都有既实行了现代化,又维护了传统性的正面经验。当今的中国城市规划和建筑设计,却都有为追求现代化而牺牲传统性的偏向。从心态来看,恕我直言,这是文化上的民族自卑感。古代的中国,从夏、商、周到元、明、清,妄自尊大,一贯如此。近代的中国,在与帝国主义的侵略势力斗争中屡战屡败以后,一变而为妄自菲薄。”他又说:“当代中国的建筑学界,不乏学贯中西、识通古今之士,一定能熔传统性和现代化于一炉而冶之。那时,有中国特性和世界地位的建筑流派就形成了,而且大概不止一个。”这位“业外”学者的观点,比 1980 年代“现代”与“传统”之争中,业内“权威”的观点“传统建筑不是一元。如果算作一元,也是带菌的一元”豁达得多,也深刻得多。

跨学科来认识“建筑与文化”这一开放体系,就应博采众长、集思广益。

建筑是社会的产物,是一种社会现象。仍如张正明先生所言:“建筑文化是芸芸众生都不能置身事外的,即使技术上和艺术上的门外汉,也是生活中的门内汉。”任何大众都会对他目击的建筑有自己的看法。首创于 1960 年代,现代西方流行的 H. R. 尧斯的“接受美学”理论,曾提出品评艺术作品不仅在于艺术家的褒贬,更重要的是看欣赏大众的“审美期待视野”。“建筑文化”覆盖着全社会,大众的“审美期待视野”亦当涵盖于建筑评论之中。若从这一角度来认识“建筑与文化”这一学术活动,那么从建筑学院的讲台和设计室走向相关的多学科论坛,便愈显重要。

5. 从多领域多层面探讨“建筑与文化”的“道”、“器”关系

建筑学是个大学科,钱学森先生将其分列为一个大的建筑科学体系。它派生出许多分支学科,又与社会、历史、文化、美学等紧密相联。任何建筑的产生总是此时此地的社会、经济、文化孕育的结果。因此,建筑与文化连贯于人类历史的全过程和人类社会的全方位。理论是人类社会实践的科学概括和理性升华。被黑格尔推崇为真正的中国哲学《易 · 系辞上》说:“形而上者谓之道,形而下者谓之器。”“道”指精神;“器”指物质实体。宋代程、朱理学进一步解释:“形而上者为之理,形而下者为之气,理在气先。”根据上述,“建筑与文化”学术讨论的根本目的在于探讨建筑创作的“道”、“器”关系,或曰“理”、“气”关系。建筑学所涉时空是如此浩大,因此,全方位、全历史过程的探讨就显得重要和切贴历史真实。同时,理论的概括又不无时空的限定性,从来没有放之四海而皆准的绝对“真理”。为此,历次讨论会才确定了不同的主题,广泛发动建筑学人结合自己的研究和实践优势,进行学术阐发与交流。

从历次讨论会的“主题”,不难看出这一“运动”发展的梗概及其与中国文化复兴脉搏的同步关系。

第一次:探索中国建筑与文化的基本概念及中国建筑师的创作道路。

第二次:促进创建具有中国特色的建筑文化学理论体系,提出了“中国建筑文化学纲要”的“纲要”和《导论》。

第三次:变革中的建筑与文化。从人类文化发展的整体上引导新建筑理论体系的创立,促进新建筑文化的开拓与发展——从这个意义上探索中国建筑发展的道路。

第四次:国际会议。探索建筑与文化研究的方向和系列研究专题,其主旨在于实现中外学者就建筑与文化问题的对话,把建筑与文化的研究推向世界。

第五次:组织落实“中国建筑文化研究文库”丛书编纂出版工作的启动及进度计划。

第六次:面向 21 世纪的建筑文化学;多元共生,推陈出新,开创建筑文化研究的新局面。

第七次:国际会议。跨文化的中外建筑学术交流,在理论探索的道路上不断深化,其主旨在于:继续开展中外学者对话,将具有中国特色的建筑与文化研究的理论、方法进一步推向世界,并举行了“中国建筑文化研究文库”的首发式。

第八次:迈入 21 世纪的建筑与文化。其主旨在于:宣传、引发我国发达地区的建筑专业领域人士和公众对创建新的高品位民族建筑文化的关注,推动我国建筑与文化研究学术活动的持续发展。原已确立的第九次“建筑与文化学术讨论会”的主旨在于配合开发西部的主旋律,加强内地与新疆的建筑学术交流,促进新疆地域多民族建筑文化的繁荣;学习新疆地区富有民族特色的建筑创作之路。遗憾的是,这次讨论会未能按计划实现,但应征论文即将结集出版。

从以上历次“学术讨论会”的主旨可以窥见,中国建筑新文化运动探索的理论是全方位的、全历史过程的,力图紧扣中华民族伟大复兴的时代脉搏,服务于现实,同时将具有中国特色的“建筑文化”理论研究推向世界,因而这一运动在学术意义上便具有全人类性。

我们不妨来审视一下“中国建筑文化研究文库”丛书的目录和历次论文集的分类,便可发现这种全方位、跨时空的纵深研究是十分明确的:有城市、建筑、园林;有各类民用建筑和工业建筑;有地域建筑、民族建筑;有史前城市;有亚太建筑和西方建筑等等不同类别建筑文化和建筑史学的比较研究;更有与当前建筑设计市场密切相关的新的设计趋势、观念、理论的研究。其中论文量最多,历次都作为重要议题的是建筑文化学的理论构架和外衍分支的系统研究。如此广博和纵深的研究,对于建筑“道”、“器”关系的把握,就可避免偏颇和固执一方。其动员治学力量之广亦属罕有。

6. 重要建筑典籍的系统出版

中国建筑发展五千年,宋人编了《营造法式》,明人编了《园冶》,清人编了《营造则例》、《营造法原》,可以说系统的

建筑典籍仍属寥寥。直到中国营造学社在不长的15年期间内,创办了《中国营造学社彙刊》共七卷二十三期,出版了图书如《工程营造录》、《一家言居室器玩》、《梓人遗制》、《元大都宫苑图考》、《营造算例》、《清式营造则例》、《曲阜孔庙之建筑及其修葺计划》、《同治重修圆明园史料》、《汉式的建筑式样与装饰》、《清文渊阁实测图论》、《牌楼算例》、《建筑设计参考图集》(1、2、3)等31本,可以说是前无古人的一次建筑古籍整理出版和建筑新著问世的大展示。对中国建筑历史文化研究有着承前启后的作用和不可磨灭的光辉。然而自此之后,这样量大面广的研究出版工作显得力不从心。当然,由梁思成、刘敦祯先生先后编写的《中国建筑史》、《中国古代建筑史》,杨廷宝、戴念慈、吴良镛、汪菊渊先生编写的《中国大百科全书·建筑·园林·城市规划卷》,张驭寰、郭湖生、赵立瀛、王绍周先生编纂《中国古代建筑技术史》,以及分别由刘叙杰、傅熹年、郭黛姮、潘谷西、孙大章先生主编出版的五卷本《中国古代建筑史》等等,是整个历史长河中的几座丰碑。坦率地说,在这一建筑新文化运动中,真正可以称之为挽救性系统工程的是高介华先生主编的被列为国家十五规划重点出版工程的“中国建筑文化研究文库”,它代表着一代中国建筑学人的辛勤耕耘和学术智慧。我们从书目中可看到它的涵盖面既广泛,又系统。

“文库”是我国建筑领域自1989年进行建筑与文化研究活动以来长期积淀而成的一项标志性学术成果,它的主旨在于继承、弘扬我国优秀的历史建筑文化,是创建与开拓中国新建筑文化理论阵地的一项重大基础建设。

“文库”的著作、编审人员广涉中国科学院、社科院、工程院等5所科研机构,清华大学、南京大学、东南大学、同济大学、华南理工大学、浙江大学等18所高等院校;中国城市规划设计研究院、中南建筑设计院等4所设计机构,湖北教育出版社、《建筑学报》、《华中建筑》编辑部等5家出版机构的50余名专家学者;规模宏大,系列完备。湖北教育出版社对“文库”的编辑出版付出了极大的努力。娄齐贵社长在首发式上激情地表示:“我们以最强的编辑力量,最完美的装帧设计,最好的纸张和最好的印刷厂家,保证‘文库’成为内容、形式俱佳的文化精品。”

国内建筑学家对“文库”的出版也给予了高度评价。

吴良镛院士认为:“它的出版必将对中国建筑研究以大的推动。”

齐康院士说:“‘文库’的选题所涉及范围是比较全面的,从中国古代建筑思想、理论、建筑制度、建筑文化观、建筑艺术观、建筑形制、中西建筑文化交融等各个层面来阐释中国建筑文化的特征,是一套全面研究中国传统建筑文化的大型学术丛书。这在国内还属首次,必将促进我国建筑研究学术水平的提高,并对完善全社会的建筑意识产生积极作用,发挥广泛深远的社会效益。”“‘文库’是一项跨世纪的功勋性文化工程。”

我国知名建筑理论家,中国建筑学会编辑委员会副主任委员顾孟潮教授在其发表的《弘扬中国建筑文化的巨作——评〈中国建筑文化研究文库〉》一文中指出:“文库”按性质分类:“学科理论类、基础理论类、史志类、地域文化类和建筑类型类。”“丛书的最大特点是从文化角度切入,突出了学科理论性、基础理论性、地域文化性,而在史志和类型方面,则突出了首创性、开拓性”。“文库”出版的意义:“在建筑文化研究、建构建筑文化学及挖掘整理中国建筑文化遗产方面具有开拓性、奠基性的意义”;“扩大了建筑文化研究的视野和领域”;“有助于克服建筑界一些人对民族建筑文化遗产的虚无主义认识,而在世界上展现中国建筑文化的真实形象。‘文库’以丰富的内容,真实的例证,令人信服地说明中国建筑文化所达到的高水平”;“弘扬地域建筑文化,使现代建筑找到了地域文脉”。“文库”具有“开发价值”、“科学价值”、“理论价值”和“特色价值”。

洪铁城先生在《建筑》杂志上撰文,称“文库”“是一群牵出水面的金牛,通体闪光夺目,其历史价值、科学技术和文献价值,巨大无比,具有划时代的意义。”

概括而言,“文库”的出版,在中国建筑发展史上具有划时代的历史意义、科学意义和文化意义。它既是抢救中华民族传统建筑文化精华的伟大工程,又是在中国建筑历史上空前的一项系统性科学研究工程,是新时期中国建筑新文化运动的结晶。

在“文库”出版计划即将完成之际,高介华先生又进行了编纂“文库”姊妹篇——《中国建筑文化大辞海》和出版《中国当代杰出青年建筑师人物·作品大典》的策划。我们相信,它们必将为中国建筑历史的发展留下一笔珍贵的文化财富。

7. 专业性的“建筑文化”研究机构、“建筑与文化”学刊相继创立,“建筑文化”的课程亦多在高校开设

自1997年以来,一些“建筑与文化”研究的专业学术机构相继创建,如:河南省建筑学会建筑师学会设立了“建筑与文化专业委员会”:中国建筑学会建筑史学分会设立了“建筑与文化学术委员会”;郑州工业大学建筑系(今郑州大学建筑学院)创建了我国第一个“中国建筑文化研究所”;华南理工大学建立了“东方建筑文化研究所”,旋又扩改为“建筑历史文化研究中心”,下设多个研究所。北京工业大学建立了“建筑与文化研究所”。华中科技大学建立了“建筑文化研究室”。

专业学术期刊是建筑论坛的舆论阵地,已有的建筑学刊多及时发表“建筑与文化”研究的论文,此外:广州七联计算机网络有限公司拟创办《建筑与文化》电子版期刊。

建筑教育家们认识到文化素养是为建筑师之所必备,其基础之奠定应始于初入学者。不少高校建筑院系皆已觉察并注意到了开设建筑文化课程的重要性。郑州工业大学建筑系率先开设了“建筑文化”课程24学时;湖南大学建筑系开设了“建筑文化概论”课程30学时;解放军后勤工程学院在研究生中开设了40学时的《建筑文化论》课程;上海交通大学建筑系自编讲义,开设了“建筑文化学”课程。华南理工大学建筑学院、华中科技大学建筑城规学院皆开设了相关的建筑文化课程。

各地的建筑文化活动亦有开展,如:湖北省建设厅、湖北省土木建筑学会经过长期的策划、筹备,于2004年3月21日在武汉市举行了盛大的“湖北建筑文化论坛”活动。湖北省副省长韩忠学、中共湖北省委宣传部副部长毕志伦、建设厅厅长张发懋以及中国科学院院士彭一刚、中国工程院院士关肇邺等莅会。会后举行了优秀论文评选,出版了《湖北建筑文化论坛论文集》。

以张发懋厅长为总主编,编纂了涵盖湖北古今建筑的五卷本大型丛书——《湖北建筑集粹》,自2005年6月起,由中国建筑工业出版社陆续出版发行,从而有力地推动了湖北新建筑文化事业的发展。

《建筑时报》“中国建筑文化”专栏主编赵仁童先生将历年来“时报”所载有关建筑文化的文章汇编成《中国建筑文化文萃》一书,将由东南大学出版社出版。

从“建筑与文化”学术论坛到专业学术机构、学术期刊的创立,再到高校专门课程的开设,以至政府的直接运筹建筑文化论坛活动,标志着中国建筑新文化运动的不断发展及其对建筑学术和新理论的催生作用。

根据最新消息,在国家文化部、国家建设部的同意和支

持下，通过两年的筹备和努力，“中国建筑文化研究会”应势而生，并于2006年9月10日在杭州召开该“研究会”的成立大会，我们相信，这一研究会的成立将会大大促进中国新建筑文化事业的开拓与发展。

8. 推动时代建筑理念的发展

人类建筑从穴居、构木为巢到砖木瓦石建筑、钢筋砼建筑、钢铁建筑，再发展到今天采用新技术的智能建筑、生态建筑，伴随着人类文明发展的全过程。人们对建筑的理解，也从“防风雨，避寒暑”发展到“凝固的音乐”、“住人的机器”，再到当今认为的“建筑是文化的载体”、“建筑是显形文化”等等。人们对建筑理解的视野广阔深邃，建筑创作的哲学观念亦随之升华，并从多视角定位。纵览历次“建筑与文化学术讨论会”的8卷会议论文集，数百篇高论，所浮现的建筑哲学观念论述可归纳如下。

“天人合一”的观念

“天人合一”，人与自然共和谐，这是中国人的古老文化命题。老子《道德经》中说：“人法地，地法天，天法道，道法自然。”现代主义则认为“人是自然的主人”，人对自然“取之不尽，用之不竭”。现代工业社会出现的环境污染、生态失衡、物种灭绝加剧，能源危机和“城市病”等，使人们切身体会到人与自然必须和谐相处，共生共荣。现在国际范围内出现的生态建筑、绿色建筑、人居环境更新等热潮，正是“天人合一”观念在建筑领域里的反馈。安力刚、刘德明先生的《设计追随生态——当代大空间公共建筑设计的新趋势》一文，是论述这一观念众多优秀论文中的佼佼者。

“多元共生”的观念

人类建筑文化本来就是多元的，正如张良皋先生所云：潮湿地区产生干栏建筑，黄土高坡产生窑洞建筑，草原产生帐篷。不同地域有不同风格建筑，同一地区有不同类别建筑。多元建筑的客观存在，决定着多元建筑理论的共生共荣。但在特定的年代里，中国建筑师们也只能追附一元论的政治氛围，习惯于用一种理论统揽，不少文章常常把话说绝。现在的建筑论坛“百家争鸣”，现在的建筑实践“百花齐放”，可谓一派春色，生机盎然，中国建筑新文化运动之催动亦当有力焉！

“历史相续”的观念

任何民族都离不开生理基因的相续。“文化”是人类创造活动的结晶，永远处于发展、变化的过程中。但这种发展、变化也永远处在前代合理文化基因连续链上的升华、再升华中。人为地割断历史，采取虚无主义态度，其结果只能是上演悲剧，上世纪的那场“浩劫”就是例证。反映在建筑理论领域，一段时间内，常有文章把中国古代建筑的内向空间与西方的外向空间对比，认为从城池到四合院住宅都是封建社会闭关保守的思想反映，这样的联系实在有点“不搭界”。众所周知，东西方建筑都有内、外向空间，西方不是也有城堡吗？中国古代园林的建筑布局几乎全是外向空间，民居中的山居也多是外向空间。汉唐时代早有四合廊院，早有内向空间的城池、里坊，但就中华文化的总体而言，却是一个巨大开放体系，丝绸之路、玄奘取经是明证。中国古代城市规划中的“风水”原则，经纬秩序，城苑一体，以及建筑群体的组合，园林中的流动空间等优秀文化，仍有着现实意义。城苑一体的生态效应，恰是现代生态城市建设的文化基因。园林中的流动空间技法对于现代社区规划中的大量行列式布局是个互补，现实中已有不少佳例。“建筑与文化学术讨论会”文献中大量对于民族建筑、地域建筑的研究，以及相关文化探源，是对建筑历史虚无主义的纠正。城市景观规划、建筑风貌规划和重视城市文脉已成为共识。美国城市规划学家J. O. 西蒙兹在《21世纪的园林城市》一书中说：“历史证明，世界上最为和谐、适宜居住的社区，不是在今天，而是在古代文明时期。例如：在古代中国，社区经过了仔细考虑，不仅与自然、地形协调，山脉、河谷与植被、农田、村庄及城市和谐地交织在一起。”对于我国古代城市、建筑、人居环境文化的再探索，是创造具有中国文化特色和时代特征建筑理论与建筑实践必不可少的基础理论工作。

“人(民)本主义”观念

“人本主义”是14－16世纪西方“文艺复兴”时期提出的使人民从宗教神权的桎梏中解放出来的一个革命性口号。历史经验告诉我们，文化思想革命往往先于技术革命，欧洲有了“文艺复兴”，有了17－18世纪的现代思想启蒙运动，之后才有了19世纪的工业革命，现代工业社会。从这一点来认识中国建筑新文化运动，其意义会更为深远。“人本主义”反映在建筑创作上就是最大限度地体现建筑对人的关怀。对此，“文库”中的《中国新建筑文化的理论建构》一书有详尽、深入的论述。人所共知，现代公共场所设计就要考虑老人座位率，儿童活动角及残疾人无障碍设计等。值得重视的是，中华传统文化中的“民本”思想，或曰“民本主义”，为民，为老百姓，从“夏禹治水”，“商汤祈雨”，周文王“与民同乐”，到历代王朝的贤臣“为民谏诤”，君王“为民传旨”等，翻开“二十五史”，俯拾皆是。历代农民起义也是打起“为民”大旗。支撑了两千年封建社会的儒、道学说更是如此。孔子提倡仁政，仁者“爱人”(《论语·颜渊》)，孟子说得更明白：“民为贵，社稷次之，君为轻。”(《孟子·尽心下》)道家也是“民本”思想，《老子》说：“民之饥，以其上食税之多。”(《道德经》七十五章)“民不畏死，奈何以死惧之。”(《道德经》七十四章)中国共产党继承中华文化的优良传统，把“为人民服务”作为最高原则，领导全国人民建设“小康”社会，当前的“三农”政策，建设新农村，以及城乡一体化规划就是中国最高的“民本主义”。这种“民本”理念和时势趋向反映在建筑界，就是建筑师开始关注农村，为中国社会主义新农村建设提出切合实际的规划理论和建设模式。目前政府正在策划和组织。可以预见，这是中国城镇化发展过程中，建筑师们的又一新天地。

“自主创新”观念

事物总是以运动形式而存在，永远不会停留在固定点，“发展是硬道理”，“不进则退”。中国建筑事业正以空前的速度发展，符合时代要求的中国建筑新理论、新学派必然要产生。这种新理论、新学派也必然是在继承、弘扬优秀民族建筑文化理念基础上的再发展。这种发展是中华民族优秀建筑文化基因的连续，是吸纳世界先进建筑文化的重构，绝不是照搬、抄袭，而是自主创新的文化原创。

综上所述，中国建筑新文化运动所促进的建筑创作哲学观念的发展，将使中国建筑文化走上创新平台，将是中华文明伟大复兴的重要组成部分。正如吴良镛院士所说：“像我国当前这样快的发展速度，这样大规模的建设量，必然要出现第一流的建筑理论、建筑精品、建筑大师，现在看来，理论上应该如此。”

中国建筑新文化运动已显示着初春的盎然生机，万紫千红、百花竞艳，它必将与中华文化的伟大复兴同步迈进。

在人类建筑发展的长河中，建筑与文化犹如鱼水相依，是永恒的主题。纵观中国古代建筑形制的发展，地区建筑的差异，其主要决定因素是文化。中国现代建筑的开拓者梁思成、刘敦桢、林徽音等前辈，他们在“营造学社”及其后来的研究活动，几乎全可以概括在“建筑与文化”领域。上世纪50年代，中国建筑界“内容与形式”的讨论，反“结构主义”、反“复古主义”的批判，特别是1959年刘秀峰部长主持召开的“上海建筑艺术座谈会”，其全部内容皆属建筑与文化。即使在那个特殊年代，为特定政治服务的所谓“批判文章”，也是从文化加政治的切入点来制造荒诞谬论的。

20世纪80年代初，中国开始了伟大的民族文化复兴。在这个大潮中，中国建筑学人也风起云涌地以各种形式开展了建筑与文化的学术讨论活动。如：周治良先生等组织召开了一年一届的“中国传统建筑与园林学术讨论会”，陆元鼎、朱良文先生等发起了“中国民居学术讨论会”，洪铁城先生会同同济大学、南京工学院、重庆建筑工程学院建筑系等发起了“全国建筑评论会”，洪铁城、杨永生、张抗抗等在南昌、杭州先后举办了“建筑与文学座谈会”，顾孟潮先生等发起了“建筑文化沙龙”，吴国力先生等发起了“建筑创作小组活动”，等等。而在这大潮中，以高介华先生为首的中国建筑学会建筑史学分会建筑与文化学术委员会发起和组织的中国“建筑与文化学术讨论会”，其规模之大，动员之广，成果之丰硕，影响之深刻，是中国建筑新文化运动的不争事实和鲜亮旗帜。在这里更需要说明的是，辛勤忙碌于一线的建筑师，或许较少参加各类学术讨论会，但在耳濡目染的环境影响之下，其设计理念的发展、变化，实际上说明都是中国建筑新文化运动的积极成员。从武夷山庄、独一居、阙里宾舍等到西安“三唐”工程、乌鲁木齐人民大会堂、敦煌机场候机楼、拉萨博物馆、北京香山饭店、上海博物馆以及近今的邓小平纪念馆、周恩来纪念馆等项目上，都可以看到建筑新文化运动的深刻影响。至于几十年来建筑师们陆续推出的建筑文化学、建筑美学、传统民居、建筑哲学、景观学、人居环境堪舆学等方面的宏篇巨制，更是举不胜举。可以说，都是建筑新文化运动中的丰硕成果。在本文结尾之际，作为中国建筑师和建筑学人，我们以诚挚的感激之心，感谢以高介华、巫纪光、王铎、吴庆洲、饶维纯、王冬、张先进、张敏龙、杨秉德等诸位先生为首的历届中国“建筑与文化学术讨论会”的组织者，17年来坚持不懈，克服困难，使“讨论会”连续召开，并在事实上形成了中国建筑新文化运动的导向和核心力量。中国“建筑与文化学术讨论会”之所以能如此，是由于这个群体和广大建筑学人所焕发的生机力量，其重要因素在于它具有：

前瞻性。以文化为切入点，把握时代脉络，解决“中国建筑向何处去?”这一基本的方向性问题。

主体性。体现中国建筑师和建筑学人对西方文化引入的一种自觉的反思、辨析、借鉴和自我发展的问题。

理论性。中国建筑文化的研究，始终紧扣中国建筑历史，特别是地方建筑历史文化特征的发展及轰轰烈烈的当代建筑实践，探讨其发展规律，解决现实建筑实践中的理论问题。

主导性。每次讨论会都以鲜明的主题，为时代把脉，总结和引领未来发展方向。

交流性。建立了一个在中国建筑界规模至大，亦至为广泛和固定的学术平台，定期交流，彼此借鉴，相互促进，共同发展。

1999年，美国哈佛大学肯尼迪政府学院院长约瑟夫·倪(Joesph. S. Nye)提出了一个“软实力”的强国概念，即通过吸引力(Attraction)来实现发展目标，而不是靠武力威胁、报复和经济制裁。2004年，党的十六届四中全会把“发展文化生产力，提高文化影响力，从而提高软实力”写进《决定》中。毫无疑义，中国建筑新文化的发展是中华民族伟大复兴的重要方面之一，是属于现时代提高中国“软实力”强国的重要阵线之一。“天降大任”，创新、构建时代的具有中国特色的建筑新理论、新学派、新文化，已历史地落在当代中国建筑师、中国建筑学人的肩上。21世纪也应是中国建筑新文化运动不断发展的世纪！

附：“中国建筑文化研究文库”丛书目录

1. 中国建筑文化学(高介华　谭刚毅)
2. 中国古代建筑思想史纲(王鲁民)
3. 中国墓葬建筑文化(李德喜　郭德维)
4. 中国建筑典章制度考录(刘雨婷)
5. 中国建筑形制源流(郭华瑜)
6. 中国建筑理论钩沉(曹春平)
7. 中国建筑创作概论(余卓群　龙彬)
8. 中国建筑图学文化源流(刘克明)
9. 中国古代建筑环境生态观(沈福煦　刘杰)
10. 中国建筑外部空间构成(戴俭)
11. 中国古代住居与住居文化(张宏)
12. 中国建筑装饰艺术文化源流(沈福煦　沈鸿明)
13. 中国军事建筑艺术(吴庆洲)
14. 中国桥梁建筑艺术(肖旻)
15. 中国江南水乡建筑文化(周学鹰　马晓)
16. 中国客家建筑文化(吴庆洲)
17. 中国书院文化与建筑(杨慎初)
18. 中国江南禅宗寺院建筑(张十庆)
19. 中国古代苑园与文化(王铎)
20. 中国历代名建筑志(喻学才)
21. 中国历代名匠志(喻学才)
22. 中国史前古城(马世之)
23. 中国文化与中国城市(宋启林　蔡立力)
24. 中国村镇建筑文化(李百浩　万艳华)
25. 中国建筑文化之西渐(冯江　刘虹)
26. 中国近现代建筑艺术(刘先觉)
27. 中国近代中西建筑文化交融史(杨秉德)
28. 中国近代城市规划与文化(李百浩)
29. 中国西南地域建筑文化(戴志中　杨宇振)
30. 中国与东南亚民居建筑文化比较研究(施维琳)
31. 中国新建筑文化之理论建构(徐千里)
32. 中国古典建筑的意象化生存(袁忠)

作者简介
王铎，洛阳市规划建筑设计研究院教授级高级建筑师。

(原载《建筑时报》2006年10月9日)

近期中国建筑风水之科学与迷信争议综述

张红珍

摘　要　近几年，风水在中国特别是在城市规划、建筑设计等方面已经有了相当的市场。随着“首届中国建筑风水文化与健康地产发展国际论坛”在人民大会堂开幕和“建筑风水文化培训班”的开张以及风水专家要将风水申请世界文化遗产的探讨，什么是风水、风水究竟是科学还是迷信以及如何看待风水的影响与作用等，又成了学术界争议的热门话题。这一争议热潮的焦点是人们应该如何正确认识和对待建筑风水。

关键词　建筑风水　科学　迷信

近几年，风水在中国特别是在城市规划、建筑设计等方面已经有了相当的市场。随着2005年“首届中国建筑风水文化与健康地产发展国际论坛”在人民大会堂开幕和国内首个“建筑风水文化培训班”的开张，以及2006年“建筑风水文化培训班”的继续开办和风水专家要将风水申请世界文化遗产的探讨，什么是风水，风水究竟是科学还是迷信，以及如何看待风水的影响与作用等，又成了学术界争议的热门话题。这一争议热潮的焦点是人们应该如何正确认识和对待建筑风水。

风水在《辞海》中被定义为：“也叫‘堪舆’，旧中国的一种迷信。认为住宅基地或坟地周围的风向水流等形势，能招致住者或葬者一家的祸福。也指相宅相墓之法。”(《辞海》，2000：1851)也就是说，风水术强调选择、建造生者居住使用的“阳宅”和埋葬亲人死者的坟墓的“阴宅”的风水对家人的吉凶祸福产生至关重要的影响。风水中的迷信思想显而易见，批判者将其揭露得淋漓尽致。即便是那些组织、支持办“建筑风水文化培训班”的人士，也承认风水中含有“生辰八字、命理等一些无稽之谈”、“阴宅风水，具有迷信的成分”。因而，选择营造坟墓的“阴宅风水”具有迷信的成分成为一个没有多大争议的事实，而选择、营造人居环境的“阳宅风水”即建筑风水是否具有“科学合理的因素”则成为争议的焦点。对于这一争议目前基本上分为两派：一派坚持建筑风水就是迷信，是历史的糟粕，必须坚决地批判剔除；另一派坚持中国建筑风水文化中有“科学合理的因素”，应当批判地继承、为我所用。

1　建筑风水就是迷信

风水批判者一派坚持认为建筑风水宣扬世间存在着能支配人们命运的某种神秘的力量，把人世间的盛衰穷通，个人得失成败、吉凶祸福与建筑风水主观臆造地联系起来，是对“阳宅”以及天道天命的非理性盲目崇拜，是中国历史上的迷信之一种。

著名网上学术打假专家方舟子认为，风水实质上就是迷信。他说：“人们‘看风水’的主要目的并不是为了居家的舒适自在，而是认为住宅、墓地的风水好坏可以影响居住者及其子孙的吉凶祸福。因此，即便风水的内容不完全是迷信，其总体上、实质上也是迷信。”(方舟子，2005)

风水批判者将风水师的祖师爷郭璞的际遇作为例证。明代学者项乔写《风水辨》，广举事例，包括“能攘灾转祸”的这位风水祖师爷郭璞并没能避免被杀之祸。“荫应未及其子而刑戮已及其身”，“而谓其能乘生气以反荫生人，有是理乎？”《科学无神论》杂志2004年第6期吴继金的《风水诗赏析》，介绍了一首流传很广的讽刺风水先生的诗：“风水先生惯说空，指南指北指西东。山中果有福兴地，何不择其葬乃翁。”(陶世龙，2005：110－114)

风水师的祖师爷都不能靠风水来福佑自己及其后人，后来众多的风水从业者即“风水师”也基本处于社会最底层，穷困潦倒，属于“三教九流”中的“下三流”，并没有从风水中得到“实惠”。就凭他们这些人的际遇，再宣扬风水能决定人的祸福让人如何信得过？

风水理论的核心是“气”，是“阳宅”和“阴宅”的风水对家人的吉凶祸福产生至关重要影响的中介。“人体被认为是‘气之聚’，‘凝结者成骨’。建筑住宅也讲风水……其追求的目的仍是福、禄、寿三星高照，要找的是那种存得住‘气’的场所”。陶世龙认为“此气不是科学中的空气、大气，而是一种‘行乎地中，发而生乎万物’说不清是什么东西的超自然的神秘”。(陶世龙，2005：110)在此，“气”的客观存在被否定也就等于断开了“阳宅”的风水与家人的吉凶祸福的联系，更彻底地论证了风水是作为伪科学而存在的迷信思想。

风水文化的理论之源是易学。《周易大传》云：“风行水上，涣。先王以享于帝，立庙。”(孔颖达，2004：537)涣卦卦意为涣散而能凝聚也，风行水上则有趋吉避凶、消灾解难之说。风水术的理论基础、思维模式、价值取向及终极目标等，都深受《周易》思想影响，二者有着千丝万缕的联系。众所周知，《周易》就是一部关于算命、占卜的书，风水批判者认为，风水术以易学为理论基础，并将其迷信思想进行了发扬光大。

因此，当2005年9月传来南京大学首开“建筑风水文化”认证培训班的消息，后来虽然此班被宣布为“个人行为”，但还是引起了很大的社会震动和全国范围内的广泛关注，网上一片声讨，质疑、批评者甚众。“‘风水文化师’且慢进大学”、“穿上‘名校马夹’风水还是风水”、“是弘扬优秀传统文化，还是出售‘护身符’?”、“‘建筑风水师’难逃巫婆神棍之嫌”、“当心迷信借尸还魂”……

至于中国风水文化中是否有“科学合理的因素”，批判者认为应当将风水这一迷信与“科学合理的因素”剥离开来。陶世龙认为：“那些鼓吹风水是科学的人说他们是在把蒙在‘风水’上的迷信色彩抹掉，使之显露出科学的本来面目。现在我们看到的，恰好是倒过来，他们是在给风水涂上科学的油彩，以掩盖其迷信的实质。”(陶世龙，2005：120)风水的迷信实质不能否认，至于其中包含的如建筑学、地质学等方面的科学因素，直接地将其剥离出来，当做建筑学、地质学来研究，而不要披着风水这一迷信外衣。

2　建筑风水中“有科学合理的因素”

坚持建筑风水应该批判继承者从对“阳宅风水”本身的解读中论证“建筑风水”中有“科学合理的因素”。

在郭璞的《葬书》出现以前，没有风水这个词，类似的行为称为“堪舆”，又称山水、青鸟等，是中国古代人关于环境选择的学问。“天人合一理想在人居环境中的实践运用，最为典型的当数堪舆学。它是一门指导选择和处理居住环境的专门理论。从生者的居所选择，到村落的选址和园林修建，乃至城镇的规划、建设，都体现着中国人与自然互利共

生的环境观，具有许多合理因素”。（雷铎，2003：128）

清华大学建筑系景观研究所所长孙凤岐说，风水并不全是迷信，古代的风水一说很讲究人以及建筑与环境的关系。风水可以说是古代的一种环境观、生态观，是中国古代的生态建筑理论。

风水的坚定、彻底的批判者陶世龙教授也引用别人的话说：“建筑风水学可分为两派，形势派和理气派。前者关注建筑空间，如山形水貌，藏风纳气。用现代建筑学阐释仍然有一定合理性。”（陶世龙，2005：121）如风水术中形势派讲形势、形法、峦体，以“觅龙、察砂、观水、点穴”为主要内容，因而必须懂得传统地理：（1）山脉排列起伏如龙脉，觅龙是寻求山脉的延伸趋势。（2）察砂是指在龙脉背景分析基础上，寻求“安定”的阳宅和阴宅。（3）观水包括对地表水和地下水的观察，看其对阴宅与阳宅的利害关系。（4）形法的目的是定点，对阴宅来说是点穴，对阳宅来说则是选址。科学在这方面强调景观生态意义，术学则强调福荫意义，寻求这两方面的统一相当困难，但在土地和物业开发方面，寻求这种统一却是最有实践意义的研究方向。

风水作为我国的文化遗产，刘金钟著文指出风水文化中的科学内核主要有以下几方面：（1）“藏风聚气”说。（2）“负阴抱阳”说。（3）“攻位于汭”说。（4）“观势喝形”说。（5）“五行生克”说。（6）“植树论”与“水口”说。（刘金钟，1997：691）

因此，他们认为建筑风水说不完全是迷信，其中包含了一些科学合理因素，所谓“建筑风水”实际就是建筑与地理、生态、文化的交叉学科，是“古代地理学”，符合“生态建筑学”，甚至有的学者说整个风水学实际就是环境学。

3　风水作用及影响评价

对于风水对现代社会的作用及影响评价目前也基本上有两种态度，认为“建筑风水”“包含了一些科学合理因素”者肯定风水的正面意义，而批判者持彻底否定的态度。

林语堂从美学角度肯定风水文化的正面意义。“堪舆的基础是一个泛神的风景欣赏，而堪舆术使我们更敏锐地观察风景。我们乃从山岭的轮廓和一般的地形学上探索与动物一样的韵律”。（黄卓越编，2004：178－179）

也有不少学者从环境保护角度肯定风水理论的积极意义。“传统风水理论在历史上保护了许多名山大川，维护了城镇村庄的树林，有效地保持了水土，创造了无数宜人的居住环境。所以今天我们仍在运用它”。（范颖华，2005）

有的人认为中国的风水就是中国历史上的“建筑环境综合科学”，在现代城市规划开发等各个方面都有重要的现实指导意义。北京大学城市与环境学系陈传康教授认为：“天人合一思想强调人与自然的协调，这在当代土地利用的综合评价、地域分异规律、自然区划、土地类型及区域开发与发展、旅游资源评价、旅游规划及旅游产业发展中，均可发挥指导作用。”（陈传康，1998：60）

而风水批判者对待风水的现代作用是持彻底否定的态度。

清华大学的陈志华教授曾多次写文章驳斥一些风水学著作，认为风水往往严重地扭曲审美，风水盛行则绞杀了建筑的个性、干预建筑纯正语言的运用。

陶世龙认为风水在过去阻止了中国的发展和进步，今天仍是阻碍我们走向现代化的消极因素。风水盛行败坏了党风党纪，官场上出现了“不信马列信迷信、不信科学信风水”的不正常现象。风水更有可能起到蛊惑人心的作用，影响社会的安定，如今天他说你据有得帝气的形胜之地，是天命有归，你高兴地接受了，明天他说你气数已尽，你又该如何？（陶世龙，2005：124－126）

透过近期关于风水的争议可以看到，事实上风水在中国特别是在城市规划、建筑设计方面等已经有了相当的市场，而在农村里也有着很强的生命力，几千年里风水就没有灭绝过。现在，建筑风水中的科学与迷信又成为学术界争议的热点问题，正视这一社会现象有利于人们正确认识建筑风水的实质和端正对待建筑风水的态度。

参考文献：

[1]辞海编辑委员会：《辞海》，上海：上海辞书出版社，2000年版。

[2]方舟子：《风水究竟是科学还是迷信》，《北京科技报》，2005年9月28日。

[3]陶世龙：《破除风水迷信》，《学术界》，2005年第2期。

[4][唐]孔颖达：《周易正义》，北京：九州出版社，2004年版。

[5]雷铎：《城市人居环境与传统生态智慧》，《广东社会科学》，2003年第6期。

[6]范颖华：《风水培训认证被否认　风水师称：不全是迷信》，《华夏时报》，2005年9月28日。

[7]刘金钟：《中国建筑文化的易学内涵》，《周易研究》，1997年第2期。

[8]黄卓越主编：《文化的血脉》，北京：中国人民大学出版社，2004年版。

[9]陈传康：《中国传统文化与当代社会持续发展（笔谈）》，《地理学与国土研究》，1998年第2期。

作者简介

张红珍，山东交通学院人文科学系讲师。

（原载《民间文化论坛》2006年第4期）

海外掠影

HAI WAI LUE YING

纽约启示录

傅 刚

摘 要 本文通过对纽约的研究，研究当代城市的发展规律，试图建立针对中国独特情形的新的研究视点。

关键词 纽约 城市文化 城市发展

我认为纽约跟其他城市不一样。它没有洛杉矶或新奥尔良那样的特色，而是所有特色，实际上它就是一切。它能把人毁灭，可一旦睁开眼睛，这城市不会让人厌倦。……纽约是丑陋的城市，肮脏的城市。充满闲言碎语的空气，嘘弄小孩的政治，疯狂的交通，恶魔般的竞争。惟有一样，只要在纽约安家生活，任何别的地方就会黯然失色。一切的一切，在这里都高度集中，人群、剧场、艺术、文学、出版、进口、生意、杀人案件、抢劫、奢华、贫困，它是所有一切。整夜不息，不知疲倦，它的空气充满能量。我可以在纽约比在任何其他地方工作时间更长更卖力而不觉疲倦。①

——约翰·斯坦贝克

现当代文明，从根本上说，就是城市文明。本文的研究目标纽约，不是美国的首都，但它在20世纪的百年间，扮演过国际政治中心和西方文化首都等众多角色，它是西方当代城市登峰造极之作，也是西方当代文明最直接的体现。

即使在美国本土，纽约也属于十分特殊的城市。纽约的许多特有经历，并不为世界其他城市所共享，是当代城市家族中的特例。科学研究中常见的情形是，许多公式和定律来源于对于理想状态的研究或假设，在非理想状态的实践拓展中，再加入对其它参数变量的考虑。对于城市的研究者而言，纽约提供了某种理想状态。所谓理想状态，不是指它的发展模式和规律放之四海而皆准，而是指这个特例提供了其他实例所无法提供的众多关键参考指标。在纽约的发展过程中，许多经过时间检验的经验和教训，不仅对美国其他城市，而且对世界上几乎所有的城市，包括正在高速发展的中国城市，具有不可多得的参考价值。

在纽约生活和工作 18 年的经历，使我对那里的建筑和城市具有感性认识，为研究提供了契机。随着感性认识的不断积累，对前人和同时代人相关研究的了解和学习，使我的认识加深，逐渐找到一个立足点。那就是：研究纽约是依托，研究当代城市的发展规律是目标。在进行上述积累和学习的同时，一直关心并且注意观察和研究中国当代城市和建筑发展的许多现象，希望对纽约的研究能够帮助建立针对中国独特情形的新的研究视点。

一

大纽约市（The Greater New York）位于美利坚合众国纽约州，北纬 N40.714°，西经 W74.006°。人们常说的纽约，多数情况下实际指的是曼哈顿，因为起初的纽约仅包括曼哈顿岛。

岛上有人迹的历史，可以追溯到距现在 11500 多年前。曼哈顿这个名字，来自特拉华河流域印第安语，原意为丘陵岛。词源学家对到底改编自哪个词，意见不一各有证据："岛上"、"满布沟渠的群岛"、"盛产制作弓与箭上好木材之地"，"遍生芦苇的地方"，"使人陶醉的小岛"。1524 年，意大利水手瓦拉扎诺（Giovanni da Verrazano，1480－1527）发现曼哈顿。1609 年，受雇于荷兰西印度公司的英国水手哈德森（Henry Hudson，1570－1611）登陆今天的纽约，然后沿后来以他的名字命名的哈德森河继续北上。1625 年，荷兰殖民者在此安家，那一年成为纽约的出生年。1624 年，由首任荷兰总督敏内（P. Minuit，1580－1638）从土著印第安人手中以 60 荷兰盾（相当于 24 美元）"买下"曼哈顿岛；1625 年，荷兰殖民者在此安家，称为新阿姆斯特丹，后来那一年被作为纽约的建城之年。1664 年，荷兰殖民者投降英军，新阿姆斯特丹更名为纽约。1785－1790 年，纽约市为美国首都，美国第一任总统华盛顿在华尔街宣誓就职。1830 年代起大规模移民，1860 年人口突破百万。1898 年通过公民投票，合并五大区——布朗（The Bronx）、布鲁克林（Brooklyn）、曼哈顿（Manhattan）、皇后（Queens）、史泰登岛（Staten Island），组成大纽约市。

传说荷兰人买下曼哈顿岛，花了 24 美元，有人考证，真正的数额应当是 60 荷兰盾；还有人说今天的曼哈顿不动产总值大约 600 亿美元，以这样强烈的对比数字来显示纽约后来的发达。然而，不同时期的货币比价和历史的真实细节，已经失去意义，今天的纽约既不是荷兰人的纽约，也不仅是美国人的纽约，它是属于世界的国际大都会。

二

大纽约市现有 59 个行政区，包括在五个大区内：布朗（The Bronx）、布鲁克林（Brooklyn）、曼哈顿（Manhattan）、皇后（Queens）、史泰登岛（Staten Island）。曼哈顿岛西以哈德森河（Hudson River）与新泽西州（State of New Jersey）分界，布朗在北部与纽约州（State of New York）陆地相连，东河（East River）隔岸为皇后和布鲁克林，哈德森河与东河在岛南端汇合成上纽约湾（Upper New York Bay），经西南角史泰登岛与布鲁克林南端形成下纽约湾（Lower New York Bay），流入大西洋。

纽约市总面积为 824 平方公里。其中，布朗 114 平方公里，布鲁克林 202 平方公里，曼哈顿 65 平方公里，皇后 291 平方公里，史泰登岛 156 平方公里。不算道路和水体，可用土地面积约为 624 平方公里。

2000 年人口普查结果，纽约市总人口为 8,008,278 人，3,021,588 户，其中，布朗 1,332,650 人，布鲁克林 2,465,326 人，曼哈顿 1,537,195 人，皇后 2,229,379 人，史泰登岛 443,728 人。高等教育机构 93 所，受大学教育以上人口占 32%。纽约是文化大熔炉，外国出生者约占全市总人口的 36%，使用语言达 120 种。

纽约市平均人口密度为每平方公里 9721 人，其中，布朗的人口密度为 11683 人，布鲁克林 12226 人，曼哈顿 25019 人，皇后 7669 人，史泰登岛 2845 人。

纽约市公共交通系统发达，通过公路、桥梁、河底隧道和航线等海陆空交通系统，北至纽约州本土，西达新泽西州，东连康奈迪格州。纽约市五大区之间由大都会交通局管辖七座桥、两个河底隧道。纽约和新泽西州之间，由纽新港务局管辖三大机场、四座桥、两个河底隧道、两个巴士总站、七个航运港口、若干客运渡轮码头以及捷运列车。

曼哈顿是纽约市五大区的重心，另外四个大区也有各自的中心地带。曼哈顿的"中心区"基本在59街以南，但这并不排除继续北上发展的可能，如复兴中的哈莱姆。城市中心区很难人为划界，因为其地点和规模将随着城市发展而不断变化。自然形成的城市中心区，加上相关法规的管理，才能健康发展。

城市的主体是城市人口，它决定了城市的性质和规模以及相应的各种政策和设施。美国是个移民国家，纽约这个东海岸的城市成为移民的天然落脚之地。美国没有户籍制度，任何人无论原国籍，都可以成为美国公民。因而纽约这样的大都会具有很大的变数，它充满了各色人等、各种欲望、各种矛盾，永远处于多方势力的较量和平衡之中。"它像一个巨大的实验室，将各色人等、各种需要、各自经历都凝聚在一起"。[2]

为了能够最大限度地包容因自由发展引起的各种局部混乱，不致牵一发动全身，需要一个清晰简单城市结构体系。纽约正是由于拥有这样的城市结构体系，才能够历经沧桑长盛不衰，并且至今仍然具有发展潜力。

三

城市由人来建设，也为人而建设。它的建设过程和结果，反映了建设者的理想和观念。就像元大都是《周礼·考工记》所提倡的封建等级制度的载体，纽约是美国建国初期政治理想的最直观的体现。

1620年的《五月花公约》体现了来到美利坚新大陆的清教徒们所信奉的自由民主精神，奠定了美国的政体、宪法和文化的基石，也是产生美国式民主的基础，即以公民自治的基本原则，赋予并保障每个人最大的自由。斯密（Adam Smith, 1723－1790）在《国民财富的性质和原因的研究》（《国富论》，1776）中，阐述了自由经济学说体系，尊重人的自由欲望，并相信它受到内在秩序的约束因而可以做到自我调控。这套自由经济学说的依据是，人们要为自由选择付出成本，因此会审慎行动顾及他人，也就是自治。这种自治，以"人人自利"为普遍人性的假设，在公平的基础之上，自己获利，同时利他，从而富国。

美国建国初期，从纽约州政府到纽约市政府，一批政治家同心协力，努力在新大陆实现他们的政治抱负，即摆脱英国的君主统治，建立一个平等、民主、自由的新国家。纽约州是最早加入联邦的十三个州之一，《独立宣言》《联邦法案》和《美国宪法》，凝聚了许多纽约政治家的心血。纽约市的发展，几乎与美国这个新兴国家的步伐一致。就在斯密出版《国富论》的同一年，年轻的律师莫瑞斯（Gouverneur Morris, 1752－1816）加入即将成立的纽约州政府筹备班子，他的祖父是《独立宣言》的签署人之一，他本人是美国《联邦条例》（1778）的纽约州签署人之一，也是美国宪法的定稿人。深受自由主义哲学影响的莫瑞斯，不仅是美国独立的积极鼓吹者，也是曼哈顿格网的主要设计者之一。

自由主义哲学思想，从根本上说，是一种建立在充分尊重非理性基础之上的自然主义的理性。体现在纽约这个资本主义商业高度发达的现实城市中，在自由选择与责任的基础上所制定出的政策，能够避免一些人为的硬性规定。比如，用今天的话来说，城市管理者们无须规定哪里应该或不应该发展，也不必争论扎堆发展和低密度的孰优孰劣。如果发展商需要付出全部成本，具有投资风险，就会周详地考虑人们所需而作出慎重选择。他们所作的选择不必然是为了让世界更美好，而是为了自己获取最大的利润。曼哈顿格网系统和纽约区划法规的建立以及后来的不断完善，充分体现了这种自由主义的理念。

四

在这篇文字里，我对纽约的研究或说解释的基本方法，受到现象学和解释学的启发。现象学作为一种研究方法，起源于德国哲学家胡塞尔（1859－1938）在20世纪初的探索，其两卷本的《逻辑研究》（*Logische Untersuchungen*, 1900－1901）对思想界影响深远。他的主要贡献是质疑惟理性的哲学思辨方法，不相信有包罗万象的客观真理，不追求纯粹的理性，承认对世界认识的主观性、片面性、偶然性、不确定性。一个世纪以来，现象学为知识界尤其是在社会科学和人文科学方面的研究，提供了多元化的视角和思路。本文更多地偏向解释现象学，它的理论根据来自胡塞尔的学生海德格尔（Martin Heidegger, 1889－1976）。在《存在与时间》（*Sein und Zeit*, 1927）中，海德格尔提出人的存在方式本身是理解的即解释性的这一观点，强调事物的客观实在性，亦即它所处的实际状态。面对某个事实，不描述它是什么，而在乎它是怎样的。将这种概念性的研究方法发展成为系统的学说，归功于海德格尔的学生伽达默尔（Hans－Georg Gadamer, 1900－2002），他在《真理与方法》（1960）中认为，人及其对象的意义是通过解释而生成的，解释就是对自我的理解，具有多重意义，没有惟一性和永恒性。

解释者或根据各自的体验和经验，或出于各自的需要，会采取不同观点和视域，也会得出不同结论。新成果的创造来自不同成果之间的差异，承认并容忍差异存在的社会是理智的社会。各个差异之间的相互排斥、冲突甚至包容、协调，都促成新的贡献。纽约简单匀质的城市结构和千姿百态的建筑特征之间的关系，形象地体现了这一点。

理解纽约这个城市，不意味着简单地寻求新知识或真理，而是为了解释纽约之存在并且发展至今，以及构成这个国际大都会的呈现方式，即生成关于纽约"存在"的一种观点。纽约为什么成为纽约，它所提供的文本浩如烟海，但我不注重去揣摩这些文本的本意，"回归根本"并不重要，重要的是"生成新意"。通过对纽约发展过程的解释，我想尝试拓展新的视域，形成新的概念，它是再创造，不断创造出德勒兹（Gilles L. R. Deleuze, 1925－1995）所谓的"皱褶"[3]。这样研究出来的纽约，处于历史的发展演变之中，它是鲜活的，具有历史价值。

本文采取非线性的网络式写作结构，我认为这样有助于理解曼哈顿这座城市的网络系统。所谓网络式写作，是一个概念化的说法，表明多维的写作角度，它可以避免线性的叙事逻辑所带来的局限性。这种写法本身并不新鲜，尼采和维特根斯坦在面对复杂的哲学现象进行表述时，也采取这种方法。但运用这种思路来表达城市的复杂性和多变性，则是受哲学前辈们启发而尝试的新方法。

如果将巴黎或深受巴黎传统影响的华盛顿，比作具有严格等级制度的树状城市结构体系，曼哈顿在某种意义上可以被比作德勒兹和瓜塔利所谓"茎"（Rhizome）城市结构体系。"块茎"是二人合著《千座高原》（1980）导言中的重要概念。针对传统的层级结构，树使人厌倦，块茎更加有趣。[4]"与树和根不同，块茎任意连接一个点和其他点，而其特点未必与同样性质的特点有关系；它引领了一个非常不同的符号领域，甚至非符号的情况。块茎既不能减亦不能增，……它不是由单元而是由维度或者运动方向构成"[5]。"树状结构有中心系统，块茎无中心系统，是自动控制的网络，这个网络提供从任何一处到任何另一处的交流。事先不存在渠道或枝干，个体可以互相更换，在特定时刻由其状态所限定——如此协调局部操作，在没有中央处理器的情况下，最终达到整体和谐”[⑥]。“块茎反谱系学。……与等级制的交流模式和既定路径的中心（甚至多中心系统）相比，块茎是一个无中心、无等级、无意指的将军指挥系统，但这个系统却并不设一个有组织的记忆或中央控制，而仅由流通状态来限定。”[⑦]在曼哈顿格网和区划法规的笼罩下，各种高矮胖瘦不一的摩天楼在其间自由生长，形成绵延不绝的千座高原，无理但有序。

五

我不对纽约进行全面的推理式的归纳和演绎，而将根据韦伯（Max Weber, 1864 – 1920）的“理想模型”概念，从实际观察出发，对纽约两个典型的城市特征进行阐释。我这样理解关于纽约的“理性模型”：手段和目的无法截然分开，理性和非理性之间的界限也很模糊，它们像莫比乌斯环一样相互搭接缠绕，只是在不同的时刻或视域里呈现出不同的面目。

韦伯在1905年的讲演中谈到新教和资本主义精神，他认为，资本主义性质的企业和实业家，古已有之；获利的欲望、追求金钱和营利，这种非理性的欲望，人皆有之，但未必成为资本主义；之所以成为资本主义，是因为其经济行为依赖于交换，通过交换谋取利润，凭借持续的、理性的、资本主义式的商业活动来追求利润，并且不断地再生利润；因此需要可靠的法律制度和照章办事的行政机构；历史上任何时候总会有人置伦理道德于不顾，去进行残酷的获利争斗，直至冲破底线无法无天，这是与生俱来的欲望，而资本主义作为体制是对这种非理性的抑制，至少是缓解。[⑧]

纽约作为一个从暴发户式的疯狂城市，发展到逐渐成熟的资本主义城市，令人惊讶地将理性和非理性都充分地表达出来。极多的非理性欲望，恰恰由极少的理性规则来调控，而不是由繁复的理性规则来压制更多的非理性欲望，使它们不得施展。比如1811年建立的简单整齐的格网系统，以及1916年通过的纽约市区划法案，最大限度地消化了将近两个世纪以来人欲横流所造成的城市面貌翻天覆地的变化。

成功的城市规划和管理，基于对城市的理性认识。对城市的理性认识，是为了更好地发挥城市的非理性特征。这些表面上互相冲突、各不相让的非理性特征，蕴含着哈耶克（Friedrich August von Hayek, 1899 – 1992）所说的“自由秩序”，个体建筑的自由，与其在城市中所遵循的规则之间，存在着一种互动的辩证关系，二者扮演着重要角色。前者的分散、灵活和即兴，使城市具有不确定性、充满活力。后者作为一般性原则，使社会秩序得以形成。如同公民与社会的关系，“公民所遵循的原则，既构成整个社会对其环境的调适，亦构成整个社会对其成员所具有的一般性特征的调适。”[⑨]纽约的城市和建筑，没有像伦敦、巴黎、莫斯科、华盛顿那样的全盘规划，看似杂乱无章，但有游戏规则，形象地印证了哈耶克所指出的“自由不是一种自然状态，而是一种文明的造物”，而且这个文明的造物“非源于设计”，颇有“无为而治”的境界。

至今将近200年历史的曼哈顿格网，是纽约得以在20世纪持续高速运转的根本保障之一。若把城市看成语言，把城市基本构成要素看成符号，可以认为这些要素（符号）不一定是单义的而是多义的，之间的关系不是单一的、固定的、恒久的、连续的、完整的，而是多元的、弹性的、可变的、分散的、任意的，前者只是后者的特殊状态之一。用这种新型关系去研究或者建构城市，城市的内容才尽显丰富多彩。用索绪尔（Ferdinand de Saussure, 1857 – 1913）的言语表达，纽约这个城市本身就是多语义的。本文尝试通过不连续、分散的、多元的城市与建筑表现，寻找更贴近真实的纽约所可能给予我们的启示。

六

曼哈顿是个四面环水的孤岛。原先的曼哈顿，并非没有道路系统的野岛，说阿尔贡金语的勒纳佩印第安部落在此居住，岛上种植玉米、豆类和其他谷物，耕地间开辟一些小路，与部落相连，形成居住网点。[⑩]

19世纪的曼哈顿作为一个高速发展中的大都会，政治抱负与个人野心、追逐利润与有限资源、欲望与秩序相互冲突、调和的结果，形成神奇的城市结构体系——曼哈顿格网。格网的建立者不是今天意义上的规划专业人员，而是政客、地产商、工程师、测绘师、律师、会计。1807年4月3日，纽约州议会委任政客兼商人莫瑞斯、律师卢瑟福（John Rutherfurd, 1740 – 1860）和纽约州总测绘师德维特（Simeon De Witt, 1756 – 1834）三人为“纽约市街巷与道路专员”，全权负责街道和公共广场的布局，对曼哈顿岛进行全盘规划。这个三人委员会正是曼哈顿格网的主要设计师，他们决定了曼哈顿格网系统的大局。规划原则是公平分配资源，有效利用土地，促进交通流畅，保证空气阳光。技术操作上采取德维特所擅长的矩阵网格方法。委员会聘请测绘师阮道尔（John Randel, Jr, 1786 – 1865），将他们的政治理念在技术上具体落实：南起14街，北至华盛顿高地，无论地平高低，曼哈顿被十分规则的格网所覆盖，成为笛卡尔坐标的城市模型。南北向由12条30米宽的大道纵贯，相距200 – 300米；东西向被155条18米宽的街道横穿，相距60米，形成扁长方形格网，也因此确定了街块、地块和住宅的比例[⑪]。这样的节奏，与北京旧城由四合院构成的胡同，进而由胡同构成城市的做法，甚至街道间隔，都有相似之处。它们都来自于最小的社会构成元素——家庭规模和家庭住宅的用地面积。阮道尔根据新测量结果，将1807年的地图重新绘制，1811年被州议会通过，学名为“1811年纽约专员地图”。莫瑞斯等人根据当时人口增长速度估算，拟定纽约人口的发展目标为40万人。这在当时是一个很遥远的数字，我们不得不承认他们具有发展眼光，而不是短视。

曼哈顿格网，是为维护个人权利和欲望而建立的理性游戏规则。它的建立是公职人员将自己的政治理想和经济政策付诸实施的绝好机会，也标志着他们建设新城市的信心。平均分布的曼哈顿格网，缓和了快速成长的社区中街道规划、居民邻里、种族聚落之间的冲突。

曼哈顿格网划出的2028个街区，街道和建筑朝向从此没有改变。街道从南向北、从东到西，标以由低而高的抽象数字，曼哈顿俨然一个将数学与几何学统一而成的巨大的笛卡尔坐标系，判断位置估计距离，十分容易。

格网没有中心、没有轴线、没有特权、没有始终，大大小小的公园和各种功能设施，像比萨饼上的馅料一样，均匀遍布全市，显示出平等、民主、开放的格局和秩序[⑫]。这使得纽约能够多元地、多层次地健康发展，无论哪里都有可能成为城市中心。任何所谓的中心也并非一劳永逸，随时变化的周围环境，时刻提醒它：必须及时更新，才能够在激烈的竞争环境中保持新鲜活力。

七

作为在世人心目中最突出的纽约特征，曼哈顿摩天楼构成的人工山脉，说明的不仅是建造技术的演进，它是商业广告、地产投机、野心膨胀的综合产物，而纽约区划法规的建立，则提供了每个人都有满足其欲望的公平机会。

与巴黎、伦敦等传统欧洲城市，与华盛顿等受传统欧洲城市规划和设计理念影响的大城市相比，纽约如同没有规划。它的发展是开放自由的，很少政权、皇权之类的影响，而是通过立法，将局部地区的用地类别、容积率、后退及限高等规划条件指标进行调整。这种在法律和法规保证下自由发展的城市，尽管依然有弊病，但确实发挥了城市自身的调节功能，使纽约成为一个弹性的城市。四百年来，特别是19世纪中期以来，纽约持续发展，总体而言，罕见伤筋动骨的情形。

1811年，百老汇大道和蟾伯街交口的地方建成市政厅，它矗立在当时城区北部边缘，过市政厅再往北，就是人烟稀少的郊区。这样的格局，很快被城市化进程打破，曼哈顿的发展势如破竹，一路北上。这样的发展速度，必然带来一系列不适应的难题。城市发展是欲望膨胀的结果，欲望是非理性的。但当发展速度远远大于人们所预料时，就会出现各种矛盾，阻碍发展。为解决这些矛盾，必须有人开始考虑如何以理性的手段，制定相应的游戏规则，来进行调解。

20世纪的纽约是银行、金融财团、各类大型企事业团体、广告业和大众传媒的聚集之地，聚敛和消费是资本和信息。尽管社会生活和技术手段发生了巨大变化，曼哈顿的街道格网依然是1811年的格局，城市骨骼与肌肉的关系十分清晰。城市整体结构不变，随时间不断改变的是建筑这个构件，这使得纽约能够消受远超出原订指标的"负荷量"。为了协调现代城市的种种矛盾，1916年诞生的区划法规，对纽约后来的发展深具影响。

八

20世纪初的曼哈顿，特别是下城，经过半个世纪的疯狂建设，已成终日无阳光的人工峡谷。1900年，纽约是私人投资的重镇，不断扩张的业务使商业办公空间供不应求。零售商店不断开张。钢框架结构和电梯在建设技术上的普及，使传统的高度限制形同虚设。几代恒生大厦（Equitable Building）的建设经历就是佐证之一。

1870年建成的恒生大楼是世界上第一个使用电梯的办公楼，六层。1886年，恒生保险学会发展为世界上最大的保险公司，再也无法漠视自己的低矮形象，当时纽约下城多数办公楼的高度已三级跳，达到20到25层。1897年，恒生保险公司委托建筑师普斯特（George B. Post, 1837－1913）在原址上设计一座40层左右、152米高的摩天楼。此举触怒了业界刊物《地产记录与指南》，他们呼吁限制商业建筑高度，而在这之前，仅有居住建筑受到建筑法规实质性的控制。那个40层高的方案没有实现。1907年，公司以33层的方案取而代之，1908年又改成62层322.8米，依然是当时的世界最高。争议仍然进行，先是市民团体担心建筑影响，再有地产界惟恐出现脱缰野马。1910年，方案改回到32层。1911年的《地产记录与指南》就此发表社论，反对这个"窃光大盗"。当时人工照明尚处于初级阶段，自然采光对供商业出租的办公楼来说显得格外重要。1912年的一场大火毁掉了原先的办公楼，公司马上推出20层的方案。年底地盘易主到了杜邦（Thomas C. Du Pont, 1863－1930）手里，杜邦请建筑师格阮姆（Ernest R. Graham, 1866－1936）作了42层的超高方案，可容纳13000人，建筑面积12万平方米，为当时世界规模最大的商业办公建筑。《地产记录与指南》再次发表社论呼吁限制建筑体量，反对这个项目，认为它将对周围的地产业主造成无法挽回的损失。与此同时，原本为时尚购物区的第五大道南端逐渐被仓库和厂房蚕食，曼哈顿天际线逐渐露出端倪，这一切都促使相关法规的出笼，将毫无节制的商业行为规范化。可以说，第一部区划法规的诞生，就是为了对付当时曼哈顿下城的疯狂发展。

九

1916年纽约市以立法的形式，正式确立了美国有史以来的第一部，也是全世界范围内最全面系统的城市建设法规——纽约市区划法规，1926年获美国最高法院确认。这部区划法规在土地利用、建筑后退、建筑间距和建筑限高等方面都作了明确规定，为美国其他大城市的发展作出了开拓性的贡献。

始于第五大道的纽约市区划法规，在充分考虑了私人利益和公共利益共赢的基础上制定，综合平衡了用地、容积率、密度、限高、体块等各项指标，目的是最大限度地挖掘和保护城市土地和私人财产的潜在价值。法规的鼓吹者并不是平民百姓，而是地产商们，他们担心毫无节制地发展下去，自己已经拥有的地产将会贬值，必须建立游戏规则。将地产商们的想法以法律形式表达出来，并以行政手段通过实施的，是律师和政客。当过议员的律师巴塞特（Edward M. Bassett, 1863－1948）是纽约区划法规之父，深谙政治与法律权利。他批评美国当时的法律不允许市政当局规定私有土地的用地性质，使土地所有者几乎掌握了其地产的全部控制权。他担心如此下去，美国的城市将丑陋不堪、毫无章法、丧失效率。1913年，他与同僚们针对恒生大楼案例，成立"建筑高度委员会"，担任主席。1916年成立区划委员会并担任主席。在法规公布的前夕，加入了高度控制一章。1922年，时任美国商业部长的胡佛（Herbert C. Hoover, 1874－1964）委任巴塞特为商业部区划顾问委员会成员。巴塞特一生致力于推动纽约和其他美国城市的规划和区划立法事业，出版了大量文章和区划方案。

十

区划法规，顾名思义，旨在以法规的形式，划分市政当局的区域，并针对这些区域进行不同的用地控制，具体指用地性质、建筑性质、使用强度、密度、允许体量（如限高、后退等）。区划法规可以授权给市政当局、规划委员会、区划听证委员会、区划执行长官等。

区划法规通过对建筑体量、人口密度、土地使用的控制来打造城市，并同城市的预算、税收和土地征用等各项措施一道，构成执行城市规划政策的有效工具。作为城市管理的手段之一，区划法规是在保证私有制的前提下，对各自发展地块进行的一种公共制约，其范围除了不包括道路、水体、公园等公共设施用地以外，涵盖各类非公共用地。这些非公共用地主要分为三大类：居住（R）、商业（C）、加工（M），并根据其各自地块的用途和使用强度，进一步细分，如R1－1到R10X，C1－1到C8－4，M1－1到M3－2。每个区划规定发展地块的使用性质、建筑体量和停车要求等。具体来说，包括如下指标：基地面积与建筑体量的关系；居住用地所要求的开放空间亦即最大基地覆盖率；基地内所允许的最多居住单元数量；建筑至街道距离；建筑至基地红线距离；停车数量；其他有关居住、商业和加工业建筑的特殊要求，比如标志牌的尺寸和位置等等。

1916年建立的纽约区划法规，经过不断修订调整，现由文字、地图和附录组成。文字部分共12条款，再各自分章节。其中第一条款为总论；第二、三、四条款分别列出居住类、商业类和加工类用地的有关规定；第五条款涉及违法用地和违章建筑；第六条款涉及主要机场和水域附近的限高；第七条款指出行政操作及其程序；值得强调的是第八到第十二条款，专门论述各个区划特区。区划地图共126张，涵盖全纽约市，每张区划地图覆盖范围南北向约2438米，东西向约3810米。附录有四则，包括各类索引。

十一

纽约市用地分为以下11类：

(1)一或两家庭居住用地。低密度住宅区主要集中在史泰登岛、皇后区西部、布鲁克林南部、布朗克斯西北部及东部。

(2)多家庭(三家庭或以上)居住用地。高密度住宅区主要集中在曼哈顿，4－12层的中等密度住宅区遍布布朗克斯、布鲁克林和皇后区。

(3)商住混合用地。主要为沿街住宅底商，少数为办公与居住混用。

(4)商业用地。仅占城市总用地不到4%，却提供了近四百万个就业机会。商业区大量集中在曼哈顿的高楼大厦之中，布鲁克林和皇后区的商业中心相对而言规模要小。

(5)工业和加工用地。仓库和加工厂多位于布朗南部、布鲁克林和皇后区新城湾以及布鲁克林和史泰登岛的西侧。

(6)交通和市政基础设施用地。包括机场、码头、火车站，以及动力厂和污水处理厂。两大机场占去一半。

(7)公共设施和学校用地。包括学校、医院、疗养院、博物馆、表演场所、宗教场所、警察局、消防站、法院、拘留所等等。

(8)开放空间和室外休闲用地。包括公园、绿地、游戏场、自然保护区、墓地、娱乐场、海滩、体育场馆、高尔夫球场等。其中公园占地28618英亩。

(9)停车场、停车库用地。包括街区以内的政府或私人停车用地，以及独立停车库。

(10)闲置用地。史泰登岛最多(21.5平方公里)，曼哈顿最少(1.5平方公里)。

(11)其他用地。

十二

城市发展是一个动态的过程，区划法规也并非一成不变，而是不断进行着更新和完善。1916年区划法规刚刚建立时，纽约市人口约五百万。1960年，达到八百万人。大量涌入的欧洲、南美和亚洲移民，使住宅数量供不应求，并且居住质量下降，公寓往往填满地块。公共交通系统和私人轿车的发展也使土地用途发生相应变化，新建的住宅区往往靠近公交尤其是地铁沿线，大量私人轿车的停泊成为问题。区划法规在20世纪中叶城市的蓬勃发展过程中渐渐显得力不从心，因为城市问题更加错综复杂。如何更加合理有效地发展和利用城市中的私有土地，是综合处理城市问题的一个重要手段。现有的区划法规已经不适用，亟需更新。经过长期讨论，1961年对纽约区划法规进行了全面系统的修订。1961年区划法规的修订，根据纽约州政府的要求，充分考虑了当时技术条件下的最新情况，如土地利用的改变、政府计划的实施、新移民的涌入。[13]

1961年的修正案，既有刺激城市建设的效用，又不可避免地带来对法规的漏洞的利用。这次修订，除了增加适应新时代发展的内容，如对建筑体量的控制、停泊车位的要求，还提出了"区划奖励"的概念，即商业办公楼或公寓住宅的发展商在其发展地块内如果提供广场，则地块内建筑的容积率可以按比例增加，以资鼓励创造更多的公共空间。客观地说，这项政策为城市提供了一定数量的公共空间，但是并不意味着城市生活质量的真正提高。首先，城市生活质量的提高，需要具有一定程度的拥挤和混乱，而发展商为了追求最大限度的容积率奖励，势必尽量扩大其公共广场的面积，而盲目追求大的广场，不可避免地造成以下一些城市设计问题：广场使沿街的街道墙被打破，街道空间的连续性荡然无存，而受到奖励所增加的建筑面积体现在超大体量的高楼大厦，直接威胁到街区的尺度感。针对不断出现的新问题，1961年以后的区划法规修订，又相继提出了"区划奖励"、"文脉区划"、"特别区域"、"领空转让"和"限制变化"等新的区划概念，改变了一刀切的区划法规，使它成为一个具体问题具体分析、更加包容和灵活的工具。

传统的区划法规，明确规定了市政用地的范围和性质，具有单纯、清晰的理性特点，却忽视了城市在实际发展过程中呈现的非理性方面，即各种功能性质交错混杂的情况。修改后的区划法规，关于混合用途的区划概念，应该归功于雅各布斯(Jane Jacobs，1916－2006)[14]。她的主要贡献可以写成一句话：城市里，相当程度的拥挤和多样化是好事，不是毒瘤，而是城市得以不断再生的动力和营养，不干不净吃了没病。功能活动划分得太清楚，实际上取消了信息最密集、交流极其频繁的界面，取消了人的接触，丧失人性。拥挤达不到临界量，城市活动无法开展，居民的实际生活水平和环境质量无法得到保证。

十三

中国目前的城市建设在追求更高、更快、更强的过程当中，导致了许多人为的失误，要避免这些失误，固然首先必须建设健全的规章制度，但是法规条文是死的，城市是一个活的有机体，它在不断发展变化着，建立规章制度的目的是为发展提供多样选择，而并非约束发展。因此，法规条文必须减少到最小程度，才能最大限度地刺激发展的自由。以法规条文为借口，实行从总体到细节的全盘控制，是工业化时期思维模式导致的规划手段，未必能够提高效率。

随着全球化脚步进入21世纪的纽约，为了保持其旺盛的生命力和强劲的竞争优势，在城市基础设施不断更新的同时，还通过不断调整和完善区划法规，使城市的功能得到更加有效的发挥。从2000－2005年，纽约市议会通过的区划法规修订数量为68项，其中2005年18项，2004年16项，2003年14项，2002年8项，2001年18项，2000年4项。[15]

2005年比较有影响力的区划法规修订包括哈德森场地区(040500(A) ZRM, 2005/01/19)、克林顿地区(050051 ZRM, 2005/02/02)、高架线地区(050161 ZRM, 2005/06/23)等曼哈顿中城西部地区。西边哈德森河畔，从西12街到西38街，囊括格林尼治村北端、切尔西西端、克林顿南端等地区，西边快速路沿线的建筑，长期以来主要是肉类加工区的厂房和仓库，生活设施严重不足，从西16街到西30街，有一条废弃的高架铁轨线路从第十大道西侧穿过。自从20世纪末年大量的画廊从苏荷地区涌入这个地区，各种相应商业和居住设施借机蓬勃发展，该地区原来区划中所规定的有关加工类用地的条件，已经远远不能满足现实需要。经过多次方案竞赛和听证论证，最新修订的高架线地区区划法规于2005年6月23日被市议会批准生效。其中最大的改动，是将该地区的区划分类由原来的MX－8变为C6－4，容积率提高至5－12。[16]

区划法规所要解决的城市发展问题，不仅是建筑的规模和高度，它是一种城市技术手段，可以用来控制人口密度和投资规模。同时它是协调城市发展的必要手段。如果说纽约的历史是资本主义自由竞争的历史，那么区划法规在维系城市基本运营方面的贡献不可忽视。这方面，恐怕比其对建筑的贡献更大，却更不为人知。这牵涉到利益分配的根本问题。

区划法规从建立到执行，本质上属于法律问题。但我从中得到的启发，是关于理性的法律和自由的秩序之间的关系。法律越严格，越利于执行；法律越有弹性，越有利于自由发展。从对20世纪到21世纪初纽约市区划法规的简要介绍，我们可以看出，在严格与弹性、理性与非理性不同程度的较量中，存在着城市发展的自由秩序。

纽约发展的惟一模式就是没有固定模式，全凭商业利益驱使自由发展。自由发展的前提是稳定但同时又灵活的城市结构体系，而法律和法规保证了这种自由的合理性。

十四

以曼哈顿为导览器，在阅读城市、理解现实、探求未来的网络漫游时，我们面前呈现出的一座又一座“高原”，它们像“块茎”一样，相互独立又相互缠绕，没有中心，自由飘移。曼哈顿岛和整个纽约也可以说是一架机器、一件工具，本身不是目的。它是经济文化发展的自然结果、客观存在，不听命任何个人的价值判断。

作为世界著名的国际大都会，纽约既有令人过目难忘的独特天际线，又有令人难以置信的阴暗角落。探究20世纪纽约的建筑和城市发展，试图揭示的不仅是属于纽约的特殊现象背后的动机，而是对当代城市，特别是对我所关心的中国当代城市具有启发意义的内容。作为城市建设和管理的重要手段之一，法规建设是中国当代城市建设的最重要环节。

(1)曼哈顿网络是自由主义哲学的直观模型，体现了美国式人权和民主的理想，为后来的纽约建设打下不可磨灭的印记。初期纯粹为地产控制和保障最基本生活条件的初衷，格网的规划是基于19世纪初年的技术和交通设备条件。之所以能够适应后来发展的强力压力，凭借的是格网所建立的基本结构。

(2)曼哈顿格网基本结构的特点，是小尺度、多出口、主次道路有区别、均匀。从今天的观点看，这有助于人员和车辆的进出，使高峰时段的车辆有多种路线选择的余地。格网形成的网络系统，即使关闭局部，不致影响全局的运行。这正是中国尤其北京的超级街区格局所不具备的。

(3)曼哈顿格网并非全然发明，格网道路是人类有建设史以来最自然合理的，同时也最能消除不平衡现象的一种城市建设手段。历史上出现的对格网的诟病之一是单调，一律枯燥乏味，并且出现过非直线性的规划尝试，但这些只适合于小型聚落，对现当代大都会特别是作为大都市群的特大型城市，是完全不适用的。

(4)法规是城市发展的必须。纽约市区划法规是全世界第一部完整全面的区划法规，具有划时代的意义。法规建立的初衷，从表面上看，是解决摩天楼对相邻建筑的阳光遮挡、空气流通差、城市绿地减少。实质是地产商为保住拥有城市地块的价值而进行的努力。这也是在纽约历史上，为分享资源，由资本拥有方带动的法律建设而建立的又一项游戏规则。

(5)法规从来不可能完美。区划法规在保障为快速发展的城市保持最低限度的生存环境条件方面，具有积极作用。与所有法规和条例一样，区划法规也有消极的一面。在地产投机追求最大利润的商业动力驱使下，建筑师被迫成为地产商的工具。20世纪中期，为适应新的需要，本质上是为了进一步刺激城市建设，区划法规进行了建立以来最大规模的修正，却没有远见地造成城市传统街道空间的破坏。区划法规中对建筑高度和后退距离的制定，使曼哈顿的建筑设计具有相当的难度。机械化地理解和运用法规，钻法规条文的空子，是导致20世纪后半叶纽约建筑佳作比例不高的一个原因。

(6)法规应体现一定程度的稳定性和包容性。区划法规的建立需要准备相当长的时间，它的实施和贯彻，并逐步通过实践检验，也需要相当长的时间。纽约市区划法规经过将近一个世纪的实践检验，即使1961年的修正案也已有40余年历史，除了不断的小型补充和调整之外，没有经历大的改动。它给投资者以信心，法规必定会滞后于发展现实。法规框架应该是严格的，但法规内容的限定范围应该尽量缩小和细化，以便不断根据发展变化的实际情况作出相应调整。

理性的城市、自由的秩序，这就是纽约的启示。

注释：

①John Steinbeck, *Autobiography: Making of a New Yorker*, *New York Times* (February 1, 1953), VI: 26 – 27, 66 – 67. 转引自 Robert A. M. Stern, et al., *New York* 1960. New York: The Monacelli Press, 1995.

②Koolhaas, Rem. Delirious New York: A Retroactive Manifesto for Manhattan (1978). New York: Monacelli Press, 1994. 9 – 10.

③Deleuze, Gilles L. R.. The Folds: Leibniz and the Baroque. Eng. trans. Tom Conley. Minneapolis: Minnesota University Press, 1993. 3.

④ibid, 15.

⑤⑦ibid, 21.

⑥ibid, 17.

⑧Weber, Max. The Protestant Ethnic and the Spirit of Capitalism: The Relationship between Religion and the Economics and Social Life in Modern Culture. Trans. Talcoff Parsons. New York: Scribner's Sons, 1958. 71.

⑨Hayek, Friedrich A. von. The Constitution of Liberty. Chicago: University of Chicago Press, 1960. 71.

⑩Burrows, Edwin G. and Mike Wallace. Gotham: A History of New York City to 1898. New York: Oxford University Press, 1999. 5 – 9.

⑪Spann, Edward. “The Greatest Grid: The New York Plan of 1811.” In Schaffer, Daniel. Two Centuries of American Planning. Baltimore: John Hopkins University Press, 1988. 11 – 39.

⑫Marcus, Peter. “The Grid as City Plan: New York City and Laissez – Faire Planning in the Nineteenth Century.” Planning Perspectives 2: 287 – 310.

⑬New York General City Law, Section 20 (25).

⑭So, Frank S., and Judith Getzels, eds. The Practice of Local Government Planning. Washington, D. C.: the International City/County Management Association, 1988. 24.

⑮纽约区划法规，2005年12月21日。

⑯纽约规划局文件：N050161(A) ZRM, C0501062(A) ZMM, C0501063(A) PCM.

作者简介

傅刚，纽约建筑师、中央美术学院教授。

(原载《北京规划建设》2006年第4期)

在历史中再创造
——当代法国历史建筑再利用的趋向

周　俭

摘　要　法国历史文化遗产保护经历了300多年的历史,在历史建筑的保护及其再利用方面已经积累了丰富的经验和成果。在21世纪初随着法国社会经济的发展,历史建筑的保护和再利用正在发生一些新的变化,这些变化主要体现为用当代的社会生活观念将历史建筑的价值现代化和大众化。文章试图通过4个案例去诠释这样一种思考和实践。

关键词　法国历史建筑　保护与再创造　情节化　简单化　大众化　媒介化

历史建筑再利用的基础是保护,因此在历史建筑进行改建时会在空间利用中存在许多限制性的边界条件。对这些边界条件的评判是建筑师开始进行改建设计的基础。这种评判包含着两条线索,一条是建筑师对历史建筑本身的认识,另一条是建筑师个人因素的介入。虽然对历史建筑的再利用在法律层面已经具备了限制条件,但是,这种评判过程及其结果因为包含了强烈的主观因素,而往往演绎成对历史建筑进行再利用设计的概念。

在法国,有严格的历史文化遗产保护制度和完整的历史文化遗产保护管理体系,但在对历史建筑进行再利用方面依然涌动着一股强烈的创新力量。巴黎卢浮宫的改建便是一个显著的历史标志。如果说这种创新在当时还存在争议甚至阻力的话,那么在当今现代社会个体性特征得以充分发展的环境下,对历史建筑保护的思考和实践开始出现了多样化再创造的趋向。

1　情节化

法国历史建筑的类型十分丰富,对受保护的历史建筑在保护法律上主要分为"列级历史建筑"(monument classe)和"登录历史建筑"(monument inscrit)两大类。"列级历史建筑"大多属于珍贵的或纪念性的历史建筑,比如著名的卢浮宫、巴黎圣母院和圣心教堂等。这类历史建筑因为它本身的历史、艺术和科学价值非常丰富和珍贵,因此充分研究其原状态并最大程度地将其恢复到原状态是这类历史建筑常见的保护和再利用的基本原则,这样的工作在20世纪的法国已经完成了绝大部分。

而"登录历史建筑"之所以受到保护,主要原因是它反映着某段城市或建筑发展的历史,比如工业建筑、住宅和小型的宗教建筑等。这类历史建筑一般在建筑发展史上并没有什么特殊的地位,而且相当一部分现在的使用和保存状况不甚合理和良好,因此对这类历史建筑的保护和再利用需要思考更多的问题,同时也存在更多的再创造的可能性。

位于巴黎第10区的"大巴黎建筑之家"(en ile - de - France, Maison de l'architecture)历史上是一座修道院。这座修道院始建于1604年,并在1785年、1860年和1926年多次修建和扩建。其中在奥斯曼时期因为巴黎道路系统大改造而将它原来方正的围廊院落切去了一个角。

除了这种历史的不完整性外,这座建筑的特点是不纯粹性。这种不纯粹性也是因为它自身建造过程的长期性和多变性所造成的。18世纪时有一个将军把它面向花园的建筑立面改成了18世纪的风格;19世纪这里曾经被用作军医院,当时为增加病床在大空间里增加了夹层和木柱;20世纪这里曾被建筑学院使用,在室内的墙壁上留下了许多当年学生自发创作的画,后来又发生过火灾。改建工程竞赛中标的建筑师是2005年法国城市规划大奖获得者海森(REICHEN Bemard),他认为这些因素共同构成了它的"不稳定性"特征,而这正是这座历史建筑的魅力所在。

基于这种认识和评判,建筑师在改建设计时形成了一个设计概念——将所有这些历史过程用情节展示的方式真实地展现出来,并在展现历史情节的基础上增加一个当代的"情节",也就是新的使用功能以及为新功能所需的建筑构成要素。

整个改建工程于2003年完工2004年投入使用,总建筑面积约7000m^2。建筑北部为专供接待世界各地的艺术家来巴黎进行创作活动的国际文化交流中心,南部是"大巴黎建筑之家"的展览、会议空间及咖啡厅,南部楼层是"大巴黎建筑之家"的办公区。

建筑师在对建筑进行改建时将历史的要素和当代的要素充分地捏合在一起,采用一种无序的时间序列进行空间的再创造,从而使建筑自身的那种"不稳定性"特征得以强化,其中在三个方面突出体现了这种概念。负责"巴黎建筑师之家"内部改建的建筑师夏迪埃(CHARTIER Thomas)和古巴松(CORBASSON Karine)首先把历史上各个建造阶段遗留下来的建筑基本构件予以保留,有18世纪的楼梯及其扶手,有19世纪的木柱及其固定构件;其次把历史上对建筑使用留下的痕迹予以保留,包括有选择地保留原建筑学院学生和1991年建筑学院搬走后住在这里的艺术家们留下的"壁画",保留因为军医院增建夹层而增加的木柱;然后是把现代建筑的空间要素限定在为新用途服务的范围内,将它作为这座建筑"历史情节"的一部分,用全新的现代建筑材料和空间去表现当代对这座建筑进行再利用的新用途,并强调它与建筑原来部分在视觉上的对比关系和空间上的融合关系。在对历史的部分和当代的部分进行空间组合时似乎相互并无关联,但这些历史的和当代的"情节"在建筑中却随处可见。

在对建筑遗产保护方面,设计强调的是一种完完全全的历史真实性。但并不是完完全全地恢复到历史上的原状态。在这里,所谓完完全全的历史真实性采用的是对建筑内部的历史遗存不加任何修复的保护和表达方法,将其"完完整整"地保留并展示在原来的位置。对新增加的现代建筑部分,建筑师以"可还原"的原则进行设计和建造,也就是说如果将这些新增加的部分拆除,历史建筑也不会被破坏。

2　简单化

对工业遗产进行再利用在当今的法国越来越多,许多原来闲置或废弃的厂房随着它们所在地区城市发展的需要而开始被赋予新的功能,它们中有许多是受保护的历史建筑。工业建筑遗产越来越受到重视与现代社会发展强调公众性的趋势有关,权力分散是法国20世纪80年代后期社会政治结构发生变化的主要特点,公众的和地方的权力得到了加强。因此那些体现中下阶层发展历史的建筑物受到了关注，虽然这些建筑并不如宫殿、庙宇具有纪念性和艺术性。现在有许多已经被列为了保护建筑，即使那些未被列为保护的建筑也往往被保留下来并对它们作改建再利用。

对工业历史建筑进行改建设计时往往有两个基本特点：第一是充分利用历史建筑原来的结构部分，根据新的使用功能的需要把新的建筑空间插入到原来的建筑中；第二是保持历史建筑外观上的特征，对建筑立面的改变一般都遵循历史建筑立面原来的逻辑关系。在这两个基本特点的影响下，建筑师常常寻找一种最合理、最简单甚至是最直接的方式把现代的建筑空间组合到历史建筑中去。

在巴黎左岸的发展规划中（ZAC Rive Gauche. Paris），有许多建于20世纪初期和中期的"列级历史建筑"被改建作为巴黎第6大学和巴黎第7大学的教学建筑。其中建于20世纪20年代的巴黎大面粉厂厂房和建于1946年的巴黎大面粉厂仓库分别被改建成大学的图书馆和教学楼。

建筑师米其林（MICHELIN Nicolas）在巴黎大面粉厂仓库的改建项目（La Halle aux Farines, Paris）中认为应该表达一种历史与现代简单并存的概念。这座仓库建于20世纪40年代的钢筋混凝土梁柱结构建筑，纵向长为145m，横向共有三跨，中间一跨最大而且它的屋顶是钢筋混凝土拱型屋架，原建筑面积为1.78万m^2，改建后达到2.12万m^2。按照业主的要求，改建设计最关键的工作是要在这座建筑中找到安排11个不同规模的阶梯教室的方法。建筑师根据这座建筑本身的结构和空间特点，用钢筋混凝土结构将11个大小不同的阶梯教室直接插入到原建筑中间的大空间中，每层安排2组4个阶梯教室，共插建了3层，相当于把11个混凝土盒子纵向排列组合在原来的建筑里面，然后把联系这11个阶梯教室以及两侧55个小教室的水平及垂直公共交通空间作为营造一个全新的、促进交流的现代教学环境的重点。

教学楼公共空间环境的营造集中突出了人性化和人与自然的联系。仓库建筑本身就有一种封闭的和非人性化的特点，钢筋混凝土的建造方式更加重了这种印象。建筑师用木材统一做内外门窗的外框，用木材的材质和木材的本色去柔化混凝土材料给人的那种冰冷的感觉。同时，建筑师刻意在顶层阶梯教室上面设计了一个纵向开敞的公共交流空间，为了使这个空间更具有吸引力和舒适性，建筑师把部分屋面改成透明材料，使自然光线可以直接照射到室内。为了达到更多的与自然建立联系的目的，在两侧的公共楼梯部位采用了玻璃外墙，同时把建筑原来吊装货物的外挑小平台改建成了教室的室外阳台。

除了建筑的出入口和公共通道的出入口外，整个建筑原来的外墙和梁柱全部被保留，仅做了一些清理工作。在外观方面，两侧小教室因为自然采光的需要而新开了一些门窗，为了避免对建筑原来的特征造成负面影响，在新开的门窗外加设了混凝土横向格栅，而这种形式的混凝土格栅也是原来建筑外观上的一种符号。

巴黎大面粉厂厂房（Grands Moulins de Paris）也是"列级历史建筑"，建筑师里肖迪（RICIOTTI Rudy）和勒·格夫（LE GOFF Gerard）提出的改建方案的特点是全部保留了原来的建筑物，没有做任何扩建，仅通过分割楼层和调整垂直交通空间来满足图书馆的功能要求。其设计概念与巴黎面粉厂仓库改建的概念相似，建筑师同样是以自己的风格把新增加的或调整的楼面、楼梯和电梯与建筑保留的部分直接组合在了一起。

3 大众化

如何提升历史建筑的价值，而不仅仅是体现或恢复它的价值，是那些未列入保护建筑名单的历史建筑改建时必须思考的问题，因为这些历史建筑本身的价值并不那么突出。这类建筑的改建能否成功，首先是新的使用功能对所在地区的城市发展是否有益，其次是改建后的建筑是否具有特色和吸引力。

位于巴黎12区的巴黎国家舞蹈中心（Centre National de La Danse）是由区政府办公楼改建而成的。巴黎的12区在巴黎不仅区位位于中心城区的边缘，同时还存在许多社会问题，地区的经济发展也不理想。因此，政府希望寻找一种公共资源并利用这一资源带动这里的发展。经过多方面的讨论和研究，区政府拿出整栋办公楼提供给国家舞蹈中心。因为这栋建筑里原来集中了政府的税务、警察和法院等机关部门，因此并不是一个居民日常喜爱的去处。整个改建工程在2004年完成后，完全改变了原来这栋建筑物乃至所在街区对市民没有亲和力的状况，现在的舞蹈中心已经成为这一地区市民乐于接受的公共场所。

这是一座建于1972年的现代建筑，建筑面积1.1万m^2，不属于保护建筑。其中有一些非常特殊的使用空间，比如警察局的临时看守所和停车库、法院的法庭等。整栋建筑全部为钢筋混凝土结构，清水混凝土外墙，有接近30%的公共空间面积，入口进厅的混凝土公共楼梯和四层高的中庭具有强烈的个性，建筑具有典型的现代主义风格。但是由于内部长期的不合理使用，使建筑原来的设计意图遭到很大的破坏。

建筑师洛班（ROBAIN Antoinette）和圭怡思（GUIEYSSE Claire）的改建设计方案贯穿了一个基本思路，她们认为应该恢复建筑原来的面目并力图去改变建筑缺乏人性化的印象，使它的空间和形象让公众感觉易于亲近。在设计中，建筑的混凝土部分被全部保留，包括楼面部分也没有改动，新的隔墙全部采用玻璃和其他非混凝土材料，使建筑原来的混凝土部分成为一个独立的空间体系。外立面没有做任何加建，门窗也依旧是原来的，在内部功能不需要开窗时则用铝板来覆盖外观上留下的窗洞。所有这些处理方式，都是为了让大家最大可能地了解和体验原来建筑的特点。

在这种设计思想下，舞蹈中心特殊的功能要求与建筑原来的设计空间如何合理有效地结合成为了改建设计的关键。建筑师对原建筑空间作了细致的分析，着力寻找最合适的空间为新功能所用。改建方案把原来警察局的停车库改建成舞蹈公共观摩厅，把原警察局临时看守所的内院改建成了化装更衣区的休息厅，把原法院的审判厅改建为练操房，把原来的档案馆改建为舞蹈中心的办公区。在这一过程中，建筑师发现了创造建筑新个性的机会。

建筑师在竞赛方案和改建工程中与灯光设计师和艺术设计师合作，利用现代视觉艺术改变混凝土建筑原来给人的冷酷感。照明、色彩、指示系统和家具是整个建筑物改建设计的有机组成部分。这些部分的设计极具现代感，与舞蹈中心的个性十分吻合，而且对大众具有一种自然的亲和力和吸引力，同时每个部分都充分表达了设计师各自的风格。

4 媒介化

现代人强调个性的表达，现代人的特征之一是以时尚的、与众不同的个性去表达自己。他们往往把不同风格、不同材质的元素随意组合在自己身上去表达个性，而不是传统式地、刻板地拿统一性来表达自己的身份。当然这种统一性依然被现代社会所接受，但从这里我们发现现代人的表达方式不再是传统的，表达的意义也不是单一的。这种特点也在现代城市的拼贴化特征和当代建筑发展的某种传媒化特点上有所反映。

位于巴黎1区的法国文化与传媒部(Minist e re de la Culture et de la Communication, Paris)办公楼由一幢1920年代的条型建筑和一幢1950年代扩建的凹字型办公楼围合成一个街坊,其中1950年代部分在1970年代又进行过一次改建,总建筑面积3.88万m^2。全部建筑都不是保护建筑,不仅1950年代扩建部分的建筑品质非常一般,而且1920年代建造的部分在巴黎也是极为普通的。

改建工程由建筑师索雷(SOLER Francis)设计,并于2004年完工。设计方案的概念是希望表达文化与传媒部是一个传播文化多样性的公共机构,同时文化与传媒部又是一个强大的"整体"而不是原来各自"独立"的形象组合。两幢建筑的主体部分在改建中都被保留。为了获得良好的室内办公环境并保持原来的建筑面积,建筑师拆除了1950年代部分西面的侧楼,打开了内院,并加大了保留部分建筑的进深以维持原来的建筑总量。在对建筑总体布局进行调整的基础上,建筑师开始寻找表达设计概念的方法。

1920年代的建筑立面在改建中被保留,1950年代的建筑立面则进行了整体的重新设计。把两幢建筑物合成一个统一整体的方法是用不锈钢材料制成的镂空格栅对建筑进行整体外"包装"。通过简化、变形形成和原建筑立面的层高与开间对应的方形或矩形格栅,相互连接在一起,脱空安装在建筑立面上。不锈钢格栅的图案来自于19世纪意大利的艺术作品,之所以用它作为图案元素是因为建筑师想通过建筑传达文化的多样性,不仅是建筑本身历史和形式的多样性,还包括其他文化形式,当然这也是文化与传媒部的工作目标。

建筑内部的改造突出的是环境的舒适性。建筑师为了给中间的公共走道注入自然阳光,把走道两侧办公室的隔墙做成了磨砂玻璃;为了降低走道上行走造成的噪声,在走道中间铺设了地毯。

这组建筑改建后给人以非常现代的印象。在所处的城市环境中也十分突出,特别是在阳光的照耀下更成为一个视觉的吸引点,可以理解为是一种权力层面上的个性表现。

5 保护与再创造

在法国,现在越来越多的人希望把各种各样的历史建筑保留下来,不论它们是否已经被列为保护建筑。建筑师岗巴克(GRUMBACH Antoine)认为其原因主要是社会的变化。普通大众在现代社会中拥有了比以前更多的发言权,在社会经济和政治生活中的地位也比从前更高了,因此作为公众记忆的重要部分,那些涉及反映他们历史发展的建筑,在项目设计方案竞赛时保留改建方案往往会更多地得到认可。在法国文化与传媒部办公楼设计方案竞赛时首先被淘汰的是全部拆除新建的方案,巴黎大面粉厂厂房实施方案之所以中标,其中一个重要原因就是它是惟一一个全部保留了原历史建筑的方案。

在对历史建筑进行改建和再利用中建筑师和规划师寻求的是一种价值的再创造。首先是考虑项目对城市和地区发展的价值。这方面在国家舞蹈中心、巴黎建筑师协会和法国文化与传媒部办公楼的改建案例中都有所体现。大巴黎建筑之家从成熟的16区搬到需要进行规划整治的10区,原因之一是那里的市民对巴黎的城市规划缺乏了解,需要与他们进行沟通。其次是历史建筑中蕴藏着的不可复制的特征成为了建筑师进行再创造中追求的个性化元素,建筑师从历史建筑中发现灵感,通过"借用"历史建筑的惟一性和特殊性,力图把现代建筑的价值并存于原来的建筑中。巴黎大面粉厂仓库改建利用顶层原混凝土拱型屋架形成的连续空间营造了一个独特的公共交流空间,国家舞蹈中心改建在原来层高只有2.4m的档案馆部分设计了一个与众不同的办公空间,法国"建筑与遗产城"(Cite de L'Architecture et du Patrimoine)改建则充分利用了原圆弧型历史建筑与艾菲尔铁塔和塞纳河景观之间的特殊关系,安排新的展览、图书馆和办公空间。

在这种现象背后的问题是历史建筑改建工程的造价现在都比较低,大部分每平方米的造价在1000欧元左右。因此,不论是建筑师还是业主都特别关注如何用不同的方法最有效地把新旧两部分充分利用好。所有这些案例都有一个共同的特点,就是把现代人的价值观念、生活方式以及对环境的需求作为改建的基本要求,并且以简单的、清晰的设计手法去表现现代社会的生活价值观,用易于理解的甚至是可逆的处理方法去表达对历史价值的尊重。这种特点无论是在法国文化与传媒部办公楼还是在国家舞蹈中心和大巴黎建筑之家的再利用改建中,均有充分的体现。虽然影响最后效果和结果的因素很多,而且各不相同,比如建筑造价、建造时间和业主要求等等,但可以发现建筑师们都是在追求一种属于每幢历史建筑自身的合理、可行的最佳处理方法。

作者简介
周俭,同济大学建筑与城市规划学院副院长、教授。
(原载《时代建筑》2006年第2期)

场所·记忆·变化
——英国当代遗产园林

朱晓明　陈天宇

摘　要　“当代遗产园林”是“英国遗产”在英格兰境内实行的一个特殊保护计划。该计划注重在历史园林中融入某些当代设计要素，为世界带来场所——记忆——变化这一当今景观设计的核心主题。

关键词　“英国遗产”　“当代遗产园林”　在册历史公园与花园

1　“英国遗产”的管理

英国建筑遗产的管理体系分为三个层次：古迹、登录建筑、保护区。文化、媒体和体育部是管理历史遗产的中央政府，但一些重要遗产保护的实际运作工作交由官方的代理机构承担，在英格兰是“英国遗产”（English Heritage）①。目前“英国遗产”代为管理英格兰400多处登录建筑和古迹、历史园林及伦敦的保护区，其保护资金部分由政府资助，部分来自于经营遗产和其他服务业的收入及税收减免。一般来说公共资助一年有一亿多英镑，其他有3000多万英镑，但现有的保护经费并非充沛，这对“英国遗产”的管理水平和项目策划提出了更高的要求。文物古迹是全民共享的资源，要让一些缺乏生活气息的场所变得生机勃勃，不仅能为参观者提供真实的历史信息，而且便于开展教育活动，增强公众参与意识，触发全民保护遗产的自豪感，取得社会效益和经济效益的统一，这是“英国遗产”始终非常重要的工作。

2　从历史园林寻找新的项目切入点

英国景观园林、法国古典园林和意大利台地园林构成了欧洲三大园林体系，历史园林和花园毫无疑问是“英国遗产”重要的组成部分。她与世界分享了天才的创造者——从“能干的布朗”（Capability Drown）、瑞朋（Humphry Kepton），直至近代水晶宫的设计师帕金森（Joseph Paxton），英国历史园林的魅力实际上是一个激情勃发的时代缩影②。1980年代末“英国遗产”在世界上提出了一种新的保护类型：在册历史公园和花园（registered historic parks and gardens），目前分三级（Ⅰ、Ⅱ、Ⅲ）共计1450个历史公园和花园虽未正式进入英国的保护体系，但它的保护工作已经有计划、按步骤地持续了相当长的时间。建造年代是评定历史公园与园林的主要条件，18世纪之前的园林和绝大部分景观园林均注册为历史园林，1820－1939年之间，以及战后的历史园林则有选择地加以评定。Ⅰ类和Ⅱ类历史园林由“英国遗产”直接管理，大约占历史园林总数的40%，其余Ⅲ类委托地方政府管理。对可能影响在册历史公园与园林的规划审批放权给地方政府和历史公园和花园委员会（Historic Parks and Gardens Committee）全权负责③。

由于建造年代是评定历史园林的主要条件，历史越悠久可能越接近硕果仅存，但保存部分残垣对普通游客来说显然太高深了，很难联想起园林与古迹交相辉映的历史。一些价值很高的园林和历史建筑也可能空置多年，疏于维护，在地区活动中没有发挥应有作用。过去的200年里英国走过工业革命，饱受战争蹂躏，历经战后变革，人的审美观和生活观发生巨变。既然历史园林是典型的开放空间，能否在历史园林中融入某些当代设计成分，再现历史的叠痕与变迁，让古迹既忠实承载历史信息，又适度创新，带来新的场所感，唤起人们沉睡的记忆，这些思考演变成一个远见卓识的项目——“当代遗产园林”（Contemporary Heritage Garden）。

3　当代遗产园林项目

1999年底“英国遗产”在英格兰全境内举行了一次观念先锋的“当代遗产园林”设计邀请赛。竞赛提出了如何将遗产与现代设计观念、当代生活方式相结合的立题。这个问题的答案必然存在多种求证，因此“英国遗产”从代为管理的408个基地中选定了6个地段相继展开邀请赛，试图取得一些观念和方法上的突破：

（1）“当代遗产园林”是特定场所独具创新性的特定设计，应具有恰如其分的设计概念和应用材料，并通过建成品展示某些未来的设计标准。

（2）建成品能让人们享受到游园乐趣和历史启迪的双重快感，便于开展活动，创造生动的交往空间。

（3）通过设计挖掘优秀的景观设计师，为他们提供展现职业涵养的舞台。

（4）良好的设计一定程度上提高了古迹的知名度，刺激了旅游的发展，进而为增进一个区域的文化交流和城市振兴做出贡献。

“当代遗产园林”基地选择集中在北部1项、中部1项、西南部3项、伦敦1项。6个地段周边均古迹完整，拥有开阔的外部空间，特别追求特立独行的自然地势地貌。因为“当代遗产园林”的具体选址要满足至关重要的限制条件：游客能够伫足于此，俯瞰整个城镇或眺望丛林、海洋、花园等自然景观，让历史、今天和未来在此形成时间线索，予人无限畅想的空间。

基于此，设计师通过6周对基地踏勘，根据各种地图和基地历史背景的研究，深入挖掘现存园林潜力，在保护基地的历史真实性包括它的考古完整性的基础上，提供颇富创造性的设计方案及概算。评审团则由园林史学家、园艺师、建筑师、考古学家、监督师等担任，主席也是历史公园和花园委员会的领导人。获胜设计师很快进入组建实施梯队的程序，除了设计团队外，还包括英国遗产的官员、地方当局协调人员、市场开发研究人员等，确保通力合作，优化品牌，提供高标准的完成品。截止2004年投资150万英镑的6项作品已相继完成。

4　场所·记忆·变化

将当代设计融于历史园林，在特定场所唤起人们尘封的记忆，让记忆带领人们穿越时空，有所体悟，有所畅想。建成作品虽然构思变化多样，但均秉承了场所、记忆和变化的设计精髓。

林肯城中世纪教堂宫殿内的“步行者团体”（The Walker's Garden at Medieval Bishop's Palace in Lincoln，2001）

林肯是英国中部的一个罗马古城，林肯主教堂的建造技艺和匠作水平非常精湛，被拉斯金（John Ruskin）④赞誉为“英伦岛上最伟大的建筑精品”。主教堂至今拥有一个30人的维修队，数百年来保持着木、石、玻璃、喷涂等工艺的维护传统，在英国历史上这样的主教堂只有3个。其中圣胡唱诗班（St Hugh's Choir）的拱顶建于1239年，三角形的肋骨就像鸟儿张开双翼，在历史上十分有名。主教堂东侧有一个12世纪修建的教堂宫殿，过去是主教管区内的行政管理中心，也是主教圣胡的寓所，中间的一个花园享有“欧洲最北面葡萄园”之美誉。从17世纪中开始，整座宫殿便废弃不用了。时光如电，这么多年来它一直生活在主教堂雄伟的阴影下，造访的人不多。但正是这座伫立在林肯山南坡之上的宫殿，提供了眺望林肯这一罗马古城、中世纪老城和现代城镇的全景视角，非常符合“当代遗产园林”的选址要求。

2001年麦克安森（Mark Anthony）在中世纪宫殿向西的缓坡上设计了一处精巧的园林。基地的边界是古老的罗马城墙，深红色的玫瑰点缀其上。东面开垦了一小块葡萄园，葡萄园旁种植了一小片薰衣草，寥寥数笔，颜色、香味和果实在此得到聚焦。花园的主体结构是三角形草坪和20cm宽细砖铺地组成的矩阵，这一形态极其纯粹，在每一个交接点上均布里了一个不锈钢圆片，两只上面有英国花园中典型的迷宫图案。整个构图让人们想起林肯主教堂圣胡唱诗班的拱顶，铺地与肋骨拱呼应，不锈钢的圈片隐含了木花雕刻的形态。矩阵交点上是一种被称为“角树”的细长树木，树冠状如三角锥，呼应了主教堂的尖顶。

这个项目建成后好评如潮，被媒体赞誉为皇冠上的珠宝。历史底蕴纯厚，未被打扰的环境是那么现代，充满亲和力，向参观者伸出双臂。2003年该园林荣获英国最佳旅游地奖，一年内接待了10万人造访，对教堂的捐款也增加了32%。游客预计的半小时逗留时间延长到1小时40分钟，社会认知程度和经济效益均有较大幅度提高。设计师麦克安森是立足于牛津地区的景观设计师，这一作品将其推上了职业生涯的一处高峰，他随后又在牛津大学古老的校园中相继得到庭院的改建项目。

约克瑞驰蒙特城堡的“战场园林”（The Cockpit Garden at Richmond Castle in North Yorkshire，2002）

瑞驰蒙特城堡位于英国北部小镇瑞驰蒙特的心脏部位，居高临下，从11世纪征服者威廉开始就是兵家必争的军事要塞，至今孤鹰盘旋、残垣断壁。当代遗产园林“战场园林”位于城堡的西端，基地原来是一个果木园，在设计和施工开始前曾进行了严格的考古挖掘。设计师耐尔斯万森（Neil Swanson）的设计占地6070m^2（1.5acres），分成两部分。穿过白色大理石台阶，首先映入眼帘的是16个几何形花簇，它们孤立在圆坑中暗示着在第一次世界大战期间，曾被关押在这里的16个无辜的犯人。顺着坡地向下走，是一片翠坪，原设计中间拟建一个下沉的小广场。后来设计改成与地势更加吻合、较为粗犷的草丘。草丘两边是两段绿篱，与古堡墙共同围合了供游人参观的甬道。朝南的草坡边种植了一些东方草药类的深红色植物、壳类植物和大戟属植物，整体表现出葳蕤刚健的态势。越向下走，植物的复合性越高，角道尽端西面古墙洞开，向外眺望则是红瓦白墙、错落有致的约克美丽乡村。向北还有一处深凹的洞口，从那里可以俯瞰凌峭绝顶下的斯万河。人类个体的抗争以及与自然的永续和谐深刻体现在这里，“当代遗产园林”的设计在历史环境中拥有了象征意义的落足点。

伦敦爱尔森宫的南护城河园林（The South Moat Border at Eltham Palace in South London，2000）

爱尔森宫位于伦敦近郊两面环水的田园风光中，一座500多年的古桥是重要的对外出口。与前两座历史悠久的古迹不同，爱尔森宫虽然14－16世纪是重要的皇家财产，但它的主体建筑和花园却保持了新艺术运动的风格。建筑外部具有刀刃一样挺拔的装饰线条，秉承了新艺术运动高贵、浓艳、雕塑性强的特点，被学者赞誉为现代建筑的精品，当年新建筑内添加了中央空调等几乎当时所有的现代设施。建筑以大片森林为背景，其内创造了藤木花园、岩石花园、三角花园，宫墙外还设计了下沉的玫瑰花园。1995年英国遗产接手管理，它成为英国惟一对公众开放的新艺术运动风格的建筑。由于不断添加，植被杂乱，风景亟待修整。但从位于高台之上的三角园林可以眺望伦敦近郊的乡村风光和一大片绿色的橡木林，该条件颇为符合“当代遗产园林”的选址要求。

格宁根（（Isabelle van Groeningen）是比利时的园林史学家，对历史植物的培植非常有研究。她的设计是三个园林中战线拉得最长的设计，共有7.69万m^2（19 acres），也是对基地处理最为冷静的设计。所谓冷静是指爱尔森宫本身体系比较完整，新的设计充分尊重了原作品中新艺术运动风格的处理，保持植物群落的历史性，仅提亮了局部的色彩，增添了部分小品，大布局没有改变。玫瑰花园坐落在宫殿南侧，原设计略显琐碎。格宁根在草坪上铺了一段石板路，添加了几株柏丛，安置了两张木板凳，但却在空间上产生了连贯性，将人流引入护城河区域。她强化了古墙边界120m长的植物群落处理，初春和夏天，杂树生花，成簇的木槿、竺葵、薰衣草、绣球等植物密布，伫立于20世纪30年代四季常青的田园风光中，更使人深刻体会到田园别墅的私密感。参观这个园林的时候新旧对比不强，当代气息轻松地融合到原来的环境氛围之中。伦教遗迹非常多，爱尔森宫几年前并不十分出众。当代遗产园林的设计使这里获得了广泛的知名度，该设计获得2002年最佳旅游奖、2003年市民奖。

英国“当代遗产园林”的项目虽然规模都不大，但却提出了历史和现代元素如何结合这一敏感问题——它一直是困扰我们的难题。历史周而复始，也许将当代和历史高度统一起来是个不错的开始，一个好的创意有时可以毫不费力地达到既定目的。综观这几项设计有如下特点：选址均在注册历史公园与园林中一角或者边界位置；重视历史盛痕在现代园林中的反映；或多或少采用了抽象的几何形构图；在景观通视中达到创作高潮。

注释：

①“英国遗产”：官方称谓是英格兰历史建筑和纪念物委员会（the historic buildings and monuments commission for England），为1983年根据《国家遗产法》组建的公共团体，通过文化、媒体和体育国务大臣定期向议会做汇报，与它有相同职能作用的还有“威尔士保护机构”（CADW）和“历史苏格兰”（Historic Scotland）。

②“能干的布朗”和瑞朋均是英国风景园林的代表人物。瑞朋1803年在《风景花园的理论和实践》）（*The Theory and Practice of Landscape Gardening*）一书中率先提出风景园林的概念。能干的布朗一生在约170个贵族庄园里留下了作品，由于他的园林尺度恢宏并善于发现基地的潜力。故冠以“能干”的雅号。

③Charles Mynors. *Listed Buildings and Conservation Areas*. England：law& Tax Press，1995. 47－57.

④拉斯金，牛津大学首位艺术历史教授，著有《建筑七灯》（*The Seven Lamps of Architecture*）和《威尼斯之石》（*The Stones of Venice*），他高度赞美哥特建筑材料、色彩、阴影和雕刻艺术的真实性。

作者简介

朱晓明，同济大学建筑与城市规划学院副教授、博士；

陈天宇，就职于郑州大学土木工程学院。

（原载《时代建筑》2006年第2期）

建筑艺术论文摘要

JIAN ZHU YI SHU LUN WEN ZHAI YAO

中国建筑师对传统与现代问题的探索及其讨论

史晨鸣　张峥

探讨了模仿、符号化、仿古、写意四种解决传统、现代问题的策略，分析了这四种方式的利弊和文化价值，以帮助建筑师解决中国古代建筑传统与现代技术相结合的问题。

（原载《山西建筑》2006年第11期）

不定形艺术与不定形建筑

关飞

艺术界的无定形运动毫无疑问都受到了后现代主义运动的影响，他们尝试打破传统的画图法则，寻求新的艺术表现。这些不定形的艺术创作不可避免地在建筑界产生了影响。建筑学的不定形就本身而言唤起的并不是形式的解体，而更多的是形式观念的解体。

（原载《南方建筑》2006年第5期）

论建筑师素养与建筑学专业素质教育

白宪臣　王东涛

本文基于对20世纪建筑的深刻思考，提出建筑师应具备的基本素养，论述建筑学专业素质教育的做法。

（原载《南方建筑》2006年第1期）

中西建筑及其文化背景的异同初探

郭鹏飞

本文通过对中国建筑及其文化背景的初步比较，总结了中西方建筑文化的若干相同和相异之处，并认为这是由于中西方文化的共同性和差异性决定的。

（原载《南方建筑》2006年第12期）

文化·文学·建筑——浅谈建筑的诗意空间塑造

孙茜

文化、文学在建筑空间塑造过程中起着灵魂的作用，作者阐述了自己关于文化、文学之于建筑的理解，并试图为人们提供一种新的解释建筑的方法，以此来更好地指导我们的建筑设计，借此给建筑设计者以启发，指出注重文化内涵的设计方法是当代建筑设计的趋势。

（原载《安徽建筑》2006年第2期）

中国式住宅的现代策略

文文军

“中国式”和“住宅”对于我们而言都再熟悉不过。其中，“中国式”的命题更是人们心中挥之不去的一个情结，近一个世纪以来从未终止对“中国式”的讨论。而说到住宅，在现代，当住宅变为商品、住宅建筑的样式日益丰富以后，尤其是在近几年来推出一批“中国式”的住宅项目而引发“中式住宅”的概念炒作之后，究竟应该如何理解“中国式住宅”？本文针对这一问题进行了深入研究，提出中国式住宅的现代策略。

（原载《时代建筑》2006年第3期）

谈居室设计中的人文精神体现

黄滨

居室设计不仅是实用的商业活动，同时也是一种文化行为或文化活动，它倡导人们的生活方式以及价值观念，体现了人们对精神文化的不断追求，现代居室的人文精神就是，居室不仅可居、宜居，而且要达到一定的精神境界。

（原载《南方建筑》2006年第8期）

建筑的合理性——从系统的角度看建筑的合理性及其审美

万千

每个相对独立的系统都有其自身的合理性标准。建筑在不同的时期、地域、文化等条件下形成的不同的系统有不同的合理性概念，在这些不同的建筑系统中有着不同的审美趋向。由于受到现代科学技术的影响，现代的环境和建筑的合理性和审美标准普遍出现非人性化和急功近利的现实，本文试图通过对合理性和审美标准的探讨，重新构筑现代主义之后新的建筑的合理性和审美标准。

（原载《建筑师》2006年第5期）

中国第二代建筑师群体特征分析

戴路　陈健

本文在全面分析中国第二代建筑师群体特征的基础上，指出在经济转型时期的中国建筑文化发展中，他们做出了承前启后的特定贡献。

（原载《建筑师》2006年第1期）

立于礼，成于乐——礼乐精神对中国传统居住建筑室内环境艺术的影响

王茹

本文对中国传统居住建筑室内环境中所体现的儒家思想——“立于礼，成于乐”的礼乐精神进行了研究，分析了“礼乐复合”的居住建筑室内空间属性对人们的行为方式和行为模式的影响，并希望通过此来研究中国早期的居住建筑空间模式，及其背后蕴藏的深刻的中国文化内涵，以及对后来建筑文化和建筑室内艺术的影响。

（原载《建筑师》2006年第5期）

表现与象征的意义——人类居住空间中的人体象征

魏泽崧　张玉坤

在原始的观念中，集体表象给一切客体平添上神秘的力量。人们运用自己的生命去理解整个自然，依据自身的形象来创造生活空间，将人体结构及器官运用于居住区域、聚落布局、建筑群体或单体当中，采用具有直观、形象或象征、隐喻的手法，从多方面、多角度体现原始建筑中人体的

象征性。这种人体象征性反映出从古至今建筑中“人体改写”的历史传承与发展。

（原载《建筑师》2006 年第 5 期）

中国传统庭院空间的心理原型探析

林志森　关瑞明

本文通过对“大母神”原型与“原型的崩溃”的阐述，分析中国古代穴居模式对先民原始空间意识的影响，并渗透到中国传统建筑文化的深层结构之中，成为先民空间营造的集体无意识。指出中国传统建筑中庭院的空间原型源自“大母神”原型的象征性意象，庭院型制的发展是空间原型分化后相关象征群的意义表达，并从物质、制度和精神三个层面阐述庭院型制的兴盛依据。

（原载《建筑师》2006 年第 6 期）

科幻电影与美术中的未来空间观

任军

文章从当今“读图时代”和“媒介时代”的特点出发，探讨了科幻电影与美术中未来空间的特点，从城市核心、技术乌托邦、生物造型、宇宙视野、末世废墟、历史意境、网络空间七个方面进行分析与归纳，并对艺术中未来空间观与当代建筑趋势的异同进行考察，提出艺术与建筑中未来空间观的产生根源。

（原载《建筑师》2006 年第 6 期）

关于建筑的意义——《西方建筑的意义》译跋

李路珂

克里斯蒂安·诺伯格·舒尔茨的经典著作《西方建筑的意义》，通过精悍的篇幅和宏大的理论框架来讲述一部西方建筑通史。他从“意义“、“符号”、“存在空间”、“表达性”等独特角度来审视西方建筑，在当时看来，是一种激进的新方式，在今天看来，仍然富有启发意义。

（原载《建筑师》2006 年第 4 期）

形式追随诗性的技术

刘晓晖　覃琳

文章第一部分，先以建筑起源与发展的历史阐述了“形式追随技术”的事实，并从技术、营造、建筑的内在机制表明“形式追随技术”的必然性，指出技术是认识建筑现象的重要标尺以及中国建筑师需要转变的技术态度；文章第二部分，通过对技术从感性发展到理性的历史考察，以反思当代社会对技术的质疑为契机，提出“诗性”概念，阐述本文的核心观点——形式追随诗性的技术。

（原载《建筑师》2006 年第 4 期）

祭祀及宗教文化与建筑艺术

文一峰　吴庆洲

本文试图在词源学考证的基础上，研究建筑中表现的结社文化的基本观念，并结合世界上有重要意义的建筑活动，揭示建筑的基本文化观念及其形成的建筑形态原型，以及这些观念、原型在民间产生的影响和作用。

（原载《建筑师》2006 年第 4 期）

现代大空间公共建筑与传统文化表达

蔡军　张健　玄峰

通过分析国内外比较有代表性的大空间公共建筑设计实例，从表达传统文化的主要途径：造型、空间及材料三方面入手，剖析其表达手法，提取其中对我国目前大规模的大空间公共建筑设计具有一定积极意义的因素，以期对设计实践有所帮助。

（原载《建筑师》2006 年第 4 期）

当代中国低密度住宅设计中传统与现代的矛盾性——以九间堂为例

周琦　杨红波

文章通过对上海九间堂别墅项目的分析和解读，探讨中国传统院落空间精神的产生根源以及当代住宅需求；找寻生态、环境以及细部方面存在的多种问题，针对性地探寻当代中国低密度住宅设计中传统与现代的矛盾性，并就未来的发展趋势给予一定程度的阐述。

（原载《建筑师》2006 年第 3 期）

黑色与白色的房间构筑——管窥杨起装置中的中国传统建筑哲学理念

邵若男　陈亚峰

现时艺术家已进入建筑的领域，把空间作为艺术的表现形式，以空间艺术的本质，结合建筑艺术的表现力，建立了装置艺术与建筑之间的共通性。文章通过艺术家杨起的艺术作品“带屋顶的两个木板房”这个装置艺术的空间创造，解构了中国传统建筑刚柔相济、阴阳合德的哲学理念。装置艺术借助游戏般的轻松，以一种宁静安逸的方式表述着中国传统哲学理念。

（原载《雕塑》2006 年第 2 期）

当代城市建筑形式的审美评价——“象征与隐喻”在建筑创作中的运用

黄莺　万敏

该文结合近几年象征和隐喻手法在建筑创作中的运用实例，通过对具象与抽象、本体与喻体及喻义等方面的阐述，论述了象征与隐喻在建筑作品中的意义以及其对现代建筑形式产生的美学价值，并指出象征与隐喻诱发的审美情感，能使建筑形式美得以实现。

（原载《华中建筑》2006 年第 6 期）

建筑师——一种特殊的知识分子

王静

建筑师是一种特殊的知识分子，介于人文知识分子和科学知识分子之间。这种特殊性既使建筑师的工作充满矛盾，又为其工作向前发展提供了动力。当代科学技术的发展与环境问题的涌现使得建筑师职业暂时出现了困境。通过学科交叉、拓展自身的知识，建筑师职业将会迎来光明的未来。

（原载《华中建筑》2006年第2期）

中国传统建筑院落形态的成因与发展

唐飈　陈祖展

本文从中国传统建筑院落形态的特征入手，分析了这种院落式建筑的成因，并对其今天的现实意义进行一些探索。

（原载《建筑知识》2006年第6期）

建筑视觉造型元素设计初探——建筑转角视觉造型设计

胡望社　杨欣　蒋江波

建筑视觉造型元素包括建筑入口、墙体、门窗、屋顶、转角、阳台、柱廊等部件，其中建筑转角是建筑物最基本的元素，它位于建筑物两个相邻界面的交接处。本文从结构与转角的关系、转角造型处理手法和设计创意等方面探讨建筑转角视觉造型设计的基本手法。

（原载《建筑知识》2006年第1期）

建筑艺术的公共性

谢天

人与建筑的关系体现了艺术公共性与体验私密性的完美结合，建筑、艺术、生活的一体化趋势意味着生活质量的改善与提高。

（原载《建筑》2006年第9期）

非物质文化遗产保护与民族博物馆

刘卫国

非物质文化遗产概念的流行和重视以及对非物质文化遗产的保护在我国还是近几年的事，文化部启动的“民族民间文化遗产保护工程”和最近公布“国家第一批非物质文化遗产代表作名录”等行动反映了我国政府对非物质文化遗产保护的决心以及我国开展这项工作的成绩。但客观地说，目前这项工作在我国尚处在起步阶段，保护什么、如何保护并没有形成清晰的思路，特别是在保护非物质文化遗产工作中如何发挥遗产保护界惟一的永久机构——博物馆的作用，似乎还没有提上议事日程，这不能不令人担忧。作为以收藏保护民族民间文化遗产为己任的民族类博物馆，为我国少数民族非物质文化遗产保护工作已经做出了不小的成绩，但由于历史和认识的原因，在博物馆界过去一直处于边缘化地位，联合国教科文组织发起的保护非物质文化遗产和人类文化多样性的行动，给民族类博物馆的发展带来了机遇和挑战，民族博物馆界应抓住这大好时机，丰富完善民族博物馆学理论并付诸实践，大力发展民族博物馆事业，为保护传承我国丰富多彩、辉煌灿烂的民族民间传统文化作出自己应有的贡献。

（原载《中国博物馆》2006年第2期）

谈建筑的艺术性

陈智勇　石建和

通过体系化论述生活、建筑、建筑师与艺术四者之间的关系，提出了关于建筑艺术性的全新观点，并在当前的时代背景下，提出了“建筑艺术价值性”的归属。

（原载《安徽建筑》2006年第1期）

浅论建筑艺术与美学的辩证关系

李立

文章从建筑与艺术、文化的联系说明成功的建筑从古至今都是建立在对文化、艺术、美学理论的深入研究基础之上，是与文化、艺术密不可分的，以此阐明对建筑的创造必须从根本上研究造型艺术和美学理论，拥有扎实的文化功底，才能创造出符合时代特色和经得起时间考验的建筑。

（原载《安徽建筑》2006年第5期）

从现代艺术视野阐述建筑设计的非定式思考

虞英

在这个以知识创新为价值取向的时代，建筑创新往往被直接定位为形式（结果）的创新。文章从现代艺术视野中提取“非定式”的创作方法：置换与“绝对”逆行，试图从设计过程探索建筑创新的有效途经。

（原载《安徽建筑》2006年第6期）

北窗杂记（九十四）

窦武

老家有一句乡谚，说的是“三十年风水轮流转”，用文绉绉的话说，就是“天命无常”。可见，无论是种田的人还是读书的人，都觉得风水或者天命是个捉摸不定的东西，用它们来盘算，不论什么都是靠不住的。于是，真正通点儿翰墨的人，就把风水归入孔老先生不屑于提起的“怪力乱神”一类昏话里去，所以“儒者不言堪舆”。

（原载《建筑师》2006年第2期）

制约中的创作——乔波冰雪世界滑雪馆外立面设计感悟

庄惟敏

建筑的创作过程是艺术的浪漫和工程技术逻辑相结合的过程，也是在各种苛刻的制约条件下不断妥协、放弃、再思考和重塑的过程。建筑是这样一种特殊的产品，它不仅有通常意义上产品的使用属性，它还具有不可移动性、形成环境景观的标志性和超大的体量感。

（原载《建筑师》2006年第2期）

广东美术馆时代分馆——一个艺术计划的实现

郭晓彦

广东美术馆时代分馆是第二届广州三年展中的建筑计

划，由著名建筑师雷姆·库哈斯和阿兰·弗罗克斯及当地合作建筑师刘珩创造性地提出，将时代分馆建造在一座普通的高层居住建筑当中。这是一个激进的计划，对于艺术生产的新的理念和方式有着非同一般的理解和阐释。

（原载《时代建筑》2006年第6期）

小建筑　大理念——生态视野下的内蒙古草原小型博物馆

张鹏举

内蒙古草原是中国西部的一个人文、经济和气候均十分特殊的地方。草原敖包——具有永恒感的时空之场；蒙古包——具有全面"可持续性"的原生态建筑；喇嘛教召庙——游牧文明以文化为中心的城市原型，以及它们背后游牧文化的深层内涵都是我们应该继承和发展的传统文化。

（原载《时代建筑》2006年第4期）

营造·墨戏——华润凤凰艺术馆

张轲　张宏　茹雷

"标准营造"作品华润凤凰艺术中心被构想为一个艺术容器，其中承载了艺术品、事件、行为、概念以及活动。在布局上利用场地的一个意外的干扰，从视觉上揭示了地下城市基础设施的实体存在。藉水墨即兴展开一个创作试验，从中探讨艺术与建筑的边界。

（原载《时代建筑》2006年第2期）

当代苏州城市形态演化研究

陈泳

对当代苏州的空间演化进行分析，梳理其历史脉络，探讨其规划和建设模式，探寻其演化机制，剖析其中的规律性和真实性。

（原载《城市规划学刊》2006年第3期）

速度城市的瞬间景观——金华建筑艺术公园17座小型城市公共建筑

陈淑瑜

利用高速度、大尺度城市开发中留下的边缘地带，浙江金华建筑艺术公园中出现了17座小型公共建筑。这是一次地方政府与建筑师、艺术家共同努力和有效合作的设计与建设活动，为即将形成的城市生活提供一个独特的场所。文章介绍了此次设计活动的基本情况，并对17个小建筑的设计概念作了分析与评介。

（原载《时代建筑》2006年第1期）

上海美特斯邦威总部、大学、博物馆综合体设计

李宏利

上海美特斯邦威总部、大学、博物馆综合体创作过程遵从建筑设计的逻辑，在充分研究了地形特点、环境情况、建筑功能等要求之后，在形式、空间和景观方面创造了立足自身的个性特色。

（原载《建筑学报》2006年第7期）

地域、文化、自然——兼议小城镇广场的设计取向

张建　宛素春　李海琳

近年来随着城市化进程的推进，我国的小城镇建设正在蓬勃发展，广场作为小城镇公共空间的重要组成部分，正在日益受到关注。本文通过调研分析北京郊区小城镇广场建设存在的问题，结合北京市延庆县千家店镇广场的设计实践，提出对小城镇广场设计的建议。

（原载《建筑学报》2006年第5期）

博物馆建筑与艺术空间

文文军

博物馆作为一种特殊的建筑类型，由于其收藏和展示艺术品的特殊功能，使得人们总是将博物馆与艺术空间联系在一起。本文主要探讨了博物馆展品与展示空间的关系，以及博物馆与城市空间的关系。

（原载《时代建筑》2006年第6期）

点·符号·蒙太奇——中国电影博物馆建筑设计解读

王志军

文章对RTKL设计的中国电影博物馆建筑设计进行了分析，从"点"、"符号"、"蒙太奇"等方面解读其在建筑设计方面的手法与特点。

（原载《时代建筑》2006年第6期）

城市时代的特色之路

沈磊　赵国裕

就如何在城市时代塑造特色的命题，笔者在实践中进行了总结思考；提出了"上帝、祖宗、自我"是塑造城市特色之思想精髓，构建了"城市特色树"的概念，即"自然之土"、"历史之根"、"自我之枝叶"；有了前两者的营养吸收与供给，后者才能繁茂，并介绍了宁波在这方面的努力。

（原载《建筑学报》2006年第1期）

90年代以来我国城市形态演变的特征

熊国平

总结了20世纪90年代以来我国城市形态演变的特征，指出城市外部轮廓的迅速扩展及与此同时发生的城市内部水平结构和垂直结构的急剧变化是90年代以来我国城市形态演变的总体特征，两者互相关联、互为因果，是一个动态的持续过程。

（原载《新建筑》2006年第3期）

"山水城市"的哲学思考

本文主要对"山水城市"概念的内涵、外延进行分析，探讨其哲学内涵。

（原载《华中建筑》2006 年第 12 期）

城市规划生态化探讨——论生态规划与城市规划的融合

吕斌　佘高红

回顾了当前我国城市生态规划与城市规划"两张皮"的理论根源；从现代城市规划理论建构的视角论述了城市规划与城市生态规划融合的可能性、必要性，并指出城市规划的生态化是这一融合的基本途径，也是城市规划未来发展的方向；最后，指出了城市规划生态化对传统城市规划和城市生态规划的启示。

（原载《城市规划学刊》2006 年第 4 期）

西溪湿地的诗意栖居——杭州西溪湿地保护及其住居的适宜性开发

王竹　张艳来

位于杭州城西的西溪湿地是杭州"城市之肾"。随着杭州旅游西进，对西溪湿地的保护和开发受到社会广泛关注。立足于湿地生态恢复和保护的角度，结合城市发展、旅游开发的进程，探讨了湿地保护区外围住居开发中应该注意的一些问题。

（原载《新建筑》2006 年第 6 期）

融于城市环境中的当代院落空间设计

聂蕊

院落空间布局是传统文化的建筑表达载体，探讨了当代院落空间设计在现代城市环境中的适应性以及城市与院落的空间关系，并且从位置关系出发研究了将院落空间融入城市环境的设计方法。

（原载《四川建筑》2006 年第 1 期）

中国艺术留白理念和城市设计的关联性研究

孙静　江令元

目前的城市设计理论主要依靠从国外引进，理论诞生于西方文化背景。本文对中国艺术的留白理念和城市设计进行关联性研究，使中国艺术重视整体和谐的艺术特质融入城市设计研究问题、形成构思和设计评价之中。

（原载《南方建筑》2006 年第 4 期）

中国新乡土建筑的当代策略

支文军　朱金良

随着全球化进程的不断推进，新乡土建筑这一课题逐渐引起了人们的重视和关注。一批国内建筑师，从本民族的建筑出发，在对中国本土建筑进行深入研究和分析的基础上，设计出了一批极富乡土韵味，又充满现代气息的建筑。虽然目前中国新乡土建筑设计还处于起步阶段，也存在着一些问题，但他们的创新精神值得许多建筑师学习。

（原载《新建筑》2006 年第 6 期）

历史视野中的乡土建筑——一种充满质疑的建筑

维基·理查森　吴晓

在当代建筑中，新乡土建筑可以看作是现代性与传统性的统一体。在 *New Vernacular Architecture* 老练精妙而又颇具可读性的介绍中，维基·理查森（Vicky Richardson）对建筑中的乡土性进行了图文并茂的分析和展示。本文节选的便是其导论部分，它为建筑的乡土性提供了一份详尽的历史性分析，展示了它是如何体现出笔者所描述的"充满质疑的建筑"（"architecture in denial"）观的——一种对于理念进展的质疑和一份对于"原生"建筑形式真实性的执着。

（原载《建筑师》2006 年第 6 期）

中国传统村落的延续与演变——传统聚落规划的再思考

马航

在介绍中国古代村落基本空间规划的四个特点后，着重分析其社会的、文化的、自然的因素。在城市化和全球化的过程中，经济结构的深刻变化给传统村落施加了很大的负面影响，普遍的、单调的形式不断地侵蚀着传统的村落，许多中国村落已经失去它们的原有特色，在村落的发展中经历了所谓"文化的丧失"。最后，提出传统村落的五个有效经验，它们对村落未来的规划有着宝贵的借鉴意义。

（原载《城市规划学刊》2006 年第 1 期）

现代艺术的创作思想对现代景观设计的影响

沈实现

现代艺术与现代景观设计虽然处于不同的领域，但却属于同一层面的行为模式，它们是彼此互动，同构发展的。本文结合大量实例深入剖析了现代艺术的创作思想对现代景观设计的影响，探讨了现代景观设计的发展方向。

（原载《建筑师》2006 年第 5 期）

论我国的景观教育

张汛翰

文章通过对我国景观教育的历史回顾，批驳了建筑界长期以来形成的对于景观教育的错误认识，阐述了中国景观教育经历的曲折艰难的发展道路，并指出目前景观教育所面临的问题。

（原载《建筑学报》2006 年第 2 期）

隐逸文化对文人园林的影响

郭鹏飞

传统的隐逸文化对文人园林的发展有着重要影响。本文主要通过对魏晋南北朝时期隐逸文化的产生的回顾与研究及其与文人园林的联系，初步揭示隐逸文化对文人园林的影响。

（原载《南方建筑》2006年第12期）

广州大学校园环境艺术设计之构想

黄莉

校园环境建设的优劣，对于学校的教育质量和声誉有着重要的影响。本文讨论了如何将广州大学融入广州东南水乡万亩果园，营造一个生态化——可持续发展的，人性化——充满活力的、让人流连忘返的广州大学校园环境。

（原载《南方建筑》2006年第12期）

国内室内设计的多元化发展

邢瑜

文章分析了当今国内室内设计的多元化发展的几种趋向，指出了当今室内设计中应该有多层面的追求，强调室内设计应与所处时代或阶段相适应。

（原载《安徽建筑》2006年第6期）

现代景观的象征题材与象征方式探析

刘晓光　邹广天

象征是使景观具有深层内涵的重要方法，探析现代景观中的象征题材与象征方式的内容与规律，将为解决当前景观中的意义缺失、设计方法生疏等问题提供新的思路与方法。

（原载《建筑学报》2006年第7期）

宜园——古典形式的现代江南园林

路盘新

通过宜园的规划建造，使我们对中国古典形式的园林有了更深入的了解，也使我们看到一个以小桥流水为基本格调的古典形式的现代江南园林终于悄然降临在以山水著名的阳羡大地上。

（原载《江苏建筑》2006年第6期）

全球化背景下对我国城市景观特色的规划思考

刘志强

在分析我国城市景观在全球化的过程中产生特色危机现象的基础上，提出了中国城市景观规划界既要积极接受全球化所带来的外部信息，借鉴国外先进的规划理论与设计手法，结合国情大胆创新；又要在继承民族特色和传统精神的同时发展传统，以开放性和独特性来规划出富有时代特征和地域特色的城市景观。

（原载《江苏建筑》2006年第5期）

试论景观设计学的职业教育与实践

武荷荏

当今中国，景观设计学的教育刚刚在全国范围起步。无论是景观设计的职业实践，还是景观设计学的教育，在中国大多数地方还处在一个初级阶段。在这阶段中太多人沉浸在景观设计的语言奢华和表象快感上，在时代繁杂和支离破碎的审美流行中，迷失自己和迷惑世界，景观设计往往蜕变成装点环境的“室外装饰设计”。

（原载《世界建筑导报》2006年第12期）

后现代主义与中国古典园林设计思潮异同分析

龙渡江　金晓玲

通过分析后现代主义的特征及后现代主义在现代景观设计中的表现，讨论了后现代主义与中国古典园林的内在联系和区别，指出我国的园林设计者应明白自己所处的时代文化背景，学习和借鉴后现代主义中适合中国的因素，发展具有中国特色的园林事业。

（原载《华中建筑》2006年第6期）

现代城市道路景观理想与建构

吴薇　刘红红

基于现代城市道路的功能和景观属性的变化趋势，提出了现代城市道路景观的建构目标。指出现代城市道路景观的建构必须从人行景观与车行景观、生活景观与交通景观、线性景观与网络景观、平面景观与空间景观、物态景观与生态景观以及物质景观与人文景观等多组城市道路景观功能与属性及其相互关系的协同处理角度进行，以此有效促进城市道路景观的健康发展。

（原载《新建筑》2006年第4期）

中国古典园林的基本理念：人为环境与自然环境的融合

杨鸿勋

人类智慧是由东、西方两大体系互补构成的。中国发源的东方园林与西方园林有根本的差异，其根本在于宇宙观的不同。中国认为人是自然的产物，因而尊重自然；西方认为人是世界的主宰，是自然的对立物，要征服自然。所以中国园林赞美自然、描写自然，而西方传统园林则尽管是使用植物，但是要修剪成几何形状，要表现人工的美。中国园林体现人为与自然相融合的环境设计理念，因而它远远超出了园林本身的涵义，而是具有人居环境生态化规划设计的现实指导意义。

（原载《风景园林》2006年第6期）

论中西传统园林的不同设计方法：图面设计与时空设计

王绍增

方法本应从属于目的，但是方法也可以影响目的。西方园林设计起源于古埃及的土地丈量和古希腊的建筑设计，基本方法是在平面上制图；中国园林起源于创造一个处于真实或模拟的自然中的生活环境或是与大自然对话的空间，基本设计方法是在现场真实时空中"相地"、构思和制作模型。前一方法是物我两分的，后一方法是物我交融的。两种不同的设计方法导致了不同的后果：前者有利于对个体进行仔细推敲，却忽略了境域的真实和总体的空间关系，容易形成人对自然的大规模入侵；后者创造了人与环境交融的真实境域和着意安排了空间关系，更适合未来的和谐社会，但不利于树立作者的个人纪念碑，也不适应当下经济效益和速度效率的需求。

（原载《风景园林》2006 年第 6 期）

北京奥林匹克森林公园山形水系的营造

胡洁　吴宜夏　吕璐珊

中国传统造园艺术中非常重要的一部分是山水构造。奥林匹克森林公园设计方案命名为"通往自然的轴线"，这条贯穿北京的轴线将自然消融于山水之间。在对传统叠山理水艺术进行深入研究的基础上，依势就形，巧妙安排，构造出具有浓郁中国园林特色的生态山水园林。

（原载《风景园林》2006 年第 3 期）

浅析城市景观艺术设计的审美价值取向

于宁

人们以各自的方式感受身边的"风景"。感受的差异性暗示了人们不同的审美取向，然而无论取向如何，艺术审美价值的探究在于揭示美好风景的本质以及人们参与其中的感受。城市作为人类文明的象征在 20 世纪发生了质的变化。文章旨在讨论人感受和设计景观的原因和方法，使城市更具有人性和符合人们对大环境的审美要求。

（原载《四川建筑》2006 年第 1 期）

现代陶艺作为环境景观因素介入公共艺术

国玲

陶瓷艺术在中国有着悠久的历史，现代陶艺在艺术的大背景下更是以全新的姿态展示于公众面前，最能代表中国的艺术文化。当今城市规划需要塑造一个城市的独特品位和个性魅力。现代陶艺作为环境景观因素的公共艺术构建于当今城市建设中，具有强烈的时代效应和艺术感染力。

（原载《四川建筑》2006 年第 2 期）

文人园林的"中国情感"

焦洋

中国文人在创作诗歌、绘画、音乐等艺术作品时，十分注重感情的抒发，而作为上述多种艺术门类集大成者的文人园林，在借物抒情、托物言志的情感表达方面，更是体现得淋漓尽致。这种情感是以我们的民族文化为基础的，具有强烈的中国特色。

（原载《南方建筑》2006 年第 1 期）

厦门城市建筑色彩景观的地域特性

陈淑斌　刘塨

对建筑色彩景观问题的关注，是保护一个地区或城市的地方文化和历史传统的需要。本文提出"城市建筑色彩景观"的研究课题，以厦门城市的建筑风貌作为研究对象，探索其色彩景观的形成条件及地域特性，从视觉美学和地域文化两个层面切入，充分展现能够准确反映厦门自然条件和地方文化的城市建筑环境与建筑色彩景观。

（原载《南方建筑》2006 年第 1 期）

斗栱：中国传统建筑中的精髓——兼论其在中国园林建筑之应用

麦伟添

通过对斗栱的历史分析，简述了斗栱形式的产生及演变过程，以及在园林建筑的应用。

（原载《南方建筑》2006 年第 3 期）

释"丘"——中国传统聚落文化解读

郑东军

本文通过对"丘"字的字源、字义和用法的解释分析，探讨了"丘"字与中国传统聚落在形成渊源、风水观念、聚居方式及象征意义等方面的文化关联，说明汉字所表达的概念与其所表达的客观事实有着高度的一致性，这不仅是古人的智慧，也是我们解读中国传统建筑文化的有效方法。

（原载《南方建筑》2006 年第 4 期）

关于民居建筑的演变和发展

刘加平

中国传统民居建筑研究的历史要早于现代建筑体系的进入。经过千百年的演变和进化，传统民居建筑的鼎盛时期一直延续到现代工业文明的侵入。面对现代生产和施工技术，传统乡土民居建筑艰难地维护着自身体系。

（原载《时代建筑》2006 年第 4 期）

中国传统民居建筑装饰的文化表达

周鸣鸣

建筑装饰是建筑营造中十分重要的环节，蕴涵着丰富的文化内容。在中国传统民居中，建筑装饰承载着民俗的、民间的及社会各个层面的文化现象，向人们传递着历史的信息。本文主要从建筑装饰对于传统文化的表达及其表达的方式两方面着手来研究，希望可以挖掘出其中所包含的中国传统文化。

（原载《南方建筑》2006 年第 2 期）

传统民居的地域性特色及其启发性

崔惜琳

本文分析了传统民居因地域特色差异而灵活多变的现象，指出其科学合理的价值，并从中提炼出改善现代居室问题的思路，指出现代房屋设计可从中借鉴因地制宜的思想。

（原载《建筑知识》2006年第3期）

地域文化对传统民居的影响——以西南民居与西北民居的对比为例

孟颖

分析地域文化对传统民居的影响，探讨延续和发展传统民居地域文化的有效途径。运用对比的方法，从地域文化的角度，对西南民居和西北民居的聚落组合形式、民居形式、宗教影响、外来文化影响等方面进行对比，并在此基础上分析随着时代的发展，如何延续和发展传统民居的地域文化。

（原载《安徽建筑》2006年第1期）

浅论江南水乡古镇中的符号现象

羊笑亲

对水乡古镇中的符号元素及符号场形成的内在秩序进行研究，以便在现代滨水景观设计中以现代设计语素表现传统水边聚落的场所精神。

（原载《四川建筑》2006年第2期）

论中国传统村镇街道景观的艺术设计思想——以龚滩与乌镇街道景观设计为例

黄绫

中国传统的村镇街道景观设计，是依据自然的地势、地貌、山川河流等自然环境而设计的，是一种"因势利导"、"因地制宜"的设计思想；体现的是一种人与自然契合的设计理念。重庆龚滩古镇和浙江嘉兴古镇乌镇，较为典型地展现了中国传统村镇街道景观设计的艺术设计形态和艺术设计思想。

（原载《艺术百家》2006年第3期）

传统山地村镇的视觉审美分析

冯梅　牟江

传统山地村镇是人们在百余年甚至几百年的历史中自发建成的，呈现出一种比较原始的自然状态。它们在视觉美学上有着独特的风格和魅力，也存在着丰富的建筑艺术创造的原料和矿藏。文中通过对山地传统村镇的视觉审美分析，为我们今后创造具有中国特色的山地新建筑风格提供一定的思路和启发。

（原载《四川建筑》2006年第5期）

仪式在中国传统民居营造中的意义——以滇南"一颗印"民居营造仪式为例

杨立峰　莫天伟

本文通过对滇南"一颗印"民居营造仪式的调查与社会文化分析，彰显了营造仪式研究对于中国传统建筑文化研究的重要意义，并藉此尝试提出了研究中国传统建筑的一道门径。

（原载《建筑师》2006年第6期）

合院的格局与弹性——生命的变常与建筑之弹性格局

王镇华

希望透过对主体的重新开显，阐述合院弹性格局与生命变常间的密切关联，并重现建筑设计反归主体性的应然正道，气势磅礴，令人动容，可谓是对当前建筑专业不重视人类主体、忽视使用者生命历程，而将设计物化为纯粹形式操弄的当头棒喝。希冀引起对资本主义社会文化庸俗化、功利化与现实化的反省。

（原载《新建筑》2006年第1期）

重构平衡——外交使馆作为一种建筑类型

崔彤

本文在外交使馆的设计实践基础上，通过对使馆的双重功能、复合空间、连接体系的解析，探究作为特殊类型的使馆由于处在异国他乡的"家园"所反映出的微妙关系和复杂状态，提出使馆设计的过程是重构平衡的过程。

（原载《世界建筑》2006年第8期）

南传佛教佛塔的类型和演变

王晓帆

佛教从公元前3世纪开始向印度以南地区传播，途经锡兰、室利佛逝、中南半岛的早期孟人国家、扶南等，最终成为东南亚大陆民族的主要宗教信仰。在这一过程中，作为佛教最具有代表性建筑物的佛塔，也遍及上述地区，并在传播中产生了新的形式和意义。本文对南传佛教佛塔的几个类型演变进行了分析研究。

（原载《建筑师》2006年第2期）

"无为"&"有为"——惠山祠堂建筑群布局特色及营建思想初探

吴珏　过伟敏

惠山祠堂建筑群是无锡地区特有的建筑文化。本文从建筑与环境关系的角度探讨惠山祠堂群建筑中如何因地制宜、因势利导地结合当地独特的自然地理条件，在"有为"的营造过程中，追求自然的"无为"效果，取得建筑和环境的和谐统一。我们应向传统建筑学习，让建筑和城市可持续地协调发展。

（原载《室内设计与装修》2006年第6期）

鼓浪屿院门文化初探

黄晓琼

鼓浪屿是中国最美的城区。岛上众多的欧风建筑却保留了东方人"深院高墙"的习俗，大多以围墙和院门来圈定或保护，体现了东方人对空间私密性和领域感的不同概念。漫步在小巷里，一座座或精致、或华美的院门形成了独特的文化。本文通过对鼓浪屿院门的一些粗浅记录,意在抛砖引玉,引起业界专家对于这一特有景致的注意。

(原载《南方建筑》2006 年第 12 期)

浅析中国古代城市门户空间环境

舒沐晖

城市门户是城市的一个重要组成部分,与城市景观等有着紧密的联系,本文通过分析风水思想和礼制观念对中国古代城市门户空间环境创造中的影响,以及古代建筑的"门"的建筑艺术,从而为现代城市门户空间的景观创造提供一些启示。

(原载《南方建筑》2006 年第 12 期)

谈徽派建筑的特色

马佳

徽派建筑是中国明清时期江淮地区民间建筑的典型代表。本文从徽派建筑的整体布局、徽派民居的外观造型、徽派民居的内部结构和装饰等几方面探讨了徽派建筑的特色。

(原载《南方建筑》2006 年第 10 期)

廊在中国古典园林中的应用

罗敏华

本文论述了廊这种建筑形式,从夏商到明清,在中国古代建筑中的发展过程。以明清时期的江南私家园林为研究对象,列举廊的各种形式。浅议廊在古典园林中划分空间、组织观赏路线、营造蜿蜒曲折的建筑形态的作用。并通过对比中国、日本同时期的园林,论述廊在中国古典园林中的独特性及作为中国古典园林的时空构成和表现出的形态所起的决定性作用。

(原载《南方建筑》2006 年第 8 期)

试探矛盾引导下的千年遗址保护——以镇江铁瓮城遗址保护规划为例

董卫　张杰

本文以遗址保护与利用间的"悖论"所引发的一系列矛盾为契机,剖析了现实环境中遗址保护的难点,并以此为基础,提出了树立开放而非线性的设计理念,建构理性而务实的编制体系是寻求解化矛盾的有效方法。

(原载《建筑师》2006 年第 6 期)

《营造法式》殿阁地盘分槽图新探

朱永春

文章通过对《营造法式》殿阁地盘分槽图的考释,提出:地盘图中殿阁之"阁",不是多层楼阁之"阁",而是底层架空的"阁栏"之"阁"。殿阁地盘分槽图是铺作层的俯视图,进而论证了"槽"为铺作层内的狭长空间,并厘清了"骑槽檐拱"等相关问题。

(原载《建筑师》2006 年第 6 期)

中国古代文化对中国古代城市形态的影响

李婧　郭海鞍

本文旨在通过对中国古代文化和古代城市形态来分析中国古代文化对古代城市形态的影响及中国古代城市形态的文化成因。

(原载《建筑知识》2006 年第 1 期)

砖木或木结构古建筑的消防设计探讨

李洋

随着社会经济的发展和国家对文物保护工作的重视,砖木或木结构古建筑的消防安全越来越引起人们的关注,文章着重讨论此类古建筑消防设计的必要性、可行性和一些特殊的设计方法。

(原载《安徽建筑》2006 年第 4 期)

魏晋南北朝建筑木构架装饰研究

张朝晖　赵琳

本文通过文献、实物和考古资料三者的对照分析,尝试对魏晋南北朝时期建筑的木构架装饰情况进行总结。

(原载《室内设计与装修》2006 年第 1 期)

建筑与地域文化——论芬兰建筑大师比尔蒂拉及其设计思想

方海　李雨红

通过对建筑大师比尔蒂拉的主要设计作品的系统研究和深入分析,作者试图从设计哲学、设计方法、生态思考、本土材料、建造技术等方面深入研究这位斯堪的纳维亚现代建筑大师,并对这位伟大的芬兰建筑师进行了一个简短而综合的描述。作者希望藉此研究给读者一些有意义的线索和启示。

(原载《建筑师》2006 年第 5 期)

绘画与建筑——莱富史通住宅设计

彼德·柯亨　杨明家

鉴于对绘画艺术之执着,悉尼"空间习性工作室"的建筑师赵东敏与阮昕潜心为莱富史通家族(Lai - Funston)的旧宅设计改建了一个新家。这是一个颇具启示的设计案例,因为它向我们展示了新设计的空间与澳洲 20 世纪初期半独立式的住宅亦可相得益彰:丰富的室内室外空间形成一个和谐序列。而造就这整体空间的和谐性则归功于建筑师们对当代建筑与荷兰巴洛克画家对室内空间之描绘所作的非凡认同。这种认同感更显现在建筑师们对串连式房间格局中日常生活琐事与日光传媒之互动的理解与运用上,而不仅仅局限在建筑与绘画这两种姊妹艺术的美感表达上。

(原载《建筑师》2006 年第 6 期)

建筑与影像——2005爱知世博会国家馆设计分析

朱雷

2005爱知世博会的国家馆，采取“全球共同”的概念，由统一的单元体限定。在此条件下，本文主要从建筑与影像两个方面，对国家馆的设计展开分析；文章具体以西班牙馆和克罗地亚馆为例，探讨展馆空间中建筑与影像、现实与虚拟之间的对应关系。

（原载《建筑师》2006年第4期）

旧金山文化艺术的新焦点——德扬博物馆新馆设计

张晓春

文章简要介绍了旧金山德扬博物馆新馆的建设背景，并从总体布局、空间造型和表皮材料等三个方面描述了由赫佐格和德默隆事务所设计的博物馆新馆的特点：就建筑本身而言，是展示空间更加灵活开放、吸引和丰富参观者的观赏体验，并适应不同艺术品的展示要求；就与环境的整体关系而言，博物馆与建造的环境乃至整座城市形成了一种内在的联系。

（原载《时代建筑》2006年第6期）

OMA的波尔图音乐厅建筑设计

董晓霞

葡萄牙波尔图音乐厅是OMA（大都会建筑师事务所）新近落成的重要作品之一，作者从建筑的三个方面，即形态、空间、时间，对这一作品进行了简单的介绍。

（原载《时代建筑》2006年第4期）

2006年建筑书目

2006 NIAN JIAN ZHU SHU MU

建筑书评·随笔·论文集

著者:彭华亮

中国建筑工业出版社,2006年1月

【内容简介】

本书主要汇集了作者近半个世纪以来在全国报刊杂志上发表的有关建筑书评19篇、随笔10篇及出版社出版的论著2篇,还附录了获奖论文1篇、诗5首。第一部分为书评,主要评述了有关著名学术性和技术性图书及著名学者、设计大师的作品论文集。第二部分随笔包括1950年刊登在《建筑学报》上的《国外建筑简讯》。第三部分主要收入了两篇论著,一篇是1989年由作者主编的《香港建筑》一书第十篇《住宅建筑》,介绍了香港住宅建筑的设计经验。另一篇是和茹镜华同志合著的《中国古建筑大系》第一卷《宫殿建筑》中《沈阳故宫》部分,体现了满汉蒙藏多元建筑艺术的巧妙融合。本书共附精美照片167幅,插图53张,是一本以书评为主,古今具备,图文并茂的文集。

【目录】

自序。一 建筑书评;二 随笔;三 论文;四 附录。

茶话·建筑

著者:《建筑创作》杂志社

中国建筑工业出版社,2006年1月

【内容简介】

本书以茶座的形式,将众多知名建筑师及文学、艺术大师会聚一堂,记录他们对于当前一些建筑现象和建筑文化的思考与探讨,意在创造一个自由的建筑评论氛围,为中国当代建筑、当代建筑师的成长起到推动作用。因此,该书的定位是建筑文化评论读物。

【目录】

在品茶中思;品茶论道;茶客随笔;苦丁茶香;普洱记忆;三味书荐;《茶话·建筑》稿约。

当代中国建筑思潮研究

著者:郝曙光

中国建筑工业出版社,2006年9月

【内容简介】

在分析了影响当代中国建筑思潮的主要因素,并根据国内主要建筑学术刊物的热点话题的变化对中国当代建筑思潮发展历程进行粗略的阶段性划分的基础上,作者提出存在于当代中国建筑中的五种主要思潮。传统建筑的现代继承,是在对传统建筑文化进行现代解释的基础上,从传统建筑文化中寻找推进中国建筑特色创造的思想资源和人文智慧。地域特色的不懈追求,包含了各种具有不同价值观念和审美取向的建筑思想或倾向,其共同特点是主张在建筑中应该存在并且可以存在地域特色,并主动地以各种手法去表达建筑的地域特色,或者试图创造新的地域建筑风格。时代精神的建筑表达概括了借时代精神开拓当代中国建筑的发展道路,实现当代中国建筑创新创优的思潮。所谓时尚建筑思潮,指的是建筑师在社会时尚的影响下,自觉或不自觉地追随社会中政治的或经济的或文化的时尚现象,表达时尚建筑风格。人们认识建筑、理解建筑、评价建筑、设计建筑所秉持的态度多年来在不断地发展变化着,基于本体的建筑探索思潮是指人们对于建筑本性不断地变化着的审思。书中分别研究了这五种思潮的产生背景、发展演变、主要的设计倾向以及存在的主要问题等,并在对当代中国建筑思潮进行总体概括的基础上指出当代中国建筑的出路。

【目录】

前言。第一章 当代中国建筑思潮的时空背景;第二章 传统建筑的现代继承;第三章 地域特色的不懈追求;第四章 时代精神的建筑表达;第五章 时尚建筑的绵延不绝;第六章 基于本体的建筑探索;结语:当代中国建筑思潮的困境与当代中国建筑的出路。参考文献。

建筑史解码人

著者:杨永生 王莉慧

中国建筑工业出版社,2006年6月

【内容简介】

中国建筑史发展到今天,离不开几代建筑史学人近百年来的不懈努力。目前,中国建筑史学已经形成了一个相当完备的学科体系,在中国建筑史研究的各个领域,如中国古代建筑史、中国近代建筑史、中国园林史、中国城市史和中国民居研究等方面取得了丰硕的研究成果。几代建筑史学人为中国建筑史学的发展和弘扬我国传统文化,作出了重要的贡献。本书以简明的文字对在建筑史研究领域具有建树的专家学者以及一批年轻有为并具有潜力的中青年专家学者的经历、已发表主要著作、主要学术观点进行了阐述。向年轻的建筑史研究人员和建筑历史与理论专业的学生以及广大读者,提供了一份概括性地介绍中国建筑史学研究者的经历及其学术成果的资料,具有重要的史料价值。

【目录】

朱启钤、刘敦桢、童寯、梁思成、龙庆忠、林徽因、单士元、王璞子、刘致平、陈明达、贺业钜、杜仙洲、汪 坦、莫宗江、卢 绳、冯建逵、陈从周、于倬云、祁英涛、张良皋、罗哲文、罗小未、张驭寰、张似赞、潘谷西、高介华、陈志华、吴焕加、王其明、陆元鼎、楼庆西、徐伯安、郭湖生、杨鸿勋、刘先觉、刘叙杰、侯幼彬、喻维国、傅熹年、孙大章、王世仁、汉宝德、赵立瀛、杨乃济、曹 汛、柴泽俊、路秉杰、邓其生、郭黛姮、于振生、萧 默、邹德侬、杜顺宝、陶友松、郑时龄、朱光亚、杨秉德、吴庆洲、张复合、李乾朗、王贵祥、钟晓青、方拥、陈同滨、朱永春、刘松茯、刘临安、刘大平、柳 肃、傅朝卿、杨昌鸣、常 青、赵 辰、程建军、张十庆、陈 薇、赖德霖。

建筑意匠与历史中国书系

巴史别观

著者:张良皋

中国建筑工业出版社,2006年5月

【内容简介】

本书主要阐明:中国的历史应自元谋、巫山猿人开篇;中国文明之源在大西南巴域;巴文化是楚文化的基础,楚文化是汉文化的前身,汉文化是华夏文化的主体;巴文化之传播远到玛雅。

【目录】

引言。第一章 整合冰山一角——庸国;第二章 图像巴史;第三章 广说盐;第四章 沼泽开发与文明兴起;第五

章 泛巴文化论。结语:论中国环境·建筑·文化——《巴史别观》结语。申谢。后记。

建筑意匠与历史中国书系

缘与源——闽台传统建筑与历史渊源

著者:林从华

中国建筑工业出版社,2006年7月

【内容简介】

本书上篇讲述了闽台社会历史与文化传承,包括福建闽越文化、台湾移民文化、闽台海洋文化;中篇讲述了闽台传统建筑与历史渊源,包括闽台传统建筑概述、闽台传统建筑类型比较、闽台传统建筑工匠技术;下篇讲述了闽台传统建筑保护与利用等内容。

【目录】

序。摘要。上篇 闽台社会历史与文化传承:第一章 福建闽越文化;第二章 台湾移民文化;第三章 闽台海洋文化;上篇总结。中篇 闽台传统建筑与历史渊源;第四章 闽台传统建筑概述;第五章 闽台传统建筑类型比较;第六章 闽台传统建筑工匠技术;中篇总结。下篇 闽台传统建筑保护与利用;第七章 闽台传统建筑保护与利用。图表索引。主要参考文献。后记。

西方现代建筑与建筑师

著者:荆其敏 张丽安

中国电力出版社,2006年11月

【内容简介】

本书以西方现代建筑师为中心,全面介绍了西方现代典型建筑作品及其历史和人文背景,从中可以清楚地了解西方现代建筑师的风格、特点及创作手法,也可清楚地了解西方建筑摩登运动的过去和未来发展趋势。书中的大量建筑作品对今天的建筑师们很有借鉴意义。

【目录】略。

中国近代建筑研究与保护(五)

著者:张复合

清华大学出版社,2006年6月

【内容简介】

本书是中国建筑学会近代建筑史学术委员会编纂的《中国近代建筑研究与保护》丛书中的第五部。其中所载95篇论文是2006年中国近代建筑史国际研讨会所接收的部分学术论文,内容涉及北海老城研究与保护再利用、骑楼街道考察研究与保护再利用、近代城市与建筑考察研究、近代历史地段考察研究及保护再利用、近代建筑分类考察研究、近代建筑保护与再利用、近代建筑史学及其发展研究、近代建筑师及建筑业界研究诸方面。反映了近两年关于中国近代建筑史研究的最新成果,是一部具有学术代表性的重要文献。

【目录】略。

一代宗师梁思成

著者:郭黛姮等

中国建筑工业出版社,2006年8月

【内容简介】

梁思成(1901-1972)是我国著名的建筑史学家、建筑教育家和建筑学家。不仅是中国建筑史学科的奠基人,也是中国文物建筑保护学的开创者。一生致力于古建筑的研究、保护和建筑教育事业在建筑史研究领域中功勋卓著,成就辉煌;对我国的建筑教育事业做出了重要贡献。本书通过青少年时代、成长历程、留学归国、中国营造学社、北京的文化沙龙、八年抗战、抗战胜利、解放后、重新燃起激情、短暂的平静、最后的煎熬、难以忘却的伟绩十二个部分,详细地记叙了梁思成一生对事业执著的追求。

【目录】

第一章 青少年时代;第二章 成长的历程;第三章 留学归国;第四章 中国营造学社;第五章 北京的文化沙龙;第六章 八年抗战;第七章 抗战胜利;第八章 解放初期;第九章 重新燃起激情;第十章 短暂的平静;第十一章 最后的煎熬;第十二章 难以忘却的伟绩。

中国当代杰出的建筑师 建筑教育家——杨廷宝

著者:刘怡等

中国建筑工业出版社,2006年1月

【内容简介】

杨廷宝先生(1901-1982)是20世纪中国最杰出和最有影响的建筑学家之一。他的建筑思想既有继承美国鲍扎式建筑教育的方面,又有自己的创新,从而推动了中国建筑事业的发展。同时,作为一名建筑学教授,他亦有自己的理论哲学,他注重实际,注重开发学生创造力的教育思想,为形成中国的建筑教育办学模式做出了贡献。本书分为上中下三篇,上篇介绍杨廷宝先生的人生历程,中篇分析杨廷宝的建筑设计思想内涵,下篇研究杨廷宝的建筑教育思想。最后本书对杨廷宝的历史地位进行了客观的评价,并对当今建筑创作提出一些建议和思考。

【目录】

上篇 生命之路:第一章 求学勉力;第二章 执业精勤;第三章 诲人不倦。中篇 建筑之理——人·建筑·环境:第四章 个体哲学的生成——内驱力与外驱力;第五章 建筑之理——杨廷宝的建筑设计思想与手法;第六章 比较与思考——对杨廷宝建筑设计思想的再认识。下篇 教育之法:第七章 中央大学建筑系源起和教育思想;第八章 杨廷宝建筑教育思想和方法。结论:一 扬廷宝的历史地位;二 评价与借鉴。图片索引。参考文献。

院士理论与实践书系

李道增文集

著者:李道增

中国建筑工业出版社,2006年4月

【内容简介】

《院士理论与实践书系》对中国工程院院士和中国科学院院士(主要是规划、建筑、施工等领域)进行零距离的报道,一方面阐释院士在理论上的真知灼见,另一方面报道院士的工程实践,更关键是介绍院士生活与工作的态度。李道增先生出生于1930年,中国工程院院士,国家一级注册建筑师,现任清华大学建筑系教授、博士生导师。曾发表论文、著作等50余种,对建筑设计有深入的理论研究和广泛的实践,曾完成公共建筑、别墅等各类建筑设计、小区规划、城市设计等数十项。本文从他的建筑观、空间设计、调研报告、生态研究、建筑教育等方面分篇,将他的学术思想和研究成果汇集在一起,奉献给广大建筑领域的师生和从业人员。

【目录】

一个思想者建筑观;一个建筑者空间篇;调研篇;生态篇;一个教育者教育篇。

全球化冲击——海外建筑设计在中国(1980-2005)

著者:薛求理

同济大学出版社,2006年11月

【内容简介】

1980年以来,中国的建筑活动随着经济的发展膨胀,呈现出跳跃式的革命,海外建筑设计的输入是这场革命中的一个重要组成部分,25年来由涓涓细流到大江大海般地涌入中国。为了总结过去四分之一世纪以来的输入建筑现象,同济大学出版社推出香港学者薛求理博士的新著《全球化冲击——海外建筑设计在中国》,通过本书,读者可以体验到全球化和现代化对中国的深刻影响。

【目录】略。

神话与中西建筑文化差异

著者:王娟

中国电力出版社,2006年11月

【内容简介】

中西建筑文化比较是国内大学建筑系普遍开设的课程,对于建筑系学生了解中西建筑文化差异、掌握建筑设计原理有重要的意义。本书作者从神化的角度出发比较中西建筑文化,追溯到了中、西建筑文化的源头,具有一定开创性和思想性,在国内建筑文化研究领域得到了较高的认可。第一部分:对"神话"、"神"、"传说"、"仙"、"仙话"等一些基本概念进行辨析。介绍人类神话产生的背景以及中西神话在历史层面上的一些差异。然后介绍了中西文化的起源与神话。第二部分:由中西神话的特征差异之一——"感性化与伦理化",来看西方古典建筑的感性特征与中国古建筑的伦理特征。第三部分:由中西神话的特征差异之二——"民主精神与等级思想",来看西方古典建筑的民主特征与中国古建筑的等级思想。第四部分:由中西神话的特征差异之三——"自我否定和自我肯定",来看西方建筑的否定和否定之否定的多变历程与中国古建筑的一以贯之的发展历程。第五部分:由中西神话的特征差异之四——"宗教精神与现实主义",来看宗教情结对西方建筑的影响与现实主义对中国建筑的影响。切入点较新,有趣味性、文化味。

【目录】略。

湖北建筑集粹

湖北现代建筑

著者:袁培煌等

中国建筑工业出版社,2006年10月

【内容简介】

本书通过大量照片及线条图向读者展示了湖北现代建筑的优秀成果,可供建筑专业人士、高等院校建筑专业师生及建筑爱好者阅读。

【目录】

总序。导言。第一章 湖北现代建筑的历程与成就;第二章 办公金融建筑;第三章 商业宾馆建筑;第四章 文化教育建筑;第五章 体育医疗建筑;第六章 交通会展建筑;第七章 纪念园林广场建筑;第八章 广电通信建筑;第九章 住区规划与住宅建筑;第十章 桥梁工程构筑物;第十一章 工业建筑。后记。

世界建筑史

世界建筑史——拜占廷卷(上下册)

著者:王瑞珠

中国建筑工业出版社,2006年8月

【内容简介】

本书作者在实地考察和对相关历史文献资料广泛收集和研究的基础上,按照时间及地点线索,把拜占廷建筑在各个时期、各个地区的城市、建筑发展历史、演变过程、艺术成就、代表性建筑进行了系统的总结。

【目录】

上册 第一部分 早期基督教建筑:第一章 基督教建筑的发端;第二章 4世纪帝国各地的建筑。第二部分 早期及盛期拜占廷建筑:第三章 5世纪帝国各地的建筑;第四章 查士丁尼时期的建筑。下册 第五章 查士丁尼之后的教堂建筑。第三部分 中期及后期拜占廷建筑:第六章 拜占廷中期建筑;第七章 拜占廷后期建筑。附录。图版简目。

伊斯兰建筑史图典(7-19世纪)

著者:王小东

中国建筑工业出版社,2006年10月

【内容简介】

本书是一部以图像方式全面介绍伊斯兰建筑的历史资料。作者以伊斯兰建筑文化圈为线索,详细介绍了每个文化圈的主要建筑活动和代表性建筑。本书具有信息量大、实用性强以及图文并茂的突出特点。适合作为国内建筑师理论研究和设计实践的基础资料,亦可作为大专院校建筑学专业师生的教学参考书。

【目录】

前言。术语简介。第一章 伊斯兰教初创及倭马亚王朝时期(公元610年-750年);第二章 巴格达伊斯兰文化圈(公元750年-1258年);第三章 西班牙伊斯兰文化圈(公元750年-15世纪);第四章 北非(突尼斯、摩洛哥、阿尔及利亚)伊斯兰文化圈(公元670年-12世纪);第五章 埃及伊斯兰文化圈(公元639年-15世纪);第六章 伊朗、阿富汗伊斯兰文化圈;第七章 中亚五国(乌兹别克斯坦、塔吉克斯坦、土库曼斯坦、吉尔吉斯斯坦、哈萨克斯坦）伊斯兰文化圈；第八章 印度、巴基斯坦伊斯兰文化圈；第九章 土耳其伊斯兰文化圈。参考文献。

中国佛塔史

著者:张驭寰
科学出版社,2006年9月

【内容简介】

在当前中国古代建筑史学科领域中,还没有佛塔史方面的专著。本书是根据作者多年来对各地佛塔的考察并在获取大量第一手资料的基础上撰写而成的。书中对佛塔的历史、发展从理论上进行深入分析,取其有代表性的佛塔,按历史时代加以阐述,举出重要的实例予以论证。书中还介绍了各时代的佛塔的鉴定结果,对中国历史上有关建塔的大事迹进行总结并予以全面分析。此外,作者还对重要的佛塔进行复原,绘出原状图。

【目录】

前言;绪论;第一章 东汉、三国时代的佛塔;第二章 南北朝时期的佛塔;第三章 隋朝佛塔;第四章 唐代佛塔;第五章 五代佛塔;第六章 宋代佛塔;第七章 辽代佛塔;第八章 金代佛塔;第九章 西夏时代佛塔;第十章 元代佛塔;第十一章 明、清时代佛塔;参考文献。

建筑百例

著者:王国泉
中国建筑工业出版社,2006年4月

【内容简介】

本书汇集了全国各建筑设计单位1990年以来设计的已建和在建的优秀公共建筑设计项目100个,按工程类别分类编辑成册。每个项目内容包括工程说明、主要经济技术指标、图纸(总平面、各层平面、剖面、照片或效果图、必要的细部照片等)。

【目录】

教育;办公;娱乐;展览;体育;酒店;卫生;交通;通信;综合;金融。

日本现代住宅12选

著者:马卫东主编
宁波出版社,2006年4月

【内容简介】

本书作者详细地阐述了日本现代住宅的演变历史,包括住宅的结构样式,人们的居住理念、住宅设计的理论和实践等,结合当时的社会政治、经济和文化背景,一步步地探索日本现代住宅的发展轨迹,并提出自己的思考。在此基础上,本书收录了12例最新的日本住宅作品,都是优秀建筑师的力作,并配上一系列的照片和图纸,进行了细致地描述和介绍。其中有青木淳的“L住宅”、妹岛和世的“小住宅”、内藤广的“千岁鸟山的空家”、古谷诚章的“ZIG/ZAG住宅”等。

【目录】略。

为中国而设计——第二届全国环境艺术设计大展论文集

著者:中国美术家协会环境艺术设计委员会等
中国建筑工业出版社,2006年5月

【内容简介】

本书收录“为中国而设计第二届全国环境艺术设计论坛”的优秀论文,内容是关于环境艺术设计、景观设计、规划设计等相关专业,观点新颖,能够结合本次大展的主题,有一定深度。

【目录】

环境艺术;室内设计;建筑理论;环艺教育;后记。

无止境·建筑艺术系列丛书

建筑\非建筑——国际学生建筑设计作品集

著者:徐卫国等
中国建筑工业出版社,2006年3月

【内容简介】

本书为2004年首届中国国际建筑艺术双年展(ABB 2004)国际学生作品展设计作品集。第一部分是策展人及评委对展览主题“建筑/非建筑”的阐述;第二部分以十七个设计思想倾向为标题介绍了50个参展学生的作品,同时介绍了来自世界各个院校的11个参展学校的作品;第三部分为评委名单、获奖名单、参展作品名录及展览海报等内容。

【目录】

第一部分 建筑\非建筑。第二部分 叙事;仿生;向工业产品学习;生命建筑;数字化生成;参数化编写方案;信息建构;听觉建筑;四度空间;未来遐思;历史·传统·地域;思考城市;建筑城市\城市建筑;准建筑;探索材性;拓展生存空间;物理学的启示;来自各院校的学生作业。第三部分 双年展2004国际学生其他作品名单。

装饰材料设计与应用

著者:田原等
中国建筑工业出版社,2006年4月

【内容简介】

本书在介绍传统室内外装饰材料的基础上,重点介绍新型室内外装饰材料的性质与应用。以图文并茂的方式,由浅入深、系统地介绍了装饰材料如石材、石膏、木材、玻璃等的性质,装饰部位分类、装饰用法,以及材料的选购、生产等。为方便教学与工程应用,本书还列举了众多工程实例和现行的工艺做法等,并配以操作步骤图,使读者容易掌握。本书可作为建筑学、建筑装饰、环境艺术、城市规划、园林景观等专业的教材,也可用作土建类及其他专业的选修教材。同时对建筑师、室内设计师、景观设计师均有一定的参考价值,是一本学用结合的实用工具书。

【目录】

第一章 装饰材料的性质;第二章 常用天然装饰石材;第三章 混凝土及装饰砂浆;第四章 石膏装饰制品;第五章 木材装饰品;第六章 玻璃制品;第七章 陶瓷与瓦材制品;第八章 装饰塑料制品;第九章 金属装饰材料;第十章 装饰涂料;第十一章 装饰织物与制品;第十二章 装饰辅助工

具；第十三章 常用室内装修小五金；第十四章 常用室内照明灯具；第十五章 室内装饰工程施工主要机具；第十六章 装饰材料按装饰部位分类的应用；第十七章 材料的装饰用法；第十八章 装饰材料的选购。部分图片来源。

湿地概念与湿地公园设计

著者：赵思毅主编

东南大学出版社，2006 年 11 月

【内容简介】

本书主要阐述湿地的概念及保护现状、城市湿地公园的特征、营建原则、设计目标、设计方法，以及城市生活湿地可持续发展的理念、模式等。

【目录】略。

张锦秋建筑作品集

长安意匠——张锦秋建筑作品集·圣殿记

著者：张锦秋

中国建筑工业出版社，2006 年 3 月

【内容简介】

张锦秋院士是中国工程院院士、中国建筑大师、西北建筑设计研究院总建筑师，在建筑领域享有很高的声望，其多项作品获得国际国内大奖。《长安意匠——张锦秋建筑作品集》将陆续推出张锦秋院士有代表性的多项作品，力求准确再现她的创作理念，也为青年建筑师及学子们提供丰富的建筑创作参考。《圣殿记》选用大量的精彩图照，创作手记，平、立面图生动地记录了黄帝陵轩辕庙祭祀大殿的设计与风貌。

【目录】

编者的话；张锦秋的简历；圣殿记；庙区概况；设计方案；大殿与外观；大殿内景；门、阙、角楼；环境艺术；后记。

高校建筑学与城市规划专业教材

城市规划概论

著者：陈锦富

中国建筑工业出版社，2006 年 1 月

【内容简介】

本书为城市规划、风景园林、土木建筑、环境艺术、环境工程、公共管理等专业及相近、相关专业的一门通用教材，其内容分 5 章 22 节阐述，设计城市形式与发展、城市规划的基本概念、工作内容、制定与实施管理及术语等。通过对本课程的学习，学生能够对城市规划工作有一个基本的、全面的认识和了解。

【目录】

第一章 城市的形成与发展；第二章 城市规划的基本概念；第三章 城市规划的工作内容；第四章 城市规划的制定与实施；第五章 城市规划术语。主要参考文献。

全球化下的中国城市发展与规划教育

著者：许学强

中国建筑工业出版社，2006 年 3 月

【内容简介】

中山大学城市与区域研究中心和香港大学城市规划与环境管理研究中心分别于 1983 年和 1993 年在广州联合主办了两届以中国城市规划与教育为主题的研讨会，2004 年 5 月再次联合主办了“全球化下的中国城市发展与规划教育”学术研讨会，是国内规划教育界第三次盛会，对推动我国城市规划与教育的发展具有重要的意义。本次会议为大家提供了一个探讨全球化下的中国城市规划与教育问题的平台。会议收到不少高质量的论文，为扩大会议的影响，有助于同行的交流和研究，我们计划出版论文集，以期为广大城市规划和教育工作者提供参考和借鉴。

【目录】

一、总论；二、全球化与城市发展；三、全球化与城市规划；四、全球化与城市规划教育。

城市设计实践论

著者：刘宛

中国建筑工业出版社，2006 年 6 月

【内容简介】

本书是吴良镛院士主编《人居环境科学丛书》之一，研究的是城市设计这一当今建筑界和城市规划界争相关注的热点领域。本书从观察有关的日常现象入手，探索城市设计实践活动的基本规律和重大问题。作者澄清基本概念，主张城市设计是社会实践的过程，并结合典型案例的剖析，对城市设计的理论思潮、实践过程、评价体系进行系统的研究，见解独到。就建立适合国情的城市设计制度所提出的政策性建议，更具现实意义。

【目录】

引言。第 1 章 城市设计概念辨析；第 2 章 城市设计理论考察；第 3 章 城市设计实践过程；第 4 章 城市设计评价；第 5 章 建立我国城市设计制度的建议。主要参考文献。附录：姓名中英文对照表。致谢。

城市景观规划设计理论与技法

著者：[美]许浩

中国建筑工业出版社，2006 年 2 月

【内容简介】

本书综合了风景园林、城市规划、地理学、生态学、信息科学的知识内涵和研究成果，从学科体系特点、学科关系、法规、历史以及城市空间、园林绿地、3S 技术、遗产保护等方面详细论述了景观规划设计的基本概念、内涵和课题，对景观设计所涉及到的道路、居住区、公园、广场、中心区、滨水区等内容，从国家规范、具体设计步骤和技法、设计实例等方面作了全面系统的论述。

【目录】

第 1 章 景观的概念与内容；第 2 章 城市景观规划设计的基本理论思想与实践；第 3 章 景观空间设计技法。附录 1 我国城市规划体系；附录 2 园林植物的种类和分布；附

录3　我国的风景园林图例图示标准；附录4　相关术语解释汇总。参考文献。

规划广州

著者：林树森

中国建筑工业出版社，2006年3月

【内容简介】

全书回顾了广州城市规划的历程，并结合实例对城市规划的经验进行了总结分析。

【目录】

第一章　城市规划编制体系创新；第二章　广州的定位；第三章　城市规划的基本准则：适宜生活居住和适宜创业发展；第四章　国际大都市的“门槛”规划；第五章　城市的灵魂：城市的传承；第六章　城市规划的规模控制：资源环境与可持续发展；第七章　制度建设和管理方式的改变；第八章　重点地区规划建设实例。参考文献。

城市历史文化保护与发展

著者：杨宏烈

中国建筑工业出版社，2006年3月

【内容简介】

本书以保护城市历史文化特色，维护城市可持续发展为宗旨，以“都市寻根”、“匠心求意”、“园苑探源”、“旅游巡礼”、“营造法制”为类，对相关城市的发展历程、山水文化要素、传统街巷美学、建筑艺术创作、风景园林构思、文物景观开拓、旅游项目策划、建设法规管理及社区改造模式，展开了多侧面的探讨，具有一定的学术价值。

【目录】

第一部分　都市寻根；第二部分　匠心求意；第三部分　园苑探源；第四部分　旅游巡礼；第五部分　营造法制。

走向理性之城——快速城市化进程中新区发展与增长调控

著者：李翅

中国建筑工业出版社，2006年4月

【内容简介】

本书首先通过对当今中国高速经济增长和快速的城市化进程中的城市新区发展的现状调查，探讨了新区发展的特点与动因，提出了新区发展的诸多问题，其次本书通过对世界各国城市新区发展和新城建设的理论、方法与实践进行比较研究，寻求城市新区发展的经验启示。再次，本书探讨了新区发展的战略决策。最后，本书强调城市发展是必然的，对增长的调控是为了保持高质量的水平，积极地引导应该发展的方面。

【目录】

第一章　概述；第二章　中国城市新区发展主导现象及问题解析；第三章　城市新区发展的国际经验借鉴；第四章　理念探讨是新区可持续发展的基础；第五章　战略决策是新区可持续发展的关键；第六章　新区发展的土地利用模式探索；第七章　规划控制体系与新区增长调控；第八章　总结与展望。附录1　南宁相思湖新区发展研究；附录2　成都高新西区西南区发展策划研究；附录3　柳州阳和工业区古亭山综合服务区规划研究。参考文献。后记。

和谐与创新——快速城镇化进程中的问题、危机与对策

著者：仇保兴

中国建筑工业出版社，2006年6月

【内容简介】

本书内容包括：城镇化与和谐社会、资源节约与绿色建筑、环境友好与城镇水问题、城市规划体制创新与和谐、城乡统筹规划与村镇建设、市政公用事业改革与城市管理、城市化经验教训与资源保护。

【目录】

第一章　城镇化与和谐社会；第二章　资源节约与绿色建筑；第三章　环境友好与城镇水问题；第四章　城市规划体制创新与和谐；第五章　城乡统筹规划与村镇建设；第六章　市政公用事业改革与城市管理；第七章　城市化经验教训与资源保护。附录。

构建和谐城市——现代城镇体系规划理论

著者：李秉毅

中国建筑工业出版社，2006年6月

【内容简介】

本书在城镇体系及其规划研究进程分析的基础之上，从城镇体系规划的现状和问题分析、城镇体系发展历史及分析入手，探讨了城镇体系规划的理论，并提出了见解。

【目录】

第一章　导论；第二章　城镇体系规划概念界定；第三章　城镇体系规划的现状和问题分析；第四章　城镇体系规划理论研究进程与有关理论评析；第五章　城镇体系规划理论；第六章　城镇化规划与发展理论；第七章　结论。

现代城市规划丛书

城市绿地系统规划理论与方法

著者：姜允芳

中国建筑工业出版社，2006年8月

【内容简介】

本书通过对城市绿地系统规划理论与方法的系统探讨，目的在于解决规划与建设中经常困扰的具有关联性和矛盾性的景观、生态、经济三要素协同发展的问题，并提出城市绿地系统规划评价的方法和生态对策。为引导城市绿地系统规划的编制工作进一步走向科学化、合理化，为城市园林绿化管理及科学决策提供合理性的依据，为我国现阶段正在进行的城市绿地系统规划建设产生直接的理论与方法指导。

【目录】

序。1　导言；2　城市绿地系统景观规划；3　城市绿地系统生态规划；4　城市绿地系统经济规划；5　城市绿地系统规划的分析评价；6　城市绿地系统规划的生态对策；7　城市绿地系统规划的实例研究；8　结束——走向城市绿地

系统规划的协同发展。参考文献。后记。

全球化时代的城市设计

著者:时匡等

中国建筑工业出版社,2006 年 8 月

【内容简介】

本书通过理论与实践并举,既较系统地阐述现代城市设计的一系列概念和方法,又能使读者窥察到国际城市设计领域的动向和工作标准。全书收集了一批最新的国际城市设计佳作,通过大量的第一手资料对它们进行研究分析,许多项目完全称得上是城市设计的经典,或代表城市设计新的潮流。读者可以发现书中讨论的每一个大型项目都对应于一个世界级或区域级大城市,这些大项目的设计和建设左右着城市整体的发展进程和势态,并对这些城市的经济前景和国际竞争力产生影响,这是我们当前所处的全球化时代城市发展的一个特征,也是本书的一条重要线索。

【目录】

前言。第一部分 总论:设计城市的框架;第二部分 现代城市设计理论综述;第三部分 国际城市设计案例分析。主要参考文献。

当代中国城市形态演变

著者:熊国平

中国建筑工业出版社,2006 年 9 月

【内容简介】

20 世纪 90 年代以来我国有着新的经济社会背景,城市形态演变呈现新的特征,有着新的动力和机制,及时总结,对城市理论是有益的补充和完善。本书首先从城市内部结构的急剧变化和外部轮廓的迅速扩展两个方面归纳了 90 年代以来我国城市形态演变的总体特征。其次从 90 年代以来新的社会经济背景出发,建立了信息化、全球化、知识经济和快速城市化与城市形态演变的基本联系,在新的时代背景中考察城市形态的动态演变。揭示了推动城市形态演变的机制,分别为市场机制、产业进化机制、投资机制和调控机制。本书还从形态的协调性,形态的成长性,形态的生态性,形态的经济性等方面初步提出合理形态的评价标准,为规划编制和管理提供有益的参考。

【目录】

1 结论;2 相关理论;3 20 世纪 90 年代以来城市形态演变的特征;4 20 世纪 90 年代以来的经济社会发展新背景对城市形态演变的影响;5 城市形态演变的动力变化;6 城市形态演变的机制分析;7 城市形态演变的基本总结;8 城市倒塌形态的讨论;9 结论与讨论。

当代城市规划著作大系

旧城的和谐更新

著者:万勇

中国建筑工业出版社,2006 年 9 月

【内容简介】

21 世纪初,中国城市化达到了一定的水平,原有的旧城区的居住区都将面临更新,如何面对旧城区更新机制的经验借鉴与历史演进,如何总结旧住区更新机制的主要特点与现实困境,如何处理旧住区更新改造的内在关系与互动机理,如何建构中心城旧住更新改造区的调谐机制,对策是建立面向公众的土地运转机制,建立公正的土地运作机制,建构旧住房拆迁机制的完整体系,倡导自组织旧住区改造,建立对应于旧住区改造的公共住房供应体系或住房保障体系。本书按照构建社会主义和谐社会的时代要求,以科学发展观为指导,根据对当前中国旧住区更新现状的分析,对中心城居住区更新现状的分析,对历史演进的回顾,和对国内外旧住区更新的教训和经验的汲取和借鉴,提出了我国居住区改造更新的发展动向,从理论上、实践上为中国的旧城改造指明了发展方向和改革道路。本书极富现实意义,是目前各级市县政府重点关注的研究课题,同时也是学术上关注的重点课题。本书不仅有完善的理论支撑,还有现实的指导意义。

【目录】

1 绪论;2 新形势下旧城更新的新特点、新问题;3 旧城更新的经验借鉴历史演进;4 旧城更新与城市总体发展的互动机理;5 构建旧城更新调谐机制的理念、内涵与着力点;6 构建旧城更新的调谐机制;7 结论。

山地城市与建筑文化丛书

山地城市学原理

著者:黄光宇

中国建筑工业出版社,2006 年 9 月

【内容简介】

本书阐述的是在中国这块土壤上成长起来的有关山地城市学的规划设计理论与原理。全书从多学科交叉的视角,以动态、发展与变化的观点,全面论述了山地城市的自然、社会、经济、基础条件的调查研究以及城市选址、规划、设计、建筑、交通、灾害、美学、管治等内容。

【目录】

第一章 绪论;第二章 勘察;第三章 选址;第四章 类型;第五章 规划;第六章 设计;第七章 建筑;第八章 交通;第九章 生态;第十章 灾害;第十一章 美学;第十二章 管治。主要参考文献。插图索引。致谢。

古都西安 特色城市

著者:和红星

中国建筑工业出版社,2006 年 9 月

【内容简介】

本书是关于历史文化名称古都西安的一本全书式的著作,由西安市规划局组织编写。本书一方面回顾了西安作为十三朝古都辉煌的传统文化和城市发展的历史,另一方面也全面展示了古城西安在现代建设和规划中的新貌。西安市城市发展战略规划的内容是本书的重点。书中不仅向读者展示了西安城在保护传统文化、建筑和城市景观的基础上制定的西安市总体规划战略,也以一个个鲜活的规划案例和建筑单体为读者提供了更为翔实的规划设计参考实例。本书对于具有较为悠久历史和传统的城市具有很高的参考价值,为他们很好地展示了如何在保护中求发展,在发展中求和谐的思路。

【目录】

第一篇 城市背景:第一章 地理位置;第二章 城市历

史;第三章 文化遗存。第二篇 城市规划:第一章 前三轮城市总体规划;第二章 西安市城市发展战略规划。第三篇:第一章 城市复兴;第二章 城市设计。

城市环境色彩规划与设计

著者:崔唯

中国建筑工业出版社,2006 年 11 月

【内容简介】

本书从城市色彩建设的概念、城市构成元素的色彩规划与设计、城市色彩的建设原则、城市的色彩表情、城市色彩的建设方法五个方面逐一入手,对人类长久以来在城市色彩建设方面取得的成就进行了详尽而全面的追述、梳理和论述,并根据各自的功能、规律、方法对其给予了系统介绍,特别是解读了自 20 世纪以来人类所经历过的城市色彩建设运动,并展现了现代城市色彩规划与设计的发展总图。与此同时,本书也赞美了现代城市色彩建设对社会发展、人类进步等所产生的深远影响。因此说,在目前国内缺乏对城市色彩建设的系统理论研究,以及国内城市色彩建设又需要理论指导的情况下,本书对于想全面了解城市色彩规划与设计的人们而言,堪称是一部难得的理论与实践兼备的重要论著。

【目录】

第一章 概论;第二章 城市环境色彩构成元素的规划与设计;第三章 城市环境色彩的规划与设计原则;第四章 城市的色彩表情;第五章 城市环境色彩的规划与设计方法。后记。

普通高等教育"十一五"国家级规划教材

城市详细规划设计

著者:段汉明

科学出版社,2006 年 9 月

【内容简介】

本书系统地阐述了城市详细规划设计的理论和基本方法,吸取国内外新的设计理念和研究成果,结合优秀的设计范例,以居住区规划设计为主体,兼顾控制性详细规划、城市中心区详细规划、市政设施工程设计等,突出理论上的前沿性和设计方法上的示范性,并从不同视角和多个层面展示城市详细规划设计在内容上的综合性、在表现手法上的多样性,以及对城市建设过程的指导性。

全书共 12 章,第一章和第二章主要介绍城市及居住区的基本概念、设计理念和新的研究成果;第三 - 九章重点阐述居住区的用地、选址、布局结构的演替、住宅群体组合、道路设计、服务设施的布局、绿地及环境景观设计;第十 - 十二章主要介绍控制性详细规划、城市中心区的规划设计和市政工程设计的要点。书后附录主要介绍了新都市主义的 3 个重要文件、与城市详细规划设计相关的国家工程建设标准强制性条文,以及景观绿化种植物分类选用表,以方便读者查阅和使用。

【目录】

第一章 概论;第二章 居住区规划设计的部分理论、观念和基本要求;第三章 居住区用地的分类、规模和选址;第四章 居住区规划布局结构的演替;第五章 住宅用地及群体组合;第六章 居住区道路设计;第七章 公共服务设施的布局;第八章 居住区绿地设计;第九章 居住区环境景观设计;第十章 控制性详细规划;第十一章 城市中心区的详细规划设计;第十二章 市政设施配套控制;附录;后记。

基于文化生态学的城市空间理论——以天津、青岛、大连研究为例

著者:侯鑫

东南大学出版社,2006 年 10 月

【内容简介】

本书选取了有代表性的北方沿海外来文化城市——天津、青岛、大连为实证研究对象,采用比较性研究方法分析了其独特的区域性城市文化产生、发展的生态过程及其文化生态结构,并针对我国现状提出了在文化交流日益频繁的背景下外来城市文化保护与发展的策略。

【目录】略。

博士文库

城市建筑的生态转型与整体设计

著者:夏海山

东南大学出版社,2006 年 3 月

【内容简介】

本书以城市建筑生态转型及其设计操作为研究对象,通过对城市建筑生态化理论和实践的分析研究,力图全面探讨城市建筑生态转型的系统性,把握整体的设计操作规律。研究指出,城市建筑生态转型是基于观念认识、物质形态和方法制度 3 个层面对传统设计体系的整体变革,在此过程中有效的设计操作实施是一个复杂的系统工程。在理论研究基础上结合我国的建设实践,提出以技术策略、设计方法和运作机制为框架建构整体设计体系,以期为推动我国建筑生态转型的进程提供操作理论和方法策略。本书既可作为建筑学、城市规划以及园林景观专业院校教师学生的研究、教学参考书,也可作为设计规划单位从业人员的专业参考书。

【目录】

1 绪论 1.1 研究的意义 1.2 概念界定与辨析 1.3 研究现状与存在的问题 1.4 本书研究的内容及框架 2 生态转型的背景:城市建筑生态化的历史演进 2.1 自然环境观:城市建筑的理想追求(20 世纪 60 年代以前) 2.2 资源环境观:环境运动影响下的城市建筑生态化探索(20 世纪 60 - 80 年代) 2.3 系统环境观:城市建筑生态可持续发展 2.4 城市建筑生态化发展评析小结 3 生态转型的内涵:当代城市建筑生态化的目标体系 3.1 现代生态学视角下的城市建筑 3.2 城市建筑生态化设计的内涵 3.3 建构城市建筑生态化的目标体系小结 4 整体设计的技术策略:城市建筑生态化的技术构成与整合 4.1 技术分层——生态型建筑的多层次技术构成 4.2 建筑环境调控的技术模式 4.3 我国城市建筑生态化的技术整合策略与实践小结 5 整体设计的方法论:城市建筑生态化设计的系统性 5.1 城市建筑生态化的整体设计方法论 5.2 城市空间与建筑一体化设计 5.3 建筑与生态技术一体化设计 5.4 室内环境与建筑一体化设计小结 6 整体设计的运作机制:城市建筑生态化设计的评价与导控 6.1 城市建筑的环境性能与评价体系 6.2 生态型建筑评价的方法及应用 6.3 城市建筑生态化设计的引导机制 6.4 对我国建立和完善整体设计运作机制的思考小结 结语 附录 参考文献 后记

城市空间：形态、类型与意义——苏州古城结构形态演化研究

著者：陈泳

东南大学出版社，2006 年 11 月

【内容简介】

本书选择我国重要的历史文化名城——苏州为案例进行系统理论研究，整理其历史脉络，探寻其演化机制，剖析其中的规律性和真实性，从而引导和调控人们去进行正确的城市维护整治和更新建设，以保持古城地方文化的独特魅力和永久活力。

高等院校环境艺术设计专业规划教材

环境艺术简史

著者：庄岳等

中国建筑工业出版社，2006 年 8 月

【内容简介】

本书为高等学校环境艺术设计专业系列教材。上篇：外国环境艺术简史；下篇：中国古代环境艺术简史。

【目录】

上篇 外国环境艺术简史：第 1 章 原始社会；第 2 章 古埃及；第 3 章 古代两河流域；第 4 章 古希腊；第 5 章 古罗马；第 6 章 拜占庭与中世纪西欧；第 7 章 印度与东南亚；第 8 章 伊斯兰教地区；第 9 章 朝鲜和日本；第 10 章 美洲；第 11 章 意大利文艺复兴；第 12 章 17、18 世纪的欧洲；第 13 章 工业化时代初期的欧美；第 14 章 现代环境艺术。下篇 中国古代环境艺术简史：第 1 章 史前的人造环境遗迹；第 2 章 先秦时代的环境设计；第 3 章 秦汉的环境艺术；第 4 章 魏晋南北朝环境艺术；第 5 章 隋唐环境艺术；第 6 章 两宋环境艺术；第 7 章 辽夏金元的环境艺术；第 8 章 明清环境艺术。图例说明。

高等院校环境艺术设计专业规划教材

环境艺术设计概论

著者：郝卫国

中国建筑工业出版社，2006 年 1 月

【内容简介】

本书作为高校环境艺术设计专业系列规划教材，是按照环境艺术设计专业基础教材的定位编写的。主要内容包括：环境艺术的产生与发展、环境艺术设计的涵义、环境艺术设计的基本要素、环境艺术设计的程序与表现方式、环境艺术设计的定位、环境艺术设计的定向等。

【目录】

绪论 环境艺术的产生与发展。第 1 章 环境艺术设计的涵义；第 2 章 环境艺术设计的基本要素；第 3 章 环境艺术设计的程序与表现方式；第 4 章 环境艺术设计的定位；第 5 章 环境艺术设计的定向。后记。参考文献。

高等学校环境艺术设计专业教学丛书暨高级培训教材

环境景观设计

著者：郑宏

中国建筑工业出版社，2006 年 9 月

【内容简介】

本书系统地阐述了环境景观资源构成基本特征和环境景观设计的基本原理与方法。全书包括自然环境景观、人文环境景观构成解析和环境景观设计两大部分。主要内容有环境景观设计研究的目的，自然环境景观的构成，人文环境景观的构成，环境景观设计的基本方法，城市环境景观设计与城市规划的关系，景观雕塑设计、历史建筑以及历史文化名城景观遗产的保护设计等。本书在修订时增补了广场及广场群景观设计以及环境景观设计相关法规、条例的基本内容及学习要点。

【目录】

上篇：第一章 总论；第二章 环境景观设计相关专业的背景与现状；第三章 自然景观资源构成；第四章 人文景观资源构成。中篇：第一章 环境景观设计；第二章 环境景观设计的形式规律；第三章 环境景观设计元素；第四章 环境景观设计的吸引功能、资源鉴定与评价；第五章 历史文化名城的遗产保护与规划设计。下篇：第一章 环境景观设计相关法规、条例以及专项规划基本内容和学习要点；第二章 环境景观课程设计介绍与评述。

定位当代景观设计学——生存的艺术

著者：俞孔坚

中国建筑工业出版社，2006 年 10 月

【内容简介】

作者在国内首次对景观设计学的起源及目标作以详细的阐述，是学术界具有创新意义的一大观点，有较高的研究价值。

【目录】

摘要。前言。1 桃花源：景观设计学作为一门“生存的艺术”的起源；2 消失的桃花源：景观设计学面临的挑战和机遇；3 重归“桃花源”：当代景观设计学的使命与战略；4 直面挑战的中国当代景观设计学：几个实践案例。结语。参考文献。

城市景观工程丛书

景观小品工程

著者：郭明

中国建筑工业出版社，2006 年 1 月

【内容简介】

本书是专门论述景观小品的图书，主要介绍景观小品的设计和施工方法，并附有一章工程实例详细说明。景观小品的范围既有古典的，又有现代的；既有国内的，又有国外的，是园林景观工作人员的优秀参考资料。

【目录】

绪论。第一章 景观小品的历史及发展；第二章 景观小品的施工及设计；第三章 景观小品施工实例。

人造水景设计营造与观赏

著者:金儒霖

中国建筑工业出版社,2006 年 5 月

【内容简介】

本书共 9 章,对人造水景、水幕电影的发展历史、基本构成、设计理论、计算公式、计算例题、设计附件、控制系统、制造方法、制作实例以及人造水景水幕电影持续发展的有关重要事项等方面做了系统、全面、深入浅出的论述。图文并茂,便于阅读。本书所附光盘内容丰富、形象逼真,有观赏价值。

【目录】

第 1 章 水景艺术与社会发展;第 2 章 人造水景的构成;第 3 章 水雕塑与水花容装饰水景;第 4 章 水景的流体力学基础;第 5 章 人造水景的水力计算;第 6 章 人造水景工艺设计与制作;第 7 章 人造水景的控制系统;第 8 章 水景的灯光渲染与烘托;第 9 章 人造水景持续发展。主题词索引。主要参考文献。

生态水景观丛书

城市水景的生态设计与综合治理——nars:营造清澈秀美的原生态水景系统

著者:金元欢等

中国水利水电出版社,2006 年 12 月

【内容简介】

nars 自然水景系统(natural aquascape restoration system),是综合了各种方法的一种综合治理技术。它遵循师法造化之原理,多方面综合治理,营造出长期清澈美丽生动的自然水景,真正做到水清和水美,且维护成本十分低廉。可以预计,nars 自然水景系统将是未来水景设计的治理的一个重要方向。本书适合于建筑设计师、园林工程师、房地产开发商、物业管理人员。

【目录】略。

对话欧洲——艺术的环境

著者:皮志伟

东南大学出版社,2006 年 6 月

【内容简介】

本书共分入口、窗、局部装饰、建筑立面、现代建筑、雕塑、壁画、园艺绿化、水景、环境小品、店面橱窗、绿地十二个部分,着重介绍了建筑内、外部的空间和细部装饰,阐述了环境空间的塑造方法及现代建筑空间的设计理念。

【目录】略。

铺装景观设计方法及应用

著者:陈丙秋等

中国建筑工业出版社,2006 年 7 月

【内容简介】

本书对铺装景观的地位、作用、功能、设计原则、设计要素、材料、结构、施工工艺、运用等方面进行了深入的探讨,为铺装景观的规划、设计、施工等提供了一定的理论指导。书中收集了国内外铺装景观实例近 300 幅,为专业技术人员提供了丰富的参考资料,同时也可以满足广大读者的审美需求。

【目录】

第一章 城市外部空间景观;第二章 城市街路环境景观;第三章 铺装景观;第四章 交通与环境的心理因素;第五章 铺装景观的功能特性;第六章 铺装景观的设计原则;第七章 铺装景观的设计要素;第八章 铺装景观的材料、结构与施工工艺;第九章 铺装景观的运用;第十章 铺装景观设计结构框架。参考文献。

景观教育的发展与创新——2005 国际景观教育大会论文集

著者:全国高等学校景观学(暂)专业教学指导委员会(筹)

中国建筑工业出版社,2006 年 9 月

【内容简介】

本书为 2005 国际景观教育大会论文。书中收录 87 篇国内外的论文。探讨了景观学体系的发展与创新;景观学与风景园林;景观学课程体系和教学方法研究等多方面的问题。

【目录】

景观学体系的发展与创新;景观学与风景园林;景观学课程体系和教学方法研究;研究进展(摘要)。

城市滨水区景观规划设计

著者:刘滨谊等

东南大学出版社,2006 年 2 月

【内容简介】

本书理论部分详细论述了城市滨水区景观及其规划设计的动因、理论与方法。实践部分详细介绍了国内外著名城市滨水区景观实景资料及其城市滨水区景观规划设计 10 余个案例。

【目录】略。

高等学校环境艺术设计专业教学丛书暨高级培训教材

室内设计的风格样式与流派

著者:张绮曼

中国建筑工业出版社,2006 年 9 月

【内容简介】

本书对于中外室内设计的风格样式及其形成的设计流派做了全面的概述。如我国古典传统的室内设计样式以及中世纪初期的罗马样式及其特色;12 - 13 世纪初期产生的哥特式及其装饰风格;文艺复兴时期的装饰手法特点;巴洛克·洛可可风格等也予以举例分析。20 世纪的现代建筑大师在室内设计方面形成的风格特点。

【目录】

一、室内设计的风格样式与流派;二、中国室内设计的传统样式;三、东西方室内设计传统样式;四、现代室内设计的风格与流派;五、著名设计师及其作品赏析;六、室内设计图录。

中国造园史

著者:陈植

中国建筑工业出版社,2006 年 8 月

【内容简介】

本书是我国造园界的老前辈、南京林业大学教授陈植先生的遗著。本书是对我国造园理论和历史研究的总结,它的出版对我国风景园林学科的发展十分重要。早在 20 世纪二三十年代陈植先生已决心着手写作《中国造园史》,但由于种种原因,直至 1989 年,陈植先生病逝,此书未能最终完成。2005 年,中国风景园林学会组织国内专家在忠实于原稿的基础上,对书稿作了整理和审定,并正式交付出版社编辑出版。全书分十章,共 67 万字。

【目录】

序一;序二。第一章 绪论;第二章 苑囿史;第三章 庭园;第四章 陵园;第五章 宗教园;第六章 造园名家;第七章 造园名著;第八章 天然公园;第九章 城市绿地;第十章 盆景史。后记。书稿整理说明。

中国古代园林史(上下卷)

著者:汪菊渊

中国建筑工业出版社,2006 年 10 月

【内容简介】

本书为 1982 年城乡建设环境保护部科研课题《中国古代园林史》的重要成果,并以此为基础进行了进一步的研究和总结。包括自有文字记载以来至清朝的中国园林的发展历史。全书共十二章,分上、下两册。本书总计 120 余万字,各类图纸及图片 500 余幅,并附有详尽的园名索引。本书的读者对象主要是园林、城市规划、建筑等学界的广大科研和规划设计人员,园林及建筑院校的师生,从事历史文物保护的专家和考古学者,对历史和科技史、艺术史工作者也有一定的参考价值。

【目录】

上卷目录:序。前言。第一章 绪论;第二章 殷周先秦时期囿苑宫室;第三章 秦汉时期建筑宫苑;第四章 魏晋南北朝时期的园林;第五章 隋唐五代时期园林;第六章 宋辽金时期园林;第七章 元朝时期都城和宫苑;第八章 明清时期都城和宫苑;第九章 清朝的离宫别苑。 下卷目录:第十章 北京、华北、江苏明清园墅;第十一章 浙、皖、闽、台、中南、岭南、西北明清园墅;第十二章 试论中国古代山水园和园林艺术传统。后记。中国古代园林史图名索引。

中国历代园林图文精选(第五辑)

著者:鲁晨海

同济大学出版社,2006 年 8 月

【内容简介】清代,是中国古典园林发展日臻成熟与完善的重要时期,不仅造园活动极其频繁,而且技艺精湛,特别是清代丰富的园居生活极大地充实了浩瀚的园林记述与园林图绘文库。本辑从清代官书、文集、笔记以及石刻等多种文献中,精选了有关中国古典园林的珍贵图文,并对其文字部分予以整理、说明和注释。本辑图文并茂,系统地反映了清代园林的发展特征,是了解与研究中国古典园林的必备参考书。

【目录】略。

中国园林艺术

著者:安怀起

同济大学出版社,2006 年 9 月

【内容简介】

中国园林在世界造园史上享有很高的声誉,许多杰出的园林创作至今仍不失为园林建筑艺术的优秀典范。本书对我国造园历史、论著和艺术形式诸方面作了扼要的介绍和评述。此外,还就园林艺术与绘画和文学的关系作了点评。本书可供大专院校园林建筑、城市规划、建筑学专业的师生以及园林工作者和建筑设计工程技术人员参考。

【目录】略。

中国历代园林图文精选(第一辑)

著者:赵雪倩

同济大学出版社,2006 年 3 月

【内容简介】

先秦至五代时间跨度长,朝代嬗变多,在中国园林的发展史上,可以说是重要的奠基时期。本辑选文范围为先秦、两汉、魏晋南北朝以及唐代(包括南唐)与中国园林相关的各种文献,文献体裁包括经史、辞赋、散文和诗歌等。编者在广泛阅读、比较的基础上精心挑选了近 160 篇这方面的珍贵文献,并加以整理和注释。本书选文版本可靠,注释简洁,系统地反映了中国古典园林的起源、形成、发展及完善这一历史过程,是了解与研究中国古典园林的必备读物和参考书。

【目录】略。

中国历代园林图文精选(第二辑)

著者:翁径方

同济大学出版社,2006 年 6 月

【内容简介】

宋元是中国古典园林的成熟期。本书精选了宋元时期关于皇家园林、私家园林、山水游记以及花石谱牒的篇章,选文内容具有相当的文学与美学价值。文后还附有简要说明、作者简介和注释,并配有精美的绘画,可谓图文并茂。本书是了解与研究宋元古典园林的必备读物和参考书。既可作为园林专业的文学教材,也可作为古典园林鉴赏家和园林规划设计师的经典藏品。

【目录】略。

北京皇家园林(含光盘)

著者:王其钧

中国建筑工业出版社,2006 年 8 月

【内容简介】

本片以散文叙述方式,讲述了皇家园林的遥远传说、历史变迁、清代帝王营造的三山五园,火烧圆明园的历史真相,圆明园四十图咏展示全盛时期圆明园的历史风貌,中国哲学对造园的影响,中国园林和西方园林的比较,图片中将纷繁的历史变迁,炫美的园林景观,稀世的宫廷画卷,高妙的造园技巧一一呈现在观众的眼前。

【目录】

第一章 御苑渊源;第二章 三山五园;第三章 四十图咏;第四章 皇苑文思。附录:圆明园四十咏题诗。

园林理论与实践

著者:樊国盛 段晓梅 魏开云

中国电力出版社,2006 年 11 月

【内容简介】

本书是介绍有关园林学科相关专业知识的教材。《园林理论与实践》主要探讨园林植物、园林规划设计与工程等相关理论,并在相关理论的指导下开展实践研究的相关内容。本书的理论体系是园林概论、园林植物资源、园林植物育种、园林植物栽培、生态园林、园林规划设计理论与方法、云南少数民族园林、园林植物开发应用实例、园林规划设计与实例、园林工程施工与管理实例。教材主要突出基础性与应用性,着眼于园林学科领域的主要概念、理论体系及其应用途径,同时将一些前沿领域和热点问题贯穿其中。本教材主要适用对象是农业推广专业硕士、风景园林硕士及其他想了解园林学科的高年级本科生,也可供相关领域的研究人员参考。

【目录】略。

中国文人画与文人写意园林

著者:赵思毅 张赟

中国电力出版社,2006 年 11 月

【内容简介】

本书以中国文人写意园中文人画对其影响因素为研究对象,从理论上,溯源文人写意园的产生、发展过程及不同时期文人画对其产生的影响,旨在加深对文人写意园及其与文人画内在联系的了解,在此基础上,分析文人写意园的美学特征和造园手法及其中存在的文人画因素,并进一步探索中国现代园林发展的未来理性之路。本书主要分四大部分,相互之间存在一定的联系。第一部分,以不同的发展阶段为线索,研究中国文人写意园的发展过程及不同时期的特点,分析不同发展阶段中文人画对其产生的影响。第二部分,着重探讨文人写意园与文人画共同的风格特点,分析形成这些风格特点的思想因素。第三部分,以文人画对文人写意园的影响、渗透为线索,详尽分析文人写意园设计语言的表达形式。第四部分,分析文人写意园对今天的意义,探讨中国现代园林设计未来发展之路中对文人写意园的借鉴设想。

【目录】略。

园林专家书苑

中国园林绿化树种区域规划

著者:陈有民

中国建筑工业出版社,2006 年 2 月

【内容简介】

本书是参考了数百个气象台站几十年的观测资料及树木的自然分布和人工栽培情况而将全国绿化树种进行分区规划,共分为 10 个大区 20 个小区,资料翔实而珍贵。

【目录】

一、进行园林绿化树种区域规划研究的目的、意义和作用;二、国内外有关工作概况;三、中国园林绿化树种区域规划的原则和方法;四、园林绿化树种区域规划;五、讨论及结语。附录 参加中国园林绿化树种区域规划研究课题的人员及完成的工作内容。

园林专家书苑

园中园

著者:余树勋

中国建筑工业出版社,2006 年 4 月

【内容简介】

本书作者为我国园林界著名专家,作者总结国内外名园的经验,向读者介绍了各种公共绿地中应该设计的 59 中小游园,并对这些园子的设计方法逐一进行详细介绍。

【目录】

一、写《园中园》的缘起;二、关于园中园的类别;三、《园中园》各论。

高校建筑学与城市规划专业教材

园林植物与应用

著者:李文敏

中国建筑工业出版社,2006 年 3 月

【内容简介】

本书以植物科学、规划设计、艺术美学等多学科交叉融合为基础,以仿生学的源泉与启迪功能为切入点,介绍城市园林常用植物材料,讲述景观规划设计中植物应用的基本原理与方法,以及城市规划中相关的植物知识,包括城市森林、植物与城市防灾等。全书图文并茂,内容详尽实用。

【目录】

第一章 植物的功能作用;第二章 植物学基础知识;第三章 园林树林;第四章 园林花卉;第五章 草坪与地被植物;第六章 植物景观规划原理;第七章 植物景观设计;第八章 植物与城市规划。附一 园林植物形态与体量图;附二 植物名称索引。主要参考文献。

园林美与园林艺术

著者:余树勋

中国建筑工业出版社,2006 年 4 月

【内容简介】

园林美是美化环境的一个重要内容,园林艺术是园林学体系中一个主要学科,也是一门研究园林创作理论的新学科。本书的第一部分"美与园林美的探讨",在简要介绍了美、美感、自然美之后,着重论述了园林美极其创造;第二部分"园林艺术"不仅总结介绍了我国有关造景、地貌改造、理水、植物布置、园林建筑布局和组合等传统部分,也吸取了外国近代相应的优秀部分。本书的一个主要特点是作者以其多年致力于此的研究成果,作了中西结合并论的阐述,确有独到见解。可供园林规划设计人员、园林绿化工作者和园林艺术爱好者阅读参考。

【目录】

第一部分 美与园林美的探讨：一、引言；二、美是什么？三、美感与美感的差异；四、自然美；五、园林美。第二部分 园林艺术：一、引言；二、园林艺术造型的原则；三、造景与赏景；四、地形的艺术；五、水景的艺术；六、园路艺术；七、植物配植的艺术；八、园林色彩的艺术；九、园林建筑的艺术布局；十、公园概论。结束语。主要参考书目。新版附言。

中国风景名胜区

著者：王早生等

中国建筑工业出版社，2006 年 1 月

【内容简介】

本书按地域划分，简要介绍了我国重点风景名胜区 280 个左右，对每一名胜区的主要特点进行了重点描述，是一部较全的风景名胜区资料性文献。

【目录】

我国重点风景名胜区 280 个左右。

园踪

著者：冯晓东

中国建筑工业出版社，2006 年 5 月

【内容简介】

本书共分 3 篇，第 1 篇为总论；第 2 篇苏州古城控保建筑导览，包括玉宇伦堂惟逸居（四星级典藏）、宅第自是胜林苑（三星级典藏）、绿杨深巷千家屋（二星级典藏）、自有旧壁倚青天（一星级典藏）；第 3 篇苏州宅园古建营造简述，包括：建筑类型及结构、建筑装修和陈设、建筑小品、叠山置石概述、理水概述、植物概述等内容。

【目录】

第一篇 总论。第二篇 苏州古城控保建筑导览：玉宇伦堂惟逸居（四星级典藏）；宅第自是胜林苑（三星级典藏）；绿杨深巷千家屋（二星级典藏）；自有旧壁倚青天（一星级典藏）。第三篇 苏州宅园古典建筑营造简述。后记。参考文献。

山西传统民居

著者：颜纪臣

中国建筑工业出版社，2006 年 3 月

【内容简介】

介绍了山西大院及山西的民居建筑、山西居住建筑发展史、山西传统民居建筑的风格与特色、山西传统民居建筑的构造、材料与结构、山西传统民居的保护与开发、山西传统建筑民居实例

【目录】

一 山西居住建筑发展史；二 山西的自然条件及对传统民居建筑的影响；三 山西传统居住建筑与当地文化、习俗、宗教；四 山西传统民居建筑的风格与特色；五 山西传统民居建筑的构造、材料与结构；六 山西传统民居的保护与开发；七 山西传统民居建筑实例。编后语。主要参考文献。

湖北建筑集粹

湖北传统民居

著者：湖北省建设厅

中国建筑工业出版社，2006 年 10 月

【内容简介】

本书通过大量现状照片及线图，概括介绍了湖北省各个地区传统民居的主要类型及其特征，向读者展示了湖北传统民居的精华。

【目录】

总序。导言。第一章 湖北传统民居的发展、类型及其特征；第二章 鄂西南传统民居；第三章 鄂西北传统民居；第四章 江汉平原传统民居；第五章 武汉地区传统民居；第六章 鄂东南传统民居；第七章 鄂东北传统民居。附录 湖北传统民居用语解释。参考文献。后记。

世界文化遗产西递古村落空间解析

著者：段进 龚恺 等

东南大学出版社，2006 年 7 月

【内容简介】

本书是从空间角度对世界文化遗产古村落——西递进行研究的一本专著。全书共分为五大部分，通过 17 章的论述，全书对西递空间的形成原因、构成方式和空间效果进行了全面的解构和分析。

【目录】略。

乡土建筑装饰艺术

著者：楼庆西

中国建筑工业出版社，2006 年 1 月

【内容简介】

建筑作为一种形象艺术，建筑装饰艺术更离不开具体形象，为了使大家对乡土建筑的装饰有一个感性的认识，在本书的开始作为上篇首先展示了乡土建筑各部位的装饰式样。本书下篇为论述部分，对乡土建筑装饰的形态、内容、装饰的用材、技艺，对乡土建筑装饰的创作思想的方面分别加以分析，目的是使读者对乡土建筑的装饰从形式到内容有一个比较全面的认识，由此而能够对乡土建筑的价值有更深入的了解。

【目录】

前言。上篇 第一章 乡土建筑木结构装饰；第二章 乡土建筑门窗装饰；第三章 乡土建筑屋顶装饰；第四章 乡土建筑墙体装饰；第五章 乡土建筑石构部分装饰；第六章 乡土建筑色彩装饰。下篇 第一章 乡土建筑原创型装饰形态；第二章 乡土建筑装饰形态的多样性；第三章 乡土建筑装饰形态的地域性与民族性；第四章 乡土建筑装饰内容；第五章 乡土建筑装饰用材及技术；第六章 乡土建筑装饰创作的思想与方法；第七章 乡土建筑装饰与城市建筑装饰的关系。后记。图片索引。

博士文库

唐宋古建筑尺度规律研究

著者:肖旻

东南大学出版社,2006 年 2 月

【内容简介】

本书研究的主要内容是中国唐宋时期古建筑木构架基本尺度的取值规律,主要包括面阔、进深、柱高等基本指标。本书根据古建筑实例的数据分析,明确提出:唐宋时期古建筑木构架基本尺度的设计取值规律为一种模数制的尺度规律。基本模数控制了建筑物的面阔、进深、柱高等几个方面,既决定了建筑物的长、宽、高三个方向的基本尺度。本书同时对唐宋时期古建筑的等级制度、基本模数的取值及其对建筑尺度的控制制度进行分析;对实例表现与《营造法式》相关规定的内容进行了比较;对该时期营造尺复原取值进行了探索。

【目录】

1 导论 1.1 释题 1.2 研究的途径 2 本课题相关研究综述与分析 2.1 根述:《营造法式》"材份制"和唐宋古建筑尺度规律研究的基本问题 2.2 材份控制的观点 2.3 比例控制和扩大模数 2.4 整数尺寸设计的观点 2.5 对《营造法式》材份制的各种探索 2.6 营造尺研究综述 2.7 本课题的探索思路及研究程序 3 日本飞鸟、奈良时期部分实例的尺度规律 3.1 概述 3.2 日本飞鸟时期实例的分析 3.3 日本奈良时期实例的分析 3.4 日本实例的尺度规律特点 3.5 尺度规律的比较分析和进一步探索 3.6 对中国唐宋古建筑尺度规律研究的启发 4 山西应县木塔的尺度规律 4.1 探索的思路 4.2 应县木塔的基本模数 4.3 对高度分层的再讨论 4.4 对营造尺复原值的再讨论 4.5 对探索唐宋古建筑尺度规律的启发 5 古建筑实例的数据分析 5.1 数据来源和分析思路 5.2 数据分析的基本方法和主要内容 5.3 数据分析的验证 6 制度分析(一):取值制度和等级制度 6.1 营造尺复原的讨论 6.2 基本模数和材?取值特点 6.3 基本模数、材高和建筑等级的关系 7 制度分析(二):建筑尺度的控制制度 7.1 木构架建筑尺度主要指标的规定性 7.2 分析概述 7.3 椽架平长 7.4 面阔和进深 7.5 柱高 7.6 扩展指标 7.7 截面尺度指标 7.8 实例制度分析总结 8 本课题的相关讨论 8.1《营造法式》"材份制"之讨论 8.2 木构架形态演变与模数制发展关系概述 8.3 关于"整数尺寸设计"的讨论 附录:古建筑实例的数据分析报告一、说明二、唐代实列的基本模数尺度构成推定三、五代实例的基本模数尺度构成推定四、辽代实例的基本模数尺度构成推定五、北宋实例的基本模数尺度构成推定六、金代实例的基本模数尺度构成推定七、元代实例的基本模数尺度构成推定八、唐代古建筑遗址平面柱网的尺度构成推测九、杭州闸口白塔的尺度规律。参考文献。后记。致谢。

中国古代建筑彩画

著者:孙大章

中国建筑工业出版社,2006 年 4 月

【内容简介】

中国传统的木构建筑彩画,源远流长,是我国古代人民装饰生活环境的重要手段之一,也是构成中国建筑东方特色的表征。本书为我国著名古建筑历史研究专家孙大章先生在古代建筑彩画方面的又一著作。该书以精美画册的形式,介绍了中国古代建筑彩画的发展历史、艺术风格、使用规范,以及用色、技法等方面的知识。书中彩画作品包括实景照片、彩画图样以及墨线图等。其中的彩画图样有相当一部分为原建筑工程部建筑科学研究院建筑理论及历史研究室在建国初期基于对宋《营造法式》的研究以及实地测绘、整理,手工绘制的一批彩画范例图样。这也使得该画册极具收藏和参考价值。

【目录】

中国古代建筑彩画概述:早期建筑彩画;宋《营造法式》及宋代建筑彩画;宋辽金墓室中反映的建筑彩画;元代彩画;明代彩画的类别;明代官式旋子彩画的规制;明代江南彩画;清工部《工程做法》与清前期的官式建筑彩画;清代的地方彩画;注释。图版:唐代建筑彩画;五代建筑彩画;宋代建筑彩画;辽代建筑彩画;金代建筑彩画;元代建筑彩画;明代建筑彩画;清代建筑彩画。图版检索。

中国古家具鉴赏与收藏

著者:路玉章

中国建筑工业出版社,2006 年 7 月

【内容简介】

本书以中国古家具为主题,详细介绍了鉴赏与收藏的一些基本知识,以及古家具的形式、结构、材质、工艺和艺术。主要内容有:古家具的鉴赏与收藏及鉴别古家具的工艺、名称、年代、材质、图纹等。

【目录】

第一章 论古家具的鉴赏和收藏;第二章 鉴别古家具的工艺;第三章 鉴别古家具的名称;第四章 鉴别古家具结构部件的名称;第五章 鉴别古家具的年代;第六章 鉴别古家具的材质;第七章 古家具图纹鉴赏;第八章 古家具的收藏;第九章 仿古家具的制作要求。附录一 家具用材材质及纹理;附录二 明清家具集锦。跋。

建筑艺术系列丛书

传统建筑装修

著者:郭建国等

中国建筑工业出版社,2006 年 9 月

【内容简介】

目前,越来越多的人对建筑文化产生了浓厚的兴趣。这套建筑艺术系列丛书力求把国内外最具代表性的历史建筑介绍给读者。让读者在轻松的状态下,系统地了解中外优秀建筑实例和建筑知识及其发展历程。因此,这套书采用尽量通俗的语言,新颖的内容,优美的图片和生动的故事,将建筑的知识和文化典故以轻松活泼的形式呈现给读者。中国的传统建筑装修,无论从建筑的形制、构造、室内装饰构件,到装饰纹样、色彩,都有着极其深厚的传统文化内涵。本册即从装修的历史、外檐装修、洞门与花窗、铺地、装饰题材与内容、装修的艺术特色等方面展示了中国传统建筑装修的魅力。

【目录】

总序。前言。装修的历史;外檐装修;内檐装修;洞门及花窗;铺地;装饰题材与内容;装修的艺术特色。后记。

中国古代门窗

著者：马未都

中国建筑工业出版社，2006 年 9 月

【内容简介】

集明清古典门窗于一册。

【目录】

序。导言：门窗与建筑的关系；门窗的演变过程；门窗的工艺特点；门窗的文化内涵；门窗的美学意义；终语。图版：窗；其他。后记。著者简介。译者简介。参考书索引。索引。

中国古代绘画中的建筑与环境

著者：王其均

中国建筑工业出版社，2006 年 10 月

【内容简介】

本书主要是从中国古代绘画当中来考察中国古代建筑与环境之间的和谐共生关系。全书先是简要介绍中国古代建筑史和中国古代绘画史，在此之后以非常形象生动的方式把建筑与绘画置于同一平台之上，结合具体的建筑类型进行了深入分析。全书文字优美流畅，赏读与学习皆宜。

【目录】

1 华夏营造——中国建筑的历史；2 墨色气韵——中国绘画的历史；3 娴雅意象——绘画中的建筑与环境。

中国建筑彩画图集（修订版）

著者：何俊寿等

天津大学出版社，2006 年 1 月

【内容简介】

本修订版进行了如下充实、调整。

1. 1999 年为了迎接第二十界世界建筑师大会在中国召开，本书作为向大会献礼，编辑、制版、印刷等各阶段工作过于紧张，当时未能来得及由撰稿人和作者点校"清样"，致使印制的书籍中出现了几处不应有的错误。这次作了改正、调整。

2. 本版增加了一些新采集、挖掘的样稿及修复作品，弥补了原图集中官式建筑彩画主要品类的不足。如：浑金旋子彩画、宝珠吉祥草彩画等，共计 50 多项。在栏目、画种分类、序列排印上，全面做了必要的调整。

3. 此次我们经过研究，对中国建筑彩画的所用名称、用语、用字存在的不尽统一等问题进行了调整。同时还对本图集涉及引用的参考文献作了考证，取其合宜者作了修正。

【目录】

明、清官式彩画的概况及工艺特征；和玺彩画简述；旋子彩画简述；苏式彩画简述；宝珠吉祥草彩画、海墁（斑竹座）彩画简述；清代官式彩画檩枋大木以外从属构件简述；地方彩画简述；新式彩画简述；实物照片；墨线图。

中国传统油漆髹饰技艺

著者：俞磊　高艳

中国计划出版社，2006 年 3 月

【内容简介】

本书主要介绍我国传统油漆髹饰技艺，主要包括：概述、天然油漆材料、传统油漆手工操作技法、传统木器涂饰工艺、传统建筑的油饰彩画工艺、漆器装饰工艺、大漆施工中常见的病疵及防治方法等。

【目录】

第一章 概述；第二章 天然油漆材料；第三章 传统油漆手工操作技法；第四章 传统木器涂饰工艺；第五章 传统建筑的油饰彩画工艺 ；第六章 漆器装饰工艺 ；第七章 大漆施工中常见的病疵及防治方法；附录 生漆和桐油的国家标准；参考文献。

中国古建筑修缮与施工技术

著者：北京土木建筑学会

中国计划出版社，2006 年 3 月

【内容简介】

古建筑的范围很广，根据它的工艺特点可大致将其分为木作、瓦作、石作、油漆作、彩画作、搭林作技术为主要内容，着重解决明、清建筑的施工技术问题。

本书共分为十章，内容编排由浅及深，由介绍基本概念到解决具体的施工技术问题，逐步深入，其具体内容涵盖了台基的施工、各种砌筑方法及施工技术、石作工程、木构架的施工技术、斗拱的构造和制作、室内室外的地面施工方法与地面形式、屋顶工程、油漆作和彩画作的施工技术等。

【目录】

第一章 土方儿基础工程；第二章 砌筑工程；第三章 石作工程；第四章 木构架及木基层；第五章 斗拱；第六章 木装修；第七章 地面及路面工程；第八章 屋面工程；第九章 油饰彩画工程；第十章 钢筋混凝土工程；附录；参考文献。

清工部《工程做法则例》图解

著者：梁思成

清华大学出版社，2006 年 8 月

【内容简介】

清工部《工程做法则例》是中国建筑史学界的一部重要的"文法课本"，也是深入弄懂中国古代建筑的必经门径。20 世纪 30 年代，著名建筑学家对清工部《工程做法则例》进行了研究，本书即是梁先生对《工程做法则例》所进行的图解。尽管，由于种种原因，图解并未完全完成，但已经基本反映了《工程做法则例》大木作的内容，记录了清式建筑各种样式的做法。

【目录】略。

中式家居装饰设计图集

著者：刘天杰编

中国建材工业出版社，2006 年 3 月

【内容简介】

传统的中式风格家居设计至今仍是流行的时尚。中式家居设计以天然材质为对象，在布局上强调对称与和谐，工艺上坚持返璞归真，力求保持材料的原始纹理与色泽，其目的，就是要营造一个宁静、环保、充满自然和谐气息的家庭空间。中式家居设计以自然舒缓为原则，注重各元素之间的互相配合，以创建宁静平和的氛围为目的。装修施工以

木材为主，品种多用胡桃木、樱桃木、山毛榉等，门窗、隔断一般使用各种传统纹饰制成的木雕榫接而成。

【目录】

玄关；客厅；餐厅；茶室；卧室；书房；卫浴；饰品。

国外现代艺术与设计丛书

密斯·凡·德·罗导读系列——东西方的会合

著者：[瑞士]维尔纳·布雷泽

中国建筑工业出版社，2006年4月

【内容简介】

密斯·凡·德·罗的建筑成就为他在20世纪建筑史中博得一席之地。对材料富于经验的理解，独创性的空间设计，将建筑融于环境的才能，所有的这些都通过照片传媒的手法触及我们的感官。因此这本书的介绍主要基于作者的照片材料——其中一部分从未发表过。它一方面追溯了创造这些卓越的建筑的年代，另一方面，也追溯了这些建筑时至今日的持续发展。这个文献描述了密斯最初接触建筑的热情，并介绍了他逐步接近建筑本质，并融会贯通的经过，反映了他与建筑之间交流的默契。在这个专论中挑选的众多例证，全面地反映了密斯的建筑。它也是一本定位于实践的手册，用来帮助那些探求正确的建筑与规划方法的建筑师。它所表达的建筑的愿望与教益的力量在今天仍是很有裨益的。因此这套关于路德维希·密斯·凡·德·罗卓越建筑的导读系列丛书涉及他最重要的单体建筑。总的来说，这套展现细节的丛书的基础，即是严肃与翔实的接触密斯迷人的全部作品。本书揭示了中国和日本传统建筑与路德维希·密斯·凡·德·罗的建筑之间的共通之处。它不仅展现了建筑学的智慧与敏感如何超越国界，还邀请读者们共同见证"东西方会合"这一令人惊讶的际遇。

【目录】

东西方的会合\前言：关于标题和主旨；建筑——一种象征、主观上的认识；维尔纳·布雷泽\主要内容介绍；东西方的会合——自省之路。与中国的对话：四合院——紧凑的居住方式；"内即外即内"——"通"与"透"；建筑的构成——源于规矩，寻求秩序；亭的意义：无言的建筑——"无"中生"有"。与日本的对话：密斯·凡·德·罗对安藤忠雄的影响。

国外建筑理论译丛

亚当之家——建筑史中关于原始棚屋的思考

著者：[美]约瑟夫·里克沃特

中国建筑工业出版社，2006年8月

【内容简介】

《亚当之家》(*On Adam's House in Paradise*)是当代著名的建筑历史学家、评论家约瑟夫·里克沃特(Joseph Rykwert)的建筑理论名著。该书追溯历史上对于亚当之家即最初景象的种种探索，从柯布西耶(Corbusier)和卢斯(Loos)开始，沿着拉斯金(Ruskin)、森佩尔(Semper)、洛吉耶(Laugier)、洛多利(Lodoli)，卢梭(Rousseau)、佩罗(Perrault)、钱伯斯(Chambers)、帕拉第奥(Palladio)和哥特式逆流而上，直到维特鲁威，并回溯到更加久远的希腊学派，以及希伯来人的礼仪、古代埃及和日本。作者在书中对建筑学进行了梳理，它着眼于精神深处，是一份建筑意义的心理分析。书中有着广阔的背景、深邃的知识、清晰的逻辑、新颖的见解……此书已经再版多次，被译成多种文字出版，并被许多国家列为建筑学课程的教材。

【目录】

中文版序。致谢。第一章 思考和行动；第二章 必要与习俗；第三章 确实和武断；第四章 自然和理智；可特附记；第五章 理智和优雅；第六章 仪式；第七章 灵魂之屋。注释。附录。参考文献。图片来源。

建筑丛书－1

建筑理论

著者：[美]阿尔贝托·萨尔托里斯等

中国建筑工业出版社，2006年10月

【内容简介】

本套丛书由美国引进。Pamphlet系列自问世以来，以其新颖的设计、鲜明的主题和精巧的版式深受建筑师和建筑院校师生的喜爱。丛书共分4册，包括建筑理论、规划与建筑设计、住宅设计和小建筑，都是美国青年建筑师在建筑设计、设计研究和设计教学方面的原创性成果，具有极强的参考价值。

【目录】

第1册 建筑形而上学；第2册 混杂建筑；第3册 机器与建筑；第4册 战争与建筑；第5册 传达音乐的建筑。

国外建筑理论译丛

建筑诗学——设计理论

著者：[希腊]安东尼·C·安东尼亚德斯

中国建筑工业出版社，2006年10月

【内容简介】

本书作者通过大量生动的实例(如世界著名建筑师们创作的许多出类拔萃的设计项目，以及他们的建筑理论)、图表和插图，深入地论述了现代主义和后现代主义设计的基本理论，探讨了人们在创造建筑设计时所能够利用的许多不可感知和可感知的渠道，分析了几乎所有影响建筑设计创造力的因素，并试图把建筑设计中的想像力和创造力这两个方面中所有有价值的东西加以调和，以期获得对建筑的一种新的包容主义的态度，以此来帮助读者创造出在空间、感觉、精神和环境等各个层面上更为丰富的设计及获得真正出类拔萃的建筑设计所可能使用的各种渠道。本书是作者在历经多年研究成果及心得的基础上总结撰写而成，原创性极强，但又建立在坚实可靠的原理之上。其内容丰富，富有深度，学术价值高，脉络清晰，系统性强，论述严谨而中肯，分析和评论深刻而客观，具有学术研究的严肃性。它将有助于建筑师、设计师和学生全面提高他们在工作室中的各项能力和创造力，也将加深他们对创造过程和影响这一过程的诸多因素的理解。本书为我国建筑师及建筑系师生提供了许多启发和教益，是建筑师及建筑学专业学生具有极好参考借鉴价值的教学参考书和必读经典书目。

【目录】

前言。致谢。第一部分 通向建筑创造力的不可捉摸的途径：导言；第一章 创造的过程；第二章 比喻；第三章 矛盾与形而上学——通向创造力的渠道；第四章 变形渠道；第五章 朦胧——原始的与未触及的；第六章 诗歌与文学；第七章 外来的和多元文化的。第二部分 通向建筑创造力的切实途径：第八章 历史、历史主义以及对先例的学习；第九章 模仿和直译；第十章 几何学与创造性；第十一章 聚焦材料；第十二章 自然在建筑创造中扮演的角色；第十三章 通过和其他艺术和艺术家协同的创造力；第十四章 建筑传记：全包容创造力的手段。后记。

建筑意匠十二讲

著者：[日]香山寿夫

中国建筑工业出版社，2006 年 10 月

【内容简介】

本书是香山寿夫教授在东京大学大学院（即研究生院）所作的讲座为基础编纂而成。作者在建筑的本体设计的意义上展开理论的探索，并通过大量的实例来阐释建筑的“空间、光、场所、表象、程序”等等本原性的问题。内容丰富、例证翔实，作者在书中所探讨的是建立在他本人长期的设计实践及教学研究的基础上的一些为许多学生或设计者所困惑的问题

【目录】

第一讲 关于空间 居住和建造；第二讲 关于房间 中心和围合；第三讲 关于房间的集合 围合和共同体；第四讲 关于窗户 空间和光；第五讲 续 关于窗户 光明和黑暗；第六讲 关于入口 敞开和关闭；第七讲 关于场所 地形和记忆；第八讲 关于表象 居住和表现；第九讲 关于主题 支撑和围合；第十讲 关于设计 争斗和一致；第十一讲 关于分解 还原和狂气；第十二讲 关于秩序 创作和时代性。参考文献。后记。

居住环境——评价方法与理论

著者：[日]浅见泰司

清华大学出版社，2006 年 4 月

【内容简介】

本书由 3 篇构成：第Ⅰ篇论述了居住环境的概念体系（第 1 章）和安全性、保健性、便利性、舒适性、可持续性五项评价理念的内涵（第 2－6 章）；第Ⅱ篇论述了居住环境的评价方法及其理论，包括经济学的方法（第 7 章）、整合各项要素的指标的方法（第 8 章）和形成合意的方法（第 9 章）；第Ⅲ篇论述了在居住环境政策中评价指标的应用（第 10－12 章）。书中系统地介绍了关于居住环境评价的最新理论研究成果和实例，提出了需要探索的课题和解决的思路。同时，将各种居住环境项目和指标整理为菜单式的评价体系，以便用于实际工作。

【目录】略。

经典建筑理论丛书

建筑的复杂性与矛盾性

著者：[美]罗伯特·文丘里

中国水利水电出版社，2006 年 1 月

【内容简介】

本书是文丘里很有影响的一部建筑理论著作。作者认为，建筑具有不足性，出色的建筑作品必然是矛盾的和复杂的，而不是非此即彼的纯净的或简单的。意义的丰盛于简明，甚至杂乱有活力胜于明显的统一。密斯有一句名言——少即是多，文丘里却认为“多并不是少”。

【目录】略。

环境行为与空间设计

著者：[日]高桥鹰志

中国建筑工业出版社，2006 年 9 月

【内容简介】

当您伏案工作至静悄悄的深夜，关灯眺望窗外，尽情享受微微星光和皎洁的月光洒向您的惬意时，也许会产生这样一种感悟：无论是人体还是整个宇宙，实际上都是活动在各种不同维次的空间。一旦室内的电灯被关闭，周围环境便会随之变化。这就是说，“设计行为”并非仅仅局限于设计师们设计方案与构建建筑空间的范畴里，实际上行为也是空间设计的同义语。本书就是沿着这一独特的思路和视角，从我们身边向外扩大的各种空间尺度标准开始，对包括时间、信息纬度在内的环境与行为相互作用所产生的空间设计进行了一番尝试。它将我们周围的空间按照尺度由小到大划分成若干层次，从 0 米尺度一直到无穷大尺度逐一展开论述：其中包括 1 米尺度中的变换坐姿、手的动作范围；10 米尺度中家庭团聚的场面、人际距离；102 米尺度中适于各类活动的公园环境；103 米尺度中充满生活情趣的城市设施；104 米尺度中置身于都市的中轴线上以及无穷大尺度中以拉斯维加斯为对象进行的城市分析等等。本书读来使您仿佛畅游于不同的维度空间，并在这一过程中充分领略到环境与行为相互作用所产生的各种空间设计。此外，书中还涉及到从建筑美学到建筑心理学、从环境心理学到环境行为学等诸多方面的研究成果。本书的独特视角与写作手法不仅对专业人士从事空间设计有所启发，而且由于本书中有很多关键词的解释并设置了关键词的检索功能，因此，它还具有“百科辞典”的性质。

【目录】略。

现代设计与收藏

著者：[英]萨利·霍本

中国建筑工业出版社，2006 年 3 月

【内容简介】

本书研讨了 1925 年以来的主要设计风格与运动，从收藏这些装饰艺术的角度回顾了这些思想是如何变成实际应用的。此外，还详细探讨了这个时期的各种风格，包括现代主义、20 世纪中叶设计风格、波普与激进风格，以及后现代主义，展示了欧洲、美国和远东的主要角色，并说明了大师作品价格昂贵的理由。本书涉及的艺术领域有家具、陶瓷、玻璃、金属器皿、纺织品等，并结合了一些设计师、制造商及不同地区的艺术渊源的介绍。本书还提供了相关的市场信息，并附有 450 余幅彩色照片，是艺术欣赏和收藏者的良师益友。

【目录】

第一章 现代主义；第二章 世纪中叶设计；第三章 波普与激进风格设计；第四章 时至今日的后现代主义。参考文献。

保罗·鲁道夫设计作品集

保罗·鲁道夫设计作品集(上)——佛罗里达小住宅

著者:[美]克里斯托弗·多明等

中国建筑工业出版社,2006年1月

【内容简介】

保罗·鲁道夫的设计作品对20世纪后半期的建筑风格已经产生了深远的影响,但是这些作品潜在的、更为深远的影响却刚被发现。新一代的学生和建筑历史学家们从他的设计作品中获得灵感,重新发现其作品中蕴含的意义;与此同时,对保罗·鲁道夫在学术上的贡献重新评估的活动也在悄悄地进行着。鲁道夫先生的学术遗产和在素描领域中作出的额外贡献,代表了他的全部建筑事业生涯。在州立图书馆和国立图书馆的建筑过程中,鲁道夫先生参与了设计、施工的每一项具体工作;另外鲁道夫先生还积极支持建筑中心的筹建工作。这些事实都可以用来评价鲁道夫先生的贡献,在对他所做的工作有所了解的前提下还可以更加深入地认识他的设计作品以及他在设计领域的杰出贡献。

【目录】

序言;说明;引言;特威切尔和鲁道夫;独立的建筑实践;佛罗里达的公共建筑。

Architecture Dramatic 丛书

勒·柯布西耶建筑创作中的九个原型

著者:[日]越后岛研一

中国建筑工业出版社,2006年1月

【内容简介】

勒·柯布西耶是20世纪初法国著名建筑家,其作品对近现代的建筑风格有着巨大影响。他早年的创作具有华丽的外表、复杂的外形,但是后期的作品却以简洁的造型著称,尤其是敏锐的感知力对空间的洞察,使他走在了时代的前面。本书着重讲述了勒·柯布西耶在建筑创作中的九个原型的特征、发生和演变过程,以及对当代建筑理论和设计的深远影响。相信对寻找设计灵感和系统了解勒·柯布西耶的建筑设计师与从事建筑学工作、研究的朋友们会起相当的参考价值和启发作用。本书由日本著名越后岛设计事务所所长、东京大学工学博士越后岛研一所著,他丰富的实践经验和深厚的理论分析使读者对勒·柯布西耶建筑设计中常用的"原型"的理解起了莫大的帮助。大量翔实的图片和精辟的评论是本书一大特色。

【目录】

前言。绪论 "突出"与"凹进"——主角复杂的成长过程。第一章 "┣型"与"┏型"——延续的轮廓;第二章 "Π型"与"/型"——延续的配角;第三章 世纪末的垂直高起——长在坡地上的枞树。结论 幸福的相会与最后的梦想。

Architecture Dramatic 丛书

风·光·水·地·神的设计——世界风土中寻睿智

著者:[日]古市徹雄

中国建筑工业出版社,2006年1月

【内容简介】

作为著名的丹下健三事务所的一员,作者参加了多个大型海外项目的设计施工,遍及五大洲。广博的见闻、扎实的经验和深厚的理论功底以及作者对各地风土文化、地理气候等自然条件敏锐的观察力,使得其对建筑的品味更加深刻。尤其一支生花妙笔,将专业性很强的一本书写成一篇游记,不经意中让你领略到非洲的热带丛林、青藏的冰川雪峰、中东的骄阳沙漠、蒙古的敖包青草与南亚水乡等19个国家和都市的同时,更使你对各具地域特色的城市规划与建筑产生了浓厚的兴趣。在书中,作者以实例透彻地分析了因文化、自然条件的不同而产生不同风格的都市与建筑设计,进而导致其功能的不同;反过来,都市与建筑又影响人的社会生活。在倡导建设生态性社会的今天,本书有重要的指导价值,不但针对城市规划设计师、景观设计师、建筑院校师生等专业人员,对一般人士也有增强学识、启迪想像力的作用。

【目录】

前言 寻访创造历史的城市与建筑。第一章 风——智慧与技巧;第二章 光——空间的变幻艺术;第三章 水——自然创造出来的城市;第四章 地——描绘在大地上的城市;第五章 神——绝对的支配力。实地旅游信息。后记。

Architecture Dramatic 丛书

建筑设计的构思方法——拓展设计思路

著者:[日]宫宇地一彦

中国建筑工业出版社,2006年2月

【内容简介】

本书为 Architecture Dramatic 系列丛书之一,列举出了世界历史上(包括过去和现在)大量的建筑实例,以图文并茂的形式分析论证了由存在的规则、五官所感所见以及灵感等出发而形成的建筑设计构思,剖析了这些古今建筑中隐藏着的设计机械构思法,从心理学角度说明了只有在设计中同时注重设计大脑的开发,才能最终达到自由构思的设计最高境界。本书立意新颖、角度独特,以图文并茂的形式加以分析,通俗易懂,有助于启迪创造性思维,非常适合建筑工作者和普通读者阅读。

【目录】

前言。序章 为了拓展设计思路。1 从约定事项构思;2 从五感构思;3 用灵感闪现构思;4 哲理。末章 自由地构思吧。结束语。

新建筑与新技术

著者:[匈]久洛·谢拜会真

中国建筑工业出版社,2006年2月

【内容简介】

本书致力于讨论技术发展和建筑设计之间的关系。通过当代建筑的例子讲述技术潮流,从现代建筑的成功和失败中得到启发。本书论述了建筑和城市是如何运用最先进的技术手段来满足人们的需要。不仅仅是建筑师使用最新的技术,建筑的结构也使用了最新的建造技术和不断改进的材料。本书涵盖了从材料学到信息学等广泛的技术概念范围,是建筑设计人员以及相关专业学生不可多得的参考书。

【目录】

1 建筑发展趋势；2 科技发展对建筑材料的影响；3 科技发展对建筑物及其结构的影响；4 服务技术的变化所带来的影响；5 看不见的技术对设计的影响；6 建筑、经济、环境与可持续发展之间的相互关系；7 建筑美学；8 进步的代价：瑕疵、破损和失败；9 结论。

国外现代艺术与设计丛书

现代经典设计作品大观

著者：[英]希拉莉·拜耶等

中国建筑工业出版社，2006年3月

【内容简介】

《现代经典设计作品大观》一书收录了20世纪设计界中绝大部分富有创新精神和影响力的经典作品。在本书中，每一件设计作品的插图均用整页高清晰彩色印刷而成。本书详细地介绍了每位设计师的背景及每件作品的精华所在，向读者阐述了20世纪中消费者对产品的期望发生了何种转变，描绘了如何使用现代新技术来增加产品外观的吸引力，使产品更为时尚、尖端。

【目录】

84个设计作品。

世界建筑大师名作图析

著者：[美]罗杰·克拉克等

中国建筑工业出版社，2006年5月

【内容简介】

本书通过建筑总平面图与平、立、剖面图等，集中对勒·柯布西耶、密斯、阿尔托、迈耶等100余位世界著名建筑大师的400余个著名建筑实例进行详细的图解分析。本书所选择的建筑师是历史上重要的建筑师，具有原创性的、因其设计实力、质量和兴趣而卓尔不凡的建筑师，以及近年来创作出有意义建筑作品的建筑师；所选择的建筑实例均具有重要的历史意义，代表了一个时代、一类功能或一种风格；设计富有创意，具有深厚功力，品位很高。本书以图解方式探索了世界知名建筑师们所反映出的众多建筑设计构思的共性，并通过对这些建筑的分析对比，发掘出设计构思中的共同属性，体现出建筑的形体构思是超越文化和时代的界限的。本书是研究设计范例的经典之作，是解剖建筑方案的必备工具，它提供了理解建筑的一种途径、一种对建筑学进行分析思考的方法，有助于建立一种形式语汇，使读者在对建筑历史作为一种演进过程的分析中，找到有价值的指引，可以帮助建筑系的学生们和建筑师们去理解设计大师的作品，同时创造自己的设计。本书内容丰富，资料翔实，系统性强，是讲解世界建筑设计的经典著作。本书英文版出版后，受到世界各国广大建筑师、建筑系师生和读者的好评和喜爱，分别重印多次，并被译成多种文字。其第二版获得了美国建筑师学会的国际建筑学书籍奖。本书将为我国建筑师及建筑系师生提供许多启发和教益，是建筑师及建筑学专业学生具有极好参考借鉴价值的教学参考书。

【目录】

阿尔瓦·阿尔托；安藤忠雄；埃里克·贡纳尔·阿斯普隆德；彼得·Q·博林；马里奥·博塔；菲利波·伯鲁乃列斯基；斯韦勒·费恩；罗马尔多·朱尔戈拉；尼古拉斯·豪克斯穆尔；赫尔佐格与德穆隆(雅克·赫尔佐格，皮埃尔·德穆隆)；斯蒂文·霍尔；路易斯·I·康；勒·柯布西耶；克洛德·尼古拉·勒杜；西古德·莱韦伦茨；埃德温·勒琴斯；理查德·迈耶；拉斐尔·莫内奥；查尔斯·穆尔；格伦·穆科特；让·努韦尔；安德烈亚·帕拉第奥；亨利·霍布森·理查森；詹姆斯·斯特林；路易斯·沙利文；谷口吉生；朱塞佩·泰拉尼；路德维希·密斯·凡·德·罗；罗伯特·文丘里；费兰克·劳埃德·赖特；彼得·卒姆托。

建筑规划·设计译丛

音乐厅·剧场·电影院

著者：[日]服部纪和

中国建筑工业出版社，2006年3月

【内容简介】

随着物质生活水平的提高，人们对精神生活的要求也水涨船高。在这种情况下，高雅艺术逐渐走入大众的视野，音乐厅、剧场、电影院的建设凸显重要。但是，此类建筑对设计、结构、声学效果等要求十分苛刻。为了向国内的同行介绍国外著名音乐厅、剧场、电影院建设的历程与经验之处，本社特地组织翻译了由众多学者、设计师及施工人员编写的此书。本书从策划、基本构想到设计、建设、竣工后管理、运营的每一环节进行了全面、透彻的分析，探讨了可能遇到的问题，相信这些经验会令读者产生耳目一新的感觉，大量的图表和照片更易于理解严谨的论述。希望本书能启发您的灵感并有助于您完成一个完美的创作。

【目录】集合住宅小区；多层集合住宅；高层·超高层集合住宅；住宅1；住宅2；办公楼；超高层办公楼；宾馆·旅馆；商业设施；建筑外部空间；城市再开发；医疗设施；体育设施；低层集合住宅；音乐厅·剧场·影剧院。

密斯·凡·德·罗导读系列

芝加哥联邦中心大厦

著者：[瑞士]维尔纳·布雷泽

中国建筑工业出版社，2006年2月

【内容简介】

密斯·凡·德·罗的建筑成就为他在20世纪建筑史中博得一席之地。对材料富于经验的理解，独创性的空间设计，将建筑融于环境的才能，所有的这些都通过照片传媒的手法触及我们的感官。因此这本书的介绍主要基于作者的照片材料——其中一部分从未发表过。它一方面追溯了创造这些卓越的建筑的年代，另一方面，也追溯了这些建筑时至今日的持续发展。这个文献描述了密斯最初接触建筑的热情，并介绍了他逐步接近建筑本质，并融会贯通的经过，反映了他与建筑之间交流的默契。在这个专论中挑选的众多例证，全面地反映了密斯的建筑。它也是一本定位于实践的手册，用来帮助那些探求正确的建筑与规划方法的建筑师。它所表达的建筑的愿望与教益的力量在今天仍是很有裨益的。因此这套关于路德维希·密斯·凡·德·罗卓越建筑的导读系列丛书涉及他最重要的单体建筑。总的来说，这套展现细节的丛书的基础，即是严肃与翔实的接触密斯迷人的全部作品。文字部分由作者撰写，并附带一篇曾在该建筑中生活过的居住者的文章。书中所配发的黑白照片，都是使用相同的相机，重复使用相同的方法拍摄。文字和图片都是为了客观地呈现密斯·凡·德·罗的单体建筑的真实状态，因而对素材进行精挑细选，耐心组织。数十年的私人交往，让维尔纳·布雷泽有机会接触密斯·凡·德·罗的全部作品，也使这套丛书的出版成为可能。通过这些尚未发表的照片，我们可以经由视觉手段回顾密斯·凡·德·罗的创作意图和卓越成就。对那些怀有批判态度的人来说，书中提供的大量的文字资料和图片资料，给他们提供了深入全面接触优秀建筑设计的机会。其它分册：湖滨公寓、范斯沃斯住宅、伊利诺伊理工学院克朗楼、伊利诺伊理工学院校园规划、东西方的会合。

【目录】

芝加哥联邦中心大厦——增殖的建筑；撰文；密斯学派；支撑与荷载；一种新的市中心空间；地基与广场；邮局裙房；高层办公楼；基本原则的发展；致谢；密斯生平；作者简介。

密斯·凡·德·罗导读系列

伊利诺伊理工学院校园规划

著者：[瑞士]维尔纳·布雷泽

中国建筑工业出版社，2006年3月

【内容简介】

密斯·凡德罗的建筑成就为他在20世纪建筑史中博得一席之地。对材料富于经验的理解，独创性的空间设计，将建筑融于环境的才能，所有的这些都通过照片传媒的手法触及我们的感官。因此这本书的介绍主要基于作者的照片材料——其中一部分从未发表过。它一方面追溯了创造这些卓越的建筑的年代，另一方面，也追溯了这些建筑时至今日的持续发展。这个文献描述了密斯最初接触建筑的热情，并介绍了他逐步接近建筑本质，并融会贯通的经过，反映了他与建筑之间交流的默契。在这个专论中挑选的众多例证，全面地反映了密斯的建筑。它也是一本定位于实践的手册，用来帮助那些探求正确的建筑与规划方法的建筑师。它所表达的建筑的愿望与教益的力量在今天仍是很有裨益的。因此这套关于密斯·凡德罗卓越建筑的导读系列丛书涉及他最重要的单体建筑。总的来说，这套展现细节的丛书的基础，即是严肃与翔实的接触密斯迷人的全部作品。

【目录】

伊利诺伊理工学院(IIT)——密斯的思想实验场；学习作业与密斯项目展览(前建筑系馆)。

国外城市规划与设计理论译丛

城市建筑学

著者：[意]阿尔多·罗西

中国建筑工业出版社，2006年9月

【内容简介】

罗西是意大利理性主义建筑运动的领头人，也是当今最有影响的一位理论家。本书是他有关建筑和城市理论的一部重要著作，是最受建筑师和设计师欢迎的一部理论论著。罗西在本书中对现代建筑运动进行了重新评价，同时也分析了城市建设的规则和形式。罗西并不着重于评论乏味的建筑形式，或是摒弃现代建筑中的标准形象，而是如其书名那样，突出讨论了作为"人们集合记忆"宝库的城市所遭受的忽视和破坏。他一方面抨击了功能主义和现代建筑运动，另一方面力图恢复建筑工艺自身的地位，并使其成为建筑研究的惟一正确的研究对象。本书将为我国城市规划师、建筑师等专业人员及相关专业在校师生提供许多启发和教益，是城市规划、建设、管理、开发等专业很实用和具有极好参考借鉴价值的图书和教学参考书。

【目录】

绪论 城市建筑体和城市理论。第一章 城市建筑体的结构；第二章 主要元素和区域概念；第三章 城市建筑体的个性：建筑；第四章 城市建筑体的演变。

国外城市规划与设计理论译丛

大规划——城市设计的魅惑和荒诞

著者：[美]肯尼思·科尔森

中国建筑工业出版社，2006年2月

【内容简介】

本书是一本关于城市规划与设计的评论性理论著作。本书作者以使用者的角度，通过运用独特的手法以及建筑手绘画、三维立体模型、地图和电脑制图等不同方式对城市设计问题进行了深入的探讨，向人们展示了对于城市的各种幻想，论述了在城市体验中新奇感的作用，诠释了城市生活中理性的动态变化，突出了社会工程学的失效以及人文精神的适应性。作者运用以下城市空间的案例叙述了北美洲的城市化进程，如康涅狄格州清教徒式的规划理念，巴黎的总体规划，朗方的华盛顿广场，伯纳姆为克利夫兰设计的规划图以及劳埃德·K·汤森所绘制的美国原住民居住区的表现图等。本书提出的设计理论的概念与原则及对城市规划与设计中产生的问题所进行的评论，对我国城市规划与设计理论的发展具有非常重要的启迪和指导作用。

【目录】

导言。第1章 通往图拉真广场的滑稽事件；第2章 古代北美"消逝的城市"；第3章 城市美化运动中的克利夫兰；第4章 草坪边疆的乌托邦理想；第5章 城市更新：臭虫都扫清了；第6章 倡导性规划的奇特经历；第7章 对"蔓延发展"的两次欢呼；第8章 政府何时才敢有梦想；第9章 大英图书馆——从大规划灾难到尘埃落定；第10章 加宽城市的大门；第11章 虚拟城市和我们的城镇。

国外城市规划与设计理论译丛

城市历史街区的复兴

著者：[英]史蒂文·蒂耶斯德尔等

中国建筑工业出版社，2006年4月

【内容简介】

本书通过对一系列具有代表性的历史街区振兴案例的分析，将城市设计与城市更新予以综合考虑。本书所研究的对象是历史街区，即那种在一个相对有限的范围内集中了相当多的历史建筑的地区。并对涉及到城市设计与城市更新的种种难题进行了探讨，对国内建筑设计人员以及房地产商进行旧城改造具有参考作用。

【目录】

1 城市历史街区的振兴；2 城市历史街区面临的经济挑战；3 重新评估城市历史街区的品质；4 以旅游和文化产业为先导的振兴；5 以住宅建设为先导的城市振兴；6 工业及商业街区的振兴；7 城市历史街区中的设计；8 走

向成功的历史街区的振兴。参考文献。

国外城市规划与设计理论译丛

1945 年后西方城市规划理论的流变

著者:[英]尼格尔·泰勒

中国建筑工业出版社,2006 年 6 月

【内容简介】

本书阐述了自二战以来的城市规划思想的发展历程。战后,现代城市与区域规划体系在英国和许多其他国家建立起来。在书中,作者描述了整个时期规划理论的变化,手法简洁洗炼而不失严谨。该书勾勒了一系列主要规划理论:从作为物质空间形态设计活动的传统城市规划理论,到 1960 年代系统与理性过程规划理论;从 1970 年代马克思主义者关于资本主义社会规划角色的观点,到规划实施理论,以及最近的将规划工作视为一种“沟通行为”。作者是一个具有规划师资格的思想家,对城镇规划行业的老师与学生、研究人员、管理人员以及对规划思想发展史感兴趣的其他人员而言,《1945 年以来的城市规划理论》一书提供了通俗简明的指引。

【目录】

第一篇 二战后早期规划理论:第 1 章 作为空间形态规划设计的城镇规划;第 2 章 二战后规划理论的价值取向;第 3 章 关于二战后早期规划理论的批判。第二篇 1960 年代的规划理论:第 4 章 系统规划理论和理性过程规划理论;第 5 章 规划是一个政治过程。第三篇 1970 年代到 1990 年代的规划理论:第 6 章 有关规划效果的理论;第 7 章 理性规划及其实施;第 8 章 新右派式规划理论。第四篇 结论:第 9 章 范式变换,现代主义与后现代主义。参考文献。译后记。

国外建筑设计译丛

城市文脉中的张拉建筑

著者:[德]鲁迪·舒尔曼等

中国建筑工业出版社,2006 年 6 月

【内容简介】

本书主要介绍薄膜和悬索网状结构在城市应用中的发展,作者展示了当将曲面形状的张拉结构引入到城市景色中时,传统结构是如何被作为一个灵感的源泉。书中有一些世界范围内的工程的案例研究,这些案例研究对张拉建筑在城市的应用起到了一定的作用。

【目录】

前言。致谢。1 导言;2 张拉结构的设计;3 城市房屋模拟;4 城市环境中的曲面;5 公共领域的顶棚;6 薄膜覆盖空间的采光;7 薄膜覆盖空间的环境方面;8 张拉结构覆盖空间的分别;9 部分与整体的关联;10 案例研究;11 结束语。参考文献。

国外建筑理论译丛

城之理念——有关罗马、意大利及古代世界的城市形态人类学

著者:[美]约瑟夫·里克沃特

中国建筑工业出版社,2006 年 8 月

【内容简介】

在这本有关城市形态的著作中,作者里克沃特断言,一个城镇的理念必须足够坚实,才能在不可避免的纷乱更迭的城市体验中存活下来。当现在的城市变得只关注建筑单体、只关注城市的物质要素和市场运作的时候,人们不该忘记,城市形态的可识别性和质感、开放性的公共空间、醒目的公共建筑仍然可以丰富我们的城市。此书已经再版多次,并被译成多种文字出版,并被许多国家列为建筑学课程的教材。

【目录】

再版前言。中文版序。致谢。缩略语。前言。第一部分 城市镇与仪式:罗马与罗慕路斯;第二部分 城市与基地;第三部分 方与十字;第四部分 中心的卫士、边界的卫士;第五部分 平行案例;第六部分 城市作为可以医治的疾病:仪式与歇斯底里。结论。注释。译后记。

国外社区规划译丛

设计先行——基于设计的社区规划

著者:[美]大卫·沃尔特斯等

中国建筑工业出版社,2006 年 8 月

【内容简介】

本书立足于英美城市规划的历史和理论,附有大量插图,展现了新社区规划和现有城市邻里再开发中的目标、政策和设计原理。根植于他们丰富的经验,作者诠释了良好的规划是怎样创造出来的,即把三维的城市设计和物质空间塑造原理应用到规划问题上。作者运用自己的专业项目进行案例研究,论证了理论如何转化为有效的实践。在美国社区中,运用传统城市形态的理念解决当代的规划和设计问题。

【目录】

导言 历史、理论和当代实践。第一部分 历史:第一章 范例的遗失与找寻英美城市进退两难;第二章 城市,郊区和蔓延。第二部分 理论:第三章 传统的城市主义:新城市主义和精明增长;第四章 设计与方案:良好城市生活的源头。第三部分 实践:第五章 增长管理、发展控制和城市设计的作用;第六章 现实世界中的城市设计。第四部分 案例研究导言:第七章 区域 案例研究 1:科尔地区,北卡罗来纳州;第八章 城市 案例研究 2:罗利市,北卡罗来纳州,竞技场小区域规划;第九章 城镇 案例研究 3:穆斯维尔市,北卡罗来纳州;第十章 邻里 案例研究 4 :Haynie - Sirrine 邻里,格林维尔,南卡罗来纳州;第十一章 街区 案例研究 5:城镇中心,科尼利厄斯,北卡罗来纳州。编后记。附录一 新城市主义大会宪章;附录二 精明增长原则;附录三 典型的基于设计的区划条例摘录;附录五 城市设计导则摘录。参考文献。

Town House——现代都市生活

著者:[美]亚历山大·高林

中国水利水电出版社,2006 年 7 月

【内容简介】

本书研究了 26 座最新的由著名的年轻设计师们设计的 Town House,每个工程都通过彩色和黑白照片、平面图和

设计图详尽地加以描述，并对每座住宅优雅的设计和卓越的风格作了引人注目的介绍。作为建筑上革新和精炼的一个标志，Town House 却曾一度受到现代主义运动的抛弃，书中为您了解这种建筑形式，以及它在传统城市空间中的地位，提供了翔实的资料。

【目录】略。

国外景观设计丛书

当代欧洲花园

著者：[德]乌多·维拉赫

中国建筑工业出版社，2006 年 6 月

【内容简介】

当代园林的魅力和价值在于他们关注设计的环境，并且以充满自信的整体式方案来解决。园林不仅仅是它的各部分的组合，无论这些部分是树木的组合、草的金字塔、建筑的角隅还是艺术的布局，园林还是能够获得勃勃生机和充沛活力的设计方案。从这个角度来看，园林可以是很多事物，如城市商业建筑前的一块狭长的地域或者在苏格兰高地(Scottish Highland)上的一大片广阔的土地，一种使用深色植物或历史性景观展示事件的非纪念碑形式。在 27 章节的遍及欧洲的旅行中，其中有一章节关于印度之行，作者回顾了他访问过的多座园林。这些旅行的出发点和描写的基础就是 the Neue Zürcher Zeitung 的月刊 *NZZ Folio* 杂志，许多文章都是首次刊登。以风景园林师的眼光，乌多(Udo)和丽塔·维拉赫(Rita Weilacher)拍摄了不仅由他们学院的师生，还有建筑师和艺术家设计的公园和花园。一幅幅印象感人的现代园林艺术画面的出现，带着个人的观点同时又传递着相当丰富的专业经验。

【目录】

序言——触读园林；园林(个论)；宇宙猜想花园 邓弗里斯附近——一座富有宇宙景象的公园风景；小斯巴达花园 斯托尼路——一座为政治经历而建的花园；AMU 职业训练中心花园 霍尔斯特布罗——象征的理解；国际刑警花园 蒂尔堡——森林公园与电脑的协作；Bijlmermeer 地区公园 阿姆斯特丹附近——平台上没有鲜花的公园；瓦鲁斯战役博物馆和公园 布拉姆 舍-卡尔克瑞斯——钢的踪迹；黑色花园 诺德霍恩——郁金香田野中的英雄之死；残疾者公园 柏林——沿着历史的城市带解读；纪念花园 杜伊斯堡——绿色草坪上的白色记忆；风景公园 杜伊斯堡北部——Monte Thyssino 的攀登者；博物馆岛 Hombroich——人工的世外桃源艺术；魔水公园 巴特恩豪森——水龙的传说；Kronsberg 地区公园 汉诺威——树的岛屿和林中空地；勒克莱克将军广场 图尔——紫丁香海洋中的冰山；交易所广场 里昂——股票交易广场上箱式栽植的树木；梦幻花园 泰拉松——园林史的片断；暴力花园 穆尔滕——乌托邦式的和平花园；瑞士全球会谈中心 吕施利孔——箱型花坛的空底座；巴斯勒和合伙人大厦前的花园和庭院 苏黎世——超越生态陈词滥调的城市花园；厄利克公园 苏黎世——作为承诺的公园；MFO 公园 苏黎世——钢架上的绿色皮毛；让泰医疗基金会花园 日内瓦——下深的植物标本鉴定；地质观察 Cardada——相互连接的全景；山地花园 格拉茨——抽象褶皱中的风景；雅尔迪植物园 巴塞罗那——在几何网络系统中的自然片断；Clot 公园 巴塞罗那——具有两面性的新兴杰作；塔洛克纸牌花园 Garavicchio 附近——命运纸牌的花园中；岩石花园 昌迪加尔——对现代主义的反叛。致谢。

屋顶花园——历史·设计·建造

著者：[美]西奥多·奥斯曼德森

中国建筑工业出版社，2006 年 4 月

【内容简介】

本书介绍了世界各地从亲密的私人领地到大型公共空间的屋顶花园的设计及建造耐用、健康的屋顶花园的专业化技术。本书涵盖了屋顶花园的选址、施工、设计要素和维护等各方面的有用数据，评点了对建造屋顶花园有用的许多新技术，讨论了种植土壤和防止根茎穿透的技术，为读者展示了丰富的素材，其中包括对高架花盆、墙壁、铺地、排水和照明设施等的典型剖面和细节。在“屋顶花园史”一章，本书通过丰富的插图，引领读者漫步于历史长廊，踏上弥足珍贵的世界上重要的屋顶花园作品的巡回之旅。此外，本书还为专业建筑师们提供了许多实用资料，以帮助他们在项目中设计并建造具有全新风格的成功的屋顶花园，为建筑的使用者提供高质量的生活空间和便利的户外休闲场所。

【目录】

第一章 绪论；第二章 历史上的屋顶花园；第三章 选址要素；第四章 屋顶花园构造；第五章 设计要素；第六章 维护。结语。

国外景观·环境规划与设计丛书

景观规划与环境影响设计

著者：[英]汤姆·特纳

中国建筑工业出版社，2006 年 6 月

【内容简介】

本书共分为两个部分，第一部分偏于理论，涉及景观规划的基本认识。其中“规划”部分着眼于所能获得的“公共利益”，它可以通过良好的规划从户外景观中获得。第二部分则更多地在于指导实践，其中的“环境影响设计”对城市的公共开放空间、水库、矿山、农业、森林、河流、交通等方面进行了有关环境影响设计思想与方法的深入阐述。与平常所见的一些景观规划类著述不同，本书中所涉及的相关内容，都是紧扣着现实规划中面临的、矛盾最为尖锐、有时也是相对更令人难以做出判断的一些方面来展开的；它直接关系城市发展、郊区发展和风景名胜区规划与发展中所需要面对的一个个主题。作者汤姆·特纳对欧洲、美国和其他地区发展过程中形形色色的问题和困惑进行了细致的分析与梳理，并对解决这些问题所经历的、规划和政策的思想认识轨迹进行了深入阐述，就像给读者讲一个个故事，而这些故事生动地告诉人们在面对不同情况时应当采取的政策立场和规划措施。

【目录】

引言。第一部分 景观规划：第一章 规划会死亡吗？第二章 景观规划；第三章 背景理论。第二部分 环境影响设计：第四章 公共开放空间；第五章 水库；第六章 矿场；第七章 农业；第八章 森林；第九章 河流与洪水；第十章 交通运输；第十一章 城市化。附录 环境影响问题。参考文献。英中词汇对照。译后记。

景观规划的环境学途径

著者:[美]威廉·M·马什

中国建筑工业出版社,2006年12月

【内容简介】

把一系列的环境问题、土地利用问题与景观规划学综合起来进行研究,是本书的主要特色。本书在详尽收录与景观规划设计相关的地理学、水文学、土壤学和生态学中的重要原理与过程的基础上,以大量的数据、地图、图表、其他相关资料及富有启发意义的文字,针对景观设计学的需要,对自然的景观过程、系统、形式以及对景观原理进行了深入分析,对一些具有典型的地形、水文、土壤和生态特征的自然地理区域作了深刻的描述,向读者全面地提供了景观环境规划中所需要的大量关键性方法和技术,展现了河流和土壤的形成过程、分水岭、泛洪平原、侵蚀、沉积等知识。本书第三版在原有版本的基础上做了很大的改进,在研究视野方面有显著的拓宽。除对原有章节进行了细致的修订(包括景观设计理论、有害废弃物处理、坡体稳定性评估、小流程湿地以及土壤沉积系统等)外,增添了有关地下水保护、城市洪水灾害、栖息地规划以及湿地诊治方面的专题个案研究,并用独立的章节对河流通道、滨水环境以及景观生态等加以论述。本书实际上是告诉我们“怎样设计结合自然”,所以它是对伊恩·L·麦克哈格(Ian McHarg)的《设计结合自然》一书的极好补充。由于本学科研究领域非常广泛,因此我们在书的末尾添加了大量的附录,其中包括有关的数据、图纸、技术性条文、问题集等。本书对我国景观规划师、设计师在进行景观规划时如何进行环境保护具有很好的参考、借鉴价值。

【目录】

序。前言。导言 关于本书及本领域的介绍。第1章 景观规划:起源、问题和内容;第2章 美国和加拿大的自然地理概况;第3章 规划中的景观形式和功能;第4章 地形、坡地与土地利用规划;第5章 土壤、土地利用适宜性与废弃物处理;第6章 土壤和废水处理系统;第7章 地下水,土地利用,蓄水层保护;第8章 暴雨水排放,水管理和景观变化;第9章 流域、排水网络和土地利用;第10章 河川径流,河谷和洪水危害;第11章 水质,径流和土地利用;第12章 土壤侵蚀,土地利用和河流沉积;第13章 最佳管理措施(BMP),流域与开发场地;第14章 河流、河道形式和滨水景观;第15章 海岸线过程,沙丘和海岸带管理;第16章 太阳高度角、太阳能加热与环境;第17章 小气候、空气污染以及城市环境;第18章 地面霜冻、永久冻土带、土地利用与环境;第19章 植被、土地利用与环境评价;第20章 景观生态学,土地利用和栖息地保护规划;第21章 湿地,栖息地和土地利用规划。术语表。附录A 美国和加拿大土壤分类系统;附录B 地貌和土壤物质以及它们的排水特征;附录C 美国公用水供应的地表水标准;附录D 美国国家空气质量标准;附录E 美国噪声标准;附录F 北美湿地植物的普通名和学术名;附录G 原著第三版案例研究。英汉词汇对照。译后记。

中国古建筑装饰(上、中、下)

著者:[日]伊东忠太

中国建筑工业出版社,2006年10月

【内容简介】

《中国建筑装饰》是日本的中国建筑研究专家伊东忠太先生在全面整理20世纪20年代末至30年代初对中国建筑进行全面调查后获得的原始材料的基础上形成的,是较早论述中国建筑装饰的权威著作。本书上卷主要结合中国建筑的特点及产生中国建筑特点的国土、国民等要素,对中国建筑史进行了分期的尝试;结合中国建筑的分类与建筑装饰,较为全面地探讨了中国建筑装饰的产生与发展原因、装饰图案应用的原理、装饰细部的特点等等。下册主要是为理论分析提供具体资料,其中包括作者实地拍照、手拓、实写实测得来的各种珍贵图片资料,其中很多图片资料目前都是很少见到的,因此价值不菲。

【目录】

出版说明。序言。第一章 绪论;第二章 中国建筑的发展;第三章 中国建筑的特点;第四章 中国建筑史概论;第五章 中国建筑的种类;第六章 中国建筑装饰概论;第七章 中国建筑装饰图案的原理;第八章 中国建筑装饰细部的种类;第九章 装饰纹;第十章 色彩。图版:第一类 原始建筑;第二类 各种建筑;第三类 仪仗饰品;第四类 装饰。

2006年
中国建筑艺术大事记

2006NIAN ZHONG GUO JIAN ZHU YI SHU DA SHI JI

1月9日　中国建筑学会11届3次常务理事会在江苏吴江市同里召开。

1月10日　北京海淀区建设委员会发布拆迁公示，暂停北京大学未名湖以北的朗润园、镜春园和全斋区域内的平房拆迁，该区拟拆迁后建北京国际数学研究中心。自拆迁审批通过后，社会反响强烈。

1月10－13日　“中国最美的地方”高峰论坛在贵州黄果树瀑布景区举行。

1月14日　安藤忠雄于沪上海影城发表《建筑的可能性》演讲。

1月22日　黑龙江音乐博物馆在哈尔滨开放，该馆是中国首座音乐博物馆。

1月28日　北京MAD建筑师事务所马岩松在加拿大大多伦多地区国际建筑设计竞赛中胜出，获设计权。

1月29－30日　中国建筑协会理事长宋春华出席国际建协理事会。

2月　李晓东设计的“玉湖完小”获亚洲建协建筑金奖。该奖为亚洲建筑界最高建筑设计大奖，每两年评选一次，2005－2006年度共评出金奖9项。李晓东主持的该项设计地处世界文化遗产所在地丽江，作品在对当地传统、营造技术、建筑材料及资源研究基础上，达到对丽江乡土建筑全新的诠释。

2月7日　上海世贸国际广场落成。

2月8日　上海建筑师侯梁入围泰国海啸纪念碑竞赛。

3月1日　由日本佐藤综合计画设计的沈阳奥林匹克中心奠基开工。

3月1日　北京设计研究院与美国国际建筑与规划公司(RTKL)合作，中标中国科技馆新馆设计。

3月15日　“2006中英合作设计与合作论坛北京站”在清华大学美术学院举办。

3月17日　上海市景观学会成立大会在上海市科学技术协会会堂举行。

3月21日　建设部向全国1887个重点乡镇赠送“系列小城镇住宅国标图集”。

3月21－22日　中国建筑学会11届2次理事长工作会议在广州召开。会议审议并通过了秘书处筹委会提出的关于“亚洲建协第12届亚洲建筑师大会与亚洲建协第27届理事会”的执行方案。

3月23日　由亚洲建筑师协会与宝利建筑顾问有限公司共同举办的中国十大建筑公司颁奖典礼在京举行。上海现代建筑设计有限公司、北京市建筑设计研究院、中国建筑设计研究院、同济大学建筑设计研究院、深圳市建筑设计研究总院、哈尔滨工业大学建筑设计院、中元国际工程设计研究院、天津市建筑设计院、广州市设计院和中国建筑西南设计研究院获奖。

3月28－30日　第2届国际智能、绿色建筑与建筑节能大会在京召开。

4月4－7日　第14届中国国际建筑装饰博览会在沪开展。

4月6－14日　刘景樑为团长的中国建筑学会代表团一行13人，赴日参加“日本建筑学会创立120周年庆典”。

4月7日　由中国建筑学会主办的黄帝陵祭祀大殿建筑创作座谈会在西安召开。

4月7日　故宫博物院院长郑欣淼在北京大学举办题为“故宫与故宫学”的学术讲座。

4月13日　中日韩《亚洲建筑与建筑工程》杂志编委会在日本京都举行。

4月24日　由北京土人景观规划设计研究院和北京大学景观设计学研究院主持的“漂浮的花园——浙江黄岩永宁公园”，获美国景观设计师协会(ASLA)专业设计荣誉奖。

4月26日　第2届亚洲人居环境暨城市建筑国际设计大赛在日本福冈揭晓，来自中国赛区的“山水文园”、“滨江·奥城”、“国兴·观湖国际”、“广州西塔”、“中海国际社区”等20余个项目分别获得“亚洲人居环境规划设计创意奖”、“亚洲地域文化及人文景观创作奖”、“亚洲人居环境典范工程奖”、“亚洲地产开发营运特别贡献奖”、“亚洲人居环境杰出贡献奖”等奖项。

4月26日　2006全球建筑峰会在京开幕。

4月27日　沈阳世博园标志性景观——高120米的雕塑体建筑百合塔竣工。

4月27日　张永和荣获2006年美国艺术与文学院学院建筑奖。今年同获该奖项的还有美国建筑师Marwan Al－Sayed和Jeanne Gang。法国建筑师Jean Nouvel获布安尼纪念奖。

4月28日　复旦大学上海视觉艺术学院图文信息中心大楼落成，该大楼以为弧形象征眼睛造型。

5月3－8日　周畅、王晓京、周韬一行3人，赴美华盛顿参加建筑教育评估/认证圆桌会议。

5月8日　香港天主教圣约瑟小教堂获联合国教科文组织文化遗产“优异奖”。

5月8－30日　“样式雷”图档展在法国巴黎拉维莱特学院举行

5月17日　张永和接受2006年美国艺术与文学院学院建筑奖。颁奖仪式在纽约举行，获奖作品展翌日于纽约美国艺术与文学院开幕。

5月10－11日　由中国建筑学会和威海市人民政府联合主办的全国建筑院系创作竞赛研讨会在山东威海市举行。

5月20日　《建筑学报》以“走向新景观”为题组稿，俞孔坚、庞伟、［德］Antje Stokman和［德］Stefanie Ruff撰文，探讨当代中国景观设计。同时刊载了上海宝山区绿龙公园、天津桥园、秦皇岛滨海植物园和鸟类博物馆、北京燕山煤气用具厂旧址公园4个设计方案。

5月20日　《建筑学报》刊登黄帝陵祭祀大殿建筑创作座谈会特稿，周干峙、吴良镛、关肇邺、张钦楠、程泰宁、崔愷等学者笔谈，张锦秋抒设计感想。

5月24－25日　雕龙碑文化研讨会在枣阳召开。雕龙碑文化遗址为新石器氏族聚落遗址，其带有推拉门的大型多间式房屋为国内首次发现。

5月25－28日　2006中国西部国际城市绿化与园林景观博览会在成都世纪城新国际展览中心举办。

5月30日　澳大利亚百翰年事务所(BVN)作品集发布仪式暨同业聚会酒会在京举行。

5月31日　“意大利制造之艺术：今日——当代艺术和工业设计”展览在上海当代艺术馆开幕。

5月31日　天津泰达时尚广场被评为“中国环境艺术示范广场”。

6月3日　由建设部科技司主办的建筑三维协同设计技术交流会在京召开。

6月9－11日　第6届亚洲太平洋建筑国际学术研讨会在沪同济大学召开。

6月10日　中国首次举办文化遗产日。

6月10日　由荷兰建筑学院举办的“中国当代：建筑”展在鹿特丹开幕。

6月11－13日 2006中国上海建筑设计与城市规划展览会在上海世贸商城举行。

6月14－16日　由建设部联合美国麻省理工学院等主办的"首届中国城市发展与规划年会暨第3届China Planning Nerwork年会"在京举行。

6月15－16日　由上海市建设和交通委员会等单位主办的第4届现代景观规划设计与营建学术论坛在上海展览中心举办。

6月17日　由清华大学和美国麻省理工学院联合主办的"北京1985－2006:清华－MIT城市设计合作教学成果回顾展"在北京规划展览馆开幕。

6月23日　国际建协"城市庆典－2"概念设计国际竞赛评选结果揭晓。清华大学建筑学院研究生鲍威提交的"地标－标地"获该赛学生组四区(亚太地区)学生奖。

6月24－30日　应朝鲜建筑家同盟的邀请,以窦以德为团长的中国建筑学会代表团一行4人赴朝鲜交流访问。

6月27－30日　由国家建设部、文化部主办的第2届中国国际建筑艺术双年展活动之一"2006双年展HD中国建筑展暨主题论坛"在北京海淀展览馆主办。

6月28－29日　全国城雕委和广州市人民政府主办的"2006年广州城市公共艺术——城市雕塑论坛"举行。

6月　宁夏固原开城元代"安西王府"遗址发掘、探明。

7月7日－9月7日　题为《城市种子》的华森建筑与工程设计顾问有限公司25周年巡展,先后在杭州、南京、上海、深圳、广州展出。

7月12－13日　第4届中国建筑学会建筑创作奖在京揭晓。河南安阳殷墟博物馆、中国美术学院整体改造工程、清华大学附小新校舍、山东曲阜孔子研究院工程、西藏博物馆主馆、中国科学院图书馆、中国南通珠算博物馆、苏州规划展示馆、广州大学城广东药学院教学区、北京大学国际关系学院、中软昌平总部大楼、南京森林公安高等学校主体工程、博鳌BFA索菲特酒店及会议中心、联想研发基地、联想园区C座共15项获得优秀奖,中山市文化艺术中心等31项获佳作奖。

7月15日　第2届中国建筑学会建筑教育奖在京揭晓,彭一刚、秦佑国、李德华获此届建筑教育奖,罗小未、高亦兰、蔡镇钰、聂兰生、刘先觉、梅季魁、张似赞、陈志华、陈启高获建筑教育特别奖。

7月15－16日　由同济大学建筑与城市规划学院、重庆大学建筑城规学院、西安建筑科技大学建筑学院和《时代建筑》共同主办的"2006当代西部城市与建筑"学术研讨会在重庆召开。

7月17－19日 2006中国近代建筑史国际研讨会在北海召开。

7月18日　《时代建筑》专刊,探讨中国西部城市与建筑的当代实践。

7月22日　中俄城市设计暨建筑风格高层学术论坛在哈尔滨召开。

7月27－28日　第6届中国建筑学会青年建筑师奖在京揭晓,王伟等28人获奖。

7月28日　"大都市可持续发展:上海·东京城市建设交流研讨会"在上海同济大学举办。

7月30－31日　由联合国经济和社会事务部(UNDESA)主办的全球人居环境论坛在深圳举办。

7月　故宫太和殿修缮工程开工。

8月1日　由日本建筑师高松森设计的天津博物馆新馆"天鹅馆"(Swanium)完工。

8月3日　威尼斯双年展第10届国际建筑展中国馆方案确定,参展作品《瓦园》,建筑师王澍与艺术家许江,以建筑与艺术的当代对话形式。

8月6日　阮仪三上海城市遗产保护报告会暨《古城笔记》新书发布会在上海展览中心举行。

8月8日　吴志强、周俭赴立陶宛首都维尔纽斯参加联合国教科文组织第30届世界遗产大会。

8月10日　成都纳米生物医学技术和隔膜生物学研究所"细胞状"方案确定。

8月18－23日　《时代建筑》"当代西部城市与建筑"系列活动之东部建筑考察举行。

8月20日　《建筑学报》组稿,探讨中国工业遗产保护与保护性再利用。

8月22－23日　第3届中国威海国际建筑设计大奖赛揭晓,评出金奖2名,银奖6名,铜奖12名,优秀奖106名。

8月31日　2006全国建筑院系大学生建筑设计竞赛揭晓,评出一等奖2项,2等奖5项,3等奖10项,优秀奖41项。

9月5日　澳门基金会行政委员会公布了贝聿铭设计的"澳门科学馆"的规划设计的方案和效果图。

9月7－10日　中国国际装饰艺术博览会在北京中国农业展览馆开幕。

9月7日　2006年威尼斯双年展第10届国际建筑展中国馆举行隆重的开幕式。

9月15日　天津滨海港摩天楼"海蛇大厦"授权Lee Harris Pomeroy事务所建造。

9月16－17日　由中国流行色协会主办的城市色彩与和谐居住环境论坛在京举办。

9月18－19日　亚洲建协第27届理事会在北京亚洲大酒店举行。

9月19－22日　2005－2006年度亚洲建协建筑金奖9件作品在北京中国国际展览中心展出,国际建协主席Gaetan Siew为建筑展开幕剪彩。

9月20－22日　亚洲建协"第12届亚洲建筑师大会"在北京召开,20多个国家和地区的1093名建筑师代表和建筑院校师生参加了会议。吴良镛、[韩]柳春秀、张锦秋、[马]杨经文、[菲] Nathaniel von Einsiedel作主题报告。颁发了2005－2006年度亚洲建协建筑奖、第5届中国建筑学会建筑创作奖、第6届中国建筑学会青年建筑师奖、全国大学生建筑设计竞赛奖。国际建协主席Gaetan Siew出席大会开幕式和颁奖大会。

9月20日　《建筑学报》专稿,刊载第12届亚洲建筑师大会主题报告、2005－2006年度亚洲建协建筑奖、第4届中国建筑学会建筑创作奖获奖作品,第6届中国建筑学会青年建筑师奖、第2届中国建筑学会建筑教育奖获奖名单。

9月23－24日　主题为"演变中的亚洲城市与建筑——城市可持续发展与建筑创作"论坛在上海召开。该论坛为第12届亚洲建筑师大会系列学术活动项目。

9月23－26日　第14届中国民居学术会议在澳门特别行政区举行。

9月26日－10月4日　由国家建设部、文化部主办的第2届中国国际建筑艺术双年展在京举办。

9月28日　全国设计大师、北京设计研究院顾问总建筑师张开济辞世,享年94岁

9月　北京首次大规模拍卖四合院。

10月8－9日 2006年REVIT杯全国大学生建筑设计作业观摩和评选在山东建筑大学进行。

10月9－13日　全国高等学校建筑学科专业指导委员会4届1次全委会暨2006年建筑教育研讨会在济南山东建筑大学召开。

10月21日　清华大学建筑学院举办建院60周年庆

典，汪光焘、叶如棠、宋春华、赵宝江、单霁翔、陈刚等有关领导出席。

10月20－22日　以“变化中的和谐”为主题的第七届环境行为学研究国际研讨会在大连召开。

10月26日　中国工程建设标准设计50年纪念大会在京隆重举行。

10月26日　青岛银海国际游艇俱乐部的“海螺姑娘灯塔”建成。

10月27日　由中国国际科学和平促进会、瑞典人类发展与和平基金会等单位联办的“全国青年人类发展与和平最佳城市人居环境设计大赛”揭晓，北京林业大学获首奖。

10月31日　建设部和中国城市规划协会主办的中国历史文化名镇（村）联谊会暨历史文化资源保护研讨会在安徽黟县召开。会上传出信息建设部和国家文物局将对历史文化名镇（村）跟踪监测，适时建立退出机制。

10月31日　北京大学镜春园开始拆迁。

11月7－10日　以“自然环境、文化传统和城市特色”为主题的“第11届海峡两岸建筑学术交流会”在安徽合肥举行，该学术交流会系由中国建筑学会和台北中华全球建筑学人交流协会联合主办。

11月10日　由中国科学技术史学会建筑史专业委员会主办的“2006历史城市与历史建筑保护国际学术讨论会”在岳麓书院开幕。

11月11－12日　2006年世界华人建筑师协会年会暨学术研讨会在杭州召开。会上宣布成立城市特色学术委员会，会址设于同济大学。

11月17日　由五合国际（5＋1 WERKHART INTERNATIONAL）建筑设计集团与《世界建筑》杂志社共同主办的公共汽车停靠站竞赛揭晓，来自东南大学、清华大学、华南理工大学的3项方案获优秀奖。

11月18日　第2届北京林业大学风景园林学研究生学术论坛暨五校LA学科研究生学术论坛在北京林业大学召开。

12月7日　人事部、建设部、国台办联合发布通知，2007年起允许台湾建筑师取得大陆注册建筑师资格。

12月9－10日　以“回归建筑本体”为主题的第14届当代中国建筑创作论坛在广西南宁召开。

12月15日　第4届梁思成建筑奖揭晓，王小东、崔愷荣获“第4届梁思成建筑奖”，柴裴义、黄星元荣获“第4届梁思成建筑提名奖”。

12月16日　由建设部住宅与房地产司主办的“中国创新’90中小套住宅设计竞赛”颁奖仪式在京举行。

12月20日　马清运就任美国南加州大学建筑学院院长的就职发布会在上海当代艺术馆举行。

12月22日　天坛祈年殿建筑群修缮工程被中国风景园林学会评为“2006年度优秀园林古建工程”金奖。

（朱永春执笔）

2006

编后

《中国建筑艺术年鉴》是全面记载中国建筑艺术发展状况的综合性年刊，由中国艺术研究院建筑艺术研究所编，组织建筑界、城市规划界、艺术界、文化界等多方面专家共同编辑完成。

《2006中国建筑艺术年鉴》客观记录了年度中国建筑艺术创作与研究的主要成果，系统反映了我国城市和建筑发展中的新成就、新问题、新趋势。主要栏目有：年鉴特载、优秀建筑艺术作品、建筑艺术研究、建筑焦点、海外掠影、建筑艺术论文摘要、2006年建筑书目、2006年中国建筑艺术大事记等，为人们了解年度建筑界提供全方位的信息。

《2006中国建筑艺术年鉴》是我们编辑的第四部《中国建筑艺术年鉴》。有了前几部的经验，这本年鉴在组稿、确定入选作品或稿件等项工作上有了较大改进与提高。在编辑过程中，我们得到各位顾问和建筑学界的众多专家学者以及建筑界的众多朋友给予的帮助和支持，这些都会推动我们努力将这本年鉴编成记录我国当代建筑艺术发展面貌的权威性年鉴。

《2006中国建筑艺术年鉴》各有关专栏的编辑工作由中国艺术研究院建筑艺术研究所全体同仁与北京及国内外建筑界专家学者共同完成。年鉴特载、优秀建筑艺术作品、大事记栏目由王徽负责，建筑艺术研究、建筑焦点、海外掠影、建筑艺术论文摘要、2006年建筑艺术书目栏目由黄续负责。

我们希望《2006中国建筑艺术年鉴》能反映出中国当代建筑艺术的发展历程，集学术性、史料性于一体，成为我国建筑艺术及建筑文化领域的权威性年度总结。由于我们的编辑力量有限等方面的原因，难免会出现一些遗漏，望读者能够提出宝贵意见，以便我们在今后的工作中予以改进。

本书的出版得到北京传世文化发展中心、中国不动产研究院、合肥工业大学出版社、文化艺术出版社等单位的大力支持与帮助，在此一并致谢！

中国艺术研究院　建筑艺术研究所

2007年12月